叢書・ウニベルシタス　960

言説《ディスクール》、形象《フィギュール》

ジャン=フランソワ・リオタール
合田正人 監修・三浦直希 訳

法政大学出版局

わたしのアンドレ・メイに

目次

書物は誰に帰すべきものか。書物自体がギリシア悲劇の現代の後裔であり、それゆえ贖罪の犠牲の後裔である。これらと同じように、それゆえ書物はすでに、ある負債へと帰すべきものだ。満足を知らないその債権者を名指すことはできない。この負債を感謝によって消し去るという希望を抱き続けることはできない。

ここでは、わたしの直接的な債権者たちを示しておく。国立科学研究所（CNRS）の哲学委員会の委員であるS・ブシュロン、L・ボヴァール。P・デュルナン、C・マルタン、M・メイがいなければ、本書は実現しなかったであろう。ナンテール大学での一九六七―六八年の講義と、一九六八―六九年のゼミの学生たち。本書は、彼らとともに思考されたものである。そして、絶対的な寛容さでこの仕事をいつも信頼してくれたM・デュフレンヌ。

形象的なものの決意

不透明性としての形象的なもの

クローデルが言ったように、「眼は聴く」とは、見えるものは読めるもの、聴き取れるもの、理解しうるものであることを意味している。古い論理、つまり諸々の言葉の本性と機能とを規定する論理にクローデルが対置した「第二の論理」は、「言葉を組み合わせる技法を教え」、「われわれの眼前で自然そのものによって実践されている」[1]。「一方から他方の［部分］への認識〔共同出生 connaissance〕、義務が存在し、よって読みうる文を形成しうる言説《ディスクール》（*discours*）のさまざまな部分のあいだと同様、世界のさまざまな部分のあいだに絆が存在する」[2]。

本書は抗議する。所与はテクストではない、そこには厚みがある、あるいはむしろ、読むべきではなく見

（1） P. Claudel, *Art poétique*, Paris, Mercure de France, 1941, p. 50-51.

（2） *Ibid.*, p. 74-75. 強調は引用者。

るべき構成的な差異が存在する、と。この差異、そしてそれを明かす不動なる可動性（mobilité）は、表意することのうちで絶えず忘却されるものである、と。「かつて日本で日光から中禅寺へと登っていると、随分と隔たってはいるが、わたしの眼が整列させた木々、つまり一本の楓の緑が、一本の松の提示する調和を満たすのが見えた。本稿は、この森林のテクストを解説している[3]」。知覚より遠くへ赴くことなしに。眼が「視点」を見つけた場合にしか、わたしの視線がそこに事物の「帰すべき[4]」視線となった場合にしか語らないもの、それはテクストなのか。テクストは感覚可能な仕方で奥行きのあるものではなく、そこで調和が満たされるよう、ひとはその前や内部で動き回るわけではない。もしそうするというなら、それは隠喩（méta-phore）である。しかるに感覚的なもの、森林の世界は、まさしくすべての類似物の絶対的座標系であるように思われる。われわれはそこで、構図を求め、絵の空間を構成しながら、可塑的な延長に基づいて動き回る。眼、顔、体は、水銀桶のなかに浮かんでいるかのように、この延長のなかを移動し、浸っている。松と楓の調和をもたらすのは、眼の関係づけである。調和は、陰影、色調、色価、配置が完全であるゆえに満たされ、欲望は一瞬満たされる。それは眼の関係づけであり、クローデルは松と楓の関係づけとは言っていない。二本の木は「随分と隔たっている」。しかしながら視線の軸がそれらに糸を通し、どのようなものかはわからないが、背景、カンバスの上にともに記載する。大変結構、だがこのような平坦化（mise à plat）は、ある種の表《ターブル》のようなエクリチュールの一頁ではなく、「絵《タブロー》[5]」である。ひとは、絵を読んだり聞いて理解したりはしない。テーブル《ターブル》に座って、ひとは言語学的単位を識別し、認識する。表象のなかでは、立って、造形的でリビドー的な出来事を探索するのだ。

世界は読むべきものであるということが乱暴な仕方で示しているのは、ある〈他者〉が反対側から所与の事物を書き込むということ、そして適切な視角があれば、わたしはそれを原則として解読できるだろうということである。これは依然として事物に多くを認めることであり、これがクローデルの異教趣味である。クローデルはそれを知らずにいたわけではなく、まさに詩と祈りとを分離しなければならなかった。ひとりのキリスト教徒にとっての、松と楓の調和によってほとんど鎮められるというドラマ、血の気の多い信仰、欲望と快楽とを感覚的なもののうちに感じるというドラマ。彼の作品のすべては、このようなドラマから生まれた。中禅寺の道は、感覚的なものを赦免する受難の道である。中禅寺へと登っていくことでクローデルが見ようとするもの、それは絵の裏面である。しかし彼は日光から、その表面を反対側へ持ち去ろうとする。ここに、表面と裏面があるという想像の産物がある。ここに、テクストと挿絵があるという罪と傲慢がある。このためらいはキリスト教そのもののためらいである。キリスト教は、事実われわれ西洋人にとっては、われわれの問題系の地下室を占拠している。それはある〈言葉〉の聴取であるが、また創造の哲学でもある。前者は、厚みのある肉体から自己を解放し、眼を閉じ、全身を耳とすることを求める。また後者ゆえに、事物を世界へと構成する事物のぶれ（bougé）、きらめき、外観とそれを可能にする奥行きが何らかの仕方で赦免されなければならない――もしそれらが、全能ですべてを愛しうる者から生じるというのが本当であるならば。西洋思想の歴史のみならず、絵画の歴史もまた、こうしたためらいを素描している。絵画は聖書に由来し、これをあえて絵にしようとする抑制しがたいものであり、聖書に帰順しながらも絶えずそこから逃

(3) *Ibid.*, p. 50.
(4) *Ibid.*, p. 74.
(5) *Ibid.*

れ続ける。

あるいはそれなら、〈創造〉をそこに残し、倫理の徹底性のみを露骨に支持し、感覚的なものの超越、すなわちすべての画家たちにならってメルロ＝ポンティが語った内在のなかの超越を拒絶しなければならない。奥行きを偽の超越や誘惑とみなし、世界の偽りのテクストをも拒み、もはや正確に聴き取ることだけを、もしかするとそれ以下のことだけを望まなければならない。〈他者〉の談話として、そして約束として——ユダヤ思想と脱神話化されたキリスト教思想はそこで合流する——理解された聖書へのこのような回帰は、その徹底性ゆえに、眼が聴くものさえ放棄する。眼は閉じられよ、オイディプスの眼のようにえぐられよ。眼は幻術師であり、挿絵のとりこであり、つねに「邪眼」なのである。最初と最後の哲学、それはＥ・レヴィナスが言うように、道徳である。それは顔との対面である。なぜなら顔は、絶対的〈他者〉の、この名に値する唯一の対象（Gegenstand）の現前だからだ。その周りを回ることはできず、それは感覚的なものには属さず、ノエシスのノエマのように、わたしの側から表面の裏面として主題化することのできない何かを告知する。顔は発語《パロール》の現前である。この現前とそれを聴くわたしのあいだに広がっているのは、感覚的なものの厚みではなく、絶対的な開口、絶対的な不均衡であり、真の不可逆性である。そこにあるのは、Ｐ・クローデルが考えたように事物とわたしの視線ではなく、無限と有限である。顔のなかに無限を聴き取るこの受苦は、善と言われる。眼の能作は、逆に情念であり、道を誤ることであろう。

本書は眼の擁護であり、その位置決定である。その獲物となるのは影である。プラトン以降、パロールによって感覚的なものに灰色の覆いとして投げかけられ、パロールによって絶えず劣った存在として主題化されてきた薄暗がり。それに与する党派は誤謬、懐疑主義、修辞家、画家、傭兵隊長《コンドッティエーレ》、放蕩者《リベルタン》、唯物論者のそれとして理解されたために、真に味方を得ることはごくまれにしかなかった薄暗がり——このような薄暗がりが、本書の関心事である。アンドレ・ブルトンは、「眼は野生の状態で存在する」(6)と言った。メルロ゠ポンティは、感覚的なものはキアスム《交差配列》の場、あるいはむしろ場が位置するキアスムそのものであり、絶対的な〈他者〉は存在しないと言った。そうではなく、二重化され、逆転し、面前に来ると同時に感覚的なものとなる境位が存在し、「ある」(il y a)が存在する、と。この「ある」は、まず聴き取られるパロールではなく、境位を二つの側面へ引き裂き、それらを不均衡のうちに残す漂移の作用の働きである、と。実際、この不均衡は倫理的生活が語るものであるが、それは見る者と可視的なものとの不均衡であり、聴かれざるパロールである。

以上が少なくとも、現象学的還元によって不均衡を破壊することなく、超越論的領域の内在性によって外在性を乗り越えることなく、この根源的キアスムにまで下降するというモーリス・メルロ゠ポンティの決断であった。そしてそれゆえに、表意することの根源となっているものを表意するための言語を発見するという決断であった。しかるに、言語そのものを、それが語るべきキアスムの空間と同質のものにするための身振りにすることがまさしく必要であった。ただし、パロールと身振りを混同するだけならば、語ることを見ることに溶解させるだけならば、何が起きるかは周知の通りである。語ることが沈黙するか、見られたものがすでに語られたもののようでなければならないかのどちらかだ。ヘーゲルは、不確実性の苦悩に陥ることなく自己を語ることなどできるのかという挑戦を、感覚的確実性に突きつけていなかっただろうか。そして

(6) *Le surréalisme et la peinture*, Paris, Gallimard, 1965, p. 1.

自分の肩の後ろに身を傾け、その沈黙に応じ、〈ここ〉を指示する人差し指を追うことに専念するときでさえ、この無媒介的信念とされるものから、輪郭を画定することという媒介、行程をすぐに引き出したのではなかったか。彼は、それは言説であり、言語の否定性と同じ否定性であると言ったのではないか。それゆえ結局のところ、奥行きは空虚であり、その影のなかですべての牛は黒くなる。そして、いま自分がいる場所から、すなわち言葉のただなかから開始しなければならないことが真理となる。

それゆえ、そこから開始し、そのような挑戦を受け、敵陣に乗り込むことにしよう。言説の自己充足性に挑むことにしよう。体系《システム》、閉鎖性《クロチュール》〔閉域〕の現在の威信を一掃するのは容易なことだ。言語に与する人々は、そのようなもののなかにすべての意味を閉じこめていると信じている。われわれは再びテクストに、ただし今度は誰によって書かれたのでもない、自己自身を読むテクストに立ち会っている。凡庸な利点。理不尽さが残っており、この理不尽さは感覚的なものに対して実に不注意なため、まるで人間にはもはや何も触れるものがなく、ネットワーク内の隔たりに沿って動き回る二次元の存在と化したかのようである。本源的なパロールにおける意味の絶対的な剰余を引き合いに出せば、そして有限性にとっては際限なく解釈を行う必要があることを引き合いに出せば、閉鎖性は打破されるであろうか。P・リクールの解釈学に見られるこの無限性、この開放性は、ヘーゲル主義に対するためらいを示してはいるものの、その圏内にとどまっている。なぜなら、ヘーゲルが真っ先に象徴をまさに思考すべきものを与えるものとして理解し、真っ先にそれを何よりも超克すべき契機とみなしたからである。結局ヘーゲルは、象徴そのものだけを見ることを怠り、その沈黙の声を聞き取ろうとしたのだ[7]。このことがひとたび把握されると、解釈学は聴取へと向かう意識の道筋を開いておくだけで満足する。解釈学はこのように、あらゆる注解に対する象徴の超越、そしてその任務の

（7） 信じることと理解すること、宗教と哲学を結び合わせる「解釈学的循環」の定義（*Finitude et culpabilité*, Paris, Aubier, 1960, t. II, p. 325 sq.）、とりわけ「象徴はすでにパロールの領域にある。われわれは、象徴は感情と恐怖そのものを沈黙と混乱から引き剝がすことを十分に述べた。象徴は告白に言語を与える。象徴によって、人間は一貫して言語のままであり続ける。これが最も重要なわけではない。解釈学がなければ、象徴言語はどこにも存在しない。ある人間が夢見、戯言を言うとき、解釈する他の人間が立ち上がる。たとえ非整合的であれすでに言説であったものが、解釈学によって整合的言説へと復帰するのだ」（p. 325-326）を、ヘーゲルの『哲学史講義』（Berlin, 1823-1824）の序論の次の箇所と比較せよ。「哲学は自己同一的対象を、即自的かつ対自的に絶対的実体である普遍的理性を持つ。哲学により、精神はまたこの対象を我有化する。宗教は、この和解を信心（Andacht）と礼拝を通じて、つまり感情を通じて実行する。しかし哲学はこれを思考によって、思考する認識によって行う。信心は神の神的なものと人間的なものの統一の感情であるが、ただし思考する感情である。「信心」（Andacht）という表現には、すでに思考すること（denken）が含まれている。それはわれわれに思考するよう促すのであり、思考への憧れ、「それについて考えること」、「それについて考えはじめること」（ein Daranhindenken. Sichherandenken）である。しかし哲学の形式は純粋な思考、知、認識である。哲学が宗教と区別されはじめるのは、ここである［…］。啓示されたものは人間の理性では発見されなかったであろうとひとがわれわれに言うときには、神的自然の真理、認識は確かに外在的手段によってのみ人間に到達する、感覚可能な対象としての真理の意識が一般的に意識の最初の形式であると指摘しなければならない。かくしてモーセは神を燃える柴のうちに見出し、ギリシア人たちは彼らの神々を大理石像や、詩人たちに見られるように他の像によって表象したのである。一般的に、ひとはこのような外在的な方法で開始する。内容はかくしてまず精神に外部から与えられ到来したものとして出現し、われわれはそれを見、聞くなどする。だがひとはこのような外在性にはとどまらないのであり、宗教の観点からしても哲学の観点からしてもそうすべきではない。こうした空想の像や歴史的素材は、この外在性にとどまるのではなく、精神にとって精神的次元とならねばならず、まさに精神的なものを何も持たないこの外在的存在を失わなければならない［…］。哲学と宗教がかかわる〈精神〉の普遍性は、外的でない絶対的な普遍性である。すべてを貫く普遍性は、すべてのうちに現前する。われわれは、〈精神〉を自由なものとして想像しなければならない。〈精神〉の自由は、それが自己のそばにあること、自分自身を無限性を尊重しているように見える。しかしながら、解釈学と弁証法との類似性には疑問の余地がない。類似性は次の点にある。象徴、つまり出発点は事物としてではなく、混乱したパロールとして把握されているのだ。象徴の超越は、〈他者〉に由来する言説の超越である。他性を表示し集めるのは、厚みのある事物としての〈創造〉ではない。それは啓示に耳を貸さないことである。見えるものは、自己をその裏面に確保しながら自己を顕示するものではない。それは単に仮象のスクリーンであり、現れではなく声を覆い隠す雑音である。

野性的なものは沈黙としての芸術である。芸術の立場は、言説の立場の否認である。芸術の立場は形象《フィギュール》（figure）のひとつの機能を示すが、それは表意されるわけではなく、この機能を言説の周囲、さらにはその内部で示す。この立場は、象徴の超越が形象であること、つまり言語的空間の動揺なしには組み込みえない空間的現出であること、意義（*signification*）に内面化しえない外在性であることを示している。芸術は、弁別的空間である不変性と理性に向き合う可塑性と欲望、湾曲した延長として他性のうちに定立される。芸術は形象を求める。「美」は形象的であり、拘束されておらず、律動的である。真の象徴は思考すべきものを与えるが、まず「見る」べきものとして自己を与える。言語がひとたび存在すると、あらゆる対象が表意すべきもの、言説内に置くべきものとなり、思考がすべてを動かし選別する漏斗へと落下するというのが仮に本当だとしても、真の象徴が思考すべきものを与えることは驚くにはあたらない。謎は、それが「見る」べきものであり続けること、感覚的なものとして絶えず維持されること、「まなざし」の貯蔵庫である世界または「ヴィジョン」の貯蔵庫である狭間世界（entremonde）が存在すること、そしていかなる言説も終わりに達する前に枯渇することにある。絶対的に他であるものとは、このような美あるいは差異であろう。

よって、絶対的に他であるものを顕示するために沈黙すべきであろうか。だが美しいものや感覚することの沈黙、パロール以前の沈黙、胸中の沈黙は不可能であり、言説の反対側に移行することは問題外である。ただし言説の内部から形象へ、形象内へと移行することはできる。いかなる言説にもそれと向かい合うものがあること、それが語る対象があることを顕示することで、形象へと移行することができる。この対象は、ある地平における言説の指示対象（désigné）として、向こうに存在する。すなわち、言説を縁取る視覚である。そして言語を捨てずとも、形象内へ移行することはできる。なぜなら、形象は言語に住みついており、言説の井戸に滑り込みさえすれば、言説がその中心に含むあの眼、言説の眼、ここではサイクロンの中心に静寂な眼が君臨するという意味での眼を見出すことができるからである。形象は外部であり内部である。それゆえ形象は共同本性性（connaturalité）の秘密を握っているだけでなく、それをおとりとしてあらわにする。言語は均質な環境ではなく、分割するものである。なぜならそれは、感覚的なものを向かい合うものへと、対象へと外在化するからである。言語は分割されるものでもある。なぜなら言語は、形象的なものを分節されたもののなかに内在化するからである。眼はパロールのなかにあるが、それは「見えるもの」の外在化をともなわない分節言語が存在しないからである。眼はパロールのなかにあるが、それはさらに、その表

聞くことを意味する。その本性は、〈他者〉を侵食し、そこにみずからを見出し、そこで自己自身と合流し、そこでみずからを所有しみずからを享受することにある」（J. Gibelin, Paris, Gallimard, 1954 の訳から若干修正して引用）。弁証法に割り当てられた差異の消去と、解釈する言説の（いわば）回収者である（シェリングとリクールが言うような）「同語反復的《トーテゴリック》」性質、そして知の（レヴィナスが言うような）オデュッセウス的ナルシシズムとが同時にこれほど明確にされているテクストはほとんどない。わたしにこのテクストを教えてくれたセルジュ・ブシュロンに感謝する。

現たる言説内に、少なくとも身振りの「眼に見える」外在性が存在するからである。この二重の外在性を追跡することで、言語が見えるものに突きつけ、耳が眼に突きつける挑戦に応じることができるかもしれない。そして奥行きや表象を与える身振りの延長は、言葉で表意しうるどころか、言葉の縁に言葉の指示力として広がっていることを示しうるかもしれない。また、この延長は言葉の表現力の揺籃であり、それゆえ言葉に付き添っていること、そしてそれは言葉の影であり、ある意味ではその終焉、ある意味ではその開始であることを示しうるかもしれない。なぜなら、語るためには言語に沈潜してはならないからである。「絶対的」対象であるラングは語らない。語るのはラングの外部にあるはずの何か、そして語る際にすら外部にとどまり続けるはずの何かである。沈黙は言説の反対であり、美であると同時に暴力である。しかし沈黙はそれらの条件である。なぜなら沈黙は事物の側に、それについて語りそれを表現すべき事物の側にあるからである。解体と復元を試みるべきこの不透明性、この尽きることのない厚みがなければ、言説は存在しない。沈黙は分裂から生じるが、この分裂を起点として言説とその対象が向かい合い、表意するという作業を開始する。そして沈黙は、パロールに埋め込まれた分裂から生じ、表現の作業はそこで行われるのである。

　このような暴力が言語の基底に属しており、その出発点となっている。というのも、ひとは分離のうちで語るからであり、対象が表意されるには対象が構成され－喪失されなければならないからである。暴力は、かくして知の問題の出生証明書を記録し、真実を（対象の）外在性の内面化（完成された意義）として欲望するよう強いる。認知機能は、向かい合うこのような死を、指向（référence）の厚みをなすこの欲望をそれ自体のうちに含んでいる。だが表現機能もまた、別の仕方ではあるがこの死を含んでいる。表現機能は、それを言説そのものへと持ち込む。なぜなら剝離の暴力は、一方にまったく純粋な対象を置き他方にまったく純粋な主体を置くわけではなく、全体が真実の可能性をめぐる貴重な実践を生み出すからである。この暴力が対象をひとつの記号へと変えるのだが、それはまた言説を対称的にひとつの事物へと変え、厚みを与え、分節と意義の透明性のうちで舞台を組み立てる。と同時に対象の側では、その別の面、舞台裏を掘り下げるのである。

眼、それは力である。無意識をひとつの言説とすること、それはエネルギー論を省くことである。それは、夢と同時に芸術を殺害する、西洋的ラチオ（ratio）全体の共犯となることである。あらゆる場所に言語を置いても、形而上学と絶縁することにはまったくならず、逆にそれを完成することになる。感覚的なものと享楽（jouissance）の抑圧が完成されるのだ。対立は形と力のあいだにあるのではない、あるいは形と構造が混同されてしまっているのだ！ 力は、テクストを折りたたみ、皺をつけ、それを作品、差異、つまり形にするエネルギー以外の何ものでもない。絵は、今日の記号学者たちが言っているように読むべきものではない。クレーは、絵は食うべきものであると言った。クレーはまた、絵は見させ、模範的なもののように、能産的自然のように眼に供される、なぜならそれは見ることとは何かを見させるからである、とも言った。しかるに絵は、見ることがひとつのダンスであることを見させる。(8) 絵を見ること、それはそこに道を通すこと、

（8）ゲオルク・ムーヒェは次のように語る。「一九二一年、クレーがバウハウスに入った際、彼はわたしのアトリエの隣のアトリエに入居した。ある日、わたしはまるで誰かが足で拍子を取っているような、奇妙な物音を聞いた。廊下でクレーに会ったので、何か気づいたか尋ねた。「ああ！ 聞こえましたか。失礼しました」と彼は言った。「ひたすら描いていたんですが、急に、我慢できなくなって踊りはじめたんです。お聞きになったんですね。すみません。それ以外には、わたしは決して踊らないんです」」（« Paul Klee », *Frankfurter Allgemeine Zeitung*, 30 juin 1956）。

少なくともそこに共同で道を通すことである。なぜならそうすることで、画家はたどるべき道を（側面的にではあるが）強引に整備したのだし、彼の作品は四本の材木のあいだに託されたこのぶれ、眼が再び運動させ生気を与えることになるこのぶれだからだ。『狂気の愛』が明瞭な意識で必要とする、「爆発的－固定的な」美。

あなた方は、言説とは何であると考えるか。最低位のコミュニケーションを除けば、冷たい散文などほとんど存在しない。言説には厚みがある。それは単に表意するだけではなく、表現する。そして言説が表現するのは、言説もまた自己に託されたぶれ、運動、力を持っており、意味をもたらす地震によって意義の一覧表を隆起させるからである。言説も食うべきものとして与えられるのであって、単に理解すべきものとして与えられるのではない。言説も眼へと訴えかけるのであり、言説もエネルギー論的である。言語の領野内の眼の経路を示し、ぶれたもの－固定したものを把握し、欲望の成就である隠喩の起伏を取り入れよう。かくして外部、力、形成された空間が、内部、閉じられた意義のうちにいかにして現前しうるかが理解されるだろう。

真理としての形象的なもの

だがこのような決意は、錯覚の味方をすることではないのか。わたしは、あらゆる言説の地下室には、ある形式が住みついていることを示す。エネルギーはこの形式のうちにとらえられ、この形式にしたがってその表層へと作用するのだ。またわたしは、このような言説は単に意義と合理性ではなく、表現と情動であることを示す。だがそうすることで、わたしは真実の可能性そのものを破壊するのではないか。ソフィスト的論法への扉が開かれ、以下のことがこの論法によって絶えず強調されることになるかもしれない。言説の顕在的意義は、その意味を汲み尽くすわけではないこと。むしろ、意味全体をシニフィエのうちにまとめておくどころか、言説はそれをある審級から無意識的、受動的に受け取ること。この審級は言説の外部にあり、言説を述べる言語の構造には属さないこと。それゆえ、言説は自己のうちに他者を有し、かくして語る者は自分が語っているものを知らないこと。これはソフィスト的論法へと開かれた扉、「テロリズム」へと開かれた扉である。なぜなら、あらゆる言説が意義に対して行う共通の訴えかけが無視される瞬間から、あらゆる話者が普遍性と可能的了解に対して行う暗示的ないし明示的な指向が中断される瞬間から、そして話者の言葉が別の場所から到来した事物のようにみなされる瞬間から、それがどこから到来するのかを正確に決定するためには暴力しか残らないからである。もしも、わたしがもう君と話せないとしたら。つまりわれわれが語ることの意義を、君とわたしがそれぞれ信頼し合うことを受け入れられず、われわれが正誤を判断するのに用いる、一般に認められた実測図にこの意義を移すとしたら。しかし、もしわたしが君のパロールを不在の話者から発せられたもののように第三人称で把握し——パロールは暗示的に表現し、もはや明示的に表意しない——、君について語りはじめるとしたら、コミュニケーション、真実の可能性は崩壊し、もはや君の言葉が「言わんとする＝意味する」(vouloir dire) ものを知ることさえもはや問題ではなくなるだろう。というのも今度はこの知が言葉によって、わたしや君の言葉によって構築されるが、それがどちらなのか決着をつけなければならなくなるからである。そしてそのためには、一種の表現の合理性が存在し、表意されないものの原因の秩序が存在し、君の言説のなかで語る——わたしが、あるいはともかく誰かが認識できる——別の言説が存在することを仮定しておかなければならない。この誰かが、君の言説の他者を有している、あるいは君の言説の他者となっていると想像しなければならないだろう。さらには、次のような「無意味」すら想像しなければならなくなるだろう。君が語るのではなく、君の言説のなかで語るこの言説は、しかし君によって・君にとって以外は表意しうるものであり、わたしや誰かはそれを語りうるのだ、と。われわれは君について語りうるが、君に対して語ることはできない、と。以上が暴力あるいは誘惑である。ここで哲学が終わる、とひとは言う。

われわれがここで探し求めているのは、このような還元的な道なのだろうか。われわれはその反対を示そうと思う。この二者択一、すなわちコミュニケーションの言説、善意、対話か、それとも戦争と分裂病かという二者択一それ自体は根本的ではないことを示そうと思う。二人の対話者が承認するある審級への共同の準拠は、判事の不在、十分な保証を備えた他でもない第三者の不在ゆえに、真理ではない。この準拠は知の構築を可能にする。対話としての言説の布置、対話の指標として用いられる規則の参照――それと同時に対話は規則を精緻化する――による潜在的普遍性としての言説の布置は、要するに西洋がソクラテスとともに自己のパロールの固有の立場として受け取った布置であり、まさしく真理の終焉を前提としている。それをわれわれに教えたのはニーチェだけではなく、意味の歴史の諸研究がそれを確証している(9)。二者択一は好意的な対話とカリクレスのあいだにあるどころか、われわれはこの一組の対立項自体が、他の世界つまりアレーテイア〔真理〕の世界と断絶したパロールの世界に属していることを理解すべきである。そして、真理はこの二者択一にかかっているのではなくその外部にかかっていること、この二者択一自体、真理が撤退する際に真理が言説と知の欲望によって無視され覆われる際に構築されることを理解すべきである。それゆえ確かに、ソフィスト的論法、おとり、『エイコネス』〔フィロストラトスの絵画論〕の錯覚が可能になるのだが、しかし哲学、対話、知の錯覚もまた可能になる。それが錯覚なのは、真理がそれによってはじめから排除されているからである。ブラックは「真理にその逆はない[10]」と言ったのだった。

ひとは、この真理の現前を再生させるのは誰の役目でもないと言うことだろう。そうした再生は一般的に、それが言語に関する場合、困難な復元となることは明白である。命題を濫造する、ニーチェ哲学の勤勉な信奉者たち……。われわれ全員が「芸術家」となるか、誰もそうならないかのどちらかであろうというのだ。現在すでに自分たちとしては芸術家であると考えている者たち、他人を笑うためにニーチェと真理を自分たちのために利用した者たちが、最も多弁を慎む者というわけではない。彼らは哲学を切り離された活動として、言説の操作を知の旗印として続けているだけである。今日では誰も真理のために語ることはできず、いかなる激論も嘲弄となっている。「儀式を執り行う」ものはすべて、われわれを知と無知の二者択一から引き離すどころか、それに立脚した聖職者中心主義へわれわれを再び陥れる。しかしながら、真理が可能であるようにしなければならない。そしておそらく、ばかげた衒学者や手品師に見える者たちの多くが、それに専念しているのであろう。他にどうすべきだというのか。

フロイトは、われわれに厳密な意味でのユートピアを教えた[11]。このユートピアは、真理は決してそれが期待される場所にはないということである。これは多くのことを意味するが、そのうち少なくとも以下の二つがわれわれの道案内として役に立つであろう。第一に、真理は意義と知の尺度からすれば錯誤のようなもの

（9） Cf. H. Détienne, *Les maîtres de vérité dans la Grèce archaïque*, Paris, Maspero, 1966.
（10） Georges Braque, *Le jour et la nuit*, Paris, Gallimard, 1952, p. 38.
（11） J.-B. Pontalis, L'utopie freudienne, *in L'Arc*, n°34 spécial sur Freud（1965）.

として現出する。真理は調和しない。言説と調和しないこと、それはその秩序を脱構築（déconstruire）することである。真理が意義の言説を経由することはまったくない。その不可能なトポスを、知の地理学の座標によって割り出すことはできない。それはむしろ言説の表面で、諸々の効果によって自己を感じ取らせるのだ。そしてこの意味の現前が、表現と呼ばれる。ただし、あらゆる表現が真理なのではない。そしてここで再び、フロイトはわれわれに識別の規則を教えてくれる。周囲の雑草からより分けた後に花を摘むように、われわれが真実そのものを決してつかめないというわけではない。欺瞞と真実は、ある体系内の対立項のようにではなく、少なくともその表と裏を両方備えた厚みとして同時に到来する。にもかかわらず、その効果が表面に現れるよう、その意味の怪物たちが十全な言説や意義の十全な規則のうちで存在しうるよう戦わなくてはならない。それゆえ、真を偽から識別することを学ぶべきなのではない。どちらも、ある体系の内的一貫性やある指向対象の操作可能性という点で定義されるからである。そうではなく、二つの表現のうち、どちらが視線の裏をかく（そしてこれをとらえる）ためにそこにあるか、そしてどちらが視線の尺度を変え、見えないものを視線に見せるためそこにあるかを識別することを学ばなくてはならない。二番目の表現は芸術家の作業、つまり浮遊する注意、既成のものに対する原則の無視を要求する。また一番目の表現は、夢作業によって生み出される。一番目は欺こうとし、二番目は明らかにしようとする。しかし両者は、その操作においては同一である。ただし、生み出されたものを作品へと変える、一番目の作業における補足的な逆転は別である。

　第二に、もし真理が期待される場所に現れないのなら、そして言説は真理の領域に属さない以上、いかなる言説も真理を完成した意義において提示しえないなら、むろん本書は分節された意義を生み出そうと努めている以上、本書は真ではない。しかし本書は学術的なものでもない。なぜなら本書は、統一的な理論を地平としてさえ築こうとしないからだ。むしろパロールが諸々の断片を記入するような、ばらばらにされた総体。原則として、さまざまなやり方でその合わせ目を塗りつぶすことはできるが、意義とラチオの制約である植字《ティポグラフィーク》の制約により、一定の順序で提示することを強いられる総体。この順序をいくら決定しても、決定的なものにしても無駄である。むろんそれは恣意的なものではないが、他の順序に対し（上記の制約により）恣意的に特権化されている。真理を逸脱させておくのに適切な書物は、言語的時間（意義が展開される時間、読解の時間）自体が脱構築される書物であろう。食うための本は、読者がどんな箇所でもいかなる順序でも把握しうる本であろう。（それはまた、箴言という文学ジャンルからも解放されたものであろう。わたしは、このジャンルにあまりにも寛大だったニーチェを念頭に置いてこう言っているのだ）。本書はそうした適切な書物ではなく、依然として意義のうちにあり、芸術家の書物ではなく、ここでは脱構築は直接的に作用しておらず、むしろ表意されている。それゆえ、本書は依然として哲学書である。なるほど意義は断片的で、空白があり、——そう願いたいものだが——判じ物（rébus）もある。しかしながら、それは不確かで中間的な対象となるだけだ。これを弁解するために、この対象をクレーのように狭間世界と、あるいはウィニコットのように移行対象と呼べればと思う。しかしそれは、実際にはそのようなものではない。なぜならこのような身分はゲーム、絵画の形象的な事物にのみ属するものであって、ここでもやはり形象をゲームによって言葉に取り込むことはできないし、ひとは言葉が形象の優位を語ることを望み、意義の他者を表意することを望むからである。依然として望み、あまりにも望むわれわれは、依然として末人に過ぎず、本書の空間はバロック的なもの以上のものではない。だがそれにもかかわらず、弁明としてこう言わなければならない、この〈あまりにも〉はわずかであると。

われわれは統一性という狂気や、統一的な言説のうちで第一原因を提供するという狂気、起源の幻想を放棄した。フロイト的ユートピアは、われわれを死の欲動と言われるものが命じる規則のうちにとどめおく。それは、多様なものの統一は、言説の統一性においてさえ（フロイト理論の統一性においてさえ）つねに拒絶され、つねに禁じられるという規則である。同様にこの規則の考察により、構成された統一的審級としての〈自我〉を放棄しなければならない。また同様に、哲学者たちは事物についての決定的な言葉としての統一的理論の制作を放棄すべき時である。アルケーは存在しない(12)、だが統一的地平としての〈善〉も存在しないのだ。われわれは物自体には隠喩的に触れられるだけだが、この側面性（latéralité）は、メルロ＝ポンティが考えたような、主体の統一性にあまりにも似た実存の側面性ではない。最終的に彼自身認めたように(13)、側面性は同一の運動によって全内容を与えかつ留保する、無意識あるいは表現の側面性である。この側面性は、差異あるいは奥行きである。しかしメルロ＝ポンティは、側面性をここにとどまりつつもあちら側へと赴きうる運動として、遍在的な開放性として、連続的な可動性として定立し、そのモデルを感覚的キアスムに見出し、かくして統一的言説の幻想に屈服した(14)。一方われわれは、セザンヌとマラルメ、フロイト、フレーゲとともに形象的な空間に降伏する。奥行きは、それを表意し、物ではなく定義として自己の言語内に位置づけようとする反省の力を依然としてはるかに越えている。意味《サンス》は意義の不在として現前する。しかしながら、意義は意味を捕まえ（意義にはそれが可能であり、ひとはすべてを語ることができる）、意味は新たな言行為（acte de parole）の周縁へと追放される。これが、つねにエロス－ロゴスと絡み合った死の欲動である。意味を構築することは、意義を脱構築することでしかない。この散逸する布置に当てはめうるモデルは存在しない。暴力は去勢としてはじまりにあり、われわれの言葉が狩り出そうとする沈黙や死は、欲望を喚起したこの最初の恐怖の派生物であると言われるであろう。よろしい、しかしこの欲望の場はユートピアである以上、それを位置づけることは断念しなければならないことを承知されたい。

これは実践にとっては、イデオロギーの実践的批判にとっては非常に重要なことである。本書自体が、この批判へと導くための迂回路に過ぎない。そして本書を書くことへのわれわれ自身の抵抗が弱まるのを長いあいだ待つ必要があったのは、間違いなく、(なかでも)誘惑され、この目標から逸らされ、言語によって石化されることへの恐れゆえにである。その実践的機能はどのようなものか、そこにおいて活動的であり続け熱気を持ち続けているのは何かについて判断することは、わたしの役割ではない。

出来事としての形象的なもの

事後的に一言。以下の一連の節の途中には、衰退が存在する。読者はそれを感じ取ることだろう。読者は、わたしの考えが不確かだと抗議するだろう。最初の行から最後の行へと赴く際に衰退するもの、それは知覚に与えられた重要性である。われわれはまず言説の秩序を探査し、そこで本来的に意義であるものと指示(désignation)であるものとのもつれをほどく。こうして、現象学的空間やヴィジョンの空間が分離される。

(12) Emmanuel Levinas, Humanisme et anarchie, *Revue internationale de philosophie*, 85-86 (1968).

(13) *Le visible et l'invisible*, Paris, Gallimard, 1964, p. 229, 253.

(14) そして『知覚の現象学』に存在したコギトの哲学を放棄しようとしながら、〈存在〉を〈わたし〉の位置に置くことで統一的な哲学を維持しようとさえしている。

この空間の特性は、言語学的な意義のそれとはまったく異なると想定される。とはいえわれわれはそれを実際に分析することはせず、メルロ゠ポンティが作り上げた見えるものの現象学に委ねる。次いで視覚からヴィジョンへ、世界から幻想へと移行し、当初言説の視線へと割り当てられていた対象や対面を構成する責任が欲望の成就へと伝達され委ねられる。平行して、形象が移動される。もはや単に現前や表象の像ではなく、演出の形式、言説そのものの形式となり、さらに根底的には幻想の母胎となる。フロイトの教えがフッサールのそれより優位に立つのだ。

その移行点はこの上ないおとりの点であり、連続性の範疇である。身振りが意味《サンス》であるというのが本当ならば、身振りは言語的意義との対立においてそうであるはずだ。言語的意義は、非連続性のネットワークとしてのみ構成され、不動の弁証法を生み出す。このような弁証法においては、思考するものと思考されるものは決して混同されず、思考されるものの要素は決して相互に重なり合うことがない。反対にメルロ゠ポンティが理解していたような身振りは、同一の航跡の二つの外縁のように、感覚されるものと感覚するものとが同一のリズムにおいて構成され、感覚的なものの構成要素がひとつの有機的、通時的全体性を形成するような意味の経験である。ただし身振りは、主体とまでは言わなくとも、少なくとも一種の主体性へと――ミケル・デュフレンヌの言うようにそれが匿名的であれ自然であれ――帰着する。身振りは感得され、生きられ、いずれにせよ体験を構造化し、抑圧の対象ではなく構成の主体である無意識性へと帰属する。

一見すると、精神分析が語る意味もまた連続性の外観を呈している。圧縮、移動、歪曲の可塑的な延長が、離散的で透明な空間――そこでは規則正しい隔たりによってシニフィアンが形成される――と対立するように、それを言語的意義に対立させるのは正当である。リビドー的意味と感覚的意味は相互に重なり合い、ともに言語の意義と対立しているように見える。本書で長い道のりの後に解体されることになるのは、この重なり合い、すなわち——誰も見たことがなく見ることもない無意識の顔ではなく——欲望の仮面の上をかすめる現象学の仮面である。衰退するのは現象学なのである。

転覆される領域は、差異についての反省や感覚的空間の組織化についての反省である。この空間は幾何学的組織化には還元しえないこと、それを強調したのはまさしく現象学自身である。『眼と精神』は、すでにフッサールに含まれていた受動性、知覚の総合の受動性の記述によって示された方向に可能な限り進んでいる。セザンヌの空間を『屈折光学』の空間に対置することで、メルロ＝ポンティは次のように言おうとした。意味と空間の、分節され、非連続的で、能動的で論理的な概念は所与あるいはむしろ見えるものの贈与を逸することしかできない、と。彼にとって、見えるものの贈与は延長のある事物から構成されたわれわれの経験においてそうであるように、まさに見えないものである、と。知覚の空間の合理化を退け、本源的贈与をその傾斜、遍在、幾何光学の規則の側面的侵犯のうちで気づかせるためには、セザンヌの並外れた不動性が必要であった、と。サント＝ヴィクトワール山が視覚の対象であることをやめ、視野のなかの出来事となること、これがセザンヌが欲したことであり、現象学者メルロ＝ポンティが理解しようと願っているものである。わたしは、彼がそれを理解できるとは思わないが。

彼の最終的な概念、所与の出来事性をとらえるための最も繊細な概念は、もちろん志向性ではなく受動性である。しかしこの概念は依然として、志向的能動性の逆あるいは相関物として、その支持層として現象学によって打ち立てられた領域でしか作用しえない。能作としての視向（visée）は、視向されたものの贈与そのものである受動的総合に依拠している。この受動性は、それゆえ依然として視向する主体の仮定として、対象との超越的関係において想定された内在性として思考されている。そこで主体はある意味では廃位され（所有物を奪われ）ているが、そこで定立されもするのだ。このようにメルロ＝ポンティは、〈わたし〉から〈ひと〉《オン》へと移行しようとした。だが依然として、〈ひと〉と〈それ〉《エス》のあいだにはどれほど距離があることか。

〈ひと〉は〈わたし〉と比べて大事件なわけではない、その逆である。この匿名の方向に進むならば、何が見出されるであろうか。せいぜい感性の諸形式の組織化、生きられた時空よりも確かに埋没した時空、カントが描写した時空ほど物理学的認識の諸特性に依存しない時空、そして枠組みを形作る空間と時間である。この枠組みにおいて所与は与えられ、出来事は生起するものの、それはいかなる出来事の原理にもなりえない。前概念的体系と考えることも可能ではあるが、あらゆる体系と同様、（視野内や他の場所に）出来事が存在するという事実を説明することはできず、ただ出来事が吸収されること、受容され、知覚され、世界に（または歴史などに）統合されることを説明しうるだけである。出来事の謎は、〈ひと〉への下降を試みる際も完全な謎のままである。それはセザンヌを山の前に固定する所与の条件——名のあるものであれないものであれ——の探究ではなく、贈与の探究である。現象学は贈与に達することができない。なぜなら西洋の哲学的伝統に忠実であるため、現象学は依然として認識についての反省であり、そのような反省は出来事を吸収し〈他〉を〈同〉に回収することを役目としているからである。

しかるにその本来の他性における出来事は、われわれに意味という形で許される世界からしか到来しえない。不調和がパロールから到来することはありえないが、パロールは聴き取られる限りは分節された意義であり、認識の対象となる。しかしパロールはそれ以上に、〈わたしの身体〉（corps propre）が自己の環境となる感覚器を生み出すために協働する世界の対象となるわけではない。なるほど世界内の身体は、言説の秩序における出来事となりうる。なぜならそこでの意味は、ラングにおける意義と同様には配置されていないからである。それゆえ、原則として離散的な要素間の変換しか許容しない領域に連続的空間に依拠した身振り的操作を挿入するモデルによって、言説内の形象の現前を理解することができるであろう。「侵食」「側面性」というメルロ＝ポンティ的観念は、このように位置づけられるべきである。これらの効果は、詩的秩序や修辞学的秩序一般を定義するのに適当なものである。しかしそれらを、何に帰属させるべきであろうか。

ここで道案内として役立つはずなのは、意義の秩序に持ち込まれたこの混乱がつねに神話、悲劇、哲学のうちで責めを負うべきものとして思考されてきたことである。この罪状を〈わたしの身体〉だけに負わせることはできない。この身体は、混乱と出来事の特権的な場ではない。肉（chair）の生活には沈黙した基盤、そのヒュギエイア〔健康〕があり、メルロ＝ポンティが考えたように、肉は世界の環境内のキアスムに過ぎない、世界はこの基盤によって内包され基盤を内包しているというのは正しい。こうした陶酔の上に、この哲学者はひとつの異教的哲学を築こうとした。だが彼の異教趣味《パガニスム》は、知の問題系に固定されたままである。このことが、幸福で所有の放棄を見誤る学術的な肉の哲学をもたらしている。混乱としての出来事は、つねに知に挑戦するものである。それは、言説へと分節された知に挑戦することができる。しかしそれはまた、〈わたしの身体〉の準理解を揺るがし、情動におけるように、この身体の自分自身との調和および事物との調和を乱すこともできる。言い間違い（lapsus）と同様、視線や青ざめた顔にも罪責感と不如意が含まれている。言語を乱すのは身体ではない。言語と身体双方を乱しうるのは、別のものである。出来事の場として身体を受け入れること、それはプラトン的－キリスト教的伝統が欲望を隠蔽するために行った防衛的移動と壮大な合理化を裏書きすることである。

出来事は、欲望によって開かれた空虚な空間以外に置くことができない。空間のこの空虚は、まさしく贈与の特権的な場である。このことは、すべての情動を支える不安（angoisse）にすぐさま認められるが[15]、また言説における喧噪の領域——語る者はここで受け取る——を告げる言葉や言い回しの存在にも認められる。このような空虚は、たとえばキルケゴールによる信仰の騎士の逆説やレヴィナスにおける無起源性[16]のように、推奨すべき倫理的な「態度」ではない。出来事の支持者、出来事の担当者になろうとすることは、依然として倫理的な欺瞞である。われわれを放棄することは贈与の権限であり、われわれが自身を放棄へと任ずることはできない。出来事は、期待される場所には到来しない。非期待すら失望させられるであろう。一次過程の方へと移行することはできない。これは二次的な幻想なのだ。欲望はそれ自体のうちに自己の拒絶を含むが、拒絶はその諸効果の放棄の原理である。欲望は真に受容不可能であり、受容するふりをすることはできない。欲望を受容することはやはり拒絶することであり、欲望は他の場所で出来事となる。

抑圧、あるいは少なくとも拒絶一般が残す空虚な空間から出来事を剝奪することからはじめてしまえば、出来事を実際に位置づけることはできない。言説も身体も、この消去線を引かれゆがめられた傾向を、与えられたものの再認や理解を禁じるゆえにまさしく贈与を可能とする傾向を、自己のうちに持ってはいない。セザンヌの祈り。なじみ深い山が彼を剝奪せんことを、眼が期待するのとは別のところに現れんことを、かくして彼を誘惑せんことを。脱-妥協の祈り、反-祈り。それは見えるものを言語の〈わたし〉-〈きみ〉に結びつけるわけでも、知覚の〈ひと〉に結びつけるわけでもなく、欲望の〈それ〉へと結びつける。そして欲望の無媒介的形象にではなく、その諸操作へと結びつけるのである。

それゆえこれが、本書において感じられるであろう移動、あるいは回転である。それは対立と差異についての考察の際に、より詳しく位置づけられるであろう。ひとはこう尋ねるかもしれない。あなたは知覚の〈ひと〉の秩序が〈それ〉の秩序を隠蔽すると言っているのに、なぜこの覆いを廃棄し、前者の秩序を抹消しなかったのか、と。わたしは、この移動はまさにわたしにとっては本書のなかにある出来事的なものであると答えよう。いかなる秩序によって、書物に想定されるいかなる機能によって、言説のいかなる威光によって、それを抹消すべきだというのか。

(15) このことは、Pierre Kaufmann, *L'expérience émotionnelle de l'espace*, Paris, Vrin, 1967 の第一章の終わりで巧みに示されている。
(16) とりわけ Humanisme et anarchie, *loc. cit.* を見よ。

意義と指示

弁証法、人差し指、形式

体系内と体系外の否定

否定とともに、話すことと見ることという二つの経験の交差点に反省が定着する。それが交差点なのは、両者が交錯するからである。一方では、クローデルが眼は聴くと言ったように、口が見る。これがなければ、何かを言ったとしても、何について語ることにもならない。見えるものの奥行きへと送り返す、言語的指向が存在するのだ。そして他方では、もし人間の言語に恣意性の原理が存在しなかったら、その内的な隔たりに全面的に依拠した体系の自足がなかったら、それゆえ言説とその対象との離別を引き起こし支えられる自足がなかったら、表と裏によって事物を厚みにおいて構成するこの奥行き自体、いかにして可能となるのか。語らなかったら、ひとは見るのであろうか。

否定性は異質な二つの経験を制御する定立である。見えるもの、距離、空間を構成する間隔設定（espacement）に含まれる否定、可変性のうちで感じられる否定が存在する。延長、厚み、形象を生み出すこの可動性の経験は、現象学者にとっては記述の特権的対象である。それは、フッサールが既成のヴィジョンへの沈降の下に見出そうと試みる構成的な見ることであり、客観的な空間と身体の永続的発生である。この発生は客観的な空間と身体の下で、メルロ＝ポンティの言う肉において醸成される。それが下にあると述べることは、それが無意識的なものであることを意味しうるが、しかしこの無意識性は超越論的なものの秩序に属している。ここで問題となっているのは、カントとフッサールの意味での根源的な外定立《エクテーシス》、何か見るべきものが存在するための根源的なそれである。その根源性が、その無意識性を保証する。無意識性という語によって、われわれは単にこの区別し掘り下げる最初の力が、ある言語やアカデミズムの死んだ形式に与する定めにあると言いたいわけではない（メルロ＝ポンティが想定したように、そしてフランカステルが示しているように、実際にそうした運命となる可能性が非常に高いのだが）。しかし外定立は見ることに含まれており、それゆえ見るべきものを与えるものであるから、見られることはない。見えるものと見るものがその上に配置されるような力、両者の親交を――まさしく両者の距離によってそうであるという点で――生成する力。ゆえに、造形活動の最も革命的な瞬間にも持続する無意識性。すなわちセザンヌ、ピカソが、見るべきものはいかにして存在するか、対象はわれわれの面前で見えるものの本質的省略においていかにして穿たれるかをわれわれに示すその瞬間にも。彼らはわれわれになおもそれを示し、われわれを絵から隔てわれわれにそれを見るべきものとして与える、この掘削の力へと訴える。超越論的な活動は総合するよりむしろ分離する力であるというのが本当であるなら、おそらく絵画はわれわれを可能な限り超越論的な活動へと近づけるものでもある。絵が示すもの、それは作られつつある世界である。晩年のセザンヌの水彩画において対象がいかにして眼の助けによって混沌としたものから現れうるか、ヴァン・ゴッホにおいて線が黄色と青の縁を接した結合からいかにして現れうるか、マティスの有名な肖像画を走る緑色の流れの両側から視線がいかにして現れうるかを示している。この観点からすると、絵は現代絵画が与える機能を果たす際に最も奇妙な対象となる。それは対象の産出、すなわち超越論的な活動そのものが現れる対象なのである。それは哲学全体を、少なくとも知覚は観念学ではなく存在の秘密すべてを含むと信ずる哲学を代替しうるはずである。実際、画家が見るべきものとして与えるのはこの秘密、顕現の秘密、すなわち奥行きの秘密である。ただしわれわれ、画家および見るわれわれは、この秘密を取り逃がす。それはまさしく、われわれがそれを見るからであり、この産出の展示、この見ることと見られるものの構成は――それを迎え、今度はみずからそれを展示し構成する生きた眼がなければ――いかなる意味も持たず、失敗に終わるからである。絵は実にわずかしかだまし絵ではないために、絵には真実へと近づくための眼が必要であり、絵はある意味では認められるための眼への訴え以外の何ものでもない。たとえ絵が他の何ものにも似ていなくとも（そして実際その可視的な機能は所与を与えることにあるのだから、たとえ具象的《フィギュラティフ》であってもそれは何ものにも似ていない）、眼はその正面で、それを存在させるために放棄した権利を取り戻す。たとえ顕現している最中であれ、みずからが世界が顕現するところを見られる場、世界がその顕現を顕現させる場であると信ずる権利である。見ることの否定性のこの無意識性、よって画家の使命はこれを一種の地下世界の隆起において明るみに出すことであるが、それには何の効果もないし、盲人のための絵画は存在しない。そしてセザンヌやピカソが観覧者の眼にさらけ出すあの地震の力、さらけ出したと信じたかもしれないあの地震の力は、観覧者の眼、あるいは少なくとも観覧者の眼と作品の共同作業のうちに避難する。

言語体系内ではたらく否定およびその無意識性は、これとは別種のものであるように思われる。ここでわれわれは、その最初の「分岐」においてラング(1)、体系を対象とする構造言語学の教えを参照する。音素と記号素の一覧表の構成要素を離散させておく力をわれわれの言語の経験のうちに見出したとしても、おそらくこの経験内の否定的なものの存在についてすべてを語ったことにはまるでなるまい。言語にはそれとは別の否定的なものの様式、その作用の別の形式が存在する。言説がみずからの前に開く距離、言説が自己の指向に——指向はわれわれをヴィジョンの経験へと送り返す——反論する距離が存在する。より直接的には、まず現象性の秩序における最初の否定として、単なる否定、判断の性質、言説の形式、〈否〉という言葉の謎がある。これは現象学的記述にとっては最も近く、最も本質的な否定である。なぜならこの否定によって、否定的なものが主体へと到来するように思われるからである。さらには、主体は否定性なしでは立ち行かない以上、主体はこの否定によってその対立のうちで構成されるからである。〈否〉はとらえられ飼い慣らされた死であり、言語への入場および自己への到来である。それは暴力の経験によって脅威と化し、脅威が担う非存在を主体性と言説が利用するのと同時に、いまやあらゆる言説と主体性に付随する。ここで、象徴的な〈否〉と見ることとの超越のあいだに最初の紐帯が確立されるはずである。見える対象はまた見えないものでもあり、顕示することは隠すことでもあるからだ。〈否〉は、言説においては事物の裏面の明示的現前であり、否定することは証明することである。見える対象を構成すること、それはこの対象を喪失しうることである。事物の現実性そのもののうちに現前し続けるはずの欠如のこの潜在性は、それをパロールにおいて表象する「……ない」である。見えるものと、判断の否定的性質を合流させる道が姿を現すのがわかる。フロイトはその先駆者である。ある大胆なテクストで、彼は見えるもの、想像的なもの、そして語りうるものの構成を「フォルト《いない》－ダー《いる》」の対の獲得と結びつけた。フロイトとともに、そしてフロイト以来必要とされる媒介は、周知の通り欲望の媒介となっている。なぜならすべての否定的なもののための軸となるのは、欲望の媒介に結びつけられた欠如だからである。

だがラングの体系に含まれる非存在は、このような構築を免れるように思われる。非存在の軸は欠如にはない。逆に、欠如と欲望は非存在のうちにその根拠を持つと述べる誘惑に駆られる。ここでもまた、フロイトはわれわれに道を示した。一定の隔たりを守り、オイディプスの道を精神の道とすべしという威嚇的な強制によって禁じられた享楽の自由な戯れを見るとき、主体は死の経験を起点として構成されると述べること、それは対自的な否定、判断の性質、そしておそらくは指向の超越が即自的な否定に対し二次的なものであると示すことではないか。即自的な否定は語るのではなく、性のパートナー間の不変の間隔を言説の辞項間として制定し維持することによって、沈黙のうちに構造化するのではないか。秩序と無秩序を創設するこの否定性は実に内在的であるため、ラングとして言説の無意識となっているように見える。そして親族関係の構造として、無意識そのものを構成する根源的抑圧のモチーフとなっているように見える。

しかしながら、この無意識性は見ることとの無意識性の対蹠点にある。後者の無意識性はある現象学に準拠し、前者の無意識性はある考古学《アルケオロジー》に準拠している。前者の無意識性によって自己に無意識となり、自分が目指す対象の自然で素朴な魅惑のうちで自己を忘却するのは、行為そのものである。後者の場合、無意識性は潜在的なものの次元に属し、行為に先行しこれを取り囲む。なぜならこの無意識性は行為を可能にするものであり、これを備給し、行為の現前によって消去されるため行為から知られずにいるからである。現勢態の無意識性は、光がそれ自体にとってそうであるところの影、事物は見えるが自己は見えない、見ることとの匿

(1) Ferdinand de Saussure, *Cours de linguistique générale*, Paris, Payot, 1962, p. 38.

名性である。潜勢態の無意識性は、行為の中核ではなくその周囲に宿っている。この無意識性は、行為が自己を把握する上での他者であり、行為がその実存によって消印を押す他者である。前意識として特徴づけられうるような非認識の根本的機能、自己を可能にするものに定義上背を向けるような行為の根本的機能。それは言語の秩序において、ソシュールが強調してやまないあの非認識である。ラングは「受動的」、無意識的、「無意志的」、そして「宿命的」なものである。ただしこの受動性は単純なものではなく、非活動ではない。「倉庫」、「宝庫」、慣用つまりパロールによって「聖別された」ものすべての集成なのだ。かくして活動のすべてはパロールに追いやられるように見えるが、ソシュールはラングもまたひとつの「体系」であり、「文法」つまり少なくとも言説の形式を規定する秩序でさえあると言う(2)。よってそれは、生成する受動性である。主体の外かつ主体以前の体系内で行われる否定は、行為するという主体の特権を侵害する。主体はそれを経験することができない。というのもこの経験は、主体の言語の経験を構成するものだからである。それは主体の手前である。フッサールは『デカルト的省察』の第四省察において、構成的な行為からこれを準備する受動的生成を後退しながら抽出している。このように、主体は反省的にしかそれを理解することができないのだ。

否定性を軸とすることで、反省はそれゆえ一方ではわが家に属するもののうちに安住し、他方では絶対的な異他性へと切っ先を向ける。この親密さの理由は、自己の対象を無化することが実際に反省的なものの本質に属しているからである。この点において、思考が見ることである限り、反省はあらゆる思考と同じ困難に直面している。ただし反省において思考の見ることは二重化され、自己に至ることを試みる。この反省的二重化とパロールに含まれる視覚との関係は、絵画的二重化と厳密な意味でのヴィジョンとの関係に等しい。

絵画は、例外的な対象とモデルを反省に同時に与える。われわれが絵について反省するとき、われわれは反省について反省している。そして映し見ることを世界という境位（élément）に住まわせそこに維持するゆえに、メルロ＝ポンティによれば基礎的（élémentaire）と呼ぶべき反省について反省する。美学における感覚的なものの再交差は、一方では思考することの思想における再交差を告げ、他方では身体上で、事物の感覚的なものの根源的な再交差を感覚的なものにおいて反復する。われわれは、描かれたものから発する思索せよという厳命に従うことで、あらゆる視向を支える超越論的否定性を、変動（variance）というその本質的特徴とともに抽出できるはずである。造形的空間を経由することで、反省は自己の境位にとどまる。あるいはむしろそれ自体のうちに下降し、われわれが述べた限界内で、その支えを、描かれた形象における感覚的なものの二重化を、またさらに下方にある感覚的なものから感覚されたものと感覚するものへの二重化を展望しようとする。

（鏡、二重化、これらの言葉は模倣の美学、写実性の理論を絵画に組み込むものでも、反射の物質主義を認識論に組み込むものでもない。知覚における感覚のとらえ直しは単なる反復ではない。絵における知覚のとらえ直しは創造的であり、反省することももはや反射することではない。それを教えるのは、まさしく感覚的源泉への下降である。しかしとらえ直しは、（単なる隠喩以上のものである）鏡の隠喩を維持しなければならない。なぜならそれは奥行きの謎、隠蔽する顕示の謎を、つまり一方ではすべての記号学の原動力、

（2） Cf. R. Godel, *Les sources manuscrites du cours de linguistique générale de Ferdinand de Saussure*, Genève, Paris, Droz et Minard, 1957, p. 145-157.

他方では反省の公理である変動、可換性（commutativité）の謎を秘めているからである。）

ところで哲学者の反省と同様に画家の反省が顕示しているもの、〈わたしの身体〉の反省が隠匿しているもの、それは否定が距離化として見ることの中心にあるということである。見るものと見えるものとの隔たり、分離がなければ、見るべきものは何もない。考えるべき事柄をわたしが知っているなら、考えるべきものは何もない。わたしの身体の上で世界が世界自体と戯れる戯れからわたしが離脱しなければ、描くべきものは何もない。そしてこの分裂はまさしく、対象と主体を構成することでそれらに隠された面を与え、それらの形象の下に滑り込んだ「地《じ》」を与え、かくして顕示と撤回の力と厚みを備えた記号としてそれらを確立するものである。反省がこの分離の力を発見する際、反省が触れるあるいは触れると信じるものは反省自身であり、ここではもはや志向的分析の着想に従う以上に正当なことはないように見える。なぜなら語ることもまた何かについて語ることだからであり、構造的方法が仮説によって無視するこの指向の次元は、言説の経験における見ることとの距離化の現前に他ならない。現象学的記述は単に可能なひとつの方法ではない。理解されていないことだが、他のいかなる手続きも、ひとが語るものをひとが到達すべき対象のように述べるものの地平へと拡大する否定性を保存できない。なぜなら現象学的記述は話者の経験に頼る唯一の記述であり、この経験において与えられるのは記号ではなく、メルロ＝ポンティが言語的身振りと呼んだものによって示すべき何かだからである。それはすべての身振りと同様に奥行きを、まさに指向の奥行きを必要とする。この距離化に沿って横滑りすることで、反省は単に言説の意味（Bedeutung）のうちで自己を再認するだけでなく、もう少し遠く、絵の秩序を構成する可変性のうちで、ついには感覚的なものの最初の鏡を開く触れるものと触れられるものの外在化のうちに自己を見出す。これらの無がいわば相互に継起し、これらの非連続性が相互に連続する。反省に関する非連続性どうしの立場の相違は存在しない。なぜなら、これらの非連続性自体がいずれも反省だからである。

逆にラングにおける否定は、先に認めた柔軟な意味での反省さえ、つまり感覚的なもののキアスムと芸術のキアスムまで含む反省さえ許さない。反省は可逆性のうちで、ある否定性のうちでその固有の空間を手に入れる。この否定性は、諸項を隔たったままに保ちながらも、それらの置換（permutation）を許容する。しかしこの置換は、まさに体系が禁じるものである。無意味（sinnlos）という罰を受けたくないのなら、隔たりを越えてはならず、禁止に反してはならない。音韻分析を経て、あるラングの弁別単位を序列と系列の一覧表に配置することが可能となる。この表は、もしその言語で理解してもらおうとするならば、いかなる音声の対立が遵守されねばならないかを示すであろう。ここでわれわれは、諸々の制約の集合に触れている。これらの制約は実に基礎的なものである。そのため、語る主体の組み合わせの自由や、その言説で用いられる諸項の操作がいかに大きなものでありうるとしても、それらは上部の単位すなわち語、文に触れるだけであり、音声の対立の単なるネットワークは手つかずのままとなる。このネットワーク上に、諸単位のヒエラルヒーのすべてが依拠している。こうした制約に比べれば、実現における差異、変動はまさしく諸単位の弁別機能を損なうものではないゆえに取るに足らないものである。その突端を復元のうちに持ち、あらゆる反省性の根本にある変動は、ここでは居場所がないように見える。

それゆえ、体系がそれ自体によっていかにして読まれ、思考されるかはわからない。構造は手の届かないところにあり、そこにとどまるのである。構造のみからは、反省すなわち一覧表の一部をそれ自体へと重ねる折りたたみは産出されえないように思われる。なぜなら序列と系列の体系的な一覧表が厚みもなくまさに見晴らしもきかない平面の空間に記入されるのに対し、そのような折りたたみには三次元空間が、よって奥行きが前提となるからである。ラングは自己を語るのではなく、ひとがラングを語る。むろん一覧表の諸要素がいかにして落下し言説の垂直軸に組織されるかを「説明する」ために、性急に主体の「表意するという志向」に頼ってはならない。この志向の可能性そのものが、少なくとも説明すべきものとして残っているのだ。しかし体系の内的隔たりを構成し測定する厳密に調整された否定性しか体系に導入しないならば、反省が体系の内部でその奥行きを穿つことが理解できないことに変わりはない。さらに、これはラングの一覧表から引き出すべき諸特性の第二の帰結であるが、反省がなぜ、いかにして自己の外部にある他の何かを視向し、示し、指示し、あるいは描写しうるのかさえ理解できない。ところで、われわれのパロールの経験ゆえに認めるしかない事実が存在する。それは、あらゆる言説はそれが把握しようとするものの方向に発せられること、視野が部分的であり地平によって限定され延長されるのにいささか似て、言説が不完全で開かれていることである。語ることのこのほとんど視覚的な特性を、ラングの体系という、原理的に閉じられ充足した全体性に自閉する対象からいかに説明するのか。ラングは、言説の明らかに指向的な機能といかにして結合しうるのか。唯一与えられた媒介は、まさに否定性のそれであるように思われる。パロールの〈否〉があり、指向的超越の間隔設定があるが、匿名的体系の内部そのものには、諸項を相互に一定の距離に保つ間隔がある。その結果、この「絶対的対象」はいわば穴だらけとなり、それ自体のうちに不動ではあるが生成的な弁証法を内包する。この弁証法は、ある項の定義と価値に、この項と相関する他の諸項を経由させる。そこには対象の否であるラングの〈否〉と、見ることの否である言説の〈否〉との連絡が存在するはずである。以上が検討すべき仮説、哲学においては古典的な仮説である。

他の秩序ではこれらの否定性に同一性を割り当てる誘惑に駆られるかもしれないが、いずれにせよ同一性は言語が問題となる際には排除される。争点となっているのは弁証法の立場であるから、ここで足を止めるのが適当である。異議はあるにせよ、たとえば生産関係が問題になっている場合には、プラクシスは構成的否定性と同じように——この否定性は作品に託され、再び制度へ陥り、諸項間の不変の隔たりの維持へと降格される——理解される、と考えることもできる。生産関係において構造は、「垂直的」否定性と比較すれば、ラングがパロールに対して占めるような先行性の地位に比肩しうる地位を占めていないというのは正しい。生産関係の浸透や定着の様式はある政令の対象とはならず、無意志的さらには無意識的でさえありうる力学に属しているとしても、このような特徴がこうした水準の諸構造の本質的特性であるとは限らない。因われの身となってこうした既成の関係を賦活するこの同じプラクシスが、また別の関係を意識的に設立しようとすること、またそこに到達しようと考えることさえありうる。資本主義の手前あるいはもしかすると彼方が存在し、いずれにせよ賃金関係そのもののなかに非賃金関係を構想する可能性が存在するのだ。そしてこの可能性は偶然的なものではなく、構成的なものである。「垂直的」否定性は、ここでは「水平的」体系において維持される隔たりに異議を唱え、思想として別の構造を生産し、事実のなかで可能な限りそれを練り上げようとしはじめるに至る。われわれはここで、この他性の経験——労働運動はその集積所であり表現である——が実際に想像界から出て本当に異なる社会となりうるか、プラクシスは体系の主人となりうるかは議論しない。しかし、いずれにせよ体系は、体系が許可し、もしかすると不可欠とする、みずからへの異議申し立てであることを認めなければならない。それゆえ体系は、プラクシスの否定性――この否定性が、みずからを囚われの身とする諸関係自体を構成する――の、ある批判的形式における自己への到来である。この意味で、そしてこの厳密な限界内において、「弁証法」は資本主義の社会経済的現実の正当な表現として現れるのである。(3)

以上は言語にはあてはまらない。そこではサルトルが理解する意味での弁証法は実践不能であり、批判的な形式においてさえ、体系がそこに自分自身の客体化を出現させることが理解できない。メタ言語の事実によって惑わされてはならない。あらゆるラングとともに与えられる、ラングについて語る可能性は、批判的プラクシスと生産関係との関係に比較しうるような関係を体系と結ぶわけではない。このことを自覚するのは容易である。社会政治的批判は、資本主義システムの特徴である諸制約と断絶することでのみ、その諸項を分配する不変の隔たりに打撃を与えることでのみ実行可能である。逆に、言語についての言説は完全に言語内で形成される。仮に言説が意味論的、統辞論的、さらには音韻論的不変性に打撃を与えることがあっても、それは伝達可能性の限界内で、つまりラングの法の下でつねに無意味という罰を受けかねないものとなる。いくつかの留保つきであれば、社会システムを支える否定性とそれを揺るがす否定性は関係し合っていると言うことができる。だが哲学者の方便によるものを除けば、ラングの体系を支えるのはこの同じ否定性である、言説はそこに帰着する、と主張することはできない。いかなる話者もたとえ控え目にであれラングを創設したと主張することはできず、別のラングを創設しようと考えることもできず、ラングを再編しようとするすべての試みはラングがわれわれの道具でありわれわれがラングを変えるための道具のすべてであるという循環にぶつかるという点で、ラングはパロールに先行している。

以上は、このようなラングにおいては新たな言説は不可能であると言っているわけではない。その逆である。ソシュールは、言語体系の均衡を失わせる変更はすべて言行為を原因とし、かくして通時態が新たな言説という出来事を経由して構造に浸透すると仮定する。もっともそれは、体系の同質性と惰性を過度に信頼し、その柔軟な生成の力（puissance）を十分に信頼しないことであった。いずれにせよこの言語学者は、かくしてラングの生成および語る主体との関係という問題を断固として弁証法の領域外に位置づけ、その後は誰もそこに立ち戻ることはなかったのである。体系がほぼ連続的な内的な再調整によって貫かれていることとは、体系がそれ自体では決して完全な均衡にはないこと、またある文脈から決して完全には切り離されないことに由来する。文脈は、言語的なものであれそうでないものであれ、体系にとっては出来事となり、体系を攪乱し、それゆえ永続的な調整を強いる。ここでわれわれは、まるで回転に何世紀もかかるようないくつもの万華鏡の色の戯れのように、構造が絶えず解体され再形成される世界に陥っている。歴史に参加するのではまったくなく、逆に歴史から出て自然のうちに埋没するわけである。通時態は物理的な時間に属するのであって、歴史性に属しているのではない。ラングの概念が現代人のうちに引き起こす驚嘆、そして現代人がそれに対して抱く時として熱烈な愛着は、精神のこれほど近くに、そして精神内にさえ、自然に属する何かを発見するという逆説と安心感の双方を露呈させている。言語の構造的概念のうちに過度に分類学的なものがあることを修正すべきとはいえ、また言説の事実の考察はラングの生成力を明らかにすべきとはいえ、

（3）　わたしはこの意味と限界を，La place de l'aliénation dans le retournement marxiste, *Les temps modernes*, 279（août-septembre 1969）において明確にしようと試みた。

この方針転換は言語学的方法にとって、そして体系に関するパロールの地位に敏感な哲学者にとっても非常に重要なものではある。だがそれは、言語の非弁証法的な特徴を何も変更していない。ラングが諸価値の一覧表ではなくむしろ生成文法のように思考されるならば、言説は確かにそこに自分の居場所を見出すであろう。「垂直的」否定性と、体系の諸項を分離かつ結合したまま維持する否定性との関係は、より確実に関連づけられるであろう。しかしこの関連づけはヘーゲルやサルトルの意味での弁証法ではありえないこと、またラングを構造主義的視点であれ厳格な機能主義的視点であれ、語る力が降下したものとみなすと同時に、それに論理的に先行する不活性な沈殿物とみなすのは不可能であることは、あらかじめ確実である。

われわれが二つの〈否〉のあいだに探している連絡は、両者の弁証法的な同一性ではありえない。依然としてわれわれは、ヘーゲル以来の、もしかするとヘラクレイトスとパルメニデスからサルトルに至る弁証法的思考すべてにとって本質的なこの困難を考慮してさえいなかった。すなわち「偽」、「疎外されたもの」、「不活性なもの」の可能性、つまり欠損、物化、過程（processus）の阻害、逆過程（recessus）に起因する困難である。ここに、われわれの目標にとってあまりに一般的な困難があるのかもしれない。われわれが強調した困難、すなわち言説とその対象を隔てる否定性からラング内部の間隔を維持する否定性への帰結が思わしくないことは、より特殊的でより決定的であるように思われる。弁証法の解雇は、そこでは証拠に基づいて実行される。しかしながらわれわれは、われわれの問題の中心に宿るもうひとつの困難を再び見出すこととなろう。

それゆえ、反省だけを頼りに構造の方向へとさらに歩を進めようとすることは無分別であるように思われるかもしれない。構造の分野で優勢な方法論は、みずからを厳密に客観主義的なものに見せかけている。ある構造の立証に必要とされる手続きは、反省や、現象学的意味での「経験」の聴診や、志向性分析には何も負っていないように思われる。逆に、言語学者はみずからが「心的」と名づけるものを自己の関心から放逐することを決意した。あらゆる直接的意味に対し不信を表明する民族学者の場合は、原住民が自己の社会生活の規則やその根拠としている神話的物語に与える意味を無視するとまでは行かなくとも、少なくとも、そうした打ち明け話を補足的な振る舞いという資格でしか信頼しないことを決断している。こうした振る舞いは、これらの規則や神話の体系の構造を構築するという唯一本質的と判断される使命にとっての補足情報、もしかすると有益な示唆をもたらすかもしれない。潜在的な意味《サンス》が存在するならば、反省はみずから進んでそこに到達するのではなく、逆にこの意味を授けられる。そしてこのような反省を再び見出すには、直接的な意義《シニフィカシオン》を放り出し、社会言語学的事実を事物のように扱わなければならない。反省的な視点からすれば、この客体化は見るものと見られるものとのあいだ、わたしが言うこととわたしがそれについて語るものとのあいだに截然とした線を引くことに等しい。科学の領野はこの線にしたがって切り取られる。「真理」はその後に、二つの部分の仲介によって主題化される。だがそのような結合は、現実には同じ一枚のガラスの破片を痕跡を残さず元通りにするのと同じく不可能である。あるいは主観的な仮説を容赦なく省き、科学そのものの主体を省略し、実証主義に身を任せる必要があるだろう。どちらの解決も、反省と構造が相互にどれほど異質であるかを示している。

ところで、この外在性は保存に適したものである。この点において、構造主義者は弁証家より正しい、あるいは少なくとも、いずれにせよその意図に関しては、誤りは均等には共有されていない。なぜなら、弁証法は主体と構造が媒介される包括的概念を打ち立てようとするのに対し、構造的方法はみずからを哲学つまり全体性の思想としてではなく、逆にある戦略によってその対象と結ばれた手続きとして示すからである。構造主義は、少なくともその研究方法の偏向を認識論的要請の背後に隠すことができる。弁証法は、率直に言えば「現象学的存在論」である。超越の否定的なものと体系のそれを分離したままに維持すること、それは単に言語とともに何か絶対的に独特なものが開始するのを認めることである。絶対的に独特なものとは、感覚的なものから「推論する」ことはできないものの、それと結合する他である。このことは、次のようにして確認することができる。物を逆に置き、あるいは正しい向きに置き直すことで、言語はみずからが汲み尽くしえない秩序に出会うこと、言語自体がその深さの次元を汲み取り、そうし続けるような秩序に感覚的確信のうちで出会うことを観察すればよいのだ。

『精神現象学』は、語りうるものに対するこの感覚されるものの乗り越え不能な外在性の告白ではじまっている。第一章の冒頭でまず示されるのは、おそらくそれとはまったく逆のものである。思い込み（Meinen）すなわち具体的な表意的視向は、それが失われることなしには語られえず、かくして自己を陳述することを強いられ、その無意味さと抽象を認めなければならない。しかしこの視向がそのように見えるのは、視向が言語によってまた言語を起点としてすでに挑戦を受けているからであり、哲学者が対象の展開に介入しないという自己の約束を破って、直ちに自己を語るよう（さらには自己を書くよう）、よって自己矛盾するよう感覚的確信に命じたからである。というのも、そのいまは時には昼、時には夜であり、そのここは時には木、時には家であり、いずれにせよその内容と有機的に結ばれていない空虚な普遍、いま、ここだからである。ただしこの抽象は感覚的確信の運動自体には属しておらず、この確信と言語の出会いから結果する。またこの抽象は、無言の無媒介性の結論よりも言葉として発しうる結論を優位とする言語愛好家の前提にも属していない。自己矛盾すること（se contredire）は、自己に反して感覚すること（se contresentir）ではない。ヘーゲルはそれをよく承知しており、それゆえこの同じ章に内在する第二の運動において、思い込みに言説を媒介とした発言や演繹を強いることをやめ、思い込みから発する無媒介性の主張を正しく評価しようとしているのである。そしてそれを把握しようと、少なくともそれを実際に前言語的であるような意義の行為へ近づけようとしている。「われわれはそれ［いま］をわれわれに指し示すことにしよう。なぜならこの無媒介的関係の真理は、あるいまとあるここに限定されたこの自我の真理だからである[4]」。

指し示すこと（indiquer）、それは人差し指をある場所へと向けることである。この沈黙の身振りはそのベクトル上に根源的な間隔設定を構成し、その両端に示すものと示されるものが二極化する。それゆえこの身振りのうちに、感覚的なものと感性が現実化される開放性そのものの産出を見出さなければならない。ところで、指し示すことは言語に帰属するのであろうか。感覚的確信という方向で反省をこのように再開する際にさえ、ヘーゲルは無媒介性とされるものに隠された弁証法を顕示しようとしている。指し示すという行為は、何かがあいまいさなしに顕示される単純な指向を創始するわけではない。それはひとつの運動であり、この運動がその結果として指し示されるここを生み出すのである。なぜならいかなるここも、位置づけられ他のここととの関係に置かれるのでなければ、よって身振りによる指証法（dia-déictique）の一種の無言の「言説」に包含されるのでなければ、それ自体では指示されえないからである。指証法は、「前と後ろ、上と下、

（4） Hegel, *Phänomenologie des Geistes*, hrsg. von Hoffmeister, Félix Meiner, Hambourg, 1952, S. 85 (tr. fr., Paris, Aubier, 1939, t. I, 88).

右と左[5]」を顕示する。こうして身振りは諸々の身振りの弁証法となり、場所は諸々の場所の弁証法となり、位置づけることは他を同に言葉少なに導入し媒介することとなるであろう。

そのときロゴスは、改めて、今度は感覚することに外部から押しつけられるのではなく、合致した運動から生じるように見える。ロゴスはこの運動において自己を反省し、みずからが媒介者としてすでに現前することを発見する。しかしながら、ロゴスのためにかくも安易に結論し、言語を感覚的なもののうちに下降させ、かくして感覚的なものを残らず言説のうちに解消することはできない。おそらく、パロールや悟性と意味や感性のあいだにカントによって打ち立てられた外在性と縁を切り、範疇に関する諸形式の自律——この自律は、批判思想においては所与が思考されたものへと還元できないことを示している——を炸裂させることは、ヘーゲル哲学の精神に確かに合致している。とはいえこの作戦は成功せず、『精神現象学』という言語による全体化の企ての入り口そのものにおいて、この書物で決して全体化されなかったものを、むしろパロールに含まれた沈黙としてつねにそこで作用し続けるものを容易に指摘することができる。すなわち、指し示すこと（Aufzeigen）そのものである。

無媒介性の殻を割ることはできるが、その核に見出されるのはディアレゲスタイ〔対話〕ではなく、いずれにせよ言語ではない別のものが見出される。ここの決定は、前、後ろ、右と左、上と下の決定へと完全に送り返される。しかしこれらの語とここは、ある言葉を同一のラングにおいて隣接する言葉と結びつける関係、ましてやある音素を音韻表におけるパートナーと結びつける関係に比しうるような関係にあるわけではない。そしてそれらの相関もまた、ある言説の諸要素、たとえばある文中の語、さらには推論における諸命題の相関——ヘーゲルはとりわけこれを念頭に置いているように思われる——と同一視しうるものでもない。

指示（indication）の空間は、体系の表でもパロールの列でもない。「どこがここ」かを指示する運動が通過する諸点は、意味や音のために語や選ばれた音素と照合される中間項、媒介物のようなものではない。こうした中間物や媒介物は最終的に、構造言語学が発話行為に見出す選択と潜在的連結の操作のうちで除去される。それとは逆に、指し示された場所であるここは、おそらくその中心としての感覚の場〔領野（champ）〕において把握されるが、話者が行う選択の場合にそうなるように、その周囲が除去されるような仕方で把握されるわけではない。周囲はそこに、視野の縁にたたずむものとして不確実だが否定しえない曲線的現前のうちに残存する。これはヘーゲルが理解するように、場所の指示に絶対に必要な指向であるが、その本性は言語的操作の本性とは完全に断絶している。言語的操作の本性は非連続的な目録へと送り返され、視覚はトポロジー的空間へと送り返される。前者は現実的なものの唯一性と潜在的なものの除去を求める言連鎖の規則に従うが、後者は潜在的なものの半現実性と所与の半潜在性の規則によって支配された感覚の場を決定する。感覚的なもののうちには否定的なものがある、疑うのは自然なことである、物の現実に絶望しそれを食べる動物は感覚論哲学者よりも学識があると語るヘーゲルは確かに正しい。しかし感覚的なものの場にあるこの無化は、ラングを自己理解の方法に変える不変の否定性ではない(6)。

（5） *Ibid.*, S. 86.

（6） Brice Parain, *Recherches sur la nature et les fonctions du langage*, Paris, Gallimard, 1942, chap. X および chap. XI の「感覚的確信」の議論を参照。「ヘーゲルのはじめ方は（…）確かなものではない。それは感覚的確信のドラマをいまの文中に置いている。だが瞬間の感覚的確信の表出として現前する文はそのようなものではなく、別の文に応答するだけである。別の文自体も感覚的確信から直接生まれるのではなく、感覚的確信について提起された問いである（…）。われわれが感覚このことを別の仕方で述べることもできる。上と下、右と左、前と後ろは、生成を行う量塊《ヴォリューム》に関係づけるべき場所である。生成を行う量塊とは生き話す身体であり、その懐胎的身振りである。とはいえ、こうした場所のうちにこの身体の広がりを見出さなければならないわけではない。ここの指示は身体と空間の共存へと送り返されるが、この共存と同等のものは言語の経験のなかにはない。確かにラングはエミール・バンヴェニストが「指示子」（indicateur）と呼ぶものを持っており、これについては後述しなければならない。だがわたし、これ、ここのように、言説行為における現実化にその「内容」を期待する語の利点と謎は、まさしくそれらが言語を経験へと開くことにある。この経験は、言語がその目録に貯蔵することのできない経験である。というのもそれは、ここといま（*hic et nunc*）の経験、エゴの経験、つまりまさに感覚的確信の経験だからである。他のいかなる語も、誰もそれを口にしない場合でも、ラングの潜在的一覧表における意義を潜在的に負わされたままである。語のこの内容を創造するのはわたしの言説ではない。文におけるこの語の位置は、それに結びつけられた意味のひとつを現実化するだけである。また同時に、実を言えば指示子の意味は存在せず、実存することしかできない。つまりわれわれは、わたし、ここが位置する意味論的平面にとどまりながら両者に定義を与えることはできない。わたし、ここを起点とし、両者に対しメタ言語的な操作を実施することなしには。この操作は、文法学者が与える定義「わたしは一人称の代名詞である」におけるように、水準の変化に相当する。この定義は語をその統辞論的機能の平面へと移し、よって語彙の水準――わたしはそこでは、たとえば鯨を水棲哺乳類として定義することで自己を位置づける――とはまったく別の水準でとらえることにある。

困難は、ある「指示子」の意義（Sinn）をその指示（désignation/Bedeutung）から切り離すことができないことから生じる。それが言わんとするのはそれが語るところのものであり、それが発せられた時空の状況に再び置くことなしには、指示されたものから独立にそのシニフィエを与えることはできない。こうした「指示子」を持つ言語には、穴があいているかのようである。視線はそこを通り抜けることができ、眼は外へと注意を向けることができ、そこに停泊することができる。しかしこの「外に」それ自体は、身体とその空間（およびその時間）との原初的な親密性へと送り返される。この身体的空間的親密性において、ヘーゲルが引き合いに出す身体自体へと振り向けられるような上、前、右が身振りのうちで生まれる。身振りは、それらを踏破することでそれらを位置づけるのである。ここはその「結果」であるかもしれないが、結論でないことは確かである。指証法は一種の弁証法でありうるが、言説ではない。それが弁証法でありうるのは、パロールの主語と目的語が表意することの運動の両極で誕生するのと同様に、わたしとここが踏破の運動において、みずからが踏破するものを創造する運動において一緒に生み出されるのが事実だからである。しかし指し示すことは、語ることから逃れ去る。なぜなら、それは指示の次元にあると想定されるからである。あらゆる全体化は、その双子たる脱全体化によってまず開かれる量塊のうちで行われる。脱全体化は言説とその対象、意義と指向を引き離す。この指向は表意することではなく示すことに属しており、表意しえないものである。

これはまさに、ヘーゲルが認めていたことだった。「それらが視向するものを、それらは語らない（…）。

的確信と言語の関係のうちに見出すもの、それは（…）弁証法ではなく、秩序の観念だけが完璧に表現するような敵対関係である」(p. 157-159)。

視向される感覚的なそれは、言語には到達できない（…）。表現不可能と呼ばれるもの（…）は単に視向されるものである」。そしてこの視向されるものは、「真ではないもの」であり、「理性的ではないもの」[7]である。もし体系の概念において、見ることと語ることの和解、形式と範疇の和解という夢が育まれるならば、これは体系の断罪となる。だがこれは、現代の構造主義者たちが――明白でひとを苛立たせる哲学的慎みとともに――思考し、練り上げ、利用する、今度は非全体化的な体系の認証となる。彼らは感覚的なものには無頓着に、科学的野心をラングに収まるものに限定し、「単に視向されたもの」を言語に「到達できない」という理由で無視する。しかしながら立場の重大な逆転により、構造主義者の真理を語るのは弁証家となり、指示（Zeigen）をめぐる言語の挫折を認めつつ、言語を網羅しえない構造の無力さを告げるのも弁証家となる。この無力の理由はもちろん、視向されたものが言語には到達できないからである。ただしそれは、視向されたものが言語にあまりにも近いから、その運動に包まれているようなものだからである。それゆえ、感覚的確信の偽の無媒介性において与えられていたものを知覚が構成し弁証するからといって、知覚が感覚的なものを真にとらえる（wahrnimmt）と言うのは正しくない。もしも諸契機のヘーゲル的ヒエラルヒーを維持するならば、知覚の支えは知覚からではなく感覚することの超越から到来すると言わねばならない。そして知覚（Wahrnehmung）は、この超越の真理を明かすどころかそれを前提としており、それについて何も語ることができないため沈黙していると言わねばならない。というのもこの支えは指示（Zeigen）そのもの、超越論的否定性だからである。この否定性は、最初の差異としての感覚自体を最初から構成しており、精神にその運動の最後まで付き添い、その形成のいずれについても離反（Entzweiung）をもたらす。この離反がなければ、主体も客体もなく、志向性の奥行きもなく、この契機の自己自身との「不等性」もなく、それゆえ語るべきことも何もないであろう。

象徴の内在性とされるもの

ヘーゲルは、『精神現象学』の第一章を感覚的確信の不確実性の確認で締めくくっている。その無媒介性は忘却から帰結する。無媒介性は、ここが決定される運動の忘却からなっている。無媒介性は、ここが媒介から生じる一方でそれを無媒介的所与としてとらえる。このような迂回路によってロゴスは、即自－対われわれ（en soi－pour nous）において、見たところ原始的な対自のうちに再導入されるのであろう。ここ－いまのこれという最も基礎的な贈与のうちに媒介が存在するのは、言語が感覚的なものにすでに宿っているからである。しかしそれは他の場所から到来してそれを固定し、保存し、瞬間の流動から引きはがすものとして宿っているのではなく（§Ⅰ）、そのなかで（§Ⅱ）、内部からいわば無意識のように、合理的な無意識のように作用し、空間的、時間的な周囲の諸要素を対象とする継起的な否定によってそれを決定するものとして宿っている。ヘーゲルは世界の光景に横に作用するこの否定を、構造主義者の場合にラングのシニフィアンの一覧表に横に作用する否定と同様の仕方で理解し、そこに弁別的な要素を浮かび上がらせている。場所と契機は、こうして意義として決定されるのであろう。

（7）「彼らは、わたしがこのことを書いている、あるいはむしろ書いてしまったこの紙片を思い込む。しかし彼らは、思い込んでいることを述べてはいない（…）。思い込まれているこの感覚的なものは、意識に、それ自体一般的なものに帰属する言葉にとっては到達不可能である（…）。語りえないものと呼ばれているものは、真ではないもの、理性的ではないもの、単に思い込まれたものである」（*ibid.* S. 88）。

とはいえわたしがその証明を試みたように、ヘーゲルの考察から逆の結論を引き出す根拠がある。すなわち、言語は感覚的なものを真剣に受け取るには至らないということである。この哲学者は、その言説において明らかに苦もなくこう言明している。感覚的確信が主張する特異性は思考しえないもの、語りえないものであり、この特異性を根拠づけなければならない場合それを語らなければならず、よってそれを普遍性へと取り込む意味場に置かなければならない、と。しかしヘーゲルが統合するには至っていないもの、それは示すこと、顕示することそれ自体である。指証法はヘーゲルが解する意味での弁証法ではないが、それはまさに弁証法が意味の一覧表の上を横に進むのに対し、指証法は空虚な隔たりを、示すものと示されるものとを分離する奥行きを前提とするからである。この隔たりが示されたものの一覧表に移された場合でさえ、隔たりはそこでも、言語には決して余すところなく表意しえない距離のうちで人差し指に身を委ねるであろう。

指示することとは、なるほど、じっとねらいをつけることではない。動かない眼は見ることがなく、人差し指は石像のそれとなる。しかしあらゆる可動性が、意味の部分集合を踏破し、そこから自己に必要な概念を取り出し、理解可能な言説として連結する精神の可動性、意義の秩序で作用する精神の可動性であるわけではない。ヤコブソンが選択と結合と呼ぶ活動に解消されない運動が存在するのだ(8)。感覚的なものが現前する際の運動はつねにひとつの身振りであり、踊りである。これは間違いなく、それ自体と結合する運動である。指示すること、見ることとは、ひとつの空間の構成を、共存の秩序を要求するのだ。そして指示することと見ることは、もちろんその結果としての場所を決定する。しかしながらこの結合は結合関係（combinatoire）ではなく、この決定は論理的帰結ではない。感覚的活動の結果はひとつの現存在（Dasein）であって、意義（Sinn）ではない。眼と対象との距離を開く否定性は形式の否定性であって、範疇のそれではない。感覚的なものは、有意味なものとの抹消しえない隔たりのうちにある。

この隔たりについて、ヘーゲルの感覚的なものの理論、美学はわれわれに意図せざる証言を行っている。感覚的なものと有意味なものとの連絡の批判的吟味は実際、ヘーゲルの幻想である、見ることの語ることへの解消を確証している。ジャン・イポリットは、ヘーゲルがこれらの語に認めている sens の二つの用法を取り上げる。「sens は実際、それ自体二つの反対の意味で用いられる興味深い言葉である。一方では、それは無媒介的な把握を主導する諸器官を指し、他方ではわれわれはある事物の意味、その観念、それが持つ普遍的なものを sens と呼ぶ。このように、sens は一方では実存の無媒介的に外的な側面と関係し、他方ではその内的な本質と関係する。二つの部分を分離しない思慮深い考察は、それゆえそれぞれがその逆のものと同時に現前するようにする。つまりある事物から感覚的直観を受け取りつつも、その意味と概念を把握するようにである。だがこうした決定は分離されていない状態で受け取られるため、観察者は概念を依然として意識しておらず、それをいわば漠然と予感しているだけなのである」[9]。ジャン・イポリットは、これについて次のように注解している。「それゆえ、感覚的なものと言語にのみ現前する意味のあいだには中間項が存在する。そして一方から他方への移行は、精神の弁証法と同様に芸術の弁証法においても現れる。しかし、この中間項という表現に欺かれてはならない。というのもヘーゲルの哲学は、媒介の哲学だからである。言語のうちに表れるような意義（signification）、言説における概念の生成としての意味（sens）は、それらを

（8） R. Jakobson, Deux aspects du langage et deux types d'aphasie（1956）in *Essais de linguistique générale*, Paris, Minuit, 1963, p. 48.

（9） *Leçons sur l'esthétique*（J・イポリットが出典なしに引用）.

生み出すように見える運動と比べて手前にある。言葉にしえない〈絶対者〉が存在しないのと同様、あるいは決して目覚めることのない者には夢が存在しないのと同様、言語以前に意味は存在しない[10]」。

この簡潔な指摘は、われわれの関心を引くヘーゲルの問題系を模範的な仕方で位置づけている。なぜならそれは一方で、外在性と内在性のあいだの対立にヘーゲル的困難を位置づけるからである。これはまさしく、われわれが意味（sens）の二つの用法と呼ぶものを別の言葉で語ることである。すなわち、意義（significa-tion/Sinn）である内在性における意味と、外在性における意味である指示（Bedeutung）である。この対立の重要性は後でわかるだろう。しかしすぐにわかるのは、いくつかの点でヘーゲルの問題系のすべてが、まさしく外在性の意味を、他の場所から到来するものとして与えられるものを、すなわち指示をある体系に完全に内在する意義へと解消することにあるということである。開放性を自己のうちに含む閉鎖性を構成することが問題となっているのだ。

また他方では、イポリットは正当にも芸術は「依然として」この意味の意味自身への統合ではないことを、それゆえ意義の強迫に憑かれた思想にとっては「中間項」に過ぎないことを強調している。ただしイポリットの指摘によれば媒介の哲学に中間項は存在しない、なぜならすべてが中間項だからである。中間項、μεταξύ〔あいだ〕、魂と身体との結合、図式が存在する余地があるのは、二元論の思想においてのみである。ロゴスによる媒介の哲学においては、媒介に先立つ所与はなく、かくして意義以前の意味はない。「言語以前に意味は存在しない」。ヘーゲルにとって、アイステートン〔感覚的なもの〕が「依然として」即自－対われわれに達していない、自己を忘れがちなロギコン〔言論的なもの〕に過ぎないとすれば、ヘーゲルは芸術に十分な地位を与えるに至っていないことが理解される。

しかしながら象徴《サンボル》と記号《シーニュ》を入念に分離し、前者においてどのように有意味なものが感覚的なものに内在しているかを示すべく努力することは間違いではない。「象徴とはまず記号である。しかし単なる記号の機能の場合、意義とその表現が結ぶ関係はまったく恣意的なつながりでしかない。この表現、つまり感覚的なものないし像はそれ自体ではほとんど表象的でないため、表象から前に出てくる内容はむしろそれとは異質な内容である。そして表象は、この内容と真に共通している必要はない。かくして、たとえば言語の諸々の音はどのような表象にとっても記号である、等々。ある言語の音の大部分は、内容についてはこれらの音が偶然的な仕方で表現する表象と結びついている。というのも、関係はまた歴史的展開とともに別様に構成されるからである。諸言語の差異は、主として同じ表象が異なる音によって表現される点にある。色は帽章、旗などに用いられる際、個人、艦船などのこれこれの国への帰属を表すために用いられることから、そのような記号の別の例である。色はそれ自体ではその意義と共有するような、つまり自己によって表象される国と共有するようないかなる性質も含んでいない。意義に対する記号の機能そのもののこの無差別性を起点として、芸術が意義と形式との関係、類縁性、相互的内在性のうちに位置することが理解できる。これはすなわち、芸術が象徴としての価値を持つべき記号とはまったく異なるということである。たとえば獅子は寛大、狐は狡智、円環は永遠の象徴であり、三角形は三位一体の象徴として用いられるであろう。しかし獅子、狐は、彼らが表現すべき意義の特性そのものを自身のうちに有している（…）。そして三角形は、全体として、宗教が神のうちに構想する規定が数へと関係づけられる際に神の観念に与えられるのと同じ数の辺と角を有

（10）*Logique et Existence*, Paris, P.U.F., 1953, p. 28.

している」[11]。

明快な思想である。記号の場合、シニフィアンは観念に対して恣意的であり、象徴の場合、観念はシニフィアンに内在している。ここでわれわれはソシュールの考察と、つまり彼が動機づけのある意味の体系と恣意的あるいは無動機の体系とのあいだに設けた明示的な対立と非常に近いところにいる[12]。他のシニフィアンの全集合に対するこの言語の差異化は、有意味でない sens としての感覚的なものが自律的な地位を見出し、合理的なものには併合されないという保証をわれわれに与えるのではないか。ヘーゲル的象徴は、われわれが探し求めるもの、シニフィアンに対する sens の真の内在性ではないのか。

これに対する疑念があるかもしれない。ヘーゲルが与えている象徴の例から、三角形のそれ――ヘーゲル曰く、三角形は神を象徴している――を取り上げ、この象徴化に含まれる手続きを分析してみよう。一方には、「三角形」というシニフィエではなく、Δという形象。他方には、音韻のシニフィアン /djφ/ とそのシニフィエ「神《デュー》」。この形象が神を象徴しうるのは、それが三つの辺からなっており、神がキリスト教の神話では三つの位格からなっているからである。媒介は二つの項に共通する三という数字によって行われ、よって形象への観念の内在性を保証しているように見える。しかしこれでは、あまりにも性急に進みすぎである。どちらも概念である「神」と「三位一体」の関係は、構造主義の用語では範列関係である。つまり「三位一体」はシニフィアンの連鎖において、「神」が来るのと同じ点に来ることができる。二つの語は置換可能なのだ。「神は三位一体である」、「三位一体は神である」という言表のうちに置かれると、それらは「小屋は小さな家である」と同様に、ヤコブソンが隠喩的命題と呼ぶものを形成する。これはまさしく、連鎖の異なる二点における置換可能な二つの辞項ないし辞項の集団の出現によって特徴づけられるもので、定義のメタ言語のモデルとなっている。これらの操作により、われわれは意味場の中心に置かれ続け、そこで移動を実行するのである。そしてその結果、ある辞項の意義（Sinn）を他の辞項と対立させることで画定することになる。「神」と「三位一体」のあいだの関係は厳密な意義であり、完全に言語の領野の内側にある。

（11）*Aesthetik, Sämtliche Werke*, hrsg. von H. Glockner, Stuttgart, Frommann, 1939 ; Bd 12, S. 408-409）。同じく『エンチュクロペディー』（§458）も参照。「自律的な表象と直観の知性によるこの統一においては、直観の質料はさしあたり何か受容されたもの、直接的なものないし与えられたものである（たとえば帽章の色など）。しかしこのような同一性においては、直観はそれ自体で実定的なものとして有効であるわけではなく、何か他のものを表象するものとして有効である。直観は、知性の自律的表象を魂として、その意義としてみずからのうちに受容した像である。——記号とは一種の直接的直観であり、自己の内容とはまったく異なる内容を表象する。——それは、無縁な魂を預かり保存するピラミッドである。記号は象徴とは異なる。象徴は、自己自身の規定性がその本質および概念からして多少とも自分が象徴として表現している内容となっているような直観である。記号そのものにおいては、逆に直観固有の内容とそれがその記号となっているところの内容はまるで無関係である。しるしをつけるものとしての（als bezeicPend）知性は、直観を使用する際、象徴するものとしての（als symbolisierend）知性よりも自由な恣意と支配を示す。——通常、記号と言語は心理学や論理学の付録としてどこかに挿入され、知性の活動体系におけるその必然性、その相関関係が熟考されることはない。記号の真の場所はすでに示した通りである。つまり知性は直観を導くものとして時間と空間の形式を生み出すが、感覚的内容を受容するように思われる。そして知性はこの素材をもとに表象を形成し、いまや自己の自律的表象にみずからの外部における定在を与え、かくして満たされた空間と時間（つまり直観）をあたかも自分自身のもののように使用し、そこから直接的で個別的な内容を追い出し、その意義と魂として別の内容を与える。このように記号を構築する活動を、生産的記憶と呼ぶことができるだろう」（*System der Philosophie*, III, *ibid.*, Bd 10, S. 344-345）。

（12）*Cours de linguistique générale*, Paris, Payot, 1962, p. 100 et sqq.　R・バルトがヘーゲル、パース、ユング、ワロンにおける記号の用語法のあいだに作成した相関関係も参照せよ。Eléments de sémiologie, *Communications*, IV, 1964, p. 103-107.

このことは、形象Δと「三つの辺からなる」意味を表す語群との関係にはあてはまらない。両者のあいだには、まさにこの形象の名である「三角形」という語が必要である。もしもこの名と「三つの辺からなる」語群との関係が「神」と「三位一体」の場合のように完全に言語の内側にあるとしても、形象そのものと名が同じ秩序に属すると述べることは不可能である。形象は分節言語には属さない。形象に与えられた名は、完全に外側にある。Δ－/tʁiãgl/という関係は、完全に恣意的なのだ。

ひとは、この形象と「三辺を持つ」という語群を結びつけている関係はそのようなものではない、と言うことであろう。しかしそれは分析の水準を変更し、提起された問題にとって適切な水準を放棄したということである。なぜなら形象に関する三辺の特性の動機づけは、いわば言語の上方へと移行することを前提とし、形象と表意された特性に共通性があるかどうか認識していることを前提としているからである。そのような共通性は、感覚的なものを知的なもののうちで、知的なものを感覚的なもののうちで表象する秩序において確立される。すなわち、まさしくカントが図式論《シェマティスム》と呼ぶものにおいてである。実際、三角形の可視的な形、線を引く手のリズム、そして幾何学的意義を重ね合わせることができるような三つの要素からなる図式に、—∪—というシークエンスのような何か（いかなる図式も時間的なものである）に、ダンスに、感覚的なもの－有意味なものに、多感覚の身体に頼らなければならないのだ。ただし、このような総合は感覚的な領野と知的な領野のあいだで直接作用するが、/tʁiãgl/と/djφ/という連辞が位置する言語的シニフィアンの秩序は図式論の作用を受けず、その恣意性のうちに閉じこめられたままであることをよく理解しなければならない。その結果、感覚的なものを有意味なものへと溶解させることなく両者の連絡を解決するため、カントをヘーゲルに対置することが可能となる。しかしその代償として、カントが見誤っているもの、つまり言語の恣意性を無視することとなり、ラングの体系が内包する感覚的なものからの根本的解放の力を無視することになるであろう。たとえ萌芽状態であれ、論理学と現代数学の形式主義のすべてを無視することになるであろう。もし人々にとってもカントにとっても基礎づけの行為は単にある所与を体系へと登録することとしては理解されず、「感性的」土台を要求するものだとしたら、人々は過度に動機づけをしており、人々の象徴はあまりに重く、切断、素描としての科学は可能ではない。これは、まず切り離したもののあいだの絆を過度に結び直す二元論哲学（形相‐概念）の逆説である。

直喩の外在性とされるもの

だがヘーゲルの逆説は、これに劣らず驚くべきものである。その無動機性、その恣意性、事物に対するその外在的性格についてヘーゲルがいくら数学を非難しても無駄である。ヘーゲルは、まさしく無動機性を軽視しているのではないか。なぜなら彼の体系は、対象を実際に自己の他者として自己自身の外部に残すことで指向を尊重するどころか、その上対象をそこで全面的に表意すると主張するからである。だが体系が対象との恣意的な関係を失うのは、対象が体系内で表意されるからではない。無動機性は、対象に対する外在性の次元として言語内に記録される。一度表意されると、この外在性はなるほど言語内に内在化されるが、だからといって言語はその縁を失ってしまうわけではない。この縁とは、別の場所に面した言語の面である。

神と三角形に戻ろう。シニフィエ（三位一体としての神）のシニフィアン（三角形の形象）に対する内在性は、実際には存在しないことがよくわかる。というのも転移の手順を吟味することで、ある空虚が、言葉と形象のあいだに位置する「空隙」が出現するからである[13]。ヘーゲルがそれでもこの事例を象徴の事例、シニフィアンへの意味の模範的内在性の事例として挙げていることは、まさに彼が言葉を物とみなし、物の名をその現前とみなし、かくして言語の秩序内に住み固執していることの証拠である。そこでは実際、三角形性はキリスト教の神性を「象徴するもの」であると言うことができる。というのも三角形の形象が重要なのではなく、「三つの要素からなる」という概念が重要だからである。

なるほど、われわれは隠喩《メタフォール》を言語そのものの中心に注意深く標定し位置づけるべきであろう。そして、すでに「神は三である」と述べることは重要である。というのもそれは、主語と同じ下位体系に属さない辞項を言表の述語とみなすことだからである。隠喩を形成するこの迂回あるいは架け橋には、すでに——後でわかるように——言説に働きかける形象の力が存在している。この力は最も近く最も把握しやすいその最初の表現であり、また言説にとって最も捕らえやすく意義の秩序内に最も回収しやすい表現である。この理由によりすべての隠喩は消耗し、まず「比喩に富んだ」すべての表現がありふれたものとなる。しかし言語内のこの隠喩は、ヘーゲルが象徴によって着目しているものではない。彼ははるかに歩を進め、形象内の意味を示そうとする。しかるに、彼はそこまで到達していない。なぜなら意味を意義において思考しているから、あるいは、いわば形象のかわりに形象の名を思考しているからである。そしてわれわれが分析している例のすぐ後で、この原理的な失敗についてさらにわれわれに無邪気な証言を提供している。というのもヘーゲルは、象徴がシニフィエに対するシニフィアンの（神の概念に対する三角形の形象の）剰余およびシニフィアンに対するシニフィエの（三角形に対する神の）剰余と本源的な不確実性を同時に含んでいるという点で、象徴を両義的、曖昧であると非難しているからである。この不確実性は、ひとつの三角形が与えられたとして、それが象徴なのかどうか、あるいは単に形象なのかを知ることができないというものである。なぜなら、三角形はその機能の指針や使用法を携えていないからである。[14]

---

(13) 以下は、内在性とされるものにおいて想定された分節の一覧表である。

	I	II	III	IV	
シニフィエ	「神」	「三位一体」	「三」	「三角形」	1
音声シニフィアン	/djφ/		/tʁwa/	/tʁiãgl/	2
算術記号的シニフィアン			3		3
幾何学形象的シニフィアン				Δ	4

(横の)行は、分節された意味場(1)、音韻場(2)、記号場(算術記号)(3)、形象場(4)を定義する。(縦の)列は、ヘーゲルの仮説における同一のシニフィエのさまざまな行のシニフィアンを定義する。——I、1の欄とIV、4の欄との関係は、内在性ではありえないことが容易に理解される。IとIIのあいだには縦の切断があるだけではなく(神は三位一体であるというキリスト教の理論に対応する切断)、今度はある普遍的な遮断が、三角形の形象をその名から、そして名のあらゆる秩序から分離する。

(14) 「かくして、たとえば獅子は単に強いだけではなく、狐は単にずる賢いだけではない等々であるのと同様に、逆に神は単にひとつの数によって理解しうるようなものではない。それゆえ内容はそれを表象する形式とは無関係なままであり、それが生み出す恣意的な決定は無限の別の存在や形式においてもまったく同様に提示されうる(…)。力の最良の象徴はおそらく獅子であるが、それはまたまったく同様に雄牛や角等々でもありえ、逆に雄牛は多数の別の象徴的意義を持っている。そして神を表象するための象徴として役立ちうる、絶対的に無限な数の構成や造形が存在する。/その結果、象徴はその本質的に曖昧な概念の下にあると言える。/ⓐまず象徴を目にすると、その形を象徴とみなすべきか否かと自問することになる(…)」(*Aesthetik, op. cit.*, Bd 12, S 410-411)。

ところでヘーゲルが付け加えるところによれば、この曖昧さが真に解明されるのは、像とその意義の完全な外在化においてのみである（もちろん、象徴には像に対する意義の内在性が存在することが前提されているが、われわれはこれに異議を唱える）。この外在化のためには、像と観念が同じように名づけられることが必要である。「そのような曖昧さは、よってそれぞれの面つまり意義と形が明白に名づけられ、よってそれと同時に両者の関係が明示される場合にのみ停止する。しかしそうすると、表象された具体的実存（ママ）はもはや語の本来の意味での象徴ではなく単なる像となり、像と意義の関係は直喩、類似というよく知られた形式をまとうこととなる。実際直喩においては、二つの語はわれわれの精神に現前しなければならないが、ただしそれは一方では観念、他方では像という分離された形でなければならない。もし反対に、一般観念をそれ自体として明確に把握しその的確な特徴とともに表現しうるほど反省がまだ十分に発達していなければ、このような分離は実行されえない。二つの語は混同されたままとなるが、これが象徴と直喩の差をなしているのである[15]」。

直喩は象徴の「真理」である。確かに、象徴－隠喩が含意されたままにしておくものを直喩が明示し、かくしてその多義性を解消しはじめることは否定できない。しかし重要なのは、（一）この解消はヘーゲルの見解では内在性の真理として現れること、そして（二）ヘーゲルが分節された言説の機能に求める外在化は、同時にそれに対して外的であったものの内在化であることである。直喩は隠喩において含意されていた諸項を外在化する。「神は三角形である」は「神は三角形のごときものである」となる。この「ごとき」（これについては後述する）は転轍機であり、場の変化の指標である。よってそれは、混合されていたものの外在性を定めるものである。それは不明瞭さを一掃する。それゆえヘーゲルは、それは象徴の真理であると語る。

かくして真理は非連続的なものとして言説内に位置づけられ、連続的なもの（あるいは自分ではないもの、形象的なものと混同されたもの）はこれと対称的に誤謬として位置づけられる。ただしそれは、おそらく絶対的な誤謬ではなく（まったくわれわれは、何とも弁証家である！）一時的な誤謬であり、脱含意（dés-implication）となるような真理への途上にある誤謬である。

---

(15) *Ibid.*, S. 412. ——ここでもまた、P・リクールの思想とヘーゲルのそれとの類縁性が認められる。解釈学の理論的出発点となる「象徴は思考すべきものを与える」という命題が『判断力批判』に見られるとしても、P・リクールがこの命題を中核と原動力として封入した解釈の弁証法が精神現象学に非常に近似していることに変わりはない。少なくとも、知の対象（ここでは象徴）とその内容（概念）が同一の空間に位置づけられているからである。Cf. *Finitude et culpabilité*, Paris, Aubier, 1960, t. II, p. 323-332. フロイトのヘーゲル的読解というモチーフが生まれるのはここである。*De l'interprétation. Essai sur Freud*, Paris, Seuil, 1965 特に p. 45-53 と p. 444-529 を参照。*Temps et langage* (Paris, Colin, 1967) において、A・ジャコブはまさに（p. 267）リクールの思想と弁証法の類縁性を強調している。*Finitude et culpabilité* (I, p. 45) からの次の引用は彼に負っている。「視点の侵犯は、語ることの可能性そして視点そのものを語ることの可能性としてのパロール以外の何ものでもない」。眼から言説へのこの移行、指向からシニフィエへの移行は、リクールにおいては欲望から生じる要求から法の聴取への移行と一致する。リクールによれば、「もはや欲望の要求、保護の要求、神慮の要求ではなく、もはやわたしが何も要求せずむしろ聴取するような解釈となる、言語の別の力」が存在する（*De l'interprétation*, p. 529）。レヴィナスの倫理がここでどのように述べられているかが非常によく理解される。すなわちヘーゲル的な論証性との断絶として、いかなるロゴスやアルケーよりも古い行いの「受動性」へと聴取の態度を乗り越えるものとして述べられている。Cf. *Totalité et infini*, La Haye, Nijhoff, 1961, passim. また *Quatre lectures talmudiques*, Paris, Minuit, 1968 も参照。わたしは、眼と耳のこの関係に関するJ・デリダによるレヴィナスとヘーゲルの比較は厳密ではないと考える（*L'écriture et la différence*, Paris, Seuil, 1967, p. 146-150）。

脱含意といえば、それはまさに象徴のうちでもつれる二つの語（神と三角形）の外在化である。しかしこの外在化は、言説の閉じられた秩序内で行われる。つまり外在化は、同時に象徴的形象の内在化（これは実は、すでに見たように例そのものの提示のうちですでに開始されている）であり、語られる対象という地位、指示されたものという地位からの剝離であり、意義の秩序への統合、シニフィエへの変容である。このようにして、言説を縁取る奥行きのある外在性——対象の形象はそこにある——が平坦な外在性と交換されたのである。この外在性は、言語的秩序の一様さについての二つの概念のあいだの外在性であり、それらの結合を可能にする組み合わせの探究を導く外在性である。この回収の絶対的定式を手にするにはヘーゲルに任せればよい、それは実際次のようなものである。「外在性が内在的であるのとまったく同様に内在性が外在的であるような完璧な境位、それは言語である(16)」。

外在性、すなわち感覚的なものの外在性が内在的であり、言説であり、弁証法であり、言語に内的であると示すことが、『精神現象学』第一章で行われた作業であった。象徴におけるシニフィアンに対する意味《サンス》の内部性、内在性が確かに二つの意味論的下位体系の外在性であると示すこと、それがヘーゲルの『美学』講義の使命である。言語のうちで、一方では言説の縁の液化、他方ではその内的な場の石化と分節が行われ、よって二つの外在性の交換、二つの否定間の往復が可能となる。よってこれが、象徴の秩序である芸術がヘーゲルの見解では本質的に不安定で持続しえない理由である。また諸芸術の年代学と同時にそのヒエラルヒーが、増大する抽象のそれ、つまり形象からのさらなる解放とつねに厳格化する言語の自閉となる理由である。そして芸術の運命が、すでにほぼ実現された消滅となる理由、形象的、感覚的、ギリシア的な美しき全体性が失われ、学（Wissenschaft）としてしか、つまり言説的、言語的、近代的（そして明らかに教権的—

官僚的）な真の全体性としてしか復元されえない理由である。
われわれはギリシア人ではないしギリシア人にはなれないことを、誰が否定するであろうか。感覚的なものとのこの分離、パロールのこの優位、全体化のこの強迫、贖罪へのこの希望は、キリスト教が残した遺産の一部であることを誰が否定するであろうか。しかし、いまやそれと決別するときであることを感じない者がいるだろうか。言語による言語内での全体化は、脱全体化を不可避的に補完するものである。語られる対象の外在性は、意義にではなく指示に属している。それは、体系内に位置するのではなくむしろ話者の経験であるような経験に属している。外在性は、ラングの体系が使用可能であるために支払うべき代価である断絶、分裂から生じる。この外在性を意味《サンス》の後退において開くのは、見ることと欲望することである。そしてこの後退は、あらゆる経験とあらゆるパロールと同じほど古い。ヘーゲル的全体性は、この放棄の空間の完全に想像的で観念論的な埋め立てを表している。しかしながらわれわれは、この空間なしではもはや何も見ることができず、話すことさえできないだろう。ヘーゲル的体系というこの想像上の表象自体が、埋めるべき砂漠を前提としているのだ。あらゆる表意することは、同時に志向性と放棄の空間でもある指示の空間に位置している。

（16） *La phénoménologie de l'esprit*, traduction Hyppolite, Paris, Aubier, 1941, t. II, p. 240-241（*Phänomenologie des Geistes*（1807）, Hamburg, Meiner, 1952, S. 505）。この定式が現れる場所はどこでもよいわけではなく、ギリシア世界で「生き生きとした芸術作品」が、つまり概念を感覚的なもの（外在的なもの）へと感覚的なものの境位において最も偉大に統合したものが乗り越えられる契機〔瞬間〕、そして叙事詩、悲劇、喜劇という形式で言語（内面性の境位）が精神の自己への到来の過程を引き継ぐ契機である。

この指示の空間、言説の縁に位置する奥行きのある外在性は、言説がこれを表意しつつも取り逃がす（内在化する）というのが本当ならば、それについて何も語れないのではないか。とはいえ、言語外において可能な二重化が存在する。それは、再‐現前化（re-présenter）の二重化である。再‐現前化は、見ることがそうであるところのものを可視化することができる。絵画は単に、言説とともに自己自身を表象しうる（絵を表象する絵）という特権、自己を作り出している最中の自己を表象する（絵を描く画家を表象する絵）という長所を持っているだけではない。絵画はまた、可視性そのもの、われわれが指示の空間や縁の外在性と呼んだものを表象する力を持っている。ヘーゲルはこのことを知っていた。「内的感情の表現のために、絵画は空間次元の三幅対を、外在性にある最も近い内在性としての表面へと還元する（…）。なぜなら絵画は可視化の活動一般とではなく、自己自身へと個別化しつつある可視性と、また同様に内的となった可視性と関係するからである。彫刻や建築の場合、形式は外光のおかげで可視化される。逆に絵画の場合、それ自体は暗い素材が自己自身のうちに内面性、理想的性格、光を保持している。それは光に貫かれるが、光はそれゆえまさに暗さによって貫かれる」[17]。

しかし、この知はひとつの知に過ぎない。もっと遠くへ向かおう。この可視化は言語自体の秩序においても可能である。ただしそれは意義としてではなく、表現としてである。言説の正面には形象‐像があり、言説内には形象‐形式がある。一方の他方における二重化が、詩が現前化の隔たりを表象することを可能にするものなのかもしれない。だが欲望の放任による以外に、この組織化に達することはできない。この放任はまさに、ヘーゲルがみずからの地平から排除したものである。放任は絵画の地下の衝動である。この衝動を追跡することで、われわれは顕現の可能性そのもの、指示の空間が——言説は自己の対象を遠くから把持するためにこれらを無意識的に利用する――すでに感覚的なものにおいて開かれることを学ぶのだ。感覚的なものが単なる贈与を超過し、自己のうちに自己を反省する力を含んでいる限り、それゆえ感覚的なものが欲望と同時に構成され、欲望からその厚みと隠された面を受け取る限り。

形象‐形式は、言語内への非言語の現前である。言説に宿り言説に表現力を与える、別の秩序に属する何かである。ヘーゲルのように、語、三角形といった言語的ないし視覚的単位の規模で意義に対する意味《サンス》の内在性を把握しうるとは期待できない。関与的な規模は、つねに文や形式のそれである。語それ自体では語が指示するものに関する表現力を持たず、まさにこの力を失い恣意的なものとなることを代償として語と化す。同様に言語が感覚的なものから生じるのはその「素材」[18]によってではないし、言語が感覚的なものと同等になりうるのはその形象によってである。

「平坦な」弁証法、いわば諸概念を踏破し諸々の意味場を整序する精神の不動の弁証法に対しては、文句をつけるべきことは何もない。あらゆる思想はこのように振る舞い、言説は自己に必要な表意単位を自己のテクストへと内在化することで鍛え上げられる。よってこの意味で、〈同〉の真理は〈他〉のうちにあると言える。しかしこのとき概念にとっての〈他〉はまた別の概念に過ぎず、この真理は語りうるものの同一性に完全に内在している。確かに話者にとっては、語りうるものは語るべきものにとどまり、一種のシニフィエの発見が存在し、それが話者に他性の印象を吹き込むこともありうる。ただし、この他性は言説の境位の

---

(17) *Aesthetik, op. cit.,* Bd 13. S. 259.

(18) この問題、言説における表現力の問題は後で吟味するが、ここでわたしはM・デュフレンヌが*Le poétique*, Paris, P.U.F., 1963で述べた命題を念頭に置いている。たとえばp. 27-33, 47を見よ。

うちに囲い込まれたままである。弁証法が対象や感覚的なものという概念にとっての〈他〉に所有権の主張を拡大するとき、弁証法は自己自身の射程を超過し、知からイデオロギーへと変容する。確かに、すべては語りうると主張することはできる、それは真実である。だが言説の意義が語りうるものの意味《サンス》すべてを集約するということについては、そうではない。木は緑であると語ることはできるが、文に色を入れたことにはならないであろう。しかるに、色は感覚《サンス》である。意義の否定性が指示の否定性の上に座礁するのは、世界の根本的な言表不可能性と沈黙の運命が存在するからではなく、表意の努力にはつねに指示することの対称的な延期が対応しているからである。対象全体を言説に閉じこめるという希望は、このような仕方で抱くのであれば放棄しなければならず、このことについてヘーゲルを非難しなければならない。これに対し、指示の空間は実際に言説に宿っているが、ただしそれは言説が表意するものの手前、その表現内にである。わたしがそれを暫定的に指示の空間と呼ぶのは、その特性がこの空間の特性と類似し、言語的空間の特性と反対であるように思われるからである。両者の共通の特徴は形象であり、これを形象的空間と呼ぶことにしよう。言説はこの空間をその縁に持っており、この空間が言説にその対象を像として与える。言説はさらにその中心にも、その形式を支配するこの空間を持っている。だが勘違いしないように。言説に対する形象的空間のこの「内在性」は、弁証法的ではないのだ。

逆過程と超反省

超反省――現象学の希望

自己が否定的なもののうちでくつろいでいると思っていた反省、そしてまるで言語の二つの側面を眺望しうる頂上にいるかのようにそこに身を落ち着けていた反省は、顕示の構造主義的批判、そして体系の弁証法的‐現象学的批判の後、自己の地位を追われ、どうやら放浪《ノマディスム》を余儀なくされていることに気づく。反省は自己が二つの側から、つまりラングの無意識と視覚の無意識に包囲されていることを知る。そしてこれら二種類の基本的な間隔――一方は意義を構成し、他方は指向を構成する――を手にしえないことを知る。反省はラングの虜であり、ラングなしではもはや視覚でしかなくなってしまうであろう。だが反省は見ることの異化につながれており、異化の外部ではラングは単にひとつの物となり、語られえなくなってしまうであろう。反省は辺境地帯を歩まねばならない。そこでは最初の沈黙つまり構造の沈黙が第二の沈黙つまり現象の沈黙に接触し、パロールを産出する。時には体系の実証主義に、時には視向の直観主義に陥る危険におびやかされながら。否定的なものの二つの軸の総合を提案する弁証法的「解決」を拒まれながら。自己の不均衡を、自己の無傷の実存の唯一の証人として守ることでのみ前進することを余儀なくされながら。

弁証法の排除は、別の歩みへと駆り立てる。哲学者もまた自己を画家とするのでなければ、ラングの軌道、構造的無意識の軌道にとどまるしかないであろう。だがパロールがなおも成し遂げうる努力、それは自己の言語そのものの上に、諸々の間隔設定のあの侵犯、あの可動性、あの奥行きを実現することである。これらは言説の指向を特徴づけるものであり、構造主義が言い落としているものである。それはデッサンすることや描くことそのものではなく、語によって語のなかで描きデッサンすることである。メルロ＝ポンティは、これを超反省（surréflexion）と呼んでいたのだった[1]。

哲学が「このように源泉へと回帰しながら見出す」もの、むろん「哲学はそれを語る」のだが[2]、彼はこの語ることが、彼が自分自身のうちに尊重するような組成の源泉たる性質、彼が指し示そうとしている個体発生かもしれないと考えた。言説は自己を加工しながら、自己が語ろうとする「起源」と対等のものになろうと試みるのではないか。起源についての言説、本源的言説。メルロ＝ポンティにとっては、閉塞の言語であるような「雄弁」の言語とは対照的な開放性の言説。「哲学の積荷を最も多く担わされた言葉とは、必ずしもみずからの語る事柄を閉じ込めておく言葉ではない。それはむしろ〈存在〉へと最も力強く扉を開いている言葉である。なぜならこうした言葉は全体の生を最も親密に表現しており、われわれの習慣的明証を分離するほど振動させるからである[3]」。そしてこの主張の後、哲学者は一種の退却を行う。この退却は単に謙遜でも否認の形をした一種の告白でもなく、この希望が「テーゼ」へと麻痺することに対する保護、言語の新たな疎外に対する保護である――この疎外は結局、彼が非難したばかりのサルトル的な無の思想における疎外に類似している。そして哲学者はすぐさま次のように付け加える。「よって以下を知ることが問題となる。

生《なま》の存在もしくは野生の存在の再征服としての哲学は、雄弁な言語を手段として成就されうるのか。それとも哲学は言語からその無媒介的ないし直接的な表意力を取り除き、それでも哲学が語ろうとするものに言語が等しくなるように、言語を使用するべきなのか」[4]。この「問題」に対する「答え」をわれわれはすでに知っているように思われたのだが、この問いは明らかに絶えずこの書物を貫いている。「世界がわたしの身体の背後にあるように、作用している本質も言葉の背後にある。この言葉もまた同じく作用しており、意義を所有するというよりはむしろ意義によって所有されている。この言葉は意義について語るのではなく意義を

（1） Merleau-Ponty, *Le visible et l'invisible*, Paris, Gallimard, 1964.「われわれは反省的転回とは別の、それ以上に根本的な作用の必要性を、つまり一種の超反省といったものの必要性を垣間見ている。この超反省が行われれば、それは反省自身をも反省が場面に導入する変化をも顧慮するであろう。よって生《なま》のままの物と知覚とを見失ったり、結局それらを抹殺してしまうこともなく、非存在の仮説によって知覚と知覚される物との有機的な絆を断ち切ることもないであろう。逆にこれらの絆を思考し、世界の超越をまさしく超越として熟慮することを自己の課題とするであろう。ただし既存の言語に内在する諸語の意義の法則によってこれについて語るのではなく、事物がまだ語られた事物となっていないときのわれわれと事物との沈黙の接触をそうした意義を越えて表現するのに意義を使用するという、おそらく困難な努力によって」(p. 61)。「時間をはじめ形相的不変項には固定されることのないいくつかの存在に対し、超反省は（…）哲学のより高度な段階や深い段階ではなく哲学自体となるであろう」(p. 71)。

（2） *Ibid.*, p. 139.

（3） *Ibid.*, p. 139. クロード・ルフォールによって *Revue de métaphysique et de morale*, 1967, n°2, p. 139 以下に掲載された Les pages d'«introduction à la prose du monde» は、閉じられたものと開かれたものとの対立の上に全面的に築かれた言語の経験についての記述である。

（4） *Ibid.*, 強調は引用者。

語る、あるいは意義にしたがって語る。あるいは意義に語らせ、わたしのうちで意義みずからにおのれを語らせ、わたしの現在を貫くのである」[5]。「葉脈が葉をその肉の内部から、奥底から担っているように、観念とは経験の織目である。最初は無言で、次いで後になって口にされる経験の様式（style）である。あらゆる様式と同様、観念も存在の厚みのなかで織り上げられる……」[6]。そしてこの「様式」を特徴づけるよう試みなければならないとすれば、方法は次のようになる。「合致の言語、つまり事象そのものに語らせる仕方がありうるであろう。それは彼［哲学者］がその組織者ではないような言語であり、彼が集める言葉ではなく彼を通じて、語の意味の自然な絡み合いによって、隠喩の隠れた取引によって互いに結合するような語であろう——ここで重要なのは、もはやそれぞれの語や比喩の顕在的意味ではなく、それらの転換、交換のうちに含まれている側面的関係、類縁関係である」[7]。「……がありうるであろう、それは……な言語であろう」——これは非現実法現在で書かれた夢想であるが、しかしまた超反省の様式で見出され、超反省はそれを夢の様式に似せ、同化させる。言語についてのこの空想は、空想の「言語」へと行き着く。意味の「自然な絡み合い」、「隠喩の隠れた取引」、言葉とイメージの「側面的」関係である。そこではすべてが圧縮であり、移動であり、形象化可能性（figurabilité）であり、夢そしてまた詩の「様式」をなすすべての操作、フロイトが言ったようにそれらの「作業」すべてである。

おそらくメルロ゠ポンティは、哲学を空想で置き換えることは考えていなかった。彼は、閉じられ閉塞に取りつかれたある言説のモデル、つまり「合理的」哲学のモデルがその「雄弁」で武装しても語りえないものにみずからのうちで語らせようとするなら、起源的なものの教えを手放すべきだと考えたのである。だがそれを何で代替すればよいのか。言説の外部で哲学すること、ラチオなしで論述することは可能なのか。以下のように宣言することは傲慢かもしれない。彼の最後の草稿が示す方向において探究されているもの、それは詩と夢が超反省になぜ、どのような点で似ているかという問いであり、言語は科学的ロゴスの枠組みを放棄することによって、なぜ、いかにして――「起源」へとさらに近づくことはできないとしても――少なくとも自己の組成自体にないものと近似したものをもたらしうるのかという問いである。以上は、『見えるものと見えないもの』の精神に忠実でないように思われるかもしれない。秘密の理由を示すことは、否定的なものの哲学の復興と思われるもの抜きでは不可能であるというのが本当ならば。まさしくメルロ＝ポンティは、絶えずそのような哲学から自分を区別し解放しようとしている。ただしわれわれがこのように明らかにしようとする否定的なものは、サルトルのそれでもヘーゲルの弁証法のそれでもない。それは、すでに述べたように体系の不変の間隔と見ることとの可動的間隔設定へと二重化されるのだ。そしてこの二重化は実に本質的なものであるため、超反省が詩や夢の方へと傾きうるのは、どちらも明らかにラングを、ただし崩壊したラングを前提とするからである。明らかに表の不変の間隔を、ただし加工され歪曲を受け「分離するほど振動」する間隔を前提とするからである。

　コードを解体すること、とはいえメッセージを破壊することなく、逆に構成されたパロールが隠蔽する意味、側面的な意味の備蓄を解き放ちながらそうすること、それはフロイトが夢作業と名づけた一群の操作を実行することである。われわれは、この一群の操作はすべて、ラングの横糸を形成する調整された隔たりの

（5）*Ibid.*, p. 158；強調は原文。
（6）*Ibid.*, p. 159-160.
（7）*Ibid.*, p. 167.

侵犯によって成り立っていること、それが実際そのようにしてまさに「欲望成就」であることを示すよう試みるつもりである。このような記述のためには、少なくとも二つの否定性に頼らなければならない。ラングの構造のそれと、視覚的経験のそれである。どちらの否定性も、われわれの言説の使用に含まれている。ラングの構造の否定性は、話者とそのラングで発せられたすべてのパロールに共通する不変のコードとして含まれている。この否定性は、二人の人間がコミュニケーションを行うことを理解するためには不十分であるとしても、ともかくコミュニケーションの条件である。視覚的経験の否定性は越えるべき隔たりとして、わたしが語るものが赴く場所を示す隔たりとして、言葉に先んじて開かれ言葉を自己に引き寄せる地平として含まれている。それはわれわれの空間的実存の基礎にある否定性であり、奥行きを構成する可動性である。エネルギー論が潜むこの身振りの可動性、そして欲望の閃光こそ、検閲が取り去られるや否や、メルロ＝ポンティが語られた言葉と呼んだ[8]ラングの理性（ratio）に襲いかかり、そこに夢、詩、形象の「無秩序」を作り出すものであるように思われる。それは実際、エロス－死とエロス－現実、変化するものと不変のもの、形象と言説のあいだで共有される存在の不安定で不可能な「秩序」を暴露するのだ。

身振りではなく逆過程

以上の二つの否定性の分離によって、メルロ＝ポンティと同じ道を歩むことが可能となる。ただし彼に背を向け、逆の方向へと。メルロ＝ポンティは、身振り、感覚的なものの可動性をラングの体系の特徴である不変性にまで取り入れた。それは、語ることを構成しているものを語り、話すことの可能性を開く行為を再生するためであった。超越論的反省の最後の努力。しかしそれには何の効果もなく、体系はつねにすでにそこにあり、意義を創造すると想定されたパロールの身振りをその構成的機能においてとらえることは決してできない。つねにそうであり、脱構築の形においてのみそうである。メルロ＝ポンティが追い求めたこの秩序に到達するために、〈ロゴスの彼方〉はいかにして言語に宿るのか、それはいかにして言語に侵入して意義の鍵である不変性を侵犯し、そこに超現実性という側面的意味を覚醒させるのかを示すことができる。しかしこの意味が超現実性であるならば、それはまた、脱構築のエネルギーは単にロゴスの手前ではなく現実的なものあるいは知覚的なものの彼方であるということになる。そしてこの感覚的なもの、あるいはむしろわれわれがかかわることになる見えるものは、性急な人間や西洋人の功利主義的あるいは科学的な眼に与えられるものではなく、メルロ＝ポンティが語るセザンヌの眼のように見えないものを見るよう忍耐強く仕込まれた眼がとらえる見えるものですらなく、主体なきヴィジョンによって見えるもの、誰のものでもない眼の対象ということになる。そうであるならば、この現象学者とともに構成されたものや所与の現実主義的な視覚の手前への下降を試みるだけでは十分ではないだろう。現象学的構成に似ているが構成しえないこの何か、まったく別の方法つまり脱構築によってのみ、まったく別の予想外の逆過程（recessus）の効果によってのみ把握しうるこの何かに到達したいならば、現象学することをやめるよう決心しなければならないだろう。

現象学はつねに自己を修正しなければならなかった。あるいは、現象学から意識の哲学の素朴さを取り除かねばならなかった。知覚に関しては、メルロ＝ポンティはこれを身体へと力強く送り返すことで、意義以

（8）　たとえば Le langage indirect et les voix du silence, *Signes*, Paris, Gallimard, 1960, p. 94 において。本書一三一―一三三頁の注5も参照。

前の構造が存在すること、それが意義を支えていること、そして〈対自〉による無化は幻想であることを示した。だが言語に関しては、言語的身振りに与えられた重要性が、この哲学者を構造の別の前意識の考察から遠ざけてしまったように思われる。しかしながら身振りはこの前意識のうちで現実化されるのであり、それなしには不可能なのである。それはあらゆる言行為が浸る匿名性と他動性を形成し、ほとんど色彩と運動性との自然な調和のようにその規則として役立つ。身体にはこの調和が浸透しており、自己の態度と身振りとを統御することができるのである。たとえそれが反現象学的なものとなっても、メルロ＝ポンティがゲシュタルトと身体の構造（Aufbau）についてそうしたように、言語のラチオにその効力を取り戻させる必要がある。この再均衡化の必要が、書く技術への信頼から遠ざける。すなわち哲学者の言説そのものに、運動、歪曲、浸透、連合――これらが語る言葉（parole parlante）である――を現実化させるための技術である。語る言葉と語られた言葉（parole parlée）のあいだには、取り立てて言うほどの排他関係は存在しない。言説が身振りであるというのは、いずれにせよ隠喩である。そしてこの隠喩の二つの項、つまり運動と言表との隔たりは完全にラングの事実に由来している。

ラングをベルクソンから受け継がれた二元論によって惰性、死文として理解することをやめなければならない。このような分割の仕方を見直さなければならない。われわれがラングの秩序の侵犯を記述する瞬間そのものに、われわれはこの侵犯を語り、表意し、伝達しており、よって侵犯された秩序へとそれを組み込んでいる。これこそ、みずからを沈黙へ追いやるものをなおも語り、そのこと自体の説明やみずからに挑戦する圧縮、移動、形象化（figuration）の作業を可能にする体系の無限の力である。言語におけるラングの沈黙ではない沈黙さえ、コード化されていない空白さえ、調整されていない間隔さえ、統辞法を外れた歪曲さえ記述し、表意し、伝達しうる。分節言語は、自己の制限をみずからのうちに含んでいる。自己の現在の視向を外に出し、対象とし、表意することができないという制限である。だがいかなる視向も、外部に位置づけられた瞬間から対象として把握され、分節言語の支配下に入る可能性がある。芸術の注解はこの限界なき力に依拠しているし、フロイトの解釈は依拠していたし、われわれも依拠するであろう。無言の視覚、欲望の身振り、圧縮と移動、判じ物による形象のテクストへの登場、そして諸々の空間の混同を口にし、ひとつの言説へと分節することができる。このような言説は、確かにわれわれに見ること、欲望すること、動くことを所有させてはくれない。だがいかなる言説も、その対象を所有することはない。もしもこのような所有の概念の軌道にとどまりたいのならば、言語はせいぜい言説に自己の所有を許しうるだけであり――これがメルロ＝ポンティの望んだことであった――、それは芸術家の言語であると言わねばならない。しかし哲学者の言語は、いずれの意味にせよ独占欲を放棄しなければならない。なぜなら哲学は世界や神による言葉へ哲学の宿りが終焉を迎えるのと同時に誕生するからであり、節度を持ち距離を置いて語ること、決して完全に「そこまでいく」ことがないのが哲学の宿命だからである。われわれは芸術でも科学でもなく哲学の言葉の宿命たる、接触におけるこの特殊な隔たりの保持を引き受けなければならない。その保証およびモデルとなるもの、それはラングの秩序である。なぜならラングの秩序は、諸々の制約――そのすべてが不変項、恒常的間隔へと帰着する――を用い、知覚の延長が前提とする自由な運動に言語学的「空間」の必要不可欠な境界を対置することで、この言葉を事物の秩序から任意の距離に打ち立てるからである。

ここで妥当する対立は、ラングと同一視される語られた言葉と、身振り、運動と同一視される語る言葉とのあいだにはない。だがあらゆる言表には二つの次元が存在する。一方の次元では、話者が用いる諸単位を接合する対立と相関が、言語学者たちが区分するさまざまな水準（アンドレ・マルティネの機能主義における第一、第二分節のそれ）において打ち立てられる。もうひとつの次元では、表意するという話者の志向がほとばしる。一方では、単に語られた言葉だけではなく無数の命題の母胎であるラングの次元がある。他方では、志向、言語的身振りの次元がある。この身振りはその表現ゆえに「語る」ものではあるが、それは第一に、身振りがラングの制約を遵守するからである。言表はラングによって打ち立てられた制約にさらに従い、表意するという志向をそれに合わせてうやうやしく形作ることができる。あるいはむしろ、ラングの諸要素を欲望のベクトルに従うよう強いるため、制約を解体することもできる。後者の場合、言表はコードを侵害し、語のあいだに、そしてもしかするとそれらの内部にまで思いがけない間隔を挿入することができる。そうした間隔は、想像上の事物を分離し集合させる間隔と同じものである。そして言表《エノンセ》は、欲望の可動性を吹き込むことができる。この可動性は、遠近という極性においてラングの空間内に構築される。しかしその場合でさえ、言表が純然たる混沌を免れようとするならば、言表は意義のいくつかの条件を遵守しなければならない。この契機こそ、われわれがここでわれわれのエクリチュール上で模倣しようとしているのではなく、われわれの視線の末端で見破ろうとしているものである。それは、形象的なものを抽象、「現実」、「恣意性」のうちに置き、言説に感覚的なもののそれとほとんど同じ肉づけを与える詩人、作家、夢作業である。フロイトが言ったように、この退行の労苦によって、真に妥当な対立は変化するものと不変のもののあいだに、可動的な否定性と硬直した否定性のあいだにのみあることが判明する。そして言語の秩序と表現の秩序との関係は、二度分節されるものと一度分節されるものとの関係と同様であることが判明するのである。

　不変性とは何か。それは、可変性に可変性の否定を加えたものである。では可変性とは何か。それは、乗り越えがたいものとしての隔たりの保持が否定され、侵犯されることである。もう一度、不変性とは何か。それは可動性のうちにある、あの否定の否定である。

しかしこれら二つの否定性の関係は、弁証法的ではない。一方は他方の契機ではない。両者をともに真理のうちで接合しようとすれば、つまりそれらを外在性、乗り越えがたい不等性、それらの差異と呼ばれるであろうものにおいて維持しようとするなら、それらを欲望の運命との関連で思考する必要がある。なぜなら欲望の考察によってのみ、われわれは反省を二つの否定の弁証法的和解から隔てておけるからである。そしてこの考察だけが、不変性と可変性つまり二次過程と一次過程がともに与えられると同時に決して一体となりえないかを（超反省によって）示すための自由な領域を維持するからである。意義を保証するのは、ある体系の諸項の対立の遵守である。ところで、（近親相姦の禁止によって）制度化された隔たりの同じ遵守のおかげで、母は主体の要求の前で前言を翻し、自己の退却によって見ること－想像することの空間を主体へと開示する。この否定－父と否定－母の連関は、意義と意味《サンス》の和解を約束するどころか、もはや一方を他方への侵入としてしか思考しえなくする。表象的で言葉にしえない純粋直観によって想像の間世界（intermonde）と同等たらんとすることは、その禁止の抑圧「法は存在しない」に依拠した欲望成就である。はっきりと閉じた言説、完全に表意的な言説において法と同等であると主張することもまた、「法だけが存在する」という排除（forclusion）に依拠した欲望成就である。メルロ＝ポンティの哲学には〈父〉がいない、あるいはあまりにもいすぎる。要するに、そのことで彼の言説は飽くことを知らない〈母〉の要求へと投げ込まれるのだ。[9]

ここでわれわれは、ある問題系、フロイトの問題系と一致する。しかしその全体を取り上げることは論外であり、檻――哲学は自分が出会うものをそこに追いやることを習慣としている――の向こうに幽閉するのはなおさらそうである。だがともかく、フロイトの考察がその経歴のはじまりから終わりまで、『夢解釈』から『モーセ』まで、言語と沈黙、意義と意味、分節と像、解釈または構築する説明と形象化する欲望との関係を中心としていることに驚くために、テクストを拷問し、鎖でつなぐ必要はない。異なるいくつかの視角においてではあるが、この関係がつねにフロイトによって否定（Verneinung）として把握されていることも、それに劣らず明白である。夢の幻影における言説の否定、患者の言説における幻想の否定、書物の宗教における偶像の宗教の否定と、モーセの殺害と想定されたものにおけるこの否定の否定。われわれは考察を否定のうちになおしばらくとどめおくわけだが、われわれは否定をヘーゲルの庇護に、つまり何ものも失われない総合する否定に委ねようとしているわけではまったくない。そうではなくフロイトの来訪を、他者と自我の剝奪である否定を告げようとしているのである。この否定は、語られたことに対する語ることの超越をなしているものであり、見ることから言説の秩序への跳ね返りという指向の次元である。この否定はまた、像の機械装置を分節された言語においても作動させ、夢、詩、ついには超反省の可能性そのものさえ生みだすものである。現象学は志向性を反芻することに疲れ、この超反省の必要を結局のところ痛感する。フロイトは、人間が合致を奪われ合致を夢見る存在であることを、ちょうどよい時期に到来して現象学に教える。彼の教えから、意識のあらゆる超越は想像上のものであるから無視しなければならないと単純に結論するならば、間違いなく彼の教えを誤解することになる。しかしまるで何もなかったかのように超反省の哲学を開始するならば、この教えをまったく理解していないことになる。そのような哲学は、反省の哲学からすべての無意識が視向のうちにあるという考えを受け継ぎ、この無意識は様式《スティル》においてしか明らかにできないという原則だけをそれに付け加えるであろう。否定はフロイトにおいては去勢と呼ばれ、そこから不安が生じるのだが、見ることの超越を生み出す。それは欲望の超越であるが、同様に構造への入場を、すなわちそのアルケーたる法の調整された隔たりの集合への入場を前提としている。このような蝶番に位置しつつ、われわれは二つの空間を、ラングの空間と形象の空間を相互に関連づけうるのでなければならない。それは、ここでは意義の言説を生み出し続けるゆえに反省であり、パロールのうちで沈黙し提示しているものを語ろうとするゆえに超反省である。

われわれは反パロールあるいは判じ物へと向かう途上で、崩壊するパロールの逆過程をたどることができる。それをたどることが可能なのは、パロールのなかに反パロールが、語ることのうちに見ることが、分節されたもののうちに連続的なものが、対立のうちにさえ差異が存在するからである。反省よりもむしろ退行主義的な屈曲、弁証法とは逆のもの。超反省の真理。われわれはパロールの逆過程をたどることができるし、そうすべきである。なぜならまさしくこの可動性が不変的隔たりの秩序に導入されると、それらを明るみに出すからである。エロス－死の、エロス－ロゴスに対する皮肉な貢献。否定の二つの形式はどのように交わるのか。見せることの否定性は、どのようにして論じることの否定性に入り込むのか。テクストはいかにし

（9）そこには、言説に関する彼の言説が含まれる。「言語学とは、われわれのうちで発せられる言葉を他のすべての言語の事実によって解明する体系的、媒介的方法に他ならない。そしてわれわれは、この科学的研究の最中でさえこの言葉にへその緒によって結ばれたままのようである。／ひとはこの愛着を手放そうとするであろう。自分がそれについて語っているところのものであることという、混乱し苛立たしい状況をついに離れるのは、快いことであろう（…）」（« Introduction... », *loc. cit.* p. 148, 強調は引用者）。しかし幸いにも、ひとはそこには到達しないとこの現象学者は述べている。

て形象となるのか。以上が、超反省に関係するもの、超反省を導きうるものである。ここでも哲学はあまりに遅くやってくること、そして哲学はすべてを詩人から学ばなければならないことに驚いてはならない。

思考の形象——『骰子一擲』

テクストとは、動かされないものである。テクストの要素である文字、語、文を分離する間隔、それらに句読点を打つ間隔は、ラングの表の弁別的で表意的な諸項を分離する間隔を、頁、石といった感覚的支持体へと投影したものである。とはいえ言語はまた奥行きのあるものでもあり、虚構の諸操作の対象となりうるのでなければならない。そしてその証拠は、言語を確定する作業そのもののうちに見出しうるであろう。証拠は、言語学者が構造という厚みのない平面において諸項の位置を確定する際にすら、ある手続きを、つまりやはり奥行きを必要とする換入（commutation）を用いていることにある。だがテクストは言語的空間に属するその意義にしたがって読みうるだけでなく、それが記入されている感覚的‐想像的空間に支えられたそのゲシュタルトにしたがって適切に見られうるのでなければならない。テクストで形象を作る虚構は完全に、間隔をめぐる戯れから構成される。形象は、言語の諸単位の配置に別の形式を押しつける変形である。この別の形式は、構造の諸制約に還元されるものではない。

たとえばレヴィ＝ストロースの神話素、(10)あるいはV・プロップの機能(11)のように大きな単位が問題となる場合、それらを分離する間隔はラングのコードによって精確に規制されるわけではなく、堅固な空間には属さず話者の裁量に多くが任されている。それゆえ、この言説の階層に形式《フォルム》を出現させる戯れは、規則に対する暴力として現れることはない。よって構造言語学は、この水準と文体論との結合に関する研究をたやすく放棄する。文学的活動が文飾（figure de style）や物語の諸形式を生産しながら作用するのは、ここにおいてである。文学的言説のこの補足的構成、大きな単位を対象とした補助的な諸制約は、時に構造と呼ばれる。これは間違いである。これらの形式は（言語的）素材からなるが、まさしくこの素材の構造には帰属しない。だからこそ、これらの形式には表現力があるのだ。(12) かくして構造の秩序は形式のそれから、言語学は文体論

(10) Cl. Lévi-Strauss, La structure des mythes, *Anthropologie structurale*, Paris, Plon, 1958, chap. IX.

(11) Vl. Propp, *Morphology of the folktale*, Indiana University, Research center in Anthropology, Folklore and Linguistics. Publication 10, octobre 1958. Cl. Lévi-Strauss, La structure et la forme, Réflexions sur un ouvrage de Vl. Propp. *Cahiers de l'institut de science économique appliquée*, 99 (Série M. n°7), mars 1960.

(12) 引用した論文で、Cl・レヴィ＝ストロースはプロップの形式主義的解釈を論じ、それが物語の形式と内容が不可分であるという仮説に依拠していることを示している。形式は物語における「諸機能」の配置であり、登場人物たちの行動は、たとえそれが非常に多様であっても機能へと還元することができる（たとえば、物語の二つの断片「ある老人がストチェンコに馬を与え、馬は彼を別の王国へと運ぶ」と「ある魔法使いがイワンに指輪を与え、指輪は彼を別の王国へと導く」は同じ機能を果たしている）。内容（老人や魔法使い、馬や指輪など）は、形式が身にまとう語彙である。レヴィ＝ストロースの批判は、(1)語彙は恣意的なものではなく、名（魔法使いや老人など）はそれ自体が関与的な諸々の対立にしたがって（ミミズクとワシという語が夜と昼と同様に対立するように）考えられること、そして関与的な特徴をもたらすのは自然的、文化的文脈であることを示し、(2)プロップは経験的観察の水準と「あまりにも近い」（art. cit. p. 27）形式を探していることを批判し、一度ごく少数の要素へと還元されると、機能はすべて物語の母胎を構成する（倒置、転換、否定への変形といった）変形のグループに収まりうるという仮説を立てることにある。――第一の指摘に議論の余地はない。第二の指摘は、わたしには構造分析が放置していると思われる問題へと導く。つまり母胎が与えられれば、いくつかの「言説」つまり物語や神話のいくつかの「形式」を、そこから引き出すことができるのか。なぜプロップが観察する一般的形式は（それはまた、レヴィ＝ストロース自身が大胆にもその標準的定式を与えている神話の諸形式でもある、*Anthropologie*

から、そして同時に理性は情念から独立したものでありつづけることができる。原則としてパロールの研究を脇に置くラングの研究のためにソシュールが採用した方法論的選択は、二つの否定性、すなわち構造の否定性と形式の否定性の共存という問題を放置しておくことができるのだ。

このような共存に触れそれを見るためには、(「純粋な」詩ではなく)根源的な詩が必要である。この詩はヴァレリーが「思考の形象」と呼ぶものを求めて諸々の言語的単位の序列の最下段まで下降し、もはや伝統的韻律法つまり詩的言説を共示する補助的な諸制約のうちにだけではなく、伝達可能な言説自体の基本的な諸規則のうちにも動揺、反乱を持ち込む。マラルメは『骰子一擲いかで偶然を廃棄すべき』によって、分節言語をその散文的機能から、その伝達機能から徹底的に遠ざけている。彼は分節言語のうちに、それ自体を超過する力、単に読まれ－聞かれるだけでなく「見られる」という力を明らかにしている。単に表意するだけではなく、形象化(figurer)する力である。

まずこの書物を楽譜や絵のようにみなすこと、言葉は言葉ではなく何も意味しないようなふりをすることは不条理となるであろう。あらゆるフランス語のテクストのように、テクストは左から右そして上から下へ読まれる、とガードナー・デイヴィスが強調するのは正しい[13]。だがそうであるならば、この本の空間に奇妙な仕方で配列された文字の意義を考慮する義務がある。G・デイヴィスが行った『イジチュール』との比較は、そこでは同一の問題系が問題となっていることを示している。絶対的作品を作り出すこと、時空の外、そして作者と読者との関係の外にある言葉を作り出すこと。非時間的、非延長的、非伝達的で創造されざるものとして「自己自身を作者の声なしに語るテクスト[14]」。なぜならそこで表現される精神は、「状況の彼方に置かれる[15]」からである。この場所なき場所とこの時間なき瞬間は、廃棄された偶然である。この「虚ろな上方の」表面に置かれた言説は、『骰子一擲』の最後で言われているように、もはや感覚的、社会的、感情的状況には何も負っておらず、他者とあらゆる縁を切っており、無意識の寄食者のごとく、事物はもはやそこにはまったく現前していない。言説はこのような代価を支払うことで、マラルメが「本質的観念」と呼ぶものを、真の詩的対象を生み出しうるのだ。

この削除の運動（彼はルフェビュールに「わたしは自分の作品を「削除」によってのみ作り出してきた」、「〈破壊〉がわたしのベアトリーチェだった」と書き送っている[16]）は、対象の喪失の成就である。この成就な

---

structurale, op. cit., p. 252）なおも、第二のものが第一のものを（止揚《アウフヘーベン》するという意味で）「破棄する」という、二重のシークエンスのそれとなっているのか。このような段階式の布置を強調する定式（これはまたヘーゲル弁証法の布置でもある）ゆえに、レヴィ＝ストロースはフロイトを参照することを思いついている。この人類学者は、フロイトにとっては「二つの心理的外傷（実にしばしばそう信じられているように、唯一のではなく）が、神経症を構成する個人的神話が誕生するため必要なのだ」（*op. cit.*, p. 253）と語る。これは、たどるべき方向を遠慮がちに指示することである。厳密な意味での形式であるこのような布置の優越は、欲望の構成のうちにある。神経症や神話が侵犯の禁忌において「破棄する」（そして回収する）禁忌の侵犯。かくして、語彙の場でも構造の場でもなく他者の言説における現前としての形式の場が突き止められる。これは、本書でも少し先の「対立と差異」の節でたどった方向である。

（13）Gardner Davies, *Vers une explication rationnelle du Coup de dés. Essai d'exégèse mallarméenne*, Paris, Corti, 1953.

（14）Lettre à Verlaine, in Mallarmé, *Œuvres complètes*, Paris, Gallimard, 1945, p. 663.

（15）「幾葉もの紙片の数のなかに逃れたひとつの精神は、みずからの夢のために壮大な〈劇場〉と〈舞台〉を——これらが実在するよう——構築するのを怠る文明に立ち向かう」（Solennité, *ibid.*, p. 334）。本は「非個人化され」、「読者の接近を求めず」、「ひとりでに生じる。できあがったもの、存在するものとして」（L'action restreinte, *ibid.*, p. 372）。

（16）一八六七年五月十七日。Cf. H. Mondor, *E. Lefébure. Sa vie, ses lettres à Mallarmé*, Paris, Gallimard, 1951, p. 341.

くしては、文学はいささかも存在しない。詩的虚構というこの「おとり」、この「ぺてん」、この事実から理想への「神的なる転換[17]」は、ある「虚ろな空間」に位置している。そこからは、カント的な意味での感性の諸制約と対話の言語の諸制約とが排除されている。言葉はすでに、その伝達手段の非物質的性質、「振動的」性質のおかげで、この対象（と主体）の排除をすでに行っている[18]。マラルメの詩学は、言語の基本的特性を究めているように思われる。同時にソシュールは、これを記号が表意する対象に対する記号の恣意性として練り上げていた。マラルメ的「削除」とは、指向の間隔設定を、言葉と物とを分離し前者に観念性の射程を保証する、乗り越え不能な距離として掘り下げることである。

　ただしこの詩学は複雑化し、『骰子一擲』は内容によっても形式によってもそれを証言するために存在している。重要なのは、「すべてを再創造するという義務を（…）不当に手にしつつ」、文学によって「いるべき場所にまさにいることを証明する（なぜなら、懸念を表明させていただければ、ひとつの不確かさが残っているからです[19]）」ことである。しかしこの再創造は、その対象を見るべきものとして与える。そしてこの見ること自体がその対象同様に理想的、観念的だとしても、見ることは幻視《ヴィジョン》のリビドー的構成から借用されるのである。「臨終――そこでひとは、失ったものを見るために復活させる[20]」は、たとえそれが文学が世界に対して行う死の作業であったとしても、世界の単なる廃棄ではなく、世界を表象〔再現前化〕しなければならない。マラルメは、書簡のなかで観念に関するみずからの方法の感覚性を強調する際、退去の虚ろな空間にまで現前するこの見えるものの重要性を間接的に強調している。「わたしは感覚によってのみ〈宇宙〉の〈観念〉へと到達した（…）。たとえば、純粋無の消去不能な観念を保持するため、わたしは自分の脳に絶対的空虚の感覚を押しつけなければならなかった[21]」。転換の操作は情動の領域を経由する。廃棄された対象の回想、これを保存するのは「感覚」である。そしてこの感覚は単に知識ではなく、快楽である。「わたしは新たな観念のひとつひとつを、学ぶのではなく自分で享受したい[22]」。

まさしく作者は消え去る最中であるから、作者の特殊性が重要なのではない。否定性の使用におけるこの快楽の追求は、テクストそのものの側に保証を持つ。エクリチュールは、その記号によって観念の可視的な痕跡を提供するという点でパロールとは異なる。ところでこの痕跡は、マラルメにとっては恣意的なものではありえない。「文から語を経由し文字へと至ること。語をその意味に結びつける〈記号〉やエクリチュールを利用しながら[23]」。書かれた文字は意味と結合する。この「意味」の見事な両義性。それが語のシニフィエなのか、語が指示する対象なのかはここでは知りえないのだ。それは一方でも他方でもなく、語に含まれる一種の図式、その動作の定式であり、その恣意性のうちに内蔵された動機づけのある振りつけ《コレグラフィー》であることが後でわかるだろう。とはいえ、パロールが作り出さないもの、つまり可視性や感覚的空間性の次元を、書かれたものが創設することに変わりはない。この次元が、神的なる転換を起点として再創造された世界を見

---

(17) *Œuvres complètes*, *op. cit.*, p. 647, 522.
(18) 「自然の一事象を、言葉の働きに即してその振動的なほとんどの消失に置き換えてしまうという、この驚嘆すべき営為」(Crise de vers, *ibid.*, p. 368)。
(19) Conférence sur Villiers, *ibid.*, p. 481.
(20) 強調は原文。
(21) Lettre à Villiers, septembre 1867, *La table ronde* (août 1952), p. 11.
(22) Lettre du 23 août 1866, *op. cit.*, p. 71.
(23) *Œuvres*, *op. cit.*, p. 852.

せることをまさしく可能にするのであろう。観念（あるいはシニフィエ）は、それゆえ自己、内容、概念の非連続性を何も失うことなく、ある空間——対象の空間——において感覚的に表象され、「表現され」るべきである。

この矛盾を起点として『イジチュール』が練り上げられ、『骰子一擲』が書かれることとなる。二つのテクストにおいては、偶然性を終わらせるはずの行為が問題となっている。この行為、それは作品を書くという行為、絶対的言説、「〈書物〉」を生みだすという行為である。この書物は、〈数〉（Nombre）として——『骰子一擲』では、〈船長〉が消え去る前、おそらくその骰子の一擲によって出される数として——表象される。作品は、純粋な言説に対して外的な一切の条件の不在において語り観念しか与えないゆえに、偶然、つまり言語の他者、その指向を廃棄するはずである。しかし『骰子一擲』が語っているのは、言語はその他者を廃棄しないこと、作品自体が感覚的なものの一部であること、そして書かれたものかその放棄かのどちらかを選ぶ必要はないこと、要するに問題は偽の問題であること、いずれにせよ「場所以外には何も起こりはしなかった[24]」ということである。言語とその他者が不可分であること、これがマラルメの『骰子一擲』と『イジチュール』の教えである。すぐにわかることだが、マラルメはこの分離不可能性に身を捧げ服従するよう求めている。言語のなかで礼儀正しく帽子を取ることによってではなく、分離不可能性を表意することによって。ただしさらにそれを見せることによって、それゆえ偶然性の標章（emblème）である平面を、観念のしるし（sceau）である記号《シーニュ》のうちでほのめかすことによって。こうして、「子供じみた[25]」ものなどではない植字《ティポグラフィー》をめぐる作業が結果する。

書くことは無であり、感覚的なもの、『骰子一擲』の深淵だけが残ると理解しなければならないとすれば、場所以外には何も起こりはしなかったというのは、その悲観主義ゆえに不正確な言い方であろう。詩の後に起こったであろうこの場所、あるいは詩人が何も生み出すことなく消えた後にさえ起こったであろうこの場所は、無ではない。周知の通り、まさしく骰子が投げられず、作品が書かれない『骰子一擲』の最後では、それにもかかわらず大熊座の形象が現れる。この星座以外には何も生じなかったのだ。G・デイヴィスの指摘によれば、この天の形象は「形成途上の総計の（…）相次ぐ衝突（…）を数え上げ」、それゆえ書かれたもののように〈数〉、反偶然に帰属するものの、テクストは白に黒で、星は天の黒に白の星で記されるという点で書かれたものとは異なっている。「君も気づいたように、ひとは暗い場に輝きによって書くのではない。星々の字母だけが、そのように下書きされたもの、中断されたものとして示される。人間は白の上で黒を追い求める(26)」。夜空はそれゆえテクストの陰画なのか。まったくそうであるわけでも、ただ単にそうであるわけでもない。黒地に白で書くこと、それは偶然のインクで絶対的なものの境位に書くことである。絶対的なものは記号、語の現前としての不易なるものの痕跡であり（この言葉は言語についての著作でのマラル

---

(24) *Un coup de dés...* Paris, Gallimard, 1914, *in fine*.

(25) G. Davies, *op. cit.*, p. 80 がこのように述べている。またもっと先では、やはり同じ主題についてこう書かれている。「マラルメは、テクストで言及した対象の像を印刷された頁上に視覚的に再現するという欲望を抑えることができなかった。しかも、何人かの同時代人たちもこの欲望を共有していた」(*ibid.*, p. 197)。『骰子一擲』のシニフィエを見事に理解させてくれるこの批評家は、しかしその表現力あふれる現前を完全に見逃している。現前は、注解者の言葉のうちにさえ自己の道を開通することで仕返しする。なぜなら、書かれたもののうちで形象の空間を侵す欲望の抑圧を、あの奇妙な植字によって取り除くことがまさしく重要だからである。

(26) L'action restreinte, *op. cit.*, p. 370.

LE NOMBRE

EXISTÂT-IL
autrement qu'hallucination éparse d'agonie

COMMENÇÂT-IL ET CESSÂT-IL
sourdant que nié et clos quand apparu
enfin
par quelque profusion répandue en rareté
SE CHIFFRÂT-IL

évidence de la somme pour peu qu'une
ILLUMINÂT-IL

LE HASARD

Choit
la plume
rythmique suspens du sinistre
s'ensevelir
aux écumes originelles
naguères d'où sursauta son délire jusqu'à une cime
flétrie
par la neutralité identique du gouffre

C'ÉTAIT

issu stellaire

CE SERAIT

pire

non

davantage ni moins

indifféremment mais autant

メの言葉である)、白は不在の意味である。星座、それは「固定された無限」であり、記号のうちにとらえられた無際限なものの白である。ただしこの記号は書物ではなく、形式である。影でも白でもなく、その両方である。そしてこの意味で、それはひとつの場所なのである。

ところで『骰子一擲』の本は、この場所の複製となっている。それ自体が意味の場であるが、〈星座〉の陰画として白地に黒で書かれている。場の設定は最も単純な方法で、実質的に文なしで行われている(巻末45頁の図1の解説を参照)。つまりテクストの諸要素のあいだの慣習的な隔たりの保持に違反することによって、ラングの構造によって課せられた制約の手前で、空間の価値を考慮した語の配置によって。そして空間の価値は、われわれの視覚的、身振り的、知覚的あるいは想像的な経験から借用されている[27]。

マラルメが実際、通常は忘却される運命にある空間を書物の感覚的な配列によって表現力豊かなものにしようと試みたことは、「〈書物〉、精神の楽器」を読めば確認することができる。「文字の全面的膨張たる書物は、可動性を文字から直接的に引き出すべきであり、広々としたものとなって、数々の照応により、何か虚構を堅固にするようなひとつの戯れを創設すべきである(…)。書物の製造は、開花するであろう全体のなかで、すでにひとつの文からはじまる。太古から詩人は、精神のために、あるいは純粋な空間に記された十四行詩において詩句が占める位置を知っていた。わたしの場合も、その本を知らず、何頁のどこという特定の場所を念頭に置いてこれこれのモチーフを承知しながら想像しえないとしても、日差しの方位で、すなわちその作品に関してそのモチーフが占める位置を、本の構成が通達してくれるという不思議がある(…)。目立った形で、段状に布陣された頁につき一行は大きな活字にして続けられる文となった壮大さ、思考、あるいは感動の噴出が、読者の熱狂の力に訴え、書物が持続するあいだは読者を息もつけぬ状態にしておかぬことがあろうか。周囲には、ささやかな、重要度からすれば二次的な、説明的ないし派生的なグループ――一連の装飾音」[28]。またポール・ヴァレリーが引用するアンドレ・ジードへの手紙では、彼はこう書いている。「その詩はいま、頁の組み方についてわたしが構想した通りに印刷されている。効果の一切は、頁の組み方にある。ある大きな活字の語は、一語だけで白い頁をまるまる一頁要求するのだが、わたしはその効果を確

（27）『骰子一擲』の序文の文章を見よ。「読み取りの間隔の取り方以外は新味のない全体（…）。わたしはこうした処置［伝統的韻律法における字下げと空白の使用］に背いているのではなく、単に分散させているだけである」。マラルメは、それぞれの「〈観念〉のプリズム的下位区分」に「紙が介入する」と書いている。これらの下位区分は「可変的な位置」によって示される。こうして、「〈頁〉の同時的看取」が命じられる。そしてこのような提示の仕方を、マラルメは絶対確実な筆致で「思考のむき出しの使用」として記している（*Un coup de dés…, op. cit.*, préface. ここでの強調はすべてわたしである）。

（28）Le Livre instrument spirituel, *op. cit.*, p. 380-381. この主題は、すでに『舞台と紙葉』（*Planches et feuillets*, 1893）に見出される。「詩句で書かれた合奏が、観念の舞台上演へと誘う。熱狂や夢のさまざまなモチーフが、ある配列やその個性とを介して、そこで互いに結びつき、離れる。これこれの部分がリズムや思考の運動の形をとり、それにこれこれの相反するデッサンが対立する。そのいずれもが到達し、終わるところは、形象が介入するところであろう。われわれの観念とは、そうした形象に他ならない」（*op. cit.*, p. 328）。主題は、一八九五年に「詩の危機」において明確化する。「ところで主題というものは、それが宿命的なものであれば、まとまった諸々の断片のあいだで、その本におけるふさわしい場所に関しそうした調和を含んでいる。これは、叫びがこだまを所有するのに比例した感じやすさである――同一の働きに属するモチーフは、均整をとられ、距離を置いて互いに調和するであろう。それはロマン派の頁構成の支離滅裂な崇高さでも、かつてひとまとめに書物に合致させられたあの人工的な統一性でもない。すべては未決定となり、全体のリズムに一致して協力する交代や対面をともなう断片的な配置となる。そのような全体のリズムは、沈黙した詩、空白からなる詩なのかもしれない」（*ibid.*, p. 366-367）。

信している（…）。そこでは星座が精密な法則にしたがって、印刷されたテクストに許される限り、運命的にひとつの星座の外観を取ることになる。そこでは、船がある頁の上から別の頁の下へと傾く、等々。ここに（雑誌では省かなければならなかった）視点の一切がある。ある行為、さらには対象に関する文のリズムは、行為や対象を模倣するのでなければ意味がない。またリズムが紙上に形として表され、原版から再び読み取られ、なおも行為や対象のなにがしかのものを表現するのでなければ[29]」。

ヴァレリーは、「わたしはひとつの思考の形象が、はじめてわれわれの空間に置かれるのを見る思いがした（…）。わたしの視覚は、肉体をまとったかのような沈黙に相対していた[30]」と語る。それゆえここには、メルロ＝ポンティが、あるいは少なくとも彼の経験のプロトコルが夢見たあの言語がある。この言語は、もはやその意義によって語るだけではなく、その空白によって、その物体によって、その頁の襞によって語る[31]。そしてみずからを脱構築することを受け入れ、ラングの制約である植字の制約のいくつかを放棄し、感覚可能な延長として具現する待機、重力、加速度に避難所を与えた。それゆえ根源的な詩は、有意味なもののうちには感覚的なものが可能態として存在することを提示する。それはどこに宿っているのか。それは語の「素材」（つまるところこれは何なのか。書かれ、印刷された語の形象なのか、音響なのか、文字の「色」なのか）に直接宿っているわけではなく、語の配置に宿っている。ひとは、有意味なものもまた意義として諸単位の配置に完全に依存すると言うであろう。しかしわれわれの言う配置、頁上の詩的な散らばりは、意義をもたらす配置の攪乱であり、伝達を攪乱する。マラルメは、このことをすでに詩句に関して断言している。「いくつかの語から、全体的で、新しく、その言語とは異質な呪文のようなひとつの語を作り直す詩句は、このような言葉の隔離を完成する。意味と音響性とに交互に加えられた再鍛造の技巧にもかかわらず、辞項に残存する偶然を至高なる一息で否定することで」[32]。彼は詩句を「一語一語征服された偶然[33]」と名づけ、印刷の空白のうちに、行の定期的な回帰が「沈黙」として諸々の語に組み込んで行く最初の偶然性の現前を見出す。意義の攪乱は諸々の形式にある。諸々の要素（言葉）は思いがけない隔たりによって切り離され、可変性を刻まれ、「可変的な位置」を占める。書物は、「広々」としたものになるという特性をこの「可動性」から引き出す。そして「照応」（これが形式である）からなるこの広々とした空間性によって、「虚構」が「堅固」となり、顕現し、言説の他者がそこに具現化する。

では『骰子一擲』のこの空間とは何なのか。諸々の語がそこに記入されているのだから、それは論理的な

（29）以下に引用。P. Valéry, le « Coup de dés », *Variété II*, Paris, Gallimard, 1930, p. 200-201. さらに、C・モークレールによる次の引用。「わたしはあらゆる文や思考は、それがもしリズムを持つならば、それを文や思考が目指す対象に合わせて形作るべきであると考える。そしてあらゆる文や思考は、精神のうちに湧き出たものとして即座に裸で投げ出されつつ、万事に対するこの対象の態度のいくらかを再現すべきであると考える。かくして文学は証明する。それ以外に紙の上に書く理由はない」（*Mallarmé chez lui*, Paris, Grasset, 1935, p. 116）。

（30）*Loc. cit.*, p. 194.

（31）マラルメは、襞に具現された量塊性を強調する。「瞑想しつつもまさに翼を広げようとしている飛翔のごとき、折りたたみのあの並外れた介入。あるいはリズム。閉じられた紙片がひとつの秘密を含み、沈黙がそこに貴重なものとしてとどまり、それを喚起する記号が文学的に廃棄されるものすべてを精神のために受け継ぐことの第一原因。／しかり、紙を折りたたむことやそれがもたらす裏側がなければ、［云々］」（Le Livre instrument spirituel. *op. cit.*, p. 379）。M・ビュトールは、Le livre comme objet, *Répertoire II*, Paris, Minuit, 1964 および彼の作品全般においてこの強調に呼応している。

（32）Crise de vers, *op. cit.*, p. 368.

（33）Le mystère dans les lettres, *ibid.*, p. 386.

ものである。諸項のあいだにあるものは諸項と同様に重要なのだから（ロートによれば、これが形象の本質的特徴である）、それは感覚的なものである。これらの間隔の形象は言説が担う虚構によってのみ統御されるのだから、それは想像上のものである。「〈詩〉――唯一の源泉」[34]。言葉が物となるのは可視的な事物を模写するためではなく、不可視の、失われた「物」を可視化するためである。言葉は、それが語る対象である想像的なものの形を取る。アンドレ・ジードへの手紙で述べられた照応は、もっぱら語の指示だけを頼りとしている。かくして「あるいは深淵が……」の〈頁〉（見開き頁）は、淵への滑走、埋没の運動に従うのであろう。語にそれが指示する対象の形――あるいは少なくとも、その閉じられた輪郭よりもむしろその動き、造形的な現前、つまり先ほどその図式と呼んだもの――を与え、語を文字通りにとらえるこのマラルメの「素朴さ」は実に教訓的である。それが教えるのは、この指向的距離自体が九〇度回転した後、言説の行にその形象を置いて膨張させ、自己と「同時の」ものへと散逸させることである。意義へと移住する指示。言説はその参照の力を失うことなく、別の力つまり欲望の対象のそれを身にまとい、欲望の対象と同様に眼を刺激する。ここに接触がある。語られた内容へと取り込まれた、語られた対象である事物。それは知的に取り込まれるのではなく、感覚的なものの無尽蔵の資源のおかげで、あらゆる廃棄を逃れるあの偶然のおかげで感覚的に取り込まれる。偶然とは、テクストと非テクストの双方を受容しうるということである。みずからを舞台と観衆とし、テクストと形象の作用によってみずからを鏡像として構成された形で上演する感覚的現実。アナモルフォーズ〔歪像描法〕。

この逆過程には蓄積はなく、過程はない。G・デイヴィスは『骰子一擲』も『イジチュール』も、マラルメの思想に対するヘーゲルの影響に基づいて理解している。この思想ほど非ヘーゲル的なものはない。『骰子一擲』は、深淵‐偶然の一部となりうるだけである。意味の問題を偶然性の境位に至るまで徹底的に維持することは、現実的なものはすべて合理的であるという公準とは逆のものである。思想を他の諸々の可能性のうちの偶発的な組み合わせとして考えることは、『精神現象学』への序文の言い方によれば外部にとどまること、数学、とりわけ組み合わせ理論に固有な形式主義にとどまることである。そして現実のあらゆる組み合わせを思想や作品として感覚的なものの絶対的中立性の深淵に投げ込み、星座にその等価物を見出しさえすることは、自然的無媒介性における対自と、媒介された知における即自‐対われわれとの不等性をあっさりと抹消することである。知の危機はマラルメとともに深まる。なぜなら、危機は単に意義の言説において語られるだけではなく――この言説はある意味でその境位と推定において知を維持する――、反省はまさにこの意義の言説をおとりとして、知が非知に対して仕掛けるいたずらとして把握するからである。そして逆過程の戯れを戯れることで、感覚的、リビドー的空間を言説自体のうちに、転義表現のうちに位置づけることでその裏をかくからである。かくして、真の観念を与えるのは官能性であり、超越は内在的であること

(34) *Un coup de dés*..., préface, *in fine*. マラルメは、「古代の詩句に(…)情熱と夢想の帝国」を割り当てる一方、「純粋で複合的な想像力の主題、あるいは知的な主題」(*ibid.*)の表現力に『骰子一擲』の配置を割り当てている。彼は、音楽との類比の犠牲者なのだろうか。『骰子一擲』と詩句との関係は、交響曲と個人の叙情的な歌との関係に等しいのか。それとも逆に、前者において用いられる方法(移動)の認識論的価値を意識しているのだろうか。――いずれにせよ、E・フレンケルの仮説(Fraenkel, *Les dessins transconscients de St. Mallarmé*, Paris, Nizet, 1960)、つまりテクストのレイアウトから帰結する形式は、原文のシニフィエの内容と一致する「情動的で劇的な内容」を隠している(p. 36)という仮説を退けなければならない。実際、造形的形式は(シニフィエという意味での)内容を持たないことは明白だからである。その上、造形的形式を際立たせるために用いられる方法は任意である。

が表現される。この超反省は西洋の伝統に属するヘーゲルの親類ではなく、セザンヌと、彼が地震計および起爆装置となったすべての造形的衝撃、ニーチェ、そしてすぐ後のフロイトの親類である。

『骰子一擲いかで偶然を廃棄すべき』が（それが語る対象である）「虚ろな上方の」空間に位置する限り、超現実性はこの書物そのものである。ここでは再‐現前化がもたらすこの超現実性の布置（configuration）を探査するつもりはないが、それでもその鏡像作用をすでに指摘しておくことができる。書物という対象は、二つの対象を含んでいる。まず（統辞法の規則にしたがって連結されたシニフィエからなる）意義の対象、「感覚的なものの外部に（シニフィエの）観念は存在しない」と語る「理想」である。われわれはこの対象を理解する。次に、記号的および造形的シニフィアンからなる意味形成性（signifiance）の対象（空白、活字の変化、見開き頁の使用、その表面への記号の配置）であるが、これは実を言えば感性を（「官能」を）考慮することで攪乱されたエクリチュールからなっている。第一の対象は第二の対象を理解させ、第二の対象は第一の対象を見せる。両者は互いの鏡となる。意義は意味〔感覚《サンス》〕において視覚的に提示され、意味は意義において知的に提示されるからである。第一の鏡は、書物全体と延長を同じくする。しかし他方ではこの書物自体が、意義と意味の書物として、あるキアスムの形式のうちに反映されている。(35) 書物の冒頭の「骰子一擲」という表現には、最終頁の「あらゆる思考は骰子一擲を発する」という文が応答する。言語的シニフィアンにおけるキアスム、そしてまたシニフィエにおけるキアスム。思考は思考されざるものを廃棄することはないが、思考されざるものは思考を含む。キアスムとは修辞学のab-ba型の文彩《フィギュール》であり、たとえば抱擁韻〔脚韻の配置がabba型となる〕のように、その形式において韻律法の文彩と類似し、それゆえテクストの筋に厚みを導入する。この厚みは単なる意義ではなく、一種の意味の過剰を包み隠し、指し示す。明示的な意義の手前にありそれを凌駕するこの意味に、キアスムの文彩は鏡の形式を与え、それゆえ反射の印象を吹き込む。このとき、同じ一群の諸要素は反復されつつも反転されている。書物の通時態に刻み込まれた第二の鏡である。

これらの基本的な考察を起点として、『骰子一擲』において機能している三種類の形象をすでに区別することができる。まず比喩（image）は言語の秩序に、ただしシニフィエの平面に位置する形象〔文彩〕である（直喩、隠喩）。次に形式は、同様に言語に位置するものの、言語的シニフィアンに作用し、言説内では意味されない種類の形象である。そして感覚的形象は、（ここでは書記的な）言語的シニフィアンを本来の意味での言説の要件とは異なる要件、つまり（ここでは可視的な）リズムにしたがって分配する布置である。これらの形象は、それゆえ純然たるシニフィエから出発して言語的シニフィアンを経由して造形的シニフィアンまで広がっており、知解可能で言説的な秩序と感覚的な時空間の秩序とのあいだの絆、あるいは中継となる。これらの形象は、知解可能な世界と感覚可能な世界とを隔てる仕切りを乗り越えうる諸々の形式の存在を明らかにする。すなわち（幻想は無意識と前意識の境界を修正なしに越えるのに十分な布置であるとフロイトが言ったのとまったく同様に）、みずからが形成する環境から独立した形式である。かくして諸々の段階の形式は、言説に対して言説ではないものへの道を開き、それらが『骰子一擲』において果たしている鏡の機能を確立する。意義の他者——形象的なもの——が言説に宿りうることによって、反省を可能にする厚みが言説に付与されるのだ。

(35)　このことは、G・デイヴィス（*op. cit.*, p. 79）が見事に指摘している。

しかしこの反省は指示されたものをシニフィエへと反射するのではなく、逆に指向の空間の何かが言説に宿ってそこに変則を生み出し、かくしてそこで可視的となる。この意味で、反省は超反省であることがわかる。夢作業の吟味を行った後でなければ、この操作を明確にすることはできない。なぜなら、この作業において作用する退行あるいは直接的表現と、作品を生み出す唯一のものである逆過程あるいは二度反転された表現を分離することが重要だからである。『ディヴァガシオン』の最後で、マラルメはみずからが求める形式を「批判詩」[36]として特徴づけている。

(36) 「安心してほしいのだが、テクストの裂け目は意味との合致を遵守し、その照明の各点以外にはむき出しの空間を記入しない。もしかするとひとつの形が現実のものとしてそこから生じ、長いあいだ散文詩としてわれわれが探究してきたものが——語をもっとうまく結合するならば——批判詩として目的に達することを可能にするかもしれない(…)。ここにはおそらく、普段は自由詩を実践しない詩人にとっても、いずれ経験を積めば韻律法を命ずるそのような思考の直接的リズムを包括的で簡潔な断章の形で顕示するための手段がある」(*Œuvres complètes, op. cit.*, p. 1576)。わたしの理論構築に役立つ言葉を強調しよう。詩の批判的性格は、(わたしが図式と呼んだ)直接的思考のリズムがテクストの裂け目によって経験のうちで顕示されることに起因する。リズムは韻律法を支配し、よって単なるコミュニケーションの秩序には属しない。

言語記号？

いかなる不在？

次のように（再び）はじめることができるであろう。言語は記号からできているのではない、と。これは、ヘーゲルにおける象徴に関する議論と同じ議論となるだろうが、異なる観点からとらえられている。話されている対象の周囲を回るのは無駄なことではなく、われわれが意義の秩序にとどまる限り逃れられない運命である。この対象については、一度にひとつの面しか見ることができない。対象はつねに同一であるが、回り込むならば、対象がわれわれに示す新たな側面から看取されたものがわれわれを新たな言説へと誘う。差異のある反復。

ここでの対象はまさに、言説が位置する空間である。われわれが素描したテーゼは、この空間は均質ではなく二重化されているというものであった。それは、（シニフィアンをモデルとして）意義が作り出される非連続性の空間である。言説を縁取り、その指向対象へと開く指示の空間である。この点に関するソシュールの重要性は一目瞭然である。言語についての考察をはじめから一般記号学の名の下に位置づけつつ[1]、彼は言語要素を記号の範疇において思考することを課し、みずからの義務とした。こうして彼は、言語「記号」の恣意性あるいは無動機性（immotivation）という概念を構築するに至ったのである。言語記号と他の記号との関係は、「制定された」ものと「自然な」ものとの関係、あるいは「無動機の」ものと「動機づけられた」[2]ものとの関係と同様である。それゆえ、ソシュールが示した道を通ってわれわれの対象に向かって歩むことにしよう。すなわち、恣意性ゆえに語は記号とは異なるというのは本当なのか、それともこの恣意性はより根本的な状況、つまり語は記号学的領域に属するのではなく接しているということの兆候なのではないか。

語られる対象がいかなるものであれ、言表がそれと関係づけられる方法がどのようなものであれ、あらゆるパロールは何かについて語っている。これこそ、つねに指向の機能を果たすという分節言語の本質的特徴であり、ソシュールの恣意性の観念に見出すべきはこの特徴である。E・バンヴェニストが書いているように[3]、いかなる否認も「言表されたものに何かが対応する――何かであって「無」ではない――ことを含意するという、言語の基本的特性を消滅させることはできない」。いかなる言語も自己の外部の保証人を想定しており、フレーゲが言うように[4]、指示されたものへと向かう推進力が存在する。それはシニフィエの把握をつねにはみ出し、われわれが語る対象の周囲でわれわれをある言説の場から別の場へとつねに駆け回らせる。E・バンヴェニストの指摘を誤解してはならない。あらゆる言表に対応するはずのこの「何か」は、まさに把握しうるものでも独占しうるものでもない。なるほどそれは言行為によって定立されるが、向こうに、根源的な間隔設定によって創造された空間に定立される。パロールはその対象に面しており、少なくとも一種の視覚によって対象へと開かれている。そして接触を欠くために、パロールがその構成ゆえに喪失しパロールにつきまとう直接的把握を欠くために、パロールはつねに感得され、測定され、客観性を模範とするよう試みる。たとえ言語にメルロ＝ポンティがその「全体性の仮定」と呼んだものが住みついていたとしても、言語にはそれとは逆の、それに劣らず根本的な欠如の場所が存在する。言語はこれを、言葉が語る対象が言葉の縁に陰画の姿で浮かび上がるあの最初の切除に負っている。この点であらゆる言行為は、ラングに属さない何か、言表内に位置しえない何か、しかしその難攻不落の主題として言説の開放性のうちに維持される何かを準現前する（apprésenter）手段である。

このような指示に従うなら、言説の秩序は閉じられた体系をモデルとして構想しうるという考えは排除されるように思われる。ラングは確かにこの種の組織化であるが、言行為における主体による「記号」――これはラングから主体に提供される――の利用は、指向の使用である。このような使用の場合、これらの「記号」の想起と配列は、対象の一種の概観によって外部から動機づけられる。言説の秩序は自己の背後、構造内にすべての根拠を有しているわけではなく、部分的には話者の志向性のうちに有している。この志向性はまさしく、指示の主観的様相にほかならない。ところでパースが指摘したように、「誰かのために何かの代理をすること」は、言語記号の特性ではなく、あらゆる記号の特性である。他に対する記号の開放性、代わ

（1） *Cours de linguistique générale, op. cit.*, p. 32-35 ; Godel, *op. cit.*, p. 183.
（2） Saussure, *Cours..., op. cit.*, p. 100-103.
（3） E. Benveniste, Remarques sur la fonction du langage dans la découverte freudienne, *La psychanalyse*, I（1956）（＝*Problèmes de linguistique générale*, Paris, Gallimard, 1966, chap. VII).
（4） 本書「言説の縁にある厚み」の節を参照。

りになるというその本性が記号を定義する。そして言葉は、それが記号であるならば、この指示的内在性という規則の例外とはなりえないであろう。E・オルティーグ[5]はこの点でポール・ロワイヤルの『論理学』の伝統に非常に近く、記号を定義する（超越の）指向的機能のこの内在性を強調している。彼は、記号は「自己とは別の秩序に属する何かへと差し向ける感覚的な出来事である」[6]と述べている。記号は「何かを示す、または何かを顕示する」[7]。不在である他のものはそのように提示されるが、それ自体としては提示されえないのである。かくして記号は、存在と現れ、あるいは意味と感覚的なものが分割される裂け目から切り離すことができない。このようにして、記号は二項のあいだの関係にとどまらず、「すべての可能な関係、すべての可能な形式の生成原理」[8]なのである。

ここを起点として、この概念が現前の形而上学のうちで構築されることが理解できる。まさしくこの形而上学によって、もうひとつのシニフィアンつまり隠された項がそれ自体として顕示され、事物そのものが与えられるのである。そしてまた、これが西洋の狂気であることを把握し、痕跡は痕跡として抑圧可能で、痕跡を残すものは提示可能だと信じることができる。[9]この批判から引き出すべき帰結がいかなるものであれ、意味の後退という根源的事実を説明するために援用される原エクリチュールは、いずれにせよ狭義のエクリチュール——中立化された空間への恣意的な記号の記入——ではなく、逆に厚みのある空間の構成であることを理解しなければならない。そこでは、見せる－隠すの戯れが演じられるであろう。差異は対立ではなく、指向の秩序を開く不透明性をなし、不透明性はシニフィアンの平面あるいはシニフィエのそれにおける不変性の体系を支える。われわれが取り組んでいる差異に関して問題となるのは、言語の「記号」（書かれたものであれ語られたものであれ、ここではこの対立は関与的ではない）が、差異が他のあらゆる記号を開き膨張させるのと同様の仕方で差異を住まわせているかどうかを知ることである。メルロ゠ポンティは、ゲシュタルトにおける図《フィギュール》‐地の関係を参照の奥行きの絶対的モデルとした。そのようにして彼は、感覚的なものを超越の一切の秘密にしようとしたのである。この奥行きは言葉でも、あるいはたとえば色、線の場合でも、同様に同じ場所で機能するのであろうか。わたしはすべての画家たちにならって、色や線の奥行きによって、青や赤、曲線や垂線から発する方向づけられた力を理解する。運動の極性化された予期やかすかなはじまりを〈わたしの身体〉のうちに生じさせる力を理解する。このような場合に、記号への意味の内在性や、無媒介的な厚みについて語ることができるとわたしは考える。青や垂線が身体をそのような空間的意味へと引き入れるのは、恣意性ではなく無媒介性のおかげであり、感覚的なものと身体の、学習されざるモンタージュ

（5） *Le discours et le symbole*, Paris, Aubier, 1964. Cf. *La logique*, par MM. de Port-Royal, 1re partie, chap. IV. 「同一の事物が同時に別の事物を隠し、あらわにすることもありうる（…）。かくして、「何ものもそれが隠すものによって現れることはない」と述べた者たちは、ほとんど確かでない格言を言い立てたことになる。なぜなら同時に物かつ記号でありうる同一の事物は、それが記号としてあらわにするものを物として隠すことも可能だからである。かくして熱い灰は物としての火を隠し、記号としてあらわにする（…）。かくして聖体の象徴は物としてのイエス゠キリストの身体を隠し、象徴としてあらわにする」。Cf. L. Marin, Signe et représentation : Philippe de Champaigne et Port-Royal. *Annales Economies, Sociétés, Civilisations*, juillet 1969.

（6） *Ibid*., p. 43.

（7） *Ibid*., p. 52.

（8） *Ibid*.

（9） Cf. J. Derrida, *L'écriture et la différence*, Paris, Seuil, 1967 ; *De la grammatologie*, Paris, Minuit, 1967.

のおかげである。とはいえ、それは超越である。なぜなら、この意味が線や色のなかに付与されるというのは真ではなく、逆にそこに隠され、そこを起点として現出しなければならないからである。

感覚的なものの意義へと準拠することで問題を立てること、それはこの問題を解決することに等しい、とひとは言うであろう。誰も、言葉は知覚神経的要素ではないことを否定しないからだ。ただしソシュールによる言語記号の問題提起は、そう信じられているほど感覚的なものへの準拠から隔たっているわけではない。それは事実、象徴へのまったく似通った準拠によって導かれている。ソシュールは、自分は言語記号の恣意性によって、話者が音や語を好きなように自由に作り上げると言いたかったのではなく、記号をそれが指示する事物から派生させることは不可能だと言いたかったのだと明言している。彼がそれについて提示する証拠は、同一の事物が異なる言語で異なった仕方で言われるというものである。彼はこの関係を、恣意的というよりも無動機の関係と呼ぶことを好んでいる[10]。ところで、ここでこの言語学者の思考に霊感を与えているモデルは、彼自身が象徴的と呼んでいる関係のモデルである[11]。すなわち、シニフィアンからシニフィエへのあいだには連続性があり、「内容」はシニフィアン上に記号の実質、形相、あるいはその両方によって示されるという関係である。それゆえわれわれは、感覚的シニフィアンのごく近くへと連れ戻される。たとえば、道路上で「路面凹凸あり」を表示する標識は動機づけのある記号であり、そこでは事物を看板に描かれた輪郭によって認知することができる。動機づけはこの意味で、平面に描かれた身体的リズムの図式化にある。このリズムは経験のうちで、凹凸の上を車が通過することに結びつけられる。大部分の凹凸にはこぶがひとつしかないのに対し、標識が二つのこぶを表現するのは、シニフィアンとシニフィエとの媒介が身体の側から求められている（少なくともそのように想像しうる）ということであり、身体的意義はつねにリズムのような何かであるということであり、リズムは二つの強拍のあいだの間隔を必要とするということである。標識の二つのこぶによって表されるのは、これらの強拍なのである。これがソシュールの意味での「動機づけ」である。それはもともと表現力に富んでいるわけではないが、しかしながらいささか絵画のように、リズムの母胎に、ここでは――身体という――運動感覚と視覚の二つのリズムの対応の母胎に依拠している。

言語の記号には、これに比較しうるものを何も見つけられないのだろうか。この主題をめぐるすべての議論の前提条件として、E・バンヴェニストによる説明に出会うのはここである。[12] 実際、この言語学者が提案した――言語の構成にも関与する――二つの関係の区別をまずわがものとしなければ、言語記号の恣意性を正確に考察するのは不可能である。それは、ひとつはシニフィアンからシニフィエへの関係、もうひとつは記号とその対象との関係である。前者は記号に対して内在的であり、後者は超越的である。E・バンヴェニストは、自分が後者を恣意的と明言するのは、単に「精神と世界の一致という形而上学的問題」[13]を扱うことをみずからに禁じるために過ぎない、と断言している。しかし記号に内的な関係、シニフィアンとシニフィエを結合する関係はいささかも恣意的ではない。「それらのあいだには実に密接な共生関係があるために、「牛」という概念は聴覚映像/b ö f/の魂のようなものとなっている。精神は空虚な形、無名の概念を持つの

(10) Saussure, *Cours...*, *op. cit.*, p. 101.
(11) *Ibid.*, p. 101.
(12) E. Benveniste, Nature du signe linguistique, *Acta linguistica*, I, 1 (1939) (= *Problèmes de linguistique générale*, *op. cit.*, chap. IV).
(13) *Ibid.*, p. 26.

ではなく[14]」、「シニフィアンとシニフィエの共同実体性」が存在するのだ。

表現、意義、指示

このような区別の確立にあたり、E・バンヴェニストは明らかに話者の共通の経験に導かれている。言行為において、言葉とそれが語る事物との距離は乗り越え不能である。この距離は、原理的には乗り越え不能でありうるとしても、少なくとも言葉のなかに存在する「事物」の利用によって、その肉という媒介によって、――事物が引き起こすざわめきに対して――感性の洞窟で肉が起こしうる反響という媒介によって迂回可能である[15]。だがこの詩的経験、言説とその対象との共同本性性の経験は、両者の差異の共通経験を打ち消すどころか、そこにみずからの対位法と鏡とを見出す。E・レルヒは、ある論文で恣意性のテーゼ――E・バンヴェニストによって修正されたそれさえ――に抗して、いささか絶望的に音響の象徴的価値を救おうとした。彼がその論文のなかで述べたように、感覚的（sinnliche）かつ有意味なもの[16]（sinnvolle）として、感覚的なものがシニフィアンに宿り言説が象徴と化すというのは、異様なことである。この異様さは表現の所産であるが、表現は言語の唯一の機能でもないし、主要な機能ですらない。もうひとつの機能であるコミュニケーションは、〔語義を担う音声表現としての〕語体（Wortkörper）のほぼ完全な衰弱、言葉の半透明性を必要とし、語る主体のためにそれが可能とする、シニフィアンからのシニフィエの一種の解放を必要とする。そしてわれわれの共通の言語経験のこのもうひとつの様相が、メルロ＝ポンティが〔言語の〕「効能」と名づけたものを伝える。すなわち、「自分を忘れさせること」、「その働きそのものによってわれわれの眼から姿を隠すこと」、「自己を抹消し、言葉を越えて作者の思考そのものへの通路をわれわれに与えること[17]」である。

それゆえ、動機づけは原理的に言語記号の秩序から排除されていると言ってはならない。さもなければ、詩的なものを追放し、パロールの経験の記述と理解を不可能にすることになるであろう。この経験は、少なくともわれわれの社会では、例外的であるという理由で他方の経験よりも非本質的であるということはない。しかし、動機づけは記号とそれが指示するものとの連関全体にかかわるのであって、シニフィエ－シニフィアンの関係にかかわるのではない。後者が「関係」であるのは言語学者のメスの下においてのみであり、われわれはその経験を有しない。こう言ったうえで、この動機づけは――それが存在する場合には――、標識の板とは別の秩序に属するものではない。事物は言語「内に取り込まれる」のではなく――それはひとつの言い回しに過ぎない――、言語の配列が諸々の言葉の上やあいだにリズムを開花させるのである。リズムは、言説が語る事物がわれわれの身体上に引き起こすリズムと共鳴する。この韻律的なものの侵入がラングの不変的空間へと侵入すること、自由な可動性が調整された非連続性へと侵入することは決して瑣末なことではなく、一方は他方ぬきでは機能しえない。そして言語学者の換入、被精神分析者の自由連想においては、夢見る者と画家の作業の場合と同様、言語の秩序が感覚的なものとなるには、この秩序がリズムの力によってねじ曲げられなければならないのである。

(14) *Ibid.*, p. 25.
(15) Cf. M. Dufrenne, *Le poétique*, Paris, P.U.F., 1964 ; A priori et philosophie de la Nature, *Quaderni della « biblioteca filosofica di Torino »*, 21 (1967).
(16) E. Lerch, Vom Wesen des sprachlichen Zeichens. Zeichen oder Symbol ? *Acta linguistica*, I, 3 (1939), p. 145-161.
(17) M. Merleau-Ponty, Introduction à la prose du monde, *loc. cit.*, p. 143, 144.

だがさしあたり、表現の問題は放置することにしよう。それゆえ、言語記号上で交差する二つの意味の方向があると言えるだろう(18)。これらの方向は、合計で三つの極に関与する。一方では、記号は使用において切り離すことのできない二つの面、すなわちシニフィアンとシニフィエから構成されており、両者の接合が狭義の意義を決定する。ソシュールはこの語を、概念やシニフィエが、彼が聴覚映像またはシニフィアンと呼ぶものと結びついていることから生じる意味の効果を指すために用いている(19)。他方では事実そうであるように、全体としてとらえられた言語記号は、それが指示するものや、話者が語る現実や非現実の対象に関係する。E・バンヴェニストはこの関係を先の関係から切り離し、それだけが恣意的あるいは無動機と言われるに値する――一方、意義はほとんどそうではないため、われわれは「陳述」なしには概念を思考することができず、「それが言わんとするもの」なしに言葉を思考することができない――ことを示している。記号から対象へのこのような関係を、指示（désignation）と呼ぶことができる。

　言語記号について語ることに固執しようとするのならば、これらの二つの次元のどちらかに、あるいは両方に、記号を構成する、別のものへと差し向ける厚み、差異、力が見出されることを証明する必要がある。まずは意義へと向かい、ソシュールが考えたように「代理」、「代表」の表現がシニフィアンとシニフィエとの関係に当てはまりうるのか自問することにしよう。たとえば /ʃeval/ という連辞は、話し手と聞き手にとって「馬」という観念の代理をすると言えるであろうか。極度の厳密さで言えば、現実には重大な誤解を代償として、ひとはあえて以下のように合意するかもしれない。記号の全体、馬という語は現実の馬の「代表」であり、記号の体系においては、この動物が知覚の体系においてそうであるものに「相当する」、と。このような説にはひどくいい加減なところがあることは、ほとんど強調するまでもない。というのもそれは、言説のみの事実である指示と、象徴の機能を定義する表象（フレーゲの意味での Vorstellung）との純然たる混同に依拠しているからである。これについてはまた後で述べる。しかしこの説を意義に適用し、シニフィアンは感覚的な代用でありシニフィエの表現であると主張するならば、それはまさに不条理なものとなる。われわれは言連鎖を知覚しながら意味を理解する。われわれの口が音を発しているあいだにわれわれが述べるのも、やはり意味である。これが言葉についてのわれわれの経験である。これはつまり、シニフィエのために自己を完全に忘れさせるのが、シニフィアンの役割だということである――もちろん逆の意図の場合、つまり芸術が言語を利用する場合のように、シニフィアンを浮き彫りにし、メッセージの構成を活性化する場合は別である。[20] しかし表現力のためにシニフィアン本来の言語的伝達機能の逸脱をねらうこの用法は、まさしくこれらの語に象徴の潜在力が与えられる、もしくは返還されることを必要とする。そして特別な処置によって、言語的実質に過剰な感覚的価値を担わせることを必要とする。かくして詩においては、言表が

(18) 言語記号を二つの軸の上で組み立てることで、E・バンヴェニストはストア哲学の伝統と再び結びついている。オグデンとリチャーズの古典的著作 *The meaning of meaning*, London, 1936, 特に「言語学的三角形」が述べられている p. 10-12 を参照。同様に、機能主義的観点からのこの三角形の議論として、St. Ullmann, *Principles of Semantics*, Oxford, Blackwell, 1957, chap. II, sect. 2 を参照。パースの次の定式も、言語的意義を三角形で組織する同じ伝統に結びつけなければならない。「ある対象へと差し向けるべき何か（その「解釈項」）を定義するものはすべて記号である。同時にそれ自体、今度は記号となった解釈項をこの対象へと差し向け、以下無限に続く」（*Elements of Logic*, II, p. 302）。

(19) Saussure, *op. cit.*, p. 99.

(20) R. Jakobson, Linguistique et poétique（1960）in *Essais de linguistique générale*, Paris, Minuit, 1963 ; T. Todorov, *Littérature et signification*, Paris, Hachette, 1967.

「まったく明解な」言語の意味論によって作用するよう、ただし詩人が語の素材に課した配置のおかげで言表が「情意的な[21]」響きを呼び覚ますよう、語の自然な透明性を曇らせることが本質的となる。言表のこのような芸術的処理はまさに例外である。詩はそれが担う諸効果により、たとえばM・ビュトールが詩に与える完全な意味において[22]、言語のコミュニケーションの使命を逃れ、言葉と物との境界に住み、書かれたものは事物のごときものと化す。しかしコミュニケーションとエコノミーに属する日常言語の規範は、意義のための音声的実質の消去であり、シニフィアンの透明性である。われわれが交換するメッセージにおいては、メッセージが単に慣習的なものでない場合、音は観念の「代理」として生産されるのではなく、何ものの「代わりになる」のでもなく、それが表意するものとなっている。E・バンヴェニストは、ソシュールの恣意性の命題に関して、記号の「内部で」いわばシニフィエとシニフィアンを溶接する強い動機づけに注意を促しているが、このとき彼はまさしく以上のことを教えているのである[23]。

この透明性のおかげで、シニフィアンは分節言語の経験においては意味の背後にほぼ完全に消え去る。この透明性をとらえるのは容易ではない。わたしがある意味を引き合いに出す、するとわたしの口内で言葉が形成され、対話者はある意味を理解する。われわれは、意義をシニフィアンから切り離すいかなる手段も持っていない。これは時折ソシュールが示唆しているように、どの記号素にも対応する「観念」が結びついているということではない。言表の意味は、シニフィアンがそこで受け取る、あるいは手に入れる配置から生じる。そしてそこから、それぞれのシニフィアンの意義が周囲の語にしたがって画定される。シニフィアンに固有な一種の不安定性のおかげで、シニフィアンは諸々の意味の下に忍び込むことができる。そうした意味はおそらく類縁関係にあるが、十分に多様であるため、シニフィアンに唯一の（ソシュールのように語れば）「概念」を結びつけようとしても無駄である。われわれがシニフィアンとシニフィエの連関を指摘することで思考しているのは、そのような一義性、精密な普遍数学の対象——あるいは夢——ではない。この連関の観念は、それぞれのシニフィアンにひとつのシニフィエ、そして唯一のシニフィエが対応することなどまったく要求しない。実践においては、これ以上言うつもりはないが、連辞《サンタグム》が「しっかりと形成され」、音声学的平面を支配する規則と表意単位の平面の規則に則って分節されうるだけで、連辞がすぐさま何かを「言わんとする」には十分なのである。言説のこの無媒介的な明瞭さは、不明瞭そのものである。

この明瞭さは、他の意味が余分に示されることをまるで妨げない。それどころか、言説の厚みやメッセージの多義性がその規則なのである。ただしそれは、シニフィアンの透明性つまり意義の無媒介性に対してはいわば二次的である。言表のなかで難解あるいはあいまいであるのが一語の場合、そこから結果する理解の遅れは、シニフィアンとシニフィエの関係における構造的な不透明性から生じているのではない。もしわたしが「回文」について語り対話者がこの語を知らない場合、不明瞭さはこの無知から（つまりこの語が相手のコードに存在しないことから、あるいは実に低い確率でしか出現しないことから）結果するのであって、ラング内にシニフィエなしで与えられるシニフィアン、あるいはいわば——〈わたしの身体〉の筋緊張《トーナス》〔色に対する人体の無意識的反応〕の秩序において内転運動を告げる（示し隠す）青色がそうであるように——シニフィエに先立つシニフィアンが存在することから結果するのではない。わたしがいま、権威の失墜したこれ

（21） M. Dufrenne, *Phénoménologie de l'expérience esthétique*, Paris, P.U.F., 1953, t. II, p. 543-569.
（22） M. Butor, Le roman comme recherche（1955）, Intervention à Royaumont（1959）, *Répertoire I*, Paris, Minuit, 1960.
（23） Saussure, *op. cit.*, p. 144-146, 155-158.

これの王家について話しながら、「家（maison）に亀裂が入ったな」と言うとする。この言葉遊びは、フランス語における maison という語の多義性、よってシニフィアンに対するシニフィエの過剰に依拠している。しかしこの多義性はラングの語彙の秩序において規制されており、理解してもらうことを断念するのでないかぎり、それを逸脱することは話者には許されない。この事例でも、シニフィアンからシニフィエへの関係はそれ自体として不透明なのではなく、単に多様なのである。意義の多数性を一掃し、どれを考慮するのが適当かを決定するのは、文における語の位置、あるいは言説における文の位置である。構造主義や機能主義の用語で言えば、これは言連鎖の一点における表意単位の選択や選抜が実際に完全に遂行されるのではないこと——ただし、原則としてすべての多義性が追い出される精密で科学的な言説の場合は別である——、むしろそこで適切なシニフィエを分離するため、与えられた言表に対する選択が実行され続けなければならないことを意味する。ただしこの「選択」は、真の記号が呼び起こす探求、調査とはいかなる関わりもない。その「意義」はシニフィアンによって示されるだけであり、いかなる場所でもいかなる既成の体系においても与えられることのない、構築されるべきものである。われわれは、われわれの母語の意義を聞き取られたシニフィアンから構築する必要はない。シニフィアン－シニフィエの関係はそれ自体としては確実であり、そこでは恣意性にはいかなる意味もない。フランス語の話者にとっては、音声的連辞 /ʃaval/ のシニフィエとしての「馬」という概念ほど非偶然的なものはない。話者が自己の母語について持つ経験においては、無動機性に対応するものは何もない。

ソシュールは、この経験を認識論的切断に相当する線で抹消することでしか、そして母語を持たないような話者を想定することでしか、その概念を構築することができなかった。なぜなら彼にとって恣意性の証拠となるのは、「馬」がここでは /ʃəval/、あちらでは /pfɛrd/ 等々として表されるという事実（これはいかなる語る主体にとっても事実ではないが）のみだからである。この認識論的抽象はしかも、シニフィエの切り分けがここととあそこでは同じではないこと、逐語訳は忠実ではないこと、そして経験の一般的な切り分けつまり意味場の一般的組織化──あるラングのシニフィエの推定上の構造──を経由する必要があることを認めなければならない際、すぐに訂正されることとなる。項から体系へと移行させる、抽象の増加。だがそれは、ある言語内での、よってこの言語を用いる話者の経験内でのシニフィアンとシニフィエの分離不可能性を完璧に保証するゆえに、より良い抽象である。結局のところ、シニフィアンは何ものの代わりにもならない。「内容」とは記号が割り当てる何かであり、それが包むものの内部であるというのが本当だとしても、シニフィアンの「内容」はそのようなものではない。言語的シニフィアンは、その内には（Inhalt）何も隠していない。なぜならシニフィアンは内面性を持たず、量塊的ではなく、厚みのある空間を占めることはないからである。

指示の関係、つまり「記号」からそれが語る対象へと差し向ける関係の場合は、なるほど恣意的と形容するのは正当である。なぜなら言葉と物との媒介を保証し、前者を後者を予示する一種の代理とするいかなる韻律法も、いかなる身体図式も、いかなる感覚的モンタージュも存在しないことがわかるからである。言語の起源については、言語学者の慎重な留保を採用することしかできない。特に、原始言語は表現の伝達手段であると考え、それゆえある感情的状況を起点として記号を逸脱させ、記号を本来動機づけられたものと理解する傾向のある仮説についてはそうである(24)。しかし言葉がかつてこの表現的価値を持ち、ほとんどそれが指示する物のような重みを持っていたとしても、言語の現在の経験にはそうしたものはもはや何も残っていない。[25] むしろひとは、強力に補強されたA・ルロワ＝グーランの仮説を正しいものと認める誘惑に駆られるのではないか。すなわち、最古の言語には神聖な機能があり、最初の口語の表意単位は叙唱の歌い手によって発せられたものであり、歌い手は同時にその身振りにより、部族が付き従う洞窟神殿での行列の際に、対応する彩色された形象を指し示したという仮説である。[26] これは実に申し分のない仮説である。なぜなら、そこでは指示の機能が最初からその十全な意味と十全な特性でもって現れているからである。特性は、二つの決定的特徴に由来する。パロールは指示された物の不在においてではなく、その現前において発せられること。指示された物は物ではなく象徴であり、それは最初から不透明であると述べるのが正しいこと。指示の機能が実行される状況のこの二重の特性によって、この機能を正確に位置づけ、象徴の機能から引き出すことが可能となる。言葉が物の前にやってきてその遮蔽物となるどころか、言葉は物を顕示するために消え去るのである。言葉は物を隠す代理ではなく、言葉それ自体は物を自己自身の実質や形式によって再‐現前化させる象徴ではない。言葉は単に、話者の経験においては物への通路であり、それを見せる照準線である。よって言葉からこのような物まで、言表からその対象一般までは距離がある。しかしこの距離は横断すべき厚みであるどころか、身振りがその対象に照準を合わせる場という厚みであり、大気の空間の奥行きであり、見ることが実行される環境としての光を前提する。

　不透明性は対象のうちにあるのであって、言葉のうちにあるわけでも、その対象との距離のうちにあるわけでもない。言葉は記号ではないが、言葉が存在するやいなや、指示された対象は記号となる。ある対象が記号となること、それはまさしく対象が、顕在的な同一性に秘められた「内容」を隠し持っていること、自己に向けられる別のまなざし――このまなざしはもしかすると決して向けられることがないのかもしれないが——に対し、対象が別の一面を用意していることを意味する。対象が記号となるには、対象に不在の次元が課されなければならない。指が木を指示するために木に向かって差し出されるとき、指は木を一変させ、前方へと、意味の無の上へと来させる。あるいは、もしその方がよければ、指示はあの奥行きの回避を、物の後方の除去を前提とする。それ以前には木は存在しない。対象たるものはすべてパロールを前提し、指示するものにパロールが及ぼす無化の力を前提する。対象はその厚みをこのようなパロールから引き出す。それを指示し見せる言葉は、同時にその無媒介的な意味を取り上げ、その謎を掘り下げるものでもある。このようなわけで、ルロワ＝グーランが考えるように、言葉は象徴を指示するというのは模範的なのである。言葉は現前と不在を示さなくてはならない。ただし前面、正面を見せなくてはならず、見せるべき何か、見られていないものが残っていることを示唆しなければならない。この何かとは見えないものである。この操作は絶えず更新される、というのが本当ならば。そしてわれわれがある面を見、それを表意しなければならない際、つまりそれを意義の恣意的で非連続的な秩序に位置づけ、先行する面との無媒介的な関係を喪失させ

（24） かくしてM・デュフレンヌは、表現は意義に先行すると主張している。*Le poétique, op. cit.*, p. 33, 184 ; L'art est-il langage, *Revue d'esthétique*, XIX, 1 (1966)（= *Esthétique et philosophie*, Paris, Klincksieck, 1967, p. 73 à 112）; La critique littéraire : structure et sens, *Revue d'esthétique*, XX, 1 (1967)（= *Esthétique et philosophie, op. cit.*, p. 129-143）。わたしはこの説について、A la place de l'homme, l'expression, *Esprit*（juillet-août 1969), 特に p. 170-177 で部分的に論じた。

（25） C. Lévi-Strauss, in Langage et Société（1951）および La notion de structure en etPologie（1952), *Anthropologie structurale*, Paris, Plon, 1958, p. 70, 326-327 による指摘。

（26） A. Leroi-Gourhan, *Le geste et la parole*, Paris, A. Michel, 1965, I, chap. 6, II, chap. 14, 特に p. 221 と p. 236.

なければならない際にも、動機づけられた関係によって見える面と結合すると想定される別の面が継続する、というのが真であるならば(27)。世界の厚み、つねに成就されざる総合としてのその可能性自体、感覚的現前の背後に穿たれた地平としてのその可能性自体が、このように言語のひとつの機能である。われわれはこの構想を、フロイトの著作において再び見出すであろう。

　だがこのような構想から、テクストのみが存在すると結論するような矛盾を犯してはならない。世界は言語のひとつの関数であるが、言語はいわば関数－世界を含み、あらゆるパロールはみずからが世界として、総合すべき厚みのある対象として、解読すべき象徴として指示するものを構成する。しかしそうした対象、象徴は、提示可能な延長において与えられる。言説を縁取るこの延長それ自体は意義の働きが実現される言語的空間ではなく、世界内型の、造形型の、大気型の空間である。そこでは、いままで隠されていた意義を口にするために、物の周囲を動き回り、それらの輪郭を変化させなければならないのだ。

　言葉や言語的単位は意義による記号ではないし、指示による記号でもない。そうではなく、みずからが指示し（見せ）表意する（理解させる）対象、みずからとは分離した対象とともに記号を形成する。現前と不在は、それらの縁でともに世界として構成される。動機づけは言説の他者であり、言説の外に、物－記号のなかに現前すると想定された他者である。

二重分節と抑圧

　記号とのこの差異は、どこから言語の辞項に到来するのか。辞項はいかにして動機づけと距離をとるのか。なるほど、恣意性によってである。しかしこの恣意性は、言語の辞項に動機づけの引力を免れさせる内在的特性によって支えられるのでなければならない。この特性は実際に存在する。それは、分節言語に固有な二重分節のそれである。記号の時間性についての指摘から出発することで、その機能を容易に把握することが

（27） A・ルロワ＝グーランは、彼が定義する旧石器時代芸術の四つの様式を通じて形象の進化を分析している。その際彼は、「具象的《フィギュラティフ》な秘教主義は芸術自体の誕生と実際に同時代」であり、「遅い時期の現象であるどころか、形象が象徴であって複製ではないという事実と直接に結びついている」（*op. cit.* II, p. 234）ことを強調している。こうした壁画の形象は、「並置された要素からなる象徴の集合」（*ibid.*, p. 248）へと組織されている。たとえば様式IIでは、腹と後駆の輪郭は、馬でも野牛でもほぼ同様の仕方で描かれている。そして四つの特徴の付加によって、哺乳類の鼻面を齧歯類の鼻面から、耳を角から区別することが可能となり、それらのあいだに対立が確立される。こうした特徴の使用は、ここでは書字の諸々の記号の区別を可能にする書記素の使用のように機能する。しかしながら、これらの形象を筆跡と完全に同一視することは禁じられる。というのも、形象は様式IIIとIVにおいてさらに高度な「写実主義」へと進化しているからである。この進化は、感覚的な像を言説の秩序である神話の秩序へと統合することを可能にする形象の当初の中継の機能が均衡を失うことを示している。そして、表象の軸が意義の軸よりも優勢となる傾向を持つことを示している。かくしてこの「進化」（しかしなぜ「進化」が存在するのか）において、記号の二重の係留という問題全体が提起されている。記号は、中立化された平面に記入される（Cf. *ibid.*, p. 241）言語的価値を有するシグナルの機能と、感覚的なもののなかに見出される不在の物代理の機能とのあいだで揺れ動き、表象は媒体の感覚的特性を媒介として行われる。旧石器時代芸術の四期への時代区分――これは、H・フォシヨンが提案する形態の生命の四つの継起的状態への分割を思わせる（*La vie des formes*, Paris, P.U.F., 1964, p. 17-22）――の場合も、この不安定性の場合も、その秘密は記号を指示の軸に沿って自己へと引き寄せる感覚的なものの力にあるのかもしれない。しかしこの力は、それ自体は欲望を像において成就しようとする幻想的なものの力に過ぎない。A・ルロワ＝グーランは、幾何学化を「ほとんど見分けられない幾何学的形態への性的象徴の埋め込み」（*ibid.*, p. 234）に結びつけることで、この関係を明確に示唆している。しかし彼の壁画の形象の仮説のすべては、男性／女性の対立、つまり幻想の基盤となる謎のひとつをなす性差に依拠している。

できる。
記号には厚みがある。コバルトブルーのテーブルクロスがわれわれに差し出す面は色価であり、その隠された「面」はこの価値の（筋緊張性としての）身体的影響である。(28) 青の意味は、身体が占める場所の少し先にあたかも青い海岸を探しに行くべきであるかのように、身体をその気にさせる力である。この身体の内転と相関関係にあるのは、青が有する収縮の色価である。(29) この色価は、われわれに色を見せる面を補完する隠された面である。このように理解された意味の把握は、ゆっくりとしたものとなる。なぜなら、――青の意味が現実化するには――身体が色の力を宿すこと、あるいは予約されたこの海岸に身体が宿りに行くことが必要だからである。(30) そのような滞在を欠くなら、色はせいぜい再認されるだけであり、コミュニケーションのコードの要素のように、つまり視覚的シグナルのように機能しうるだけであろう。このとき色が位置づけられる空間は、身体がこの色と同居する機会を与えられた際に、眼が絵のなかに穿ち開く広がりとはまったく異なっている。時間性は記号と結びつけられているが、一方無時間性は単に再認可能で言語的な辞項の特性である。

　言語のシニフィアンに汎時間性を保証するこの無時間性は、二重分節に由来する。(31) 話者が即座に到達する第一次分節は、表意単位を組み合わせる分節である。しかしこの分節自体は第二次分節の層に依拠しており、そこではより小さな、もっぱら弁別的な単位が組み合わされる。シニフィアンとなる言語的辞項をその指向対象から分離し、それにあらゆる動機づけに対する自律性を保証し、話者や状況の時間性から独立した位置に置くのは、この組織化である。もしも言語の最小単位が動機づけられていたら、表意することは表現することから分離できないであろう。シニフィアンの布置は記号が生み出される状況から切り離すことができず、かくして具体的な表現である叫び、うめきもそうなるであろう。そしてわれわれは、A・マルティネ[32]が想像する事態に陥るであろう。そこでは動機づけはシニフィアンに対し実に強力な圧力を加えるので、いずれの場合にもシニフィアンを修正するのである。そうなれば、それ自体安定性を奪われた表現に恒常的な意義をつなぎ止めることは不可能となるだろう。二重分節は諸々の表現を再認可能にする。とはいえこれらの表現は、決して比較されないはずである。というのも相互にまったく異なるものとして、パロールの経験のなかに継起的な仕方で出現するからである。二重分節は第二の表現が生起しようとする際にはすでに第一の表現を流れのうちに運び去っている持続にもかかわらず、シニフィアンが二つの異なる瞬間で再認可能となるような仕方でシニフィアンの布置を固定するのだ。

いかなる指向の体系も持たないなら、間隔を置いて生じた二つの音のあいだの同一性やずれを立証するこ

（28） 絵画的空間についてのN・ムールーの分析、特に色の諸内容の間隔の不変性の描写を参照。*La peinture et l'espace. Recherche sur les conditions formelles de l'expérience esthétique*, Paris, P.U.F., 1964, p. 72. 同じく、K. Goldstein, Über Farbennamennesie, *Psychologische Forschung*, 1925 ; Goldstein et Rosenthal, Zur Problem der Wirkung der Farben auf dem Organismus, *Schweizer Archiv für Neurologie und Psychiatrie*, 1930 の論考を見よ。

（29） *Bauhaus*, Cataglogue de l'exposition du Musée d'Art moderne, avril-juin 1969, p. 52 以下の、色彩に関するバウハウスでのカンディンスキーのゼミ（一九二二―一九三三）における色彩と色価（そして線）の対応についての研究を参照。

（30） N・ムールーは、提示の状況が変化する際の色の諸内容の間隔の保存は、絵に対する主体の係留に依存すると指摘している（*Peinture et espace, op. cit.*, p. 72）。

（31） Cf. A. Martinet, La double articulation du langage, *La linguistique synchronique*, Paris, P.U.F., 1965, p. 1-35.

（32） *Ibid.*, p. 8.

とは、とりわけ間隔が大きい場合には原理的に不可能である。指向の体系は二つの音を合致させることを可能にし、それゆえ発出の際に時間に占める位置から音を解放し、これらの音を、それらが比較可能となるような同時性の秩序へと移す。われわれはここで、古典的な問題である時間の秩序における測定の問題と出会う。ただしコミュニケーションは言語記号に対し、単にその長さによってだけではなく、あらゆる点で再認可能であるよう求めるという相違がある。つまり短音節と長音節との対立が、クローデルの言う「根本的な短長格」を構成しているのかもしれない。それはその単純さゆえに、あらゆる表意的対立〔同一範列をなす二項間の関係〕の範列として通用しうる。とはいえ、ラングは持続とは異なる多くの弁別特徴に依拠することに変わりはない。それはおそらく、発声器官が単なる口笛よりもはるかに弁別特徴に富んだ集合を形成するからであろう。

エクリチュールは同時性の秩序である外的空間に記号を記入することによって、そのような指向の体系を構成する可能性を提供するように見える。エクリチュールはシニフィアンの固定という問題の解決に関し、話し言葉には何も負っていないように見える。諸記号の再認とそれらの伝達に不可欠な汎時間性の機能を果たすのは事実、エクリチュールがその形象を書き込む物質的支持体である。この解決はパロールには拒まれているように思われる。というのもパロールは、ソシュールを信じるならば(33)、ただひとつの次元を持つ連続体と関係するからである。そこでは表意単位の具体的特徴つまりそれを独立し安定した要素に分解することは不可能であるという事実から、すでに述べたように、その唯一性という不可避の帰結が生じる。というのもこの単位と別の瞬間に生み出された別の単位とのあいだには、同一性であれ差異であれ、いかなる関係も樹立できないからである。シニフィアンがそれが発せられた状況でしか妥当せず、その表現可能性が伝達性を犠牲にして増大することをいかにして防ぐのか。

パロール自体は空間化を前提とすること、そして声のシニフィアンは書かれたもの以上に無動機の要素から構成されているわけではないことを指摘しなければならない。ある発出から別の発出へと、ある音をその振幅、周波数、強度つまりその物理的同一性とともに再認するには、おそらく繊細な耳と訓練された記憶力が必要であろう。そしてこれはとりわけ、さまざまな聴取のあいだの間隔が大きい場合にそうである。さらには音程の正しい声と、それを発するための長い訓練が必要である。これとは逆に、音を諸々の音の体系内に弁別的に位置づけることがつねに可能であるならば、多数の発出を通じてそれ自体と同一であると判断しうる音を発し、聞き取ることとは容易である。以上が、トルベツコイが立証した音声学と音韻論の相違である。(34)後者の原理は、できるだけ容易に意義を伝えるような仕方で、ある音が最も近い諸々の音から弁別されるだけで十分であるというものである。この点では、声の音色や強度はほとんど重要ではない。本来パロールにおいて聞き取られるものは音の振動そのものではなく、近接する他のパロールとの隔たりである。この隔たりのおかげでシニフィアンが同定され、意義が理解されうるのである。話者は自分が話す際、まったく想像上の一種の楽譜が与えるような指示を実行するよう専念する必要はない。むしろ話者にとっては、/ʃ/ではない/s/、/ɔ/ではない/o/等々を発音するだけで十分である――自分の考えを表現しているラングがこうした対立を用いて意味を弁別するならば(フランス語の/su/«sou»と/ʃu/«choux»)。かくして、音素は音

(33) *Cours*..., *op. cit.*, p. 103.

(34) *Principes de phonologie*, traduction française, Paris, Klincksieck, 1964, Introduction, 1re partie, et p. 41–53.

響的同一性によって定義されるのではなく、諸単位からなる星座内の位置によって定義される。音素は、それが多様な「弁別特徴」と対応するさまざまな「軸」上に占める位置によって各単位から弁別される。母音的／非母音的、子音的／非子音的、集約的／拡散的等々である。(35) 弁別特徴は、二つの音素の弁別を可能にする最小の単位である。(36)「château」の /ʃ/ と「Kirsche」の /ʃ/ のようにある言語と別の言語で一見同一である二つの音素も、一方が他方の知らない対立に加わるならば実際には区別されなければならない。たとえばここでは「Kirsche」の /ç/ に対立するドイツ語の /ʃ/ がそうであるが、フランス語はこれを知らない。言語記号の評価を迅速無謬とし、よって容易な伝達を可能にするのは、音の再認がつねに最も単純な操作へと、然りか否かという操作へと還元されるからである。わたしの話し相手がいまここで帽子（chapeau）について話すとき、わたしは彼が発する /p/ の物理的特性がいかなるものなのかまるで知らない。言表が再認可能となりメッセージが曖昧とならないためには、彼とわたしがそれを /t/ と /m/ (「城」(château) と「ラクダ」(chameau)) から弁別しうるだけで十分なのである。

言連鎖をこのように純然たる弁別単位へと分節することとは、言語をあらゆる記号体系とは別に分類することである。二重分節の本質的機能は、語られた記号のみのはかなさを、その同定を可能にすることで取り繕うことではない。口頭の言語がコミュニケーションの言語のすべてであったなら、本質的機能はそうなるかもしれない。しかし、コミュニケーションの言語は書かれうる。ところで書かれたものの特性は、それが可視的な空間における痕跡である点にはまったくない。デッサンもやはりそのような痕跡だからである。そうではなくて、この痕跡が話し言葉と同様に厳密に弁別された慣用的な単位（文字）を使って表意単位を形成する点、そして文字は諸々の特徴からなる不変の体系（書記素）に属することでのみ容易に認知される点にある。意義の空間は可視的な空間ではなく、体系の空間である。このようなわけで、口頭のコミュニケーションの秩序においても同様に、意義の固定はシニフィアンに課されるのと同種の空間化によってのみ保証される。弁別特徴とは二つの隣接する音素を分離する隔たりが記入される「次元」であり、縦座標である。われわれはこの隔たりをある「軸」[37]上の距離として思い浮かべるが、われわれにはそのようにする正当な権利がある。というのも /p/ と /t/ との距離は、周波数の記録表においては低音調性の極と高音調性の極とを隔てる距離であり、そのような距離として、範囲内で観察される位置の非連続性を実際に示すからである。とはいえ、分光器《スペクトロスコープ》の空間そのものが派生したものである。その支持体として働く最初の空間化が存在するのだ。言葉の生産は、身体内部の広がりつまり言葉の運命が決まるこの内なる外部の空間の容量と形態が、綿密に調整された仕方で配置されていることを含意する。弁別的な音素を実現する原理は、発声に用いられる諸器官の位置の相違にある。弁別特徴の一覧表の抽象的な布置と経験的に対応するのが、発声腔の布置である。[38] エクリチュールもパロールも、みずからが記入される場所やこの場所の表現力に関して完全に無動機な隔たりを記し保つことで、この場所から解放される。可視的な感性的空間は、それとは本来異質な記号の

(35) M. Halle et R. Jakobson, *Phonology and Phonetics* (1956), traduction française in R. Jakobson, *Essais de linguistique générale*, Paris, Minuit, 1963, p. 128.
(36) A. Martinet, *Eléments de linguistique générale*, *op. cit.*, p. 52-55, 62-66.
(37) M. Halle et R. Jakobson, *op. cit.*, p. 142.
(38) J. Thomas, *Phonétique articulatoire*, Ecole pratique des Hautes Etudes, (cahiers ronéotés, Séminaire 1966-1967)。ヤコブソンとハレは、これらの特徴をつねに生成論的、音響学的な二つの視点から記述している (*op. cit.*, p. 135 sq.)。

ための単なる支持体の地位へと連れ戻される。発声腔によって構成される空間について言えば、そこでは隔たりが実に正確に記され尊重されるため、容易に同定しうるシニフィアンを生み出し意義を伝達するには、さまざまな共鳴器の作用がこの小空間に引き起こすわずかな変化だけで十分である。

われわれが言語的辞項と記号のあいだに確立しようとした差異を、ここでありのままに把握することができる。言葉の生産を可能にする発声の習慣形成は、多数の音声の可能性を排除することなしには立ち行かない。発声腔の諸器官の調節は叫び、あえぎ、「喃語」のように荒々しく動機づけられた表現を生産するためにこれらの器官を用いる力を抑圧することで獲得される。調節は主として耳によって行われる。[39]それはラングの潜在的空間を自身の身体の現実的空間へと内面化すること、そして自身の身体の接収を意味している。A・アルトーとともに、分節言語の長足の進歩には表現力に富んだ発声空間の剝奪が相関していると想定することもできよう。あえぎ、息切れ、笑い、叫びの厚みは、これらの音を記号にする。それらは状況によって動機づけられており、語る身体に言葉が欠けている場合にしか身体から引き出せない。自己自身に対する身体の距離——征服され言語のコードに基づいて調整された発声空間によって具現化された距離——が保たれず、反‐言語がコミュニケーションの装置を手中にし逸脱させる場合にしか引き出せない。このような逸脱、それが弁別単位の実現のうちで遂行する脱構築との関連において、われわれは記号の別の面、隠された面つまり「表現された」面が存在することに気づく。失語症患者の叫びには、患者の母語にとっては関与的でない音が存在する。息切れには、それが苦痛それとも快楽に関係しているのかを決定することで文脈だけが除去しうる、乗り越えがたいあいまいさが存在する。呼吸音は、臨終の息や休息のひと息である。わっと泣き出すことと馬鹿笑いは、一瞬見分けがつかない。いずれの音においても声は不透明で、恣意性の秩序から逸脱し、その声域の別の層から能力を取り出すべく下降する。そうした能力は、たとえ真に自然なものではないにせよ、ただひとつのコミュニケーションに属するものではない。そして声がそこから引き出すものは意義ではなく、意味である。フロイトは、夢は言葉を物のように扱うと言っていた[40]。これは、夢が連辞の連鎖を言語とは別様に切り分けること、そしてその断片を言語学的関与性には無頓着に組み合わせることを意味する[41]。同様にA・アルトーは演劇の分野でこう言っている。「分節言語を消滅させることではなく、言葉が夢において有する重要性のほとんどを言葉に与えることが重要なのである（…）。分節言語の形而上学を作ること、それは言語が通常は表現しないものを表現させるようにすることである。それは新しい、例外的な、なじみのない方法を用いることであり、物理的衝撃の可能性を言語に返還することである。それは言語を分割して空間に配分することであり、具体的、絶対的な方法で発声することであり、発声が持っていた、何かを真に引き裂き顕示する力を返却することである。それは言語と――いわば食べるための――その実用的な配慮に、追い詰められた獲物としての起源に敵対することである。そして最後に、言語を〈呪文詠唱〉の形式において考察することである[42]」。これと対称的な関心が、ルチャーノ・ベリオの研究にも見られる[43]。

(39) Cf. Tomatis, *L'oreille et le langage*, Paris, Seuil, 1963.

(40) *L'interprétation des rêves*（1900）, traduction française, Paris, P.U.F., 1966, p. 257 et 262 ; avec le correctif du : Complément métapsychologique à la théorie du rêve, in *Métapsychologie*, traduction française, Paris, Gallimard, 1967, p. 134-137.

(41) G. Rosolato, Le sens des oublis. Une découverte de Freud, *L'Arc*, 34（1968）, p. 36 で与えられている図式を参照。

(42) P. Arnold, L'univers théâtral d'Antonin Artaud, in *Lettres d'Antonin Artaud à Jean-Louis Barrault*, Paris, Bordas, 1952, p. 31 に典拠なしで引用されている言葉。Cf. A. Artaud, Le théâtre et son double, *Œuvres complètes*, t. IV, Paris, Gallimard, 1964, p. 56.

その目的は、生命の雑音から伝達可能な語へと続く道に標柱を立てることにある。ひとは、叫びや沈黙の表現力に富んだ恐るべき荒々しさが追いやられ、あるいは暴かれると同時に意義が征服される、あるいは失われるのを聞く。ひとは、いかなる抑圧によって言説の構成要素が鍛造され、辞項がいかにして無化された記号であるかを理解するのだ。

（43） 特に *Omaggio a Joyce*（1959）; *Visage*（1961), étude commentée par D. Avron au séminaire Travail et langage chez Freud (Nanterre, 1968-1969) ; *Sequenza III*（1965). Cf. D. Avron, J.-F. Lyotard, « A few words to sing », Sequenza III, *Musique en jeu*, 2（février 1971).

体系における厚みの効果

場

音と線の表現的機能の除去によって言連鎖から追い出された不透明性は、より上位の意義の階層に避難しているのが見出されるのではないか。語の実存そのもの、たとえば語を記号素へと分解する可能性のうちに、シニフィエのある厚みが存在するのではないか[1]。語彙の体系は、統辞の体系とは反対に「開かれた」目録で

（1） Cf. P. Ricœur, La structure, le mot, l'événement, *Esprit* (mai 1967), p. 801-802. P・リクールは、語はラングの構造（語はそこで意味の諸単位を待機状態にしておく）と言説の出来事（語はそこで文中の自己の位置から新たな意味を受け取る）との媒介物であり、語源は出来事の蓄積の通時的形態であると考える。後者は、共時的体系においては多義性として現れる。ただしそれは「調整された多義性」（*ibid.*, p. 818）である。A. Martinet, Le mot, *Diogène* 51 (1965), p. 39-53 における厳密に機能主義的な視点と比較せよ。そこにおいてマルティネは、語を本来言語学的な単位として認識することの不可能性を換入によって示し、言語学者が慣用する「語」をはるかに柔軟で正確な「連辞」（p. 51）によって「代替」するという結論に達している。「なぜなら諸々の語の帷の陰にこそ、人間の言語の真に根本的な特徴が実にしばしば現れるからである」（p. 53）。

あり、新たな語を詰め込まれ、古い語を捨てるという特性を有している。このことを理論家が観察するとき、理論家が発見するのはシニフィエの厚みなのではないか。このことは、意味場という隠喩、よって諸々の意義が物のように順番に浮かび上がりかすんでいく地平という隠喩を連想させる。

もしある目録が限定されていないならば——語彙記号素の目録がまさにそうであるように思われる(2)——、はかなさと不可触性を意義に見出さざるをえないように思われる。このような特徴ゆえに、意義を担う語は諸々の対立からなる体系内で不変の位置を占めることを禁じられる。かくして意義は、表意単位の体系の彼方へと放逐されることになるだろう。というのも意義は、表意単位のこれこれに具現され、次いでそれを捨てて別のものに備給されうるのであり、対立のある不変の集合のうちで安定することが決してないように思われるからである。それゆえプラハ言語学派による厳密に体系主義的な宣言より、J・トリーアが一九三四年に行った言語的な場の定義を選びたいという誘惑に駆られるかもしれない。前者によれば、「語は語彙の意識のうちで互いに対立し、相互に組み合わされていることから、形式に関して形態論的体系に類似し、そのようなものとして言語学者によって吟味されうる体系をなしている(3)」。後者によれば、「場とは諸々の語と完全な語彙とを仲介する生きた言語的実在である。こうした実在は部分的な全体性として、語と同様別ものと連関し、語彙と同様それ自体のうちで連関するという特性を有している(4)」。

これ以上踏み込まずとも、意義の問題の下で演じられているものをこれらの二つの定式によって把握することができる。ヴァヘクは、表意単位の体系と弁別単位の体系の形式的類似を主張する。しかし彼はそれを、話者が語彙を持つという経験に準拠することによって行っている。語る主体の語彙の意識と、最も無意識的な体系つまり音韻体系とのあいだに間隙はない。音素の透明性は、語の厚みと同等のものとされているのだ。

そこから、場の一切の観念の不在が結果する。場の観念は、周囲に対する語の開放性と体系の閉鎖性とが結合する有限性へと差し向ける(5)。しかしながら、言語学的考察にこの概念を導入するJ・トリーアこそ、意味

（2） Cf. A. Martinet, *Eléments de linguistique générale*, Paris, A. Colin, 6e éd., 1966, 4. 19 et 4. 38, p. 117 et 136-137.

（3） Vachek, *Dictionnaire de linguistique de l'école de Prague*, 1929, p. 45, cité par J. Dubois, *Le vocabulaire politique en France de 1868 à 1872*, Paris, Hachette, 1962.

（4） Das sprachliche Feld. Eine Auseinandersetzung, *Neue Jahrbücher für Wissenschaft und Jugendbildung*, X（1934）, S. 430). 言語場の学派については、St. Ullmann, *The Principles of Semantics*, London, Blackwell, 3e éd. 1963, p. 152-170. St・ウルマンは、（場の共時性へと導く共時的体系の概念による）ソシュールと（言語学者に心理主義からの脱却を可能にする客観的理念性の概念による）フッサールの二重の影響を強調している。だが場の概念は地平の概念と切り離すことができない以上、フッサールの影響に帰した方がより正確ではないかと疑われる。地平の概念は、一九一三年に『哲学および現象学的研究年報』の別冊として発表された『イデーン』I、§27以下においてすでに練り上げられていた。客観的理念性については、――ドイツ語圏に限れば――フレーゲと一九一八年にウィーンで出版された『論理哲学論考』が *Formale und transzendentale Logik*（1929）よりもはるかに源泉となっているように思われる。

（5） その精緻化は *Phénoménologie de la perception*, Paris, Gallimard, 1945, p. 240-280 に見出される。メルロ＝ポンティは、即自／対自の対立項に支えられた問題系（サルトル的問題系）から出発し、それが感覚の記述には適用できないことを示している。青は無化を行う対自を起点とする感覚の贈与の効果ではないし、「感覚的なものが感覚するものへと侵入すること」（p. 248）でもない。感覚的なものは、「漠然とした要請」（p. 248）、「提案」（p. 247）である。そして提案されたものは、（外転もしくは内転の）「実存のあるリズム」（p. 247）、「ある実存形式の示唆」（p. 247）、「ある生命の振動」（p. 248）である。この提案に応じれば、わたしは示唆された実存形式へと滑り込み、色と「対になり」、「同調」し（p. 248）、それゆえ感覚が生じる。感覚とは「交感《コミュニオン》」（p. 246, p. 248）である。その構成には受動者も能動者もなく、ただ共存（p. 247）が、「共同本性性」（p. 251）があるだけである。「感覚的なものは、それにわたしが付与したものをわたしに送り返す［わ

場の研究においては、形式に関する野心を最も遠くまで推し進めている[6]。これらの興味深いねじれを通じて——少なくともわれわれにとって——問題となるのは、意義の厚みの効果が生じる言語の水準の位置決定である。それは二つの秩序において、（ソシュールの術語を踏襲すれば）ラングとパロールのそれにおいて行うことができる。そしてこれらの二つの秩序それぞれにおいて、さまざまな階層において行うことができる。パロールの秩序においては、表意単位、語、文、言説。ラングのそれにおいては、範列の集合、「場」、下位体系、語彙体系である。

たしは感覚的なものに運動、感触、行為、身振りを付与した」。しかしわたしがそれ［青によって引き起こされた内転の筋緊張］を得たのは、感覚的なものからである」（p. 248）。場は、それゆえこのような交接が生じる場所として理解することができる。それは匿名かつ限定された場である。「視覚とはある場に属する思惟であり、これこそ感官と呼ばれるものである」（p. 251）。知覚することの匿名性。「わたしはある本を理解すると述べるのと同じ意味で、わたしは空の青を見ると述べることはできない」（p. 249）。すべての感覚は悟性の〈わたし〉にではなく、「すでに世界に賛同し、すでにそのいくつかの側面に自己を開き、それらと同調したある別の自我」（p. 250）にかかわる。「感覚はわたし自身の手前から到来する」（*ibid.*）。視覚は、非主観的身体を色によってとらえる一種のダンス、共律動性である。知覚することの有限性。匿名性はすでにの次元を与え、有限性はいまだにのそれを与える。感覚的なものは隠された面を留保しており、わたしは感覚的なもの全体を手にすることはない。場の定義。「わたしが視野を持つということ、それはわたしが定位によって諸存在の体系に到達できるということである。諸存在は一種の原初的な契約と自然の贈与のおかげで、わたしの側でのいかなる努力もなしに、わたしのまなざしへと供されている。それゆえわたしが視野を持つということは、視覚は前人称的であるということである。そして同時に視覚がつねに限定され、わたしの現在の視覚の周囲には、見られていないもの、あるいは不可視的でさえあるものの地平が存在するということである」（p. 250-251）。——メルロ＝ポンティの場合、言葉

の記述は完全に場をモデルとして敷き写されている。言語は「意義の世界への主体の定位を示す、あるいはむしろこの定位そのものである。「世界」という語は、ここでは単なる言い回しではない。それは、「精神的」あるいは「文化的」生は自然的生からその構造を借用すること、思考する主体は受肉した主体の上に基礎づけられなくてはならないことを意味する」（p. 225）。言葉はそれゆえ、音声的「身振り」となるであろう。それは身振りと同様、「人間がその身体と言葉を通して自己を超越し、新たな振る舞いや他人や自分自身の思想へと向かうための（…）開放的で無際限の表意」（p. 226）能力から借用されたものである。——ここには、⑴主体の哲学の下にはるかに古い意味の沈殿へ向かう通路を穿とうとするこの現象学者の思想——場の定義に見られるように、またメルロ＝ポンティが後年『知覚の現象学』について述べたように、彼はそれにかろうじて成功している——、⑵言語の問題を、そこに同じ場の概念——つまり匿名で有限な意味の布置と、表意するという志向との遭遇の概念——を持ち込むことで、これと類似の仕方で扱おうとする試みが認められる。メルロ＝ポンティの考察において体系の自律性の理解を妨げているのは、この概念である。概念は原則として体系の自律性を顕示する（場の観念は意味付与者である対自のそれと対立する）ものの、この自律性を隠蔽している（たとえば下位の体系、たとえば語彙のそれは一貫したものではなく、真の言語的無意識は存在せず、その秩序を創造するのはつねに言葉の身振りである）。「ここでは、語の意味が結局のところ語自体から導き出されなければならない、より正確に言えば、語の概念的意義が、言葉に内在する身振り的意義から取り出され形成されなければならない」（p. 209）。メルロ＝ポンティは言語を表現として、つまり言説的なものの秩序における形象的なものの現前として検討しえている（cf. p. 213）。しかし、言説的なものの秩序は検討しえていない。

（6） Cf. St. Ullmann, *op. cit.*, p. 159-160. 「トリーアの理論のもうひとつの重要な側面は、その構造主義的な方向性である。この点でトリーアの理論は、「ゲシュタルト」学派が心理学において行ったこと、そしてプラハの音韻学者たちが音声の研究において行ったことを意味論において行った」。これらの比較の言葉は、混乱を招かずにはいないと指摘できるかもしれない。——J. Dubois, *Le vocabulaire politique en France... op. cit.* には、ミュンスター学派のそれに近い直観が見出される。特に、共産主義／社会主義（p. 196）という対の決定を見よ。この方法は構造主義意味論のそれである。だが出来事が意味場で発生し、その均衡を失わせ、豊かにあるいは貧しくする仕方は、それ自体が反省的あるいは方法論的主題として把握されるわけではない。

意義から価値へ

ここではソシュールの考察のうちに、彼の後継者たちの躊躇を先取りする不安と不確実性を位置づけるだけにしておこう。その構造の概念ゆえに、ソシュールは意義のすべてを切り分けのうちに、つまり辞項間の間隔の体系や価値の体系に解消することとなった。とはいえ同時に彼は、ある意義の観念に頼ることを放棄してはいない。この観念は、垂直のものが水平なものと対立するように、あるいは奥行きが表面に対立するように、意義を価値に対置する。みずからの研究をラングの構造に限定しようと決心した言語学者にとっては弱点とみなされかねないもの、つまり記号の厚みを体系の透明性に持ち込むという誘惑は、しかしながら単なる間違いや素朴さをはるかに越えるものである。そこでは超越論的と呼びうるような事実が、つまりいかなる言説もその対象を奥行きにおいて構成するという事実が明らかになる。言説が言語学者のそれであり意義を対象とする場合、言説は自発的に意義を厚みのある事物として主題化し、記号として定立するに至る。実際には、この奥行きは現実の言説による対象の定立がもたらす効果である。現実の言説は意義を遠ざけ、これをあらゆる対象と同じ資格で記号として定立する。

F・ド・ソシュールの『講義』の編者たちは、意義を思考するために必要な二つの軸を非常に強調している。「ここに問題の逆説的な様相がある。つまり概念は、一方ではわれわれには記号内部の聴覚映像と対になるものに思われ、他方ではこの記号自体すなわちその二つの要素を結ぶ関係もまた同じように、ラングの他の記号と対になるものなのである[7]」。手書きのメモも、これに劣らず明示的である。「ラングは、全辞項を結合されたものとみなしうる体系の典型であると言われたところである。ある語の価値は、さまざまな辞項の共存にのみ由来する。価値は共存する辞項と対になるものである。このことは、聴覚映像と対になるものであることといかにして一致するのか」[8]。聴覚映像と対になるもの、それはソシュールが時に意義（signification）と呼んでいるものである。価値はつねに、共存する他の諸項と対になるものである。両者は直角の関係にあると考えることができる。実際に弟子たちのノートには、直角のベクトルの図示が見られる。「［広義の］価値は、交換可能で似ていないものによって決定される――→。価値はまた、比較可能な類似のものによって決定される――↑↓」[9]。この二つの次元の対立について、ソシュールは経済学から借用した比喩を用いている。「二〇フラン硬貨における価値の決定――一、わたしはそれを何リーヴルかのパンと交換することができる。二、わたしはそれを同じ体系の一フラン硬貨と比較する（…）。同様にある語の意義も、交換可能なものを考察することでしか決定できない。われわれはまた、比較可能な語の類似の系列を対比させることを強いられる」[10]。mouton というシニフィアンが「羊」（mouton）というシニフィエと交換可能であることが、その価値の意義の様相を決定する。しかし sheep という別のシニフィアンと比較されるべき、あるいはされるべきでないことが、それに正確で明確な価値を与える[11]。この最後の例には、言語的一覧表の平面の一定の隔たりに従属する、調整された対立が認められる[12]。一方「聴覚映像」を「概念」と交換することは、

（7） *Cours de linguistique générale*, Paris, Payot, 1962, p. 159.
（8） R. Godel, *Les sources manuscrites du cours de linguistique générale de F. de Saussure*, *op. cit.*, p. 238.
（9） *Ibid.*, p. 239-240.
（10） *Ibid.*, p. 240.
（11） *Cours de linguistique générale*, p. 159-160 ; R. Godel, *op. cit.*, p. 91.
（12） 「統一性は意味のうちにある。動詞のさまざまな形成は、意味の距離の統一性［同一性？］によって統合される。ἤνεγκον

ソシュールが彼の考察の出発点とした口頭でのコミュニケーションの図式に帰属する。この図式はむろんラングの体系ではなく、パロールの状況の経験を例示している。ところでシニフィエとシニフィアンにおける言語記号の内在的二重性という大きな主題は、この経験から汲み取られている。この主題は、同様に裏と表がある紙片との比較からわかるように、この言語記号には一種の厚みがあることを想像させる。(13)

しかしそれならば、当初われわれが意義に認めた透明性と、記号の二重性がそこで決定する不透明性を意義が同時にもたらすことを、どのように理解すればよいのか。われわれは、意義は澄み切っており、シニフィエの無媒介的現前やシニフィアンの透明性を特徴とすると述べた。われわれは、意義を指示の厚みと対置した。語る対象を視野にとらえ、耳を傾け、まなざしを向け、近づけようとする距離に対置した。いまやわれわれは、ソシュールに刺激されて「意義」を「価値」と対立する別の対に位置づけ、この新たな対立が意義に先のものとは逆の意味を与えることを確認している。指示は語られる対象を示し、視覚の経験に帰属する。(14) これと対比すれば、意義はラングという唯一の体系に依存するように思われた。そしてわれわれには、意義をこの体系に内在する否定性へと送り返すことが正当であるように思われたのだった。このことをわれわれは、意義を言語に固有なうぬぼれという仮定の中心に位置づけた際に示した。だがもし意義をソシュールの言う厳密に「水平的な」価値と対置するならば、同じ意義は逆に一種の厚み、垂直の奥行きを備えていることになる。そして先ほど強調したように、その主題を導入する方法において、ソシュールは意義をパロ

と φέρω のあいだには、ἔδειξα と δείκνυμι のあいだと同じ距離がある。「モザイク状の」動詞は、何より統一性がいかなる種類のものであるかを明らかにする性質がある。絶対的な意味の差異にかかずらうことはまずいやり方である。正しいのは、意味の変化は二つの例においてまったく等しいということである。基準点は、動詞から動詞へと同じ距離にある。こ

うして、意味の差異を決定するための厳密な三角法を手にしたことになるだろう」(R. Godel. *ibid.*, p. 140-141 に引用されたもの、強調はわたしによる)。

(13) R. Godel. *ibid.*, p. 213-214.

(14) しかしながら、語る盲人、このような経験を持たない盲人の場合、指示の次元は彼に対していかに現前するのかと言われるであろう。わたしは、必ずやわたしに突きつけられるであろうディドロの『盲人に関する手紙』(一七四九)によって答えたい。この書簡はいささか経験論ないし唯物論的な命題の説明として読まれ過ぎる慣習があるが、それとは別のものを確かに秘めている。特に、指向的距離についての考察である。これはデカルトの『屈折光学』を、遠隔的触覚となるような視覚の命題とともに——ただし反転した形で——それなりに継承している。『手紙』では盲人の触覚が近接した視覚として理解されていること、視覚として隔たった対象を構成するものという意味で理解されていることが注目されるだけではない。実は、視覚と触覚はどちらもディドロによって遠隔的定立の範疇において思考されているのである。このような理由で、鏡が問題の核心となっている。「わたしは、彼［ピュイゾーの生まれつきの盲人］が鏡というものをどう理解しているか尋ねました。彼はこう答えました。ひとつの機械で、物がこの機械に対し適切に置かれていれば、物そのものから遠くに物を浮かび上がらせます。それはわたしの手のようなものですが、対象を感じるためには、それを対象のそばに置いてはなりません」(*Ecrits philosophiques*, Paris, Pauvert, 1964, p. 26)。ディドロは、いささか茶目っ気を出してこう付け加える。「デカルトが生まれつきの盲人だったら、このような定義に満足していたはずだと思われます」(*ibid.*, p. 27)。およそ三十年後(一七八二年)に書かれたこの「手紙」への「補遺」には、感覚の経験において問題となるものがさらにはっきりと現れている。それはやはり鏡によって距離を置くことであるが、鏡はひとつの物質的なモデルを提供するのみである。「［生まれつきの盲人であるサリニャック嬢は言う］もしもわたしの手の皮膚があなたの眼の繊細さに匹敵するなら、あなたがあなたの眼で見るように、わたしはわたしの手で見ることでしょう。そしてわたしは時々、盲目でありながらも眼の利く動物がいると考えます。——では鏡は［とディドロは尋ねる］。——もしすべての物体がどれも鏡でないとしたら、それはその組織に欠陥があって、それが空気の反射を弱めるのでしょう」(*ibid.*, p. 101)。わたしが「見える」、「眼を配る」、「見る」と言う際、盲人は手や耳に眼があるというディドロの意味でそれを理解しなければならない。(「彼女は限られた空間を自分の足音や声の反響によって測っていた」*ibid.*, p. 95-96) 等々。

ールの側に位置づけ、価値をラングの側に置いている。要するに、意義はそれゆえ時には観念的なものの透明性――これに対立するのが指向や指示の不透明性である――を備えたものとして現れ、時には一覧表の間隔設定の体系に完全に帰属する価値に対し、見えるものの奥行き――これがその「実定性」(positivité)だとソシュールは言う[15]――に冒されたものとして登場する。

これは、こうした用語法が対立の比喩を空間から借用しており、よって必然的におおざっぱな隠喩に甘んじていることに起因する概念の不確かさなのであろうか。それともむしろ、この意義の身分の変質は、意義が二つの空間のあいだの蝶番の立場を占めることを知らせているのだろうか。この意義という用語において、異なる用途の二つの用語体系が交わっていることを想起しなければならない。ひとつは記号の恣意性の考察に属するソシュールのそれで、バンヴェニストによって展開され修正されたもの。もうひとつは言語学的体系の内在的構造の考察に由来するもので、すでにソシュールのそれであり、トルベツコイによればヤコブソンが言語のあらゆる相へと拡張しようとするものである。前者について繰り返す必要はないだろう。後者については、ソシュールは意義を完全に価値に吸収し、かくしてパロールの否定性に対する優位をラングの否定性に与える傾向があったことは間違いない。「ある辞項の意味は、隣接する辞項の存在あるいは不在に依存する。体系から出発して、われわれは意味ではなく価値の観念へと至る。体系は辞項へと導く。そうして、意義は周囲のものによって決定されることに気づくであろう(…)。語はひとつのシニフィエとひとつのシニフィアンなしでは存在しない。だがシニフィエは、辞項間の作用を前提とした言語的価値の要約に過ぎない(…)。語のうちにあるものは、語の周囲に存在するものの協力によって連合的、連辞的にのみ決定される[16]」。

この傾向を延長しつつ、R・ヤコブソンは統辞論的なものと意味論的なものを区別した後、意味論的なも

（15）少なくとも、『講義』の編者たちはそう書いている。「しかしラングにおいてはすべてが否定的であるということは、別個にとらえられたシニフィエとシニフィアンについてしか真ではない。記号を全体として考察するやいなや、その秩序において実定的なものを前にすることとなる（…）。シニフィエとシニフィアンがそれぞれ別々に、純粋に示差的で否定的なものとしてとらえられるとしても、それらの結合は実定的な事実である」（*Cours de linguistique générale*, p. 166）。ゴデルによれば、差異と対立の区別は実際にソシュール自身に由来する。差異は単に否定的なものであるが、対立は意義を備えた差異である。注解者はこう書いている。「もし*a*が*b*とは相違するなら、これはその差異の程度がどうであれ、単に*a*は*b*ではないということである（…）。しかし*a*と*b*のあいだとは別の所に関係が存在する瞬間から、両者は同一の体系の要素となり、差異は対立となる。こうして、記号体系における差異はつねに対立と一致しなければならず、否定性はそこでは決して純粋な状態で観察しえないように思われる。実際にそれは、抽象によって記号の一面だけを考慮することでしか観察しえない。二つのシニフィアンやシニフィエは相違するが、二つの記号は対立する」（Godel, *op. cit.*, p. 197. 強調はわたしによる）。編者たちは、対立は実定的であるとソシュールにはっきりと言わせる誘惑に駆られていたことがわかるが、ノートにはこの語に関する言及はない。それにもかかわらず関係における実定性の観念を受け入れるとしても、何より、それをシニフィエとシニフィアンの関係つまり意義に適用しないよう注意しなければならない。ソシュールは、この実定性の存在をシニフィアンのあいだでしか言及したことがない。もし「実定的」なものが存在するとしても、意義の垂直性にではなく、「差異」の水平性に位置づけなければならない。これが意義を決定するからである（Godel, *op. cit.*, p. 196–200を見よ）。実際、ここで争点となっているのは言語学者たちが関与性の原理と呼ぶであろうものである。/ʃ/と/ç/はフランス語でもドイツ語でも相違しているが、ドイツ語では対立している。なぜなら、両者の差異が意義の差異を決定するからである（Kirsche/Kirche）。意義の実定性をめぐるソシュールの慎重さは、以下に明らかにするように、意義を価値に吸収しようとする彼の傾向と関連づけなければならない。

（16）Cité in Godel, *op. cit.*, p. 237, 240.

のの「本質的に言語学的な」性質[17]を主張しようと急いだ。「本質的に言語学的な」とは、この著者によれば、意義の次元は恒常的な間隔設定の原理によって全面的に思考されるべきであるという意味である。この原理が音韻分析を支配し、ラングの一覧表の作成を可能にする。言語学者に意味論的なものの所有権を、いずれにせよその世話を任せることは、構造主義的見解からすれば必然的に意義を価値と同一視することであり、それゆえ前者を記号と物との関係とみなすのを拒むことである。こうしてヤコブソンは、バンヴェニストが意義と指示をめぐる別の思考の道から確立していた区別を採用する。まさにこのことによって、彼はわれわれが指示に認めたあの視覚的空間の奥行きを意義に拒むことができるのである。意義をパースの権威下で形成された言語場に併合することは、いかなる記号も理解されるためには「解釈項」を必要とすること、そして「この解釈項の機能は問題となる記号に一緒に与えられる、あるいはその記号と置換しうる別の記号や記号群によって果たされる」[18]という事実によって正当化される。ヤコブソンはこう付け加える。「いかなる記号もそれをより詳細に述べる別の記号によって翻訳しうることを示すことで、パースは言語の主要な構造的メカニズムを鋭く定義している」[19]。ここでのわれわれの問題は、意義は調整された隔たりに帰属するのか、あるいは可動な距離に帰属するのかを知ることである。この問題の場合、解釈項自体がひとつの記号として思考されるならば、あるシニフィアンのシニフィエ自体がシニフィアンであると語り、かくしてシニフィアンの平面とシニフィエの平面との裂け目を完全に消失させなければならないことは明白である——ソシュールはこの裂け目について、たとえそれが実際には実現不可能だとしても、不可欠な理論的対立として保存しなければならないことを認めていたように思われる。こうして意義はその垂直性の地位から追い払われ、奥行きを取り除かれ、音韻論的モデルを練り上げる指針として役立った水平的「対立」と同じ扱いを受けることとなる。「あらゆる言語的意義は示差的である。言語的意義は、音素の諸単位が示差的であるのと同じ意味で示差的である。言語学者は、パロールの音声が、音素に加えて文脈による変異体と、随意的で状況による変異体（あるいは別の用語では、「異音」と「変様音」）を示すことを知っている。同様に意味の水準でも、文脈的意義と状況的意義が見られる。だが不変的要素の存在だけが、諸々の変異の認知を可能にする。意味の水準でも音声の水準でも、ある言語のある状態を分析するためには不変項の問題が決定的に重要である（…）。meaning という言葉が曖昧さゆえに好ましくないなら、単に意味の不変項と言うこともできる――これは、言語分析のためには音素の不変項に劣らず重要なものである」[20]。

meaning のあいまいさが名指しで非難されているこの章句で、われわれは意義の空間をめぐるわれわれの問いへの答えとなる二つの文を強調した。その答えとは、意義の空間はソシュールの意味での価値の空間と同一であり、そこに観察しうる変異は論理的には二次的なものであり、変異はシニフィアンのあいだの不変の間隔を前提としており、この固定的な間隔設定がまさしく意義である、ということである。意義は〔言連鎖の〕切片の辞項の同定と、一方が言説に現前する際の他方の不在とを同時に必要とする。このような還元は正当であるように思われる。原則としてパロールの事実に対する優位をラングの事実に与える構造主義的

（17）《Le langage commun des linguistes et des anthropologues》(1952), in *Essais de linguistique générale*, Paris, Minuit, 1963, p. 38-42.
（18）*Ibid.*, p. 40.
（19）*Ibid.*, p. 41. 強調は引用者。
（20）*Ibid.*, p. 39. 強調は引用者。

観点に立つならば、ソシュール的な意義の概念——すでに指摘したように、その源泉は対話の現在的経験のうちにある——を放棄し、体系一般、不変の隔たりに妥当する範疇だけを認識論的範疇として受容しなければならない。したがって意義は、口頭表現が音素表の上でそうであったように、いわば記号表の上で「平坦化」されなければならない。こうして、ソシュールが差異の原理を意義の諸関係に拡大することを抑制していたためらいが取り除かれ、彼が意味の秩序のうちに垣間見た実定性が廃棄される。

このとき意義は、語る主体の経験の信頼についてわれわれが想定した透明性のうちで回復される。なぜなら、すでに言及したように「聴覚映像」なしに「概念」を持つこともその逆も不可能である以上、/ʃaval/がフランス語の話者にとって即座に「馬」を意味するのは、ヤコブソンによれば、まさに二つの平面つまりシニフィエとシニフィアンの平面が実際に分離できないからである。というのも/ʃaval/のすべての意義は、/ʃaval/とともにフランス語がコードとして認める範列連辞関係に参加しうる、隣接する記号素の一覧によって構成されるからである。非常に単純な例である語彙の記号素（マルティネの用語では語彙素）の例を考え、辞書を開いて「cheval」の意味を調べてみよう。この語に対応する項目が、たいていの場合は書記法で区別された二種類の操作を示してくれる。一方では、項目は調べている記号素と入れ替え可能な別の記号素を提示する。また他方では、それぞれの文脈が最小限のあいまいさでひとつの意味を決定する形で、この語を用いた模範的な言表を示してくれる。前者の例で示唆した操作は、ヤコブソンが代入（substitution）あるいは換入（commutation）と呼ぶ操作であり、後者は結合（combinaison）あるいは連鎖（concaténation）と呼ぶ操作である。[21] 語は他の語と、ソシュールが連合関係と呼んだ類似性の関係に置かれうる。語はまた連鎖関係、連辞関係に置かれうる。結論として、辞書が与える意味は話者による語の使用を支配する諸制約の潜在的な集合に他ならない。そうした制約は話者にとって非常に存在感を持つため、話者が/ʃəval/というシニフィアンを用いる際、すべての制約がいわば光に満ちた領域——つまり発せられた語の完璧な現実性——へと接近する。そして今度はそうした制約のうちのいくつかが現実化され、言表にその実質を供給することとなる。よって語彙素の意義は、語彙素がラングのコードによって位置づけられている範列的、連辞的対立の体系に過ぎない。その奥行きは、語る主体が当然すべてを同時に語ることはできず、問題の語の周囲にある代入可能で結合可能なすべての隣接要素を言表に織り込みえないことから生じる効果である。だが逆に、主体が連辞範列関係の一覧表をみずからが発する言説のベクトルによってのみ貫かなければならず、かくして語が位置する意味場のごく一部を現実化するだけであることから、主体は残りを暗がりに放置〔あいまいなままに〕しなければならず、こうして不透明性と奥行きとを作り出すこととなる。これは空虚な奥行きであり、意義の「充溢」はラングの調整された隔たりの水平性のうちに見出される。話者はシニフィエを持つことなくシニフィアンを持つことはできないとしても、話者はその辞項つまり分離しえない全体が多数の切片のひとつの末端にすぎないものであると知っている。多数の切片はこの辞項を、他の末端に位置する諸項から不変の距離に保っているのである。

（21） Jakobson, « Deux aspects du langage et deux types d'aphasie » (1956), *op. cit.*, p. 45-49. この二種類の操作の吟味によって、構造主義語彙論は意義場の構築を行う。たとえばJean Dubois, Recherches lexicographiques : esquisse d'un dictionnaire structural, *Etudes de linguistique appliquée*, 1（1962）を見よ。

不透明性の強迫

仮にいま、しかしながら意義がまとうこの奥行きの外観は何に起因するのかと尋ねるならば、その根源はエミール・バンヴェニストが言語記号の恣意性の命題に関して非難したものと同じ「誤謬」に見出されることを示すのは容易であるように思われる。何世紀もの観念論的実在論によって硬化した執拗なシニフィエの幻想は、指示の関係を意義の関係へと置き換えることを動機としていると言えよう。一種の九〇度回転によって、指示されたものをシニフィエへと向け、シニフィエを対象と混同させるわけである。かくして、プラトンの神話が「思考しうるもの」、知解しうるものと呼ぶ世界の一種の模造品が根拠を持つこととなる。しかしプラトン的弁証術はすぐさま、たとえば『パルメニデス』の最初の部分で、そうした模造品の他でもない思考不能性をそのシニフィアンとの関係において示している。なぜなら、シニフィエと指示されたものに同じ地位が与えられているからである。シニフィエが、それをシニフィアンから隔てる可変的距離の端に位置づけられているからである。シニフィエが、事物の存在者をモデルとして精密に思考される本質とされているからである。よってラングの一覧表の中心に、そこでは不可能なはずの「遠近法」――これにしたがって、視向されたものと志向されたものが語る主体へと与えられる――が持ち込まれているからである。結局、意義はシニフィエを顕示すると同時に隠蔽し、見えるものの経験に属する奥行きの関係、地に対する図の関係に基づいてシニフィエを表意するように思われるからである。真なるもの、それはシニフィエの無媒介的現前である。このような現前は、シニフィアンが言連鎖に現前する際にこのシニフィアンを包み込む諸操作の可能性に他ならない。蜃気楼による以外に、シニフィエは存在し*な*い*の*だ。

とはいえわれわれは、実証主義的なやり方で行われるこうした「解明」で満足することはできない。なぜならいずれにせよ、見ることを理解することのうちで二重化し、シニフィエを精神の眼のための地平とするこの「誤謬」がどこに由来するのか、それを理解しなければならないことに変わりはないからである。そして結局は、あらゆる幻想と同様に意義の奥行きという幻想には十分に根拠があり、言語学者さえもがそれに屈服せざるをえないと認めなければならないからである。あるフランス人が/ʃaval/と言うとき、シニフィエはこの場合、彼にとっては即座にシニフィアンとともに与えられる。これは「張りついた」透明性である。これは指示の間隔設定とは対立している。なぜなら対象はといえば、つねに向こうにあるからである。しかし言語学者がシニフィエを位置づけようとする際、言語学者はそれを奥まった別の平面に位置づけ、ソシュールに見られるようにそれを一種の「実質」にするという誘惑に駆られる。だがこれは単に一種の実在論的な素朴さによるものではないし、超越論哲学に十分に親しまなかったせいでもない。実際のところカントとフッサールを経てさえ、この「実在論」が当然となっているのが真実である。それゆえ、学者が意味の平面について行う記述にまでそれが忍び込んでいることを説明しなければならない。わたしには、否定的なものを純粋な状態で把握することの不可能性は——ゴデルが言うように、そこに存在しないものを定立するこの衝動、この物化の力は——、言語学者が価値体系を陳述するまさにその際に語るということに全面的に起因しているように思われる。パロールの空間である視向の可変的空間が、体系の音韻論的あるいは意味論的な記述に入り込む。しかも不注意による誤りとして入り込むのではなく、言語学的方法の、練り上げられた手口として入り込むのだ。/ʃaval/の透明性を把握するには、その意味の環境を規定する諸々の隔たりを変化させながら、それを不明瞭にしなければならない。この不明瞭化はラングの不変的空間の構成をめざすが、言表の変奏を通じてしかそれに到達しえないことから奥行きの作用が結果する。奥行きの作用は、意義を、感覚された無媒介性という地位から、思考された媒介という地位へと移動させる。厚みあるいは奥行き、つまりまさしく話者が持たない「可視的な」空間を意義に導入することは、暗黙に安定していたものを「動員」する作業から結果する。パロールにおける「cheval」という語の用法を決定する価値体系は、実際、換入の技術のおかげで検出されるのだが、この技術は関与性の原理の応用に過ぎない。たとえば、もしラングの体系のうちで「cheval/jument〔雌馬〕」や「cheval/chevaux〔chevalの複数形〕」や「cheval/chenal〔水路〕」の対立が消滅したら、わたしは同じ仕方で「cheval」を用いることができるであろうか。この単純な問いは、不変とされる隔たりのうちに可動性を導入するためのものである。可動性はまさに否定の否定である。可動性のおかげで、/ʃaval/の意義の下に深さが穿たれるのだ。

このことは、意義が通常の使用において透明であり続けることを妨げないし、この透明性を見せかけと考えるのは表面的であろう。そのような無媒介性は、われわれのパロールの経験に取り消しえない仕方で帰属している。それを「非神話化」しようとすることは、意識は無意識に欺かれている、意識は本質的に無知であるという理由で精神分析家が意識に関心を抱かないことに決める場合と、ほぼ同じように矛盾したことであろう。逆に、言説におけるシニフィエの透明性は必然的に前提されるものであり、それには言語学者も含まれる。辞項を下位の自律的体系に置き直すことで、よってそれを暗がりのなかに沈めることで言語学者がその「諸条件」を把握させようと努めるまさにそのとき、まず言語学者によって前提されるのである。語る言葉のすべてにとって不透明性は言説の「前に」あり、われわれが指示と呼ぶあの開放性の次元にある。たとえば、言語学者が自己の言説の地平としてこの意義そのもの、その透明性を取り上げ、ある体系内の価値の環境に厳密に従属した意味の効果として主題化し明示しようとする際である。こうした体系は非常に調整されているため、価値のひとつの最小限の修正でさえその意義に波及せずにはいない。言語学者がそのように語り、無媒介的なものを媒介し、透明なものを不透明にし、相対的でないものを相対化するとき、彼の言葉はそれが目指す主題と同等のものとなるために、自己が指示するものをシニフィエとして自己のうちに取り込むために、諸々の同じように「透明な」意義を再び組み合わせるのである。

かくして言語学者の実践そのものにおいて、明暗が交代していることがわかる。慣例的に、いかなる思考も「その陰鬱なる影の半面をまとっている」と言うことが慣用となっている。なぜなら志向性はノエマを燃え上がらせる灯火の光線として想像されるからであり、灯火はそれ自体を照らさないからである。このような寓意化は、それがわれわれの意味の経験に密着している分には正確である。〈何であるか〉の開示は、〈どのように〉の隠蔽なしにはうまくいかないのである[22]。しかしこの「解明」が遂行される場であり方法である言語の平面について考察すれば、そして言語学者の営為がそこに引き起こすねじれと回転を吟味すれば、ひとつの逆の結果が観察される。つまりあらゆる科学的営為と同様、まず明確なものをあいまいにし、明証を損ない、境界を侵犯するものであるこの営為は、ラングの無媒介的な光のうちでしか遂行されえないということである。それはラングのなかで行動する。わたしがこの光という語で言おうとしているのは、ラングがいくら学術的であろうとしても、いくら精巧であろうとしても無駄であり、結局は言語の経験や諸々の用語、自分が創設したのではなく発見した連辞範列関係に依存せざるをえず、自分自身よりも「古い」語彙と統辞

（22） Cf. E. Fink, «Concepts thématiques et concepts opératoires» (1957) in *Husserl*, Cahiers de Royaumont, Philosophie III, Paris, Minuit, 1959.

法を利用せざるをえないということである。周知のように、この上なく厳格な公理論も日常的言語の使用を必要とする。公理論の精緻化は、そのなかで説明されるのである。これこそ足場が取り去られた際にも残る土壌であり、公理論はその頂上に宙吊りになっているように思われる。

この明暗の戯れ、意義と指示の戯れは、あらゆるメタ言語のそれである。言語学は、言語が対象とみなされる契機である。言語が視向の末端に身を置く限り、指示されたものとしてあいまいとなり、それゆえ言語学の言説は夜を言説にまき散らす言説となる。この夜とは指示の奥行きである。それはまさしく夢と近親相姦の夜のように、ラチオを犯し、不変項を変奏する。一方では、こうした変奏は想像上のものでしかありえない。なぜならそれは、それが取り分ける不変項を言表において前提とするからである。他方では、こうした不変項自体が、変奏というまったくの放縦により、フッサール的な意味で「構成された」ものである。変奏は見せかけのものであるどころか、「考古学的」なものであるように見える。繰り返して言えば、形象的なものの否定的なものが、言葉の否定的なものに論理学的、存在論的、認識論的に先行するのかどうか決着をつける必要はない。われわれはこの決着の誘惑を警戒しなければならない。ヤコブソンの筆致に読み取れるように、構造主義はこの誘惑に屈している。しかしわれわれが構造の熱狂に志向性の熱狂で答えようとする場合、そして変奏に対する不変項の優位に対し、結局後者は前者によって構成されるのだと反駁しようとする場合にも、この誘惑がわれわれを待ち構えている。

それゆえ『講義』に見られる認識論的錯覚によるものを除けば、意義の「厚み」は存在しない。この幻想にそそのかされ、言語学者は指示に適用される布置を二重化し、言語の意義に振り向ける。わたしのパロールは何かを目指すが、ここに言葉から「物」への可動の距離がある。しかしこの奥行きは言説から生まれる。

客体としてとらえられたラングの体系、意義の構造においては、この距離はまるで存在せず、「垂直性」も存在しない。ただ、シニフィアンの秩序の諸価値を決定する水平的空間が存在するだけである。しかしながら、実際には志向性の奥行きないし主体と対象の分離に他ならないこの奥行きこそが、まずソシュール、続いて他の言語学者たちが価値の関係の次元と直交する次元として、対象－言語の中心に、シニフィアンとシニフィエのあいだに再導入したものである。だがやはり対象－言語の中心にも「見る」ための眼は存在せず、シニフィアンはシニフィエの何も「示す」ことができず、たとえばソシュールが「概念」と言っているような、自分自身以外のものの「代理をする」ことができない。

記号の厚み、それは言説の対象に先んじて開始する厚みである。発生期の構造言語学は、この厚みを意義の関係と混同するとは言わないまでも、少なくともこの関係の傍らに保存する誘惑に駆られたが、それも無理のないことである。言語学者はあらゆる話者の宿命を定められている。われわれは、われわれの言説とその対象のあいだのこの距離を表現することなく語ることはできないのだ。この距離こそ、ソシュールが「記号」の中心に置いたものである。しかしながら、ラングの体系の考察が追い出すべきであるのもこの距離である。このしくじり行為は、絶対的な全体性に安住することの不可能性である。視覚的なもの、リビドー的なものへのわれわれの帰属が、結合関係に対するわれわれの論理的な主張にまで浸透している。シニフィアンとシニフィエを「記号」の内部に置く垂直軸、そして諸項を互いの外部において関連づける水平軸という、ソシュールの思想における二つの軸の存在を両立させうる方法を考察しながら、R・ゴデルはこう指摘している。「内的関係は外的関係を前提する。しかし説明の秩序〔順序〕では、後者が前者の後に来る。ひとたびラングがパロールから区別されると、記号の本性が第一の問題となる。体系と辞項の問題は、静態言語学に取りかかる瞬間になってはじめて出現する」[23]。かくして意義の水平的概念（辞項間の外的関係）は、体系や既成の科学の秩序に帰属する。しかし生成（Bildung）、形成されつつある科学、辞項間の媒介を構築する精神の秩序である説明の秩序は、不透明な無媒介性としての記号から、そしてシニフィアンに対するシニフィエの張り出しとしての意義から出発することを強いるのである。

しかしこの「から出発する」をどのように理解すればよいのか。それはひとつの現象学のプログラムを告げるのか。厚みの幻想を一掃しながら全体性へと歩む精神の歴史を告げるのか。わたしはまったくそうは思わない。ヘーゲルが何と言おうと、問題となっている厚みの終わりに達する知の言説は存在しない。差異は等しさや対立へと向かう跳躍の契機ではない。意義そのものが記号として現前することは単に、記号の力、つまり対象にどのような指向的関係でも与えうる存在−記号の力があることを示している。語られる対象が失われたものとして与えられなければならないという、不透明性の強迫が存在するのだ。

（23） R. Godel, *op. cit.*, p. 247. 強調は引用者。

言説の縁にある厚み

指向、意義、表現

ソシュールより十年ほど前、ゴットロープ・フレーゲはこの定立の効果を把握し練り上げ、指向に対する語の開放性は現勢的な言説に帰属するのであって、ラングの潜勢的体系に帰属するのではないことを明らかにした。その上彼は意義の手前に、今度は言説の中心そのものに、その形式に宿る沈黙した意味あるいは厚みが存在することを示唆している。二つのベクトルの分離は、Ｅ・バンヴェニストが言語記号の恣意性を局限することを可能にしたが、この分離はフレーゲがSinn〔意義〕とBedeutung〔意味、指向〕のあいだに打ち立てた区別に正確に対応している。[1] このことを指摘するのは単に興味深いだけでなく、フレーゲの考察は命題計算に関する形式主義的な説明を大幅に超えている。それは分析的なａ＝ａ型の等しさと、認識の増加を含

（1） Gottlob Frege, Ueber Sinn und Bedeutung, *Zeitschrift für Philosophie und philosophische Kritik*, 100（1892）, S. 25-50. わたしがこのテクストを知ったのはＰ・リクールのおかげである。Cf. P. Ricœur, *Cours sur le langage*, Nanterre, ronéoté, 1966-1967, folios 24 et suiv. フレーゲの論文の英訳 On Sense and Reference, in *Philosophical Writings*, Oxford, Blackwell, 1960 がある。

むものの、なおも根拠づけを必要とするa＝b型の等しさとの分離から出発し、カントの遺産を継承している。何よりフレーゲの考察は、言説と思考の空間の組織化へと到達している。このような組織化は、『論理学研究』のフッサールにも『論考』のヴィトゲンシュタインにも準拠として役立ち、その交錯する二つの次元によって、志向性の哲学についても分析哲学についても母胎となっていることが判明するのである。一方では意義のために指示が排除され、他方では意義の鍵となる構造が志向的分析の下に埋没するが、そうなる以前の地点へ戻ることが重要である。そこでは、主観性としての超越論的なものと構造としての超越論的なものという二つの大きなカント的主題が解体されておらず、逆に練り上げられている。フレーゲの結論は、構造言語学のいくつかの成果といくつかの欠如のうちにその内容を復活させる反響として見出される以上、そうすることがいっそう重要なのである。

a＝bのような表現は、そのなかに記号のすべての問題を要約している。もしこの表現が真ならば、それはaのかわりにbを用いることができることを意味する。しかしながらaはbではなく、両者の差異はそれらの同一性の表現のうちにも維持されている。この差異は何から構成されるのか。仮にbがaから対象として（als Gegenstand）——たとえばその形式によって——のみ異なり、指示する（bezeicPet）仕方では異ならないなら、a＝bという表現はa＝aという表現と同じ認識の価値を持つこととなり、両者の差異は非本質的なものとなるだろう。ところでそこに分析的なものと総合的なものの対立のすべてが、認識の獲得のすべてが少しでも要約されているならば、確かにそうなる。それゆえ差異は、指示されたものがそれぞれaとbによって与えられる際の方法にある。(2) 三角形の三本の中線x、y、zの交点Mがあるとする。Mはxとyの交点として、あるいはyとzの交点として指示することができる。これらの二つの指示はそれぞれ、指示された対象を与える異なる方法を指し示す（deuten）。そしてこのことが、「xとyの交点はyとzの交点である」という文に認識の積極的価値を与えるのである。それゆえ、指示されたものの外部を含意する記号の意味あるいは指示と、対象が与えられる仕方（die Art des Gegebenseins）をなすその意義とを区別しなければならない。「xとyの交点」という表現の意味は、「yとzの交点」という表現のそれと同じである。だが意義はそうではない。

これは、指向が客観的である以上、意義は主観的であろうということではない。心理主義的な解釈との距離を強調し、意義を客観性のうちに正確に位置づけるため、フレーゲは今度は意義が「表象」（Vorstellung）と対立する新たな組み合わせを作っている。表象はある主体と別の主体で異なりうるのに対し、意義は語や表現の実現から独立している。「日が昇る」（le jour se lève）という言表は、聞き手に応じていくつかの表象、心象、異なる感情を呼び起こしうるものの、フランス語を知っているならば、全員がこの言表を同じように理解する。かくして、事物主義的ではない客観性の概念が引き出される。フレーゲはそのモデルとして、望遠鏡の対物レンズにおける月の像の客観性を挙げている。「わたしは月そのものを指向（Bedeutung）に喩える」。「それは、レンズによって望遠鏡の内部に投影された実像と観察者の網膜像を媒介とした観察の対象である。これらの像のうち、わたしは前者を意義（Sinn）に喩え、後者を表象（Vorstellung）あるいは直観（Anschauung）に喩える[3]」。よって意義は、「対物レンズ」の物理的な像のそれと同様の客観性を与えられて

（2） *Ibid.*, S. 26.
（3） *Ibid.*, S. 30.

いる。それは一面的（einseitig）であり天文台の位置に依存するが、同じ場所に位置する観察者たち全員にとって同一である。かくして、意義は指示よりも私的な事柄であるわけではない。私的な事柄であるのは、意義がわれわれ各人のうちに喚起しうる心象の世界である。たとえば、われわれの表象がある詩のテクストと対応しているかは検証不可能であり、「自由」である。同様に、われわれは夢によって意義の客観性から引き離され、少なくとも容易には伝達しえない別のものへと沈み込む。

　フレーゲが研究する問題は、「主観性」の表現の問題ではなく言説における客観性の定立の問題であるため、彼はこの記号と表象の関係にはほとんど気を留めていない。それとは逆に、意味の二つの次元についての彼の分析は決定的なものである。「固有名」とはつまり、概念や関係ではなくある特定の対象と対応する、あらゆる記号ないし記号の集合――それが言葉であれそうでないものであれ――である(4)。彼はこう書いている。「固有名はその意義を表現し（drückt seinen Sinn aus）、その指向を示すあるいは指示する（bedeutet oder bezeicPet seine Bedeutung）。われわれが記号によって表現するのはその意義であり、われわれが指示するのはその指向である（wir drücken mit einem Zeichen dessen Sinn aus und bezeichnen mit ihm dessen Bedeutung）(5)」。意味の次元のこの二重性は不可避である。結局ひとは意義で満足しうると反駁しても、記号の背後に指向を探すよう強いるものは何もないと反駁しても無駄である。「月」という語に対応するものが現実のうちに必然的に想定されていることに驚く懐疑論者に対し、フレーゲはこう指摘する。「われわれは月と言う際、われわれが抱く月の表象（Vorstellung）を語ることを意図しているのではないし、ましてやこの語の意義（Sinn）で満足することを意図しているのでもない。そうではなく、われわれはつねにひとつの指向を想定しているのである（sondern wir setzen eine Bedeutung voraus）(6)」。

次に今度はもはや固有名ではなく主張文が問題となる際、フレーゲは同様の力強さで指示されたものの探求の不可侵性を肯定している。主張文はその全体としてとらえられた場合、思考する者とは独立に、思想の客観的な内容を持っている。固有名の場合と同様、意義は話者の想像力には従属しない。しかし指向の場合はどうであろうか。ひとつの対象が対応しえないような文における、指示の次元の場合はどうであろうか。われわれはそれを免れるのであろうか。「もしかすると、ひとつの全体とみなされた文は、指向ではなくて単に意義だけを持つのであろうか」[7]。わたしが「オデュッセウスは深く眠ったままイタケ島の浜辺におろされた」と主張する際、文はひとつの意義を持つものの、その指示の次元は欠けているように思われる。というのも、それが含む固有名のひとつであるオデュッセウスには、いかなる対象も対応していない可能性が高いからである。フレーゲがこの問いに与えている答えは注目に値する。彼は、われわれが審美的態度で叙事詩を聞く際、言語の音楽を通じてわれわれを魅惑するもの、それは意義であり、それが喚起する心象と感情である、と語る。「われわれが詩を芸術作品ととらえる限り、オデュッセウスという名前が指向を持つかどうかはわれわれには重要でない」。しかし「真理の問いとともに、われわれは芸術的快楽を捨て、科学的調査の態度をとる」[8]。なぜならわれわれは、固有名が単に意義だけでなく指示をも持つことを望みがちだから

---

(4) *Ibid.*, S. 27.
(5) *Ibid.*, S. 31.
(6) *Ibid.*, S. 31（強調は引用者）.
(7) *Ibid.*, S. 32.
(8) *Ibid.*, S. 32.

である。文の思想の内容だけでは、われわれの渇きはいやされない。「われわれを意義から指示へと駆り立てるもの、それは真理への渇望である(9)」。

このような答えには、芸術の言語をめぐる考察をわれわれに強いるような、さまざまな言葉の態度の一覧表の草案が見出される。言表がそれが引き起こす表象ゆえに把握されるとき、言語の軸上での把握は、個人的なものである心象の極において行われる。そしてこのような接し方が、言葉の審美的実存、詩的なものを決定する。これとは別の把握は、幻想的な響きを取り除かれ、その指向の力も同じく剝奪された意義によってのみ行われるはずである。よってそれは、客観的全体性のように言語を用いる形式主義的な態度をもたらすであろう。客観的全体性とは、シニフィエがつねにある話者から別の話者へと検証可能であるという意味であり――これは分節言語の秩序から出ないことを含意する――、それゆえ全体性は閉じたものとなる。というのも、意義を全体性の外部にある何かで試すことで明らかにする必要はないからである。しかしフレーゲはここで、そのような形式主義は不可能であることをほのめかしている。というのもわれわれには、語と語の集まりを、意義をそれらの内部ではなく外部にある「対象」に関連づけずに思考するような力はないからである。このような理由で、言語の把握のこの第二の形式は彼の用語には見あたらず、フレーゲは認識の言語を、自己〔＝言葉〕が語る不在の対象を探し求める言葉へと変えているのである。このように、あらゆる言語は本質的に非言語へと開かれている。認識の言説は事物の方向への超越を必要とする。この超越の内部で、言説はその対象を追い求めるのである。芸術の言語は、像に由来するこれと対称的な超越を必要とする。そうした像は、芸術の言語の語に住み着くことになるのである。一方には定義する言葉、指示されたものを構造の不変の関係へと組み込み、それを完全にシニフィエに同化しようとする言葉がある。他方には表現する言葉、視覚と欲望の空間に身を開き、シニフィエでもって形象を作ろうとする言葉がある。どちらの場合も、それは自己がそうでないものによって魅惑された言語であり、それを所有しようとするのが科学の幻想、そのように存在しようとするのが芸術の幻想である。

その鋭い洞察力により、フレーゲは認識の言説の動機として渇望、努力（Streben）、欲望を見出し、かくして（この論理学者、教授は）念入りに殺菌された認識の問題系のうちに、知とはこの上なく無縁とされた主題——実際にはおそらくその核心なのだが——、すなわち欲望の主題が侵入しうるような亀裂を生じさせている。フレーゲは、あらゆる言表を対象へと指向させる超越は、言語によって本質的に過小評価されていることさえ示している。「何かが主張されるたびに、単一あるいは合成された固有名がひとつの指向を持っていることが明らかに想定されている。たとえば「ケプラーは貧困のうちに死んだ」と主張するなら、「ケプラー」という名が何かを指示していることが想定されている。しかしその結果、「ケプラーは貧困のうちに死んだ」という命題の意義（Sinn）が、ケプラーという名が何かを指示しているという思想（Gedanke）を含んでいることにはならない」。まるでカントによる存在論的論証の反駁を読んでいるかのようである。存在は概念ではないのだ。フレーゲはこう付け加える。「もしもそうであるなら、その否定は「ケプラーは貧困のうちに死ななかった」ではなく、「ケプラーは貧困のうちに死ななかった、あるいはケプラーという名には指向がない」となるであろう[10]」。ちなみにこの証明方法は、否定によるものであることを記憶にとど

(9) *Ibid.*, S. 33 : « Das Streben nach Warheit also ist es, was uns überall vom Sinn zu Bedeutung vorzudringen treibt ».
(10) *Ibid.*, S. 40.

めておこう。

しかしながら、基礎的なカント主義が意味の一覧の素描から完全に追い出されているわけではない。望遠鏡、天体、網膜像の比喩においてそうであるように、そこでは言説の表現的形式と認識的形式が分離されたままである。知ろうとすること（vouloir savoir）と失ったこと（avoir perdu）は相互に連結されておらず、芸術は語と事物の同一性の「記憶」とはみなされていない――科学はその忘却であり、所有という様式による絶望的な反復である。そして欲望としての認識は、幻想としての無理解と連結されていない。感覚的なものを有意味なものへと全体化する弁証法を拒んだフレーゲは、おそらく正しい。知られる限り、彼はそのような弁証法にはほとんど心を引かれなかった。だが彼は、『純粋理性批判』に取りついているのと同じ心理主義（しかしカントは、自己の批判主義の批判を進めるにつれてそこから解放されている）の犠牲者である。なぜなら彼は表象と詩学が像に結びつけるあらゆる力を、個人的主体の方に、つまり科学の外部性のような客観的で普遍的に確認しうる外部性と対立する、コミュニケーションなき内面性の方に置いているからである。このような主体と客体は、言語がまさしくその最初の火花であったような、本源的な爆発に由来する破片ではないとでも言うのであろうか。現実は満場一致で認められるどころか、失われ再発見しなければならないものとしてのみ接近しうるわけではないと言うのであろうか。他方では、根本的に詩と芸術全体は表象にではなく、美しい対象やよい対象とかかわるとでも言うのであろうか。現実的なものと想像的なものは能力ではなく、水準でもなく、極ですらない。〈存在〉のこうした空間化に陥らないのは確かに不可能であり、その理由はまさしく結合しつつ分割する爆発にある。この外部性とこの統一性が空間そのものだからである。しかし客体と主体、物と像、科学と芸術との両極化を可能にし可能にし続けているもの――これがわれわれの宿命である——を把握し直そうとするならば、われわれはこのような方便、さらには比喩の妥当性と絶えず戦い続けなければならない。

換入とその限界

もちろんこの論文に対し、それが目的としていないものを要求すべきではない（この「誤解」があらゆる読解の掟であり、よってあらゆるテクストの宿命だとしても）。むしろそれが目的としているもの、つまり超越と換入の法則は十分な考察に値する。フレーゲの二重の問いは、a＝bと語ることは何であるか、そしていかなる条件においてそのように語りうるのか、というものである。これは総合判断の問題であるが、もはや批判主義ではなく記号学の観点から取り組まれている。そしてここにおいて彼は、恣意性の問題と意味の二つの意味という現代的主題とをすぐに裁断し直している。第一の問いに対する答えは、aとbが同一の対象と関係する表現である際にa＝bと言われるというものである。「スタゲイロス人哲学者」と「アレクサンドロスの家庭教師」は、それらが同一の指向を持ち、同一の対象を目指すゆえに、二つの同等の表現である。かくしてフレーゲにとって判断の総合の根拠となるもの、あるいは——いわば——文の形成を支配するものは、言説が語る対象に対する言説の開放性であることがわかる。表現がどちらも同じ指向対象を目指しているとき、われわれは真理を裏切ることなく一方を他方によって置き換えることができる。言説の形成において働く総合の作業は、話者のある観測場所から別の場所への移動——話者はそこでも、自分が前の場所から見ていた対象をやはり再認できる——として理解されなければならない。そして、ある視向に打撃を与えるなどという規則を持つ、可動性の経験として理解されなければならない。総合判断のこのような記述には、最初の二つの隠喩、すなわち動くことと見ることとの隠喩が介入している。語ること、それは自分が語っている対象を見据えたまま、ある点から別の点へと飛び移り続けることである。対象は、対象に向けられたまなざしたる諸々の表現が収束する消失の地平として構成される。知覚の経験と視覚的事物の構成について行いうるような――そしてフッサールが行ったような――記述と奇妙に類似した記述である。諸々の素描の統一、これらの把持が結節し、これらの瞬間的接触がひとつの厚みとして丸みを帯びる場。この厚みにおいて、事物はXとして保存される。われわれは、フレーゲの分析の中心にある否定性の種類に見覚えがある。視覚的超越。そしてこの超越の本質たる、奥行きを創造するぶれにおける遠隔的付与。これがあらゆる総合の外定立《エクテーシス》であり、言語の辞項の連関a＝bが張られる最初の分裂である。

連辞の連鎖に内在する諸条件は、たとえaとbが同一の指向を持っていたとしてもその換入の権利を制限するのだが、上記の垂直的否定性はそうした条件と両立しないわけではない。こうした禁止の吟味は大きな利益をもたらす。なぜなら吟味によって、後にわれわれがほとんど手放すことのない、ある方法論の前提事項が明らかになるからである。フレーゲは三種類の制約を明らかにしているが、それらはすべて従属節に関係するものである。わたしが「コペルニクスは惑星の軌道が円形であると信じていた(11)」と主張する際、わたしの主張は従属節の部分（「惑星の軌道が円形である」）が偽であり指向を欠くとしても真である。わたしはこの主張を、次のもので置き換えることができる。「コペルニクスは太陽の運動が見かけのものであると信じていた」。今度は、従属節の部分（「太陽の運動が見かけのものである」）は真である（指向対象を持つから）が、わたしの主張の真理値（Wahrheitswert）がそのことで修正されるわけではない。この特性は、信念、外観、目的、命令、祈願、否認を表現する「言う」などの動詞を補足するすべての従属節についても同様に観察される。[12] 指向の考察によってのみ規定された換入にとって最初の障害となるのは、よって間接話法である。そこでは、語はもはや直接話法の場合のようにそれが指示するものによってではなく、それが表意するものによってのみ把握される。「雨が降ると思う」という表現において、「雨が降る」は実際には思想内容（Gedanke）としての価値を持つのであって、事象における「現実の」雨への参照としての価値を持つのではない。よって法則は、間接的に把握された固有名（や節）の指向はその意義となる、ということになる。この非常に重要な法則については後述する。それは、言語が対象として把握されるたびごとに作用しているのだ。

　換入への制約の二番目の事例は、命題全体から切り離された従属節が自律的な思想内容を構成しない場合に現れる。わたしが「惑星軌道の楕円形を発見した者は貧困のうちに死んだ[13]」と主張する際、わたしは従属節を切り離して考えることはできない。確かにわたしは「惑星軌道の楕円形を発見した者」という節だけを口にすることはできるが、その意義は独立した思想内容を形成しない。この従属節を主節へ変えることはできないのである。その上、この節には固有の指向がない。よってわたしはそのような従属節を、同じ指向となる別の節で置き換えることはできない。その意義は命題全体の意義の一部に過ぎないため、この部分を修正すれば、全体の思想内容を修正することになってしまうのである。

　最後に、日常言語において最も頻繁に見られる事例を留保しなければならない。思想内容のすべてが、命題全体（主節＋従属節）において表現されない事例である。よってこの事例では、命題よりも多くの思想

（11） *Ibid.*, S. 37.
（12） *Ibid.*, S. 38–39.
（13） *Ibid.*, S. 39.

内容が存在する。たとえば因果性、留保、媒介は[14]、言表のなかでそれに命題や命題の一部が対応していなくとも、諸々の命題の配置によって示唆することができる。この場合、等しい指向への換入の規則の使用よりも、含意的な観念の存否を検出する言表の分析が先に来なければならない。かくして「自分の右脇を脅かす危険を見たナポレオンは、彼の近衛隊をみずから敵陣へと率いた」という命題においては、危険を見ることと近衛隊の指揮をみずからとるという決断とのあいだに何ら継起関係はないと確信しない限り、たとえば「〔右脇の〕肝臓が苦しい」といった同じ指向の別の節で関係節を置き換えることはできないのである。

　フレーゲが用いている方法は、命題をめぐる一種の実験からなっていることがわかる。このような実験は、この語ができる以前ではあるが、換入（commutation）の試験そのものである。どのような場合にaをbで置き換える権利があるのか。その基礎的な条件は双方が同じ指向を持つこと、つまり言説の超越の奥行きのうちで収斂するというものである。その上、換入から——今度は言説の線的次元において——結果する意義の変化が、無意味を招いてはならない。いくつかの間接的な従属節の場合のように、表現の指向がその意義と同一視される場合、無意味は不可避である。従属節の意義が全体の意義の全部分である場合、あるいは逆に言表の配置そのものから表現されざる「意義」が発散する場合も同様である。こうした事例は、大別して二つの状況へと還元しうる。話者は自分の名において語るのではなく、自分のものではない内容を持ったある思想、発言、欲望、命令の対象を報告しているという状況。空間的隠喩を用いれば、これは観測所2から対象Xについて語られ、思考され、欲求され、命じられたことを、わたしが観測所1からこの対象ついて表現することを意味する。すると、わたしの表現の対象は対象Xではなく地点2において生み出されたものであり、かくしてわたしの言説の現実の超越はこの地点を目指すのであって、わたしの対象を目指すのではないことは明らかである。それゆえ、地点2で生み出されたものを表現するためにわたしが用いる辞項の指向は、まさしくこれらの辞項の意義であり、それらに対応する思想内容であることは明らかである。対象Xに対するまなざしを持ち続けるという条件だけでは、ある観測所から別の観測所へのわたしの移動を規制するにはもはや不十分である。というのもわたしの言説において問題となっているのは、Xに対する別の観測所のまなざしであり、他者の視線だからである。そしてそれを表現するには、その観点を尊重することが必要だからである。これは、ゴシック様式のいくつかの祭壇画では「反転」遠近法が支配しているのにいささか似ている。反転遠近法と形象との関係は、間接話法と言説との関係に等しいであろう。換入の方法は、意味に関して一見類似した従属節において、「消防士たちは火事の家があると言う」と「消防士たちは火事の家に向かう」のように、指向の変化から結果する根本的な差異を引き出す。この方法は、周知の通りフレーゲの四十年後に音韻論と構造言語学の原動力となり、またすでにライプニッツの論理学の奥義でもあった[15]。言説の縦の次元に閉じこもるどころか、構造の不変項——つまり調整された水平的な否定性、形式的法則——として現れるだけであるどころか、この方法がまず視覚の超越や語られる対象の指向に依拠し、第一法則として、形式の法則より根本的な規則として直観(intuitus)を保護していることが注目される。換入の自由が妨げられる第一の状況は、それゆえ現実の言説が別の対象を視向する別の言説を包含しうるという点にある。

(14) *Ibid.*, S. 46-48.

(15) 「真理を損なうことなく互いに置き換えうるものは同一である」、cité par Frege, *ibid.*, S. 35.

ここには、この語ができる前ではあるが、構造言語学に対して行うべき批判が準備されている。この批判は、まったく正当なものであるラングの水準の戦略的選択ではなく、この選択に付随する二重の効果を対象としている。これらの効果は切り離すことが望ましい。一方では、吟味された言説の視向が隠蔽され、語はもはやその「真理値」によってではなくその意義によって把握される。そして指向のこの暗点化（scotimisation）により、言葉を連鎖として扱い、そこで連関する諸単位を抽出し、ある体系へと割り当てることが可能となる。構造主義の根本仮説である言語の閉鎖性は、他者の言説はその固有の視向にしたがって把握されるのではなく、わたしの言説の（言語学者の言説の）視向にしたがって把握されるとする認識論的関係と相関している。「真理値」のような指向は吟味される言語から追い出され、この言語と吟味する言語のあいだに押し込められる。このように客観化された言説とその対象との関係は、その特殊性つまり視覚のそれのうちで失われる。せいぜいのところ、この関係は「文脈」の理論として復元されるだけである。この理論は、吟味された言説とその対象が同じ性質のものであり、同じ方法論によって扱いうると想定する。その結果、あらゆる「真理値」の可能性が無化されるのである。しかし他方では他者の言説を客観化し、性質を同じくする対象、語られるものに対する立場を同じくする対象へ変えることで、語は記号へと変えられる。ひとはそれを聞くことをやめ、見ようと努力する。同時にそこに、感覚的な記号の厚みと比較しうるような意味の厚みを作り出そうとする。言語の諸単位が透明な体系に割り当てられる効果とは逆の効果。これらの一つの効果が矛盾することは明らかである。言説の諸要素は記号としては不透明であるが、指向を欠く単位としては単なる辞項なのである。意義の厚みの効果はこの矛盾を極大化する。というのもそれは、体系の境位が不透明であることを含意するからである。

ａとｂの換入の戯れに制限を課すもうひとつの大別される状況の方は、意味の側面性と記号の多義性に完全に存すると言えるであろう。ある従属節を同じ指向（あるいは真理値）の別の従属節で置き換えることは、往々にして不可能である。なぜなら従属節が、たとえばそれ自体は不明確な冗語的な関係節として、言表の全部分となっているからである。あるいは、ある語群によって明白に担われておらず、言説の形式そのものや語と節がそこに占める位置から発する意味の不可欠な契機となっているからである。ある場合には、辞項はその意義を言表における脈絡から受け取る。別の場合には、逆に脈絡が側面的、副次的意義（Nebengedanken〔副思想〕）を生成する。前者の場合、言説の構成は、語のある意義を現実化し他のものを排除することで多義性を追い出す。そして後者の場合は、このようにして得られた意義を合成することで、上位の階層において多義性を維持あるいは創造する。これはどういうことなのか。それは、ぶれが普通の言語の規則であるということ、われわれが語る対象を見、語る視点は観測所のように固定されてはいないということ、そうではなくわれわれがそれに付与する意義は二つの操作――一方は二次的な意味を排除する操作、他方はそれを復元する操作――の交差点においてしか実現されないということである。かくして諸要素の水準を過ぎ、もはや辞項ではなく生きた言表を注視するならば、フレーゲにならって「文は他の文と結合していることから、単独の場合よりも多くをそこで表現する」[16]ことを認める決心をしなければならない。また、可動性は言語のうちで言語を混乱させるものではなく、言語を可能にするものであると認めなければならない。これは、もしも眼に物の周囲を動く力がなかったら視覚が存在しないのと同様である。フレーゲが身を置いた意味の

(16)　*Ibid.*, S. 47.

秩序において換入が妨げられるのは、結局ひとはそこで真に非連続的なもののうちにいるわけではないからである。弁別単位や表意単位の場合のように、辞項を分離し結合する固定された間隔、そして換入の行程によってあいまいさなしに明らかにしうるような間隔とかかわっているのではないからである。ここでは、この行程、この運動はいわばすでに語に組み込まれており、語の多義性を構成している。多義性はその証言のようなものである。というのも多義性は、話者たちが語の当初の意味に加えたねじれや、彼らの前進や後進が語に沈殿したものだからである。話者たちは語をそうした前進や後進において連れ去り、旅で得られた新たな意義を担う語として語彙に登録するのである[17]。

フレーゲの分析は、よって単に言語の諸々の「記号」上で直角に交わる言説の二つの軸、すなわち意義の軸と指示ないし指向の軸があることを教えるだけではない。フレーゲの分析は、後者の遵守が真なるものの第一の規則であることを明らかにしている。それが教えるのは、われわれの言説のうちで報告される言説はその超越を欠くということである。というのも、その際言説それ自体が現在の超越の対象となるからである。また彼の分析は、われわれには語る方法がひとつしかないこと、つまり見る、見せるために「歩く」という方法しかないこと、知る方法がひとつしかないこと、つまり再び動いて新たな代入を試みるという方法しかないことを示唆している。『算術の哲学』の書評において、フレーゲはライプニッツの定義「真理を損なうことなく互いに置き換えうるものは同一である」は定義と呼ぶに値しないことについてフッサールに同意している。しかし彼はこう付け加える。「わたしの理由は異なる。なぜならあらゆる定義は等しさ（Gleichheit）であり、等しさそのものは定義されないからである。ライプニッツの定式を公理と呼ぶことはできるだろう。それは等しさの関係とは何かを述べており、そのようなものとして根本的に重要なものである[18]」。ところで関係のこの「本性」は代入や換入の運動のうちにあり、この運動は辞項が定立される空間とは別の定立の空間において生じるのである。

(17) Cf. Paul Ricœur, *art. cité.*

(18) Husserl, *Philosophie der Arithmetik* のフレーゲによる書評、*Zeitschrift für Philosophie und philosophische Kritik*, 108 (1894), S. 320.

フッサールにおける換入の不在に関する注

フッサールは、フレーゲによってなされた Bedeutung と Sinn の分離をはじめとする諸々の分離を無視した。Bedeutung と Sinn の分離は、最初の『論理学研究』の冒頭から、双方を区別なく用いる慣習に反するものとして拒絶されている (*Logische Untersuchungen* II, Halle, Niemeyer, 1913, S. 53 ; tr. fr., P.U.F., t. II, p. 62)。確かに彼は、同研究の終わりで (§34, S. 103 ; p. 121)「この行為［言表すること］をわれわれが実行する際、そしていわばそのなかに生きる際、われわれはその意義ではなくその対象を自然に視向する」と言明し、この対立をよみがえらせている。とはいえ、フッサールが Bedeutung (あるいは区別なく Sinn と呼ぶもの) をフレーゲが Sinn と呼んだものに重ね合わせることは不可能である。フレーゲにとって、意義とはひとつの客観性であり、フッサールにとってもそうである (第四研究を見よ)。しかし前者は、辞項を隔て意味の効果を生み出す間隔の固定を可能にする操作 (換入の試験) の助けを借りてそれを構成している。一方後者は、それを直観を探す主体の「生」によって現実化され賦活されるような潜在的な「意義」(vouloir-dire) として措定している。思想内容はまったく別様に理解されるであろう。なるほど換入の試験と、直観へと導く「想像的変様」(*Ideen* I, §70) のあいだには表面的な類似がある。というのもどちらの場合も、無媒介性に背くことを方法論的行為としているからである。しかしフレーゲにおいては、この行為の結果すなわち概念はa＝b型の同一性によってのみ定義されている。逆にフッサールの本質は、〈自我〉の実際の直観が「自分で」把握した意味である。内容と操作手続きとの関係の一種の現象学的逆転が存在する。明証は実際には想像的変様の結果ではなく、むしろ変様を通じてつねに「虚構」の活動を導き続けるものである。ライプニッツと同様、フレーゲも意義を体系の観点から思考すべく試みる。逆にフッサールは、直観（intuitus）というデカルト的問題系を放棄していない。

同様の前提は、第一研究で〈わたし〉に与えられた地位にも見出される。言語学はわたしを、言語体系内に置かれ現実の話者を指示する単なる標識の機能とみなし、よって厳密に言えば意義を持たない辞項とみなす。というのも体系内には、わたし＝bと書きうるようなbはまったく存在しないからである。これとは逆にフッサールは、わたしの意義についても（*Log. Untersuch.* I, *op. cit.*, S. 82 sq. ; tr. fr., p. 96 sq.）、あらゆる指示詞についても執拗に論じている（第六研究§5参照）。彼は二つの「重なった意義」の定義を試みてさえいる。一方の意義は指示的なもので、「指示的（hinweisenden）志向」一般に宿っている。他方は指示されるもので、前者の知覚的実現に存する。*Log. Untersuch.* II, 1921, S. 21 ; tr. fr., t. III, p. 36（第六研究の§5）で提起されたこの問題を手直ししながら、フッサールは指示された意義を以下の言葉で排除している。「一般に、知覚と知覚の言表の意義とを区別するだけでなく、知覚自体にはこの意義のいかなる部分も含まれないことを認めなければならない」。とはいえ、指示詞の意義という観念はこのような洗練を経ても以前のままである。ところで、フッサールがこのように意義と指示を混同することを可能にしているもの、それは彼の明証の構成方法である。われわれが現実の指向とは独立にこれやわたしの「内容」を直観的に志向しうるというのは真である（そのときわれわれは、ヘーゲルが『現象学』第一章で語る抽象的で空虚な普遍性を手にする）。だがこの「内容」は、馬や〔わたしたちは〕行くといった辞項の内容と同じ位階にはない。これらの辞項は、辞項を定義する体系の別の辞項で置き換えることができる。意義にとって関与的なのは直観性ではなく、代入（あるいは換入）性である。

第一研究に対するジャック・デリダの注目すべき批判（*La voix et le phénomène*, Paris, P.U.F., 1967）では、指示のフッサール的分析は正しい場所を攻撃されていないように思われる。デリダが指摘しているように、「指示された意義」という観念は想像しえず、意味の理念性の原則に反することは間違いない。しかしまず、すでに見たように、フッサール自身がこれを放棄している。次に、それを論拠として指示詞的シニフィアンを体系のまったく別のシニフィアンの身分へと還元することはできないであろう。これは結局のところ、フッサールが行っていることから遠いものではない。むしろE・バンヴェニストにならって（La nature des pronoms (1956), De la subjectivité dans le langage (1958), in *Problèmes de linguistique générale, op. cit.*）、想定される外在性に、ここでは話者自身の外在性にその使用を付託するべきである。このような指示の次元を欠くならば、いかなる指示詞もありえない。換言すれば、指示詞は体系内の単なる価値ではなく、内部から外部へと差し向ける要素である。それは体系内ではなく、体系を横切って思考可能である。これはこの上なく重大な差異であり、ジャック・デリダが危惧するような「現前の形而上学」へのいかなる回帰も含意しない。フレーゲは、天体望遠鏡の対物レンズにとらえられた月（Bedeutung）と、この望遠鏡の光学系に定位されるその像（Sinn）とを区別する。この比喩は、月は像よりも客観的なわけではなく、像は月よりも客観的でないわけではなく、唯一関与的な差異は一方は（光学系および類比的に言語の）体系にあり、他方は外部にあることに存すると明確に述べている。フレーゲの月とE・バンヴェニストの指示詞によって、思考はプラトン的な現前の太陽を免れるであろう。指示されたものの一面性（Einseitigkeit）は、あらゆる充実（Erfüllung）をむなしいものとするのだ。

〈否〉と対象の定立

〈然り〉としての〈否〉

否定をめぐるフロイトの考察は、あらゆる言説に含意される指向の推定のうちに「言語の根本的特性」を見出す機会をE・バンヴェニストに与えたが、これは偶然ではない(1)。この考察から着想を得ることで、超越の構成の本質的側面へと向かう道を開くことができる。分節言語には欲動（pulsion）の沈黙が巻き込まれており、このことが欲望（désir）、その対象と夢あるいは芸術を一挙に打ち立てるのである。

（1） Emile Benveniste, article cité. フロイトのテクスト「否定」（Die Verneinung, 1925）は *Gesammelte Werke*, XIV, S. 11-15 ; Standard edition, XIX, p. 235-239 ; tr. fr., *Revue française de psychanalyse*, 1934, n°2, p. 174-177 にある。テクストはジャン・イポリットによって注解されている。Commentaire parlé sur la *Verneinung de Freud*（1954）, *La psychanalyse*, 1, Paris, P.U.F., 1956 ; Jacques Lacan, Introduction et Réponse au commentaire de J. Hyppolite, *ibid.* ジャン・イポリットとジャック・ラカンのテクストは、J. Lacan, *Ecrits*, Paris, Seuil, 1966 に再録されている。ポール・リクールもまた、*De l'interprétation*, Paris, Seuil, 1965, p. 308-311 で「否定」を注解している。

まずは、「否定」(Die Verneinung) の冒頭と末尾に見られるこの論文の主題、すなわち認識における文法的否定の機能、あるいは別の認識の除去、最初の否定、抑圧としての認識の定義をなしているものをまとめてみよう。

フロイトは、精神分析の解釈に含まれる一種の論理学的スキャンダルについて自問している。「それはわたしの母ではありません」と患者は言う。「われわれは、よってそれはこのひとの母なのだ、と訂正する」とフロイトは言う。この〈否〉から〈然り〉への奇妙な転換は、患者の言説における対象——ここでは母——の否定は同時にこの対象の肯定的提示であるという仮説に依拠している。分析家は、発言で明示された否定をみずからのために無化することで、字句の尊厳をゆがめているように見える。しかしそれは単なる字義性や形式主義が欠く次元、すなわち語る対象からの離脱という次元を字句に取り戻させるためである。「それはわたしの母ではありません」という命題は「それはわたしの母である」を意味する、あるいは少なくともそれもまた意味すると述べることは可能である。そのためには、われわれがこのメッセージを暗黙に位置づけている軸を四分の一回転すればよい。またこのメッセージを否定判断として把握するのではなく、現前するものを見ることを拒む驚きや不安の表現として理解すればよい。問題は、この回転が正当かどうかである。

回転が正当となりうるのは、統辞法的否定や言説における否定が、言説を超越しこれを時には言語、時には視覚として基礎づける否定性を表す場合だけである。言説を閉鎖系にとらわれた切片つまり言語のそれとしてのみ考えるなら、「それはわたしの母ではありません」という言表は、体系の統辞法が与える諸々の可能性のひとつ、経験を分節する方法のひとつとして否定を提示することとなる。論理学者にとって、それは性質の範疇に基づく判断の決定である。こうした否定によって明示される総合は完全に、そのあいだにはどのような関係も「いかなる関連も」ないと確言される二項を同時に定立することにある。ここでは、ひとは〈否〉が〈否〉であるような意義の秩序のなかにいる。とはいえ、否定を肯定としても解釈することが正当であると分析家にわかるのは、分析家が形式的意義の秩序、閉鎖系から外に出て、この〈否〉の下に指示の横断的、垂直的な次元を開くからである。フロイトは、「否定は抑圧されたものを調べるためのひとつの方法である」(2)と記していた。バンヴェニストはその注解でこう記している。「ここで、この複合的な過程においては言語的要因が決定的であり、否定はいわば否定された内容を構成するものであることがわかるのではないか。(…)彼の［主体の］言説は否認を重ねることもできるが、言表されたことに何かが対応すること、何かであって「無」ではないことを含意する言語の根本的特性を消滅させることはできない」(3)。よって〈否〉は、単に言語体系内における排除の定立としてのみ把握されてはならず、そこにおいてあらゆる言説が現実化されるような排除の定立として理解することが可能であり、そうしなければならない。否定は単に判断の性質ではなく、その可能性である。単に言説の一範疇ではなく、その場である。話者は自己が語る対象から離脱した、またはそれは話者から離脱したのであり、話者は語ることによって、それをみずからの言説の対象として、「幻《ヴィジョン》」のなかに、遠くから保持し続ける。分析家が聞く〈否〉は、それゆえ単に判断の特称的性質が具現するものではなく、あらゆる言説がその恒久的起源として必要とする別の否定を示している。こ

(2) G.W., XIV, S. 11.
(3) E. Benveniste, art. cit., *Problèmes de linguistique générale*, p. 84-85.

の否定により、対象とその言葉、言葉とその対象は相互に排除されるのである。第一の意味では、〈否〉はある閉鎖系の切片の形式的特性であり、第二の意味では、開放性たる指向の超越論的指標である。

分析家が自発的に行うようなある次元から別の次元への移行は、いまや言説における否定的なものの特性によって正当化されるように思われる。この特性はE・バンヴェニストが「指示子」に認めるそれ、より正確に言えば一人称代名詞に認めるそれと比較することで解明できるだろう。[4]「わたし」(je) は、他のものと同じように単に表意単位としてとらえることはできない。「木」はひとつの意義を備えているが、この意義はたとえ多義的であいまいであるとしても、記号素が現実化される言説とは無関係にラングの一覧表のうちに固定されている。逆に「わたし」には意義がなく、現実の言説へと挿入されることでその意味をまとう「指示子」に過ぎない。それは言説のうちで、語っている主体を指示する。それは主体を指示する (désigner) のであって、これまで言われてきたように表意する (signifier) のではない。あるいは、その意義は指示なのである。名詞の場合、その用法を定めるような言表類型を提供することができる。そうした言表はそれぞれ、語あるいは少なくとも記号素を、ひとつあるいはいくつかの別の記号素で置き換えることを可能にする。それらが名詞の意義を「明示する」場合、それらは語を定義すると言われるであろう。この明示という観念が引き起こす諸問題については、脇に置いておこう。しかしながら「わたし」に対しては、以上と比較しうるような操作は実行できない。この語を「わたし」は眠った、「わたし」はあなたを愛する、「わたし」は付け加える、といった命題のうちに位置づけたとしても、何ら定義したことにはならない。実際は、哲学者たちが言うように「わたし」は「内容」を持たず「概念」を持たない、とE・バンヴェニストは言う。つまり、ラングの一覧表に割り当てうるような意義を持たないということである。「戦慄する」は「激しく恐れる」ことであると言う場合のように、「わたし」をよりよく理解させる他の語で置き換えることはできない。それは指示以外の価値を持たないのだ。それは明確に現実の話者を指向する。よってそれは、語ではなく知覚を保証人としている。ラングの経験ではなく、本質的にパロールの経験である経験に頼ることなしには、それを理解することはできない。パロールの経験は、隠喩抜きで聞き、見ることを、言説の現存〔談話事例（instance de discours）〕を局限し、時空の秩序のうちに位置づけることを要求する。(5)

否定はおそらく、そのような独自性を示さない。まずそれは語彙的ではなく統辞法的であり、対象ではなく関係を表示している。ラングはとりわけ体系である、つまり諸関係の全体であるため、否定は同じく統辞法によって示される他の諸関係のそばにみずからの居場所と機能を容易に見出す。形式的否定は文法に属し、フロイトの患者の「それはわたしの母ではありません」のように、否認する言説の脈絡において実現される。

（4） E. Benvesiste, La nature des pronoms, *Problèmes de linguistique générale*, p. 253 et suiv.; また Le langage et l'expérience humaine, *Diogène* 51 (1965), p. 3 も参照。

（5） E・バンヴェニストは、本来の人称代名詞には概念も対象もないという特性を強調している。「この経験〔語る主体が味わう、言説の現存であるという経験〕は、描写されるのではなくそこにあり、それを伝達する形式に内属している（…）。実際の言説の外部では、代名詞は対象にも概念にも結びつけることのできない空虚な形式に過ぎない。代名詞は、その現実性と実質を言説からのみ受け取るのだ」(art. cit. *Diogène* 51, p. 4)。わたしには、対象の不在よりも概念の不在を強調した方がより正しいように思われる。対象の不在の場合は実際、固有名を除けば、何であれひとつの語に対応するものは決してなく、本質的に複数であることを厳密に強調することができる。異なる話者による「わたし」の使用は、この点では普通「名詞」の使用より逆説的であるわけではない。それは逆に、言説の現存の指示が〈自我〉の客体化抜きでは機能しないことを証明している。

ただし、この形式的否定が否定的なものの普遍的射程を見失わせることがあってはならない。なぜなら、関係一般の定立は諸項の構成つまり結合の「前に」それらの弁別を前提とする以上、否定性は体系内の関係である以前に――類似の関係であれ、さらには同一性の関係であれ――あらゆる関係を構成するものだからである。かくして『ソフィスト』は否定をロゴスの縁に置き、ヘーゲルは差異を弁証法の中心に置き、ソシュール以後の現代言語学は非連続なものを最も基礎的な作業仮説としているのである。ラングがまさしく体系であり、体系とは諸関係の全体である限り、否定の場所はそこにある、ラングは否定によって適切に支えられ維持されていると述べるだけでは、もはや十分ではない。言語内に見出されることはないかもしれないが、その物言わぬ支えである否定的なものは、否定命題にその性質を与えるそれではない。否定的なものは、体系の諸項が価値以外の存在を持たないこと、そしてこの価値は完全に、諸項がともに維持する調整された間隔によって諸項に与えられるという点にある。それは、講義の編者たちがソシュールに言わせているように、「ラングには否定的なものしかない(6)」という意味での否定的なものである。

この否定性は、いわば依然として水平的なものにとどまっている。それは諸単位間の間隔を画定する。諸単位は、弁別的なものであれ表意的なものであれ体系に属し、体系外にあるものには一切頼ることなく理解可能である。しかしここで、言説はつねに何かについて語るというエミール・バンヴェニストの指摘とフレーゲの分析を想起しなければならない。指示や指向は、厳密な意味でのラングの事実にではなく、言説の事実に内在する否定性である。だが先ほど述べた範疇的な意味でこの言説の一性質であるわけでもない。この否定性はそこに明示的に現前しているのではなく、志向性としてそこに含意されている。指示の関係を支える否定は、言説とその対象のあいだに生じる分裂であり、われわれに語るべきものを与える。というのもわれわれは、われわれがそうでないものしか語ることができず、語る必要もないからであり、逆にわれわれが語りえないもの、それがわれわれであるのは確かだからである。このようなわけで、否定は人称代名詞と照合するのにふさわしいのである。「わたし」の使用は、ラングの一覧表に与えられた空虚な形式を現実化することで、厳密に言えばラングには属さない事実、しかしパロールのあらゆる実践において繰り返される事実、それゆえラングのあらゆる現実化を支配する事実を指示する。つまり、〈エゴ〉とは語る者であるという事実である。すでに述べたように、人称代名詞はかくして言説に穴を開け、経験へ向かう言語の手前への下降を開始する。この経験は言葉ではなく知覚の経験である。というのもそれは、感性の〈いま－ここ〉を必要とするからである。同様に、言表のうちで形式的に示される否定は、言説の支えに対する眺望を提供し、その床の裂け目を示唆する。この裂け目を通して、われわれは一瞬、執拗な距離づけ（distanciation）を垣間見る。それは言語の秩序を、言語が語る対象の秩序から保護しつつ維持するが、そのおかげで言語の秩序は事物を自己に固有の論理にしたがって分割できるのである。海上を飛ぶ飛行機の腹に開けられた開口部が、液体の表面――技術的理性の秩序はその上空に浮かび前進する――の可動性に対する眺望を与えるように。

よってわれわれはここで、〈否〉の三つの存在を前にする。まず否定命題に明らかな、文法学者と論理学者の否定。次にラングのうちに隠され、体系の諸項の間隔を保ち、不変性の尊重によってそれらをひとつの統一体へと統合する、構造主義者と言語学者の非連続性。そして論理学者と分析家が見出す、パロールに隠された欠如。これは言説を貫いており、言説に指向の力を与える。統辞法的否定、構造的否性（négatité）、

（6） Saussure, *Cours de linguistique générale*, *op. cit.*, p. 166–168.

志向的否定性。なるほどこれらを縮減することは可能ではないが、接合することは可能であろうか。ここでは、特に欲望と否定的なものとの関係についてのフロイトの示唆を追うだけで満足しよう。

フロイトは「否定」において、優れた現象学者のように、以上の否定のうち最初のものによって他の否定は必然的に言説のうちに現れうると指摘している。もし判断という性質がなかったら、意義と指示は表現されないままとなるだろう。表意単位の内容も、それが何ではないかを語る文法的手段がなかったら、それを近接した環境から弁別する手段がなかったら、この内容が何であるかを語ることはできないであろう。意味論の著作を一瞥すれば、そこにおいて行われる排除の本質的な使用を観察するのに十分である。意味論学者の「混同してはならない」、より一般的には言語学者の「関与的対立」は、調整された間隔が言説に表現されたものである。両者はこれを吟味された辞項と隣接する辞項のあいだに発見し、かくして意義は表意するのである。指示の場合は分離するよりもむしろ集め結合するように思われる以上、言説における指示の表現は統辞法的否定にはそれほど依存しないように思われる。指向の機能は、話者が語る対象の否定というより、むしろその定立として把握されるのではないか。とはいえこのような定立は遠隔的な定立であり、ある言説が網羅的である、ある意義が「充実している」と述べることは隠喩によってしか決して可能でないことを認めなければならない。いずれにせよ、「結合する」(réunir)、「集める」(rassembler) はそれらのうちに、反復の接頭辞によって示されるカント的な意味での負量の存在を含意している。言説の実定性 (positivité) は、まさにこれを再走査することに、逆方向に走査することにあるのだろう。「あるのだろう」と言うのは、そのような考え方は、その近親である「知性と物との一致」と同様素朴さを免れないからである。だがしばしこれを受け入れるとしても、一致の哲学 (通俗的なものであれ精緻なものであれ) の困難そのものを語ることはできないであろう。そしてもし一致がそうでないものから区別できなかったら、単にそうでないものとしてだけでなく一致を可能にするものとして不一致と対立しなかったら、一致しているかどうかを知ることもできないであろう。一致あるいはその幻想は、先行する不一致によって、知る欲望に余地を与える接触の欠如によって開かれる空間にある。アメリカ大陸に向けて帆走するカントの船には、大陸間の広大な間隔、可動性と危険の広がりとが必要なように。それは、ヘーゲルが言うであろうように、船の航路を描くのに必要な精神の境位である。そこには、風が船を押し返す際の、この航路の「否定的」契機も含まれる。(7) ところでこの否定性、つまりコロンブスを彼の欲望の対象から隔てる踏破すべき広がりは、しかしまた――着岸したコロンブスがアジアに足をおろしたと信じたほど――あらゆる踏破の「対象」を保護する防衛の空間であり、同様に言語における否定の使用も要求する。フロイトが言うように、否定の象徴の肯定的な力がなければ対象の退去は把握不可能となり、われわれは盲目的な「感覚的確信」のうちにとどまることになろう。感覚的確信にとって欲望はなく、ただ欲求と享受の二者択一があるだけであって、それゆえそこには向かい合うもの（と主体）がなく、数えることすらできない二つの状態からなる韻律法があるだけであろう。

患者が「それはわたしの母ではありません」と言うとき、患者は否定の文法的使用によって自分の夢の人物と自分の母という二項のあいだに排除の関係を打ち立てる。しかしこの排除の関係は判断の一性質をはる

（7） E. Kant, *Essai pour introduire en philosophie le concept de grandeur négative* (1763), tr. fr., Paris, Vrin, 1949, p. 83-87. カントの隠喩を維持しつつ、（セルジュ・ブシュロンによれば）ヘーゲルにおける否定は、船が目的地に到達するために上手《うわて》回しをし、ジグザグに進んで対処する向かい風であると言えるだろう。カントにおける否定的なものは、道を逆向きに進ませ、後退させる。フロイトがヘーゲルからいかに隔たっているかがわかる。

かに超えるものであり、二つの普遍的価値を有している。まず言語の秩序にとって、ある「対象」をそれではないまったく別の対象から区別すること、ここでは母を母ではない別の人物から区別することは本質的である。というのも、諸単位間の――ここでは第一次分節の――恒常的間隔が厳密に守られなければ、ラングは存在しないからである。以上が体系の否定性に関するものである。次に、そして何よりわれわれが専念する事例においては、患者の否認はある別の意味での普遍的価値を有する。この価値は、今度は指示の否定性へと差し向ける。患者が自分の夢の対象が自分の母であることを否定しなければならないのは、欲望は恒常的な間隔設定の侵犯をはらむという意味で、夢は欲望の成就であるという意味で、その夢が実際に母の否定だからである。母は原則として欲望の外に位置づけられた女性であり、そうした女性を夢見ることは禁忌を回避することであり、彼女をタブーである相手という本質において削除することである。自分の母を夢に見たことを弁解しながら、患者は実際に自分の母を「失われた対象」として、自分が語るものを言説として構成または再構成することに取りかかり、夢と欲望の平面から離れて認識の平面へと移行する[8]。患者は、あらゆる言説とあらゆる客観性の以前にあると想定されるものと距離を置くことで、つまり母との生来の同一化の破棄によって言語の秩序を再び確立し、言語が準拠する客観性の秩序を再び確立する。患者の否定は、ラングの体系の条件たる否定を表現するのと同様に、言説の可能性たる否定を反復している。これによって分析家は、患者の言説に現れる形式的な否定から、根本的な距離づけである否定へと移行できるようになるのである。それゆえ、解釈者は〈否〉を〈然り〉によって置き換えると述べることすら真ではないだろう。解釈者は統辞法の〈否〉から、「外部における」定立つまり外定立《エクテーシス》である超越の〈否〉へと移行するのである。

ところでわれわれは、この「反復」という観念、患者の否認における最初の否定という観念によって、抑圧の解除における否定的言語の機能だけでなく、さらに少し先を見るよう促される。フロイト自身も、このような掘り下げへと導かれている。というのも彼は、抑圧されたものの再認と、口にされた否定が再認のために果たす役割をめぐる考察から、分節言語の〈然り〉－〈否〉と欲動の取り込み－拒絶のあいだに打ち立てうる相関関係の省察へ、よって外部性の構成そのものへとごく自然に移行しているからである。この横滑りは、否定の象徴が欲動と結ぶ関係に完全な逆転が生じているという点で注目すべきものである。患者の否認について考察する際、フロイトは抑圧されたものの知的受容を可能にするもの、すなわち抑圧の最初の解除を〈否〉のうちに見出す。ところが彼はこの考察を進めるうちに、判断の知的機能がエロスと死における欲動の両極性にどのように依存しうるかを吟味するに至っている。こうして、パロールの〈否〉はもはや抑圧されたものの知的再認という機能を果たすだけではなく、それは「抑圧の代理であり、〈否〉はその証印、「ドイツ製」のような原産地証明書に似た何か[9]」である。それは「排除の成果（Erfolge）」であり、そのようなものとして破壊欲動に属している[10]。かくして統辞法的否定、言説における否定は、拒絶すべき衝動、外部に置くべき衝動、抑圧すべき、あるいはむしろ閉め出すべき衝動である破壊的衝動と根本的に両義的な関

（8）フロイトはいみじくも、「否定は抑圧されているものを認知するひとつの方法である」（die Verneinung ist eine Art, das Verdrängte *zur Kenntnis zu nehmen*）と記している（G.W., XIV, S. 12）。
（9）G.W., XIV, S. 12.
（10）*Ibid.*, S. 15.

係を結ぶ。なぜなら否定はそうした衝動の存在の象徴であると同時に、その消滅の手段だからである。

この第一の困難に加え、論文の中心に置かれた、外部と内部をめぐる省察の謎がある。フロイトは、判断とは何かを自問する。哲学的伝統にしたがい、彼は帰属と現実という二種類の判断を認める。ある対象に対し、前者はある特性を、後者は実在を認めたり認めなかったりするものである。ところで「特性」の最初の形式は価値（良い／悪い）であり、欲動の極性が価値づけの極性となる。統合するものとしてのエロスは、主体への対象の取り込みを指揮する。破壊欲動は、対象と主体の分離、対象の排出を指揮する。かくして帰属判断は、欲動の表出へと還元しうるように見える。判断の極性は価値のそれによって、価値の極性は欲動のそれによって完全に覆われるからである。憤慨を呼びそうな「唯物論的」仮説であるが、フロイトが本当に注目しているのはこれではない。彼が注目するものは、彼が現実判断へ向かう際に現れる。そこでもまた、彼はこう言っている。「それは外部と内部の問題である。非現実、表象されるだけのもの、主観的なものは内部にしかなく、他方の現実は外部にも存在している」[11]。ただしここではもはや価値づけは問題とならず、対象そのものが外部あるいはただ内部にあるのか、それゆえ拒絶（あるいは喪失）されたのかそれとも逆に組み込まれたのか、破壊の対象となったのか快の主体となったのかを認識することが問題となっている。現実は拒絶されたものであり、ひとがまず再認することなく遭遇するものである。これは、外部（と内部）の起源となる裂け目が、諸々の欲動の始原的な両極化のそれであるということなのか。言語の否定は、欲動の拒絶のラベルに過ぎないのであろうか。

だがラベルといってもすでに何らかのものであろうし、還元を行った上で、次になぜ、どのようにして二つの水準、状態、契機、地位——ここでは死の欲動とその象徴——が存在し、ひとつではないのかを説明しなければならない（唯物論者たちのおきまりの課題、しかし不可能な課題）。だがテクストはそれさえも言っていない。テクストはこう言っている。「主観的なものと客観的なものの対立（Gegensatz）は、最初から確立されるわけではない。それはまず思考の働きが、一度知覚したものを表象における再生によって改めて現前させる能力を持ち、他方で外部の客体がもはやそこに存在する必要がないことで確立される」[12]。外部と内部は単に、「最初に」吐き出されたものと飲み込まれたものに一致するわけではない。現実自我（Real-Ich）は、快自我（Lust-Ich）の別の姿ではない。そしてまたもや、そのような変容の力は後者にどこから到来するのかということになる。快自我は悪いものを吐き出す際、現実を構成するわけではない。吐き出されるものは吐き出されるものであり、快の身体にとってはもはや存在せず、無化される。拒絶されたものがそれにもかかわらず何らかのものであるには、不在を準現前させる逆の力が破壊欲動にさらに加わらねばならない。そのとき喪失はある喪失に、つまりある欠如の現前となりうる。そして対象は現実に、つまりそこにはないときにも存在する何らかのものとなりうる。しかしこのように現前させる力、不在の対象を「表象において再生する」力とは何であろうか。フロイトによれば、それは言語の否定の力である。

現実と欲望は、言語への戸口で同時に生じる。被分析者の否認は「いわば否定された内容を構成するものである」というエミール・バンヴェニストの指摘は、フロイトの考察のうちで単なる同意以上のものに出会う。すでに『性理論のための三篇』の最後の試論において、対象はリビドーがそれを探してさまよう失われ

(11) *Ibid.*, S. 13.
(12) *Ibid.*, S. 14.

た何かとして構成されると言われている。しかしそれは依然として「性的」対象に過ぎず、喪失の主題は言語のそれと明示的に結びつけられていない[13]。同一化の状況たる根源的状況の分裂による現実、主観性、欲望の同時的構成、およびこの分裂における言語の機能に力点が置かれるのは、一九二〇年の大きな試論『集団心理学と自我分析』と『快原理の彼岸』――「否定」の論文はこれらに属する――からである[14]。いない－いる（fort-da）遊び[15]は、子供が対象をそこに存在しうる（da）何か、そして存在しえない（fort）何かとして構成する遊びである。なぜなら対象がそこにあるときに消滅させ、不在であるときに「現前」へと呼び戻すことができるからである。たえず存在することから逃れるこの能力ゆえに、子供がひもの端を持ってベッドの縁の向こうに放り投げる糸巻きは、あらゆる対象のモデルとなり、ひもはあらゆる指向の距離のモデルとなる。フロイトは客観性の構成を、不在の母の違約にはっきりと結びつけている。しかし母の喪失だけでは、母が客観化されるには十分ではない。客観化が可能となる前は、「母」は両価的（良い－悪い）である。ただしこの両価性は、まさしく前－対象志向的（pré-objectal）で前－客観的（pré-objectif）である。食べられた－取り込まれたと吐き出された－拒絶されたという韻律化（scansion）は、乳房との関係によって決定を行うわけではない。それは、快原理に支配され弛緩と緊張のあいだで振動する快自我の、非累積的で指向されざるリズムを示している。フロイトは、「無意識に由来する〈否〉はない」と語っている[16]。振動の両極のあいだの差異は、内部と外部を分離し結合する指向ではない。そのような指向は、快／不快の韻律化の外部で、拒絶されたもの－欠如するものが（客観化によって）把持され、（累積によって）支えられない限り確立されえない。このような理由で、最初の違約である乳房の剝奪は、自我と現実の分割線を引くどころか、自己色情を、身体表面の自己自身に対する巻きつきを、快自我の自己充足性の再構成を確立するだけである。

そして、そのような現実の否認を基盤とする幼児期の多形倒錯を作り出すだけである。こうした自己愛的彷徨が客観化に先行している。自己愛的彷徨と客観化との関係は、芸術と科学の関係に等しい。子供が言語に参入するとともに、快の＋と－は指示によって開かれる座標軸上へと移行可能となり、可視的な対象としての母と距離を保ちうるようになる。この距離はまさしく奥行きである。なぜなら子供は糸巻きによって、対象がフレーゲの望遠鏡における月のように二つの面を持っていることを感得するからである。対象はひとつの面によって自己を与え、もうひとつの面において自己を永遠に保存する。糸巻きの上に構築されるこの奥行きが客観性のモデルであり、母もまたそれに従う。「現実」とは逃げ去るものなのだ。ところで事物の裏面をなすこの脱落は、〈いない〉と〈いる〉、〈否〉と〈然り〉があるという理由でのみ定立されうる。なぜなら不在と現前の最初の対立のおかげで、語る存在はみな、その言説のうちにかつ言説によって、存在しないものを定立できるようになるからである。言語は第三次元〔奥行き〕を打ち立てるが、とはいえそれは、表象に関しては三番目の次元ではなく最初の次元である。この次元にしたがって想像上の場面が組み立てられ、その後にいわば「現実」が言葉と行為の試練によって画定されるのである。

それゆえ欲望は一連の代表（représentant）によって先行され、予告され、示される限りにおいて開始す

（13） *Trois essais sur la théorie de la sexualité*（1905）, tr. fr. Paris, Gallimard, 1945, *passim* 特に p. 151, 168.
（14） Psychologie collective et analyse du Moi（1921）, chap. VII, tr. fr. in *Essais de psychanalyse*, Paris, Payot, 1948 ; Le Moi et le Ça（1923）, chap. III, *ibid.* ; Par delà le pricipe de plaisir（1920）, chap. II, *ibid.*　ドイツ語の原文は *G.W.*, XIII にある。
（15） Par delà..., *ibid.*, p. 13-16.
（16） Die Verneinung, *loc. cit.*, S. 15 ; cf. das Unbewusste（1915）, *G.W.*, X. S. 285-286 ; tr. fr., *loc. cit.* p. 96-98.

る。なぜなら、対象－記号の否定性がはじまり、「内部」と対象を永遠に分離する距離、緊張が広がるからである。欲望を構成する欲動の表象は、否定的なものが定立されうることを必要とする。これが言語の指向機能なのである。フロイトの著作には、「否定」に粗雑な還元的主張の表明を見出す一部の注解者たちの危惧を和らげるものが豊富に存在する。E・バンヴェニストは、フロイトは「言語学の肯定と否定という極性を、良いものと悪いものの評価と結びついた自己への受容と自己外への拒絶という生物心理学的メカニズムに還元している」[17]とみなしている。それは、この言語学者には満足できない通俗的な唯物論なのである。「しかし動物もまた、自己への受容あるいは自己外への拒絶へと導くこうした評価を行うことができる」。バンヴェニストは、真に言語的な否定は排除であるだけではない、と付け加える。言語の秩序においては、「否定はまず許容である」。なぜか。「抹消するためには明示的に定立しなければならない」、「非存在の判断も必然的に、存在の判断という形式的地位を持つ」[18]からである。語る主体が、自分が語るものを否定しながらも消滅させられないという無力さは、言説のこの定立力の倒立した症状である。この言語学者は、分析家が〈否〉を〈然り〉として理解する権利をまさにこの力に依拠させている。言語的否定は肯定を前提とするわけである。そして肯定は、E・バンヴェニストによれば否定されたものが必然的に言表されることに、言説における否定されたものの「形式的」定立にある。言語の否定的なものの肯定性は、それゆえたとえ否定的な命題であっても定立的である点に存すると言えよう。だがフロイトはまさしく「否定」の末尾で、「否定の象徴の構成は、抑圧の諸々の帰結からの、それゆえまた快原理の強制からの思考の独立の第一歩を可能にした」[19]と記し、否定の象徴を、よって否定判断の形式を引き合いに出し、パロールが快原理や欲動的韻律化に何を付け加える（あるいは取り去る）かを示している。E・バンヴェニストが危惧する唯物論的還元とは大きく異なり、「否定」において必然的に想定されているのは言語への移行による欲動から欲望への転換であり、分析家にとって根本的な事実である。その事実とは、否定判断、文法学者の〈否〉、患者の否認は、判断を構成する否定の反復のようなもの、おそらくは欲動的韻律化の反復であるということである。ただしそれは、超越の否定性、言語の働きへと向きを変えられている。[20]

---

(17) Remarques sur la fonction du langage dans la découverte freudienne, *loc. cit.*, p. 84.

(18) *Ibid.*

(19) Die Verneinung, *loc. cit.*, S. 15.

(20) J・イポリットはその「注解」において、フロイトの考察の途中での否定性のこの二重化に気づいている。「ならば、肯定と否定のあいだのこの非対称は何を意味するのか。それは、抑圧されたものはすべて一種の留保において再び取り上げられ再利用されること、そしていわば誘引と排除の本能に支配されるのではなく、思考の余地が生じ、そうではないものの形式におけるそうであるものの現れが生じうることを意味する。この現れは否認とともに生じる、つまり、否定の象徴が否認の具体的な態度に結びつけられる際に（…）。それゆえ、破壊の本能と破壊の形式をどうしても分離しなければならない。さもなければ、フロイトが言わんとすることを理解しえないからである」(Commentaire.... *loc. cit.*, p. 39-40)。P・リクールが指摘しているように、象徴的否定が遊び、芸術、そして現実の構成そのものにおいて担う途方もない重要性に鑑みれば、驚くべきは（彼がフロイトの著作を前に感じる驚きの核心そのものが、実のところここにある）超越の〈否〉が欲動の〈否〉から派生することではなく、前者が後者の代理となっていることである。『解釈について』の著者はこう書いている。「欲動の諸々の代理の分析全体を流れに戻すには、この発見だけで十分である。死の欲動は、すでに述べたが、その叫び声である破壊性に自閉することはない。死の欲動は、それ自体と同様に「沈黙」したままの「否定的なものの作業」の別の側面へと開かれている可能性がある」(*De l'interprétation, loc. cit.* p. 311)。P・リクールはまさに、芸術、文化、そして宗教についての彼の「精神的」(p. 18)、「弁証法的」解釈（*passim*）を、これら二つの〈否〉の間隙に、止揚（Aufhebung）による両者の連結のうちに位置づけようとしている。

否定することは、フロイトにとっては動物が嫌いなものを吐き出すように自己の外へと排除することではないし、そうではありえない。[21] 判断という行為は、「本来は快原理に従属する諸操作の合目的的な発達（die zweckmässige Entwicklung）」であるとフロイトは述べている。これは、知性を欲動へと単に還元することとは正反対である。ここで問題となっているのはある操作である。この操作によって、欲動的韻律化に包まれた快自我は、ひとつの目的論つまり認識の目的論に巻き込まれ、抑圧される。なるほど、「否定の象徴を手段として、思考の活動は抑圧の諸制限から解放され、自己の実現に欠かせない内容を豊かにする」[22] とフロイトが書いていることから、彼がこの合目的性に与えるエネルギーに驚かれるかもしれない。思考が実現されなければならず、抑圧された内容を欠かすことができないのは、思考がそのエネルギーを欲動と同じ貯蔵庫から汲み取っているからだと言われるかもしれない。ただしそれは、転換の後のことである。転換は、体系をなす不変的関係の諸群における、欲動エネルギーの結合にある。いない／いるの関係は、現実性の試練において働く二つの基準による、このような体系的結合の単純かつ絶対的なモデルである。一方では、この結合は水平的隔たりを示す。水平的隔たりは、言語体系内で諸項を対立項として位置づけることで、諸項の固定を可能にする。よってこの関係は、対象の「言葉による代表」が収まることとなる空間を画定する。しかし他方では、すでに述べたように、いるといないは子供によって対象の提示と隠蔽という活動に結びつけられる。この活動は、今度は対象の「物による表象」が打ち立てられることとなる舞台の広がりを画定する。これら二つの軸、それぞれ意義（対立）の軸と指示（厚み）の軸に、われわれは分節言語の軸を見出す。欲動エネルギーは、両者の交差によって決定される座標系《レフェランシエル》のうちにとらえられているのが見出されるであろう。この座標系が現実原理を構成する。よってこの座標系を、現実が確立される際に座標系が抑圧する欲動の「秩序」から演繹するなど論外である。フロイトにとっては、心的「生起」の二つの原理が存在する。[23] 両者のあいだには、たとえ弁証法的なものであれ、いかなる連続性も築きえないであろう。（唯心論的なものであれ唯物論的なものであれ）いかなる和解もごまかしである。

フロイトとともに、指向（Bedeutung）はもはや単に観想的な距離としてとらえられるのではなく、乳房と乳児という「本来ひとつ」であったものの二分割（Entzweiung）となる。あらゆる客観性は、喪失によって開かれる距離に内属することとなる。知覚は、認識理論のモデルの役を務めることとなるこの分裂を前提とする。表と裏、つまり〈認識すべきもの〉としての物や対象の奥行きのある否定性は、この距離を出発点とする。ここで指向の空間が活性化される。それはおそらく眼がぶれる空間であるが、この眼とは欲望の象徴である。その絶え間ないぶれは、欲望の動きである。知る意欲と欲望との同一性を主張しなければならない。ソクラテスはこの同一性を創始し、体現した。知る意欲は言説のうちに含まれている。奥行きのある空間のなかで、つねにその対象の周囲を回っている。対象がつねに何らかの面で逃げ去るからである。対象であること、〔プラトンの〕『第七書簡』の知識の五番目の様式、これが二分割が可能にし禁止するものである。二分割は、言説の縁に乗り越えられない間隙を置く。空虚からなる縁。この空虚ゆえに、語るわれわれはわれわれが語る対象ではない。そして他方では、われわれの欲望がそうであるのとまったく同様に、われわれのパロールはその保証人（その指向）を待つのである。

（21） Die Verneinung, *loc. cit.*, S. 15.
（22） *Ibid.*, S. 12-13.
（23） Cf. Formulierungen über die zwei Prinzipien des psychischen Geschehens（1911）, *G.W.*, VIII.

それゆえ乳房との、前‐世界との断絶の力を握るのは言語なのであろうか。すでに述べたようにそうではないし、フロイトはこのことをはっきりと示している。乳房、「母」の両価性は、ラングの習得よりもはるかに古いものである。しかし、両価性にそのようなものとして出現する可能性を与えるのは、言語の習得である。母の逃避、その隠された顔、その物の厚みが定立されうるのは、子供がラングの〈否〉（いない）を手にするからである。否定判断の性質は、ラングの一様さのうちに、物の厚みの「等価物」を与えることができる。言語がこの厚みを構成するわけではなく、実は厚みはまず快‐不快の二者択一に属している。むしろ言語は、厚みを出現させるのである。言語はその現象学的根拠であって、存在論的根拠ではないのだ。

フロイトのこうした主題を取り上げても、われわれはまだ問題の一断片を論じているに過ぎない。なぜなら前‐世界に想定される二重化は、言説の縁に眼が収まる、その距離を開くだけではないからである。この別離は、言説においてゆがみの効果をもたらす。ひとつの形象がわれわれのパロールの底に据えられ、それがそうした効果の母胎として作用する。そしてそれはわれわれの言葉を非難し、言葉とともに形と像とを形成する。欲望の広がりが思想の寝台を作り、思想をそこに寝かせる。二分割によって対象は失われる。対象は幻想によって再‐現前化される。もはや言説の縁にではなく、底にあるこのような眼の分析を再開しなければならないだろう。

対立と差異

二者択一の彼岸

意義は意味のすべてではないが、意義と指示を合わせてもやはり意味のすべてではない。われわれは、そのあいだに言説が滑り込む二つの空間、すなわち体系のそれと主体のそれとの二者択一にとどまることはできない。もうひとつ別の形象的空間が存在する。この空間は埋もれたものとして想定しなければならない。それは姿を見せず、思考されることもなく、言説や知覚内でそれらを乱すものとして、側面的にはかない仕方で自己を示す。それは欲望に固有の空間であり、画家と詩人が〈エゴ〉とテクストの回帰に抗して絶えず行う戦いの争点である。

ひとはこの空間を特徴づけようとして、あるいは少なくとも言説や視覚の所与におけるその効果を特徴づけようとして、空間を単に意義の秩序や指示の奥行きから切り離そうとするだけではなく、真理が活動する場に近づく姿勢をとる。真理は認識の秩序のうちに見出されるのではなく、その無秩序のうちで出来事（événement）として見出される。認識は意義の空間を前提とするが、そこには言説の一貫性を支配する一群の統辞法的制約がある。そして認識が指向的言説である限り、認識は指示の空間もまた必要とする。そのなかで、学識のある話者は自己の言説の指向を評価するのである。

だが真理は、自己の持ち場にいないものとして出−来（e-venit）する。真理は本質的に場違いなものであり、そのようなものとして脱落を約束されている。真理には居場所がなく、あらかじめ見られ、聞かれることもないからである。意義と指示の二つの空間では、逆にすべてがしかるべき場所にある。そのため真理の諸効果は単なる誤謬に見え、不注意や言説の部品の調整ミス、眼の調節ミスによる誤りに見える。出来事の消去、正しい形式や明晰判明な思考の回復のための準備はすべて整っている。真理は、脱落、滑動、失錯として、つまりラテン語のラプスス（lapsus）が意味するものとして現前する。出来事はめまいの時空を開くが、その文脈や知覚の環境とは結びついておらず、この非連続性または浮遊が不安と一体となっている。「どの瞬間にも任意の表象内容と結合する準備のできた（…）自由に浮遊する不安の量子」。[1] 几帳面な人々が言うように、意外なものは意外だから不安をかき立てるのではなく、不安をかき立てるから意外なのであり、まったく無関係に見えた「表象」（意義、指示）に不安が入り込み、それに常軌を逸した仕方で痕跡を残すという点で意外なのである。常軌を逸したものがまさに排除され抑圧されて受け入れられなかったり、あるいは受け入れられた場合でも変装しているということがないような予期であるためには、そして予期が出来事に適応するためには、耳や眼の側にも（耳は言説的意義のため、眼は表象的指示のため）自由に浮遊する何か、出来事的領域の展開、そして結局は変調が必要である。

注意深い読者はすでに『骰子一擲』で理解しているであろうが、いかなる意義の配置（骰子の一擲）も廃棄しえないこの常軌を逸したものとの出会いが可能となるような偶然の量塊、これぞまさしく、綿密に調整された離散的な植字の広がりのうちにマラルメが開いているものである。しかしそうした読者もわたしと同様、この空間の転移が有する射程を見誤っていた可能性がある。いまや重要なのは、知覚的表象を一掃することである。まさしく出来事であるものは、われわれがマラルメ的事象を理解した際、この表象の下に隠蔽された可能性がある。そしてこの事象の責任を造形的広がりの諸特性に帰属させたからといって、事象を説明したことにはならないと示すことが重要である。このような幻滅を遂行することは、それゆえ、とりわけこの広がり自体が良い形式と悪い形式との戦い、再認しうるものや秩序あるものと、認識されないもの、異質なもの、不安をかき立てるものとの戦いの争点であることを示すこととなろう。

われわれはつねに、あたかも知覚と意味に浸るようにして世界にあるというのは真ではない。われわれの空間的時間的経験を、包まれた奥行きとして、内在的超越として、キアスムとして特徴づけても、この経験についてすべてを語ったことにはならない。世界にはまた、出来事が起こりうる。世界のラプススがあり、浸水を受けない圏域の出現があり、保証人なき「超越」の危機がある。世界内の空間と時間は、言語と同じ資格でわれわれを剝奪する可能性がある。この現前化の世界は、たとえそれを〈わたしの〉と想定された身体に定着させ、かくして言説の無化を免れさせ、否認しえない現前、根源的信憑へ返還すると信じたとしても、世界は「意味形成不能性」の危険を免れたわけではなく、さらに危険が増すかもしれず、何より別の仕方で危険にさらされる。もちろんこのような無意味は、もはや（非語彙性や非文法性による）言語的意義の

（1） S. Freud, Ueber die Berechtigung, von der Neurasthenie einen bestimmten Symptomenkomplex als « Angst-neurose » abzutrennen（1895）, *G.W.*, I, S. 318-319.

欠如ではなく、上下あるいは立体認知の消失、夜や静けさ、世界と身体の諸関係の定立の全喪失、定立の喪失である。「孤独、静けさ、暗がりについては、それらは大部分の者において決して完全に一掃されることのない幼児の不安が結びつけられる契機であるということの他には、何も言うことはない」[2]。情動の外部で知覚を思考すると主張することは、悪しき抽象である[3]。世界に対するわれわれの身体的把握がその根底において不確実でなかったら、非世界の可能性がその「確実性」と同時に与えられるのでなかったら、情動の可能性は存在しないであろう。この可能性は、世界定立の一時停止という理論的な力であるだけではない。このエポケーの力が、単に言説的否認に還元されないとすると——われわれは言説的否認を、肯定の無意志的な徴候としてつねに容易に逆転しうるものと理解する——、この力それ自体が、身体と世界が結ぶ紐帯の無化、解消というもともと身体的な力に由来することになる。そしてわれわれは、この「無経験」の経験を（これは経験の停止であるにもかかわらずこう言うことができるとして）、その正常な経験を享楽と眠りの事実のうちに有するのである。この無経験は経験を必要とし、いわば現前化であるものに触れるような縁を持つと言えるであろう。そしてたとえオルガスムスや深い眠りにおいては現前の過去把持は存在しないとしても、オルガスムスや眠りは、世界の把握の状態や現存在の状態との差異や対立によってのみ思考されるだけでなく、また「生きられる」と言えるであろう。

このことに異論の余地はない。ただし、この差異を対立から区別しなければならない。すでに述べたように、対立が言語の秩序における意義の秘密のすべてである。そして何より差異を、記号に関する主体の経験に含まれる否定の奥行きから分離しなければならない。差異は、ある（言語）体系の諸要素を隔てておく平坦な否定でもなく、言説に対して指向や表象の領域を開く奥行きのある否認でもないことが理解されるであろう。そして差異の領域の素描を開始するにあたり、出来事、ラプススやオルガスムスを例として書き記すのは偶然ではないことが理解されるであろう。なぜならこれらのすべての「事例」では、意義や指示において生じることとは反対に、隔たりは、同一平面に置かれ同じ支持体に記され究極的にはいくつかの操作的状況によって可逆的な二項のそれではなく、反対に異質でありながら不可逆的な無起源性において隣接する二つの「状態」の「関係」だからである。ヘーゲルが、精神はその傷を速やかに癒着させると語ったのは正しかった。これは、言語にとって傷は存在しないということである。そしてメルロ=ポンティが、世界に対する身体のあらゆる関係を根源的信憑のうちに吸収したことも間違いではない。というのも、どちらもこの信憑に支えられてともにそこに存在しなければならず、さもなければどちらもそこには存在しないからである。とはいえわれわれは、静けさや暗がり、つまりそれぞれの秩序における無を引き合いに出すことさえなく、言説の秩序と知覚の秩序にさえ差異の効果を検出することができる。こうした秩序の中心に、対立の隔たりや指示の奥行きには還元不能な無化、常軌を逸した出来事があれば十分である。常軌を逸した出来事とはつまり、われわれが特定した諸々の否定性には属しえない「秩序」――それはまさに、秩序が否定性には否定的にしか含まれないからである――を、それゆえ実定的なものと想定する誘惑に駆られるような秩序を要求する、諸々の操作や操作の結果である。ただし、言説の〈否〉と知覚の〈否〉を攪乱することとなるこの秩

（2） S. Freud, Das Unheimliche (1919), G.W., XII, S. 268.

（3） メルロ=ポンティの現象学には、動揺した身体が存在しない。異常、たとえば幻覚は単に、根源的了解の仮説である正常さの仮説を立証する機会として把握されている。特に *Phénoménologie de la perception*, Paris, Gallimard, 1945, p. 385 以下を参照。

序の〈然り〉、それは死の欲動としての欲望の〈然り〉である。

非人間の性

まずは、言説である、またしても。差異が対立ではないのは、諸項が同じ存在、同じ秩序には属さないからである。そして言語に関しては、これは一方は言語に属し、他方は属さないことを意味する。対立の批判は、それゆえ再びヘーゲル弁証法の批判へと導く。だがここでは、ヘーゲル弁証法の定立のうちに感覚的なものと指示の距離の脱落を突き止めること、つまり知覚の哲学に基づいて批判を行うことが問題なのではない。知覚の哲学も、（たとえ主体が身体であれ）主体の哲学としてしか思考されえない。主観性と非主観性の原理の向こう側へと移行し、体系と主体の二者択一から脱し、弁証法だけでなく指証法をも非難しなければならない。もしもこの指証法が弁証法を模倣し、感覚的差異を徐々に消滅させ、身体をある世界の秩序内に包括する誘惑に駆られるならば。ここでしばし、ヘーゲルの『法哲学』のとりわけ挑発的な次の命題をめぐるマルクスの考察のなかにある、根本的批判の指示に従うことにしよう。「対立しているものとして極の位置にある特定の契機が、同時にまた中間者であることにより、極であることをやめ有機的契機になるということ、これは実に妥当な論理的理解である」[4]。マルクスは、これらの契機の戯れをこう説明する。「それらは、時には前面を、時には背面を見せ、前面は背面と異なる性格を示すヤヌスの頭（Janusköpfe）である。最初に両極の中間者と決められたものはいまやみずから極として現れ、そしてそれによって他方の極に媒介されていた二極の一方は、いまや（他の極と分けられているのだから）その極と中間者のあいだの中間者として現れる。これは互いにいい顔をしあうことである（es ist eine wechselseitige Bekomplimentierung）」[5]。

マルクスは、これはけんかの仲裁に入ろうとする人間、そして今度は自分が引き離されることとなる人間の話、あるいは「それがしは獅子にて候、してまたそれがしは獅子にあらず、スナッグにて候」と語る『真夏の夜の夢』の獅子の話である、と付け加える。「どの極も時には対立の獅子であったり、時には仲介のスナッグであったりする」(6)。

ただし——ここでは宗教的弁証法との断絶が生じていることに気づくのだが——、「現実的な極はまさにそれらが現実的な極であるゆえに、相互に媒介されえない。だがそれらはまた、いかなる媒介をも必要としない。なぜならそれらは、本質（Wesen）からして対立しているからである（…）。両者は相互に何の共通点も持たず、相互に必要とすることもなく、相互に補うこともない。一方は他方への欲望、欲求、予測を自己自身のうちに持たない」(7)。ひとは、「両極端は相通じる」、「男性と女性が引かれ合う」ように「北極と南極は引かれ合う」、そして両性はその差異の統一によって人間をなす、と言うかもしれない。ところでまさに、こうした極と性は異なる存在（Wesen）ではなく、ただひとつの存在の分化に過ぎない。一方「真の現実的

（4）『法哲学要綱』（1820）、§302、注。

（5）Kritik des hegelschen Staatsrechts（1842）, *Marx-Engels Werke*, Berlin, Dietz, Bd I, S. 292.

（6）マルクスがここで用いている仕方で、シェイクスピアの二重の場面への参照を受け入れるべきであろうか。わたしはそうは思わない。指物師は一方の場面でスナッグ、他方の場面で獅子である。二重化された（演じられた）表象は媒介のイデオロギーとはなっておらず、二つの場面を別個のものとして維持している。ヘーゲルにおいてイデオロギー的であるもの、それは中間者と極が同じ場面において挨拶を交わすことである。読者は本論の末尾に、この逆転について考察するのに適したシェイクスピアのいくつかの挿話を見出すであろう。

（7）*Ibid.*, S. 292.

な極は、極と非極、人間の性と非人間の性[8]」であり、二つの存在であって、単に同一の存在における二つの在り方ではないであろう。ヘーゲルの論理は、「ある存在の在り方の差異（Differenz）」を「相容れない諸存在の現実の対立（Gegensatz）[9]」と混同している。しかるに、「どれほど両極がその在り方において現実的なもの、極として現れようとも、ひとつの極であることはただ一方の存在のうちにのみある在り方に過ぎないのであって、この側は他方にとって真の現実性の意義を持たない。一方が他方を侵食している。立場（Stellung）は同じではないのだ[10]」。

ここで論じられているものはほとんど重要ではなく[11]、探究されているものが重要である。それは、ある関係を対立の体系に包含することなく思考する可能性である。すなわち、もし対象を思考することと対象をそうした体系内に位置づけることは同じことであるというのが本当ならば、思考することなくある関係を思考する可能性である。マルクスは、この一節の最後で立場（Stellung）の観念に行き着いている。それは、彼にとって立場は思考において思考されていないものに見えるからである。おそらくこの立場を、カントが存在論的論証の批判において引き合いに出した定立（Position）と突き合わせなければならないであろう。カントはまさに、思考されたものと所与との差異が所与の定立にのみ依存すること、思考はみずからに所与を与えることはできず、単に可能的なものしか与えられないこと、思考が分析判断によって可能的なものを把握するとしても、思考は所与を総合判断の謎によって思考しうるのみであることを理解させた。そして周知のように、このカント的総合はヘーゲルのそれとは異なり、もはや分析には還元しえないのである。

マルクスは、男性と女性のあいだには定立的差異はなく、そこで争点となる〈否〉は単に体系における隔たりのそれであると述べている。これは、一方の性は他方から単なる形相的変様によって思考され、生み出されうるという意味である。この変様は、得られる項と起点となる項との相補性を発見させる無化からなる。引かれ合うという事実において直ちに与えられているのは、この相補性である。マルクスが最初の例として極性を取り上げるのは、極の隠喩がそれ自体で対立の本質を与えるからである。そしてある極の分析に専念する精神は、その本質を相補的機能としてしか把握しえず、よって対極の可能性を練り上げ、これを文字通り演繹しなければならないからである。ここでは概念の秩序が、自然的事物の組織化のうちに一種擬態している。概念的弁証法が思考の場に生み出すものを、地球の極性が力の場に複製している。この相補性が性の秩序に適用されると、性は可能的で思考可能な全体性へと記入される。そこでは、それぞれの性は他方にとっての一契機、まったく過渡的な脱全体化の一契機、ちょっとした名残に過ぎない。それは、否定的契機は抽象によって対立するだけのものとして現れたのであり、実際には最初の契機の構成で形成されたに過ぎないという、安堵をもたらす結論において速やかに癒合するのだ。これは、その根底において宗教的な手続きである。この手続きはあらゆる宗教に妥当するわけではなく、全体性の集約的運動に陥ることのない無限者の宗教も存在する。しかしこの手続きは、古代宗教の贖罪の機能には妥当する。そうした宗教は罪の告白と贖いを本質とし、罪をある（神話的）「体系」内に弁証法的否定として、つまり単純な対立として定立する

（8） *Ibid.*, S. 293.

（9） この Differenz はわたしがここで対立と呼んでいるものであり、この Gegensatz はわたしが真の差異として規定しようとしているものであることは言うまでもない。

（10） *Ibid.*, S. 293-294.

（11） 実際には、立法権をめぐる、諸身分からなる議会と君主の権力との関係が問題となっている。

ことを本質としている。

フロイトの指示に注意深く従いながら、逆説なしに次のように主張できるであろう。宗教一般、特にヘーゲル弁証法の機能はまさに、「性差」について言えば、この差異を、思考可能な弁証法の平面上の単なる対立として転写し登録することである、と。なぜなら、この差異の問題は去勢の問題だからである。あらゆる宗教は、文化的事実として、去勢という出来事を息子の条件の到来へと吸収することを、つまり意味と暴力を意義へと回収することを目指す。したがって、真の差異を人間の性と非人間の性の差異として構想することで、マルクスは後にフロイトの探究の対象となったものに接近している。というのも彼は、性差を男性／女性の対立へと癒合させることを拒んでいるからである。それは彼が、たとえ一瞬に過ぎないとしても、（男性でも女性でも）人間の性の事実には仮借ない暴力が、ある外部性への指向が、非人間の性が存在すると想像するからである。このような性が合法的なものの意識の秩序内に安住する余地はない。なぜならマルクスは、性の問題は性のあいだの分極の問題ではなく、逆にそれらの非－引力と思考不能な分離の問題であることを認めているからである(12)。

女性は男性にとって、男性は女性にとって「真の現実性の意義」を持つというのは真実ではない。両者が互いにとってこの意義を持つのは、欲望の外見の秩序、すでに確立された意識的テクストの秩序においてのみである。そうした秩序においては、人間関係と呼ばれるものの表面に男と女の戯れが読み取られる。しかしこの表面は、現実性と想像的なものの表面である。別の舞台では、性は相補的ではない。性の真理は、結局男性というひとつの性しか存在しないというフロイトがしばしば行う指摘のうちにはない。たとえ少女が自分自身の性を遅れて比較によって発見し、少年少女は女性を不在として知覚するというのが本当だとしても、そのような定立は依然として性欲のそれ、つまり否定によって男性から女性へと移行する体系のそれに過ぎず、欲望に固有の秩序における定立ではない。欲望の秩序が識別されるのは、この不在の確認が単なる不在の確認をはるかに超え、むしろこの上なく意外な情動を生み出すと同時にこの上なく奇妙で支離滅裂な表象を生み出す点にある。北極を知りつつ南極を発見する際、ひとは表象によって満たすために想像的なものの力のすべてを必要とするような、そして別の代表に移すために情動の錯乱のすべてを必要とするような、取り返しのつかない出来事の暴力にとらえられるわけではない。むしろ逆に、そうした発見は補足の発見であり、再認である。しかし主体が去勢によって欲望へと参入することは、つねにその死に似た何かである。非人間の、非人間的な(unmenschlich)性の〈否〉は、差異を、つまり意識や言説や現実の定立を提出する別の定立(舞台)を指し示すのだ。

対立は表意的差異である

言説。「ラングは差異しか必要としない(…)。この証明においては、はるかに遠く歩を進め、ラングのあらゆる価値を対立的であって実定的、絶対的ではないものと見なさなければならないだろう[13]」。「ラングのうちには差異しかなく、実定的な量はない[14]」。ソシュールにおいて、対立と差異を区別することは可能だろう

(12) 事後性というフロイトの主題は、この体系外の差異という概念に結びつけられるべきである。たとえば誘惑の場面が(それが存在する限り)事後的に作用するのは、われわれがつねに隔たりのうちにあるからではなく、人間の性が非人間的だからである。

(13) F. de Saussure, *Cours de linguistique générale* (1906-1907), cité in R. Godel, *op. cit.*, p. 65.

か。R・ゴデルは二つの語のもつれを解くために、一九一〇―一一年の『講義』の抜粋に依拠している。「ラングのある状態には差異しか存在しない（…）。シニフィエとシニフィアンとの関係から結果する諸項そのものに達したら、対立について論じることができるだろう（…）。こうした差異がそれぞれを条件づけあうおかげで、観念のこれこれの差異と記号のこれこれの差異との対比、対応により、われわれは実定的な辞項に似た何かを手にすることとなる。こうして、結合のこの実定的要素ゆえに、対立について論じることができるだろう[15]」。それゆえソシュールにとって、対立のうちには差異と関係が存在する。注解者は、差異は「それ自体では確かに否定的な性質である。もしaがbとは相違するなら、これはその差異の程度がどうであれ、単にaはbではないということである。しかしaとbのあいだとは別の所に関係が存在する瞬間から、両者は同一の体系の要素となり、差異は対立となる」と記している。そしてR・ゴデルはこう付け加える。「こうして、記号体系における差異はつねに対立と一致しなければならず、否定性はそこでは決して純粋な状態で観察しえないように思われる[16]」。

ソシュールのテクストが保留した問題は、体系における差異を隠蔽するのは本当に言語記号の「厚み」なのか、つまり意義の効果なのかというものである。このような説明を受け入れれば、体系の哲学と語る主体を中心とする考察との境界を、再び越えることになるのではないか。対立が意義から吊り下げられており、意義はその不透明性ゆえに発話の経験においてのみ与えられるというのが本当だとしよう。その場合、それ自体は異なる諸項をひとつの全体性へと組織し、定立の活動によってそれらを対立したものへと変えるのは話者である、と結論しなければならないのではないか。これは、言語的関係の定立を語る主体の責任に委ねるような、支持しがたい主張である。ここでR・ゴデルが取り上げている次の基準は、（その後いささか打ち捨てられているとはいえ）より正しいものに思われる。諸々の差異を隠蔽するのは体系それ自体である、なぜなら体系は、諸項を関係内に導き入れ、かくして純粋な不一致は不変の隔たりへと制限され、調整されるからである。対立の「実定性」は、隔たりの規定にある。それゆえ「対立を表意的差異として定義することができる」[17]のは、シニフィエに対するシニフィアンの関係のためではなく、意義の体系における隔たりの調節が原因である。

ヤコブソンが弁別単位の水準に厳密に適用しているのが、この原理である。「ある任意の言語の音素間に存在するすべての差異は、弁別特徴の、単純で分解できない諸々の二項対立に還元することができる。それゆえいかなる言語についても、すべての音素をそれ以上分割できない弁別特徴へと分解することができる」[18]。一九五六年に展開された「基本三角形」の仮説は、議論の余地のある発生論（génétisme）に属しているとはいえ、対立による諸単位の分極の力に完全に依拠している。すなわち、「響き」の垂直軸における p/a の対の形成、次いで「高さ」の水平軸における p/t の対の形成、等々である。[19] わたしにはこの仮説の言語学的

（14） *Ibid.*, cité *ibid.*, p. 74.
（15） *Cours de 1910-1911*, cité *ibid.*, p. 92.
（16） R. Godel, *op. cit.*, p. 197.
（17） *Ibid.*, p. 198.
（18） R. Jakobson, L'aspect phonologique et l'aspect grammatical du langage dans leurs interrelations （1948）, *Essais de linguistique générale*, *loc. cit.*, p. 165.
（19） R. Jakobson et Halle, Phonologie et phonétique （1956）, in Jakobson, *Essais*..., p. 136 sq.

価値について判断する資格はないが、それが一種の認識論的モデルを二重の資格で提供していることは確かである。三角形は円に似て閉じた形象であるため、体系の閉鎖性を例示している。しかし円の場合、すべての点を描くにはひとつの線分（半径）とひとつの操作（いずれかの先端の周囲での線分の回転）だけで十分であるのに対し、ヤコブソンの三角形を構成するには、二つの隔たり（高さを作る線分と底辺を作るそれ）とひとつの角度（二つの線分が作るそれ）を決定しなければならないのである。

語彙単位（教育 enseignement／教育 éducation）や文法的形態素（彼らはその都市を手に入れた／彼はその都市を手に入れた、われわれは歌うだろう／われわれは歌う）を決定し表意させるのは、隔たりの不変性という同じ規則であることを示すのは容易であろう。換入の試験が証拠となるのは、隔たりが調整されているという理由にのみよる。単なる不一致つまり純粋な差異は、いかなる再認の対象にもなりえない。音韻論学者がそれについて行う記述において、特定の言語におけるこれこれの音素の関与性が試験されうるのは、意義の助けを借りるからであることを想起しなければならない。話者が現実化する意義によるこの通路は、われわれを体系内の隔たりの不変の組織化へと連れ戻す。われわれが論じている特徴は、生成言語学にさえ見出される。なるほどそれは、もはや音韻論におけるような対立の特徴ではなく、換入の試験によって試されるものではない。しかし、たとえば「名詞句は限定辞＋名詞と書き替えられる」と読む N P → Det ＋ N といった書き替えの単純な規則を取り上げれば、これは矢印の左側に置かれた記号に対して許される操作を規定した変形の規則であることがわかる。構造主義に生成文法説を加えることで、言語学は隔たりの実定的な側面を強化したと指摘することができる。それゆえ、不一致として理解される単純な差異は、もはや弁別符号の機能だけでなくまさに生成の機能を持つ規則の下に完全に覆い隠されているように思われる。とはいえこの差異は最も基礎的な水準において、つまりチョムスキーが文法性と呼ぶ水準において存続している。なぜならそこでもまた言語学者は、言語学的直感に頼ることで、そうした組織化が文法的かそうでないかを確認するからである。ある文と書き替えの規則によって与えられる文法性のモデルとのあいだの隔たりは、この文が非文法的なものとみなされつつも無意味とならないような隔たりであるなら、ひとつの意味の様態を決定することになる。この意味の様態は、もはや対立の体系を起点として打ち立てられる語彙的ないし統辞法的意義のそれではなく、まさにひとつの差異から生じるものである。これは、詩的言語のうちに見出されるものである。詩的言語と通常の言語との関係は、差異と対立の関係に等しいと言えるであろう。異なるものは対立の体系に入るのではなく、そこから出る。アルトーの叫びのように。「わたしは知らない／けれど／わたしは知っている／空間／時間／次元／生成／未来／将来／存在／非存在／自我／非自我が／わたしにとって無であることを／／だが何か／あるものが存在する／重要でありうる／唯一のものが／わたしがそれを感じるのは／それが〈出る〉／ことを望むから／わたしの身体の／苦痛の現前（…）」[20]。

「わたしの身体の苦痛の現前」が、どのように言葉に出るかを示すための例を挙げなければならないとしたら、以下がそれである。「あー、こりぇが問いのしゅべてだ／神は去るのか、それとも神は残るのか／これが出された問いだ／彼らはおぞましい摩擦の踊りを踊る／ぱいたぁの踊りをぉんなと／それとロン川とソン川の踊りを」[21]。この例は極限的なものであるが、逸脱した単位が連想させるシニフィアンとシニフィエを

(20) *Pour en finir avec le jugement de Dieu*, Paris, K. éd., 1948, p. 31-32.

(21) *Ibid.*, p. 47.

確かに見出すことができるであろう（femme〔女〕→fâme〔ぉんな〕；Rhône〔ローヌ川〕とSaône〔ソーヌ川〕→ron〔ロン川〕とsaun〔ソン川〕）。とはいえ綴りの移動〔置き換え、déplacement〕（アルトーの朗読においても類似の置き換えが見られる）は、言説を対立の体系から外出させ、それを潜勢態にある情動と表象で満たすことに変わりはない。

ある作業の痕跡

以上を明確にすることを試みよう。「外出」がこれほど危険ではない、よりわかりやすい例を取り上げよう。

「わたしは君を印刷する／わたしは君をこぐ／わたしは君を音楽する（je t'imprime / je te rame / je te musique）」[22]。

ここでは、逸脱（差異）はいわば次第に増加している。「印刷する」は、原則的に生物を目的語として許容しない動詞である。「こぐ」は、ここでは他動詞として用いられた自動詞である〔フランス語では自動詞のみ〕。「音楽する」は、移動され動詞として用いられた実詞である。しかし、こうした隔たりの変異はしばし放置しよう。差異にのみかかわり対立とはかかわらないものを把握してもらうよう、単に「わたしは君を音楽する」という言表を「わたしは君を知っている」という「正しい」言表と比べてみよう。二番目の言表によって即座に与えられる、ここでは意義と呼ばれている意味の効果が存在する。「わたしは君を知っている」が、ひとつの意義を持つのは、それが「わたしは彼を知っている」、「君は君を知っている」、「わたしは君を誤解している」等々との潜在的対立に入るからである。言表された辞項や関係と対立する諸々の辞項や関係は、潜在的に現前しており、潜在的に共現前（あるいは共不在）している。わたしが言いたいのは、それらの不在はフロイトが前意識と呼ぶものに属する要素の不在であるということである。これらの要素（辞項、関係）は、話者（あるいは何であれそのかわりをするもの）がその文を言表した際に隔てられたものであり、言表に出現すべく選択されなかったものである。しかしだからといって、それらは追い払われたわけではない。逆にそれらが潜在的にそこにあるからこそ、対話者たちの前意識に場を占めるからこそ、つまりひとつのコードが存在し語る主体たちに共通するからこそ、言表は意義を持ち、意義が伝達されるのである。体系は不在であり、つねにそうであろう。なぜなら言表の事実として決して現前しないのが、構造の秩序の役目だからである。（声であれ記号であれ）シニフィアンは感覚的所与であるが、シニフィアンの体系はそうではないのだ。

しかしこの体系の不在、それゆえ言表が余白に放置する諸項や諸関係の不在——言表はそれらとの対立によって意味する——は、拒絶から生じるわけではまったくないし、移動や圧縮のような抑圧の過程と結びついた操作から生じるわけではまったくない。それは反対に、それ自体調整された隠蔽から生じる。次の本質的な事実によって、それをテストすることができる。「わたしは君を知っている」という言表は、それ自体単なるシニフィアンとして、つまりそれが発せられた状況への指向なしにとらえられた場合、いかなる電荷も、いかなる電圧の差も含まない。状況に置かれれば言表はそうしたものを持ちうるが、本来の意義の秩序においてはそうしたものを含まない。この秩序においては、言表は出来事とはならない。言表は可能的だか

（22） H. Pichette, *Les épiphanies*, Paris, K. éd., 1948, p. 40.

らである。

「わたしは君を音楽する」については、同じようにはいかない。「音楽する」は、この場所に予期される諸項（「わたしは君をうっとりさせる」、「わたしは君を魅了する」）とは対立していない。これらの辞項は、しかるべき場所に潜在的に共現前（あるいは共不在）しているわけではなく、移動されている。あるいはより適切に言えば、「音楽する」は場違いな辞項である。「音楽する」をその仲間たちから分ける隔たりは、調整されコード化された隔たりではない。この隔たりは体系には属さない。体系は本来の場所に維持されておらず、その潜在性も無傷ではない。「わたしは君を知っている」は、明暗法（あるいは前意識）のおかげで鮮明に維持されるが、「わたしは君を音楽する」という言表に付随する隠蔽は、もはや明暗法や前意識による体系の消去ではない。不在の要素の撤退は、潜在性ではなく暴力を生み出す。「音楽する」は侵犯によって現実化された辞項であり、その現前は地下室が存在することを、体系ではなく諸々の力が存在し、体系の構成を一変させるエネルギー論が存在することを証言している。ある実詞から動詞を作る際、出来事が生じる。ラングの規則の体系はこの新たな用法を説明できないだけではなく、それと対立しそれに抵抗する。そして体系と言表のあいだに成立する関係は葛藤の関係となる。

「わたしは君を音楽する」は、ひとつの症状のごときものである。（言語の）秩序とその他者（快原理？）との妥協である。症状は真実をはらんでいる。予期せぬ場所に何かが現れるのだ。「わたしは君を音楽する」という言表を文彩《フィギュール》と呼ぶならば、この文彩は（わたしの仮説によればあらゆる文彩は）言語的に帯電している、つまり言語的出来事であると言わなければならない。なぜならこの文彩は、別の秩序に由来する放電の結果だからである。別の座標系をとることで、あらゆる文彩はエクリチュールのうちで中和される定めにある（これは、たとえば隠喩の摩滅と呼ばれる。しかし摩滅ではなく、言説による言説の他者の中和、常軌を逸したものの意義があるのだ）。こうした中和の前に、文彩は解釈に挑戦する支離滅裂で文字ではない痕跡、そしてエネルギー論の用語によってのみ把握しうる痕跡として与えられる。このような文彩は移動、圧縮、変形によって支えられている。つまり文彩とは、言語の単位や規則を物として扱う力が、文彩が言語の秩序に（たとえば修辞学に）組み込まれる前に、これらの単位や規則の上に記す刻印であるということである。それはある作業の痕跡であり、意義による認識の痕跡ではない。この作業によって成就するのが欲望である。

〈注記〉二つの領域（体系のそれと力のそれ）のあいだのこの区別を、ある体系内の単なる対立ではなく、言語が体系外にあるものを支配できず、それを言語自体のうちでは実定的に表意しえないような差異とみなさなければならない。〈それ〉がある場所では、〈わたし〉は決して生じない。

E・バンヴェニストは、夢作業は言語学よりもむしろ修辞学に属していると結論することでJ・ラカンを修正している。そこで問題になっているのは、言語内の水準の変化ではない。なぜなら修辞学は、確かに基礎的な連関を支配する秩序に似た秩序の再構成ではあるが、その再構成でしかありえないからである。あらゆる修辞は延期された言語であり、そのように言語を延期するものは言語内にではなくその外に、飼い慣らされていない沈黙や体系外にある叫びとして存在するからである。この指摘により、E・バンヴェニストは意義の様態には還元しえない仕方で意味する贈与－隠蔽の様式が存在することを認めている。

こうした見解は、フロイトが（第一局所論の）二次過程と一次過程とのあいだ、あるいは（第二局所論の）現実原理と一方ではエロス、他方では死の欲動のあいだに認めた還元不可能性に対応している。

これら二つの表意の様式からすれば、構造主義が受け入れた方法論的統一性は、特にそれが複合的な秩序（文、物語、ジャンル）に適用される際、見出された差異を粉砕するよう要求する。この前提された統一性によって、またその追求がメタ言語の場に惹起する移動と圧縮によって成就されるのが、欲望である。（読者はお気づきであろうが、ここではイデオロギー――構造主義のそれを含む――の批判に必要ないくつかの道具が集められている、あるいは集められようとしている）。

性と配置（dispositio）

ここで、「わたしは君を音楽する」よりもはるかに複雑な言説の秩序を取り上げよう。また同時に、われわれの関心を引くものであるかはずっと不明確な言説のジャンル、神話の物語を取り上げよう。たとえば、Cl・レヴィ＝ストロースがロイド・ワーナーの報告から取り上げている物語である。「アーネムランドのムルンギン族は、諸々の存在と事物の起源をある神話によって説明する。この神話は、彼らの儀式の重要部分の基盤ともなっている。天地のはじめの際、ワウィラックの二人の姉妹は海の方へと歩きはじめ、通りがかりに場所、動物、植物に名前をつけていった。姉妹のひとりは妊娠しており、もうひとりは子供を抱いていた。出発前、実は姉妹は自分たちの半族の男たちと同族相姦の関係を結んでいたのである。／妹が出産した後で姉妹は旅を続け、ある日、姉妹が属するドゥア半族のトーテムである大蛇ユルルングルが住む池の近くで足を止めた。ところが姉がその水を経血で汚してしまった。怒った蛇は大洪水をもたらす大雨を降らせ、それから女たちとその子供たちを飲み込んだ。蛇が鎌首をもたげているあいだ、水が地と植物を覆った。水は蛇が横になると消えた(23)」。

この物語の構造分析は、次のような意味の対立の体系をもたらした。

神聖、清浄	男性	上位	雨
世俗、不浄	女性	下位	地

自然と社会の文脈は次のようなものである。ムルンギン族は、はっきり分かれた二つの季節が存在する地域に暮らしている。ひとつは大乾期、ひとつは大雨期であり、前者は南東風に、後者は北西風と結びつけられている。雨の時期には、海岸平野を大潮が何キロも奥まで水浸しにする。するとムルンギン族は分散し、丘の上へと避難する。彼らはこの時期収入がない。乾期が戻ると、海は退き植物は繁茂し、そこで住民たちは再び平野へと集まる。このような文脈から、対立の第二の表を引き出すことができる。

雨期	北西風	困窮	分散
乾期	南東風	豊饒	集合

Cl・レヴィ＝ストロースは、二番目の表を最初の表の延長として位置づけることは矛盾すると考える。そうすれば、神聖なものは同時に困窮となり、豊饒なものは同時に不浄となるであろう。彼は、よって媒介を

（23） *La pensée sauvage, loc. cit.*, p. 120.

見つけなければならないと考える。こうして彼は、若い男に関する通過儀礼の機能を解釈する。この儀礼によって第三の項（秘儀未加入者）が設定され、これが二つの行の単位、つまり男性と女性を連絡可能にする。

男	男	秘儀加入者	清浄
女	若い男	秘儀未加入者	不浄

通過儀礼は第三項の機能を果たすが、それはそれが第三のものだからではなく、そのなかに第一と第二を圧縮し、かくして一見矛盾する要素のあいだの循環を精神に回復させるからであるのは明らかである。ヘーゲル的止揚《アウフヘーブング》（そしてまずイエスを媒介とするキリスト教的贖罪）は、あらゆる宗教的言説のモデルであるこの同じモデルに属している[24]。実際、第三項の導入が圧縮の操作から生じることに注目しなければならない。秘儀未加入者は同時に男かつ女であり、良くかつ悪く、清浄かつ不浄である。このような圧縮は分離されたものを結合する以上、対立の体系に違反している。それゆえ、そこから結果する項（秘儀未加入者）は何らかの意味を備えている。この意味は、意味の一覧表で対立関係にある諸項の意義と同じ性質のものではありえない。われわれが最後に掲げた表に執着するのは方便に過ぎない。というのもその場合、秘儀加入者／秘儀未加入者という対を、清浄／不浄、男／女と同様、対立の体系に属するものとみなすふりをすることになるからである。実際には、この対はこうした斜線を取り除くことを機能としている。しかしながら、圧縮された項（秘儀未加入者）へと受肉した差異は、この制度においては隠蔽されたままであることを認めなければならない。なぜならまさに、制度は神話と社会自然的「現実」との不一致を解消することを目指す

からである。秘儀未加入者の制度は、ひとつの症状のように機能する。なぜならそれは、神話的「テクスト」と社会的自然的「コンテクスト」に働きかけるある欲望（神聖と豊饒を結合する、つまり意味を生活と折り合わせる、さらには去勢を乗り越えるという欲望）の作業を証示しているからである。そして制度は同時にこの欲望を、双方を支配する体系に関与的な要素という外見に仮装させる。

隠蔽され－隠蔽するこの圧縮の同じ操作は、神話的言説の組織そのものにも見出すことができる。そこには、秘儀未加入者と同等の要素の形成を進める欲望の痕跡が発見されるであろう。とはいえそれは言説の秩序を離れることはなく、この言説の形式以外のものを考慮することもない。この形式は、意味の構造の一覧表を作成する際は度外視される[25]。この形式が、原理的にこの表に非関与的であることは確かである。わたしが神話的言説の形式と呼ぶものは、ラテン語の修辞学が演説や話の配置（dispositio）と呼んだものにほぼ対応する。プロップが彼の民話の資料体において分離した「機能」に対応するような意味の大きなまとまりを規定するとしたら、配置はこうした機能の提示の順序として定義されるであろう。物語に関する限り、この

（24）　とはいえ、初期のヘブライの言説は除く。

（25）　レヴィ＝ストロースは、「年代順の継起は無時間的な母胎構造に吸収される」と記している（*La structure et la forme*, *Cahiers de l'I.S.E.A.*, n°99 (mars 1960), p. 29）。レヴィ＝ストロースは、この形式をつねに軽視したわけではない。La structure des mythes (1955), *Anthropologie structurale*, *loc. cit.*, p. 252 において彼があえて作成しようとした諸神話の標準的定式は、必然的にある形式の考慮を、「鎧戸式」の形式を含意している。つまり第二の板は、第一の板を無効にするためにその上に折りたたまれる。差異をめぐる本考察を、人類学者のこの暗黙の（そして意図せざる？）形式主義に結びつけることには、いかなる困難もなかろう。この形式については、*Communications*, n°s 4, 8 の Vl・プロップについての Cl・ブルモンの研究を見よ。

順序は真実味の考慮に従属する。出発する前に帰ることはできないし、戦う前に勝つことはできないし、生まれずに死ぬことはできないし、罪を犯す前に償うことはできない。少なくともそれが、現実原理が要求することである。しかし実のところは、こうした基礎的な要件さえつねに満たされているわけではない[26]。しかしながら、諸機能の集合はつねに現実原理に合致していることを認めよう。いずれせよその要件は、物語が与える全体の配置を説明することはできないであろう。現実原理が要求するのは、「民話の展開すべてを覆う図式[27]」が悪事によってはじまり、損害を償う罰がそれに続き、報酬によって完了することだけである。プロップの注解者とともに、プロップがロシア民話のために提案しているモデルは「話者が手にする「モチーフ」の組み合わせがその完璧な均衡状態として目指す、最も経済的な配置」を表すと述べるならば、そして「一連の機能がロシア民話の「正しい形式」である[28]」と述べるならば、形式や配置の問題を、厳密にゲシュタルト心理学的な用語へと解消することとなる。これはもっともなことである。なぜならこの形式が課せられ保存される以上、それは他のものより「良い」はずであるというのは確かだからである。しかしこれは、諸々の形式の良い悪いの原理についての検討を怠ることである。ここでは、圧縮された第三項の分析がわれわれを道案内してくれる。この分析によってわれわれは、良い形式とは死の欲動と快原理との妥協の形式であり、複合的集合の破壊と保存との妥協の形式であることを理解することができるのである。

わたしには、それをロシア民話に関して証明することはできない。むしろムルンギン族の神話を再び取り上げ、物語中で相次いで提示される機能が、意味の表の右の行に属するか左の行に属するかによって＋や－をつけることで、これらを配置することにしよう。すると次のような配置が得られる。

－＋－±＋

これは、

同族相姦、諸存在と事物の命名、池の汚染、罰、肥沃になった土地

という順序に対応する。

最初の－＋というグループの回帰（同族相姦を反復する池の汚染）があることは明白である。それゆえ単純化された形式は、

－±＋

であり、ここではトーテムである蛇が課した罰を±で記した。これはその主体の神聖さによって、そして行為に続く浄化ゆえに肯定的であり、それが大地＝女に広める不毛と荒廃ゆえに否定的である。この罰は、制度体系においては、秘儀未加入者という項の正確な対応物である。しかし圧縮されたものは物語の要素として形成されたのであり、その形成を物語の形式そのものから切り離すことはできない。その理由は以下の通りである。意味の表から結果する「矛盾」を記そうとするなら、次のような集合が得られるであろう。

(1)「不浄な季節は良く、清浄な季節は悪である」。

しかるに物語はその配置により、これら二つの命題を次のような仕方で組織する。

---

(26) Cl・ブルモンは、プロップの資料体に含まれるこうした「非論理性」をいくつも指摘している。彼は全般的に、その原因をこの言語学者のコード化に帰している。

(27) わたしが引用しているのは、プロップについての議論をしめくくっている Cl. Bremond, Le message narratif, *Communications*, 4, p. 31 である。

(28) *Ibid.*, p. 25. 配置（dispositio）については、G. Genette, *Figures*, II, Paris, 1969, p. 23 sq. を見よ。わたしが言及した図式は同頁にある。

(2)「不浄な季節が良いのは、清浄なものによって課せられた罰（つまり悪しきもの）のおかげである」。

(1)から(2)に移行するには、いくつもの操作が必要である。

(a) 圧縮された項、つまり罰の形成。

(b) (1)の二番目の命題を、もしXならばYという形式で従属関係に置くこと。

(c)「清浄なものは悪い」を「清浄なものによる悪さ」へと転倒（あるいは逆転）すること。

こうした操作は意味の表には登場せず、そこから推論することはできず、神話的言説の形式の土台となっている。この土台が神話的言説を対象とする構造的言説において思考されていないのは、それが意味の表とそれに対応する統辞法に違反するからである。つまり選択された方法論的戦略には不適切、あるいはこの方法がそれに不適切なのである。(b)はおそらく(c)の合理化（二次的な精緻化）に過ぎないことから、(b)と(c)の操作は別個のものではない可能性がある。その場合、配置を支えるための基本的操作としては、圧縮、そして最大で二項の移動（あるいは逆転）があることになる。これらの操作は（論理的な）二次過程ではなく一次過程に属しており、言説に出来事つまり差異を招き入れる。はじまりと言われる状況がひとたび作り出されると、ある行為が行われたり行われなかったりし、成功したりしなかったりしうるというのは本当である。選択の必然性が存在するとしたら、よって「物語を構成する諸々の時間区分の一次元性[29]」のおかげである。ただし（言説の線形性という）この制約は、「はじまり」が存在すること、つまり出発点においてシニフィエの秩序に悪事が存在することをまったく説明しないし、物語がそれを「非論理的」手続きによってシニフィアンの秩序内で消去する役目を持つことも説明しない。「良い形式」が存在するのは、まず悪い出来事（これは冗語である）が存在するからに過ぎない。把握すべきは、形式の仕事はそれ自体によって表意的であるが、言語のシニフィアンとは異なる仕方で表意的だということである。言語のシニフィアンは、その意義の力を、シニフィアンが属する対立の体系から引き出す。神話の配置は一次過程の痕跡であると同時に、その癒合である。この両価性は二重である。シニフィエの場合、同族相姦と社会的集合に対するその死の効果は、欲望の痕跡である。罰はこの欲望の抑圧を、そして諸価値の文化的変換を表す。シニフィアンの場合、欲望は物語のはじまりとして、つまり回復すべき何かがあるゆえに語るべき何かがあるという事態をもたらす差異として否定的に現前する。しかし操作(a)と(c)は、差異を癒合させ対立へと変えるための検閲作業として作用する。男：女：：清浄：不浄という対立だけを考慮すれば、神話の欺瞞の機能の餌食となり、それに隣接する真理の仕事をそこから排除してしまうことがよくわかる。ここでもまた、性はまず非人間的、非対立的なものであり、対立に違反している。そしてこの一次過程の野蛮さこそが、物語の配置である。配置はシニフィアンのうちで、この野蛮さを覆いつつ示唆するのだ。

時間は抑圧する

配置が含む時間的布置は単に神話のそれだけではなく、歴史のそれでもある。もちろん、前者から後者のあいだにはかなりの距離がある。神話の時間は語る主体のそれとは非同質的であるとされるが、反対に歴史の時間はこの主体の歴史性の延長として出現する。そしてこの距離自体、意味に関し、社会的なものの定立における根本的な断絶に対応している。太古的定立の場合、シニフィエは不在（「あのときは」）であるが、

（29） Cl. Bremond, *ibid.*, p. 22.

シニフィアンは現役である。ポリスにおける人々の組織化と政治的なものの出現以降、シニフィアンは失われたように見えるが、これが神聖さの危機である。一方シニフィエは自己自身への現前のうちで人間主体と化す傾向がある。別の言葉で言えば、神話の場合は（非時間において）和解が行われる。歴史の場合、われわれはそれを行っている最中である。しかしながらこの距離をしばし無視するなら、ムルンギン族、コンドルセ、ヘーゲル、あるいは（プレハーノフのような）幾人かのマルクス主義者における時間の組織化のうちに、同じ布置を見出すのは正当である。この組織化はいずこにおいても、第三項と言説の配置を制度化することで、本源的な出来事を解消する機能を持つ。言説は、歴史を本源的な出来事の贖罪として示すのである。これに対する反論として、この形象は言説の内容にかかわるのであって時間性の形式そのものにかかわるのではない、時間性はアウグスティヌス、キルケゴールやフッサールによって歴史から完全に解放されたのだ、と言われるであろう。そうすると、完全に意識の体験流として記述された時間性が客観的に思考された歴史に対立し、体験流は歴史の思考のノエシス的極となるであろう。そして内的時間のこの形式は、神話に書きとめられ歴史に適用できると思われた配置にはまったく属さないと言われるであろう。

そうであろうか。人類の諸状態の一般的配列としての歴史考察から、意識の体験流の配列としての時間性の分析へと移行する際、配置は変化するのであろうか。実を言えば、この問いのすべてが差異と対立という対を中心としている可能性がある。神話においては、そして合理的とされる歴史、啓蒙主義の歴史の大部分においてもやはり、配置は最初の差異を意義の体系に回収するための対立的組織化となっている。コンドルセの哲学では、この出来事は聖職者や専制君主たちの反啓蒙主義である。それはまさに出来事であり、別の場所からやってくるのであり、それを啓蒙主義者（Aufklärer）として説明することはできない。それはひとつの所与なのだ。だが歴史哲学はこの所与を契機へと変える。時間の内的意識の分析の場合、提起される問題はまったく異なるように見える。それは意識における時間的多様の統一性の問題であり、非現在（未来、過去）はいかにして現前するのかという問いとなる。周知のように、その答えはフッサールによって超現前の方向で探究された。それはその形式のうちに、生きられる現在だけでなく、その過去把持と未来予持の地平を含み、最後の草稿では〈生き生きとした現在〉と呼ばれている。(30)

起源と主体の問題に専念し続けるならば、〈生き生きとした現在〉はそのような問題のひとつではなくむしろひとつの不在に過ぎず、絶対的太古の隔たり、原隔たり（archi-écart）の側に立たねばならないことに気づくであろう。この隔たりは、いかなる現前つまり隔てられざるものにおいても乗り越えることができない。ひとは、総合を行うものそれ自体は統一的ではないと言い、時間と〈わたし〉というカントの問題系の最も繊細な部分に回帰するかもしれない。しかしそのとき、もうひとつの批判の方向を逸することになるかもしれないのだ。

フロイトは一九二〇年にこう書いている。「ここで、本来なら徹底的に取り扱われるべきである主題について簡単に述べさせていただく。時間と空間はわれわれの思考の必然的形式であるというカントの命題（Satz）は、今日、精神分析のいくつかの知見に鑑みると、議論の余地があるように思われる。われわれは、無意識的な心の過程それ自体は「無時間的」であることを学んだ。これは何より、そうした過程が時間的に

（30） Husserl, *Leçons pour une phénoménologie de la conscience intime du temps*（1904-1905）, tr. fr. Paris, 1964 特に § 10, 39 ; *Méditations cartésiennes*（1929）, tr. fr. Paris, Vrin, 1947 特に § 18 ; および Tran-Duc-Thao, *Phénoménologie et matérialisme dialectique*. Paris, Minh-Tan, 1951, p. 139-144 に引用されたCグループの未発表原稿を参照。

組織されていないこと、時間はそれを何も変化させないこと（die Zeit nichts an iЂen verändert）、それには時間表象（die Zeitvorstellung）を適用できないことを意味する。これらは否定的な特徴であり、それをわかりやすいもの（deutlich）にするには、意識的な心の過程と比較するしかない。われわれの抽象的な時間表象の起源はむしろ、知覚‐意識系の作業様式（Arbeitsweise）の側に求めるべきであり、その自己知覚（einer Selbstwahrnehmung derselben）に対応しているように思われる。この系の機能の様式によって、刺激保護の別の道（ein anderer Weg des Reizschutzes）を引くことが可能になるのかもしれない。こうした主張が非常にあいまいに見えることは承知しているが、以上のような示唆にとどめておかなければならない[31]」。

神話的信憑や歴史哲学から意識の時間の現象学的分析に移行しても、前意識の体系から出ることになるとは思えない。なるほどフッサールは、「いま」や「もはやない」の贖罪として「いまだない」を主題化しているわけではない。しかし――これが前意識における維持のしるしとなるのだが――〈生き生きとした現在〉の観念の構築は、第三項のそれと同じ要件、つまり体系的対立化の要件に従うと言える[32]。第三項がここで媒介しているもの、それはもはや神話と歴史の－と＋ではなく、意識の－と＋である。〈生き生きとした現在〉の機能は、与えられるものと与えられないものとを統合することにある。この統合自体は与えられないことを批判が強調するとしても、批判は前意識の闇のなかに、対立の秩序内にとどまる。なぜならこの秩序には、不在すなわち話者が選んだ項と対になった諸項と話者が語ることで排除する諸項の不在が存在するのは明白だからである。〈生き生きとした現在〉の不在、現前不可能性は、あらゆる対立の体系に含まれる不在以上のものではない。この不在は語る主体に対して現れる通り、文字通り体系を表意させるのである。〈生き生きとした現在〉の不在に対するこうした指摘から、ひとは体系および／または主体の哲学を引き出すことであろう。そしてまたもや、体系と〈自我〉がフロイトの言う「刺激」に対し防御の役割を果たすという事実を無視することであろう。そして「もはやない」、「いま」そして「いまだない」をともに支える原現前的（archi-présent）な（つまり不在の）配置が別の「秩序」の上に構成され、これを包含するという事実を無視することであろう。

では、この別の秩序はいかにして現前するのか。それが秩序として現前しえないのは、秩序が決して全体として現前しないことを特性とするからではなく、それが秩序ではないからである。すなわち、あらゆる時間性の基本条件と思われるもの、つまり「前」、「後」や「すでにない」、「いまだない」への諸要素の配分を支配する時間的配置ではないから、ということである。実際には、この配置は言語の効果である。おそらく、時間連続体の切り分けや（副詞、動詞の時制、実詞による）その表現様式が言語によってかなり異なることを示すのは困難ではなかろう。だがすべての言語は「わたし」を含んでおり、この事実そのものにより、現在の現前と現前の現在という公準を含んでいる。この中心との関連において、時間的領野の周辺が過去／未来という大きな軸にしたがって配分されるのである。フッサールが見ることという点から記述しているものは、話すことという点から手直しできるかもしれない。かくしてこの現象学的考察は、言説の秩序内で、つまり所与を諸々の位置の集合へと配置するものの秩序内で維持される。集合は、所与を表意的なものとして構成するのである。時間的なものの秩序内では、差異はこの秩序が還元しようとする非時間性として把握さ

(31) S. Freud, Jenseits des Lustprinzips (1920), G.W., XIII, S. 27-28 ; tr. fr. *Essais de psychanalyse*, Paris, Payot, 1948, p. 31.

(32) それゆえある意味では、チャン・デュク・タオがそうしているように、未発表原稿でフッサールが行っている時間の記述をヘーゲル弁証法と比較することは正当である。

れうる。差異は、この秩序に〔とって〕無関心〔無差異（indifférence）〕である。これが、フロイトが「一次過程」[33]の非時間性によって言おうとしていることである。過激になることを恐れず、あえて次のように記すフロイトを範としよう。「無意識の過程はそれ自体としては不可知であり、実在不可能ですらある。なぜなら無意識系はすぐさま前意識系によって覆われ、前意識系が意識と運動性への通路を占有するからである」[34]。この後に時間的体系から出るもの、そこから出ることでしかそこに入りえないもの、そこに存在しないことでしかそこに存在しえないものを、可能性の条件としてそこに存在するものと混同することは論外である。対立は、時間性を含む前意識系の可能性の条件であり、差異はその不可能性の脅威である。

時間の外にあるものは、時間性のうちでは同時に過去かつ未来として「活動する」。この活動によって、慣れ親しんだもの（das Heimliche）――これは密かなものという意味でもある――は、同時に奇妙なもの、不気味なもの（das Unheimliche）となる[35]。これは、これから起ころうとしていること、あるいは起こっていることは、起こったことであることを意味する。フロイトは、不安は不安な内容から生じるのではなく、「不安なものとは、回帰する抑圧されたものである」[36]ことからのみ生じると強調する。不気味なものは抑圧された慣れ親しんだものであり、Un- は抑圧のしるしである。想定された「過去」と、生起するもの、現在の出来事や差し迫った出来事との関係は、実際には時間的通時態のそれではなく抑圧のそれである[37]。そして実際にはつねに活動しているもの（そしてつねに隠されているもの）を過去として通用させ、未来ではなく一度も未来ではなかったもの、現在へと到来することで過去へと向かうものを可視的な時間性へと展開するのが抑圧の役割である。ここにおいて、時間的体系の保護機能が把握される。われわれが「起きることは起きたことだ〔目新しいものはない〕」と述べるとき、われわれは時間的体系のおかげで、原因が存在し、最初の心的外傷が存在し、これが過去の出来事の再帰の結果であることを理解する。そして、出来事を抑圧するにはそれで十分である。なぜなら、過去の出来事は非出来事だからである。媒介として機能しているのは、ここでは時間的体系そのものであることがよくわかる。媒介は、もはや神話の形式の場合のように第三項、シニフィエにおいて与えられるのではなく、配置そのものにおいて厳密に形式的に与えられる。そして抑圧は、内容から形式そのものへと移動している。前者では抑圧を容易に狩り出すことができたが、後者では、ひとはそれを狩り出そうとするのである。

〈注記〉ヘーゲル的言説からフォイエルバッハ的言説へと移行しても、イデオロギーから（つまり拒絶としての二次過程から）出ることにはならず、媒介が表意されるイデオロギーから、シニフィエから媒介が削除されシニフィアン自体へと移されたイデオロギーへと移行するだけである。*定立*そのものによって媒介の役を務めるのは、実存的言説である。しかし真の時間的眩暈は、出来事がそれを迎えるべく準備万端整えられた場所には、つまり未来には現れない点にある。

（33） Das Unbewusste（1915）, trad. française *Métapsychologie*, *loc. cit.*, p. 97.
（34） *Ibid.*, p. 98.
（35） S. Freud, Das Unheimliche, *G.W.*, XII.
（36） « Dies Aengstliche etwas wiederkehrendes Verdrängte ist », *loc. cit.*, S. 194.
（37） *Ibid.*, S. 259.

知覚的空間における差異の様相を突き止めるべく試みよう。視野は、絶えざる「修正」や平坦化の対象となる。これらは差異を除去し、空間を諸々の対立の体系へと均質化することを目指す。話す動物にとって、知覚的空間の最も自発的な処理は、書くことすなわち抽象である(38)。この自発性は、視野を色、線、色価によって「語る」体系の一部分として構築するよう導く(39)。注意は再認を目的とする。再認は比較なしでは成り立たない。眼はあちこちを走り、そのなじみの画布を構成する。視野の走査と光学器官の調節の双方からなるこの行程によって、いずれの部分も交互に中心に置かれ、中心視野において同定され、ユークリッド的な一貫して知解可能な構成で、他の部分に対して配置される。注意は空間を書き、そこに線、三角形を描く。注意にとっての色は、現象のように、動機づけではなく対立によって価値を持つまとまりである。

だが〈わたしの身体〉の現象学の努力は、まさに可視的世界のこうした均等化の批判を成功させ、場の真の特性を回復することにあったのではないか。この特性とは、座標系なき奥行き、つまり他でもない、起源への距離ではなく起源としての差異である。生きた眼にとって、「ここ」と「他所」は均等化されず、両者の非対称は根本的なものである。この非対称の主たる布置が、周知のようにゲシュタルトである。ゲシュタルトの場合、他所、物の裏面、その不在は表面において、現前において与えられる。図と地への組織化はあらゆる空間性の体験のア・プリオリであり、見えるものを見えないものを含む場へと構成することであり、主知主義にも経験主義にもうかがい知れない奥行きの謎の秘密となっている。メルロ＝ポンティの哲学がそうだったように、意識の手前を目指す意識の哲学がその最後の言葉としてこの布置に行き当たること、身体と対象の最も基礎的な接触の乗り越えがたい組織化として行き当たることは理解できる。とはいえ視覚のゲシュタルト的組織化は、それ自体が二次的な合理化の産物である。「良い形式」での物の整序の前に、所与は暈《ハロー》、オーバーラップ、湾曲のなかで与えられる。眼の運動は、まさしくこれらを除去する結果となるのである。(40)

ここで、要求される反省の水準の変化の判断を可能にし、超反省への移行をテストする、方法論的手続き

---

(38) Leroi-Gourhan, *Le geste et la parole, op. cit.*, II, p. 234 et suiv.; また本書一一九頁注27を見よ。

(39) P・コフマンによれば、〈他者〉の言葉の撤回から生じる情動的な放棄によって主体は過去にさかのぼり、あたかも言説を欠如させておくように空間を組織する。特にファン・ゴッホの画法の分析を見よ (*L'expérience émotionnelle de l'espace, op. cit., in fine*)。

(40) この件については、こうした修正に関するA・バールとA・フロコンの分析 *La perspective curviligne*, Paris, Flammarion, 1968を、特に第一部を参照。「理論的に、長方形はその表面の中心の垂直軸で、無限遠から見た場合にしかゆがみなしに知覚されえない。この指摘は、理論的にわれわれは円を除けば長方形も正方形も三角形も他のどのような均整のとれた図形も、決してそのようなものとして知覚できないことを含意している。実際には、幾何学的には不可能であるにもかかわらず、われわれはこうした図形を見ているという感情を抱く。教育と習慣が、現実が概念と対応しているのを見るという欲望を刺激するのである。われわれの眼とわれわれの脳はゆがみを修正するが、それは眼と脳が現実の空間の本物らしさとわれわれの空間的論理の整合性を過度に拘束することなくそれを行いうる限りにおいてである。視覚においては、事物、その網膜像、その心的表象のあいだに非常に複雑で柔軟な作用が存在する。いくつかの補正機構が介入し、自然の事物について、幾何光学の法則が予想させる表象よりも安定した表象をわれわれにもたらす。たとえばよく知られた事物の大きさは、比較的大きな隔たりの差にもかかわらず、われわれにはあまり変化しないように見える。自分自身の手を三〇センチメートル、次いで六〇センチメートルから見た場合、手を知覚する角度に二倍の開きがあるのに、手はほぼ同じ大きさに見えるのである」(p. 59)。

における真の方向転換が必要である。現象学的反省は、眼の運動をここと他所との総合を（なるほど受動的にではあるが）行うものとみなし、よって諸範疇の平面において遭遇する純粋な外部性の概念を否定する。だが超反省はこの同じ総合の運動を、定数に基づいて分節された事物の集合として「現実」を構成する主要な手続きと見なす。超反省にとっては、視野の差異、根本的不均衡の把握のためには、この世界構成の原動力である操作が停止されなければならない。それは、視野を走査することでそれを再認する仕方で構築し、そこで即座に同定しえないものをすべて排除する眼の運動である。ここでの先入観、それは可動性であり、可動性が世界を「作り」差異を抑圧する。批判的な絵画とそれを手本とする超反省は、環境に浸るわれわれの身体のものであるこの可動性と自在さを、不動化の規律によって置き換える(41)。諸々の場の通時化、それらの継起への線的配列、読み取り可能な順序での並置のみならず、正しく調整された奥行きでのゲシュタルト的組織化が不可能となり、視野の本質的な不均質性が接近可能となるのは、運動の停止によってのみである。視野の脱構築はその真の不等性を暴露するが、それには眼の結紮《けっさつ》が必要である。見方を学ぶことは、再認の仕方を忘れることである。視野は、原則として平等に弁別される点の並置によって構成される。視野は集中された注意によって抑圧され、非常に小さな明敏な視覚の領域（中心窩）の周囲に、湾曲した空間からなる広大な周辺部を含んでいる。この視野に優れて形象的な場が存在しうるには、光学器官を大きく開きながら、眼の運動を止めなければならないのである(42)。

空間的差異は、物の別の面の不可視性をゲシュタルト的連関において「与える」隔たりよりも、さらに逆説的である。この差異はより初歩的なものでもあり、視野の周辺と中心のあいだの感知しがたい距離である。この隔たりは、ここと他所、あるいは表と裏をはるかに超えるものをもたらし、二つの空間の質的非連続性

(41) まず、顔の不動化である。「頂部と基部が（顔を動かすことなく）十分容易に知覚できるよう、壁から十分に離れよう。右側の無限遠で頂部と基部は地平線上で交わり、次いで両者は次第に離れ、左端で再び交わる。二つの線の湾曲は明らかである」（A. Barre et A. Flocon, *op. cit.*, p. 66-67）。次に、眼の不動化である。「眼を動かさずに、たとえば壁をその中心において見つめ、注意を頂部か基部、あるいは双方に同時に向ける。観察者によって、成績は大きく変化する。一般的に成績は、微弱な照明によって向上する」（*ibid.*, p. 67）。微弱な照明が側面の視覚を向上させるのは、知覚の責任が錐状体から桿状体へと移るからである。桿状体は微弱な明るさにより敏感であり、錐状体のように中心窩に集中せず、網膜表面により規則的に分布している。こうした不動化を、R・パスロンが画家のアトリエにおける光の不動性について行った指摘と比較しなければならないであろう（*L'œuvre picturale et les fonctions de l'apparence*, Paris, Vrin, 1962, p. 102 sq.）。ダヴィンチとパイヨ・ド・モンタベールを引用した後、パスロンはこう書いている。「敵、それは太陽である。なぜなら太陽は動くからだ。その光は変わりやすい。画家たちの良いアトリエはすべて北向きである。そこには拡散した白い光、医療的照明が入り、他の光を支配することを可能にする。他の光とは、記憶のなかに保存される光、モデルの色価と色彩の戯れのなかに定着される光、「抽象的」な下絵を洗練するなかで少しずつ精緻化される光である」。数頁後にパスロンは、画家は「まず眼球面に十分な周辺視覚を有しており、視野の縁の不明確さにもかかわらず、中心的対象と周辺的対象とを同時に見ることができるのであろう」（p. 109）という推測へと導かれているが、これは偶然とは思えない。同じ方向で、彼はまた次のように推測している。「対象（や画布）を前にした画家の例のまばたきは、注意をとらえ集中させるような細部を消去し、画像の構造全体を構成する諸価値の関係の注意深い把握を可能にすることを目的としている（…）。見ることの技法には、志向的に見られたものに無意志的に見えたものを統合することが含まれ、この統合がその唐突さによって時にひとを動転させるのである」（p. 110）。

(42) 「眼の視野は幅一五〇度上下一七〇度に及び、両眼の視野は幅二一〇度に広がる。中心窩はおよそ二度の視野角の基部にある（…）。中心窩の視野の二度は、眼全体の領野のほぼ一〇〇〇分の一〇の部分に相当する」（A. Barre et A. Flocon, *op. cit.*, p. 62-64）。周辺部は錐状体がはるかに少なく、中心窩の領域よりはるかに微弱な感度を持つ。「中心窩の感度が数値一だとすると、離心率一〇度で一〇分の一の数値、離心率六〇度で一〇〇分の一の数値となる」（*ibid.*, p. 64）。

を両者の同時性において与える。一方の空間は、あるものと最初に周辺的に接触する湾曲した空間、薄暮の空間、消えゆく側面的空間である。そしてもうひとつの空間は、中心窩において把握する安定した長方形の空間、恒常的で中心にある空間である。把握は捕獲、捕捉、掌握であり、狩猟的で労働的で言語的な腕力の秩序に属する。最初の接触、あるものが視野の縁に入ること、これが視覚的他性、見えるもののなかの見えないものである。とはいえそれは、単に正面から中心を把握されるものの背面ではない。この微弱な斜めの触覚は、素描そのものより前の視覚的出来事をもたらす。

素描は形式を起点として、あるいはもう少し後に明瞭に見られた事物を起点として、遡行的に思考される。素描とは、(事後的に言われることではあるが)視野の中心に置かれ視覚の総合の活動によって構成される前に、自己を告知する事物である。素描により、ひとは知覚されたものの構成におけるより根本的な契機、前主観的で前客観的な契機をつかむと考える。だが実際には、構成された対象から、それが全体(開かれた全体であれ)として与えられる以前に知覚されていたと推測される断片を控除し、対象を知覚活動の「過去」に投影しているだけである。もっともそうすることで差異が抹消され、素描は未完の対象として思考され、対象は諸々の素描の完成と全体化として思考され、視野の不均質性が消し去られる。ところでこの不均質性ゆえに、そこに現前するものはまず中心窩の視覚という意味で「見られる」ことがなく、そこで見られるものは出来事として現前することをやめる。素描は、視野に入る何かのうちで、見られた対象の要素として残るものに過ぎない。出来事は逆に、そこから排除されるものである。

素描のなかで異常なものは、「事物主義的」でゲシュタルト的な定数が構成されるように排除される。[43] 視覚的出来事を得るには、それゆえ眼を一点に長時間固定し、捕捉的で二次的で分節された視覚によってまさに排除されたものを——それに眼を向けずに——側面から到来させなければならない。出来事とは、良い形式が消し去るであろう異常である。セザンヌがその途方もない不動性によってサント゠ヴィクトワール山の前で追い求めたのは、この異常さである。そのとき、動き、脱構築されようとしているものは、もはや色価と色彩の定数としての事物だけではなくなるであろう。印象主義は、このことをすでに知っていた（もしかするとバロック様式も）。だがこれは均質性にある空間であろう。中心と外縁、領野の中心と周辺の関係は、否／然り、いない／いるのそれ——これはもはや差異ではなく、収束によって潜在的に同等な二つの場の対立である——ではない。そうではなくて、散漫な視覚と明確な視覚の関係である。

中心と周辺のあいだには、質的差異ではなく量的差異があるだけだ、と言われるかもしれない。散漫な視覚は単に雑然とした視覚であり、解きほぐすべきオーバーラップの結果に過ぎない、と。その上、いくつものモチーフを写真の同じ感光板に重ね焼きすることで、視野における素描の周辺的現前に類似したものを得ることができる、と。これは、安心をもたらす誤りである。なぜなら写真の場合、混交そのものが印画され、注意深い眼によって吟味し分析しうるからである。眼は重ねられた多数の像と、それらが必要としたさまざまな焦点調節をゆっくりと再構成することができる。写真機の空間は古典的光学の法則に合致する直交空間であるが、視覚空間は湾曲した空間である。われわれが散漫な知覚と呼ぶもの、それは空間の湾曲であるが、これはユークリッド的先入観を基に評価され、命名されている。散漫とされる視覚の場合、周辺部は単に混

（43） Cf. A. Ehrenzweig, *The psycho-analysis of artistic vision and hearing. An introduction to a theory of unconscious perception*, London, Routledge & Kegan Paul, 1953, p. 193 sq.

濁しているだけではなくて他なるものであり、それを把握しようとするあらゆる試みはそれを喪失してしまう。ここにあるのは、見えるもの内部の差異である。表／裏の対の場合、項の転換、同等化が可能であり、立体幾何学と幾何学による言語への途上にある。散漫／点的の対の場合、焦点における側面的なものの過去把持と同時に、質的変化と不可逆的喪失がある。いかなる同等化も可能ではない。それは二項の対立ではなく、並置と同時に不可逆的な不等性を含意する、諸々の感覚質（qualia）の差異である。この差異を明らかにするには、諸項間の言葉の運動のみならず、諸々の事物やその表面のあいだの眼の運動も停止しなければならないとは驚きである。それゆえ、眼の運動にさえ偽りの何かが存在している。それは認識しうるものの構築に参加し、真実を抑圧する。あらゆる構築以前には、真実は空間の不均衡な布置である。真実は、可動性の一状態ではない不動性のうちで、眼の動きを脱構築するよう求める。この不動性は、体系の弁証法のそれと比較しうるものではない。両者のあいだには、見ることと読むことの差異が存在する。眼の動きの方は、再認を可能にするだけである。それは事物を文字のように扱うのだ。

ブラックは、「シルエットにプロフィール」を対立させる。

「われわれに存在の秘密を明かすのは偶然である」。

「結論を下すのはやめよう。現在が、偶然がわれわれを解放しようとしている」。

「わたしは定義を探しているわけではない。わたしは無限〔ブラックの原文では「不定義」〕を目指す」。

「現在、状況」。

なるほど彼は何より哲学しないことを欲しており、われわれは彼に謝らなければならない。ブラックは、

「隠喩」(métaphore)の秩序ではなく「変形[44]」(métamorphose)の力が作用するような絵画の空間を、言葉によって描くのだ。

(44) G. Braque, *Le jour et la nuit* (1917 et 1952), Paris, Gallimard, 1952, それぞれ p. 38, 21, 23, 30, 33, 38.

欲望の「歴史」の一断章をめぐるヴェドゥータ〔眺望画〕

欲望の「歴史」の一断章をめぐるヴェドゥータ

一　中立的空間と言説の定立
二・一　ロマンス語のミニアチュール写本における形象とテクスト
二・二　ロマンス語作品におけるテクストと形象
三・二　新たな哲学の空間
三・一　絵画的空間の回転
四　逆回転

読者は、本考察がここで依拠している典拠の大部分がソシュール、フレーゲ、フロイト、マラルメ、セザンヌ、ロート、クレーなど一八八〇年から一九三〇年にかけてのヨーロッパの探究に属していることに気づいている、あるいは気づくであろう。

この資料体は、ひとつの断層帯に横たわっている。P・フランカステルは絵画的空間に関して、この断層帯が一四〇〇年代《クワトロチェント》イタリアのそれに匹敵する広がりと震度を持っていることを示した。それゆえ、後者の断層を探究することが正当となる。実は、両者の関係は単なる比較に過ぎないものではない。われわれはセザンヌとフロイトの革命に属している。われわれがルネサンスの革命を理解しうるのは、この革命のおかげである。よってそれはルネサンスの革命に対し、概念の役割や一群の操作概念の役割を果たすことになる。かくして以下の断章では、ヘーゲル的混乱に対するフレーゲ、ソシュール、フロイト、セザンヌの著作からの批判に由来する諸範疇が、ルネサンスの絵画的空間の変容を明確化するために用いられるであろう。このようなわけで、二つの断層帯の関係はまず、理論とそれが指向する領域との関係となる。一群の概念に一片の「現実」を包摂することで、その一貫性が例証される。この関係の場合、現実と概念が同じ歴史（西洋史）に属するという事実は、一見すると妥当には見えない。バリの演劇やドゴン族の仮面に同じ一群の概念を適用することは、より説得力があるわけでもより説得力がないわけでもなく、おそらく範疇を使用する際の妥当性の範囲を確定できるようにするであろう。かくしてとりわけ、対当によって、これらの表現を、それらが記号の布置に正確にどのような歪曲を加えるかに応じて、われわれが論じる断層帯の外部にある諸々の文化的な場に位置づけられるようにするであろう。

　しかし十九世紀末の衝撃と一四〇〇年代イタリアとの関係は、このような単なる認識論的外部性の関係に要約されるわけではない。ルネサンスの断層帯は、われわれに対し、セザンヌの断層帯を反映する鏡のように機能する。実際にセザンヌ的空間は、十五世紀の最初の四分の一が終わる頃確立された表象空間の幾何学的エクリチュール〔画法〕の諸規則との関係において、その脱構築の機能を完成させる。『黄色い椅子に座るセザンヌ夫人』やフィラデルフィア美術館の『女性大水浴図』の観察者の眼のなかに、アルベルティとその後継者たちが定めた視野の仮想的な組織化が存在していなかったら、セザンヌの作品が含む逆転は感じられないままとなっていただろう。形象的なものの批判的機能、真実の働きが実現するのは「エクリチュール」との関係においてであり、それは何よりこのエクリチュールの脱構築からなっている。印象主義は、「啓示線」つまり輪郭を光のなかにぼかすことで、これらを一変させただけである。セザンヌは脱構築をはるかに推し進め、ルネサンス的空間の「規制する描線[(1)]」に、つまり組織化の形式にまで打撃を加えている。ルネサンス的空間は、よってわれわれが取り組む地震に——ただしまずは否定的な仕方で、衝撃を受けるものとして——属している。

しかしまだこれで全部ではない。第三の関係が、十九世紀末と二十世紀初頭の運動と十五世紀の運動のあいだに浮かび上がる。セザンヌの危機はアルベルティの空間に反映されるが、この危機は遡及的に、視覚の空間の文化的規模での自然な組織化は存在しないことを示唆している。また国際ゴシック様式の図像に慣れた人々にとって、ルネサンスの遠近法は、ラファエル前派〔一八四八年にロンドンで結成されたグループ〕の愛好者にとってのセザンヌの遠近法以上にけしからぬものではないことを示唆している。かくしてひとは、マザッチョやダヴィンチによってセザンヌを理解するわけではなく、セザンヌとともに彼らを理解するのである。この「によって」、「とともに」は何を意味するのか。それらは認識論的に正しい範疇なのか。ダヴィンチがセザンヌの理解を可能にするのは、彼がセザンヌが出会い乗り越えようとするエクリチュールだからである。関係は、ここでは検閲と欲望の関係となっている。ルネサンス的秩序は造形の戯れに諸々の制約を課すが、

(1) これらの概念はアンドレ・ロートから借用したもので、ここでは線について練り上げられる。

造形の戯れはこれに違反しようとする。だがわれわれがセザンヌによってマザッチョの作品を深く理解するとき、セザンヌは被分析者の無意識を聴取する精神分析家の無意識のようなものである。造形のエクリチュールの脱構築に含まれる意味の力に眼を開くことで、われわれは一四〇〇年代イタリアの画家たちにおけるこの力を知覚することができるのである。

一　テクストの空間、形象の空間は、時には記号的、時には造形的な痕跡が記入されるようなただひとつの中立的な延長に属するわけではない。延長の中立性は、批判すべき観念である。それは直接的な所与ではまったくない。この観念は、空間＝集積所を前提とする。そのような空間は、その本来の組織化においてはテクスト的でも形象的でもなく（ne-uter）、テクストや形象を区別なく受容しうる幾何学的空間である。ところで幾何学的空間は構築されるのだが、その構築がわれわれが明らかにしようとする二つの空間の差異を明らかにしうるとしても、それゆえその認識の根拠（ratio cognoscendi）であるとしても、存在の根拠（ratio essendi）ではない。この差異の根拠は、エクリチュールと形象的なものの関係の重大な変容において現れる。視野の隠された組織化は、焦点域と周辺部の差異であり、不可逆的な異質性である。この差異は、通常は抑圧されている。このため、ベルクソンのように時間性をめぐる差異を再びとらえ引き出すことができる哲学者が、空間性を適応行為の現実主義とその延長である技術的思考の幾何学主義に完全に委ねているほどである。[2]フロイトの方は、現実の構成を造形（Gestaltung）の過程として、トポロジー的組織化の排除として、乳児と乳房や移行対象との関係の排除として理解している。[3]とはいえ両者とも、「成人の」空間の組織化における言語の役割をさまざまな名目で認めている。現代の人類学の研究は、この機能こそ唯一の真の定数であると思わせるものである。積極的な適応機能は、現実性の規範の定義という問題が解決されていることを前提とする。すでに動物にとっては、規範は客観的に与えられた生《なま》の不確かな現実よりも、遺伝コードによってはるかに規定されている。遺伝コードは、たとえばその本能を決定し、それゆえ動物が行動すべき状況を選択している。まして人間の子供の場合には、子供が接するべき現実は解読格子やラングとして作用する文化的体系によってつねに媒介されている。集団の成員が出来事を解読し、未知のものを認知し、無秩序を表しうるようにするのは、まさしく文化の重要な機能である。この機能はなるほど操作的で適応的ではあるが、個人と「現実」との関係という水準で直接働くわけではなく、個人にとっての媒介として機能する集団的秩序と関係する。そして、この秩序は言語的なのである。この秩序の機能は、不均衡を構造的体系へと組み込むことで、差異（出来事、不可逆的な無時間性、非対称的空間性）を対立へと転記することにあると言える。この転記が形象性の抑圧、より一般的にはその拒絶と対になることは明白である。

拒絶は、考察された文化が有する「言説」の種類に応じ、非常に異なる仕方で行われる可能性がある。言説の種類と言うことで、われわれはある同一ジャンル内の変異ではなく、むしろ異なるジャンルのあいだの断絶を展望している。たとえばツィムシアン・インディアンの社会が有する言説であるアスディワル武勲詩[4]における空間の組織化、またオーストラリアのムルンギン族の社会が物語る創世神話[5]のそれを取り上げて

（2） たとえば *Matière et mémoire*（1889）, chap. II ; *La Pensée et le mouvant*（1934）, Introduction I（1922）を見よ。
（3） たとえば Formulierungen...（1911）を見よ。

みよう。両者は、物語によってある地形《トポグラフィー》の説明をする空間の組織化すべてを含んだ、ある体系内の要素として対置することができる。どちらの組織化も、この点では同形である。だがこれらの言説と、『カンブレーの第一原因と基本原理の探究学《カモエラケンシス・アクロティスムス》』におけるジョルダーノ・ブルーノの言説を、あるいは特に『運動論』におけるガリレイ[6]のそれを同一視しようとしても——両者はいずれも空間の組織化を表意している——、実行は不可能であり、言説のジャンルが変化した、あるいはもっとうまく言えば、その定立〔立場〕が変化したことがわかるであろう。わたしは定立を、言説からその対象への移行を可能にする変換や、変換の集合として定義することにしよう。

神話は、物語のジャンルに属する言説である。ガリレイの言説は、大部分は心的で、意図的に展開され、定義の確立を可能にする変異の過程を物語っている。これは、公理系構築の言説である。このようなものとして、その目的はその語彙と統辞法から文彩《フィギュール》となるものを可能な限りすべて取り除くことにある。定義が隠喩（言葉の形象）に取ってかわり、諸単位の組み合わせの規則がレトリック（文体の形象）に取ってかわる。逆に神話の物語は、形象的言説の範疇に属する。あらゆる物語は、最初の状況と最終的な状況の差異、非対称の確認に依拠している。物語を語ることで、シニフィエの秩序に非対称、不等性が持ち込まれ、不等性は継起へと順序づけられる。物語的通時態は、表意された歴史の通時態を二重化することで表意する。なぜならそれは、言語の秩序にとっては不可逆性の形式そのものだからである。物語の言説はかくしてその対象と平行に置かれ、その布置は武勲詩のそれに類似する。その上、神話の形式は宗教的言説自体に影響を及ぼすだけでなく、考察された文化に見られる活動全体に影響を及ぼす。この意味で、神話は模範的に形象的である。それは他の多くの（踊り、織物、建築、絵画による）装飾を受容する母胎的形象の、語られた装飾である。とはいえ言説的意義たる神話は、それが語る差異を鎮め体系に収めること、つまり差異を対立に変換することを機能とする。この機能、つまり厳密に言えば意義であってもはや表現ではないこの機能に依拠することで、構造人類学はもはや母胎的形式ではまったくない、数学的構造であるような文化の母胎《マトリックス》を構築しうるのである。実際にそうした構造においては、差異は反転、逆変換、負の変換といったいくつかの単純な変換によって明示することが可能である。だがそうした方法は、つねに説明すべき残余を持つことになるだろう。残余とは、潜在的母胎が神話的言説へと現実化される際にまとう物語形式、不均衡化し再均衡化する形象である。

　神話と知の言説のそれぞれの定立のあいだの隔たりは、容易に定義することができる。神話の場合、感覚的なものが記述され、エクリチュールは形象的となる。知の言説の場合、書かれたものは厳密にテクスト的であり、感覚的なものは学術的言説の指向的な極へ移行する。空間に関する二種類の言説が、なぜ同じ分類に収まりえないかが理解される。前者は形象的、テクスト的な二空間相互の融合を伴い、後者はそれらの分離を伴うのである。神話的な文化は、感覚的形象を言語の機能で覆うという意味で差異を抑圧する。また抑圧された形象的秩序は、神話的言語の中心そのものにその無意識的配列や物語的形式として再出現する、という点でもそうである。科学的な文化は差異を排除する。なぜなら科学的な文化は、差異をその言説から追い出し、外から回帰するものとしてそれに遭遇することしかできないからである。(7)

（4） Claude Lévi-Strauss, La Geste d'Asdiwal, *Annuaire de l'Ecole pratique des Hautes Etudes*, 1958-1959, p. 1-43.

（5） Claude Lévi-Strauss, *La pensée sauvage*, Paris, Plon, 1962, p. 120 sq.

（6） これらは A. Koyré, *Etudes galiléennes*, Paris, Hermann, 1966 において、それぞれ p. 171 sq., 60 sq で豊富に引用されている。

二つの空間のこの分離が、われわれの問題系の起源にある。まず差異としての差異、つまり対立とは異なるものとしての差異は現れることができない。感覚的所与が言説の他者として思考されるには、少なくともこの所与が「書かれる」ことをやめ、テクストの透明性を失い、言説の外部にその指向として置かれた記号の不透明性を獲得する必要がある。これが意義における損失と並立する、問題系における利得である。

われわれが論じている分裂の効果は、西洋が提供する歴史絵巻の表面に幾度も浮上している。そうした痕跡のそれぞれをチェックし、記述し、示すのは論外であろう。ただ確実なのは痕跡が、年表での位置はどうあれ、時代を実際に同じくする一連の出来事を形成していることである。したがってこれらの出来事は、歴史学的認識の対象となる現実とは「別の歴史」に属している。この諸々の痕跡の共時性の格好の比喩は、無意識が主体の「覚醒した」生活のうちに残す刻印（inscription）によって与えられるであろう。諸々の刻印は一次過程の無時間性（a-chronie）においては互いに同時的であり、認識の言説よりもむしろ真理の作業に属している。この比喩が格好のものとなりうるのは、言説と形象的なものとの連関がいずこにおいても――作品においてすら――欲望の運命に属しているからである。

ここではこうした発現のひとつ、最も把握しやすいもののひとつ――これによって、中世がかくも綿密に構築した形象とテクストの一体性に、ルネサンス期に亀裂が入った――を吟味するだけで、われわれには十分である。そして、われわれが定義したばかりの諸項の分配の変化を把握するだけで十分である。

二・一　中世が感覚的なものの「エクリチュール」を完成させた芸術は、建築である。(8) しかしながらわた

しは、写本彩飾画から二つの例を選ぶことにする。写本彩飾画は、テクストの空間と形象の空間との無媒介的で非隠喩的な照合を可能にするからである。また写本彩飾画は、公共的な表現（柱頭、ステンドグラス、フレスコ画）ほどには、修道士たちが図像に課した検閲に服さなかった。写本に唯一接することのできた教養人たちは、図像が有する眩惑的な力に俗人たちより抵抗しうると思われていた。[9] こうした例が「仮説を検証する」ためのものではないことは、言うまでもない。そのような検証には、二つの空間に関与的な特徴の厳密な決定、そして利用可能な写本彩飾画の大量の資料体の統計学的処理が必要となるであろう。わたしはただ、この仮説をいわば可視的なものにしたいだけである。わたしの二つの例は、意図的に十一世紀末の同時代の作品からとられている。なぜなら十一世紀末は、二重の意味で興味深いからである。写本彩飾画にとって、この時代は活気に満ちた時代である。活動は特にクリュニーやブルゴーニュの伝統において充実し自由であったため、数十年後（一一三七）にはクレルヴォーのベルナールが修道士たちに彩色挿絵に没頭することを禁じたほどである。[10] 言説の地位に関しては、この世紀末は決定的であった。なぜならこのとき、ひと

（7） 抑圧と排除の対立については、ジャック・ラカンの『エクリ』を見よ。神経症的イデオロギーと精神病的イデオロギーの分類基準はこの対立のうちにあるのだが、これは別のところで検討されるであろう。

（8） E. Panofsky, *Architecture gothique et pensée scolastique* (1951), tr. fr. Paris, Minuit, 1967 ; P. Kaufmann, *L'expérience émotionnelle de l'espace*, *op. cit.*, chap. III.

（9） Cf. Louis Réau, *La Miniature*, Melun, Librairie d'Argences, 1947, p. 11 ; G. Mandel, *Les Manuscrits à peintures*, Paris, Pont-Royal, 1964, p. 30.

（10） 言説と形象の対立によって命じられたことを容易に把握しうるような、以下の言葉でそうしている。「ところで、修道士たちが読誦を行う場であるあなた方の修道院では、あのばかげた怪物たち、あの恐ろしい美やあの美しい恐怖は何を意

つの世代が誕生したからである。この世代は一方で、アベラール、そして〔ペトルス・ロンバルドゥスの〕『命題論集』注解者たちとともに、権威（auctoritas）という修道士の伝統に、スコラ的方法の最初の武器である討論（disputatio）と結論（conclusio）を対置した。また他方では、サン＝ヴィクトール派の思想とともに、新プラトン派的楽観主義を感覚的快楽の正当化にまで拡張した。両者の事例において争点となるのは、テクスト的なものと形象的なものとの伝統的な連関である。前者においては、キリスト教の神話が言説に持ち込むもの、つまり無批判な形象から言説を解放するという意志。後者においては、見えるものをエクリチュールとは異なる創造者の痕跡として思考するための努力。アウグスティヌス的伝統によって創設された言葉と図像との均衡が最も脅かされる瞬間にこそ、それを構成する諸力が最も明確になる。サン＝ヴィクトールのフーゴーは、アベラールの弁証法に攻撃され激しい興奮に駆られた一種の啓示者である。

図2

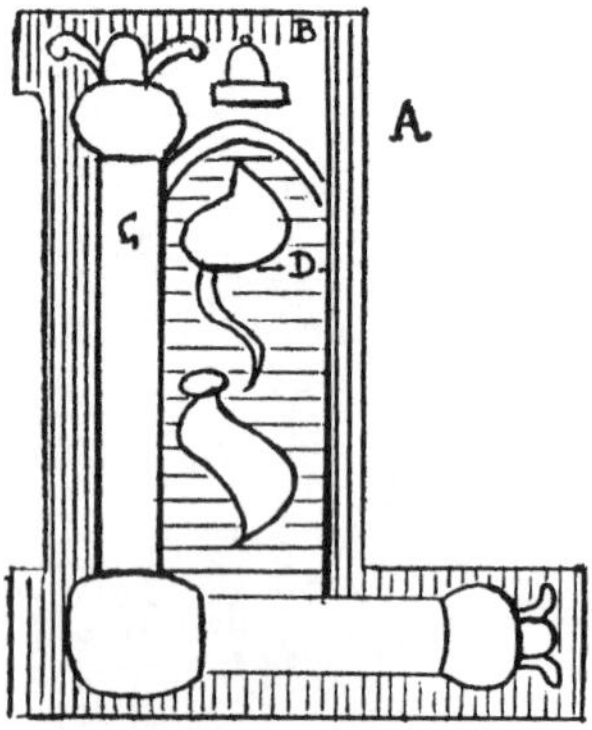

サン＝マルシアル・ド・リモージュの聖書[11]から『民数記』の冒頭を取り上げよう（図版1）。そこでは、空間は次のような仕方で組織されている（図2）。Aではフォリオの平面（白）に文字が書き込まれ、Bでは平面（緋色、直角で、Aの上に確保されている）に頭文字と小像が記され、Cでは平面（直角で白）を頭文字本体が画定し、Dでは平面（縦の長方形で青）が図像の地の役を果たしている。Aは書記の空間であるが、とはいえそこでは、文字がまさしく形象の要請（対称、装飾）にしたがって配置されている。Bはその造形的形態としての価値によっ

て、また文字としての輪郭によってAから浮かび上がる。逆にCは色彩的に中立化されているが、その輪郭は非常に装飾的である。一方Dは中立的な輪郭であるが、内側に造形的かつ色彩的な深い浮き彫りを持つ。記号x（y）は「xはyを含む」という関係を表すと取り決めるならば、この頁の平面はA（B（CD））のように重なり合っている。各平面の形象性とテクスト性の指標を考慮すれば、形象的に加工されたテクストの平面が文字の価値を持った形象的平面を含んでおり、後者の平面自体、テクストと形象が結合された二つの平面を含んでいることがわかる。このような頁の入れ子構造は、すでにそれ自体で二つの空間の同質性を含意している。

味するのですか。そうした場所で、あの不浄な猿たち、あの獰猛な獅子たち、あの架空のケンタウルスたち、あの半人間の怪物たち、あのごたまぜの虎たち、あの戦う兵士たち、あの角笛を鳴らす狩人たちは何の役に立つのですか。こちらにはいくつもの体にたったひとつの頭、あるいはいくつもの頭にたったひとつの体が見え、そちらには蛇の尾を持つ四足動物、そしてもっと向こうには四足動物の頭を持った魚。（…）そうした図像の数が実に多く、その多様さが実に魅惑的で変化に富んでいるので、写本を読むよりもこうした大理石像を眺める方が好まれ、神の法を熟考するよりそれらに見とれて一日を過ごす方が好まれるのです」（Apologie de Guillaume, douzième abbé de Saint-Théodore, cité par Assunto, *loc. cit.*, p. 152［注21を見よ］）。

（11） Paris, Bibl. nat. lat. 8. これは十一世紀末の二番目のサン＝マルシアルの聖書である。サン＝マルシアルのクリュニー修道院は、コンポステラ巡礼の途上にある宿場となっていた。リモージュ派は、豊富で重厚な装飾、特に装飾頭文字を特徴とする。しかし二番目のサン＝マルシアルの聖書は、二人の写本装飾師の作品であり、その一方は「南仏のフランス派の最も傑出した芸術家」であった。われわれが吟味している装飾頭文字は、彼のものであるとされている。Cf. Marie Cordroc'h, *Les Trésors de la Bibliothèque nationale*, Département des manuscrits, Epoque romane, France méridionale, Paris, Publications filmées d'art et d'histoire, 1964, p. 10-11, 32-40.

さらに明白なことに、Locutus est Dominus ad Moysen in deserto Sinaï〔主はシナイの荒野《あらの》でモーセに言われた〕のテクストと、モーセに命令を与える主の図像は対面の関係にある。一方では、文字（大文字のアンシアル書体〔特に四〜八世紀に写本に用いられた〕）は造形的に頁を埋めており、単に読まれるだけのものとはなっていない。たとえば、頭文字とテクストは同じ大きさではない。ひとはテクストを読み、一文字欠けていることに気づき、それを探しに出かける。視線にブレーキをかける空間は、視線にそこにとどまるよう強制するのだ。それらの意味もまた形象的であり、差異を表す一連の聖なる物語（創造－堕落－贖罪）である。他方では、形象はテクストの指示されたもの（designatum）、その指向（Bedeutung）であり、それゆえ書記の平面とは原理的に異質な空間に記入されなければならない。そして写本画家はそこにおいて曲線と垂直性をまさしく表現を目的に使用しているが、この使用は非常に際立っている。しかしすでに述べた包摂の媒介のおかげで、眼はテクストの平面から図像の平面へと連続的に移ることができる。しかも図像の造形的組織化は、伝統的な記号の利用を何ら排除するものではない。こうした記号はロマネスク様式の表象にちりばめられ、それを一種の絵文字としている。たとえば、全能の神の天上的なしるしである撞木形十字紋をともなった光輪、雲。モーセの足下を飛翔する聖霊の象徴。教示する神の手、崇めるモーセの手といった、手の儀式的な位置。世界はひとつの寺院であり、砂漠の外部性そのものも神の視線によって包含されていることを伝統的な仕方で示し、神の遍在性を表現する、場面を支配する丸天井と屋根。図像を構成するこれらの要素はすべてコード化されており、その語彙を学んだ読者には容易に再認することができる。そしてさらに、図像の平面に封じ込められた最後の平面である巻物がある。これもまたテクストを担っているものの、このテクストは図像の平面の垂直性と湾曲にしたがって配置されている。つまり、形象的表現に大きく譲歩しているのである。

差異と対立の絡み合いが入念に仕上げられているゆえに、これは非常に好都合な事例である。このことは、同じ写本の別の彩飾画の吟味によって確認される（図版2、本書巻末52頁参照）。ここに、一見するとより説得力に乏しい例がある（図版3）。モワサック修道院によるものとされる、『マタイによる福音書』の「イエスの系譜」の冒頭の一枚である。[12] ここでは、テクストと形象は相互に外在的な位置に置かれている。言葉は右下に、形象の平面とは異質な平面に説明文としてまとめられており、形象を説明している。福音書作者の人物像《フィギュール》は、先の例のように飾り文字の平面に取り込まれているのではなく、本来の造形的空間に分離されている。頭文字自体がその読みやすさを失い、その縦画部に密着する架空の形象に侵略され飲み込まれている。一方リモージュの聖書では、抽象的な網目からなるアルビジョワ的装飾が「L」の同定を妨げることはなかった。一言で言えば、この頁は二つの空間のあいだで生じつつある断絶の徴候をはっきりと示しているように思われる。

しかしながら、テクストから最も独立した図像、聖マタイの図像を吟味してみよう。それがいかに「書かれて」いるか、そこに二つの空間の相互侵食がどれほど残存しているかが容易に理解される。この侵食はまず、キリスト教的言説の物語的形象の媒介によって行われる。つまり形象の各要素が、聖史の一群の登場人物を表す特徴へと差し向ける信号として作用するのである。光輪は聖人を、上げられた指は使徒を、本は福音書作者を示している。そして象徴となる動物がいないのは、表題の記載によって人物を同定できる教養人によって図像が「読まれる」からである。この図像は、眺められることよりも認知されることを機能として

(12) Paris, Bibliothèque nationale, lat. 254, fin du Xe s. Cf. Marie Cordroc'h, *op. cit.*, p. 9-10, 24-28.

いることがわかる。これは「象形文字」とも言えるであろう。図像は実際、諸々の辞項を表すために光輪あり／光輪なし、上げた指／上げていない指など不変のしるしを用いた一種の言語を遵守している。芸術家は、最悪の混乱を引き起こすことなしには、諸特徴の体系から脱することはできないであろう。というのも芸術家は、聖なる物語の正典的形式を間接的に脱構築することになるからである。それゆえこれはまさに諸々の対立の体系であり[13]、キリスト教的物語の意味場を支配する体系と同じ体系、ただし形象による体系である。しかもこの準エクリチュールの関与的特徴のいくつかは、狭義の書記法あるいは発音においてそうであるのと同様に恣意的である。たとえばフランス語の母音にとって関与的な開いた／閉じたという音韻対立（jarre/jour）は、それが指示を可能にする対象〔壺／日〕とはまったく無関係である。モワサックの写本彩飾画の場合、用いられた色彩体系（赤、紫、青、緑）が表象された対象から派生しえないのは、母音/u/が日光から派生しえないのと同様である。それはカンディンスキーが「色の言語」[14]と呼ぶこととなるもの、つまり色環をなす対立と補色の体系からさえ派生しえない。ここで用いられた四色はスペクトル上で連続している。それらの価値は慣習的な諸対立から結果するのであって、感覚的差異から派生するのではない[15]。

それゆえモワサックの飾り文字がリモージュのそれよりはるかに表象的であり、諸空間の絡み合いがサン＝マルシアルの聖書においてモワサックの聖書よりはるかに精緻化されている（これはこの写本の全般的特徴である。図版4、本書巻末53頁を見よ）としても、逆にマタイが表象されている空間はテクストの平面から切り離され、モーセが神の命令を受け取っているのが見える空間よりもさらにはっきりと書かれている。全体では、テクストと形象はどちらでも均衡している。しかしモワサックの聖書では、一種の直接的な侵食によって（内庭回廊の柱頭〔同時代、図版5および本書巻末53頁〕における二空間の遭遇の処理と比較せよ）、エクリチュールが造形的表現を横領し収縮させ、形象的なものが文字を侵略し、それを脱構築しはじめる。リモージュの聖書では、序列化された内在性の過程によって行われる。二つの平面は、一方では頭文字の簡素さのおかげで、他方では図像の湾曲空間の相対的な造形性のおかげで非常に区別されている。しかし二つの空間は、（フォリオの）テクストから（巻物の）テクストへと至る連続のうちに、文字と形象によって相互に巧みにはめこまれている。この最後の例では、結果は直観（intuitus）にとってより優れたものとなっている。それは他方における意義（significatio）にとっても同様である[16]。

---

(13) Cf. Guide de la peinture (du Mont-Athlos), Paris, Didron éd., 1845, *passim*, 特に p. 124-128 ; Edgar de Bruyne, *Etudes d'esthétique médiévale*, Rijksuniverstät te Gent, Brugge, De tempel, 1946, t. I, p. 284 sq.

(14) *Du Spirituel dans l'art, en particulier dans la peinture* (1912), Paris, Denoël-Gonthier, 1969, 特に p. 117-144. カンディンスキーが提案する組織化自体は「自然な」ものではなく、恣意的な特徴を維持していることを指摘しておかなければならない。というのもカンディンスキーは青をオレンジではなく黄色に対立させ、青の本来の補色であるオレンジを緑に対立させているからである。

(15) ド・ブリュインはこう書いている（*loc. cit.*, p. 284-285）。「絵画は一種の造形的エクリチュール、とはいえ可視的な世界と密接に結びつけられた造形的エクリチュールとみなされるのだから、絵画が用いる記号がしばしば慣習的なものであるからといって驚く必要はない。伝統的な形象のコードを知る者は、自分に示された形象を即座に再認しうるのでなければならない。どの人物も、その絵画的索引を有している。表題なしでさえ、玄人は人物を同定することができる（…）。どの聖人も、伝統によって固定された固有の特徴を持っている。肖像画それ自体、自然にしたがって描かれるのではなく、絵画的コードによって描かれる。ひとは肖像がモデルに似ているかどうか「見る」のではなく、肖像が誰を表象しているかを「知る」のであり、それで十分なのである」。

(16) エルヴィン・パノフスキーは、西洋史を通じて空間の処理が被った激変について考察しつつ、カロリング朝の写本彩飾二・二　意義への直観の従属、分節された意義への可視的感覚の従属は、教父たちが図像の使用に課した最初の規則である。カロリング・ルネサンスの教義の資料体である『カールの書』[17]において、アルクインはキリスト教西欧の教義と教育法を、ビザンティウムを揺るがしていた偶像崇拝と偶像破壊という交互の危機に対置することで、力強く定義した。「最初の公会議は偶像の認識を許さなかったが、別の公会議はその崇拝を強要した。(…)われわれは偶像を破壊することも崇拝することもできない」[18]。しかし図像が是認されるのは、ひとつの明確な役目、すなわち教養人が聖書によって知るものに文盲が近づきうるようにする役目を果たすという条件においてのみである。「無学な者たちは、線描画を通して観照されることを聖書を通して考察することができない」。これはホラティウスの「詩は絵のように」という古代の教義を支柱とする教育法であるが、プルタルコスはその最初の定式化をシモニデスに帰している[19]。よって絵画が許容されるのは、明瞭に「語る」という条件においてである。この明瞭さは、語の本来の意味で理解しなければならない。それは、言語の辞項における意義の透明性である。言語の辞項がそのシニフィアンの本性によってではなくそれが表意するものによって価値を持つのと同様に、図像はその造形的シニフィアンの不透明性に視線をとどめるようにではなく、自分が表象するものの再認を直接導くように描かれなければならない。「芸術的意識とは、「洞察を経て記憶へと向かう」運動である。ひとは図像としての図像の知覚から、想像における現実の想起へと移行する。図像は感覚的直観に現前するが、表象された現実は知的記憶にしか現前しない」[20]。このようにエクリチュールに厳格に従属した形象が眩惑をもたらすことはありえない。また同時に、その不透明性が礼拝の運動をとらえ、誤らせることもありえない。可視的なものの機能は、不可視のものを表意する画（ビザンティウムによる古典的空間の継承者）の空間からロマネスク期の写本装飾の空間への変遷を「表面強化」として理解している。図像の枠組みがはっきりと画定されるのである。形象は、風通しのよい空間にまき散らされたりごく薄い線で示されるのではなく、濃厚な顔料の色で覆われる。「要するに、図案は一次元の線によって画定された二次元領域の体系へと凝固している一方、地は一様で平面的な作業平面へと凝固している」。そして彼は「ロマネスクの写本装飾に固有な製図的傾向は特に、切り立った場所を示していた曲線が、はっきり着色され強固に構築された帯へと変容することで明らかとなる」と付け加えている。これらの新たな事物は、「三次元的風景への指向をすべて失っており、単なる分割として機能する」（*Renaissance and renascences*, Uppsala, Almquist, 1960, p. 132-133 ; cf. 同著者の *Die Perspective als symbolische Form*, Vorträge der Bibliothek Warburg (1924-1925), S. 260 sq., 292 sq. ; Liliane Brion-Guerry, *Cézanne et l'expression de l'espace* (2e éd.), Paris, Albin Michel, 1966, p. 14 sq., 227 sq.)。ヘレニズムの伝統に由来しカロリング時代にも依然として生き残っていた「開かれた」空間の残余の決定的放棄が意味するのは、錯覚をもたらすための努力のうちで支持体が否定されなくなり、支持体として受容されたということである。これは、エクリチュールは頁に見かけの奥行きを与えるよう記入されるものの、頁には影響を与えないのと同じ理由による。形象の画定、装飾の抽象は同じ方向へと進む。形象は文字に準ずるものへと自閉し、装飾はその表象機能を失い、その価値は指示されたものから独立し、その意義は恣意的となる。パノフスキーは、後期ゴシック様式においてさえ「表面強化」の原理が放棄されていないことを強調している。

（17） Libri Carolini, *Patrologie latine*, Migne, t. 98.

（18） *Ibid.*, c. 1002. Cité par De Bruyne, *op. cit.*, I, p. 262.

（19） たとえばニュッサのグレゴリウスは、『聖テオドロス礼賛』にこう記している。「雄弁な書物におけるように色によって働きかけることで、芸術家は殉教者の戦いを明瞭に語った。なぜなら無言の絵画は壁の上で語り、多くの利益をもたらすからである」（cité par De Bruyne, *op. cit.*, I, p. 264)。一〇三五年、アラスの公会議は、文盲の人々の教化のため教会にフレスコ画を描くことを推奨した。cf. Jacques Le Goff, *La Civilisation de l'Occident médiéval*, Paris, Arthaud, 1967, tableaux chronologiques, p. 501.

（20） De Bruyne, *op. cit.*, I, p. 272.

ことにあるのだ。

あるマエスタ〔荘厳つまりキリスト教美術において玉座に座り高い聖性を示す姿〕の裏のメシェデのヒッダの福音書抄録集にはこう書かれている。「この可視的表象は不可視的真理を表していて、後者の輝きは二対の燭台を伴って新たな言葉自身の世界に浸透している」[21]。この「形象化」はまた、可能な限り非形象的である。真なるものの輝きが世界に入り込む様式、それは言葉（sermo）である。「図像は文字とエクリチュールと同様、可視的な記号であるが、一方は具体的、模倣的、感覚的であり、他方は慣習的で、より抽象的、知解的であり、不在の現実を表すという使命を持つ」[22]。ケルンの装飾師がマエスタの裏に、マエスタの正しい用法の定義を記入したのは偶然ではない。彼は単にそれを「この可視的表象は……」によって表しているだけでなく、それを表現し、意義を可視的なものの裏に、その本来の秩序つまり不可視のものの秩序、あるいはまさしくテクストの秩序である不在の現前の秩序のうちに位置づけているからである。

抑制された形象は、本質的に文字と同じ機能を果たす。それは「読者」に、「シニフィエ」の速やかな再認を可能にしなければならない。アルクインが形象的な表象の目的を「偉業の記憶」[23]とした際、彼はそれが図による合図として作用することを求めた。この合図の全機能は、読者に象徴と結合したシニフィエを想起させることにある。したがって画家、装飾師、図像製作者は、形象をメッセージとして構成しなければならない。つまりすでにその性質（語彙）と組み合わせの掟（統辞法）が、「図像の読者」のすでに知るコードで定義されているような、表意単位の集合として。見ることは、読むように理解することとなる。それは、読めない者たちの「読むこと」となるのである[24]。

しかしながら、対立の体系への差異のこの還元は一義的なものではなく、何より中世初期の美学において

さえ決定的ではない。すでに八世紀に、アルクインはみずからが絵画に割り当てた完成した事物の記憶の機

（21） Cité par Rosario Assunto, *Die Theorie des Schönen im Mittelalter*, Köln, Du Mont, 1963, S. 87. Cf. *ibid.*, Abb. 24. この福音書抄録集は、十一世紀オットー時代の最初の四半世紀のものである。

（22） De Bruyne, *op. cit.*, I, p. 278.

（23） Cité *ibid.*, p. 274.

（24） フラバヌス・マウルスは、装飾写本と絵画を好みすぎる友人にこう書き送っている。「文字には図像の偽りの形よりも価値があります。文字は事物の影を示すだけの色の調和以上に、魂の美しさに貢献するのです。聖書は救済の完璧で聖なる規範です。現実の認識について、聖書はより大きな価値を持ちます。他の何よりも有益なのです。美的趣味はより迅速に現実を享受しますが、人間の諸感覚にとってその意義はより完璧であり、記憶はより容易にこの意義を保持します。文学は舌と耳に奉仕しますが、絵画は非常に粗末な慰めで視線と眼を楽しませるだけです（…）。こうした芸術の考案者と崇拝者たちがいかなるものであったかをご覧なさい。君は確信をもって、むしろどちらに身をゆだねるべきかを知るでしょう。最初に事物の影を画定し、その色に変化をつけることで図像を作り出したのはエジプトでした。「エジプト」は「刺すような痛み」を意味します」（Hrabani carmini. Ad Bonosum, carm. 38）。中世の形象が果たすこの再認機能は、P・フランカステルによって（Espace génétique et espace plastique, *Revue d'esthétique*（1948）＝*La réalité figurative*, Paris, Gonthier, 1965, p. 145 sq.）「客観的芸術」という名で明確に同定されている。「移動が容積や性質を変化させせない世界、まさしく事物が属詞的性質と不変的性質を永遠に備えている世界（…）。中世の芸術（…）は、その記号言語が特定の物質的属性によって精神的性質を喚起する厳格な体系を用いるような芸術である」（p. 146）。著者はこの芸術をアリストテレスの思想と同一視し、いささか軽率な結論を下している。「AはAであるという同一律は、聖アンセルムスもジョットの造形芸術もうまく説明する」（p. 146-147）。——新プラトン主義は、少なくとも十三世紀までは、アリストテレス主義よりも間違いなく決定的である。Cf. A. Grabar, Plotin et les origines de l'esthétique médiévale, *Cahier archéologiques*, I（1945）; A. Grabar et G. Nordenfalk, *Early medieval painting from the fourth to the eleventh century*, Lausanne, 1957.

能に「壁を美しく飾る」[25]という機能を付け加え、教育的であるという効用に眼の楽しみを付け加えている。これは、まさしく審美的であるように思われる。かくして形象的なものの解放、差異の空間の自律への扉がわずかに開かれる。『カールの書』ではこの自律が展望されるにはほど遠く、楽しみの基準は教育法つまり表象の主題の基準に、よってそのエクリチュールの基準に厳密に従属したままである。絵画技術自体、素材とその使用を聖書的コードに従属させせなければならない。美しい怪物は存在しないのだ。怪異が形象的な表象のうちで美の権利を獲得し、美学において市民権を獲得するのは、一世紀後の『ディオニュシオス文書』の西欧における浸透と普及によってである。[26]これは非常に重要な契機である。ピュタゴラス派の影響を受けたプラトン主義が、ユダヤ＝キリスト教の遺産に固有な言説、すなわち物語的言説の立場から力強く再解釈された新プラトン主義に席を譲ったからである。原初の歴史の展開、被造物によって神から神へと導く諸々の連続的契機の多様性を強調することで、新たな図式は二重の機能を果たす。図式は形象的なものを言説的なものの秩序自体に導入するが、それは図式が言説的なものに堕罪と贖罪の形象－形式を、つまり根源的とされる差異を刻印するからである。また他方で図式はまさにそのことで、以前は自分にとって異質または敵対的とさえ思われたものを、つまり形象が位置する感覚的なものの秩序を言説的なものがより適切に表しうるようにする。言説の秩序のこの二重の正当化は、サン＝ヴィクトールのフーゴーの著作において完全に表現されるに至った。[27]

こうして被造物の表現的な美に、つまり聖書のシニフィエや不在の〈父〉の言葉のシニフィエへと送り返すシニフィアンとしての機能に、被造物固有の美が、「形の」美が加えられる。この美はもはやその主題の「美」から生じることはなく、作品の情動的な力を決定するのはもはや原初の歴史が書き込まれたコードへの帰属ではない。この力は、対象の構成要素の調和と魂の構成要素の調和とのあいだで即座に得られる一致に依存する[28]。クレルヴォーのベルナールの望みとは逆に、不可視のものの観想へと直接到達することは不可能である。「われわれの霊魂は、可視的なものの考察によって教育され、可視的形相は不可視的美の表象であると判断するようにならなければ、(上昇することが)できない[29]」。そしてそれゆえ、「(神)の表象が被造

---

(25) 人間は「偉業の記憶と壁の美しさのために」描く(cité in De Bruyne, I, 274)。

(26) ヨハネス・スコトゥス・エリウゲナ(810-877)は、ビザンティン皇帝ミカエル二世がルイ敬虔王に与えた偽ディオニュシオス・アレオパギタ文書を翻訳した。ヨハネス・スコトゥスの作品とともに、別のプラトン主義、すなわちプロティノスとアウグスティヌスのプラトン主義、楽観的なプラトン主義が、ピュタゴラス派のプラトン主義に優越することとなった。Cf. R. Assunto, *op. cit.*, S. 82 sq. ; De Bruyne, *op. cit.*, I, p. 339-370.

(27) Opera, *Patr. latine*, tomes 175-177. Cf. De Bruyne, *op. cit.*, II, p. 203-254 ; R. Baron, *Science et sagesse chez Hugues de Saint-Victor*, Paris, 1957.

(28) 魂の最初の対象は身体であるため、この一致はまず魂と身体の調和(あるいは音楽)において実現される。このことは、フーゴーを精神と肉体の友情、身体の愛すべき性格という命題に導いた。「音楽(または調和、これは一つにまとめられた多くの異なるものの和合のこと)は、肉体と霊魂の間で本性的親和性として存在する。霊魂は物体的絆によってではなく、何らかの情動によって肉体に結びつけられ、肉体自体は動作因と知覚因に結びつけられる。この親和性ゆえに、誰も自分自身の肉体に嫌悪を抱かない。音楽が存在するのは、霊以上に肉体が愛され、かわいがられ、その力が消滅させられないためだ」(*Didasc. II*, *Patr. latine*, 176, p. 755. また *Hier. Coel.*, *ibid.*, c. 949-950 も参照。「人間の霊魂があたかも類似するものから類似するものへ導かれるなら、それは可視的形相を不可視的美の表象であると容易に判断するだろう。なぜなら霊魂は友好的な類似性に基づいて対応する形相を認証と情動を経て見出すことで、霊魂自身の内部に不可視なものを有するからだ」)。

(29) Expositio in Hierarchiam coelestem Sancti Dionysii, *Patr. latine*, 175, c. 949.

物の明白な飾りであることはよく知られている」[30]。最も明白な神の名残、それは被造物の美である。可視的なものは、隠された意義の方へと横断すべき単なる通過地点、単なる発光信号、単なるエクリチュールであることをやめ、その形の美が認知されることにより、固有の内実、厚み、そして神秘的な多産性さえ受け取る。それは「象徴」、「不可視的事物の顕在化に対する可視的形相の寄与」[31]であり、われわれが記号と呼んだものである。ところでこの記号は、むろん自己とは別のものへと差し向けつづけるものの、言語的擬似記号の世界でそれを指向するのをやめる。記号は、美の固有の基準を持つ[32]——このことによってまさしく美的な秩序、シニフィアンに内在する意味の秩序がもたらされる——だけではない。さらにこの秩序の自律性は、シニフィエの秩序すなわち聖書が語る歴史の秩序との差異により、その相違のうちにさえ表れる。「形象はその大きさや小ささに比例して、あるいは希少であるか、美しいかによって、さらにはいわば不合理における一種の適合によって、感嘆すべきものと映りうる（aliquando ut interim ita loquar, quia quodammodo convenienter ineptae）[33]」。記号は類似するものまたは相違するものによって記号であるが[34]、現実には両者によって記号である。完全に類似していたら、それは記号ではなくシニフィエそのものである。完全に相違していたら、それは恣意的となり象徴であることをやめるだろう。記号特有の身分は、相違する類似のそれである。なぜなら類似するものがおとりの機能を果たさないで済むのは、類似するものをそれが表象するものとしてとらえることを眼に禁じる、記号の不同の要素のおかげだからである。「したがってすべての形象がより一層明白に真理を示そうとすればするほど、異なる類似性によって形象は形象であって、真理ではないことが証明される。そして異なる多くの類似性はむしろわれわれの霊魂のなかで真理へと戻る。なぜならそれらは霊魂自身をただ一つの類似性のなかに留めておくことができないからだ[35]」。この差異が、シニフィアンの平面、象徴の可視的な表面にとどまることを精神に禁じるものである。明白な無秩序は、潜在的な秩序、醜いもの、つまり神的テクストが脱構築されたものをもたらし、絶対的美へと訴える。「真理のしるしは存在しても、しるしは真理になりえない[36]」。ここでは、意味の唯一的提示としてのテクスト的なものの透明性が放棄されている。テクスト的なものは見られざる意義として把握されるが、可視的なものはその言説的現れには還元しえない言葉の現前として認知される。そこでは、不可逆的な厚みは意義へと向かう精神の運動の障害となる。しかしこの障害は、眼には到達しえない正しい位置づけを対当によって言葉に与えうるようにするものである。事物が「語る」としても、それは言葉によってではなく形象によってである。確かに、「これらの可視的被造物において外面は形象を識別するが、内面はそのラチオを理解しない」者は、開いた本を見ながら「形象を考察するが、その文字を知らない[37]」文盲とまったく同様に愚かである。ただしサン＝

(30) *Didasc.*, VII, c. 82.
(31) *Hier. Coel.*, c. 941.
(32) Situs（多様性における統一性の美）、motus（場所を変えるものの単純な美）、species（事物の可視的な美）、qualitas（他の感覚の美）。
(33) *Ibid.*, c. 819 ; cité in De Bruyne, II, p. 247.
(34) *Ibid.*, c. 971 ; cité in De Bruyne, II, p. 215.
(35) *Ibid.*, c. 978；引用および強調は De Bruyne, II, p. 216.
(36) *Hier. Coel.*, III, III ; Assunto, *op. cit.*, Text-Dokumente, S. 157による引用。美しいもの（Καλός）は呼ぶ（καλεῖν）ものである。cf. De Bruyne, II, p. 217-218.
(37) *Didasc.*, VII, c. 814 ; cité in De Bruyne, II, p. 209.

ヴィクトールのフーゴー以降、形象の真理の機能を省略しようとする愚かさは増していると言えるであろう。

この機能は、まさしくシニフィエに対する形象の不同性のうちにある。類似性を脱構築することで、真理が形象の秩序のうちで告知されるのである。そしてサン＝ヴィクトール派は、この相違する類似の秩序は狭義の可視的なものに閉じこめられているわけではなく、想像的なもののすべてを、特に隠喩が言説自体から産出しうるものを包括していることを知っていた。われわれはシニフィエを無媒介性においてとらえることは決してない。われわれが寓意的解釈なしに神の言葉を聖書のうちに聞き取ることは許されておらず、聖書もまた形象の美を必要としている。聖典におけるこの比喩的《フィギュレ》表現の機能を理解させるために、フーゴーもまた比喩を用いていることは驚きではないだろう。「神の叡智は感嘆すべき仕方で、聖典全体に（キタラやこの種の楽器におけるのと同様の仕方で）多様な部分を実に適切に整え配置した。このため、そこに存在するものはすべて、弦楽器がするように霊的知性の馥郁たる響き（spiritualis intelligentiae suavitatem）を生み出すか、神秘の諸々の物語を歴史の連続性と文字の堅固さに収め連結することで（per historiae seriem et litterae soliditatem mysteriorum dicta continens et connectens）、張られた弦に木の共鳴箱の作用を加え、耳により心地よい音を届けるのである」(38)。諸々の神秘の分散した痕跡は、このような安定性と連続性のうちで堅固さと通時性を獲得するが、これこそシニフィエが形象化する際の要素である。サン＝ヴィクトール派はあらゆる寓意的解釈、聖書の霊的意味を把握するためのあらゆる試みを、字義通りの歴史的意味の綿密な吟味に基づかせる必要を強調する。サン＝ヴィクトールのリシャールは、「第三種の思弁はまさにラチオにある」と述べているが、それは「想像の後でしか成就しえない。というのも類似は、可視的な事物の像から思弁に伝達されるからである」(39)。聖書も同様である。その「直接的」意味は、いわば隠された意味の比喩に富んだ

（imagé）形象なのである。字義通りのものは、霊的なものの寓意である。それゆえ全教義の集成でありあらゆる教育法の手引きである聖書は、加えてあらゆる芸術作品と現実のモデルでもある。というのも聖書は、単に読者の理解力の楽しみを目指すだけでなく、その想像力の楽しみをも目指すからである。

それゆえテクスト――聖典を含む――には、形象的なものが存在する。その存在は二つの平面に現れる。歴史の継続（historiae series）と文字の堅固さ（litterae soliditas）である。「ひとつの歴史の継続」、成就した物事の原初の歴史は、ひとつの形象を構成する。それは、キリスト教の神話の形式を組織するのだ。この物語的形象は地下の平面を占めており、直接的な言説の表面からは退いているものの、その陰影を作り出す。「文字の堅固さ」はその直接的不透明性を表し、それと読者の眼との関係は色と絵画や風景の観覧者の眼との関係に等しいものであり、眼をとらえる。それゆえこの字義性はここでは透明性としてとらえられるどころか、むしろフーゴーの比喩においては、文飾（*figure* de style）の存在がテクストにもたらす可能性のある不明瞭さを意味する。今度は、われわれは語られたあるいは書かれた言連鎖そのものの水準にいる。これらの形象は、意味場、統辞場の組織化の際に作られる隔たり（「不同性」、差異）から生じるのである。

要約しよう。一方では、「感覚的世界は神の手で書かれた本のようなものであり、個々の被造物はその文彩《フィギュール》のようなものであり、人間の善良な楽しみによって考案されたものではなく、神の不可視の叡智を顕示するために神の意志によって定められたものである」。感覚的なものからテクスト的なものへの還元。だ

（38） *Ibid.*, c. 790. Cf. De Bruyne, II, p. 208, 313, 343. ド・ブリュインはここで、記念碑にたとえた聖書の別の比喩を引用している。

（39） *Patrologie latine*, t. 196, c. 96 ; cité in De Bruyne, II, p. 335.

が他方では、「同じ唯一の聖書においても、一方は形象の形と色を明らかにし、他方は意味と意義を称賛する」。テクスト的なもの自体が、意義と形象へと二重化するわけである。ところで「神の作品を熱心に観想し感嘆することは、良きことである」。形象の考慮は、テクストの把握に至るまで正当である。「しかしそれは、物体的な事物の美を精神的なもののために転換しうるという条件においてである」[40]。記号のこうした寓意的使用は、記号の不透明性を除去するためのものではない。世界を読むことは、それを書いた神にしか許されていない。精神が被造物とエクリチュールをもとに、形而上学的な歴史を形象化する危険を冒す可能性はある。だが精神は、象徴的（figurant）機能を学ばなければならない。この機能のおかげで、精神は寓意的意義を精緻化することができるのである。そして精神が書かれたものの比喩的意味（sens figuré）を構築できるのは、感覚的なものによって読み取りえないものとして叙任され、直接的な形象的なものの指導を受けるからなのである。

諸秩序のこうした序列は、感覚的なものにおける類似性（感覚的なものはこれによって書かれる）と不同性（これはその差異をなす）を区別し、テクスト的なものにおける歴史的と呼ばれる字義通りの意味（これは他なるものを告知する）と寓意的意味（これは前者には隠された形象あるいは差異である）を区別する。序列は教義の秩序のうちにひとつの布置を構成するが、これはサン＝ヴィクトールのフーゴーより数十年前に、モワサック、そしてとりわけリモージュで描かれた飾り文字が感覚的秩序において提供する布置と厳密に対応している。南仏の福音書抄録集の場合、文字と図像の組み合わせは二空間の相互浸透によってなされ、リモージュの聖書の場合、それは形象の平面とテクストの平面の入れ子構造によってなされている。そこにわれわれは、サン＝ヴィクトール派の神秘神学が説くようなシニフィエ（あるいはむしろ意味）の構成が、シニフィアンの水準へと投影されているのを見出す。注目すべき唯一の隔たりは、差異、不同性、それゆえ書かれざるものとしての感覚的なものに与えられた自律性が、サン＝ヴィクトールのフーゴーのテクストよりも写本彩飾画において小さいということである。西洋絵画とは、差異の顕現のための戦いに過ぎないのであろう。フーゴーはこう言った。「愛あるところに眼あり」。

三・二　ルネサンスとともに、形象的なものとテクスト的なものとのあいだにまったく別の関係が構成される。ロマネスク的および（おおざっぱに言えば）中世的組織化は、視覚的表象のコード化によって形象的なものをテクスト的なものへと組み込み、正典的言説の物語的（神話的）布置によってテクスト的なものを形象的なものへと組み込んでいる。十四世紀以降、視覚的表象の平面においても言説の平面においても、二つの空間を分離する作業が差異と対立のまったく新たな再分配を生み出そうとする。他性の基本的諸形式の中世的統一は、対立の空間である言説の空間で差異を感覚的なものの外へと排除することにあった。つまり差異を語ること、エクリチュールだけを見せることである。「近代人」は二重の移動を遂行する。言説の平面では、唯一神聖な言説によって与えられる具体的な物語のかわりに、可能なあらゆる言説の形式的規則を構築すること。そして造形的空間では、可視的なものを不可視のものを象徴するために用いるかわりに（そ

（40）*Didasc.*, VII, IV ; cité par Assunto, S. 158. ——このような問題系とクローデルの『詩法』との類縁性を読者に告げる必要があるだろうか。特に文字と肉体のあいだでの、可視的なものの躊躇との類縁性である。

れを書くかわりに)、可視的なものとしてあるがままに提示することである。かくして差異は言説的空間から排除され、原則として感覚的なもののうちに置かれる。それゆえ、エクリチュールと絵画は対立するように見える。対立の平坦で均質な平面に記入されるものが、知覚的差異に頼るものと対立するように。しかしながら、厳密にテクスト的な言説と純粋に形象的な指向とのこの新たな連関は見かけのものに過ぎない。しかし視的なものはエクリチュールから解放されておらず、知解可能なものは差異から解放されていないのである。可

この最後の点からはじめよう。語彙(定義)と統辞法(変換)によって規定された形式的体系としての知の言説は、まさにガリレイの作品において具体化している。公理系、ある内容から独立した命題の集合、形式的体系の条件を満たせばこれこれの指向領域が無差別的に定位しうるような言説は、後に科学的テクストが到達することになる不可避の定立として、ガリレイの作品において予示されている。[41]この「内容」の除去は、差異の除去と正確に重なっている。言説に現前する差異は、「形式」として(布置、モンタージュとして)、また(レトリックの)文彩《フィギュール》として現前する。少なくとも差異が体系として組織されうる限り(再範疇化)[42]、差異は文体論に属する。基本的な物語的形式に属するキリスト教の物語は、一方では存在論的な旅路を示し、他方では自分が語る〈他者〉や〈他所〉を理解させるために、アレゴリー、隠喩、提喩法やあらゆる転義を欠くことができない。この物語は、すぐれて差異の言説なのである。新たな言説の外に内容を除去することは、あらゆる差異に対するテクスト的空間の中立化を含意する。新たな言説は、文体論の平面の下にある平面、すなわち語彙と統辞法の平面に位置する。[43]語ることは、もはや創世の歴史を語ることではなく、法則の集合の諸特性をア・プリオリに打ち立てることとなる。このような集合においては、いくつもの可能的な「歴史」を語りうるであろう。形式的集合に包摂されるという事実だけで、これらの歴史は形象的性質

を原理的に失うはずである。つまりアダムとエヴァを失われた楽園から追放し、イエスを十字架上で死なせ、その布置によってのみ終局としての和解を希望させるという、不可逆的構成を失うはずである。[44]

（41） Cf. Husserl, Die Krisis der europäischen Wissenschaften und die phenomenologische Philosophie（1936）, *Husserliana*, VI, Den Hag, Nijhoff, 1957.

（42） わたしはこの概念を、変形生成文法派の最近の文体論研究から借用した。たとえば、後で吟味されるソーンの研究を参照。

（43） これは、A・コイレの指摘と関連づけるべきであろう。それによれば、ガリレイの実験主義がいかなるものであれ、新たな物理学は感覚的経験への指向なしに構成される。「生《なま》の経験、共通感覚による観察という意味での経験は、古典科学の誕生に際し、障害の役割以外にはいかなる役割も果たさなかった。しばしばパリの唯名論者たちの物理学――そしてアリストテレスの物理学さえ――の方が、ガリレイの物理学よりもずっと経験に近かったのである」（*op. cit.*, p. 13 ; cf. *ibid.*, p. 153-158）。ここで、バシュラールの認識論の手続きが確認される。――生《なま》の経験は、キリスト教の言説に転写された経験とは明らかに異なる。それゆえわれわれがここで物語的テクストの中立化と呼ぶものと、コイレの指摘を同一視することはできない。とはいえコイレは、コスモスと「本来の場所」を中心とするアリストテレスの物理学は、ガリレイの物理学よりも生《なま》の経験と同質であることを指摘している。これは、アリストテレスの「場所」が視覚的経験の規範の観念論的表現として通用しうるということ、視線が視野の中心に、みずからが見つめるものを住まわすための領域――結局これがその本来の場所である――を穿ちうること、そしてあらゆる周辺化の運動はこの場所に対する暴力であるということである。キリスト教の物語の方は（あらゆる神話的な語りと同様）、これに類似した暴力とそれに続く中立化の歴史を語る。すなわち罪が人間をその本来の場所から、神の視線の下から、その視野の中心から追い出し、福音のメッセージは本来の場所への帰還を予告し約束するのである。

（44） ヘーゲルの弁証法も、少なくとも『現象学』や『歴史哲学』の弁証法もまたそのような物語であり、キリスト教の物語の文体の骨格の上に築かれた存在論的な物語的言説である。特に青年期の著作とジャン・イポリットの研究 *Introduction à la philosophie de l'histoire de Hegel*, Paris, Rivière, 1949 を参照。

言説的空間のこの中立化の効果については、A・コイレによって綿密に吟味された事例、つまり新たな物理学の形成の事例がある。(45) コスモスの観念の破壊、そして宇宙の観念によるその置き換えが、コイレの見解では転換の本質である。(46) コスモスの特徴である諸々の「場所」の序列のかわりに、新たな物理学は中心も限界もない空間の概念を構築する。そこでは、運動は一切の「本来の」あるいは「暴力的」性質を失い、もはや静止し任意に想定された天文台と相対する空間的時間的移動でしかない。空間の幾何学化と宇宙の無限化は、すでにジョルダーノ・ブルーノの形而上学においてなされている。(47) 運動のあらゆる「内容」の除去は、ガリレイに帰される。彼が創始する（アルキメデス的な）純粋な運動学は、インペトゥス（impetus）の物理学に抗して構成されている。インペトゥスの物理学によれば、物体を動かすものには、物体に「こめられた」(impresse) 力の封入が対応しており、物体が停止する際この力は物体から離れる。(48) そして、慣性の原理の明示的な定式化はデカルトに帰される。これによって運動も静止も、同様に同じ慣性を備えた「状態＝関係」であるとされたのである。(49)

感覚的現実は、被造物の冒険を報告する物語的言説によって「語られる」のをやめる。とはいえ感覚的現実は、ひとつの言説を述べ続ける。その知解可能性が知解不可能となり、それについて語られるばかりとなり、よって完全に指向の側へと移行したのは、ずっと後になってからに過ぎない。それには、体系の秩序がみずからが語る分野の秩序から完全に独立し、この分野が体系が構成しうる分野のひとつとしてのみ現れることが必要であった。新たな宇宙は幾何学の言語で表現される。ガリレイは、彼の同時代人全員にとっては、プラトン主義的数学者あるいはアルキメデス的物理学者であった。(50) 彼の革新は、算術と幾何学の言語に運動そのものを取り込んだことにある。アリストテレス以降の逍遙派《ペリパトス》たちは、運動の数学化は不可能であると考えていた。そして彼らは、自然《ピュシス》の完全な数学理論に対する乗り越えがたい障害となっていた。ガリレイは「神によって創造された自然が語る」[51]言語の「アルファベット」だけでなく、統辞法をも探求する。感覚的言説のこの主たる立場からの離脱は、それゆえ完遂されていない。この立場ゆえに言説は、取り去られた神の言葉に発するテクストや文書となる。物理学的幾何学において語っているのは、やはり依然として〈他者〉なのである。彼が語りわれわれがそれを聞き取りうる以上、彼は明確に語っている。われわれの悟性が手にする彼の言説のいくつかの語や命題ゆえに、われわれはこれらの語や命題が示す対象を知解する。こうした命題は、神が持つ命題と強度において（ラテン語は「内包的に」と言っている[52]）等しい。しかしわれわ

（45） Cf. A. Koyré, A l'aube de la science classique（1935-1936）, Galilée et la loi d'inertie（1939）, in *Etudes galiléennes*, Paris, Hermann, 1966.

（46）「それゆえ古典科学の知的態度は、以下の二つの契機によって特徴づけられるだろう。しかも両者は相互に緊密に結びついている。ひとつは空間の幾何学化とコスモスの崩壊、つまり科学的推論内部の、コスモスを起点としたあらゆる考察の消滅である。ひとつはユークリッド幾何学の抽象的空間による、ガリレイ以前の物理学の具体的空間の置き換えである。この置き換えが、慣性の法則の発見を可能にしたのだ」（A. Koyré, *op. cit.*, p. 15）。

（47） *Ibid.*, p. 171-182.

（48） *Ibid.*, p. 60-79.

（49） *Ibid.*, p. 163.

（50） *Ibid.*, p. 79, 283-290.

（51） *Ibid.*, p. 286.

（52） *Dialogo II*, p. 129 ; cité in Koyré, *op. cit.*, p. 284.

れの精神が「神の知性から無限に隔たった距離」にあるのは、「理解されるものの様式と多様さに関して[53]」である。神は、「命題のすべてを知っているため（人間よりも）それらを無限に多く[54]」理解するだけではない。われわれは、われわれに手の届く命題を理解する〔聞く〕ことを強いられるのに対し、神はすべてを一瞥によって見る。「たとえば円は特性を無限に持っていますが、そのいくつかの特性の知識を得るために、われわれは最も単純なものからはじめ、それを定義によって定め、推論によってまた別のものへと移り、そこから第三、第四のものなどへ移ります。これに対して神の知性は、円の本質の端的な把握により、時間的推理《ディスクール》なしに、これら無限の特性すべてを理解します（…）。われわれの知性が時間とともに一歩一歩行うこの過程を、神の知性は光のように一瞬で飛び越えるのです。これは、神の知性はつねにあらゆるものに現前する、と言うのと同じです[55]」。言語も同様であるが、しかしそれを語る二つの方法の差異をガリレイは通時態／共時態、有限／無限、闇／光といった対立項によって理解している。神は透明性のうちにあり、体系のすべてを一挙に裏面なしに有し、包含する。われわれは体系内にあり、体系がわれわれを包含し、われわれの場を限定し、地平を押しつけ、論証性《ディスクール》を強制する。こうした定式化の直接的な意味は、神的秩序は可視的なものの秩序であり、人間的秩序は言説のそれであると思わせるかもしれない。しかしそれにもかかわらず、実は神は純然たる言語であり、神においては諸要素はいかなる厚みも持たない。そうした要素は諸特性の体系内の項に過ぎず、諸特性は「無限であるとはいえ、その本質および神の精神においてはただひとつのものに過ぎない」。一方「深く濃い闇によって曇らされているような[56]」われわれの知性は、世界にあるごとくこの言語のなかにあり、その全体を一望のもとに把握することは決してなく、見回さなければならず、真理は出来事として出現する。神は、対立の体系を見通し陰影も起伏もないテクストを定める、遍在的な純然たる視線である。一方われわれは、差異のなかに埋没している。

このような断絶がデカルトにも見出されることは、驚きではない。ただしこの断絶はかなりの段階に達しているため、観察はさらに容易である。[57]デカルトには、視覚に関するプレグナンツ〔知覚された像が最も単純で規則的で安定した形にまとまろうとする傾向〕、見ることへの、受動性であるような見ることへの情熱――この情熱は非常に強く、体系の構成の主題の基礎にさえなっている――が認められる。メルロ＝ポンティは、『屈折光学』がその原理として生きた眼の除去、空間を生成するその可動性の除去、そしてそれに対応する「図像の力」の除去に依拠していることを示そうとした。[58]それは実際、視野から内在する異質性を除去し、それを理解の空間、「聞くべき空間」とすることを機能とする盲人の光学である。

しかしこの全面的な幾何学主義の企ては、メルロ＝ポンティが指摘しているように、多くの抵抗によって和らげられている。「見ることの思考」は現実態の視覚を完全に覆うには至らず、視覚のうちにはひとつ受動性が存在する。これは精神の監査に先立つ身体と事物との共謀に関係づけるべきものであり、精神の監査

(53) *Ibid.*, p. 131 ; cité *ibid.*, p. 286.
(54) *Ibid.*, p. 130 ; cité *ibid.*, p. 285.
(55) *Ibid.*, p. 131 ; cité *ibid.*, p. 286. コイレは、これらのテクストの発想とデカルトのそれとの類縁性を強調している。
(56) *Ibid.*, p. 132 ; cité *ibid.*, p. 285.
(57) コイレは、デカルトの思想（彼はこれに慣性の原理の最初の明示的定式化を帰している）が、それにもかかわらずガリレイの思想以上にアナロジーの方法に依存したままであることを強調している。
(58) *L'œil et l'esprit*, Paris, Gallimard, 1961.

はそこから明晰判明な概念をもぎ取らなければならない。経験された空間は思考された空間に残余なしで回収することはできず、魂と身体との結合はそれらの区別を妨げる。

とはいえそのような指摘は、知解と対立する見えるものの経験に対する彼の特権的、独占的準拠ゆえに、知覚の現象学者としての仮説になおも従属している。ところで事柄はそのように単純なものではなく、見えるものの本質は経験の対象ではないし、良い形式がその法則なのではない。知解の理論そのものにさえ、差異という見えるもの固有の特徴が再び現れる。確かに視覚の理論[59]は、見ることが触れることへと身を落とすよう求める。確かに蜜蠟片の批判は精神から幾何学的な眼への対称的変化に依拠しており、結局この方法の核心となっているのは「正しく見る」方法に過ぎない。しかしデカルトには、また逆向きの運動が存在する。場の厚みのア・プリオリ性と、あらゆる幾何学主義に対するその根本的異質性の認知である。「正確な」視覚は決して無媒介的ではなく、混濁した視覚において取り戻される。精神の監査は、あいまいさと夢幻という幼年期を持っている。デカルト的問題系にとって、精神が多様性と混乱のなかで第一歩を踏み出すこと、その最初の状態は幾何「光学」ではないこと、精神は不透明性と湾曲から立ち直らなければならないことが本質的である。

自己とは他なるもののうちにラチオを生じさせるこの運命は、文化の世界にそのモデルを持っている。文化の世界は、通りや街区の可視的な布置のうちに、別の布置つまりその一世紀前の布置を、さらには別の布置を含んだ都市のようなものである[60]。それぞれの布置は、都市計画の整備によって相互に結びつけられており、時には可視的であり、時には隠されている。それゆえ精神の世界であるこの都市を散策すると、精神は根本的な可動性を経験し、不動で自己同一的と想定される都市の平面に対する自身の移動だけでなく、この平面の諸部分の同時的移動を経験する。この移動ゆえに、ある街区から別の街区へと移りながら、そして極限的には同じ建造物、見かけが同質な建物を見ながらも、精神はある都市から別の都市へと移り、自己のある瞬間から別の瞬間へと移る。そしてこれらの瞬間のそれぞれが、自己の周囲の他の全瞬間を整序し、ひとつの中心として現れる。その周囲では、他の瞬間(以前はいずれもそれ自体中心であった、都市の他のすべての場所)が変形され、たわめられ、見分けられない状態となっている。精神が都市全体の直観を、先入観のない視覚をとらえたと信じるたびに、見るという行為は、正しい《よい》視点に置かれていないもののアナモルフォーズを生み出す。このアナモルフォーズは異常なものではない。結局デカルトは都市全体を一挙に作り直すことによる徹底化を時折望みながらも、アナモルフォーズが視野の構成要素であり、「正しい」視点の合理性はこの周辺の湾曲、この幼年期、この出来事を方針として無視するという条件でしか構築されえないことを知っている。[61] 精神の世界における危機、文化の危機は、都市の隠喩を経由して、情念の世界である視覚

(59) *Dioptrique*, discours 6e.

(60) *Discours de la méthode*, 2e partie.

(61) 都市におけるこの空間的時間的差異の把握のすばらしい説明が、ミシェル・ビュトールによって *L'emploi du temps*. Paris, Minuit, 1956 において与えられている。両者に近いのが『文化のなかの居心地悪さ』という重要なテクストである。そこでフロイトは、同じ隠喩によって無意識的空間の特性がいかなる点にあるかを理解させようとしている。またこのテクストは、わたしが差異と呼ぶものが可視的なものにおける別の場面や第三の空間の指示であることをよく示している。ローマのような史跡でわれわれが出会う、われわれに抵抗する過去の保存の種類について述べた後、フロイトはこのように続ける。「ここで幻想的な仮説を立て、ローマは人間の住む場所ではなく、ローマに劣らず長い豊かな過去を持つ精神的存在であり、そこで一度生じたことは消えず、初期の発展の前段階がより最近の段階のかたわらになお存続していると

の世界が悟性のうちに引き起こす危機へと導く。方法論的慣習によって無視するときでさえ、デカルトは決して形象的なものを忘却しない。記号と語の隔たりは決して抹消されないのだ。

　結局のところこの主題は、ガリレイが『天文対話』で示した主題と似ているものの、可視的なもののアナロジーへと完全に移し替えられている。このアナロジーは、作品のはじめから終わりまで用いられている。方法の説明さえ、それに頼っているのである。この方法の本質的機能は、対象のアナモルフォーズを抑制することにあると言えるかもしれない。デカルトが時折その方法について認める恣意性の鍵は、最終的な準拠の中心であると同時に歪曲の場であるとみなされる、可視的なものとのこの両価的関係のうちに見出されるように思われる。なるほど真の知は明証によって、純粋な見ることによって与えられる。純粋な見ることはそれ自体神の無謬性によって保証されており、この意味で「自然の光」によって保証されている。しかし探求のはじまりにおいては、何を見ればよいのか。所与に順序を与えなければならない。「素材」の順序ではなく、まずその固有の論拠を有用性のうちに有するだけの、「論拠の順序」を与えなければならない。「自然のままでは互いにまるで先行しないもの［対象］のあいだにさえ、順序を想定しながら[62]」。そこにあるのは、斜めのものよりまっすぐなものを、複雑なものより単純なものを、異なるものより同一のものを、多数より一を好む慣習だけである。デカルトはそれを知っており[63]、この所与に対する方法の人為性を言明していない

しよう。これはローマにとっては、パラティウムの丘の上に皇帝の宮殿やセプティミウス・セウェルス帝時代の七層建築がもとの高さのままなおもそびえ立ち、サンタンジェロ城のこぎり壁はゴート族による攻囲以前に装飾されていた美しい彫像をなおも保っている、等々を意味するであろう。それだけではない。パラッツォ・カファレッリのある場所には、この建物を取り壊す必要なしに、ユピテルの神殿が再び立っている。しかも帝政時代のローマ人が見た最後の姿において

だけでなく、エトルリア様式を顕示し陶製のアンテフィックスで飾られていた頃の最古の姿においてもである。そしてコロセウムが立つ場所には、消失したネロのドムス・アウレアを同じく鑑賞することができるだろう。パンテオンの敷地には、ハドリアヌス帝の治世から伝わる今日のパンテオンだけでなく、同じ基部の上にM・アグリッパによるもとの建物を見出すであろう。さらに同じ地面にはサンタ・マリア・ソプラ・ミネルヴァ教会と、その土台であった古い寺院の双方が立っているであろう。かくして、視線の方向や視点を変更（Aenderung）するだけで、観察者はこれこれの姿を浮かび上がらせることができるであろう。このような幻想をさらに繰り広げるのは明らかに（offenbar）無意味（keinen Sinn）であり、表象しえないもの、さらには不条理なものに（zu Unvorstellbarem, ja zu Absurdem）行き着くだけである。歴史的な連続関係（das historische Nacheinander）を空間的に示そうとするなら、空間における並列による（durch ein Nebeneinander im Raum）しかない。同一の空間は、同時に二つの仕方で占められることを許容しない。われわれの上記の試みは、いささか軽薄に思われる。その釈明はひとつしかない。それは、心的生活の特性を直観的な説明によって（durch eine anschauliche Darstellung）わがものとする（zu bewältigen）ことからわれわれがいかに隔たっているかを、われわれに示してくれるのである」（*Das Unbehagen in der Kultur* (1930), G.W., XIV, S. 427-428）。このテクストのことを思い出させてくれたギー・フィーマンに感謝する。直観（Anschauung）、デカルトの intuitus への根本的な障害は、最終的には無意識的過程の諸操作、圧縮、そしておそらく何より対象を変動させ攪乱し続ける移動にあることがわかる。ここでは移動を死の欲動と関係づけなければならない。

(62) これは『方法序説』第二部の第三の「規則」である。Cf. *Regulae ad directionem ingenii*, VI, VII, X；またメルセンヌへの一六四〇年十二月二十四日の手紙を見よ。「わたしが書いたものすべてにおいて、わたしが素材の順序ではなく、論拠の順序のみに従っていることに注意して下さい（…）」。この順序は、「容易なものから難しいものへ」と定義されている。この順序の妥当性はよって対象には依存せず、探査される場に対する精神の眼の状況によってのみ与えられる。

(63)「すべての事物は、われわれがその本性を個別に考察するのではなく、一方の認識が他方のそれから生じるようにそれらを比較するというわれわれの企てに有益でありうる限り、絶対的あるいは相対的と言われる。わたしは、問題となっている純粋で単純な本性を自己のうちに含むものすべてを絶対的と呼ぶ。すなわち、独立的、原因、単純、普遍的、同等、類似、直、およびその他のこの種のものとみなされるすべてである。そして問題を解決するのに利用するためのものを、場合でも、彼の隠喩がそれを思い出させている。隠喩はわれわれに、それより一世紀半前のフィレンツェ派の手法を想起させる。彼らはこの手法によって、奥行きのある視野に「壁を貫く」[64]ことを許したまさにその瞬間、この視野を支配することを学んだのである。周知のように、ブルネレスキ[65]は磨かれた金属の底が日光を反射する一種の箱を作っていた。そしてフィレンツェ大聖堂のファサード〔建物の正面〕を表現したその一面が、反対側を占める鏡に反射していた。描かれた壁面には穴がひとつ開けられていたが、穴は大聖堂の主たる入り口に対応し、ファサードの反射像は片眼にしか見えない。このような視線の画定が、視野の幾何学化の条件である。開口部の縁は周辺視野を排除する効果を、よって知覚の空間を「脱湾曲化」し、中央の焦点部——そこでは湾曲やアナモルフォーズは取るに足らないものである——とできる限り同質にする効果を生む。絵の平面上において何らかの対象を産出することに対して、正確な規則を規定することができるであろう。これらの規則の規範は、対象がブルネレスキの箱の穴によってそれを観察する眼に対して現れるように表現されること、というものである。正統作図法（costruzione legittima）は、この慣習によって支えられている。慣習の本質的機能は明快であり、統一されたユークリッド的場のために形象的差異を抑圧することにある。

デカルトが幻や感覚的なものと縁を切ろうとする際、彼は何を行うのか。彼は一種の精神的な箱を組み立てるのである。精神はそこに眼をあてることにより、あらゆる不明瞭さと混乱から可能な限り解放された対象を把握するであろう。直観つまり純粋で注意深い視線[66]が「正しい」視覚であるのは、正面や側面の相互侵食（混乱）や色価の相互侵食（不明瞭さ）から生じるアナモルフォーズがそこから追い出されているからである。「理解するとは何か」という問いへのデカルトの答えは、対象に対する視線の固定にある。この固定は単に、精神の眼とそれが見るものとの隔たり――これは、焦点距離が光学においてそうなるように最適でなければならない(67)――の固定であるだけでなく、また視野の境界画定、その「判明(68)」にもかかわる。アルベルティの場合と同様、正統な視覚は観察者に対し「明白な仕方で」現れないものすべての排除によって、側面的なものの抑圧によって定義される。

---

(64) 最も単純かつ最も容易なものと呼ぶ(…)。方法全体の秘訣は、すべてのものにおいて、その最も絶対的なものを注視することにある。あるものは実際に、ある視点からすれば別のものより絶対的であるが、別の仕方で考察されればより相対的である(…)。われわれがここで考察するのは認識すべき事物の系列であり、その個々の本性ではない」(*Reg.* VI:強調は引用者)。「事物は、それがわれわれの認識と関係するか、それともわれわれがそれを真に存在するものとして論じるかによって、別様に考察されるべきである」(*Reg.* XII)。

(65) ヴァザーリは『画家・彫刻家・建築家列伝』(一五五〇)において、サンタ・マリア・ノヴェッラ教会の壁にマザッチョによって描かれた『三位一体』(一四二五頃)について述べている。「しかし人物像よりも美しいものがある。それは遠近法で描かれ、ばら形装飾に満たされた格間に分割された穹窿天井であり、その比は遠近短縮法によって実にうまく減少するため、壁に穴が空いているように見えるのだ」(Vasari, *Les peintres toscans*, Paris, Hermann, 1966, p. 123)。

(66) Cf. P. Francastel, *Peinture et société*, chap. I.

(67) *Reg.* III.

(68) 「注意した精神に現前し明白なものを、わたしは明晰な(認識)と呼ぶ。対象が現前して眼を十分に強く動かすとき、またわれわれの眼がそれを適切に見る状態にあるとき、われわれは明晰に見ると言うように」(*Principes*, I, 45)。あらゆる直観主義における現前という主題、つまり可視的なものへの準拠という主題の反復については強調するまでもない。

「そして判明なと呼ぶのは、非常に明確で他のすべてのものとは異なるため、それを正しく考察する者に対しはっきりと現れるものしか含まないような認識である」(*ibid.*)。

だがデカルトの正統性は、アルベルティのそれとは異なり、対象については自己が恣意的であることを知っている。一切の混乱を排除する視野の正しい奥行きと枠組みの固定は、光学系の物理的特性が既知であることを前提する。この光学系のおかげで、視覚による知覚が生じるのである。そうした特性は吟味される対象から完全に独立している。知的直観については、デカルトはわれわれには諸々の体系から選択する余地はなく、幾何学、算術、分析が人間の悟性に提供するひとつの明晰とひとつの判明しか可能でないと考える。そしてそれらの特権は、この数学的言説が、神が世界を語る際の言説と同じものであることに由来する。ここに、恣意的なものの拡大に対する形而上学的な制限がある。この錠は、後世の数学によってはじけ飛んだ。しかし比較の領域、可視的なものの領域においては、「正しい」距離と「正しい」開口部の恣意的な性格を明らかにする、諸々の異なる光学系が経験される。体系の光学的特性は、対象から完全に切り離されている。対象から特性への派生はありえない。その結果、対象とそれについての像との何らかの類似性を把握するという主張を放棄しなければならなくなるであろう。デカルトがこの段階を省略したとは言わないが、第三省察や第二反論に対する返答（〈幾何学的様式で配列された諸根拠〉、定義三と四）で述べられた思想の着想のすべてが、表象の問題系という暗黙の問題系に依然として依拠していることはあまりにも明白である。犬を表象した絵があるとしよう。この絵は精神の「なかに」ある。それが（現実の絵のために画布、絵の具の役割を果たす）物質からできている限りにおいて、その物質的実在は思考する実体のそれである。しかし絵は犬を表象している。それゆえ二匹の犬が存在する。可視的で絵に描かれた第一の犬（シニフィアンあるいは代表《ルプレザンタン》）は、観念の客観的実在つまり「この実体が観念のなかにある限りでの、観念によって表象された事物の実体ないし存在」である。不在で表象された第二の犬は、観念の形相的実在である。表象されるものがもはやdogではなくGodである場合、表象されたものの実在は絵－観念についてはもはや形相的ではなく、優勝的（éminent）である。神の観念と神とのあいだにはもはや一致はなく、神は観念を無限に超過する。とはいえわたしは神を「理解し」(69)、その再認可能な表象を見出す。

そのような問題系を起点としても、そして欺くことなく派生に始原の保証を与える善意の神を仮定するとしても、誤謬が存在すること、精神における絵の正統作図法の規則を考案しなければならないことに変わりはない。誤解を避けたいならば、表象されたものから表象するものへの派生と縁を切るとまでは行かなくとも、少なくともそれに満足せず、対象と眼を直接的に結ぶひもを断ち切り、シニフィアンの自律的秩序——意義の諸効果の原理を自己自身のうちに、その固有の平面に持つような——を創設しなければならないであろう。われわれに像をもたらすこの受動性とは別の、思考するための機会が存在する。そのモデルは、言語の諸要素の恣意性によってわれわれに提供される。「われわれは、像の他にもわれわれの思考を喚起するものがいくつか存在すると考えるべきである。たとえば記号や言葉であるが、これらはそれらが示すものとはいささかも似ていない」(70)。ところで言語的指示の恣意性へのこの参照は、現実の対象と、ある平面に投影されたその表象とを区別する恣意性を明らかにすることを可能にする。このような恣意性は、われわれにはささいなものであるが、それ自体において自己同一的である。表象の批判は、言葉のモデルを基点とすることで、像とその指向との連続性という公準を非難することができる。「少なくとも、みずからが表象する対象

(69) *Méditations*, III.
(70) *Dioptrique*, Discours 4e, *Œuvres*, Bibliothèque de la Pléiade, p. 203-204.

と完全に類似するべき像はひとつもないと指摘しなければならない。なぜなら、さもなければ、対象とその像とのあいだにはまるで区別が無くなってしまうからである。そうではなく、像は対象にわずかな点で似ているだけで十分である。そしてしばしば像の完全性は、像がなるべく対象に似ていないことによるほどである」。ここで、印刷された像との比較が行われる。「お分かりのように、銅版刷りは紙のあちこちに置かれた少量のインクだけで作られながら、われわれに森、町、人々、さらには戦いや嵐さえ表象する。もっとも銅版刷りがこうした対象についてわれわれに理解させる無限のさまざまな性質には、形象がぴったりと類似しているようなものはひとつもない。しかもそれは、ひどく不完全な類似である。というのも形象は、まったく平坦な表面上にさまざまに起伏のある物体を表象するからであり、また遠近法の規則にしたがって、円をより的確に表象するために他の円よりもむしろ楕円を用い、正方形は他の正方形よりむしろ菱形を用いることさえしばしばあり、他のすべての形象についても同様だからである。それゆえ像としての質が完全であるには、そしてより的確に対象を表象するためには、しばしば形象はそれに似てはならないのである。さてわれわれは、われわれの脳において形成される像についてもまったく同じように考えなければならない。そして形象が関係する対象のさまざまな性質をすべて魂に感じさせるための手段を、形象がいかにして与えるかだけが問題であり、形象がそれ自体として対象とどのように類似するかはまったく問題ではないことに注意しなければならない[71]」。

類似せざる類似であろうか。フーゴーにおけるように、記号の二つの面は分離する傾向があり、一方の面はその生産がその固有の秩序の諸規則を守るだけにいっそう真である。しかしこの関係は、完全に位置が変わっている。中世人の場合、シニフィアンは感覚的なものであり、シニフィエは神の言説である。それらの相違または異形性は、真なるものを否定的に証言している。ここでは、「シニフィエ」はもはやシニフィエではなく表象されたものであり、それを表象する責任を担うのはある平面上に記入された虚構である。ところで平面上に記入される虚構は、書かれる傾向にある。あらゆる言語体系と同様に、原理的にエクリチュールは指示されたものとのアナロジーなしにそれ自体によって意味する。代表はその固有の法を有しており、射影幾何学がこれらの法の全体を構成する。(72) かつて感覚的なものの形象は、創造者のそれ自体形象的な（物語的な）言説を「語っていた」。形象はその造形的シニフィアンだったのである。形象はいまや、抽象的言

(71) 以下がこのテクストの出だしであるが、そこには表象と縁を切りエクリチュールと結びつこうとする意図がはっきりと見られる。「当代の哲学者たちが一般にそうしているように、感覚するためには魂が対象から脳まで送られてくる何らかの像を観察する必要があると前提しないよう気をつけなければならない。あるいは少なくとも、彼らとはまったく別のやり方でこうした像の性質を理解しなければならない。なぜなら彼らはそうした像について、それが表象する対象と類似するはずだとしか考えないため、像がいかにして対象によって形成され、外部感覚器官によって受容され、神経によって脳まで伝達されうるのかをわれわれに示せないからである。彼らがこうした像を前提した理由は、われわれの思考は絵によってそこに描かれた対象を理解するよう容易に刺激されることから、同様にわれわれの思考は頭のなかに形成されるいくつかの小さな絵によって、われわれの感覚に触れるものを理解するよう刺激されるはずだと思われたからに過ぎない。これに反してわれわれは、われわれの思考を刺激しうるものは像以外にもいくつかあると考えるべきである。たとえば、表意するものにまるで類似していない記号や言葉のように。そしてもし、すでに受け入れられている見解からできるだけ離れないようにするならば、われわれが感覚する対象は実際にわれわれの脳の内側までその像を送り込む、と言った方がよいだろう。ただし少なくとも、みずからが表象する対象と完全に類似するべき像は（…）」（*Dioptrique*, discours 4^{e}, *ibid.*）。

(72) デザルグ、そして間接的にボスとデカルト哲学との関係は周知の通りである。この点については、Jurgis Baltrušaitis, *Anamorphoses ou magie artificielle des effets merveilleux*, Paris, O. Perrin, 1969, chapitres 4-5 を参照。

説の、可能的な指示されたものとなっている。抽象的言説とそれが語る事物との相違は、言説自体に内在する同形性に由来する。言説は真実である。なるほどそれは、依然として神の言説とみなされている。しかしまずこの神が、恣意的に選ばれた諸要素を組み合わせるのであり、その機能はもはや存在論的ドラマに委ねられた被造物を試練にかけ赦免することにはない。神はもはや、十九世紀の数学者の具象化した先取りに過ぎない。そして何よりわれわれは、被造物が彼にとってそうであるところのものの別の秩序に属する同等物を手にしうる。それは、箱のなかで「見られた」（むしろ「理解された」と言うべきであろうか）対象、つまり映写幕に平面化され、書かれ、完全に可読的な対象である。明白で、ことごとく見られる対象である。明証は、形象的なものからテクスト的なものへの（不可能な）昇華なのである。

三・一　空間の概念のこの急変は、絵画の理論と実践を把握することからはじまった。それは、思弁がそこから哲学的含意を引き出すずっと前のことであった。新たな造形的秩序が自然発生的に構築されるなかで、理論において垣間見られたもの、シニフィエに対するシニフィアンの分離と指示されたものへの固定、すなわち表象の構築を適切に見てとることが、それゆえ十全に示すことが可能となる。テクストの伝統にできる限り忠実であり続けた最後の偉大な絵画と、表象として提示された最初の偉大な絵画を並べることで、この過程の運動を見破ることが期待できる。すなわち、ドゥッチョの『マエスタ』[73]と、マザッチョによって描かれたサンタ・マリア・デル・カルミネ聖堂ブランカッチ礼拝堂のフレスコ画である。[74]これらの作品の選択について、簡単に論じておくべきであろう。

ドゥッチョは、一世紀後に支配的となるこの奥行きのある空間の先駆者のひとりとして現れたと言える。E・パノフスキーは、[75]いくつかのモチーフ（特にプット、つまりギリシアとローマの伝統に遍在し、一三二〇―一三〇年ごろピエトロ・ロレンツェッティの一門による『最後の晩餐』にキリスト教の「力天使」に代わり再登場した裸の少年）の運命をたどりながら、古典芸術とりわけ彫刻に発するこれらの慣習的な事物が十四世紀の絵画に導入され、シエナの伝統の絵画的空間を特徴づける図像学的特性とはまったく異なる特性を決定づけていることを示した。[76]この空間つまり後期ゴシック様式の空間は、パノフスキーが「表面強化」と呼ぶものをおおむね保ち続けていた。これは地を「平坦で堅固な作業表面」として、また形象を「一次元の線に

(73) 一三〇八―一三一四、シエナ。現在はオペレ・デル・ドゥオモ美術館にある。叢書《Forma e colore. I grandi cicli dell'arte》, Firenze, Sadea, 1965 にピエル・パオロ・ドナティによって編纂されている。

(74) 一四二四―一四二八、フィレンツェ、カルミネ教会。叢書《Classici dell'arte》, Milano, Rizzoli, 1968 にパオロ・ヴォルポーニの解説と、ルチャーノ・ベルティの貴重な考証・文献学資料付きで出版されている。

(75) 特に *I primi Lumi* : Italian trecento painting, in *Renaissance and renascences*, *op. cit.* p. 114-161 参照。同じく *Die Perspektive als symbolische Form*, *op. cit.* も見よ。これらの「モチーフ」の研究は、同著者の定義する諸類型の歴史に対応している（in *Studies of Iconology : Humanistic themes in the art of the Renaissance*, Introductory, New York, Oxford, University Press, 1939（＝chap. I, in *Meaning in the visual arts*, New York, Doubleday and Co., 1955）; tr. fr. *Essais d'Iconologie*, Paris, Gallimard, 1967）．この研究は図像学的分析を、つまり主題自体の描写と内容の（厳密な意味で図像的な）解釈との媒介を生んだ。「プット」の出現と運命の研究は、*Renaissance*..., p. 145 et sq. にある。

(76) 「古典的な大理石彫刻は（…）、顔の類型、装飾、服装といった西洋的特徴だけでなく、本質においても十四世紀様式の形成に対する微妙で広範囲な影響を引き起こした。そうした彫刻は、異教の彫刻に特有な実質性と動物的活力の幾分かを、キリスト教絵画に取り込む助けとなったのである」（*Renaissance and renascences*, *op. cit.*, p. 153）。

よって画定された二次元の諸領域の体系[77]」として扱うロマネスク様式の細密画に固有な「地図作成的」傾向である。パノフスキーの主張は、ドゥッチョが解決しようとした問題はすでに絵画空間（picture space）の構成の問題であり、「現実の支持体の二次元の表面の背後にある、物体と間隔からなり、見かけは三次元で、無際限に広がるように見えるものの必ずしも無限ではない延長[78]」の問題である、というものである。ところで、ドゥッチョがこの問題をジョットとは異なる手段で解決しようとしていること、[79]前者が後者よりはるかにビザンティウムの伝統に従っていることを認めるだけでは十分ではない。実は、シエナ派が用いる方法は遠近法の条件となるもの、すなわち支持体の消失における地の奇術的解放とはまったく反対のものを前提している。この方法は、まさしくその現前を前提するのだ。そしてエクリチュールの役目としては、エクリチュールが記入される支持体を消失させないように努めることが肝要である。『マエスタ』が近代的空間つまり「ゴシック的気質を通して見られたギリシア＝ローマ的空間[81]」を示すことは、まったく理解されていない。

パノフスキーは、みずからの主張を支える性質を持つと彼が判断したこの作品について、四つの例証を行っている。それは、最後の晩餐、磔刑、降架、マリアへの死の告知を描いた四枚の板絵である。画家はわれわれに「首尾一貫した室内、相互に適切に組み合わされた天井、床、壁[82]」を提示していると認めることができる。しかしこの首尾一貫性は視覚のそれではない。パノフスキーは的確にも、これらの室内は内部から見られたものではなく、外部から見られたものであることを強調している。「われわれを建物内に導くどころか、画家はわれわれの方に向いた建物の正面を取り除いているだけであり、その結果建物は並外れて大きな一種の人形の家へと変化している[83]」。だが彼は、こうした人形の家を支配する遠近法はほとんどの場合逆転した遠近法であること、磔刑は「外で」、ゴシックの伝統に直接由来する金色の地の上で展開されていること、戸外の大部分がこの同じ地の平面——これは造形的画面の明白に提示された表面に他ならない——を眼に突きつけていることを言い忘れている。こうした状況では、「ドゥッチョとジョットの作品はわれわれに、もはや非連続的で有限な空間ではなく（少なくとも潜在的には）連続的で無限の空間を提示している」[84]と結論することはできない。P・フランカステルが言うように、遠近法の問題が新たな空間の問題のすべてを要約するわけではない。[85]ジョットが重要なのは、スクロヴェーニ礼拝堂の壁に正面からではなく斜めから描かれた小建築物を描いたからではない。[86]同様に、古代に由来するコード化された事物の類型が十四世紀の作品に再出現したことも確かに重要ではあるが、それは厳密な意味で図像学的な平面、つまり慣習的事物の言語

（77） *Ibid.*, p. 131-134. テクストは先に注16で引用した。
（78） *Ibid.*, p. 120.
（79） *Ibid.*, p. 119.
（80） *Ibid.*, p. 134-135.
（81） *Ibid.*, p. 136. 加えてE・パノフスキーは（p. 137）、個人的にはギリシア＝ローマおよび原始キリスト教芸術の影響外にとどまっていたドゥッチョであるが、しかしながらカヴァリーニやジョットと同じように近代的空間の問題を知覚し解決することができたとしている。
（82） *Ibid.*, p. 136.
（83） *Ibid.*, p. 137.
（84） *Ibid.*, p. 138.
（85） *La figure et le lieu, l'ordre visuel du Quattrocento*, Paris, Gallimard, 1967, p. 228-230 et 237 sq.
（86） *Ibid.*, p. 197. P・フランカステルがここで標的としている著者は、J. White, *The birth and rebirth of pictural space*, London, 1957, p. 27-29 である。

に関係している。しかるにわれわれにとって重要なのは、具象的な諸単位がいかなるものかを決定することよりも、むしろそれらがどのような空間において組織されるかを知ることである。この点からすれば、ドゥッチョとマザッチョの対立を忌避することはできない。両者の作品のあいだで、巨大な移動が遂行されたのである。この移動は明らかに、形象とその支持体との関係にかかわっている。そしてこの関係は、形象と意味との関係に厳密に従属している。なぜなら支持体との関係が記号の性質を規定し、まさにそれゆえこれら三つの極のあいだのある種の関係を伴うからである。

マザッチョの選択は、ドゥッチョのそれよりも議論の余地が少ないように思われるだろう。すでにヴァザーリが彼に認めていた「壁を貫く」という進取性を、彼に認めないことは難しい。この進取性について、ブランカッチ礼拝堂に研究に訪れた画家たちはみな彼を称賛した。P・フランカステルは、遠近法については親方のマゾリーノが結局のところ彼の師であったことを示していたが[87]、自分が線遠近法にこだわりすぎ、カルミネ教会のフレスコ画の具象的空間の他の様相をなおざりにしたことを認めている[88]。われわれが、サンタ・マリア・ノヴェラ教会の『聖三位一体』のような他の同じように有名な作品よりもこの作品を好む理由は、まさしくここにある。「マザッチョはプーサンやマネ、あるいはセザンヌのような画家である。彼は形を色によって直接的に組み立てる。その見事な例（…）は、ブランカッチ礼拝堂の有名な構図における、貢《みつぎ》の銭を受け取る兵士の形象によって示される。空間とフレスコ画の端に観覧者に背を向けて立ち、緊張したふくらはぎをしたこのすばらしい剣士は、傲慢にふんばりながら、もはやゴシックの大聖堂の形象にではなく、各人の視覚的経験に準拠している。彼はもはやその存在感をその服の重さや量感に負っておらず、チュニカが彼の肉体を際立たせている。彼は自分自身だけで存在しており、地から切り離され、もはや規則正しい遠近法の実践とは無関係な原理に従う空間で宙吊りにされている。彼は絵画自身の威厳によって、われわれの眼前で揺れ動いている。アダムとエヴァの場合、彼らもまた枠の端に置かれ、壁から逃れ、観覧者の空間で揺れ動いている（…）。いまや人間は、彼を歴史のなかに位置づけるその行為や物語によってではなく、現前を創出する無媒介的、感覚的な物理的把握によって規定されることとなる。造形の目的、それは外見であってももはや意味ではなくなるのだ」[89]。

色の使用によって、また付け加えるなら色価の使用によって、マザッチョは礼拝堂の壁に揺動の空間を構築する。それは壁の空間ではなく、観覧者の空間でもなく、まったく独自の定立に属している。そしてこの定立とは、表象的定立である。『聖三位一体』（図版6）はおそらく線遠近法についてはより重要なものであるが、表象の見地からすればそれほど重要ではない。それは柱廊をいただく祭壇の錯覚を与えることを目指しているが、この錯覚は少なくとも二つの特徴によって妨げられている。祈禱像は、ゴシック祭壇画の寄贈者たちの完全に「書かれた」姿勢で、柱廊とされるものの下部に跪いている。柱廊の空間内にいる集団は、この空間に錯覚の機能を付与することを不可能にしている。神の三つの位格の顕示は、キリスト教の象徴体系に直接準拠している。それが生じる場所は、観覧者が動き回る空間との造形的な連絡に入ることができない。三位一体が位置する場所はそのシニフィエにより象徴的な場所となっているが、そのモデルはロマネスクのタンパン〔アーチと横梁にはさまれた半円形の部分〕の光背を帯び栄光に満ちて玉座に座るキリストによって与

（87） *Peinture et société, op. cit.*, p. 85.
（88） *La figure et le lieu, op. cit.*, p. 233 sq.
（89） *Ibid.*, p. 234, 234-235（強調は原著者）. 本書図版10と8および巻末54頁を参照。

えられる。それゆえこの作品には、遠近法的手法の使用と主題とのあいだ、[90] 造形的シニフィアンと聖なるシニフィエとのあいだに一種の分裂が存在する。[91] シニフィアンの回転は、そこではカルミネ教会のフレスコ画におけるよりもはるかに大胆ではなく、すでに線遠近法の建築学的エクリチュールによって抑制されている。この回転をよりよく把握するためには、これらのフレスコ画をドゥッチョの『マエスタ』と対比させることが有益である。

われわれの仮説によればこの回転のおかげで、中世文明において抑圧されたもの、つまり形象的なものの特性としての差異が一瞬浮かび上がり、視野の幾何学的組織化によってすぐさままた排除された。形象的なものと言説的なものとのキリスト教的均衡の破綻を指摘し、不均衡がいかなるものに存するのか、根本的に異なるどのような仕方でこの不均衡が中立化されるのかを示さなければならない。断層の領域は、フロイト的な意味で一次的な空間、欲望の空間が、エクリチュールによって創設される二次的な延長内に出現する特権的契機として現れる。カルミネ教会のフレスコ画はこの激変の震央にあり、『聖三位一体』は動揺した諸層が均衡を取り戻し幾何学的秩序を再構成する周辺部にある。表象的なものがテクスト的なものに対立するように、マザッチョのフレスコ画はドゥッチョの祭壇画に対立すると言えよう。以下が、この件に関する対立する諸特徴の一覧である。

1. ドゥッチョの場合線は主として記号的な価値を有し、マザッチョの場合輪郭は造形的である。『降架』の顔と手足と、楽園から追放された『アダムとエヴァ』の顔と手足を比較されたい（図版7、図版8）。一方では、身体の輪郭は連続した描線で隈取られている。他方では隈取りが消え、よって色調と色価が直接的接触に入ることができているだけでなく、明暗の推移が輪郭を遮り、身体、顔、あるいは顔の要素（エヴァの口）をそのすぐ周囲と連絡させている。

2.『マエスタ』は端から端まで、ビザンティウムの伝統から受け取った色のコードを遵守している。聖母とキリストは赤い服の上に青い外套を着ており、マグダラのマリアは赤い服を着ている、等々。全体の色の統一性は、現実の知覚における視覚的効果とは無縁な体系の統一性である。『貢の銭』の色の統一性は造形的であり、合成された三原色である緑－オレンジ色－紫の三角形上に築かれている。このことによって場面は中間色の雰囲気に包まれ、直接的な視覚的統一性を与えられる。

3.ドゥッチョの場合、起伏そのものが書かれている。眉弓や口の周囲の陰影は、顔の位置とは無関係に与えられている。そのはっきりとした例は、『降架』におけるマリアとイエスの二つの顔である。これらの顔は、向かい合いながらも対称的に照らされている。マザッチョの場合、光と影は顔、身体、衣服、地を、表象された実体から独立した色価の塊《マッス》として浮き出させるような仕方で脱構築している。

4.ドゥッチョにおける人物の集合は、主に特徴を示している。このことについては、『ピラトの前のイ

（90）サンパオレジ（in *Brunelleschi*, Milano, Club del libro d'Arte, 1962）は、全体の構想は建築家によるものと考えている。ルチャーノ・ベルティ（*Masaccio*, Milano, 1964）は、カルミネ教会の作品と『聖三位一体』（前者は一四二四―一四二七年、後者は一四二六―一四二八年のものである）の様式の差異のうちに、マザッチョが受けた影響体系におけるドナテッロに対するブルネレスキの優位の結果を見出す。同じく、L. Berti, Catalogo delle opere in *Masaccio*, *op. cit.*, p. 98-99 を参照。この本は、人間的尺度と人間的視覚による神的なものの表象を正当化するために、ニコラウス・クザーヌスの「それゆえ人間は人間的な神となることができ、また神として人間的に（…）」を引用している。

（91）P・フランカステルが *La figure et le lieu*, p. 248 sq. で行っているこの作品とヤン・ファン・アイクの『聖堂の聖母』（ベルリン）との実り多い比較を見よ。

エス』（図版9）の板絵における足と顔の数を比較することで確認することができる。また、小建築物の外にいるパリサイびとの集団が、屋内にいる兵士の集団とともに造形的に組織されていないこともわかるだろう。『貢の銭』（図版10）では、使徒たちはイエスの周囲に一種の半円状に配置されている。しかし何より彼らが形作る集団の統一性は、諸々の顔からなる明るい面を規定する色価の配置によって、そして前景の六人の人物の身振りと外套の諸平面に韻律を与える一連のデッサンによって与えられている。視角を広げれば、『貢の銭』の板絵全体が三つの連続する逸話を要約していることがわかる。ここにあるのは、聖史のゴシック的エクリチュールへと準拠するように見える「物語的」[92]習慣である。しかし、三つの逸話をテクストの通時性にしたがって読めないことに注意しなければならない。というのもそれらは、左から右に二、一、三という順番で配置されているからである。このような配置は、空間を走査し探索することを眼に強制し、単なる再認の操作を眼に禁ずる。ここでもまた、配置によって作品は書かれざる奥行きのある空間に位置づけられている。受難を語る『マエスタ』の裏面は、左から右へ、下から上へと読み取られる[93]。

5. ドゥッチョは遠近法も、写実主義的な真実味さえ気にしていない。『マリアの埋葬』（図版11）の板絵では、町の壁の湾曲と六角形の建物のそれとが反対である。壁は下から、礼拝堂は上から見られたように見える。そこから結果する造形的効果は、しかしながらすばらしいものである。われわれは町を同時にいくつもの視点から見るため、町はまるでオーバーラップやキュビスムの作品におけるように「踊っている」[94]。こ

(92) たとえばジェンティーレ・ダ・ファブリアーノの『東方三博士の礼拝』（ウフィツィ美術館）を見よ。同様に、P・フランカステルによって *Peinture et Société*, p. 79で論じられているウッチェロ一派の『ローマの門前の戦い』（トリノ絵画館）も参照。P・フランカステルは、ジェンティーレの『礼拝』の空間についてのより完全な分析とより繊細な評価を

Valeurs socio-psychologiques de l'espace-temps figuratif de la Renaissance, *Année sociologique*, 3e série（1963）（= *Etudes de sociologie de l'art*, Paris, Denoël/Gonthier, 1970, p. 91-95）で行っている。

（93） Cf. F.A. Cooper, A reconstruction of Duccio's Maestà, *The Art Bulletin*, XLVII（juin 1965）, p. 155-171. 読み取りの順序は、実際にはわたしが示したものよりもう少し複雑、ボエティウスの美学の意味でより「音楽的」である。

（94） このことが意味するのは、肉づき、線遠近法、単一の光という伝統で教育されたわれわれには、形象の中世的エクリチュールがこうした伝統の脱構築に見える可能性があるということである。形象的なものは陣営を変え、われわれの幻想が素材を見出す「歪曲」を映し出すのは、遠近法幾何学主義となった。だがここで記述されるのは逆に、奥行きの一大脱構築を反映する中世的抽象である。これらの対称は偽りのものである。これらの対称は、W・ヴォーリンガー（*Abstraktion und Einfühlung*, München, Piper, 1908）による内在の芸術と超越の芸術との対立のように、単純化へと導きかねない。この対立は（特に一九五九年版のS. 143, 175, 180を見よ）次のような対として明示されている。抽象／感情移入、一神教／多神教、統一性／多様性、超越／内在、東洋／ギリシア＋近代ヨーロッパ、宗教／科学、本能／知性、世界への畏怖（Weltfurcht）／世界崇拝（Weltfrömmigkeit）。ヴォーリンガー自身が指摘しているように、この二元論はとりわけリップスの「統一的」美学を、全般としては「古典時代の芸術的感情の心理学」（S. 168）以上のものではない西洋美学全体を洗練させたものであった。なるほどまたヴォーリンガーは、「円環を再び閉じ」（S. 147）ないよう配慮し、たとえばビザンティウム芸術を、古代の中断後にエジプト美術の特徴が単に回帰したものとして示すことを控えている。とはいえ、抽象と内在を固有の形式を生み出す反対の圧力（Dränge）とするならば、単純化を避けることは困難である。こうした観点からすれば、アイルランドの細密画とドローネーやアメリカの叙情的抽象を空間恐怖（Raumscheu）という同じ範疇に入れなければならないだろう。これでは、中世人における表象の軽視は言語学的シニフィエ（聖書）による造形的シニフィアンの吸収と相関的であるが、近代人においてはまったくそうではないことを忘れることとなる。また近代人は造形的表面を書くことはまったく目指さずそれを脱構築すること、つまり可能な限り造形的構成要素を乗り越え、無媒介的シニフィアンとしての価値を持たせようとしたことを忘れることとなる。——（リップスに由来する感情移入という概念と向き合った）抽象概念の精緻化には、明らかにショーペンハウアーの影響が入り込んでいる（cf. S. 52-53）。その重要性を、それがフロイトの思想において有する重要性と比較することが有益であろう。ある事柄が即座に明白になるように思われれに加え、死者の床は反転した遠近法で処理されている。消失点は絵の前にあるのだ。同じく『ピラトの前のイエス』においても、中央の柱がキリストの身体によって遮られている。[95] 記号も形象の事物も、テクストを表意するものであって可視的な行為を表象するものではない。マザッチョの場合、イエスの顔を消失点とする線遠近法の使用だけでなく、眼を徐々に背景へと導く対照的な色価の段階的な諸平面により、後にレオナルドが精緻化することとなる意味での一種の空気遠近法（図版12）が存在する。[96]

6. ブランカッチ礼拝堂のマザッチョによるすべての板絵は、「外に」位置している。眼が家々に入り込むことはない。外部の観覧者に内部で何が起きているか見えるようにする小建築物の技巧は、放棄されている。[97] 奥の二枚の板絵の遠近法が連携しているだけではない。[98] マザッチョによって描かれたすべての板絵において、光はまるでその光源が礼拝堂の祭壇の上方にあるかのように、[99] それゆえ祭壇の左に見えるフレスコ画の場合は右（これは『貢の銭』の場合である）、そしてその右に見えるフレスコ画の場合は左に配置されている。『マエスタ』の場合、内部と外部は造形的に区別されておらず、パノフスキー[100]が指摘する慣習によって差別化されている。それは、場面が位置する建造物の外部に観覧者がいると想定される際には前舞台を作り、観覧者が内部にいると想定される際にはそれを取り除くというものである。このようにして、われわれはヘロデが野外にあり、ピラトが柱廊のなかにいることを知る。しかし照明は双方で同じである（図版12）。内部の光について語る誘惑に駆られるのは、完全にコード化され、知覚の場を通常満たしている照明から独立した衣服と顔の起伏ゆえに、どの形象も自身の光源と不変の照明角度を持つという印象を受けるからである。これらの板絵が秘める遍在性の力は、ここに由来する。板絵が語る歴史は知覚の空間や時間において展開されるのではなく、それらの意義はそれらの造形的価値と同様いずこにおいても真であり、どこにも局限

されない。この点では書かれたものの定立に等しいが、書かれたものは言語の事実として実体ではなく体系

る。それは、両者においては分割が同等の仕方で行われていないということである。ヴォーリンガーの場合、世界への愛の芸術と世界への憎悪の芸術があり、（ショーペンハウアー的な）〈意志〉が広がる芸術、そしてそれが抑圧される芸術がある。フロイト的観点では、あらゆる芸術が無意識と前意識を組み合わせたものである。それゆえ、ここでエクリチュールと呼ばれているもの、そして抽象に属するように思われるものは、また（ルネサンスの）内在の芸術にも（中世の）超越の芸術にも同じように見られるのである。「抽象」はここでは内容の（シニフィエの）問題ではなく、それとは異質な諸規則の網への造形的シニフィアンの捕獲の問題である。この点では、ドゥッチョよりも正統的な遠近法において抽象が少ないわけではない。――観覧者の想定される眼の高さから完全に独立した慣習による凹凸の表象については、Panofsky, *Renaissance, op. cit.*, p. 133 ; L. HaPloser, *Villard de Honnecourt*, Wien, ScPoll, 1935, Tafel 11, 30 a および Commentaires S. 26 sq., 36 sq., 32, 211 sq. を見よ。

（95） P. Pinati, *op. cit.*, p. VI にはまさしく「いずれの自然法則にも反し、遠近法以上のもの」と書かれている。

（96） P・フランカステルは、十四世紀の第一世代の画家たちが新たな空間の創造の問題を解決するために用いた手続きの一覧において、（少なくとも『絵画と社会』では）『貢の銭』のかくも奇妙な背景に注意を促していない。この背景は、諸平面の隔離による解決にも、「ヴェドゥータ」のそれにも属していない。マザッチョの天才は、あえてこのような背景を描こうとしたことにあるのかもしれない。この背景は、それが中世的な意味だけでなくアルベルティが与えることとなる意味であらゆる絵画的言語の脱構築であるという点で、まさしく幻想的なのである。

（97） マゾリーノは、なおもこれを『タビタの復活』のためカルミネ教会の聖ペテロの同じ作品群で用いている。*La figure et le lieu*, p. 233 で訂正された P. Francastel, *Peinture et société*, *op. cit.*, p. 18 sq. を参照。

（98） この線的連携について練り上げた A. Parronchi, *Masaccio*, Firenze, Sadea-Sansoni, 1966 を見よ。

（99） 礼拝堂の壁面における板絵の配置図については、Luciano Berti, *op. cit.*, p. 92 を見よ。

（100） *Renaissance…, op. cit.*, p. 137.

に属し、また記入されたものとして記入者の不在を含意している。書かれた意義は、二重の仕方で「不在」なのである。

7．このような理由で、支持体との関係は決定的である。われわれが列挙したすべての対立が、この関係のうちに具現化するのだ。『マエスタ』の諸々の場面は、背景の前でというより背景の上で生じる。そこには奥行きが不在である。[101] 形象は、板の上に書記素のように記入されている。祭壇画は表と裏に描かれている。信者はそれに近づき、マリアの作品群を「読み」、次いで後ろに回って受難のそれを「読む」。このような記入の様式は、書物の頁への文字の記入の様式である。そして板絵のこの次元は同様に「読むこと」へと、ある歴史に示された出来事の綿密な再認へと導く。しかもこの歴史は、観覧者たち全員に深く浸透している。ブランカッチ礼拝堂はシエナ大聖堂の大祭壇よりもはるかに小さいが、それにもかかわらずそこにあるマザッチョのフレスコ画は読むためではなく、見るために制作された。[102] 信者はそこに、もちろんシエナと同じ聖史の一部分を再認する。しかし読むことつまりシニフィアンによるシニフィエの即時的把握に対応するこの再認は、まったく異なる操作によって、すなわちドゥッチョがまったく余地を与えなかった夢想によって激しい抵抗を受ける。非常に重々しい人物のあいだで、負債の事件が沈黙のうちに展開される荒廃した明暗法

---

(101) P・ドナティは、形象は「絵の表面に近い平面へと分配され、一方背景の諸要素は何度か反転されて、平面におけるそれらの位置が指示するより観察者に近い平面へとやってくる」（*op. cit.*, p. VI）と書いている。

(102) P. Francastel, *La figure et le lieu*, p. 68 と特に p. 248.「トスカーナのフレスコ画は、迅速に、遠くから、まとめて見るためのものであり、隣接するフレスコ画と対面している。一方北ヨーロッパの板絵は、祭壇の上に置くため、あるいは近くから見るために制作された。これは、ドゥッチョとジョットを分ける関係に類似しており、同様に重大な帰結をもたらし

た。北ヨーロッパの作品は瞑想のため、イタリアの作品は喚起のためにある。イタリアの作品の場合、光学的諸関係がすぐに把握される。既得の知識への訴えかけはより少ない。イタリアの作品は、時間よりも空間のうちに位置している」。さらにp. 236では「再認はもはや記憶に位置づけられた物語、知識の参照によってではなく、新たな光学的指標の発見によって行われる。そして（…）こうした指標が、観覧者を事物そのものの思考の素材とは異なる世界において見られた事物へと導く」。ここでP・フランカステルが把握している諸特徴は、以下を除き、わたしが吟味している二つの空間の対立に厳密に妥当する。すなわちマザッチョのフレスコ画は、まさに見るものであって読むものではなく時間よりむしろ空間に属しているという理由で、文字が促す再認の迅速な行程を禁じ、眼を引き止めるということである（この一致しない特徴は、*Etudes de sociologie de l'art, op. cit.,* p. 54 sq. で修正されている）。それ以外については、すべての特徴が言説と形象のあいだの隔たりにかかわっている。いみじくもフランカステルは、マザッチョを形象の創始者とみなしている（*ibid.,* p. 237）が、それは人物像（figure humaine）という狭い意味においてである。事実、この作者においては形象と場所の対立は存在しない（特にp. 347-357を参照）。彼の主張によれば、十五世紀の視覚的秩序は新たな文化的対象（＝形象）の出現によって（p. 75 sq.）、特に中世のものとはまったく異なるある型の聖画の「交代」（cambio）の構成によって特徴づけられる（p. 88, 347；また *Réalité figurative*, Paris, Gonthier, 1965, *passim* も見よ）。「形象と場所という抽象的観念は（…）、これらの非現実的ではあるが具体的な形象の両義性、そしてまったく慣習的なものであるこれらの場所の両義性を強調する。これらの場所は、体系的に分配された表面の諸々の広がりに限定された場に物質化されると同時に、この物質化を免れる。マザッチョは、場所と形象のこのあいまいで人工的ではあるが真実味のある特徴を把握したゆえに、何より宇宙における人間の地位という問いをみずからに提起した文明の先駆者として現れる」（p. 347-348）。「マザッチョははじめて、彼としては、図像の空間的両義性を明らかにした。図像は虚構の空間に位置すると同時に、固有の諸次元と法則を有する具象的な支持体の境界内に位置するのである」（p. 345）。図像の空間的両義性を明らかにすることは、この両義性はかつて明らかではなかったことを示すことである。そして両義性が明らかでなかったのは、その潜在的な虚構空間が抑圧されたままだったからであり、中世の図像が記号単位として、あるいは記号単位群として機能していたからである。マザッチョの図像の空間的両義性、それはまさしく、支持体の特殊な処理（たとえば線遠近法）とその横断（虚構空間）を同時に前提する具象的表象のそれである。

に面した窓。これは幻想をかき立てる。シエナでは、われわれはテクストを起点としてこれにしたがって幻想することができる。しかしカルミネ教会の礼拝堂にはもはや写本はなく、演出がある。そしてマザッチョは、一挙にはるか遠くまで赴く。なぜなら彼は、後期ゴシックの装飾文字が形象の後ろに置く習慣としていた背景さえも取り除いているからである。(103)背景については彼自身、マゾリーノの『タビタ』において広場の背景として完璧に描く術を知っていた。(104)背景のない場面、それは欲望と不安が目的も法もなくそれらの派生物を表象するために開かれた空間である。無限で連続した空間の発見は、まず公理系が可能な全命題を機能させる中立的実体の発見ではなく、ましてや人間の活動に供された世界の発見でもない。マザッチョの場合、ある世界、ある空間の不在の発見により、それまで贖罪というキリスト教的物語のうちにとらえられ昇華されていた幻想的なものが、物語のうちに現れこれを炸裂させる。(105)空間の発見はもはや聖なるもの（テクスト的）ではなく、いまだ幾何学的（テクスト的）でもなく、想像的なものである。

この可動的な延長がいかにして中立的空間として凝固するかを述べる前に、マザッチョの作品に見られる回転を可能な限り正確に位置づけておこう。先に述べた言語辞項と記号との分離が有益となるのは、ここにおいてである。

中世の造形術（無造作な言い方ではあるが、マザッチョが創始した造形術と対置させるだけならば正当な言い方である）においては、図像的シニフィアンはテクスト「として」作成される。これは、それがテクストであるという意味ではない。線と色の恣意性は確かに大きいものの、知覚において与えられる顔、風景のモデルとの類似性をすべて抹消するほどではない。しかしながら、形象はあるコード、ある対立の体系との関連で処理される。このコード、体系は決して侵犯されず、それを遵守することで主題の迅速な再認が可能となる。これらの形象はシニフィエとの関係において、テクストの文字の地位に似た地位、すでに見た二つの空間の組み合わせを可能にする地位を持つ傾向がある。――図像とテクストが差し向けるシニフィエは、聖史である。このシニフィエは、物語的で隠喩的な言説によって構成される。この二重の資格において、中世の造形術では形象はシニフィエのうちにあると述べることができる。――そして指向や指示されたものは、形象がほぼ記号的なシニフィアンになるという同じ理由で零度へと連れ戻される。ひとが「語る」ものは知覚的には不在であって、あの時に（in illo tempore）のみ現前し、その具象的実在はそれを容易に再認する可能性へと還元される。[106] おそらく、画家の眼を指示されたものそれ自体の方へと開く不同性の力を見落としてはならない。しかしこの力は、シニフィアン－シニフィエという関係によって記される秩序においては、表象の自由な次元を開くことは決してないであろう。中世の体系は、それゆえ全体として次のように特徴づ

（103） Cf. Panofsky, *Renaissance, op. cit.*, p. 133. 前面と背景のあいだの形象に残された狭い空間が、一種の「平板」を、「平板の体積」（a slab of volume）を決定する。

（104） Cf. Francastel, *Peinture et société, op. cit.*, p. 82.

（105） パノフスキーによれば、これが「近代的」空間の特徴である。

（106） 現れる通りの、指示されるもの自体に対するこの関心の希薄さを、E・パノフスキーは角度の遠近法理論（角度の公理、angle axiom）との関連で巧みに位置づけている。「ロマネスクとゴシックの画家たちには――彼らが科学的な光学に親しんでいたと仮定しても――そもそも角度の公理を第一に気にする理由はまったくなかった。なぜなら彼らは、画面を不透過で不透明なものとみなすことを学んでいたからである。このような理由で、それは視覚の理論とまったく結びつけられなかった」（*Renaissance*, p. 138-139）。

図3

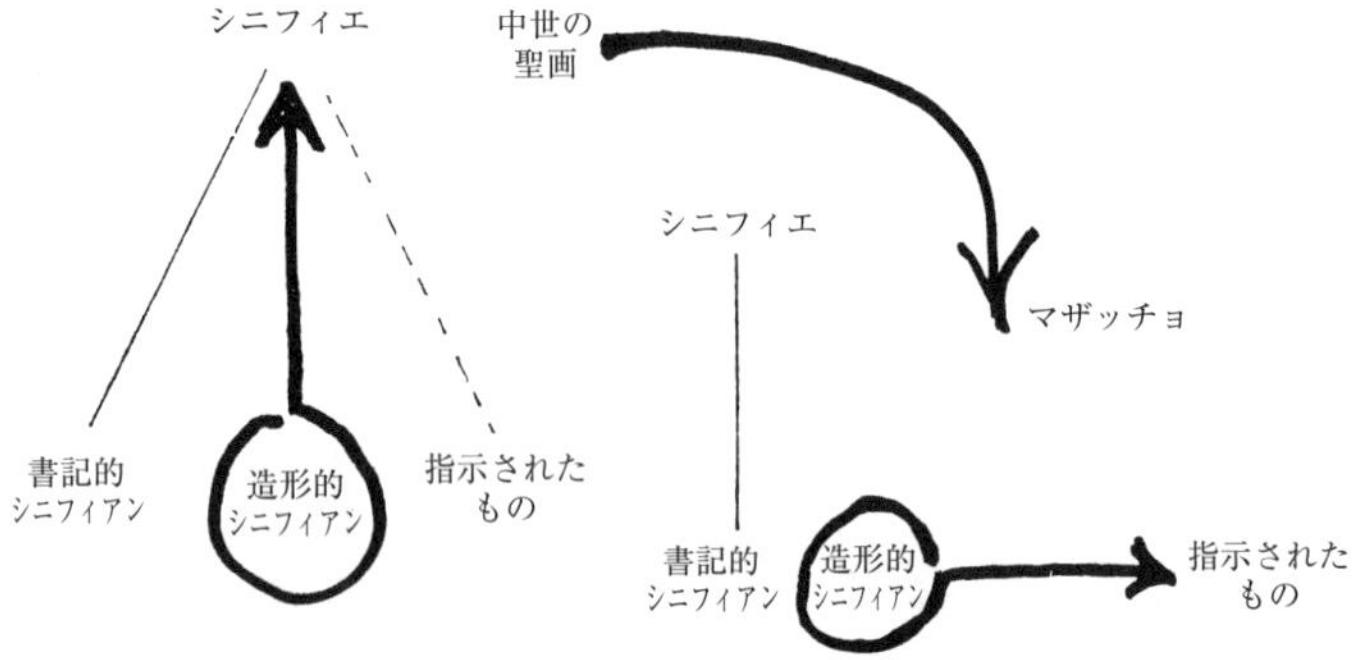

けられる。差異はシニフィエ（存在論的な歴史の言説）のうちにあること。対立は造形的シニフィアン（準エクリチュール）のうちにあること。指向は阻害されること（表象はない）。

マザッチョの造形術の場合、シニフィアンはもはやテクストとして書かれることはなく、また依然として幾何光学の法則によって完全に再構築されてはいない。これは第一に、シニフィアンが原理的に分離しえない密接な関係を失ったことを意味する。それは、言語体系において各項のシニフィアンの面をシニフィエの面に結びつける関係である。実際、世俗的な「主題《シュジェ》」（あるいはシニフィエ）は、聖書からとられた主題と同じ資格で新たな空間に加わることができた。そして最終的には、静物のような「非-主体《シュジェ》」も。これは第二に、幾何光学の指示されたものの厳密な類型へのシニフィアンの従属――これによって、新たなエクリチュールとなるアルベルティの正統作図法が成立する――が、カルミネ教会の形象では依然として実現されていないことを意味する。これらの形象は、幻想の掟であるまったく別の掟に従うことで重要な力を得る。[107]――シニフィエの場合、今度は特に物語的機能において阻害される（静物、肖像は、何も語らないという意味で何も表意しない可能的なものとなる）。――そしてキリスト教の物語に宿っていた形象的な力のすべては、指示されたもの、「示された」ものへと移行する。よってわれわれは要するに、言説の秩序において失われた意味が指向へと移行する体系、そしてシニフィアンがガラスの背後に対象の再-現前として組織される体系を持つことになる。この対象のために、幾種類もの「演出」つまり幾種類もの絵画の流派が構想されることになる。絵画は表意することをやめ、見せるのだ。この回転は、前頁の図式によって記述することができる（図3および本書巻末53頁）。

厚みあるいは差異は、中世においては聖史を物語る言説（シニフィエ）のうちにあったが、指示されたものの方へと移行する。厚みのこの移動は表象の構成に対応している。いまやシニフィアンの機能は何か（指示されたもの）を見せることであるということ、それはシニフィアンがもはや言説の物質的側面としてではなく、演出家のように働くということである。像は完全に立場を変える。それはもはやある言説の模造品ではなく、幻想的なものが生じる奥行きのある場面をガラスの背後に穿つ劇場あるいは鏡である。なぜならひとは表意しえないものを演出し、言葉にしえないものを見せるからである。表象は、言説と形象の結合の分離に依拠する。[108] そしてこの鏡-像が再び「書かれ」はじめるときでさえ——つまりほとんどすぐ後（サンタ・マリア・ノヴェラ教会の『聖三位一体』はブランカッチ礼拝堂のフレスコ画の二年後であり、ヴァザー

（107）この分析を、ミシェル・タルディが一九六九年五月二十九日にフランス比較文学会の大会で「像と教育法」という題名で行った分析と比較しなければならないだろう。彼は図像に可能な三つの型の指向を区別した。すなわち世界、物語内容（叙述）、幻想である。中世図像は物語内容型であり、マザッチョが創始したものは幻想型となるであろう。だが物語内容が指向であるかは、疑わしいかもしれない。

（108）Cf. André Green, *Un œil en trop*, Paris, Minuit, 1969, Introduction.

リはこれを最も称賛している）であるが――、この新たな「エクリチュール」はロマネスクの写本や『マエスタ』の機能とはまったく異なる機能を持ったのである。これについてはすぐ後で述べる。

しかしその前に、もうひとつ指摘しなければならない。現実的でも神話的でもない空間として礼拝堂の壁に表象を構成することは、明らかに知の新たな言説の構成と連関している。二つの流れの合流は、周知の通りマネッティとブルネレスキにおいて、そしてまたレオナルドにおいて生じた。たとえわれわれがそれについてのいかなる文献も持たないとしても、連関はやはりまったく必然的なままであろう。知の言説は、自己からあらゆる形象の痕跡を追い出すと称するテクストとして構成される傾向がある。ここから、当初は緩慢であったものの、ついには実効的となったキリスト教的言説との潜在的断絶が生じた。ここからはまた、形象的なものの排除と外部におけるその構成が生じた。キリスト教的神話は、差異を表現するための象徴体系を有していた。新たな物理学はこれを失う(109)。差異は語られざるもの、残留物のように外へと移行する。表象は、この残留物を表意するのではなく示すことを可能にする、意味の定立である。わたしには、ルネサンス期における古代様式の回帰は、まさしくキリスト教文明によって抑圧されたものの回帰であるように思われる。この回帰が古代の彫像術から借用された形式を手段として行われたことは、驚くには当たらない。丸堀りは人間の身体の賛美ではなく、造形的シニフィアンの完全な派生物である。かつては浮き彫りあるいは高浮き彫りで聖なる建造物の壁に掘られたこのシニフィアンは、読むためのものであった。それは聖なる伝説を語っていた。それは神殿の言葉であった。いまやひとは、神の周囲を回ることができる。像の完全な肉づけは、神の退却の程度を示すこととなる。神の退却は、死ぬ前に書かれた文書、遺言を残すような話者の不在と同じ性質のものではない。アルテミシオン岬のゼウス（あるいはポセイドン）像の「不在」は、知覚の対象の不在、対自的な存在を有する自律的対象の不在である。この神は語ることをやめた。神は自己を見るべきものとして供する。彫像術における神の表象化を、都市の形成と関連づけずにいられようか。政治的圏域が開かれるとき、聖なるものの次元は移動する。政治的、哲学的な言葉は人間によって発せられ、もはや〈他者〉から発するものとして聞き取られることはない。造形的シニフィアンと同じように、言語的シニフィアンも神殿を見捨て、「中心に」、ἐς μέσον に移行する。不透明性はいまや、アゴラの中心の台座の上に立てられた裸の人間のそれである。[110]

そこで、絵画的秩序における奥行きの出現が何を意味するかを、しっかりと理解しなければならない。われわれが記述した回転は、言説とその対象を分裂によって分離する。この分裂とは科学である（skizein, scire）。対象は言説の縁に、指示されたものの地位に置かれる。科学は、それを表意することに専念する言語である。しかし断絶は不可逆的なまま、その地位と不可分のままであり続ける。自己から形象的なものの現前を排除する言説は、言説をその対象から分離するものを飛び越すことはできず、表現的となることを禁じられている。絵画的表象の機能は、まさしく形象的なものを表意されざるものとして示すことにある。マザ

---

(109) もちろんわたしは単純化している。この新たな物理学がまさに神話的な中間的形式から解放されるには、およそ一五〇年を要した。こうした形式は、特にプラトン主義（フィレンツェのアカデミーの人文主義者たちのそれ）が作り出すことになる。

(110) わたしはここで、歴史心理学と呼ばれる学派の研究を示唆している。（クラインの精神分析学の意味での「部分」対象とは対照的な）「全体」対象のモデルとなりうるものとしての浮き彫りの裸体については、cf. Adrian Stokes, *Reflections on the Nude*, London, Tavistock, 1967, p. 3-12.

ッチョが壁に描く窓は、それがもたらす世界の発見ではなく喪失であり、いわばその喪失としての発見である(三)。窓は開いておらず、見せながらも分離する表象のガラスが存在する。それはこの向こうの空間を、(だまし絵の空間のように)ことしてでもなく、(ドゥッチョの空間のように)他所としてでもなく揺動させる。十五世紀初頭、西洋でそれまであまり重要でない職業であり「工芸」であった絵画が優れて威厳のある芸術にまで高まったのは、再-現前させなければならなかったからである。それは、自分に不在であるもの(現実)、しかし自分に現前していたもの、そして言説では表意しえないものを表象する。ルネサンス以降の世界は、排除されたものの無言症のうちに退却する。しかし偉大な諸作品は、形象的なもの自体の無言症であるこの無言症を、悲劇作家たちが教えた逆転によってなおも示している。陰気な光は、ブランカッチ礼拝堂の壁面に描かれた負債の返済を包み込み、この返済が欲望の成就以上のものではないことを対当によって示している。これは、ソフォクレスが諸々の出来事の仮借ない作用により、構成された知のオイディプス的探究がおとりであるのを見せるのと同様である。

四　しかしマザッチョのこの知恵は、すぐに科学の下に押さえつけられる。マザッチョは、一四二八年に二十七歳で死んだ。アルベルティの『絵画論』のラテン語写本は一四三五年、イタリア語テクストは一四三六年である。P・フランカステルがわれわれに力強く示した事実を繰り返す必要はないだろう。すなわち、ルネサンス的視覚は「自然な」ものではなく、正統作図法は現実の無媒介的知覚とは何の関係も持たず、近代的方法はそれに先行する方法に劣らず慣習的であるだけではない。それに加え、十五世紀初頭の運動における二つの潮流をしっかりと切り離し、それらの対照的な成果を区別する必要がある。「閉じた空間の概念、そして開いた空間の概念。後者は一様な平面上において近くの事物と遠くの事物を結合するが、縮尺の減少や背景の除去によるいかなる同一的再現とも相容れない[112]」。この空間の開放性を、「唯一の視点へと帰着する幾何学座標系に基づく平面への、空間の線形射影[113]」と混同してはならない。事実、「正統作図法」によって造形画面を縮尺図として制作することは、造形的立方体の原理の維持と両立する。われわれはこの原理の組織的な応用を、ドゥッチョにおいて見出した。開いた空間の原理によってのみ構成された作品は、P・フランカステルを信じるならば極端に少ない[114]。妥協の大部分は、立方体の原理と、マザッチョとともに出現した開放性の要求とのあいだで成立した。ヴェドゥータは、こうした妥協のひとつである。ヴェドゥータはひとつの立方体のなかで、窓を通して示される別の場面を見ることを可能にする。それが別の場面であるのは、それが空気遠近法によって、線の作図によって、あるいは色階によって立方体内部の空間へと統合できないからである。これは妥協の形成である。立方体の閉鎖性と無限の空間の開放性との妥協であるが、何よりエクリチュールと形象との妥協である。

なぜなら重要なのはヴェドゥータという事実ではなく、表象的定立をその普遍性において定める妥協の原理だとわたしには思われるからである。ヴェドゥータのうちに見出される立方的空間の延長は、ひとつの組

（111）トマス・モアの『ユートピア』（一五一六）に見られるのは、まさしく同じ言説の地位である。
（112）*Peinture et société*, p. 43.
（113）*Ibid.*
（114）*Ibid.*, chap. I.

織化をなしている。この組織化において、開いたもの、外部は、内部と閉じたものの他所として提示され、閉じたものは「外部」とみなされたものとはまったく異なる世界において組み立てられた場面として提示される。内部はほとんどの場合、キリスト教的物語にしたがって書かれ、コード化されたままのものであり、外部（風景、町、第二の場面、静物、さらには別の内部）[115]は逆に、その世俗性ゆえにまったく異なる造形的処理を許容している。表象の効果はテクスト的空間と形象的空間の組み合わせによって得られる。造形的画面は、そこでは記号の支持体として扱われ、ここでは奥行きのある空間に面した窓ガラスとして扱われている。

ただし、ヴェドゥータにおける立方体と開いた空間との妥協は、表象の最初の逸話に過ぎない。後の世代において立方体が放棄されたときでさえ、レオナルドが三つの遠近法の作用によって絵画的空間の完全な統一を導入しようと試みたときでさえ、表象的効果が抹消されることはなかった。支持体の記号としての扱いと造形としての扱いの組み合わせは、表象に固有の妥協をなすものであり、現実に維持されている。具象的表象は、対象が表意されざるものとして指示されることを要求する。絵画がそれを指示する限り、見るべきものとして与える限り、絵画は支持体を透明なガラスとして扱う。だが対象が他所に置かれた事物として把握されるには、そのガラス上の痕跡がこの他所を同定可能にするような仕方で注目されなければならない。もし遠近法のコードが守られなかったら、痕跡は痕跡として振る舞うことが、つまり支持体の向こう側へと差し向けることができない。他所を指示する力、裏は体系の存在に従属しており、この体系がそれ自体の連鎖関係を表《おもて》に記入する。指向の機能は、造形的画面に記入された言説のような、記号の結合関係を前提とする。デカルトは、われわれがすでに耳にしたように、楕円は円を、斜線は直交線を、高さは奥行きにおける隔たりを指向する、等々と述べることとなる。十五世紀の画家たちは、よって原理的に画面の「反対側」に見える対象とその画面上の痕跡との対応をめぐる統辞論と語彙を確立することとなる。この機能を果たすため、射影幾何学が形成される。射影幾何学は、指向の力を有する幾何学的な図形《フィギュール》を、紙の上でどのように組み合わせ記入すべきかを教える。支持体の向こう側を指示しようとする限り、画家はまるでこの支持体が一枚の設計図であるかのように、その上で向こう側を示さなければならないのである。

表象の絵画は、支持体を見るべきものを与える透明性として扱うと同時に、読むことを可能にする不透明性として扱う。これが妥協の本質である。それは、P・フランカステルが看破した立方体と開いた空間との妥協の真実を明らかにする。立方体は依然としてゴシック絵画の表意的秩序に属しているが、ヴェドゥータは指示の次元を開くのだ。すでに第二世代、一部はマンテーニャとともに、立方体とヴェドゥータの第一の解決は後退し、諸平面の隔離の体系が造形空間全体をとらえる。[116] いまや立方体のなかにいるのは観覧者であり、絵自体が窓となっている。窓はもはや表象されるのではなく、絵‐窓が表象する。表象に固有な喪失、不在の現前の意義は、透明ではあるが貫通できない画面上に完全に委ねられる。そこには、向こうで起こる何かの痕跡が示される。

一四〇〇年代イタリアの絵画における開いたものに対する閉じたものの勝利の真の理由は、この表象の強

(115) 最初の「外的な」内部のひとつとして、E・パノフスキーがP・ロレンツェッティ一門の『最後の晩餐』の左側に指摘する台所の場面がある。アッシジのサン・フランチェスコ聖堂下堂（一三二〇―一三三〇）。Cf. *Renaissance, op. cit.*, p. 143 および fig. 105.

(116) Cf. P. Francastel, *Peinture et société*, p. 46.

図 4

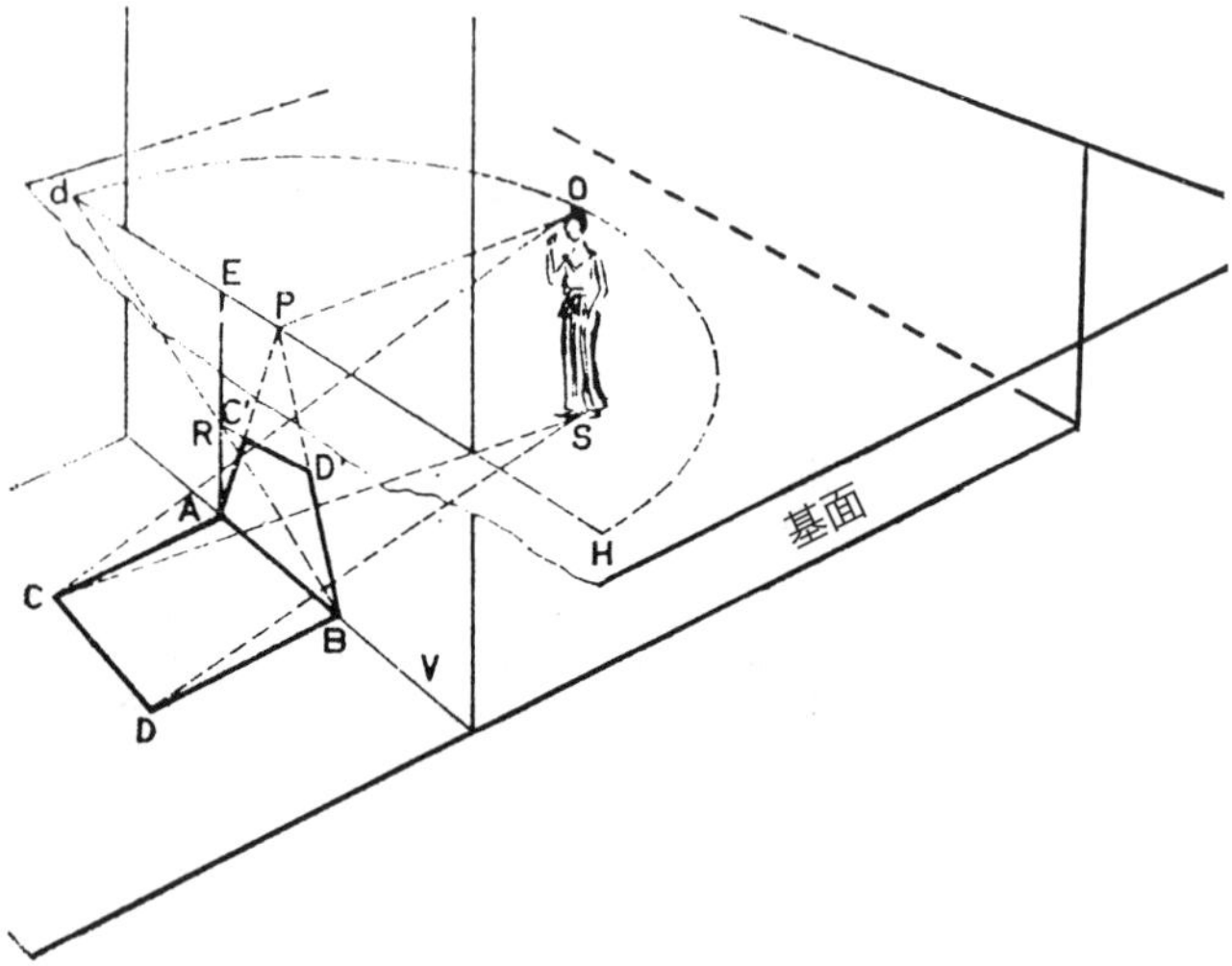

図 5

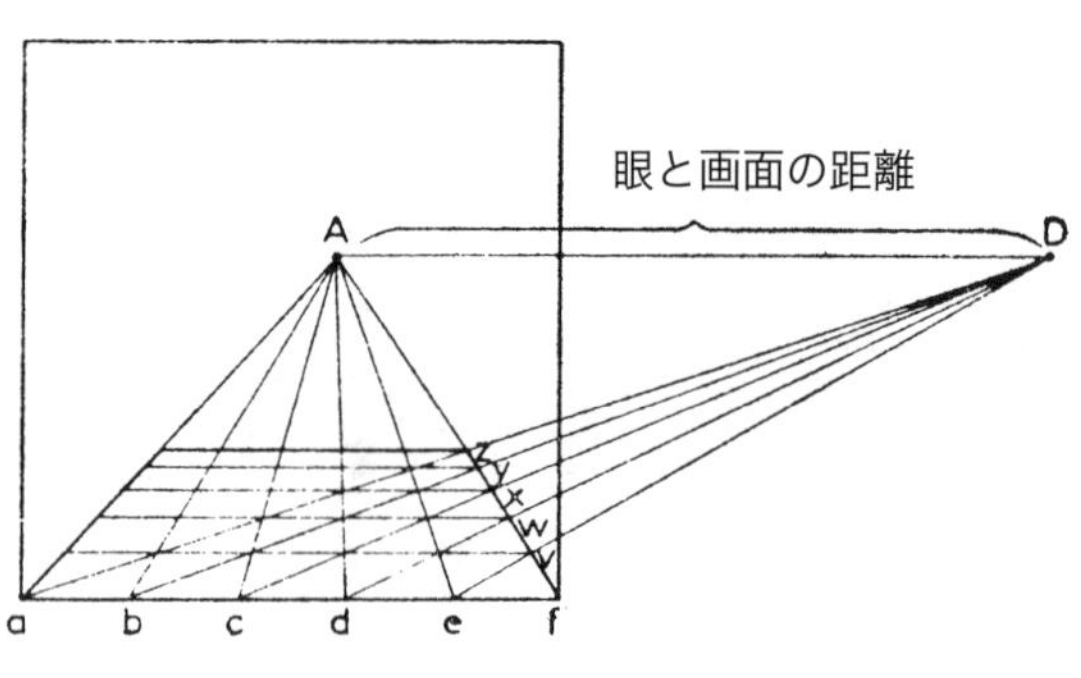

迫にあるように思われる[117]。まだしっかりと生きていた国際ゴシック様式の習慣の力、プレグナンツだけでは[118]、アルベルティの『絵画論』の窮屈な幾何学主義によって代表される潮流が、『貢の銭』の背景に示された浮動的でほとんどアナモルフォーズ的な浮遊的定立に勝利したことを説明できない。いずれにせよ、エクリチュールは両者においてもはや同一のものではない。わたしは、その理由は別のものであると考える。マザッチョが提起した方向をたどれば、晩期のセザンヌ的空間に向かって進むこととなる。この空間はもはやまったく表象的ではなく、逆に視野の周辺湾曲域による焦点域の脱構築を具体化しており、もはや幾何光学に基づいた見るべき向こう側を与えない。そうではなく、見る前に見えているような仕方で、場の直交的調整がなされる以前に、いわば見るべきものとして与えられている最中のサント＝ヴィクトワール山を、変形、侵食、両義性、発散をともなう風景を顕示する。これはまるで、画家がわれわれをもはや空間的立方体のなかではなく眼の入り口に置き、サント＝ヴィクトワール山を見る網膜上で生じると想定されるものをわれわれに見せるかのようであり、それゆえわれわれに見ることとはいかなることかを見せるかのようである。このような仮説においては、観覧者が対象と同じ位置に置かれるため、あたかも山が瞳孔を通じ、自分自身の網膜像を見ているかのようである。

　ブルネレスキの箱、マネッティの幾何学、アルベルティの論考、そして後続するすべての遠近法論[119]は、ひとつの特定の機能を果たしている。それは、指示されたものの痕跡をガラス上に書く方法の習得である。レ

---

(117)　*Ibid.*, p. 43.
(118)　これらはP・フランカステルによって、特に *La figure et le lieu* において引き合いに出されている。
(119)　Cf. E. Panofsky, *Die Perspektive als symbolische Form*, *op. cit.*; L. Brion-Guerry, *Cézanne et l'expression de l'espace*, *op. cit.*

オナルドによれば、「遠近法とは、なめらかで透明なガラスの背後にある対象の視覚に他ならない。その表面には、ガラスの背後にあるすべての事物を記すことができる。これらの事物は、ガラスが遮るさまざまな角錐の形で、点（中心）を眼に近づける」[120]。良い射影方法については、飽くことなく議論されている。しかし重要なのは、ここでもやはり議論されていないものであり、レオナルドが一言で示しているものである。「遠近法は絵画の制動機であり舵である」[121]。縮尺による製図のすべてのうち議論されていないものは、実際、遠近法の調整機能である。この機能は完全に直角回転のうちにある。この回転によって、「視点」から画面への距離が画面上に折り返され、諸々の対象の縮小を決定する基点となる斜線が確立される（図4、5）[122]。この回転によって、われわれはまさしくエクリチュールの手続きを把握する。すなわち奥行きから長さと幅への転写と、透明なガラスから不透明な支持体への相関的な変換である。この方向の回転は、マザッチョの革命を把握してもらうためにわたしが述べた回転とは正反対である。書かれたものの外部化ではなく、書かれたものによる外部性の配置なのだ。この操作だけで、表象的機能に含まれるあるいは適用される新たな閉鎖性がいかなるものからなっているかが完全に理解される。この閉鎖性はもはや中世のエクリチュールのそれではなく、幾何光学のそれである。閉鎖性は、象徴体系つまり聖なるテクストにおける形象的なものの詐取――そのシニフィエは変更することができず、完全には理解できない――によって機能することはまったくなく、幾何学的要素を諸々の形象へと規則正しく組み合わせることによって機能する。そのような形象は、それが「語る」もの、つまりそのシニフィエから完全に独立している。

かくして、空間の中立化が明確になる。二つの回転はこの中立化の二つの操作をなすと同時に、一四〇〇年代イタリアを分かち合う二つの契機と二つの潮流[123]をなしている。外部化は幻想の表現である。書かれたものによる配置は、その合理化である。この二重の回転は、最終的に記入の場所を変えた。一四〇〇年代イタリアの形象は、もはや聖書の頁をみずからの場所とすることはない。[124] なぜなら形象はもはや、造形的記号、つまり聖なるテクストとそれが意味するものとの関係に類似した関係を聖書のシニフィエと結ぶ、書かれた「記号」の仲間ではないからである。以後、形象はどこに記入されるのか。アルベルティは、『絵画論』第二巻の冒頭で次のように指摘している。「絵画は、それ自体のうちにひとつの神的な力を所持している。それは単に、絵画が友情がそうするように不在のものを現前させるからではない。さらに絵画は、何世紀も前に死んだ者たちをほとんど生き返らせ、われわれの非常に大きな歓喜と芸術家の非常に大きな栄光のために、われわれが彼らを再認することを可能にするからである」[125]。またレオナルドは、「最初の絵画は、太陽が壁に

(120) Ms *A* (Institut de France) *1v*, tr. fr. in *Les carnets de Léonard de Vinci*, Paris, Gallimard, 1942, t. II, p. 306.

(121) *Ibid*., p. 198.

(122) L. Brion-Guerry, *Cézanne... op. cit*., p. 229から借用された図4の図式は、遠近法の諸操作の三次元の見取り図を示している。もう一方は、Panofsky, *Renaissance... op. cit*., p. 125の図Vによるものである。本書巻末47頁。

(123) P・フランカステルは、*Peinture et société*, p. 44で「進化はひとつだけではなく二つの時期においてなされた」と述べている。

(124) 実際、宗教的な細密画は衰退していく。Cf. L. Réau, *op. cit.*

(125) Della pittura di Leone Battista Alberti, Libri Tre, hrsg von Hubert Janitschek, in *Quellen schriften für Kunstgeschichte und Kunsttechnik des Mittelalters und der Renaissance*, Bd XI, Wien, W. Braumüller, 1877, S. 89. 欲望、再認、死のこれ以上明確な連関を、表象的絵画の周辺部に、絵画的機能を整序する中心となる極として見出すことはできない。このテクストの対をなすものは、エドガー・ポーの小説『楕円形の肖像』に見出される。そこでは、画家による愛する女性の表象化が、モデ

図6

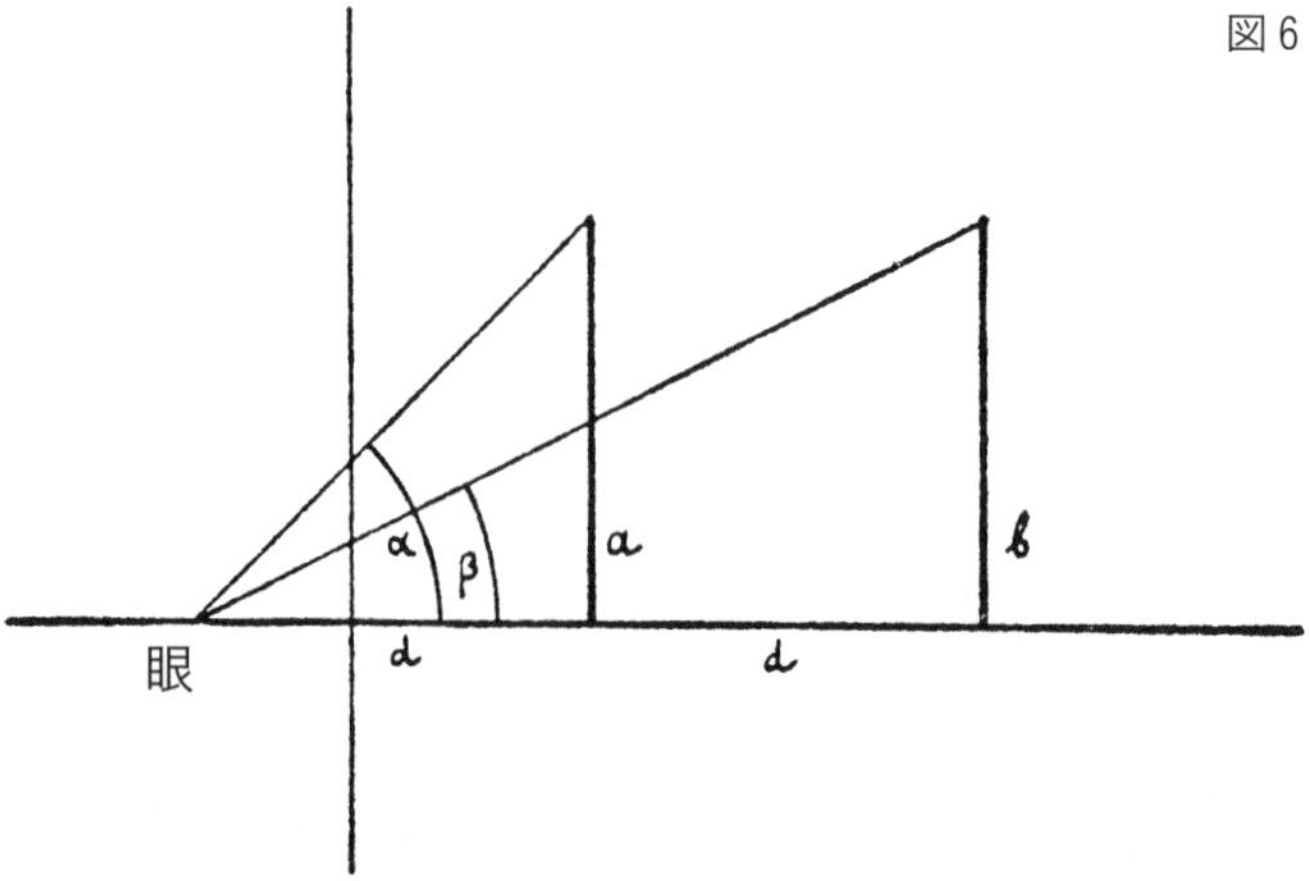

投影する人間の影を取り巻く線でしかなかった[126]」と言った。形象は表象の記号と化した。なぜならそれは、形象の平面の外に置かれ、形象が位置する支持体の背後に開いた空間に後退した何かへと差し向けるからである。それゆえ形象にとっては、この支持体が透明であることが不可欠である。[127]レオナルドは、支持体のこの新たな機能を完璧に特定し研究した。「実際の紙の半頁ほどの大きさのガラスを持ち、眼の前に、つまり眼と描こうとするものとのあいだにしっかりと固定せよ。次に、眼をガラスから三分の二尋《ひろ》離し、顔を器具によって固定し、まったく動かないようにせよ。片方の眼を閉じるか覆うかし、絵筆か細かく砕いた紅殻の一片で、向こうに見えるものをガラス上に記せ。ガラスを紙にあてて複写し、次にそれを上質紙に転写し、お望みなら空気遠近法を考慮しながら色を塗れ[128]」。また彼は、ガラスの機能を絵画的現実における鏡の機能に結びつける本質的関係をも、同様に明確に理解している。「鏡は画家たちの師であり[129]」、(対象そのものではなく)その表面に反射した対象の像こそ、それを表す絵と比較すべきである。それは、鏡がそれ自体で、平面外に位

置する対象の平面への記入という問題の「物理的」解決となっているからである。画家は、造形の表面が鏡の表象の役割と同一の役割を果たすよう、幾何光学の流派に加わることとなる。

このような態度が正真正銘の強迫によって支配されていることについて、その注目すべき症状がE・パノフスキーの指摘する事実のうちに認められる。[130] ユークリッドの『光学』の翻訳者たちは、「異なる距離から見られた同一の事物の見かけの大きさの差異は、これらの距離と比例するのではなく」、それぞれの視角の開きに直接比例すると明確に述べた第八定理を省略あるいは修正している（図6）。この拒絶の意味は明白である。αとβを見かけの大きさとみなすことは、球状の空間があらゆる部分から眼を包んでいると認めることとなり、見るものも見られるものも同じ世界に内在すると示唆することとなろう。距離による見かけの大きさの計算は、ルネサンスの建築家と画家が透明な平面に与えた優位を暴露する。この平面が、想像的または現実的なもの、想像的かつ現実的なものとして、眼を対象から分離しているのである（本書巻末48頁を見よ）。

ルを死なせるのである。

(126) *Carnets, op. cit.*, II, p. 199.

(127)「遠近法（perspectiva）とはラテン語であり、透視を意味する」(Lange und Fuhse, *Alb. Dürers schriftlicher Nachlass*, Halle, 1893, S. 319)。

(128) *Carnets, op. cit.*, II, p. 210.

(129) *Ibid.*, p. 211. 鏡への言及は非常に多い。

(130) *Die Perspektive..., op. cit.*, S. 260 sq., 292 sq., 301, note 17. また *Renaissance..., op. cit.*, p. 128 も見よ。

表象の平面は、それゆえ二重の機能を果たしている。「透明性」として、この平面は、視線を手の届かないところに位置する場面へと導き、失われた対象を示す。造形的に扱うべき表面として、平面はこの場面の舞台装置を厳密な幾何学へと従わせる。この幾何学は場面のエクリチュールであり、支持体の上に描かれる。場面は支持体の背後に、時には非常に遠くに現れる。同一の斜線は、相容れない二重の価値を有する。方眼線引き（mise au carreau）の諸操作の要素としては、それは設計図に記入された幾何学者の描線である。そして表象された場面内の対象の輪郭としては、眼を欲望の成就へと導く。表象は、描線の二つの定立が同一の支持体上で衝突する際、批判されることとなる[131]。

（131） その結果、（描線、色価、色彩といった）画面に対する造形的要素の定立を正確に定めることから出発しないあらゆる図像学的、図像解釈学的、記号学的、社会学的、精神分析的方法は間違いであり、無意味であると判断する正当な根拠がある。このような定立において、そしてこのような定立にのみ、意味の特性が宿っている。ラヴェンナのモザイク画とマグリットの絵画に同じ範疇によって取り組むことは、無分別なことである。つねに決定的であり他のすべてに優越するもの、それは記入の場の性質である。この性質はつねに、性質自体および世界に関連した社会の定立と何らかの関係にある。ジャン・パリスがそうしているように（in *L'espace et le regard*, Paris, Seuil, 1965）、「表象された」視線からはじめることは、得られる分析の精密さと正確さがいかなるものであれ、ひとつの結果からはじめることである。

他なる空間

線と文字

読めるものと見えるもの

対立と差異のあいだには、テクストの空間と形象の空間の差異が存在する。この差異は程度の差異ではなく、ある存在論的隔たりの構成要素である。二つの空間は、連絡しているもののそれゆえ分離された意味の二つの秩序である。テクストの空間というよりむしろテクスト的空間、形象の空間というよりむしろ形象的空間と言うべきである。このような選択は、テクストと形象がそれぞれ自己の宿る空間固有の組織化を生み出すことを示している。この空間は、たとえそのようなものとして登場する場合でさえ、外的な内容の容器ではない。テクスト的空間がそうであるように、空間を明示する特性こそが問題なのであって、普遍的な特徴が問題なのではない。それゆえわたしはテクスト的空間を、記号的シニフィアンが記入される空間と理解する。形象の空間の場合は、「具象的《フィギュラティフ》」よりも「形象的《フィギュラル》」がこの空間を的確に形容する。「具象的」という語は実際、絵画や現代の批評の語彙においては、この空間を「非‐具象的」や「抽象的」に対置する。しかるにこの対立の関与的特徴は、表象するものと表象されるものとの類似のうちに、後者を前者のうちに認知するという、観覧者に与えられた可能性にある。このような特徴は、われわれの問題に関しては決定的なものではない。具象的なものは形象的なものの特殊な一例に過ぎず、このことはルネサンス絵画がわれわれに開いた窓に認められる。「具象的」という語は、絵画の対象を連続的移動によってそのモデルから派生させる可能性を指す。具象画上の痕跡は、非恣意的な痕跡である。具象性は、それゆえ造形物とそれが表象するものとの関係に相関する特性である。もしも絵がもはや表象の機能を持たなければ、もしも絵自体が対象となれば、具象性は消えてしまうであろう。そのとき絵は、シニフィアンの組織化によってのみ価値を持つ。組織化は、二つの極のあいだを揺れ動く。

　組織化は文字あるいは線となる可能性がある。文字は意義の支持体であり、その意義は慣習的、非物質的で音素の現前にあらゆる点で同一である。そしてこの支持体は、それが支えるものの背後に消え去る。文字は意義のために、迅速な再認だけを生じさせる。（音声的なものとしての）記号的シニフィアンがこうしたはかなさの性質を持つのは、その恣意性ゆえである。だがわたしはここで恣意性という言葉によって、いわゆる言語記号とそれが示すとされる事物との関係をもはや指示しない。そうではなく、文字の空間と読者の〈わたしの身体〉との関係を指示する。この関係は恣意的である。すなわち、TやOを形成する描線や描線の集合の記号的に弁別的な価値と、これらの文字によって形成される形象の造形的価値（垂線と水平線の交差、円）とのあいだには、いかなる関係も立証しえないであろう。身体は、角あるいは円、垂線あるいは斜線が与えられるのに応じ、ある態度をとるよう誘導される。痕跡がこのような身体的反響能力に訴えることでその価値を引き出すならば、痕跡は造形的空間に属する。もっぱら痕跡の機能が、身体の共働作用とはまったく無縁な体系内の関係から意義を受け取る諸単位の弁別を可能にし、よってそれらの再認を可能にすることにあるならば、このような痕跡が属する空間は記号的であると言える。

二つの延長の錯綜を解くことは容易ではない。われわれは絶えず、一方に他方を侵食させるという誘惑に駆られる。

文字Ｎを取り上げよう。これは三つの線分の配置からなる形象である。文字Ａを取り上げよう。定義は同じである。二つの文字が区別されるのは、線分の構成方法によってのみである。構成要素の性質と数は同じなのだ。ところでこのような構成方法は、読者の眼の前にあるテクストの移動の諸関係、よって形象的諸特性に訴えかけるのではないか。Ａの横線の水平、Ｎのそれの傾斜は、ある視点との関係によって規定される。ここでＮをＺと対置すれば、隔たりはもはや両者の線分の構成に由来するのではなく——それはどちらにおいても同じである——、垂直と水平の二つの軸の体系との関係で構成されるものの位置に由来する。Ｎを元にして、Ｎの下側の頂点を中心とする面で九十度の回転を行えば、Ｚが得られる。ところで、これらの軸の体系が恣意的であると言うことはできず、この体系は垂直性と水平性を固定する読者の身体の位置をその座標系としている。最後に、ＮはＮＡ、ＡＮというようにＡに先行することも後続することもできる。二つの集合の順序は対照的であり、それぞれの弁別的価値は明らかに、右から左あるいは左から右という読み方の慣習に依存する。しかしこの慣習は、読者の位置を起点とする、空間の諸々の位置の全般的組織化に依拠しているのではないか。左と右は、局在性のみならず位置決定でもある身体固有の現在の垂直性と連関することでしか意味を持たない。

西洋科学思想の発端からすでに、テクスト的空間と形象的空間のこのような混同の結果が、最古の原子論的伝統のうちに認められる。世界をテクストのように思考しようとすることで、この伝統は必然的に、文字の対立構造のうちに原子の体系のモデルを見出した。レウキッポスとデモクリトス[1]は次のように言う。AとNがそのリュトモスすなわち韻律的な形象によって対立するように、原子もそれらのスケーマ〔形〕によって対立する。テシス〔置き方〕がNとZを区別するものであるように、トロペーあるいは方向が諸々の原子の対置を可能にする。語はタクシスつまり語を構成する文字の順序によって異なるとすれば、複合的な物体は、さまざまな接触つまりディアティゲーをする原子からなる。レウキッポスとデモクリトスが取り上げた関与的特徴は、実際はテクストの空間ではなく世界のそれである指向の空間を想定しているように思われる。ひとが世界をテクストにしようとするとき、テクストに少量の世界を持ち込む誘惑に駆られるのである。

とはいえ文字の「韻律」、「位置」、「連鎖」が座標系として機能する読者の位置に準拠するとしても、そのような調整は身体の感性的な力には何も負っていない。テクストは読者の面前に記入される。その文字は諸々の意義の再認を可能にするような仕方で形成されるが、これは応答者が理解できるよう、語が話者のパロールによって発せられるのと同様である。テクストは顔となる。テクストは顔のように、それを読む者の正面に置かれる。二つの顔のあいだには、ある点つまりパロールが交わされる点について対称性となる関係が存在する。現在のパロールの軸を決定するのは、この対称性である。書かれたメッセージについても、読者の顔とテクスト相互の位置を決定するのはやはりこれである。ところでこの反転（réversion）は、わたしの感覚の対象との関係ではなく、語る者としての他者との関係を示している。そこに組み込まれているのは感覚的身体ではない。逆に感覚的身体は、そこで正真正銘の無化を被る。対話の対称性は、自然発生的な感性論の主客逆転（transitivisme）において勝ち取られる。これはテクストとの関係においても同様である。文字の形、エネルギー、厚み、大きさ、「重さ」は、読者の身体によって感覚される必要はない。対話においては、読者は相手が語ることを聞くだけでよい。空間は〈わたしの身体〉の感覚的表現として巻き込まれておらず、言語的コミュニケーションが与える可逆性の機能にのみ巻き込まれている。

テクストが正しく置かれ、読者の正面に置かれると、文字のあいだの対立が真の対立であること、記号の痕跡は厳密に弁別符号的に形成されること、描線は身体の協和の能力をまったく示唆しないことが明白になる。AとNとZ、ANとNAが言語体系の要素として存在するには、それらがテクストの平面において相互に区別されうることが必要であり、それで十分である。たとえ絵文字や表意文字に由来するとしても、それらが何も「表象」しないことは明らかである。[2] 筆跡が見るべきものとして現前することをやめ、ある体系内

（1） Diels et Kranz, *Fragmente der Vorsokratiker*, Berlin, Weidmannsche Verlagsbuchhandlung, 1959, Bd II, 67 A6, 67 A9, 68 A45（それぞれ Aristote, *Métaphysique*, A4 985 b4；— *De gen. et corr.*, A1 314 a21；—, *Physique*, A5 188 a22）. 同様の範疇は、Vitruve, in *De architectura*, I, 1, chap. 2 でも踏襲されている。

（2） J. Février, *Histoire de l'écriture*, Paris, Payot, 1959, 特に子音の文字、とりわけ古代フェニキア語のそれの起源に関する chap. VI を見よ。同じく A. Leroi-Gourhan, *Le geste et la parole*, t. I, *op. cit.*, chap. VI 特に p. 289 sq. も参照。この機会に、これらの学者たちによればいわゆる表音文字の形成において判じ物が果たしたとされる役割を指摘しておくことが重要である。シュメール–アッカド文字の出現について、J・フェヴリエはこう指摘している。「判じ物は、ほとんど不可避的に表音文字へと導く。それぞれの語のために象形的な表象を作り、たとえば大きな帽子とふくらんだネクタイの人間を描くよりも、鼠（rat）の絵と松（pin）の絵を並べる方が簡単である。そうすれば、へぼ絵描き（rapin）が得られるのだ。シュメール人たちも、同じようにした（…）」（*op. cit.*, p. 107）。同様に Leroi-Gourhan. *op. cit.*, p. 289 も見よ。これが判じ物の諸操作のひとつでしかないことについては、後述する。何よりこの操作は、ここでは厳密な意味での判じ物とは逆の方向で生じている。表意文字の場合、それは実際に同音異義を引き出すことを可能にするであろう。しかしアルファベットが存在するとき、判じ物は逆に、既存の同音異義を利用することで、文の解読を妨害しようとするであろう。

の持ち場で再認されるべき辞項としてただ消極的に価値を持ちはじめるとき、その機能のみならず、記《アンスクリ》入《プシオン》の空間の根本的な変化が生じる。形象的差異が支配していたその場所では、もはや信号的空間だけが作用しているのである。

このことは、諸々の間隔を定義し維持する植字の隔たりによって、隔たりが同一の語の諸々の文字を分離するのか、同一の文の諸々の語を分離するのか、同一の段落の諸々の文を分離するのか、等々に応じて判断することができる。こうした間隔は造形的価値を持たず、句読法の個別の例に過ぎない。ところで句読法は、音読の場合音声的要素としては言連鎖に現れない、単に抑揚を支配する信号から構成される。ひとは、抑揚は表現であって意義ではなく、連続性であって非連続性ではないと言うかもしれない。しかし事はそれほど単純ではなく、言語学者たちは彼らの原理にしたがい、表意的な抑揚と表現的な抑揚とをしっかりと区別している[3]。テクストに「雨が降る」の後に記号 /?/ によって記された抑揚は、連辞 /εsk/（est-ce qu'）と正確に同じ機能を果たす。この抑揚は言連鎖の離散的な構成要素ではないとしても、やはりラングの体系に属しており、語る主体の産物ではまったくない。表現的抑揚は、逆に義務的、表意的抑揚に付け加えられる。共示された第二段階の一種の「エクリチュール」にそれ自体コード化しうる限り、この抑揚はレトリックに属する。その性質が言語活動の習慣だけでなくレトリックのそれをもゆがめる場合、それは「文体《スティル》」[4]に属する可能性がある。だが共示的意味であるなしにかかわらず、この抑揚は句読法には移行しない。それゆえ、テクストは俳優、演説家の意味での解釈〔演技〕を生み出す。抑揚により、解釈はテクストに表現的なものとしての価値を持たせる。逆に句読法は、つねに表意的な抑揚[5]を、特に諸々の間隔を知らせる。そして表現が意義と伝達の秩序に闖入するのは、しばしばこうした句読法の不在あるいは移動によってである。アリストテレスは、誤読する恐れがあるためへラクレイトスのテクストに句読点を打つ（διαστίξαι）ことはできないと述べている。(6) これは、多義性が休止についての指示の不在に由来するという証拠である。マラルメは、詩に句読点を打つことを禁じている。詩には韻律法だけで十分である。マラルメは散文の句読法を、もはや意義の輪郭ではなく形象のデッサンを描くような移動によって変性させようと努めている。(7)

（3） A. Martinet, *Eléments de linguistique générale, op. cit.*, p. 1-16, 3-25 ; *Linguistique synchronique, op. cit.*, p. 31.

（4） わたしはここで、R. Barthes, *Le degré zéro de l'écriture*, Paris, Seuil, 1953 の用語法を踏襲している。

（5）「ひとが理解してもらうためにのみ話すのと同じように、ひとは理解しうる仕方で、自己の考えを読者に伝達するために書く。ところで、書かれた言葉についても語られた言葉についても、このことはほぼ同じである。ディドロによれば〈百科全書の〈句読法〉〉、演説における声の休止と書物における句読記号はつねに一致しており、同様に観念の連結あるいは分離を示し、無限の表現を補っている。かくして、書かれた言説における句読記号を削除あるいは置き間違えるならば、パロールにおける声の休止を削除あるいは置き間違えるのと同じ不都合が生じるであろう。どちらも意味の決定に役立っているからである。そして、休止やそれを示す文字の助けなしでは不確かであいまいな意味しか持たず、それらの文字の配置の仕方によっては逆の意味さえ示しかねないような語の連なりが存在するのである」(Ch.-P. Girault-Duvivier, *Grammaire des Grammaires*, Paris, Janet et Cotelle, 1822, t. II, p. 1007)。この書物は、「正しい」文法の概説である。その著者が、句読法に意義の機能をはっきり与えていることがわかる。そしてこの章（第一一章）全体で彼が用いている方法は、換入のそれである。「このことをはっきりさせるために、われわれは読者の眼前に、まったく似通っているがそれぞれ異なる仕方で句読点を打たれたいくつかの文章を提示しよう」(*ibid.*)。

（6） *Rhétorique*, III, 5.

（7）「決められた記号の利用あるいは拒絶が、散文か韻文かを、とりわけわれわれのすべての芸術を指し示す。韻文は、植字の技巧なしで、その高まりを測定する声の休止を提供するという特権ゆえに、そうした記号を必要としない。反対に散文の場合、その必要がある。わたしが自分の趣味にしたがい、たとえ崇高なものであっても、句読点を打たれていないテクストの空白は、ラングの一覧表上の辞項を分離し構成する隔たりを書物の平面へと転写したものである。空白は、辞項そのものよりも多くの固有の内実を有しているわけではない。空白は切片であり、辞項はその末端である。イェルムスレウが言語的シニフィアンを表現素（cénème）[8]と呼ぼうとしたのは、間違いなく正しい。切片は連続体のなかで分割されるが、連続体は意義の生産に貢献するわけではないのである。文字は音素の正確な対応物ではない。それを構成する実体は、音声的素材がパロールの受信者にとってそうなりうるのと同様、読者にとっては中立化される。

ここで、線についての考察がはじまる。いま述べたように、抑揚はナイフの刃の上にある。ある面では、抑揚は音声とリズムを生産する準備ができており、それらのメロディーや韻律の力によって調整され、意味、表現を生み出す傾向を持つ。しかしもうひとつの面では、抑揚は意義の要求に完全に服従しており、その平坦な空間に閉じ込められている。ディドロがイタリアオペラのうちに認め称賛するもの、それは言説に対する表現的抑揚の勝利であり、音楽的要求のために追求された言説の脱構築であり、テクストによって、テクストのなかで形式に残された広大な自由な戯れの領域である。そして彼は、エクリチュールの制約から解放された歌によってそこに導入されるのが欲望であることを知る。これは彼にとって、『ラモーの甥』によって擁護された立場（安らぎを邪魔する音楽における情念の空間のそれ）と、社交界における彼の擁護者の立場（あらゆるオーバーラップや仮装をしうる「道化」、場を持たない者のそれ）と、「性的自由」のために『ブーガンヴィル航海記補遺』において行われた攻撃のあいだの厳格な平行関係となっている。

ところで、線は抑揚の両義性に比すべき両義性を示す。一方では、線はエネルギー論にかかわり、他方ではエクリチュールにかかわる。われわれは、それがどのようにしてエクリチュールを可能にするかを知っている。これはまさしく、垂線、輪、縦線、水平線、角がその造形的意味を捨て、もはや文字のシニフィアンを構成する弁別特徴としての価値しか持たなくなりうるということである。ひとは確かに文字と頁へのその配置の「正しい形式」に配慮しうるのであり、これは最良の印刷者たちが決して放棄したことのない使命である(9)。しかしそのような正しい形式はつねに、分節された意義の要請および造形的意味の要請という二つの矛盾した要請の交差点にあることを認めなければならない。前者は最大限の読みやすさを要求し、後者は記号の形そのものに集約され表現された潜在的エネルギーに正当な地位を与えようとする。一方が得をすれば他方が損をすることは、容易に理解できる。

このような損得がいかなる仕方で生じるかを把握することが、おそらく有益であろう。まずそれは、時間によって測定することができる。眼の動きを止めることのないもの、それゆえ即座に再認に供されるものが読みやすい。読む眼の動きの記録については、周知の通りである。反対に、造形的な線のエネルギー論と連

ならば、自信たっぷりに示唆されたテクストよりも、白い頁上の読点や句点の間隔からなるデッサンと、句読点の二次的な組み合わせ——これらはむき出しのメロディーを模倣する——の方を好む限りは」(Solitude, *Œuvres complètes, op. cit.*, p. 407)。これは次のように理解される。ひとつのテクストを取り上げ、一方にテクストを移し、他方に句読点だけを残せ。句読点は、それがテクストの形象(その「メロディー」)を与えるゆえに「より好ましい」のに対し、そのシニフィエはたとえ句読点なしでも十分に明示的である。

(8) A. Martinet, *Linguistique synchronique, op. cit.*, p. 20(ギリシア語の κενός、空虚から).

(9) Cf. Jérôme Peignot, *De l'écriture à la typographie*, Paris, Gallimard, 1967.

絡をつけるためには、形象を考慮しなければならない。デッサンがこの固有のエネルギー論を解き放つほど、デッサンは注意、待機、停止を求めるであろう。なぜか。

しばしのあいだ、「再認」という語がわれわれを手引きしてくれる。線‐文字はすでに習得されている。既知であるから、線‐文字は新たな組み合わせ（語、文）のなかで再認されるだけでよい。弁別要素は不変である。それどころか、語、文という表意的な集合の様相自体が、流れるような読解における点的把握の対象ともなっている。それが全体的というよりむしろ点的なのは、精神が意義を知るには眼が様相の一点に触れるだけで十分だからである。全体的把握はこの逆を、すなわち記号の形そのものの把握を、よってそれが担う造形的意味の辛抱強い触知を前提とするであろう。この真に全体的で有機的な把握は、緩慢でしかありえない。それゆえ読みやすさと造形性が分離するのは、第一の例では眼は信号さえ知覚すればよく、信号は意義と結びついており少数であって、意義の豊かさは弁別要素の組み合わせから生じるからである。流れるような読解における時間の節約は、経済原理に属する事柄である。この原理が言語的コミュニケーションの使用を支配しており、ソシュールの意味でのラングの事実に模範的に具現されている。

この事実ゆえに、読みうるものの可視性を忌避することは正当である。読むことは聞くことであって、見ることではない。眼は書かれた信号を走査するだけであり、読者は記号の弁別単位を記憶することすらない（誤植が見えない）。読者は表意単位を把握するのであって、こうした単位を組み合わせて言説の意味を構築する際、文字の向こうでその活動がはじまる。読者は自分が読むものを見ず、書物の著者であるこの不在の話者が「言おうとした」ことの意味を理解しようとする。この点でエクリチュールはもはや、パロールがそうするよりも言説の知解に多くの抵抗を示すことはない。分節された意味の現前の二つの形式のあいだの差異は、別の場所で、空間的時間的な枠組みにおける位置と対話とともにはじまる。パロールは、話者と受信者の共現前を含意するのである。話者の現前を除去すれば、エクリチュールとなる。関与的特徴となるのは、主体と言説との関係である。一方形象的なものは、痕跡と造形的空間との関係によって言説的なものに対立する。かくして蠟や磁気テープへの記録は、すでにエクリチュールなのである。以上の確認によって、音声シニフィアン、書かれた線、造形的な線のあいだの的確な対立をしかるべき場所に位置づけることが可能となる。書かれた線は完全にパロールの側に分類され、聞くべきものが見るべきものと対立するように、パロールとともに形象的な線に対立する。(10)

原則として、線が「再認可能」でないほど、線は見るべきものとなり、かくしてよりエクリチュールから逃れ、形象的なものの方に与すると仮定できる。だがこの命題は消極的なままである。それは単に、形象的なものと待機の関係を記号的なものと眼の動きの早さとの共犯関係に対置することで、両者のあいだにいかなる関係があるかを理解させてくれるだけである。ほとんど再認しえない線とは何か。それはただ単に、われわれが見慣れている線と異なる線なのか。そして形象的空間が求める忍耐さらには受動性は、「未視感《ジャメ・ヴュ》」が可視的となるために要する時間の追加に過ぎないのであろうか。この仮説を単純に却下することはできない。この仮説は、そう見えるよりも重大な結果をもたらす。あらゆる造形的線は、それに単に信号的な価値を与える言語的用法に陥る。芸術家の手がまさに形象的なデッサンを差し出し造形的視覚をもたらすやいな

---

(10) アウグスティヌスによって「発明された」黙読は、テクストの知解を、表現的抑揚という形象的要素から解放することを可能にする。

や、このデッサンをもとにしてひとつのエクリチュールが作り上げられる。画風を前にすれば、共示を担ったデッサンを前にすれば、かつて何世代もの画家たちが師の画風を反復しながら獲得することを余儀なくされていたこの「作風」を前にすれば、線の形象的な力はあるスキャンダルとして炸裂するほかない。この力は再び眼と判断を緩慢にし、精神に感覚的なものの前で立ち止まることを強いるのである。

語る絵画

形象的なものによって求められるこの緩慢さは、形象的なものが思考にその境位つまり意義の言説を放棄するよう強いることから生じる。この境位においては、輪郭線は(パロールにおける音と同様)それ自体として受け入れられていない。なぜならそれは、意義の一覧表における弁別的あるいは表意的要素に過ぎないからである。輪郭線は、伝達可能な透明性から抜け出さなければならない。意味が線のうちに(形象のあらゆる構成要素のうちに)現前する仕方は、言語に慣れた精神には不透明性として感じ取られる。眼が形にとらえられ、形が持つエネルギーを伝達するためには、ほとんど終わりのない努力が必要となる。ここに、われわれが言説の支配的用法と結ぶ前提、解釈、読書の慣習を遠ざけておくためになすべき仕事がある。線(色価、色彩)の浮遊的現前に対するこの感性は、まさしく言説的な教育がわれわれから奪った能力である。そのはじまり以来、われわれの文化は造形的空間への感性を根底的に徐々に消し去ってきた。西洋に絵画史が存在するのは、テクストの文明に形象的なものの悲劇が存在するのと同じ理由からである。それらの関係の問題がここで提起される仕方そのものが、このような状況に依存している。線は、形象的なものを信号のうちに閉じこめるエクリチュール上で絶えず奪回されなければならない。すなわちデッサンは、合理主義的な言説が支配的な文化の雰囲気のなかで発展するということである。この支配は、あらゆる対象を意義の場に囲い込もうとする欲望を前提としている。知の欲望であるこの欲望は、充足することを知らない。それは成就するだけである。この成就は欲望を満たすどころか、新たな要求をかき立てる。分節された言説の秩序における欲望の再発（科学の進歩）は、本来の意味でわれわれが絵画的秩序のうちに見出す再発を引き起こす。ここにもまた探究があり、それゆえエクリチュールは忌避され続ける。なぜならエクリチュールは、造形的探究の阻害を意味するからである。しかし造形的探究のモデルと原動力は科学的言説の研究でもあるため、本来テクスト的な空間がそれに終止符を打つおそれがあり、エクリチュールが絵画の帰結となるおそれがある。可視的なものを見せる努力は、それを造形的に理解させる、つまりこう言ってよければそれを読ませるという錯覚によって、その成功自体において脅かされる。共示を加えられ、形象は言語（しかも言語より劣った言語）となるのだ。

線は、眼を共示の体系へと差し向けない限り、再認不能な輪郭線である。共示の体系において、輪郭線は停止した不変の意義を与えられる。線は、その価値を確実に固定するような諸関係の体系内に位置しない場合、再認不能である。それゆえ、画家やデッサン画家がその技巧によって線をその価値が再認（再認すること、それは正しく認識することである）の活動の対象となりえないような布置に位置づけるとき、線は形象的となる。ここでわれわれは、慎重に進まなければならない。

われわれは画家たちの、二人の画家たちの言葉に耳を傾けることにしよう。彼らは同時代人で、セザンヌの衝撃の同時代人でもあり、どちらもデッサン画家である。彼らは相容れない、すなわちクレーとロートである。[11] われわれは、哲学者の手際の良さでもって彼らの相剋を一刀両断しようとしているわけではない。この相剋は線の両義性から生じ、われわれに対して両義性を意義へと転写し、両義性にその射程を与えている。この両義性とは、テクスト的空間あるいは形象的空間への帰属である。われわれはこれについて態度を表明するつもりである。

　わたしが慎重に進まなければならないと言うのは、線は体系を逃れるとき真に形象的要素であるという消極的な原理が肯定されるやいなや、われわれはアンドレ・ロートが主張する逆の命題に突き当たるからである。見かけは逆。この命題はよく知られている。彼の考えでは、絵画には「造形的不変項」が存在する。一九三九年に彼が「絵画的要素」と呼んだ最初の三つの不変項は、デッサン、色彩、色価である。一九四〇年に、彼はそれに韻律、装飾的性格、平面上の逆転、記念碑的性格を加えている。[12] その最初のもの、すなわちわれわれがここで取り上げる第一の不変項は、「あらゆる色やモデルに先在するデッサン、表現的記号、または装飾[13]」、光と影のあらゆる効果から解放された純然たるデッサンとして提示されている。よってこれは、まさに線のことである。線は色価と色彩という二つの他の不変項に「先在」する。線はこれらなしに存在しうるが、これらは線なしには存在できないということである。ここでロートは、クレーと合意しているように思われる。クレーによれば、「色彩はまず（色彩としての）性質です。第二に、それは単に色彩であるだけでなく色価でもあるため、重さです。第三に、それは尺度でもあります。なぜなら加えて、境界、寸法、延長、要するに測定可能な側面を持つからです。明暗は第一に重さであり、第二にその延長あるいは境界ゆえに尺度です。逆に線は、尺度でしかありません[14]」。われわれは、このような合意は見かけのものでしかないことを理解するであろう。

ロートの定義については、彼の主張の核心である「表現的記号あるいは装飾」に注意を向けなければならない。このような言い方は、線が果たすべき機能、つまり模倣である色価（明暗法）の機能と対立するものとしての意義の機能を定義している。なぜ意義の機能なのか。ロートの先入観は、彼の方法を見なければ理解できない。それは対立によって前進し、この意味で根本的に言語学的である。輪郭線は肉づけ《モドゥレ》〔色価を利用

（11）クレーのテクストは、Die Ausstellung des modernen Bundes im Kunsthaus Zürich, *Die Alpen*（août 1912), Berlin ; Ueber das Licht, *Der Sturm*（janvier 1913), Berlin ; Schöpferische Konfession, *Tribüne der Kunst und Zeit*, n°13, Berlin, 1920 ; Wege des Naturstudiums, *Staatliches Bauhaus in Weimar*, Weimar-München, Bh Verlag, 1923 ; Ueber die moderne Kunst, Conférence d'Iéna（1924）; *Pädagogisches Skizzenbuch*, München, Langen, 1925 ; Exakter Versuch in Bereich der Kunst, *Bauhaus*, Bd 11 (1928), Dessau. これらのテクストは、Jürg Spiller, *Das bildnerische Denken*, Bâle-Stuttgart, Benno Schwabe, 1956 にまとめられ見事に「磨き上げられ」ている。その一部が、Ph. Gonthier, *Théorie de l'art moderne*, Genève, Gonthier, 1964 として仏訳されている。フェリックス・クレーによって編纂された *Tagebücher*（1898-1918), Köln, Dumont-Schauberg, 1956 は、P・クロソウスキーにより P. Klee, *Journal*, Paris, Grasset, 1959 として翻訳されている。未発表文書は、F・クレーによって *P. Klee, Leben und Werk in Dokumenten usu*, Zürich, Diogenes, 1960 にまとめられている。仏訳は M. Besset, *P. Klee par lui-même et par son fils F. Klee*, Paris, Les libraires associés, 1963（私はこの本を *Félix Klee* の略で引用する）。ロートのテクストは Lhote, *Traité du paysage*（1939), *Traité de la figure*（1950), augmentés et rassemblés en un volume, Paris, Grasset, 1958 ; *La peinture, le cœur et l'esprit*（1933）; *Parlons peinture*（1937), augmentés et rassemblés en un volume, Paris, Denoël, 1950 ; *Les invariants plastiques*（1946-1948 の未発表原稿を含む), recueillis par J. Cassou, Paris, Hermann, 1967.

（12）*Invariants plastiques, op. cit.*, p. 91.

（13）*Ibid.*

（14）*Das bildnerische Denken, op. cit.*, S. 87 ; *Théorie de l'art moderne, op. cit.*, p. 20 ; *Félix Klee, op. cit.*, p. 123.

して対象に立体感を与えること」と対立する。「対象は、本質的な部分へと適切に還元された光の現象の模倣によって、あるいは単なる記号によって表現することができる。肉づけの操作は画家に描線を免除し、描線は（…）肉づけを免除する（…）。事物は造形または表意されること、そして記号は模倣を免除することを指摘しておこう[15]」。肉づけは凹凸の錯覚を与えるが、（ロートが嘆く）その模倣の機能はそこにある。逆に描線は奥行きを示さず、表面を平坦に走り、奥行きのある諸平面ではなく、支持体の二次元において分割された諸間隔を分離する。視覚的空間における光学的錯覚や模倣に譲歩しないこのような輪郭線のモデルは、ロートによれば造形的表現の最古の形式、絵画的意味での「初期の作者たち」、また民族学的意味での「原始人たち」によって与えられている[16]。旧石器時代の岩壁や新石器時代の土器に描かれた動物たちのデッサン、エジプトやミケーネの壁に描かれ、ギリシアの壺の球面に焼かれた場面のそれ、ビザンティウムとイタリア＝ビザンティウム芸術、そしてアイルランドの写本画家たちによって表現された聖なる逸話のそれから、シエナさらにはフィレンツェの絵画（ジョット、アンジェリコ、バルドヴィネッティ）のそれに至るまで、デッサンのあらゆる表現様式は、ロートにとっては「表現的記号」や「装飾」あるいは少なくともそれによって支配された空間に属している[17]。太古からルネサンスまで――いまやルネサンスは説明しがたい「堕落」として提示される――、デッサン画家は造形的な厚み、つまり奥行きにおける諸平面の断絶を示唆するためではなく、記号を二次元の表面上に記入するために線を用いたのであり、この表面に「穴を開ける[18]」ことなど決して考えなかったわけである。

この点で、この装飾的空間はテクスト的空間にごく近いものであり、「原始的な」輪郭線はエクリチュールに他ならないように思われる。なるほどロートは「表現的記号」と言っており、このことはわれわれを厳密な意味での意義から遠ざけ、まさしく造形的な価値へと差し向けるように思われる。すなわち、描線の感覚的布置、その方向、厚み、湾曲や直線性、支持体に対する位置と結びついた価値である。とはいえ、線的構成要素のこうした感覚的特性についての分析は、まるで見あたらない。それとは反対に、輪郭線の要素間の関係をめぐる考察は、いたるところに見出される。まるで、曲線、垂線、斜線に固有な造形的価値も、それらが決定しうる間隔の造形的価値も存在せず、要素の価値は一群の対立——要素はデッサン画家によってそこに位置づけられる——にのみ依存するかのようである。「何らかの頁の上にまっすぐないし曲がった描線を引くならば、すぐさまこの描線の両側に、紙の端まで、不均等な領域を決定することとなる。これらの領域は、本能（あるいは韻律の法則の知識）によって、快い、あるいは退屈なと明言される関係にあるだろう」[19]。ここでは、形象の価値は線が分離する二つの領域の対立によって決定されている。この対立は、正確な認識の素材を提供する。ロートのプラトン主義のすべてを内包する彼の脱線は、本能とはノエシス的な知の卑俗な形に過ぎないことを言わんとしている。「自己の表象記号を紙や板の上に組織しようとするデッサ

（15） *Invariants plastiques*, p. 112.

（16） *Ibid.*, p. 92 sq. : cf. *Traité du paysage, in fine.*

（17） A la recherche des invariants plastiques（1946）, *Invariants plastiques*, p. 85–118.

（18） 「ルネサンスまで、画家は次元としては板の幅と高さしか知らず、奥行きには霊的な暗示を与えただけであった。画家は暗示から外に踏み出すことはなかった。空間を一から十まで組み立てようとは決してしないのである。」（*Inv. plast.*, p. 92）

（19） *Traité du paysage, op. cit.*, p. 44.

ン画家は、それゆえすべての線の調和的交流を調整するという配慮により、対象そのものに対するのと同程度に、対象間に見出されるものへと関心を向けることになるであろう。デッサン画家にとっては空虚も充満も存在せず、むしろ諸々の表面が存在する。そうした表面は、観覧者の悦楽が保証されるよう特定の関係にあらねばならない。類比と差異は、固定的な法則によって配合されるであろう[20]」。

それゆえ、認識と表現的記号の生産の法がある。法には二種類ある。本来のデッサンとは別の不変項（韻律）を支配する、表面の韻律的組織化の法。そしてデッサンに固有な、造形的関心を支えるための法。この法は、眼に「一連の明瞭ではっきりと分節された記号」を提供することにあり、「記号はそれらの反作用の力によって相互に価値づけられる。直角は、鈍角の隔たりや張られた曲線の丸さをより感知させる[21]」。ここでもやはり諸要素の対立によって、輪郭線に「造形的」価値が与えられていることがわかる。ロートはこの方向を徹底したため、言語学者たちの経済原理（principe d'économie）のすぐそばまで近づき、こう付け加えている。「他の言葉がないため、わたしが幾何学化されたと呼ぶ純粋な記号（数学にはどうか許していただきたい）は、少量でありながら、その組み合わせは無限である[22]」。言語というよりむしろ幾何学ではないか、とおっしゃるかもしれない。だがこの新プラトン主義者[23]における幾何学は、まさしく空間の言語である。デッサンは抽象[24]によってモデルの模倣から解放され、表象的ではなく「要約的」あるいは「啓示的[25]」な輪郭線を生産する。この抽象がいかなるものから成立しているかを説明しようとして、ロートは「造形的隠喩」という比喩（隠喩）を提案している。すなわち画家は、「対象を描き、その正確な輪郭を与える」かわりに、（彼が詩人の諸操作に類似すると考える）一群の諸操作によって、幾何学的な形との関係を探究し確立する。この関係は、幾何学的な形の近似的な像に過ぎないのである。「ある対象を表現することは、それが球、円錐、円柱といった超越論的形象、あるいはそれらの組み合わせから生じる複合的形象とのあいだに維持する関係を明確にすることに帰着する。対象は、その地上的進化のいかなる瞬間においても、こうした形象との関係を維持するのである」[26]。ロートは幾何学の領域を、すなわち「地上の奉仕者である画家には見渡すことを禁じられているが、暗示するよう厳命されている神々の領域[27]」を思い描く。その際に彼をとらえる真摯な

---

(20) *Ibid.*, p. 45.

(21) *Ibid.*, p. 45.

(22) *Ibid.*, p. 45.

(23) ロートは、ピュトーのグループ（デュシャン＝ヴィヨン兄弟）の一員であった。グループの聖典は、レオナルドの知己であった新プラトン主義者ルカ・パチョーリの『神的比例論』であった。彼は一九一二年の「セクション・ドール」に出展した。『風景論』の最後で、彼はMatila Ghyka, *Proportions de la nature et de l'art*, Paris, Gallimard, 1932を引用している。同書で彼は、ヴェロネーゼやルーベンスの「調整的」螺旋を、オセアニアの盾、さらには貝殻の（「啓示的」、可視的な）螺旋と比較するという考えに「抵抗できない」と言っている。同じく、*Invariants plastiques*, *op. cit.*, p. 117-118. 特に以下を参照。「神に匹敵するには、一時的なものを絶えざる変動から逃れさせ、外的な自然がわれわれに提供するはかないモチーフを、普遍的法則の不変性へと従属させなければならなかった。（世界の要約である）ピラミッド建設者たちの科学の継承者であるピュタゴラス以来、宇宙の美しさはその創造を司り厳正な運行を保証する秩序に負うことが知られていた。画家たちの思想は、この秩序について多様な解釈を与えることを使命とする哲学者たちのそれに合流する必要があった」。

(24) 「表現の探求は、抽象の意志をともなう」（*Invariants plastiques*, p. 93）。

(25) *Traité du paysage*, p. 53 ; *Invariants plastiques*, p. 92.

(26) *Invariants plastiques*, p. 51-52. このように、プラトン主義を媒介として、セザンヌはキュビスムに再統合される（Cf. *La peinture*, *op. cit.*, p. 19-29 ; repris in *Invariants plastiques*, p. 46-58）。

(27) *Ibid.* プラトンは、絵画は知解可能なものを暗示しうるということさえ認めなかった。画家は彼にとって、真の実在の

情熱は、差異に苦悩する眼によって、感性の分野を何によって秩序づけるべきかを発見した人間の情熱であり、不変項、固定した法則、恒常的な間隔を発見した人間の情熱である。それらは、不透明性、ゆがみ、オーバーラップ、非リズム、分散を縮減し、これらの法則が定義する格子内で、ポイキロン〔多彩なもの、うつろうもの〕の狂気を和らげることができる。そのとき、画家の機能が明確に現れる。それは、形象的なものの恐るべき混乱を、文字的なものの輝かしい組織化へと高めることにある。

これは差異を抑圧すること、差異を対立へと昇華することと言ってもよいであろう。ロート自身が欲望の語彙を導入し、位置づけている。「すべての絵画愛好家には、非常に特別な感覚的欲望が存在する。それは最も奥深いところに旺盛な食欲（gourmandise）を秘めており、絵のマチエールが――こう言ってよければ――何より精神に訴えかけるものの可食性への傾向を満足させるとき、非常に特別な妄想を引き起こす。このような情熱の変調の餌食となった愛好家や画家のなかには、絵画のマチエールを自分たちの絵の肝要な部分とみなすに至る者たちもいる[28]」。興味深いことに、あらゆる絵画愛好家の奥深い動機へのこのような（対立意見としての）示唆は、敵対者の情熱を特徴づけ、その「受け入れがたい主張」を退けるためにのみなされている。純然たる幾何学的装飾から眼をそらさせ、昇華を禁じる絵画的マチエールへの愛、これこそが他の方法とともに、ロートの大敵つまりレオナルド・ダ・ヴィンチ、バロック様式、写実主義において作用しているものである。「一見説明不可能な隔たりに追い立てられて、絵画の女神は、幾何学的に組み合わされ、装飾の刺繍によって飾られたスペクトルの七色が輝く楽園を放棄した。そして、幾何学がばらばらにされ、装飾の不朽の糸が決定的に断ち切られる、明暗法というバロックの煉獄に向かったのである[29]」。なるほど二人の「絵画の天使」であるウッチェロとピエロは、奥行きをいくらか導入しはじめていたが、それはデッサンのみにであって色にではなかった。彼らは、塗るべき表面の色彩的リズムが定める伝統的な対立の規則にしたがい、色を一様に広げ続けていた。「悪魔について、その威光を称賛することなく語りうるように」、かつては奥行きに対する「いたずら好きな暗示」が存在するだけであった。「遠近法は、純然たる変化の欲望、精神の戯れによって作り出された」。この欲望の戯れをその頂点へと高めたのは、レオナルドである。彼以前にはまだ、「対象により多くの厚みともう少し肉体的なぬくもりを与えようという、いささか倒錯的な誘惑、ほとんど子供じみた欲求」があるだけであった。しかし彼の場合、「回転する形」、「空間」（三次元のと理解されたい）、「光」が彼の情熱に取りつき、この上ない絵画的対象となる。そして画家たちに、（絵画は何より「犠牲」を要求するのに対し）練習、「記録」の口実を与える。要するに、はっきり言えば「霊的な思い上がり」と「神と力を競うという欲求」[30]を表明する口実を与えるのである。

観想から顔を背け、観覧者を遠ざけ、眼を外観の薄明かりへと浸す（少なくとも、これが『国家』において支配的な傾向である）者である。ロートが与する伝統は、むしろボエティウスやカッシオドルスといった中世初期の「創始者」たちのそれである。そこでは、厳格な幾何学主義はギリシア＝ラテンの修辞学の遺産「詩は絵のように」によって和らげられている（クインティリアヌス、フォルトゥナトゥス）。ロートのビザンティウムの写本装飾師に対する好みは、このことを明らかにするように思われる。「われわれが恥知らずにも原始人と呼ぶビザンティウムの写本装飾師とその精神的な息子たちによって、すべてはこの上なく巧みに語られていること。そして明暗法、遠近法、解剖学、心理学の過剰は、伝統的な造形的不変項に付け加えられた補足的装飾に過ぎないこと。以上に教授たちが同意しない限り、教育は可能ではないであろう」（*Invariants plastiques*, p. 125）。

（28） *Inv. plast.*, p. 110. Cf. «L'art et la bouche», in *Parlons peinture*, *op. cit.*, p. 253.

（29） *Inv. plast.*, p. 126.

すべてを引用するべきなのかもしれない。こうしたいくつかの指摘によって、描線がロートにおける絵画の構想において果たしている機能が理解される。それは、多様なもの、特異なもの、ゆがんだものを幾何学的形式の普遍性へと連れ戻すことである。デッサンの機能は、感覚的空間を幾何学的形象で語らせることにある。眼を欺くきらめきを取り除き、眼を知解可能なものの透明さへと引き渡すことが重要である。所与と描かれたものとの関係は、眼を厚みの現前と連続的な線という幻想から引きはがし、その選ばれた場所である二次元平面において復元するというカタルシスの関係である。注目すべきことに、ロートにとって、色はデッサンが肉づけに対して持つ機能と同じ機能を持っている。

幻想的エクリチュールの貧しさ

Auserwählte Stätte——パウル・クレーは、色紙に描かれ、ペンのデッサンで浮き立たせた一九二七年の水彩画に、「選ばれた場所」(図版13)という題名をつけた(31)。作品の寸法は、三〇・五×四六センチで黄金比に近い。長方形は縦になっているが、これは窓からの眺めを示唆している。しかし幾千ものなかからこの作品をわたしが例として選んだのは、描線と色がそこに組み合わされて登場する仕方ゆえである。クレーの場合、描線と彩色とのあいだに葛藤が存在する。この葛藤は内部と外部の葛藤、男性的なものと女性的なものとの葛藤を包み込んでいる。ここでは、長い闘争の後に勝ち取られたデッサンの機能は、閉じられた輪郭線に避難することで「マチエール」を幾何学化することにはない。そうではなく、そのパートナーである色とともに移動を受け入れながらモデルなき創造の生成へと参加することにある。問題となっているのは、構築すべき、再認させるべき知解可能な世界ではもはやなく、創造を延長し、不可視のものを可視的にし、とはいえ

主観的想像に隷属することのない「狭間‐世界」、別の可能的自然である。[32]

（30） *Ibid.*, p. 127-128（強調はすべて引用者）.

（31） Reproduction in : Will Grohmann, *P. Klee*, Paris, Cercle d'Art, 1968, planche n°20, commentaire p. 108. 本書巻末55頁を見よ。

（32） 以下は、クレーがバウハウスの彼のアトリエでの議論の際にロタール・シュライヤーに答えたものである。「わたしは絵の限界も構図の限界も超えない。むしろわたしは、絵に新たな内容を、いやむしろ新しくはないがこれまでまったくあるいはほとんど見られることのなかった内容を与えることで、その内容を拡大する。もちろん、こうした内容も他のものと同様に自然の領域——おそらく、自然主義が認識するような自然の外見の領域ではなく、その可能性の領域——であることに変わりはない。そうした内容は、潜勢態にある自然の像をもたらす（…）。わたしはしばしばこう言うのだが（…）、世界は絶えずわれわれに対してみずからを開いてきたし、開いている。世界もまた自然に属するが、世界は万人にとって可視的ではなく、もしかすると本当は子供、狂人、原始人にしか可視的ではないのかもしれない。たとえばわたしは、生まれていない者、あるいはすでに死んだ者たちの王国、到来する可能性のあるものの、到来を切望するが必ずしも到来しないであろうものの王国——中間的世界、狭間世界 entremonde のことを考える。少なくともわたしにとっては、中間的な世界。わたしがそれを狭間世界と呼ぶのは、それがわれわれの感覚が外的に知覚しうる諸世界のあいだに現前すると感じるからであり、内的にはそれを十分に同化吸収し、象徴の形で自己の外に投影できるからだ。子供、狂人、原始人は、こうした方向で見る能力を保存——あるいは再発見——してきた」（Lothar Schreyer, *Souvenirs : Erinnerungen am Sturm und Bauhaus*, München, Langen und Müller, 1956 ; cité in *Félix Klee*, p. 116）。この考察は、創作における想像力の機能についての激烈で相当に苦悩に満ちた反論——「われわれ全員を脅かす危険」、「芸術家を自認する者全員の破滅」、「精神的現実のヴィジョンを持たない者たちのアリバイ」、「妄想」——のなかで行われている。この批判の重要性については後述する。それは、「（狭間世界を）十分に同化吸収し、自己の外に投影できる」という表現の正確な見極めを可能にするのである。

図7

デッサンは、クレーにおいては幻想的なものが自発的に表現される造形的境位である[33]。彼の「当初の立場」は、「描線それ自体[34]」である。この立場はかくも強力なものだったため、彼が色を用いたデッサンの創作の手順を最初に（一九一〇年）練り上げ実現していた際、「「純粋な類型」が展開する時間すらないうちに」、「再び組み合わせの悪魔」が現れたと記している。彼はこの悪魔を、「描線はせいぜいいくつかの状況で、決して大きな効果としてでなく[35]」という諫言で追い払おうとする。描線は、彼が飼い慣らし続けなければならない境位である。なぜならそれは、彼の欲望が浮遊し緊張する境位だからである。「春画めいた絵がたまたま母の手に落ちてしまった。ひとりは子供でいっぱいの腹をした女、もうひとりはひどく胸元の開いた服を着た女だ。母は、これを道徳的な面で理解しわたしを非難するという誤りを犯した。胸元の開いた服は、バレエのイラストの一部だった。少々豊満な「女の」妖精がイチゴを取ろうとしていた。盛り上がった丘のあいだに、深い谷間をのぞき込むようだった。わたしは恐怖のあまり死にそうであった（十一歳から十二歳の頃）[36]」。幻想のほぼ直接的なエクリチュール。「わたしは、女たちの顔と性器を相対する二つの極として想像した。そして頭のなかで、泣く娘たちとともに涙にぬれた性器を思い描いた[37]」。そしてさらに、表象のあらゆるエクリチュールをゆがめる力を持った一次過程の妄想。「スイスで一番太った叔父のレストランに、表面がこんがらがった石目になっている磨かれた大理石板のテーブルがあった。この線の迷宮のなかにグロテスクな容貌を識別し、それを鉛筆で隈取ることができた。わたしはそれに夢中になったものだ。奇妙なものへのわたしの性向が、そこに表れていた（九歳）[38]」。初期のデッサンは、このような描線の両価性を受け継ぐこととなる。異性の謎へと接ぎ木された幻想に対する、直接的、緊密、強迫的な従属、そして他方ではデフォルマシオンの批判的な（皮肉な）力の発見と錬磨である[39]（図7）。欲望のデッサンは失われた対象を再認

（33）図による幻想の「現前化」のこの同じ機能は、P・クロスウスキーの鉛筆画やフューズリの油彩画において十全に働いている。アンドレ・マッソンは、F. Cagnetta, *De luxuria spirituali*, Paris, Le cadran solaire, 1967 という小冊子への序文で、これらのデッサン画家たちの比較を行っている。このグループには、もちろんウィリアム・ブレイクを加えなければならないであろう。

（34）*Journal, op. cit.*, p. 240.　また *Félix Klee*, p. 13-16 に収録された未発表の自伝的メモ（一九一九年頃執筆）を見よ。

（35）*Journal, ibid.*

（36）*Journal*, p. 17.

（37）*Ibid.*

（38）*Journal*, p. 15.

（39）たとえば Kindheit 13（一八八三―一八八五）（クレーは三歳から五歳）に記載された「アゾールはグルヌーユ夫人の命令を受ける」と題されたデッサン。本書巻末48頁を見よ。クレーが彼のデッサンに向けられた「幼稚さ」という非難に抗議したことは、理解できる。幼稚なのは、「あるがままの人間」を示す再-現前のデッサンである。彼の関心を引くもの、すなわち「可能的な人間」は、自然において与えられた輪郭線の排除を必要とする（Conférence d'Iéna, *Théorie*, p. 31-32 ; *Bild. Denken*, S. 95）。

させ、輪郭をはっきりさせ、彫琢し、形作る。欲望のデッサンは、みずからに欠けるものの復元を喜びなき荒々しさ（『木のなかの乙女』、一九〇二／三）やおぞましい甘美さ（『女と獣』、一九〇三／四）[41]でもって幻想する（図版14aとb）。欲望のデッサンは、原初的で深層の形象にみずからがどれほど依存しているかを書かれる傾向がある。欲望はこのような形象にとらえられ、形象は作品を考慮することなく手を導くのである。その結果、デッサンが明らかに皮肉で告発的である場合でさえ、デッサンはその批判を肉づけと表象の同じ空間に位置づけ続ける。この空間に、幻想はその形象を開陳するのである[42]。かくして幻想されたものとの距離は、まず厳密な意味での意義の働きによってのみ得られる。批判は欲望が語るものとは反対のものを「語る」が、それは同じ造形的手段と同じ表現様式によってである。したがって欲望は、自分の舞台の上で批判に安住の地を与えることで、批判に仕返しをする。しばらく経つと描線は記入の場所を変えはじめ、少なくとも自然発生的なエクリチュール、つまり幻想的な肉づけのエクリチュールは消失し、ごつごつとした輪郭線に場所を譲る。不動の身振りで空間を打ち立てる、四肢が細長い、全身が四肢であるような輪郭をためらいつつ形作りながら。不明瞭な地面に落ちた影だけが、表象の舞台への指向が完全に放棄されているわけではないことを示している。このデッサンの支配という作業を行う機会をクレーに与えたのは、ヴォルテールの『カンディード』の挿絵（一九一一）であった。このデッサン画家は的確にも、「一九一一年頃（…）最初の多産性が中断された」[43]こと、そして「記号的逸脱への」衝動と「自然に則った肉づけ」[44]の習得とのあいだの妥協がまったく効力を失ったことを知っている。『カンディード』においてクレーを揺さぶったもの、それは文学的手法における節約であり、節制であり、内向（en-dedans）である。彼は、早くも一九〇三年末にこう記している。「わたしのなかの男性的類型を純化し隔離するための努力。結婚適齢期にもかかわらず、全面的に内向し、この上ない孤独の準備をすること。繁殖することへの嫌悪（倫理的過敏症[45]）」。純化された男性性とは、曲言法である。ただし彼がデッサンの本質的特性として認めるこのような男性性は、真の「純粋さ」からは依然として遠い。〈自我〉は、男性性が純粋でなくとも男性的でありうる。ならばこの内部のカタルシスは、いかなる方向で行われるのか。いまのところこの内部には、異性の幻、去勢恐怖の派生物[46]

(40)「三週間の不在の後、母は夜に旅行から戻った。わたしはとっくにベッドにいて眠っているはずだった。わたしは実際には寝たふりをしていたのだが、再会が祝われたのは翌日になってからのことだった。（九歳）」（*Journal*, p. 15）。『彼岸』における子供の遊び（フォルト／ダー）に関するフロイトの直接的な注解を見よ。失われた対象は、夜の空間にそのようなものとして定立される。

(41) どちらの版画も、クレーによって彼の日記 *op. cit.*, p. 148-149（本書巻末55頁参照）において、完全にここで示された方向で注解されている。

(42) たとえば、『それぞれが相手より低いところに置かれたと信じている二人の男の出会い』、1903/5, *Félix Klee*, p. 11 :『婦人、女性の標準の批判』、1904/5, *ibid.*, p. 33 :『ペルセウス、精神は不幸に打ち勝った』、1904/12, *ibid.*, p. 12（『ペルセウス』は *Journal*, p. 166 で注解されている）:『喜劇役者、第二版』、1904/14, Grohman, *op. cit.*, illustr. n°52.

(43) *Journal*, p. 151.

(44) *Ibid.*, p. 148, 151.

(45) *Ibid.*, p. 152.

(46) クレーは彼の父を名前で呼んでいた。一九〇二年にはこう記している。「精神的に言えば、少し成長しているところ。段階的に、より孤独に。父との相違。わたしより若い父。とてつもなく才能に恵まれているが、短気。その知性にもかかわらず、節度がない」（*Journal*, p. 126）。フェリックスは、彼の父と祖父の関係は「よい仲間のそれだった」と述べている（*Félix Klee*, p. 19）。また次のような隠蔽記憶がある。「はっきりしない期間、わたしは父を無条件に信じていた。父は何でもでき、わたしは父の言葉を純然たる真実とみなしていた。しかしわたしは嘲笑に耐えることはできなかった。ある日、がひしめいている。A・ロートが望むように、より抽象的、幾何学的な画風、厳密な意味でのエクリチュール、（幻想のエクリチュールを経由した後）知解可能なもののエクリチュールへと向かうのであろうか。

一九二四年にクレーはこう述べている。「尺度は形式のこの要素（線）の特性である」、「この件に関するすべての不確実性は、線の絶対的に純粋でない使用を示している」、「純粋な線の本質は、多数の区間のある目盛りのついた定規によって象徴される」(47)。同じ講義において、クレーは絵画的諸要素の定義から彼が内容と名づけるものの吟味へと移る際、描線によって与えられる表現の特性を強調しうると考えている。これは、ロートが援用するのと同じ対立の体系のおかげであるように思われる。「水平線のより穏やかな流れと対立する、そのようなジグザグなごつごつした動きには、表現の一定の対比が応答する」。あるいは「これとはまったく異なるのが、一方は総体のまとまり、他方は弛緩した散在を示す、二つの線的形成のために生み出された効果である」(48)。それでは、組み合わせによって対立の体系を打ち立て活用することが重要なのであろうか。言語に関して、表意単位が部分集合から――表意単位はここから取り出される――その意義を引き出すように、あらゆる個別の線は、この対立の体系からその意義を引き出すのであろうか。

「一方の眼で見、他方の眼で感じること」と、一九一四年の『日記』には書かれている(49)。この謎をどのように理解すべきか。それは一方で見、他方で触れることなのか。むしろ、見えるものと見えないものか。感じることは、可視的な輪郭の内部、不可侵の部分を描くことなのか。その場合、見ることは単に特定することとなる。可視的、再認可能な輪郭、それはその直接的な外部性で慣れ親しまれ文字のようになった対象、人物である。見る眼はかくして、まるで読むかのように再認するだけで満足する。眼は最終的に、もはや見ることがない。感じることの力は、読みやすさの領域ではなく読みやすさから逃れる形態の領域に赴く眼の

力、直接的な外部性の領野ではなく外部と内部の領野に同時に赴く眼の力である。(50) クレーは自分の生徒たち

自分ひとりだけだと思って、わたしは空想のごっこ遊びをしていた。不意の楽しげな「プッ！」がわたしの心を乱し、傷つけた。後にも同じようにこの「プッ！」が、機会あるごとに現れた」(*Journal*, p. 10)。これを、シュライヤーとの会話の際にクレーが行った次の指摘と比較しなければならない。「それにこの狭間世界は、ひとがそう信じるかもしれないようなすばらしい何かではないし、崇高なものではさらにない。しばしば妖怪じみているという印象を受ける。そしてわたしは、彼らがわたしをあまり真剣に受け取らないと考える。彼らはわたしを、しばしば皮肉たっぷりに扱うのだ」(*Félix Klee*, p. 117)。この言葉は昇華の専門家たちに捧げられる。

(47) *Das bildnerische Denken*, S. 86 ; *Théorie*, p. 19, 21.

(48) *Das bildnerische Denken*, S. 90 ; *Théorie*, p. 25 ; Catalogue de l'exposition du Bauhaus, Paris, Musée d'art moderne, 2 avril-22 juin 1969, p. 63-69 に、特に *Pädagogisches Skizzenbuch* (1925) に示された例を見よ。『造形思考』の冒頭部分を走り読みすれば、言語愛好的な様式への軽蔑――この軽蔑がヘーゲル的であれ語ができる以前の構造主義的であれ――を結論することができるであろう。「対象なき概念は思考可能ではない。対象の周囲の浮揚。対象なき概念は実効的ではない (…)。そのようなものとしてではなく、その相補的な統一において扱われた二元論」(*op. cit.*, S. 15-16)。形象に言説を語らせるという情念は、フロイトを経てさえ、今日かつてなく激しいものとなっている。この情熱が仮にクレーを非難するに至ったとしても、物笑いとなることなくそれをやり遂げる可能性など幸いにもまるでないであろう。

(49) P. 297.

(50) 「組み合わされた諸操作と、中心的な純然たる遠近法に違反する異なる位置への射影。遠近法主義的な上位の諸形態の有機的結合。すなわち同時に外的で内的で、身体的空間に貫かれた諸形態。本質と外観による提示。／視点：多次元の同時的現象。多次元的接触。より高度な連関水準の形成」(*BD*, S. 155)。かくして『建設中のL広場』(1923/11) には、造形の平面における遠近法の諸視点の「同時性」が存在し、「設計図と見取り図の要素たる正面と側面の視覚が組み合わされている」(Jürg Spieler, *BD*, S. 155)。ここでは、Abweilung (違反) と Verschiebung (移動) という語の使用 (*BD*, S. 153) に注目しなければならない。

にこう言っていた。「あなたの手を、最良なのは両手を鍛えることだ。なぜなら左手は右手とは異なる仕方で書き、より不器用で、それゆえ時にはより扱いやすいのだから。右手はより自然に動くが、左手はむしろ判読不能な文字を書く。文字は明瞭さではなく、表現だ――中国人のことを考えなさい――そして鍛錬が文字を次第に感覚的、直観的、精神的にするのだ(51)」。読みやすさの領域で行動する手があり、その痕跡は明瞭で生き生きとしており、容易に再認することができる。それは「見る」眼のために書く手である。左手は不器用に働き、わたしが望むことをせず、われわれを一度も見たことのない形へ、裏返された内部としての表現へと引き入れることができる。これが手に可能な二種類の形象である。左手そして感じる眼を用いること、それは線的要素をその自発性から、生得的なエクリチュールの貧困から解放することである。

　描線のこの自然発生的な貧しさ。「わたしは自分の手に負えるものしか描写したくはなかったし、自分の内面生活だけで満足していた。内面生活が時間とともに次第に複雑な様相を帯びてくると、作品は次第に常軌を逸していった。性的な混乱が倒錯的な怪物どもを生み出す。アマゾネスの騎行や他の恐るべきもの。カルメン、グレートヒェン、イゾルデの三部からなる連作。ナナの作品群。女たちの劇場。汚物の器を倒しながらテーブルにうつぶせに横たわる婦人という、嫌悪感」。さらに「この時期には、体形美――縛られた女性の裸体画――に似たいくつかのモチーフが属している。日が昇る（愛の一夜の後、若い男はまどろみ、女は身を隠す）。――女との別れ。――身を守る乙女(52)」。一年後、彼はこう付け足す。「骰子勝負の賭け金である女のいるデッサンもあった。そのような月並みも、それに唯一適切な形を見つけてやりさえすれば、試みうるだろう(53)」。彼は、「異論の余地のないまったくささやかな特性(54)」を発見する途上に、つまり別の領域へとみずからの手を導きつつあった。それは見せるべき不可視なものの領域であって、もはや認知すべき幻想の領域ではない。ローマで彼はオテロが踊るのを見た。「このダンスのディオニュソス的性格とは無関係に、芸術家はこうしたショーから多くを学ぶことができる。その掟を感じるだけでなく知るためには、おそらく芸術家は踊り子の運動にもっと囲まれるべきだろう。それは、身体が休息に与える線的関係の錯綜に過ぎないのかもしれない」[55]。一九二四年の講義で、彼は可動性と自由を能産的自然の諸特性として援用している。かくしてダンスは女を排除し、良い眼と左手がその自律的な錯綜を描くことを可能にする。「ダンスの本質は、身体の線をそっと展開することにある」[56]。

狭間世界、幻想の彼方

わたしは、作品の生成に関するクレーの根本的な諸命題はここに定位するはずだと考える。「形の運動としての発生が、作品の本質的部分をなしている。／最初にモチーフがあり、エネルギーが注入される。精液。／物質的意味での形の発生としての作品。根源的に女性的な作品。／形を決定する精液としての作品。根源的に男性的な作品。／わたしのデッサンは、男性的領域に帰属する。／形の発生は、形の決定に比してエネ

（51） Cité par W. Grohmann, *P. Klee*, *loc. cit.*, p. 70；強調はわたしによる。クレーは左手で描き、右手で書いていた。
（52） *Journal*, p. 55-57. これは一九〇一年で、ミュンヘンの後、イタリアの前である。クレーは二十一歳である。
（53） *Journal*, p. 141.
（54） *Ibid.*, p. 131.
（55） *Ibid.*, p. 86-87.
（56） *Ibid.*, p. 98.

ルギーが弱い。／二種類の形成の最終的帰結は、形である。目的へと続く道。活動から完全なものへ。本来的に生きているものから整えられたものへ。／はじめに、強力な衝撃という男性的特性があった。次に、卵の肉体的成長。あるいは稲妻、次いで雨をもたらす雲。／精神が最も純粋なのはどこにおいてか。はじまりにおいてである。／こちらには、生成する（両裂した）作品。そちらには、存在する作品」[57]。

以上の命題は、二つの理由で根本的である。第一に、そこでは作品自体に対する運動、発生、創作の視点の優越が確言されているからである。第二に、両性の対立の体系に基づく創作の諸々の任務の分割が確言されているからである。

男性的	女性的
よりエネルギー的	よりエネルギー的でない
決定者	受胎者
非連続	連続
（衝撃、稲妻）	（成長、雨）
精神的	肉体的
デッサン	？

デッサンが占める地位は、理論的著作において明確にされることとなる。線はエネルギー論によって思考されなければならない。「下位の単位に分解されない平面的要素の例――一様であれ転調を伴うものであれ、

太い鉛筆の先端から生じるエネルギー。分割不能な空間的要素の例。一般的にはたっぷりとした絵筆によって不均等に充填され残された雲状のまだら[58]」。『教育スケッチブック』はこのエネルギー論について、それが普遍的エネルギー論の形成であり、二つの境界内に厳密に限定された形成であることを教えている。それは「運動する一点を動因」とし「自由に羽を伸ばす能動的な線[59]」と、移動によって活動の領野（表面）を生み出しそこに姿を消す受動的な線である。線分の側方的移動は正方形や長方形を生みだし、線分の中央に位置する点の周囲の回転移動は円を生み出す。ここでは、（点の）運動の痕跡はもはや線ではなく、線は痕跡として二次元の形象を残す可動的なものである。ここでは、線は受動的である。

（57）（1914). *Ibid.*, p. 298-299 ; *Das bildnerische Denken*, S. 457-458. ――わたしは、Leopold Zaḃ, *Paul Klee*, Potsdam, Kiepenheimer, 1920（この本はクレーを個人的想像力によって和らげられた抽象画として理解する誘惑に駆られすぎているが、このような意図よりも、ポツダム、一九二〇年という発行地と日付ゆえに貴重である）のうちに、わたしが明示しようとしている対立の体系を幸いにも補完してくれるクレーの次の引用を見出す。「善と悪の統一的な関係は、ひとつの道徳的圏域を生み出す。悪は勝ち誇ったあるいは惨めな敵ではなく、全体の構成に協力する力である。創作と発展の共同因子（Mitfaktor der Zeugung und der Entwicklung）。（悪く、刺激的で、情念的な）根源的に男性的なものと（善く、華やかで、穏やかな）根源的に女性的なものの、倫理的安定状態としての同時性（eine Gleichzeitigkeit von Urmännlich (böse, erregend, leidenschaftlich) und Urweiblich (gut, wachsend, gelassen) als Zustand ethischer Stabilität)」（*loc. cit.*, S. 25 に典拠なしで引用）。道徳が諸内容の弁証法的和解の幻想を育んでいることがはっきりとわかる。芸術は、シニフィアンの差異を用いることしかしないであろう。

（58）*BD*, S. 76 ; *Théorie*, p. 34-35.

（59）*BD*, S. 103-105 ; *Théorie*, p. 73. バウハウスでの一九二一年十一月十四日と一九二二年一月三十日の講義に付属する、いくつかのエネルギー論的クロッキーの非常に優れた複製が、*Félix Klee*, p. 104-106 にある。

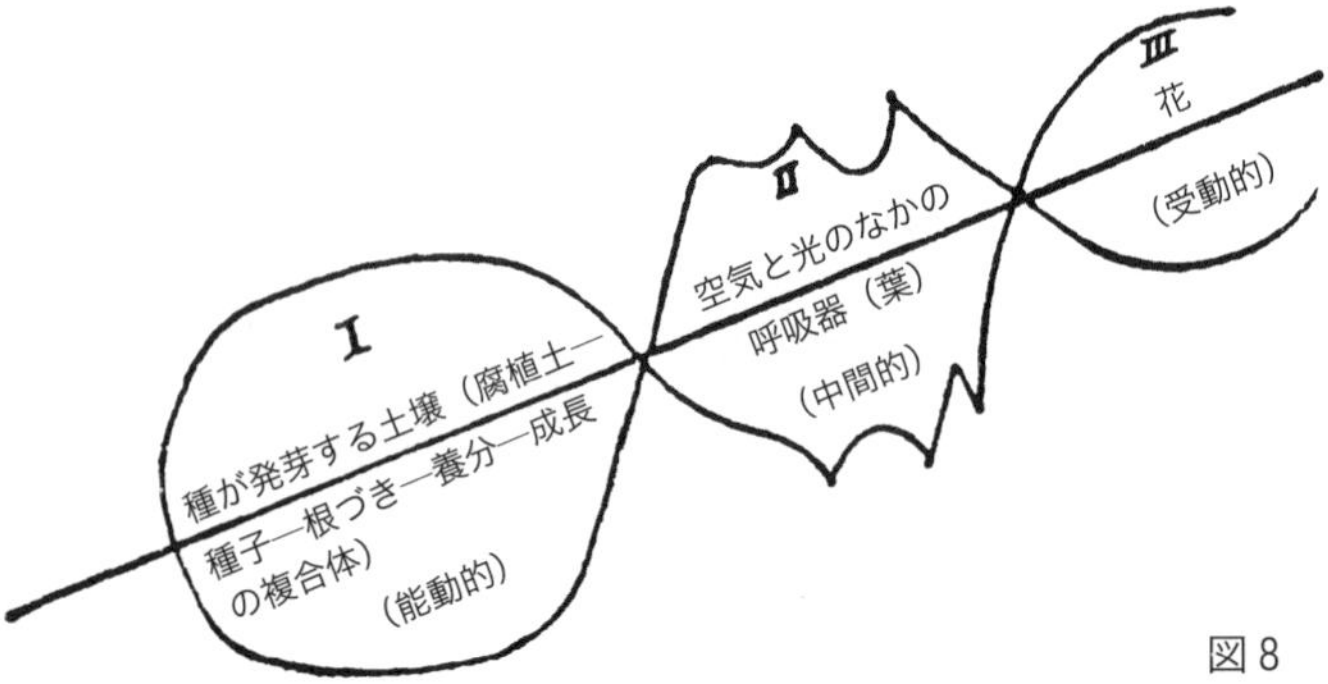

図8

描線のこのようなエネルギー論的把握は、伝統が描線に決して与えなかった機能へとその使用を拡張することを可能にする。たとえば光はエネルギーであるから、輪郭線によって表現することができる。対象とデッサンはもはや、諸派の自然に関する研究が説くように、輪郭や造形的空間の母線によって連絡することはない。エネルギーをその創作の構想の中心に置くことで、クレーは対象と描線にまったく別の連絡の場を与える。それは可視的な外見の再認可能なテクストではないし、造形画面上の幾何学的エクリチュールでもない。そうではなく知覚と概念形成の法則に対する組織的違反（図版15aおよび本書巻末55—56頁を見よ）、本来の空間の外への対象の移動、継起的なものの同時性、対立するものの同時的肯定、異なる構成要素の圧縮、異質とされたものの連絡といった手続きのおかげで得られる、ひとつの場所（あるいは非場所）である。光は大きな黒い矢印によって表示される。「光を明るさによって表すことは去年《こぞ》の雪である（…）。わたしはいま、光を単にエネルギーの展開として表そうとしている。前提となる白の上にエネルギーを黒で処理する以上、このこともまた目的へと導くのでなければならない。／わたしはここで、陰画紙上の光の絶対的に合理的な黒さを想起させるだろう」[60]。

作品の発生において、描線は形式をその固有の衝撃によって決定するという「精液的」機能を担う。「精神が最も純粋なのは、はじまりにおいてである」[61]（図8）。線が精神的なものであるという確信は、次の奇妙な特性にある。「デッサンは、記録する鉛筆を持った手の動きを——とりわけわたしが実践するとおりに——表現する限り、色調と色彩の用法とは根本的に異なる。それゆえ、この技巧をこの上なく暗い闇、夜においても実にうまく実践することができる」[62]。デッサン、それは内部であり「魂に取りつくもの」である。描線は「真っ暗な夜に、それ自体線へと変化しうる生きられた経験」[63]を素描する。これもやはり幻想であり、その子供たちはアマゾネスや犯された女たち、骰子遊びで賭けられた女たち、去勢の自然発生的形象となるのであろうか。

ここでもやはり、事はそれほど単純ではない。そうした線、「わたしの一九〇六—〇七年の線は、わたし独自の財産をなしていた。だがそれらを中断しなければならなかった。何らかの痙攣がそれらを脅かしていた。もしかすると装飾的なものさえ。要するに、そうした線が深く自分のなかに引かれていると感じながらも、おびえたわたしはそれらを中断したのである。「外出させること」は実現しなかった。外部と内部の一致はあまりにも確立するのが困難であったから、それらを自分の周りで識別することは不可能であった」[64]と、

(60) *Journal*, p. 244.
(61) *Ibid*., p. 299. すでに引用したこの一節を、*Théorie*, p. 93 の植物の図式と比較せよ。本書巻末48—49頁参照。
(62) *Journal*, p. 295.
(63) *Ibid*., p. 229–230.
(64) *Ibid*., p. 225–226.

クレーは一九〇八年に記している。ここで支配していたのは幻想体系であり、男性性がかくも強迫的な線を素描していたため、線は現実吟味に耐えることができなかった。だが男性性が精神と化すには、自分ではないものに出会い、それをとらえ、物質の受動的な多産性にとらえられるごとくそれにとらえられうる状態とならなければならない。ここで、クレーが進む道はロートのそれに背を向ける。デッサンの真理は、彼があらゆる所与に押しつける純粋な幾何学の遵守にはない。そのようなデッサンは、クレーにとっては依然として幻想的であり、現実吟味と性の分離に耐えることのできない退行的な男性性、決定を示している。それは統一的幻想の輪郭線であり、一見客観的で超越的であるが、現実には想像的である統一性をよりどころとする輪郭線である。デッサン－精液がありのままに明らかとなるには、卵によって出会われ、受動的に作用されることを受け入れる必要がある。造形の平面上では、クレーが『日記』の同じ箇所で記述している操作が必要である。この操作はその単純さにおいて、幻想的表象から批判的創作への移行の秘密を（明かすというより）知らせているように思われる。「ある作品の発生。／(1) 場合によっては望遠鏡を用いて、厳密に写生する。／(2) デッサン（一番）を逆にし、感情のままに主要な線を目立たせる。／(3) 紙を正常な位置に戻し、一＝自然と二＝絵を調和させる[65]」。自然から感情のままへの逆転、そしてまた絵と対象の共同的構築を得るための感情の逆転。もしも(2)にとどまれば、絵画は存在せず、想像的なものが存在し、描線は奴隷となる。(1)は可視的なものをもたらし、(2)は幻想的内面の不可視のものをもたらす。だが作品は誇示された幻想ではなく、策略によって逆転された別の不可視のものを構成する。「芸術は事物を横断し、現実的なものも想像的なものも越えて進む[66]」。この横断は二重の逆転である。

「狭間世界」を生み出す能産的自然、潜勢態にある自然としての現代芸術理論の一切は、この二重の逆転に結びついている。[67] 造形的要請、つまり諸々の造形的水準が可能にする無数ではあるが任意ではない組み合わせの細心な奉仕者となることによって、ひとは場合によっては対象に「出会い」、それを認知することができる。いずれにせよ、この出会いは非本質的である。なぜなら、対象は作品そのものだからである。作品は、別のものを表象するためにそこにあるのではない。作品こそが、自然の可視的なものも無意識の不可視のものもわれわれに与えることのなかった別のもの、芸術が形作る別のものである。もし作品が何らかの仕方でその異様さを示さなければならないとしたら、つまり本当には把握（greifbar）できない、「こちら側」（diesseitig）ではないという特性を示さなければならないとしたら、作品という対象は完成された形で安定化してはならない。そしてその発生、よって作品をそのように配置した運動、しかし作品を越えて突き動かされ別の布置を生み出す運動が、作品の現実の構成のうちに感じられ続けなければならない。可能世界としての作品は、その現実性にもかかわらず他所から来たという様相を失わない。創造性は創造物を超過するのだ。

このような超越が示唆されるはずだとしたら、それは造形的諸水準の組み合わせのすべての可能性が列挙され、活用されるという条件においてである。デッサンと色との関係は、このような母胎内に位置する。[68] ク

（65） *Journal*, p. 224.

（66） *Théorie*, p. 42 ; *BD*, S. 80 のテクストにおける欠落。以下と比較せよ。「わたしの地上的な眼は近くのものをうまく見分けることができず、多くの時間その視線は最も美しい対象を通過している。「彼には最も美しいものが見えていませんね」と、ひとはしばしばわたしについて語る」（Notes autobiographiques, *Félix Klee*, p. 16）。

（67） すでに引用したシュライヤーの報告による会話を参照。

レーにおけるデッサンの自然発生的な成立に鑑みれば、このような位置づけは最高度に重要である。内面的な描線が色との関係の要請に従うことを真に受け入れたのは、ようやく一九一四年のハンマメット〔チュニジアの港町〕においてである。色彩的なものによる内面への抗いがたい侵食が生じるには、眼の環境の変化あるいは再環境化が必要であった。クレーはこの冒険を、色による自分自身の敗北として描写している。「わたしはいま仕事を放棄している。周囲の空気が実に甘美にわたしに入り込んでくるので、もはや仕事に熱情を注がなくとも、わたしのなかに次第に自信が生まれてくる。色がわたしをとらえている。色を把握しようとする必要はまるでない。色がわたしをとらえている、わたしにはわかっているのだ。幸福な瞬間の意味とはこうだ。色とわたしがひとつであること。わたしは画家だ[69]」。「夜は筆舌に尽くしがたい。その上、満月が昇っている。ルイがわたしを発奮させる。すぐに描かなければならない、と。わたしは彼に言う。せいぜいのところ、習作にしかならないだろう、と。もちろんそのような自然を前にしては、わたしは失敗するのだ。しかしそれでもわたしは、そのことについて以前よりもう少し知っている。わたしの力不足から自然に至るまで踏破すべき道があることを知っている。これが今後数年のための心の課題だ。／わたしはそのことでまるで落ち込んでいない。自己にかくも多くを要求する際には、焦ることなどできないのだ。この夜はわたしのなかに、永遠に深く刻み込まれた。北のブロンドの月の出は、弱まった反映に過ぎないだろうが、わたしを沈黙のうちに励まし、励まし続けることだろう。そしてこの像が、わたしの伴侶、わたしのもうひとつの自我となるだろう。自己を見出すための刺激剤。しかしながらわたし自身は、昇りはじめた南の月である[70]」。

『選ばれた場所』が描かれたのは、その二三年後である。ゆえに画家本人である銀の月が提示され、画家がむなしくその場で取り組んでいた「都市の建築＝絵画の建築という総合[71]」が決断され、一九〇二年に発見されていた「異論の余地のないまったくささやかな特性」が実行される。すなわち、「ひとつの表面における三次元の表象という特殊なジャンル」(72)である。たとえ手短なものであれ分析を行えば、作品の本質的な諸特性が実際にことごとくクレーのデッサンが出会った諸問題に対する解決として現れていることがわかる。図形の体系は、非表象的な直角の絡み合いである。そこでは描線が、灰白色から灰黄色、黄色、サーモンピンク、オレンジ色を介してくすんだバラ色に至る、異なる色の領域を決定している。しかしいずれも色価は同様に低く、薄い灰色である。月もまた入り組んだ網目に覆われているが、それぞれの領域は単に、補色である黄色と紫色の二色で示されている。それらの色価は同じで、低い。図形的要素のなかで唯一力動を指し示すものは、左から右へと斜めに下降する「町」の面の不均衡である。力動は、「地」の色彩－色価の体系上に移されているように見える。暖かい、上品な色調。あらゆる直線性から解放された、ゆったりとした広がり（この点で、緑色と褐色のあいだの「線となっている」のは面としての線の体系である）。とはいえそこにも、量的な要素はやはり見出される。（建築物によって形作られた灰色の帯を除外するなら）上から下

(68) *Théorie*, p. 30 の「モデルから母胎へと遡行すること！」は、*BD*, S. 93 の「Vom Vorbildlichen zu Urbildlichen !」の翻訳である。組み合わせのいくつかの可能性はイエナの講演で与えられている（*Théorie*, p. 25-26 ; *BD*, S. 90-91 の「内容」あるいは「表現の諸特性」に関する節）。
(69) *Journal*, p. 282 ; cf. *BD*, S. 518.
(70) *Ibid.*, p. 274 ; cf. *BD*, *ibid.*
(71) *BD*, S. 518 ; *Journal*, p. 270.
(72) *Ibid.*, p. 131.

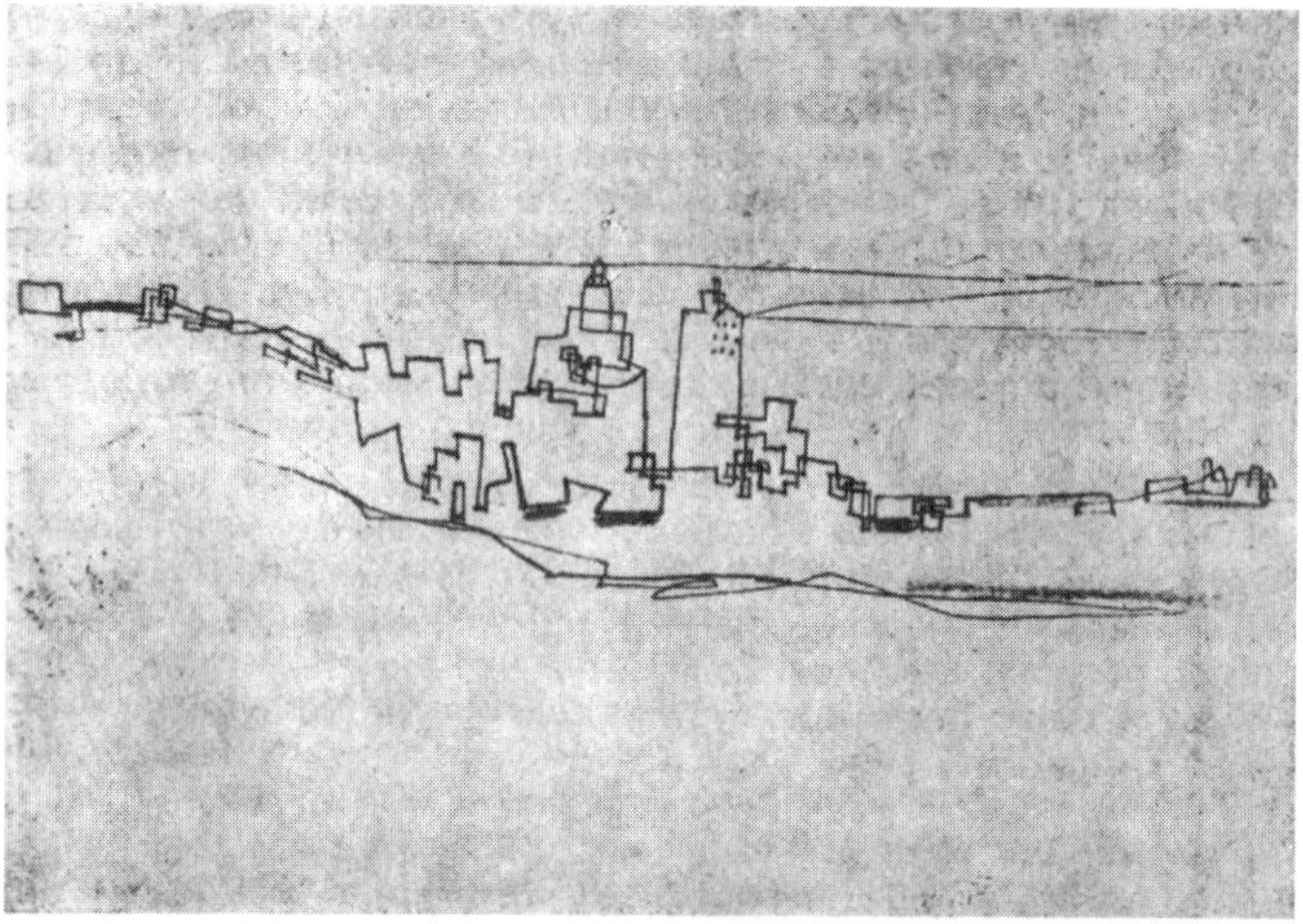

図9

へと交代する、赤、緑、褐色、青の四つの帯である。純粋な、あるいは体位的な色彩的効果の視点からすれば、（赤と褐色は外転、緑と青は内転であるから）＋－＋－の連続となる。しかしこれは、色価の秩序において上から下、暗い色合いから明るい色合いへと二度にわたって移行させる－＋－＋の連続によって対照的に引き立てられている。そして何より、それ自体として量的な連続二・八・四・一と組み合わされている。これは上からはじまる帯のそれぞれの幅が形成するもので、画布を下に圧迫する傾向を持つ。それゆえ「地」の平面には、一群の非常に激しい緊張が存在する。この画風は、賢い蟻の往来をこうした緊張の上に記入するのである。

ここで用いられた線は、実際にクレーが「中間的な線」（linear-medial）と名づけた線である（図版15b、図9、10）。彼がバウハウスでそれについて行った分析以上に優れた説明はない。「線でもなく面でもなく、両者の一種の混合（Medium）。それは点の運動として線的にはじまり、面の外見として終わる。中間的な（mediale）線。線の区画による面の構成。いくつかの点に依拠し、ぎりぎりで、期限つきという特徴を持つ（mit knappem, befristetem Charakter）線。こうした新たな事例では、遅延された線が三角形や四角形といった面の形象の境界線を描く。線を運動させる諸力は、異なる方向の諸力の産物である。緊張は拘束である（Spannung ist Bindung）[73]」。混合した線は、はじまりも終わりもない円へと導く。このとき面は線を除去し、運動の特徴を除去する。「月の円盤を見て、その周囲で回転木馬に乗ろうという誘惑に駆られる者はいない[74]」。『選ばれた場所』の月の円周は、その表面を走り「町」から到来する混合した描線の窮屈な前進をエネルギー的に完成するのである。

これらの緊張のどちらも語らない。それらは作用するのであり、エネルギーの種別化である。デッサンはエネルギーを、自己自身のうちにとどめ置かれ、閉じられ、差異化された顕微鏡的なものとして与える。彩色された海岸は別の無限を与える。天空、緊張した諸々の差異として展開された、果肉状で宇宙的な無限である。描線は人間、町、非連続なもの、衝撃を与える。色、自然、性質、燃えるような成長。「それは愛らしい娘たちのひとりではまる

（73） *BD*, S. 109. 本書巻末49頁と巻末55―57頁を参照。
（74） *Ibid.*, S. 111.

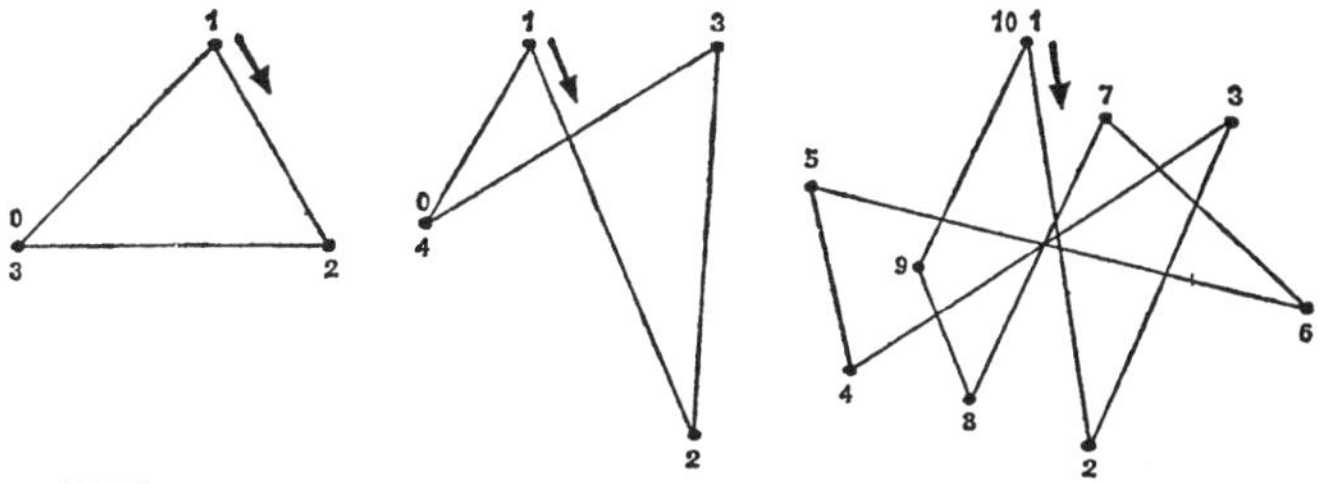

図10

でなく、ほとんどわたしと同じぐらい強い女だった。わたしが彼女をとらえると、彼女の熱い血が脈打つのが感じられ、彼女の息がわたしの顔を燃え上がらせた。そしてそれと一緒に、わたしの本性のすべてが、女による救済の欲望に燃え立つのだった」[75]。一九〇二年三月のローマで、クレーはナポリに発つ準備をする。彼は自分が取り組んでいる『三人の少年』のモチーフを述べているが、女性のうちに救済を認める少年は三番目である。数日後のナポリにおいて、救済の反復。「ついに再びナポリが、光の静寂な種子のようにわたしの足下にある。おお、尽きることのない雑然さよ、平面の動きよ、血の色の太陽よ、傾く帆をちりばめられた深い海よ。マチエールに重ねたマチエール、そこに溶解しうるほどに。人間であること、古代的、素朴で何者でもないこと、とはいえ幸福であること。一度だけ、例外、祭日として。(…) 証明する日が来ることを。反対のものを和解させうること。たった一言で多元性を表現すること」[76]。

このことについてこれ以上語る必要はない。要約しよう。

(1) ロートはデッサン画家を、欲望の形象の輪郭を啓示しなければならない、あるいは造形画面を幾何学的に組織しなければならないという二者択一に閉じこめる。造形されたものか、それとも知解可能なものか。彼は激烈に後者を選択する。クレーは、ロートが前者について恐れているもの、彼自身も恐れるが公然と戦ったものをわれわれに理解させてくれる。それは、欲望の問いを立てることである。運動する点がその痕跡を残すとき、痕跡はどこに記入されるのか。それが自然発生的に記入するものは、幻想的な形象、欲望が上演する形象である。この形象は表象的であり、不在を現前化するという機能を持ち、自然発生的な幻想を逆転なしに再現する。輪郭線は何も存在しないところで現前を指し示すゆえに、「啓示的」[77]となる。むき出しの平面しかないというのに、輪郭線は身体、顔、行為を「造形する」。輪郭線は欺く。それは一枚の紙をガラスにする。平面は透明な支持体として否定され、その向こう、反対側で演じられる別の場面の現前を示唆するような仕方で、この場面を認知させるような仕方で処理される。描く《フィギュレ》という欲望は自然発生的に、欲望の形象を描くという欲望である。形象性が表象と化すとき、形象性はフロイトが夢の「内容」と呼ぶものの無媒介的空間にとどまる。この内容は表象的である。ところでクレーにとっては、ロートにとってと同様、セザンヌにならって表象はあらゆる真理を失っており、単に症状を呈するものとなっている。(78) デッサン、絵画はカタルシス的機能を果たす。それらを表象的空間にとどめるもののすべてが、それらを欲望の幻想の形象-像のうちにとどめる。クレーは悲劇的にもこのことを知っている。ロートはそれについて何も知ろうとはしなかった。この点で、クレーは「解放された」作品の多形性に見られる倒錯的な構成を手にしている。ロートは硬直した拒絶のうちで痙攣している。その描線は、つねに何らかの抹消を含むこととなるのだ。

---

(75) *Journal*, p. 99.
(76) *Journal*, p. 103-104, 101 ; *BD*, S. 518.
(77) 平面を合理的に組織する「調整的」輪郭線とは対比的に。Cf. Lhote, *Traités*, *op. cit.*, p. 53.
(78) ここで読者は、われわれのパズルには重要な一片が欠けているように感じるであろう。ルネサンスのために用いられた方法にしたがって行われた、セザンヌ的逆転の研究である。ヴェドゥータがどのような場所から取り出されたかを強調しなければならないであろう。これは別のところで行われるであろう。クレーとロートの対立は、双方がセザンヌから離脱しつつ、セザンヌが勝ち取った同じ造形的土壌を開墾していることを理解する限りにおいてのみ有益である。

(2) カタルシスにおけるこの差異は、単に画趣に富むだけではない。それは、ロートの二者択一が適切ではないことを意味している。調整線は、啓示線の唯一可能な対立項ではない。選択は、表象する想像的なものと書く幾何学的なもののあいだにあるのではない。クレーは立体派ではなかった。セザンヌが彼に教えたもの[79]は、幾何学的な量塊によるエクリチュールではなく表象の脱構築であり、不可視のもの、可能なものの空間の発明であった。クレーがセザンヌに最も接近するのは、彼が絵のポリフォニーを、あるいは異なる視点の同時性、狭間世界を探究するときである。セザンヌが彼に教えるもの、それはドローネーである。クレーは一方から他方へとまっすぐに進むが、ロートのキュビスムを余白に位置づけるにはこの道で十分である。彼にとっての任務は、知解可能なものが感覚的なものの調整者であると証明することではない。それは、絵を一個の対象《オブジェ》とすることである。この対象は自然が生み出したわけではない。それは自然《ナチュール》の計画に適合するどころか、変質させられ《デナチュレ》ている、あるいは性質を変えて《トランスナチュレル》いる。このような対象は、創造が創造された自然を超過すること、芸術家とは創造がその果実を生み出し続ける場所であることを証明する。自然と芸術は創造の両界である。だが後者は前者に何も負っていない。幾何学的理性によって「正しい自然」を、可視的な自然よりも知解可能なものにより近い自然を生み出そうとするロートの新プラトン主義に対し、クレーはハイデガーとJ・ボーフレが注解しているアリストテレスの一見矛盾した二つの文章によって答えることもできたであろう。「技術《テクネー》は、自然《ピュシス》が成し遂げられなかったことを完遂する」。「働きかけられるからそれは成長し、成長するから働きかけられる。いずれの事物も[80]」。クレーは、芸術家は樹液が昇る木の幹でしかないと言っている。だがそれが実らせる果実は、誰も見たことがないのだ。それゆえいささかも再認はなく、想起すらない。

(3) それゆえ、クレーの造形画面の平面は奇妙な平面となる。それはもはや、向こうの場面が見えるガラスや陳列窓ではない。ましてや眼が諸々の形を読み取るような、幾何学書の頁や数学者の黒板ではさらにない。そこにおいて線が(さらにまた色価、色彩が)正しい形によってではなく観覧者の眼と身体に及ぼす力によって作用する限り、線はこの平面を感性、さらには官能の領野へと位置づける。しかしデッサンが側面的視覚と正面的視覚を、立面図と平面図、外部と内部、整理する輪郭線と見させる輪郭線をポリフォニーとして与える限り、デッサンは欲望の運動が造形の平面の上で幻想することを禁じ、そこに想像的なものの彼方を穿つことを禁ずる。これらの組み合わせと脱構築により、欲望は自己自身へと送り返される。欲望は表象された対象において成就するのではなく、この絵という対象によって停止されるのである。絵は移動、違反、逆転、反対のものの統一、時間と現実性に対する無関心という、自己の手続きの痕跡すべてをはらんでいる。クレーの狭間世界は想像上の世界ではない。それは、さらけ出された一次過程のアトリエである(81)(図版16aとb)。そこではひとは語らず、「見」ず、作業する。描線はそこに、言説のシニフィアンもシルエットの輪郭も記さない。認知しうるものを顧みることなく、描線は圧縮し、移動させ、描き、練り上げるエネルギーの痕跡である。「肝要なのは、見えるものにする(das Sichtbarmachen)という活動がいかなる目的

(79) 「これぞ、ファン・ゴッホよりはるかに多くを教えてくれる、わたしにとっての最高の〈師〉である」と、彼は一九〇九年に*Journal*(*op. cit.*, p. 234)に記している。
(80) *Physique*, II, 198b, 17 ; 199a, 70. J. Beaufret, Phusis et TecPè, *Aletheia*, 1-2(janvier 1964)による訳。
(81) 『エロスの眼』(一九一九)と『ウェヌスの断片』(一九三八)を『木のなかの乙女』と比較し、逆過程を測定せよ。本書巻末57頁を参照。

で遂行されるかを明確にすることである。見られたものを記憶に固定すること、あるいはまた見えないものを明白にすることか」[82]。不可視のものは、ここでは可視的なものの裏面、背面ではない。それは逆転された無意識であり、造形的可能事なのである。

(82) *BD*, S. 454.

「夢作業は思考しない」

作業を言説に対置するこの問題系が、『夢解釈』第六章の中心に見出されることに驚く必要はない。そこにおいてフロイトは夢作業を研究し、この作業が進められる際の本質的な諸操作を列挙している。これらの操作のそれぞれの特徴が、言説の地位との対照によって作成されていることを示すのは容易である。夢は欲望（désir）のパロールではなく、その作品である。ただしフロイトは、この対立をさらに劇的なものにしている（それゆえ彼は、言説における形象的現前の理解へとわれわれを一直線に導く）。欲望の作品は、テクストに対する力の適用から結果するのだ。欲望は語らず、パロールの秩序をねじ曲げる。この暴力は本源的なものである。欲望の想像的成就は、根源的といわれる幻想（fantasme）の製造所において過ぎ去ったものと絶えず過ぎ去るものを、夢のアトリエで反復する侵犯からなっている。

形象は少なくとも二回、欲望と結託する。言説の周縁では、形象は厚みであり、わたしが語る対象はそこに逃れる。言説の中心では、形象はその「形式」である。このことはフロイト自身が、夢の「ファサード」であると同時にその背景において準備された形式である幻想（Phantasie）[1]という語を導入する際に述べている。そこには、語のただなかに避難し、その境界に追放された見ること、語ることには還元しえない見ることが存在する。しばし、二次加工について論じることにしよう。なぜなら『フリーゲンデ・ブレッター』誌の碑文は、嘆かわしい審美的欠乏にもかかわらず、像とテクストの関係を練り上げる豊かな機会を与えてくれるからである。美しいものがどうであれ、ここでわれわれは芸術のはじまりに立ち会うのだ。

I 歪曲《デフォルマシオン》

夢作業（Traumarbeit）を扱った『夢解釈』の第六章の終わりで、フロイトは自分が出発点とした問いに注意を促している。「夢を構成するために、精神はすべての能力をいかんなく発揮して用いるのか、それともその生産に割り当てられた一部分だけを用いるのか[2]」。答えは、この問いを却下しなければならないというものである。それは誤って、「状況には適さない」仕方で立てられている。問いが位置づけられた場を変えないのであれば、両方の場合において然りと答えなければならないだろう。精神は、夢の生産に全体と部分において寄与するのである。フロイトがTraumgedankeと呼ぶもの、夢思想、夢が明確に語るもの、その潜在的言表を、覚醒した思想に全体として関係づけるべきである。意識的思想と同族に属する「全面的に正しい思想」（völlig korrekt）。この思想と結びついた謎が存在するとしたら、謎は「夢と特別な関係を持たず、夢が引き起こす問題のなかで扱われる価値はない[3]」。

夢が実際に語っている内容は完全に知解可能であり、それを動機づける言説は知解可能な言説であり、覚醒した言説と同じ規則に従う言説である。おそらくこのような理由で、フロイトの見解ではその解釈が可能であり、解釈は解釈者の純然たる思いつきとは別のものなのである。解釈は意味にではなく、「普通の」言説と結びついた意義と同様に明示的な意義に合流しなければならない。しかしまたそれゆえに、夢の本質は夢思想（Traumgedanke）にあるわけではまったくない。フロイトは、一九二五年に加えられた注記でこう明確にしている。「多くの分析家が、（…）彼らが頑固にこだわる思い違いゆえに責められるべきである。彼らは夢の本質を潜在内容のうちに探し、かくして潜在的な夢思想と夢作業のあいだの差異を無視している。夢は実際には、睡眠状態がその条件を可能にするような、われわれの思想の特殊な形式に他ならない。この形式を作るのは夢作業であり、これだけが夢に関して本質的なもの（das Wesentliche am Traum）であり、その特殊性の説明である[4]」。ところでこの作業は覚醒した思想の秩序には属さず、「最も熱心に夢の形成における心的なものの役割を減じようとする理論家さえ想像しなかったほど、そこからはるかに隔たっている[5]」。それは変形なのである。夢作業と夢思想とのあいだには、「比較しえないような」、「質的に全面的な差異」

（1） *Gesammelte Werke*, II/III, S. 495 ; tr. fr., Paris, P.U.F., 1967, p. 148.『夢解釈』に関する以降の指示は、この版とこの訳を参照する。本節は *Revue d'Esthétique*（1968）, 1 に論文として掲載された。ここでは若干修正されている。
（2） S. 510 ; p. 431.
（3） *Ibid.*
（4） *Ibid.*, 強調は原文。
（5） S. 511 ; p. 432.

が存在する。「夢作業は思考せず、計算せず、一般的な規則によって判断しない。変形するだけである」[6]。

フロイトの意図を本当に把握したいならば、彼が思想（Gedanke）と作業（Arbeit）のあいだに設けている対立を真剣に受け取り、夢の「変形」（umformen）を真剣に受け取るべきである。作業は夢の基底にある言説上で作用し、作業は言説をその素材とする。作業はこの本源的言説に対し、他の言説がそうするように、解釈の言説がそうするように関係するわけではない。潜在内容（Traumgedanke）と顕在内容との隔たりは、「普通の」言説をその対象（たとえ対象が言説であれ）から分ける空虚な距離、超越ではまったくない。それはまた、テクストとその別の言語への翻訳を分ける隔たりでもない。この差異は「本性的なもの」である、とフロイトは言う。夢作業の問題は、それゆえある言表を材料として、シニフィアンでありながら質的に異なる対象がいかにして生産されうるかを知ることとなる。作業は夢思想の解釈でも、ある言説に関する言説でもない。ましてや転写、つまりある言説を元にした言説ではなおさらない。それは夢思想の変形なのである。

第六章の夢の加工のすべての記述を導いているのは、このような問題の提起である。研究のはじまりから終わりまで、フロイトは夢思想をテクストと、夢作業をテクストの（「正しい」）意義に対する諸操作の集合と同一視している。しかし操作は言語のものとは異なる手続きによってなされるのであり、よってこれらの操作は物質とみなされたテクスト上で作用しなければならない。そこに置かれた意味の定立の本性が修正されるには、テクストはどのような仕方で加工されなければならないのであろうか。

すぐさま、Entstellung〔歪曲〕を扱った第四章のある言葉を述べることにしよう。これに本質的なものを期待する権利があったとしても、Entstellung の観念が要約するのは最初のテクスト上での操作法がすべてであるというのが本当ならば、それはほとんど助けにはならないように見えるかもしれない。この言葉は、この用法では強力な操作を指示している。すなわち自己の形を崩すこと（sich entstellen）、言葉をねじ曲げること（die Sprache entstellen）である。ザックスとヴィラットによれば、小辞 ent- の意味場は三つの軸にしたがって構築されている。剝奪、奪取（廃《デ》－位《ポジシオン》）のそれ。遠ざけること（放《エクス》－置《ポジシオン》）のそれ。そして、ある出発点を起点とした過程（転《トランス》－置《ポジシオン》）のそれである。しかしこの章におけるフロイトの考察は、別のところを中心としている。フロイトは、夢は欲望成就であるのにその内容はなぜしばしば挫折、裏切られた希望、妨げられた欲望を示すのかと自問している。こうして彼は、Entstellung が検閲を動機としていることを示し、検閲が欲望に変装を強いる審級によって行使される力であるとみなしている。この章の最後では、第三節で練り上げられた夢の規範的定式が次のように修正されることとなる。「夢は（抑制され抑圧された）欲望の（変装した）成就である」[7]。ここでは括弧がこの章の成果を指摘するのに役立つと同時に、成果をその固有の領域である抑圧のなかに位置づけるのに役立っている。よってそこに探求すべきは Entstellung の概念の分析というより、むしろ抑圧の理論のはじまりなのである。これは、前者が重要ではないということではない。それは、欲望と禁圧（répression）が同時に生まれるという根本的な真理をわれわれに教えてくれるのだ。

しかし最後の著作『もしもモーセがひとりのエジプト人であったとするならば』[8]には、Entstellung につ

（6） *Ibid.*

（7） S. 166.

（8） G.W., XVI, S. 144 ; tr. fr., Paris, Gallimard, 1948, p. 65.

いての短い省察が見られる。フロイトは、エジプト人と想定されるモーセが課したあまりにも節制的で父性的な宗教に対し何度も反抗したユダヤ人が、モーセを殺すという仮説を立てている。そして後年の民族の自己自身との和解、そして別のモーセによる宗教との和解の後、まず口伝次いで成文の伝統が、その殺害を隠蔽するために絶えずモーセの物語、モーセ五書に働きかけている（*travailler*）という仮説を立てる。よってここでの思想（Gedanke）は親殺しである。そして変装の作業《アルバイト》がEntstellungと呼ばれる（フロイトがこれより下位にあると想定している、原典の敬虔な保存というもうひとつの二次的処理は無視する）。フロイトはこう書いている。「原典のEntstellungには、殺人のそれに似たものがある。［よってここでは、ある殺害、モーセの殺害を隠すための殺害である。だがモーセの殺害はすでにEntstellungであった。父の〈言葉〉に対して遂行された歪曲の作業］。困難なのはこの行為を成就することではなく、その痕跡を取り除くことである。*Entstellung*という語に二重の意義を与えても差し支えあるまい。今日ではその用法は廃れているとはいえ、この語にはそのような意義を持つ権利がある。この語は単に見かけを変えることを意味するだけでなく、別の場所に置くこと、他所に移動することを意味するはずである。このようなわけで、テクストにかかわるこうしたEntstellungの多くにおいて、われわれはどこか他所に隠された禁圧と否認の対象を——たとえゆがめられ文脈から切り離されていたとしても——見つけられるはずである。ただし、それを見分けることは必ずしも容易ではないであろう(9)」。

一見すると、フロイトの考察はEntstellungの弱い意味を導くように見える。テクストの諸断片を移動するには、『夢解釈』で問題になるようにテクストの本体そのものが諸層の圧迫、ずれ、流出を被る必要はない。書かれたものの空間、言語的空間に触れることなく、テクストの一片を移動させることは可能である。

ならば、Entstellungを翻訳するには転置で十分かもしれない。断片をここで取り去り、あちらに置くわけである。しかしそれは、行為そのものを忘却することである。少し考察すれば、そのような操作は、まさしく言語的体系から排除された空間の次元に頼らざるをえないことがわかる。頁の表側の（連鎖の一点の）ある断片を消去しそれを別の頁の表側に置くには、取り去られた断片がテクストを越えた運動をすることが必要である。それゆえこのような運動は、カントが回転によって二つの線対称の三角形を重ね合わせるために要求するのと同じ「厚み」のなかで生じる。これらの三角形は、平面内の単なる移動によっては合致しえないのだ。モーセ五書のEntstellungたる「殺害」は、いかなるものからなっているのか。それはまさに、平面内に記入されたテクスト――テクストは（フロイトにとっては）律法そのものの制約を象徴化すると同時に、その二次元空間の制約によって、テクストを構成する諸単位に課せられる言語的制約を「具体化する」――、このテクストが三次元空間に内属する諸操作の対象であることに存する。書かれたものは読書空間（奥行きのない文字）に属し、移動の操作は身振り的、視覚的な延長に属し、読めるものと見えるものを自己のうちに収める移動の結果は読むことができない[10]。殺害に似たものが存在するのはここである。奥行きの次元を伴った欲望は、律法の石板を歪曲する。また同時にそれは読むことができず、よって隠されている。その隠蔽には、言説が排除する奥行きが必要である。欲望に対する法の暴力、法の空間を引き起こす欲望の暴力。かくしてわれわれは、夢作業の二つの審級、願望と検閲を手にする。そしてそれらの二つの暴力と、

（9） *Ibid.*
（10） *Ibid.*, S. 148.

前者の決定不能性を。

このようにEntstellungを理解した上で、夢作業によって使用される手続きの一覧へと戻ろう。周知の通り、フロイトはこれを四つ列挙している。圧縮（Verdichtung）、移動（Verschiebung）、表現可能性への顧慮（Rücksicht auf Darstellbarkeit）、二次加工（sekundäre Bearbeitung）である。[11] これらの操作のそれぞれが、ある空間性に依拠していることを精確に示すことは容易であろう。この空間性は、言説の意義（Traumgedanke）が位置する空間性であるどころか、テクストが記入されると想定される感覚的で造形的〔可塑的〕な延長以外ではありえない。

以下のような指摘だけにしておこう。

一　圧縮

圧縮は、気体の状態から液体の状態への移行がそうであるように、一定の空間を占めるひとつあるいは複数の対象がより小さな体積に収容される際の物理的過程として理解されるべきである。したがって圧縮がテクストに適用される場合、それはシニフィアン（ノレクダールの夢など[12]）かシニフィエ（植物学のモノグラフィーの夢[13]）、あるいは双方を「対象」へと融合する結果となる。いずれにせよ対象はもはや特に言語的なものではなく、特に非言語的なものでさえある。少なくともシニフィアンに関しては、フロイトの態度ははっきりしている。それは、幼児期の言語術（SpracŸünste）や神経症のやり方で[14]、言葉を「物」であるかのように扱う戯れ（Spielerei）（アウトーディダスケルの夢[15]）である。圧縮は、もともとのテクストの諸単位を「自由に」利用する——これはメッセージに、あらゆる言語的メッセージに固有の制約に対して自由に、という意味である——エネルギー論に属している。このように圧縮は、言説の規則の侵犯である。この侵犯はいかなるものからなっているのか。圧縮そのものからである！　シニフィアンやシニフィエの諸単位を互いに衝突させ混合することは、テクストの文字や言葉を分離する安定した間隔設定を顧慮しないことであり、それらを構成する不変で弁別的な書記素を軽視することであり、ついには言説の空間を無視することである。言説の空間は中立的、空虚な空間、純然たる対立の平面であり、それ自体としては現出せず見られることもない。だがそこにラングの（あるいはエクリチュールの）全単位が明示され、この空間のおかげで「聞く」（あるいは「読む」）ことができるのである。

圧縮は「状態」の変化（「本性」の差異）である。弁別特徴が交錯するラングの幾何学的空間、言説の（書かれたテクストの）線に命令を下すこの空間は、この操作のおかげで、ある運動によって侵食される。運動はその禁止を破り、そこに見出した言葉‐物の単位から「滑稽で奇妙な」[16]言葉を作り上げるのである。それらの物性は、それらの厚みである。通常の言葉は透明な言語的秩序のうちにある。その意義は直接的であり、ひとが受け取るのはこれである。音声または記号による伝達手段は、いわば知覚されることがない。

（11）　G.W., II/III, S. 510-512 ; p. 431-432.
（12）　S. 302 ; p. 257.
（13）　S. 287 ; p. 244-245.
（14）　*Ibid*., S. 301, 309 ; p. 257, 262.
（15）　*Ibid*., S. 306 ; p. 259.
（16）　*Ibid*., S. 302 ; p. 257.

その名が示すように、圧縮の産物は反対に不透明、高密度であり、別の側面を隠している。

ところで言葉でもって物を捏造するこの可動性は、想像的なものを作りながら進む欲望そのものではないのか。もしそうであるなら、圧縮は欲望が変装する際の作業であると言ってはならないであろう。それは夢思想のテクスト上に働きかける欲望である、と言わなければならないであろう。第一の場合、力は顕在内容の背後に位置づけられ、顕在内容自体が変装したテクストとみなされる。第二の場合、こちらが正しいように思われるが、力は逆に本源的なテクストを圧縮し、しわくちゃにし、折りたたみ、テクストが担っていた記号を重ね合わせ、言語記号でも書記単位でもない新たな単位を作り上げる。顕在内容は、このように「ねじ曲げられた」元テクストである。それはテクストではないのだ。そこでは、ヴァン・ゴッホの身振りが彼の太陽のうちに記録されているように、力が夢のシナリオそのものに住み着いている。

このような仮説は、フロイト自身の説明に背くように見えるであろう。テクストを押しつぶし、粉砕し、その諸単位を混合する力は検閲だからである。このような説明に従えば、圧縮の作業（そしてすべての加工）が検閲の行いである以上、欲望が夢思想の最初の言説であることを認めなくてはならないであろう。検閲者は自分が読むものを切断する前に、切断するために理解する。前意識に属する検閲にとっては、「表意すること」は分節言語に属し、読みうるものである。テクストを読んだ後に切断することは、もしそれを無視することが重要であったなら、しくじり行為である。かくしてサルトルの仮説、自己欺瞞のそれへと後退することになるであろう。しかるに夢は現実に当初は不透明であり、その由来となるテクストと「読者」（解釈者たち）のあいだには、事情を知り前者を後者のために偽装するような第三の審級は存在しない。よって変装させる（他動詞）という任務を引き受けるのは欺瞞の審級ではなく、欲望自体が変装する（再帰動詞 se travestir）のでなければならない。ただしこの再帰は反省されたものではなく前反省的なものであり、それがいかなるものかを理解することができる。欲望は最初から混乱したテクストであり、変装は欲望の意図であるような欺瞞の意図による行いではなく、作業そのものが変装である。なぜならそれは、言語的空間上の暴力だからである。エス《それ》がひそかに何かを企んでいると想像する必要はない。「夢作業は思考しない」。一次過程の可動性はそれだけで欺くのであり、欺くものであり、分節言語を用いる「能力」にめまいを与える。精神に抗する形象的なもの。

原理的には以上の通りである。しかしこの原理は多くの困難を引き起こし、この点に関するフロイトの思想は躊躇なしには進まない[17]。欲望、夢思想、検閲はどのように連関しているのか。この関係のずれが、作品の最中に生じているという仮説を立てることができる。それは、関係の諸項が同時期に異なる位置を占めることをまったく妨げないようなずれである。

第一のタイプの関係。夢思想は、外生的な検閲によって解読不能とされる明解なテクストである。このことは、検閲という政治的事実との類比を正当化する[18]。この場合力を表すのは検閲であり、それが働きかけるのは無意識的な語る欲望である。第二のタイプの関係。潜在内容が顕在内容につねに対置されているように、夢思想（Traumgedanken）はつねに夢内容（Trauminhalt）と対置されている。しかし潜在内容は、もはや

（17） 以下の議論は、ナンテール大学でのゼミ「フロイトにおける作業と言語」（一九六八―一九六九）におけるクローディーヌ・エジクマンとギー・フィーマンの貢献に負っている。

（18） *Ibid.*, S. 149. また *Interprétation des rêves*, p. 431 ; *Introduction à la psychanalyse*, p. 152 : Lettre à Fliess n°79, in *Naissance de la psychanalyse*, p. 213 ; *Le rêve et son interprétation*, p. 90-91 を見よ。

テクストの透明な身分を備えていない。夢思想は混合的、つまりテクストと形象である。夢の基底には、すでにすっかり準備された象徴が存在する。[19] こうした象徴は、検閲を欺く傾向を持った素材を形成する。なぜならこの素材は、すでにそれ自体のうちに不可読性と形象性を含んでいるからである。それゆえ前検閲が存在するのだが、実はこの前検閲は根源的抑圧である。フロイトは後に、検閲の両価性を強調することになる。[20] それゆえ検閲もまた、結果的に欲望を利する行為を行う。この関係の問題には、資本家と企業家の隠喩を結びつけなければならない。欲望は資本家であり、エネルギーを提供する。企業家はアイディア（思想）を提供する。[21] だがフロイトが言うには、これらは二つの機能に過ぎない。これらの機能は同一の人間のうちに具現しうる。アイディアを持った資本家が存在し（＝欲望のうちにテクストが存在しうる）、資本を持った企業家が存在する（＝欲望は夢思想を形成する知覚と残滓から利益を得る）。

換言すれば、欲望は夢の検閲が作用する「前に」禁じられており、その根底において禁じられている。そして分離すべきものは、一方には純粋な力、他方には言説ではなく、形象的、具象的なものとして根源的幻想の母胎をなす欲望の「言説」、そして他方には知覚と日中残滓、すなわちこの母胎が引き寄せ働きかけ識別不能にする前意識的素材である。この作業は欲望を成就し、欲望を素材に刻印することで母胎の形式を反復し、欲望を変装させ、この形式に現実から生じた要素をまとわせるという目的を同時に持つ。フロイトが『夢解釈』で語っている検閲は、よって日中残滓が太古の欲望を覆いに来るような操作である。だがこの欲望はすでに、それ自体のうちにその根源的な抑圧をはらんでいる。[22] これは、欲望がすでに「はじまり」から変装であること、一度も語ったことがないことを意味する——ここでの語ることとは、伝達可能な言表を発するという意味である。このことは、「変装させる」という語が異なる被覆における事物の同一性を前提する以上、それが悪しき隠喩であること、そして正しい隠喩はすでに述べた意味での「侵犯する」であることさえ意味するであろう。

これとは逆に、夢の合目的性（Wunscherfüllung〔欲望成就〕）はもっとうまく説明されるであろう。移動の場合の検閲について定式化された Is fecit qui profuit の原理は、こう読まれるべきである――それをなしたのは（検閲ではなく）欲望である、というのも夢が充足させるのは欲望だからである。夢の大きな機能である欲望成就は、ある充足の表象（これは逆に、それが生じる際には覚醒をもたらす）にではなく、全面的に想像的活動それ自体にあることが理解されるであろう。欲望を成就するのは夢の内容ではなく、夢見ること、幻想する（phantasieren）という行為である。なぜなら幻想（Phantasie）は侵犯だからである。

（19） *Ibid.*, S. 495；また *Le rêve et son interprétation*, p. 169-170 も見よ。

（20） *Neue Folge...*, G.W., XV, S. 29 ; tr. fr., p. 29.

（21） *Einleitung*, G.W., XI, S. 232 ; tr. fr., p. 247.

（22） この点について最も明確なテクストは、「夢について」（一九〇一）の一九一一年に加えられた一節である。「この夢のファサードの建設には、夢思想においてあらかじめ形成された欲望の幻想がしばしば用いられる。そしてこの幻想は、われわれが覚醒した生活で経験する、いみじくも「白日夢」と名づけられたものと同じ種類に属する」（G.W., II/III, S. 680. 強調は引用者）。同じ方向で、『夢解釈』の次の一節がある。「欲望の意義や成就は、最も奥底の（zu unterst）、幼年期に由来する欲望成就にまで及ぶような意義や成就を包み隠しているかもしれない」（*ibid.*, S. 224 ; tr. fr., p. 193）。すでに引用したゼミの報告では、フランソワーズ・コブランスとシルヴィー・ドレフュスが、意味の多重的な形成を互いに同一視しえないことを強調していた。二次的なおとりを生み出す検閲を、欲望が一次的に失われるおとりから区別しなければならないのである。

二　移動

フロイトは、移動とは「夢作業の本質的部分（das wesentliche Stück）」、「歪曲（Entstellung）を得るための主要な手段のひとつ」と述べている。これについては、フロイト以上に長々と論じる必要はない[23]。これは、移動はその箇所では圧縮を準備する仕事として扱われているということである。圧縮は多元的決定と結びついたものとして提示されているが、多元的決定は夢思想のもともとのテクストにおける強勢の変更を前提としている。圧縮されることで、夢思想は言説のいくつかの部分を破砕し、他のいくつかは逆に可視的なままにしておく。紙に書かれたテクストを取り、紙をしわくちゃにすれば、言説の諸部分はそこにおいて本来の意味での凹凸を獲得する。圧縮の握力が夢思想を締めつける前、移動がテクストのいくつかの領域を、収縮の際に抵抗し可読的であり続けるような仕方で強化したと想像されたい。その結果は、夢内容と夢思想のあいだの「テクスト的差異」である[24]。

その簡素な例は、フレデリック・ロシフの映画『十月革命』（図11）の宣伝ポスターが提供してくれる。題名の文字は、それらが書き込まれた平面を風が動かしているという印象を生み出すような仕方でゆがめられている。これだけで、この平面を可動的な物質、織物、旗の織物、誰かが持った旗の織物にするのに十分である。この誰かは、急いで左へと歩いている（左は政治的象徴であるだけでなく、造形的価値でもある。なぜなら、眼は左から読むからである。かくして文字は眼に先んじて進み、文字の運動が眼の運動に加えられる）。しかしながら、われわれは圧縮の端緒にいるに過ぎない。もしも風がより強く吹けば、もし旗手の馬が全速力で走れば、そしてもしこの銘文をスナップショットに固定することに成功したら、いくつかの文

図11

字は完全に襞のなかに隠れ、いくつかの文字はすっかり性質を変えてしまうことだろう。襞に下部を隠されたBはR、DはO、等々と読まれるかもしれない。書記法において弁別的あるいは関与的ないくつかの特徴が、犯されることであろう。〈十月革命〉(Révolution d'Octobre)が〈レヴォン・ドール〉(Révon d'Ore)と読まれ、「黄金を夢見よう」(Rêvons d'or)と理解されるかもしれない。圧縮はこのように第三の次元を、旗が襞をなす次元を必要とすることがはっきりとわかる。しかしそのような歪曲は、予備的な「選択」を必要としている。われわれの例では、語頭(REV, D'O)と語末(ON, RE)が可視的なまま「風に」抵抗するのでなければならない。この選択が、織物のいくつかの領域を強化することで、領域をより堅固にすることで、つまり領域に「当初の」テクストを局部的に維持する可能性を与えることでそれを実行する移動の作業である。このような方法で、「テクスト的差異」を想像することができる。もちろん残るは、それを理解することである。もし欲望がテクストをしわくちゃにする可動性の要素(ここでは風、あちらでは水)であるならば、欲望はまたその読みうる部分を保存する剛性ではないのか。このような交錯した要求を満たしうるものとして、わたしは〈形式〉、〈幻想〉の観念しか知らない。

(23) 圧縮の二六頁、形象化の九五頁、二次加工の二〇頁に対し、第二節では五頁である。*Ibid.*, S. 313, 314 ; p. 266.

(24) *Ibid.*, S. 313 ; p. 266. このTextverschidenheit、真の差異は、本書四四六—四五四頁で分析される。

三　形象化可能性

形象に注意せよ、すなわち表象可能性への顧慮（Rücksicht auf Darstellbarkeit）。ここでは大いに注意する必要がある。なぜなら欲望はもはや、決して同じ方法でテクストを横領しないからである。圧縮と移動により、欲望はその記入が想定される場所に作用する。形象化によって、欲望はさらに語を字義通りにとると言えるだろう。字義〔pied de la lettre 文字の根元〕とは形象である。超現実主義の作品によって、このことをはっきりさせることができるだろう。わたしは特にマグリットの絵画について考える。その多くは言葉遊びではなく、言葉のついた形象——言葉は形象の説明文になっている——によって行われる遊びである。たとえば、『無限の感謝＝探査（*Reconnaissance infinie*）』[25]と題された油絵（図版17）は、砂漠のような山々の上で回転する装飾のない大きな星を色あせた光のコスモスのなかで描いている。そして星の上では、ダブルの背広を着て片手で眼を保護している男が、無限を観察し、探査している（reconnaissant）。フロイトがH・ジルベラーから借用した事例、そして彼の形象化の理論のすべてを支える事例は、それがまさに夢における同じ手続きであることを示している。「例一——わたしは、ある論文の荒削りな一節を修正しなければならないと考える。象徴——わたしは、自分が木片に鉋《かんな》をかけているのを見る」[26]。あらゆる言説は言語に外的な対象を視向し、それを指向として表す（darstellen）ことができるという仮説を少なくとも認めるならば、字義は形象である。このとき依拠されるのはもはや意義の機能ではなく、指示の機能である。記号から事物への関係はこの機能のうちで緊張を増し、よってそこには魔術が、言葉をもとにして事物を出現させる可能性が、像〔比喩〕に訴える可能性が宿りうる。像－魔術、アナグラムの偶然。しかしそれは客観的偶然であり、いずれにせよフロイトはそれらの類縁性を堅く信じていた。このことを確かめるには、『モーセと一神教』を読めば十分である。この省察の全体は、図像のないユダヤ的な地味な宗教と、図像のあるエジプト的な魔術的宗教との対立の上に築かれている。形象に注意せよ、なぜなら物こそが言葉のかわりにやってくるのであり、現実化された欲望だからであり、単に幼年期だけでなくパラノイア、ヒステリー、強迫観念だからである。(27) 本の頁をしわくちゃにしてはならない！　挿絵を入れてはならない！

表象可能性への顧慮は、もともとのテクストのこのような調整であり、フロイトの見解では二つの目的を追求している。このテクストに挿絵を入れること、さらにはそのいくつかの部分を形象によって置き換えることである。挿絵では形象はテクストの外部にあり、テクストと絵は原則として一緒に表示される（これは他の問題を引き起こす）。判じ物においては、少なくとももともとのテクストのいくつかの部分が対応する形象で置き換えられる。顧慮は、「施政方針の記事」のように「精彩がなく抽象的な(28)」表現を、具象的な保証人または代替物を自由に見出せるような表現で置き換えるという、テクストに対する作業である。「像＝比喩に富んだもの」（das Bildliche）が夢にとっては「上演に適する（darstellungsfähig）」ことから、テクストは「像に富んだ」テクストとならなければならない。

像に富んだテクストは、形象にごく近い言説である。ところで、そのような近さがどのようにしてさまざまな仕方で確立されるかを分析しなければならない。語の具象的な力はもちろん、加えて統辞論の韻律的な

---

(25) André Breton, *Le surréalisme et la peinture*, Paris, Gallimard, 1965, p. 270.　本書巻末57―58頁参照。
(26) *G.W.*, II/III, S. 350 ; p. 296.
(27) *Ibid.*, S. 309 ; p. 262.
(28) *Ibid.*, S. 345 ; p. 292.

力、そしてさらに深く、物語の韻律の母胎をも、プロップは形式と呼んだ。わたしが本質的であると信ずる、次の逆説が明らかとなるのが理解されるであろう。語彙論の水準では、形象は語の外部へ向かうものとして与えられる（これがジルベラーの「荒削りな」、マグリットの「感謝＝探査」である）が、統辞論の（依然として修辞学的な）水準では、形象は韻律的図式（ある作家、たとえばプルーストが研究したフローベールの文章の韻律）である。すなわちひとはもはや視覚的なもののなかにはおらず、言語は読者の身体のうちにその周波数と振幅を発散しつつ、ここでダンスと連絡する。暗唱や朗読の状態、歌は、読書とダンスとの中間物である。文体論の水準では、形象は語のなかに沈んでいる。しかしそれは、物語の大きな諸単位の連関を支え支配するためである。もはや可視的なものは何もないが、可視的なものが語りに取りついている。われわれは母胎へと近づく。形象の観念とともに、像、布置、形式へと通じるのがわかる。よって語彙論的および／または統辞論的な、しかしまた文体論的でもある近さ。なぜなら語に応答する形象、文体の形象〔文飾〕、言説が存在し、いずれの場合にも、言語の実質の周辺や内部に形象が存在するからである。この方向に進むことで、軸となる幻想の問題に再び出くわすことは間違いない。言説と文体の大きな言語的形象は、言語内では経験の一般的配置の表現であり、幻想はこのような分割の母胎である。そしていまや「現実」の秩序と表現の秩序に到来するものすべてに課せられる、この韻律法の母胎である。これらの形象は、かくしてひとつの本源的形象を形象化する。これらの形象のおかげで、言説は自己に外的とみなされる像、しかしまさしくその構造ゆえに自己と同一の表意的母胎に属する像と連絡することができるのである。

わたしが注解している同じ一節で、フロイトが形象化の作業の例として自発的に詩を挙げていることは偶然ではない。それは外的な像の力ゆえの詩ではなく、（韻律化され－韻律化する）内在的な韻律的な力としての詩である。「詩が韻を踏むとき、第二の詩句は二つの条件に従属する。詩句はそれ自体の意味を表現しなければならず、かつこの表現は第一の詩句と韻を踏まなければならない」[29]。後述するように、R・ヤコブソンはこの韻律法をまさしく隠喩と呼んでいる。韻の制約はシニフィアンに分割をもたらし、もし詩が良いものなら同時にシニフィエにも分割をもたらす。同様に、夢にも記号（シニフィアンとシニフィエ）の「分配と選択」が存在する。これによりそうした記号のひとつが、他の記号に遠くから影響を及ぼしうるようになる。この影響は、たとえば帰還（rentrée）よりも帰り（retour）を選好するよう詩人に強いるような影響に比すことができる。なぜならこの語は、三行前の周り（alentour）と韻を踏まなければならないからである。ところでこれは、作品本体においてこの遠隔作用がもたらす形式の原理そのものである。形式は、テクスト、パロール、音楽では線状の本体に沿って、絵の平面上では平坦に、彫刻された物体、建造物では量感のうちで、諸々の制約にしたがい諸部分を連絡させるものなのだ。そしてそれが形式であるためには、これらの制約はいかなるラングにも記入されてはならない。なぜか。それは、ラングに属するものが対話者たちのコミュニケーションに捧げられているからであり、以上のように解された形象は逆にこのコミュニケーションを阻害するはずだからである。形象は作品と作品自体との内的コミュニケーションを創始し、作品をそれ自体へと再び閉じることで、諸部分のまったくありそうもない配置により、不意に眼や耳と精神をとらえる。このように言説の形象には、あらゆる像におけるよりも節度が多く存在するわけではない。よって、あらゆる記号学のモデルとされる分節言語にすべてを還元しようとしても無駄である。分節言語自体が、——

(29)　*Ibid.*, S. 345-346 ; p. 292-293.

少なくともその詩的使用においては――形象によって住まわれ、取りつかれていることは明白だからである。

II　隠喩と言説

夢作業によって行われる第四の操作、すなわちわたしが（まさに）もう少し入念に説明するつもりの二次加工に移る前に、いま述べた事柄の論理的帰結のひとつ、最も重要な帰結を吟味しておかなければならない。それは、夢作業はパロールの諸操作とはまったく異なるゆえに、夢は言説ではない、というものである。わたしはこのことをすでに先の指摘で示したが、この主張はわたしがジャック・ラカンの解釈と考えるものとは逆であり、またより一般的にはあらゆる記号学を言語学に押し込む現在の傾向[30]とは逆であるため、これらを突き合わせる価値がある。

J・ラカンの夢作業の解釈に導きの糸として役立った操作は、R・ヤコブソンが「言語の二つの面と失語症の二つのタイプ[31]」と題する論文で、言行為について明らかにした操作である。彼がこの論文で隠喩と換喩のあいだに行っている分離の起源は、ソシュールの主張のうちに見出される。この主張によれば、意義は結局のところ価値に還元可能である。つまり言語記号のシニフィエは、「辞項間の作用を前提とした言語的価値の要約に過ぎない[32]」。ソシュールはさらに明示的に述べている。「語のなかにあるものは、その周囲に連合的、連辞的に存在するものの協力によってしか決定されない[33]」。ラングの一覧表のうちでは、ある辞項を取り巻くものは二種類の連関によって整序される。ひとつは連辞的連関であり、可能な全言表における辞項の位置と機能を決定する。ソシュールが「連合的」と名づけたもうひとつの連関（範列的連関）によって、辞項はそれを代替しうる他の辞項と結ばれる。わたしは連辞‐範列の分割を、価値としての意義の理論に結びつけることが非常に重要であると考える。なぜなら対象には何も負わず、まさにこの外在性ゆえにそれについて語りうる閉じられた系（ラング）へと言語が差し向けない限り、今度は価値が意味を持たないからである。体系の閉鎖性は、内的な二重の機能（範列的と連辞的）と外的な機能（指向）という二つの特性双方にとって軸として役立っている。

ラングにおいて辞項を二重に囲むものには、言行為における二重の操作が対応する。これについてヤコブソンは、次のような仕方で簡潔に思い浮かべるよう提案している。話者は発せられたそれぞれの辞項を、それと置換可能性の範列的連関によって結ばれた全辞項から選択する。そして話者は、選択された辞項を連鎖（連辞的連関）の制約にしたがって組み合わせる。こうした制約は、使用された各辞項と、パロールの列内でのその文脈との連鎖を支配する。それゆえ話者においては、範列的連関には選択行為が対応し、連辞的連関には結合行為が対応する。R・ヤコブソンはこのように整理することで、病気が選択活動をむしばみ（類

（30） たとえばこの傾向は、ロラン・バルトによって *Communications*, n°4 の導入部で、あるいは A.-J. Greimas, *Sémantique structurale*, Paris, Larousse, 1966, p. 12 によって明確に表明されている。
（31） In *Essais de Linguistique générale*, *op. cit.*
（32） Cité in R. Godel, *op. cit.*, p. 237.
（33） Cité *ibid.*, p. 240.

辞項間の連関の性質 / 水準	範列的連関	連辞的連関
ラング	類似性	隣接性
言行為	選択	結合
転義	隠喩	換喩
ジャンル	詩	散文
流派	ロマン主義 象徴主義	写実主義

似性の障害）定義能力や一般的にはメタ言語の喪失を引き起こすか、あるいは逆に結合活動を冒し、隣接関係を混乱させて二重分節の消失を引き起こす（失文法症）かによって、失語症の二つの形式を構築しうることを示している。

R・ヤコブソンの分析は、言語学者にとっては議論の余地があるものかもしれない。だが哲学者にとってはきわめて実り多いものである。いずれにせよ、この分析はきっぱりとこう言っている。語ることは、対になった分離不能な二つの活動を前提とすること。[34] それらを事実において分離するのは病であり、理論において分離するのは言語学者であること。「言説の正常さ」[35] つまりその伝達可能性を原理的に保証するのは、言行為における二つの機能の均衡であること。おそらく一方の機能が他方に優越する可能性はあるが、言説がすぐさま失語症のそれと化すことはない。R・ヤコブソンは、彼の類似性／隣接性の基準を文学的言説に適用することを試みる。言語学者たちの見解では、「正常な」言語の「均衡を失わせる」ことがまさしく文学的言説の本質的特性である。彼はレトリック、ジャンル、流派という言説の異なる三つの階層の分類を作り出しているが、上がそれを要約した表である。

基準の拡張は、ここまでは厳密な意味での分節言語の領域を超過しないことがすでに指摘されている。しかし論文の最後で、R・ヤコブソンは思い切ったふるまいへと駆られている。「これら二つの手続きのいずれかが優越することは、文芸が独占するものではまったくない。同じような揺動は、言語以外の記号体系にも現れる。（…）換喩的、隠喩的な二つの手続き間の競争は、主観内部であれ社会的であれ、あらゆる象徴過程に明白である[36]」。こうして彼は夢へと取り組む。「かくして夢の構造の研究においては、用いられる象徴と時間的要素連続が隣接性（フロイトの換喩的「移動」と提喩的「圧縮」）の上に築かれているのか、それとも類似性（フロイトの「同一化」と「象徴性」）の上に築かれているのかが決定的な問題となる[37]」。この定式の結果として、移動と圧縮はわれわれの表の同じ欄つまり連辞の欄に入れるべきであり、一方範列の欄には同一化と象徴性を置くべきとなる。

ヤコブソンの論文を翻訳したニコラ・リュヴェは、注においてこの分類はラカンのそれとは一致しないと指摘している。「ラカンは、圧縮と隠喩、移動と換喩をそれぞれ同一視している[38]」。その場合、表では圧縮は範列の欄に置かれ、移動は連辞のそれに置かれることになる。ヤコブソンとラカンは、よって移動を連辞的秩序に位置づけることで一致し、不一致は前者にとっては連辞的、後者にとっては範列的である圧縮に関するものとなる。N・リュヴェはこう付け足す。「ロマーン・ヤコブソン――われわれは彼にこのことについ

（34） R. Jakobson, *op. cit.*, p. 45.
（35） *Ibid.*, p. 61.
（36） *Ibid.*, p. 63, 65.
（37） *Ibid.*, p. 65-66.
（38） *Ibid.*, p. 66, note 1.

て指摘した――は、この相違は圧縮の概念の不正確さによって説明されると考えている。フロイトにおいては、この概念は隠喩と提喩の事例を同時に包含するように思われるのである」。

これは、少々性急にフロイトに責任を転嫁することである。別の仮説が立てられるべきである。この不正確さは、別の分野から借用された範疇の表現をある分野に適用すること――これは夢作業のうちに言葉の諸操作を見出そうとする意志に支えられている――から生じている、という仮説である。少なくともフロイトのテクストが語ることから何も「削除」しないこと、「その綴りを言うこと〔ただたどしく読むこと〕[39]」が重要であるなら、わたしの考えでは真に「不正確」なのはこの意志である。なぜなら本物の言説を、まさに言語学者が定義するただ二つの操作に従属するという理由で本物である言説を夢に認めることをしなければ――これは夢の分析および『夢解釈』の分析が禁じていることである――、くだんの意志は選択と結合という二つの操作を裏切り、それらが目論見に従うようにそれらを加工してしまう恐れがあるからである。夢に語らせることはできないのか。ならば、言説に夢を見させることを試みよう。その方が公正で、起こることにより近い。わたしの確信では、言説にはまさしく形象が存在し、形象はそこにおいて幻想として存在し、一方言説は形象において夢として存在する。ただし無意識の「言語」のモデルは、周知のようにラングにおいて語られる分節言語のうちにないことは認めなければならないであろう。むしろ夢は非分節的、脱構築的言説の極みであり、たとえ正常であってもいかなる言語もそれを本当には免れないことを認めなければならないであろう。それゆえ、隠喩と換喩をこの構造言語学者が彼の言行為理論において与えている狭義の意味でとらえるのではなく、それ自体隠喩的な意味でとらえることにしよう。そうすれば、不正確なのはもはやフロイトではなく、R・ヤコブソンが言語活動の構造分析において厳密に練り上げはじめていた概念の使用法となるだろう。

圧縮、隠喩？

ここでは、ヤコブソンとラカンの対立のかなめとなっているように思われる圧縮の事例を吟味するだけにしておこう。ラカンはこう書いている。「Verdichtung――圧縮、それは隠喩が定位するシニフィアンの構造である。その名はそれ自体のうちにDichtungを圧縮しているゆえ、詩との本質的な適合性を示しており、詩本来の伝統的な機能を包含するほどである」[40]。

まず、隠喩とは何か。その「定式」は「別の語のための語」である、とかつてJ・ラカンは説明した。「その創造的な火花は（…）、一方がシニフィアンの連鎖における座を奪い取ることで他方に取って代わった二つのシニフィアンのあいだでほとばしり、隠蔽されたシニフィアンは連鎖の残りとの（換喩的）連関のうちに現前し続ける」[41]。挙げられている例は、『眠れるボアズ』の詩句である。「彼の麦束はいささかも吝嗇で

(39) Jacques Lacan, *Ecrits*, Paris, Editions du Seuil, 1966, p. 512（= L'instance de la lettre dans l'inconscient ou la raison depuis Freud. *La psychanalyse*, volume 3, Paris, P.U.F., 1957, p. 47-81).

(40) *Ibid.*, p. 511. 衒学的な指摘をさせていただきたい。Verdichtungは、dichtによって古いドイツ語のdihanと（gedeihen、「栄える」のように）関係している。Dichtungはラテン語のdictareに由来する。これはもちろん単なる言葉遊びであった……。しかしこの場合、それはラカンが提案している分類に有利な文献学的論拠とはならない。これと同じ考えで、Verdichtungという名詞は「それ自体のうちにDichtungを圧縮する」と言うことはできないであろう。逆に、この語はそれを小辞と組み合わせているのである。

(41) *Op. cit.*, p. 507.

はなく恨み深くもなかった」。まったく適切な定義である。そしてそれは代入の観念を、R・ヤコブソンによれば二項間の範列的な、よって隠喩的な連関の特徴である観念をまさしく含んでいる。しかしながら、二つの指摘を行わなければならない。

第一の指摘は、隠喩の本質、少なくとも詩人にとっての本質が、この定義では語られていないというものである。詩の隠喩の場合、代入はまさに慣用により許されておらず、代入された辞項を取り巻く範列のネットワークには記入されていない（たとえばもしこの詩句を隠喩的とみなすなら、ボアズのかわりに彼の麦束と言うことは慣用的でない）。代入が許される場合、J・ラカンの意味での隠喩、文体の形象〔文飾〕はもはやまるでなく、単に辞項の選択の機会があるだけである。そうした辞項は範列的連関にあり、そのそれぞれが検討された連鎖の一点において他のものと同じように可能である。そのため、言表は意義を過剰に負うことも、他のものを犠牲にして辞項のひとつを実現することで「多元決定される」こともまるでない。むしろ反対にこの実現が、メッセージによって受信者にもたらされる情報量を決定するであろう。かくして「わたしは――恐れる、あるいは――望む、あるいは――待つ――その到来を」。この場合ひとは、文体「以前」にラングのなかにいる。真の隠喩、転義は、隔たりの過剰、慣用によって受け入れられた代入可能なものの場の侵犯とともにはじまる。R・ヤコブソンは、厳密に構造主義的なラングの概念に依拠した代入の観念から出発し、（後述するように不当にも）言説に適用される隠喩の修辞学的語義へと移行している。ところで代入は、慣用を基礎としている。だが真の隠喩は慣用に挑戦する。ここでは、正しいのはA・ブルトンである。「わたしにとって最も強力な（超現実主義の比喩《イマージュ》）は、最も高度な恣意性の度合いを示す比喩である、わたしはこのことを隠さない[42]」。

彼が正しいのはこれだけではない。J・ラカンは、自動筆記に含まれるような比喩の超現実主義的観念は混乱していると非難する。「なぜならその主張が誤っているからである。隠喩の創造的な火花は二つの比喩つまり同じように現実化された二つのシニフィアンの現前化からほとばしるわけではなく[43]」、すでに見たようにある辞項の隠蔽と別の辞項による置換からほとばしる。ここから、ボアズの麦束が帰結する。それは語の一般的な意味に訴えることであるが、ここではこの意味に異議を唱えなければならない。しかも、同頁の注で援用されたヤコブソン自身の名において。失語症に関する試論において、ヤコブソンは代入的反応と述語的反応という二つの心理学的観念をもとにして、隠喩的過程と換喩的過程を区別している[44]。たとえばある連想テストでは、刺激語として子供に「仮小屋」という語が提示された。もしも答えが「は燃えた」や「は哀れな小さな家だ」という型のものであるなら、反応は述語的と言われる。もしも「仮小屋」、「掘っ立て小屋」、「宮殿」といった型のものであるなら、反応は代入的と言われる。述語的な答えをもっと詳細に見てみよう。その特徴は文を構成することにあり、それゆえ叙述の可能性を開始することにある。しかし二種類の開始を区別するべきであろう。「仮小屋——は燃えた」は、純粋に叙述的な言表を形成する。「仮小屋は——哀れな小さな家だ」は、おそらく辞項がそこに占める位置による連辞的（ヤコブソンは統辞的と言う）組織化であるが、言表は意味的には範列的秩序に属する。意義にとって、「哀れな小さな家」は「仮小屋」に代入可能であろうが、「燃えた」はそうではないであろう。R・ヤコブソンは、それゆえ（言表における）位

(42) André Breton, *Les manifestes du surréalisme*, Paris, Edition du Sagitaire, 1946, p. 63.
(43) *Op. cit.*, p. 507.
(44) R. Jakobson, *op. cit.*, p. 61-62.

置の相と（ラングによって受容される意義の一覧表における）意味の相とを区別する。隠喩は位置的には述語的な反応でありうるが、いずれにせよそれは意味的には代入的でなければならない。

「彼の麦束はいささかも吝嗇ではなく恨み深くもなかった」は、ヤコブソンの見解では隠喩としてはまったく通用しえない。その辞項が明らかに述語的な型の言表を形成しているのみならず、意味の平面においても辞項は代入可能ではない。ただし寛大さのシニフィエと好意のそれが、すでに麦束というシニフィアンに含意されていると主張する場合は別である――いずれにせよこれは、J・ラカンが彼の論証に与えている方向ではない。R・ヤコブソンにとって、隠喩はまさにJ・ラカンが超現実主義の誤謬と判断しているもの、すなわち言説における、よって連辞的位置における、代入可能性という意味の関係にある二つあるいはいくつかの辞項の共現前を特徴とすることに変わりはない。意味の火花は、言説の軸と垂直にそれを囲む奥行きのうちでほとばしるのではなく、同一の記号の二つの極のあいだの短絡のようにこの軸に沿ってほとばしる。わたしには、「彼の麦束」がボアズの象徴としてとらえられている以上、「彼の麦束はいささかも……なかった」は換喩の好例であるように思われる。また半過去（était）の使用は、加えて言表に典型的に叙述的な共示を与えている。

さて、隠喩はJ・ラカンによって既述のように理解されている以上、圧縮は隠喩であると言えるのだろうか。J・ラカンは「隠喩の構造」を次のような仕方で記述している。(45)

$$f\left(\frac{S'}{S}\right)S \cong S(+)s$$

これは、シニフィアンの隠喩的機能は意義の出現と相似である、と読まれる。隠喩的機能は $f\left(\frac{S'}{S}\right)$、意義

の出現は $S(+)s$ と記される。「( )内に置かれた記号 + は、ここでは横棒の通過——そして意義の出現にとってのこの通過の恒常的価値を表す」。この横棒(—)は、ラカンのアルゴリズムにおいてはシニフィアンとシニフィエを分離するものであり、「無意味」の標識である。隠喩によって越えられると(+)、それはシニフィアンとシニフィエとの接触を回復させ、よって意味を生成する。隠喩自体の記法 $\left(\frac{S'}{S}\right)$ の方は、J・ラカンが隠喩に与える定義を満たす記法となっている。すなわち、「彼の麦束」がボアズを隠蔽すると想定されているように、S' はシニフィアン S を隠蔽する言表された辞項である。最後に、「横棒の通過」についてわたしが思い違いをしているのでなければ、J・ラカンにとっての隠喩はシニフィエが提示される際の手段となる転義である。それは「意味が無意味のなかに生じるちょうどその場所に位置する」[46]。

これは夢作業における圧縮に当てはまるのか。ここでわれわれは、フロイト自身へと立ち返るべきであろう。なぜなら、彼の解釈者は能弁ではないからである。この機会に、真にラカンの心をとらえているもの、そして彼の主題化における隠喩という語の意味の移動を基礎づけているものが何であるかが理解される。いかなる意味で圧縮が隠喩的であるかを説明しなければならないというのに、彼はいかに主体が言説のうちに隠喩的にしか現前しないか、そして主体はそこで自己を見失うことによってのみそこに存在しうることを説明している。彼の考えでは、シニフィエは決して与えられることはなく、隠喩と換喩の「唯一の鍵」、それは「ソシュールの記法における S と s は同一の平面にはない」ということ、そして「どこにもないそれらの

(45) Jacques Lacan, *op. cit.*, p. 515.
(46) *Ibid.*, p. 508.

共通軸のうちに位置しているとひとが信じるのは思い違いであろう」[47]ということにある。J・ラカンがシニフィエと言うとき、彼は主体を考えている。隠喩の理論全体が、主体の隠喩の理論である。主体は隠喩を経由することでしか、つまり逸せられることでしか把握されない。なぜならまさに、主体がシニフィアンによって意味されるからである。そしてシニフィアンとは〈他者〉である。Sとsのあいだの横線は、この表現的な抑圧を表している。

隠喩という語の用法がヤコブソンの定義からどれほど隔たっているかが理解された。ここでは、「ソシュールの記法《アルゴリズム》」のそのような解釈に全面的な留保をつけざるをえない。まずソシュールはシニフィエをシニフィアンの上に位置づけており、図式において両者を分離する横線は抑圧や検閲のそれであるどころか、ほとんど内容を持っていない。それゆえ横線は消え去りがちであり、同時に最後の方の講義では価値の観念が意義の観念に取って代わっているほどである。辞項のシニフィエはその価値、つまり連辞的、範列的な取り巻きの要約に過ぎない。そしてこの取り巻きは隠されてはおらず、透明である。透明性は対話の経験によって要求されるが、J・ラカンの方は無意識をなす難聴〔ギリシア人はこれをアーテー〔神と人間を狂気に導く女神〕と呼んだ〕にすっかり没頭し、言語記号に関するソシュールの考察がこの透明性から出発していることを忘れている。それゆえ最終的には、この記号に厚みがなかったとしても、それは記号なのかを自問することさえできたのである。別の仕方で言えば、ここではJ・ラカンの考察には厳密な語義での意義――ソシュールはこれを言語的価値へと戻すことで見出すが、この語義はまさしく意義を、ある辞項を取り巻き言表における機能と意味場における位置を支配する連辞的、範列的連関の集合へと完全に還元しているゆえに、意義から隠蔽－顕示の一切の厚みを取り除き、使用における語の謎めいた明快さを説明している――、よってこのように分離された意義と意味のあいだの混同が存在するように思われるのである。あるフランス人の話者が「夜のとばりがおりる」と言うとき、言表は意義の障害になるわけではない。意義はフランス人の聞き手にとってまったく透明である。ソシュールがつねに強調し、ラカンが言及しないシニフィアンとシニフィエの分離不可能性は、こうした透明性の相補的な特性である。逆に言表はその意味によって厚みを漂わせることができるが、この意味を翻訳するためには、ほとんどの場合（たとえば文がヒトラーの権力掌握について述べている場合）文脈的所与に頼らなければならないであろう。

　J・ラカンの隠喩の理解の仕方は、意義ではなく意味へと送り返す。それに加え、このような理由で彼の隠喩はヘーゲルやアランのそれであり、厳密な意味ではヤコブソンの隠喩ではありえないであろう。別の辞項の前に出てそれを省略する辞項の運動によって生み出される厚みのなかで、わたしは主体が（言説において自己を表現する主体として）構築されんとするその瞬間に失われなければならないことを理解する。このような厚みは「隠喩」には不在である。少なくともこの言語学者にとって、転義の秩序における隠喩はラングの硬直性の秩序における範列と、パロールの操作の秩序における選択に等しいことを認めるならば。あるいはヤコブソンの隠喩はそれ自体すでに「奥行きがあり」、混同の責任は、彼があえてラングの平面からレトリックの平面へと軽率に移行していることに帰せられるべきであるならば。彼の厳格な構造主義に従うならば、ラングの形象ではなく規則だけが存在し、パロールの形象ではなく調整された操作だけが存在する。諸単位が十分に大きく、従うべき命令がもはや制約ではなくなり、幻想が語の背後ではなくその中心に不可

（47）　*Ibid.*, p. 518.

視で「自由に」（つまり言語的でない制約の効果によって）宿りうるならば、形象が真に言語に登場するのは「文体」の段階においてのみである。これこそ、ヤコブソンが別の場所で諸単位のヒエラルヒーについて述べている学説である。大きな単位へと上昇するほど、話者の自由は増大するのだ[48]。

J・ラカンは、換喩を「彼の麦束はまるで吝嗇で……なかった」の場合のように隠喩とみなしたり、隠喩自体を隠蔽による奥行き、彼方の形成とみなしている。これは、意義の理論の裏にある主体の理論に対する憂慮すべき注意が原因であるように思われる。構造主義的な言語理論は、この点では彼に従えないであろう。フロイトの夢の理論ならば可能であろうか。Verdichtungは、フロイトにとっては正真正銘の圧縮の操作である。これは空間的に理解しなければならない。書きとめられた夢の話は数行以内に収まる。その解釈、つまり夢思想の説明は「六、八、十二倍は長い[49]」。確かに、思想の「現実の」広がりを直接的に知ることはできないから、圧縮率（Verdichtungsquote）を計測することは断念しなければならない。それでも、重なった二つの平面つまり思想の平面とその上にある「内容」の平面とを伴う地形が問題となっていることに変わりはない。夢作業は両者のあいだで、厚みにおいて、潜在的／顕在的という対立を生み出しながら作用している。こうして第一の空間に対する第二の空間の収縮の要求ゆえに、フロイトが圧縮について考慮する二つの特性が理解できる。省略（Auslassung）と多元的決定（mehrfache Determinierung）[50]である。高次の平面に移行しえない思想の省略、思想のいくつかの意義を収めた夢の諸要素の多元的決定。ここでは地形的発想が非常に強いため、圧縮はもはや検閲によってではなく、厳密に言えば場所の制約によって動機づけられると言えるかもしれない。夢を見る場所は、考える場所より狭いのだ。

そしてフロイトは語がこの圧縮においてたどる運命について長々と述べることで、これが根本的に非言語的な操作であることをわれわれに確言する。圧縮の仕事が最も的確に（am greifbarsten）理解されるのはどこであろうか。「それが言葉や名前を対象としたときである。言葉が夢によって物（Dinge）として扱われ、物の表象（Dingvorstellungen）と同じ組み合わせによって扱われることが頻繁にある」[51]。これは珍しい例ではなく「きわめて頻繁」であり、それゆえ無意味な（unsinnige）言葉の形成の分析は圧縮の操作を把握させるのに「とりわけ好適」である[52]。ここに、フロイトにとってこの作業が、脱構築の作業がそうしうるように分節言語に作用する（そこには夢思想が最初は沈黙のなかで、最後には明示的に記入される）というはっきりとした証拠がある。ヤコブソンにとって、代入は言説の構成的操作であった。圧縮は、フロイトにとって言説の解体的変化である。われわれはここでJ・ラカンとは正反対の位置にいる。「夢作業すなわちTraumarbeit において、これら二つのメカニズム――隠喩と換喩――両者は言説における両者の機能に相当する特権的役割を演じる――を区別するものは何か。――それは Rücksicht auf Darstellbarkeit と呼ばれ、演出手段への配慮と訳すべき、シニフィアンの素材に課せられた条件以外にはない（形象化可能性の役割という訳は、ここではあまりにもおおざっぱである）。しかしこの条件は、エクリチュールの体系を具象的記号学――体系はそこで自然的表現の現象と合流する――へと溶解させるどころか、エクリチュールの体系内

（48） *op. cit.*, p. 47.
（49） *G.W.*, II/III. S. 284 ; p. 242.
（50） *Ibid.*, S. 287. 301.
（51） *Ibid.*, S. 301-302 ; p. 257.
（52） *Ibid.*, S. 309 ; p. 262.

で作用する制限となっている」[53]。

換喩のために議論を再開する必要はないであろう。議論は同じ結論に行き着く。ヤコブソンとラカンは、今度は換喩に移動（Verschiebung）を帰すことで一致しているものの、それは正真正銘の言葉遊びによるものである。すでに換喩は、ヤコブソンが言行為における結合とラングの一覧表における連辞的連関に割り当てた役割を修辞学においてうまく果たすことができない。ましてや、言説から完全に外に出て、夢の移動のための原動力の役を務めなければならないとすればなおさらである。

形象化可能性に対する夢作業の配慮については、仮にそう望んだとしても、J・ラカンの指摘に従うことはもはや不可能である。この指摘は単に配慮を二次的な平面に格下げしているだけでなく――フロイトのテクストはこれをまったく許していない――、何よりこの形象化可能性の二つの機能を長所とみなすことを拒否している。一方の機能は実際にエクリチュールの体系内で作用し、文字とともに形象を作り、それゆえ象形文字のみならず判じ物への途上にある。しかしJ・ラカンが何も言っていない他方の機能は、言語の指示の力を用い、ジルベラーやマグリットの事例におけるようにまさにシニフィエを指示されたもののひとつで置き換え、概念を事物のひとつで置き換える。フロイトのテクストを正当に扱うことを妨げているのは、体系の閉鎖性という予断である。

夢は言語のように分節されている、と言うこともできるかもしれない。そのときこの語はソシュール以後の構造主義言語学がこの語に与えた精密さを失い、もはやラングではなく言表行為の研究を指すことを認めなければならない。特に価値としての意義および範列的、連辞的取り巻きとしての価値の理論を、放棄しないまでも、少なくとも意味の理論によって補完しなければならない。同時にシニフィアンとシニフィエの分離不能性つまり記号の透明性という学説を、言説の厚みの正当化によって補わなければならない。われわれが援用する言語は「重い」言語でなければならない。おそらく隠喩的に、ただし今度は作品のように理解された隠喩によって作業し、隠し、示す言語でなければならない。それゆえ一見すると、夢の「言語」は芸術のそれと同様に存在しないように見える。(54) 夢の言語は芸術の言語の始原にあり、そのモデルなのかもしれない。ヤコブソンの代入とラカンの隠喩のあいだには、言説と形象のあいだと同じ距離が存在する。前者は不変性の空間、後者は「見られた」物の可塑性が上演される広がりであり、前者は読解あるいは聴解される空間、後者は可視的なもの(と不可視のもの)との広がりである。

(53) J. Lacan, *op. cit.*, p. 511.

(54) 言説と感覚的なものとの分離しえない結合は、事物によって語り、言葉によって形象を作る。それゆえもし夢を言語学的階梯に位置づけようとするならば、それを置くべきは小単位を対象とするパロールの諸操作の段階ではなく、文体論の段階である。E・バンヴェニストが言うように、「われわれはラングよりむしろ文体のうちに、フロイトが夢の「言語」の標識として暴き出した諸特性を持った比較の項を見出すであろう」(*Problèmes de linguistique générale*, *op. cit.*, p. 86 [= Remarques sur la fonction du langage dans la découverte freudienne, *La psychanalyse*, I, 1956])。——躊躇を経て、J・ラプランシュとS・ルクレールは類似の結論に到達した。「このように構成された無意識の存在論的地位はと言えば、もしそれが言語の地位であるならば、この言語はわれわれの「言葉による」言語と同一視することはまったくできないことを想起する必要があろうか」(L'inconscient. Une étude psychanalytique. *Les temps modernes*, 183 (juillet 1961), p. 118)。この最後の指摘は依然として厳密さを欠いている。これは「コミュニケーションの言語」と言うべきであろう。言葉の言語自体には、コミュニケーションを妨げる形象、無意識の萌芽である形象が存在する。フロイトはそれを『機知』において特定した。

III 二次加工の偽書記法

探究すべき第四の操作、二次加工が残っている。二次加工は、われわれの主張と矛盾するように見える。フロイトは二次加工について、その機能は夢を Tagtraum つまり白日夢にし、知解可能性の掟に合致した構成を与えることにあると述べている。彼は、それは正常な思考に属するとさえ主張している。[55] その結果、この加工は実際に二次的で、一次加工に対して二次的であり、分節言語を素材に課すように見える——フロイトは形象化可能性に関する第二節で、素材がほとんどすべての合理的思考の範疇を知らないことを示そうとしていた。要するに「この思考せざる作業」は、ここにおいて意識的あるいは前意識的な思考の言説に助けを求める。夢思想をその内容へと変える諸操作は実際に作業である、と主張し続けられるであろうか。少なくとも、完全に言語に属するように見える第四の操作は例外扱いするべきではないのか。だがこの例外をどう理解すればよいのか。夢作業がその機能として知解可能にする言説の秩序——フロイトによれば、いずれにせよこの作業が侵害する秩序——は、自己自身の隠蔽にある役割を果たすのであろうか。

フロイトはこの加工について、いま述べたほどには明言していない。彼がそれを正常な思考に帰属させ、夢のファサードを築く任務を負わせているのは本当である。[56] だがまず、彼はそれを他の三つの操作より後の機能とみなすことを拒否し、「その諸制約はまったく最初から（von allem Anfang）夢が満たすべき条件のひとつとなっている。そしてこの条件は同時（gleichzeitig）かつ同じように（ebenso wie）圧縮、検閲、形象化可能性として、夢思想の膨大な素材に帰納と選択によって作用する」[57]。それだけではない。二次加工が作るべき「ファサード」、つまり最初の三つの操作の大騒ぎが残す混乱にそれが与えるべき秩序に、二次加工が予想外の場所で出会うことがありうる。フロイトによれば、「それは利用されるのを待っているそうした造形物（ein solches Gebilde）が夢思想の材料にすでにすっかり準備された状態で存在するのを見出す[58]」ことがある。かくして、夢の皮膚は最も深いものでありうる。「わたしが考える Traumgedanken（彼はまさに夢思想と言っている）の要素を、わたしは幻想（Phantasie）と呼ぶことにしている」とフロイトは付け加える（強調は原文）。覚醒した生活においてこれと類似するのは、白日夢、「ちょっとした小説」、「ストーリー」である。そうした小説には、意識的なものも無意識的なものもある。ヒステリーの症状は、記憶そのものではなく記憶から築かれたそうした幻想の上で成立する。こうした小説の本質的特徴は、夜の夢（Nachtträumen）の特徴そのものである。「白日夢の研究は、実を言えば夜の夢を理解するための最短かつ最善の通路をわれわれに開いてくれたかもしれない[59]」。われわれは先に、言説ではなく幻想を夢思想の平面に分類すべきかもしれないと述べた。この一節はそれを示唆している。夢の覆いに隠されたものは、時にはまた中心に存在するものでもある。「小説《ロマン》」は決して事後的な処置ではなく、時には太古的な処置であり、

(55) G.W., II/III, S. 495 ; p. 425.
(56) *Ibid.*, S. 495, 497.
(57) *Ibid.*, S. 503.
(58) *Ibid.*, S. 495 ; p. 418.
(59) *Ibid.*, S. 496 ; p. 419.

記憶自体（原光景）がそこに投入され、関連づけられる。幻想は単に昼と夜に属するだけではなく、ファサードと基礎にも属するのだ。

もちろん二次加工を正常な思考に割り当て、それに「時には」や「……ことがある」を加えただけでは整合的な学説にはほとんどならない。だがこの躊躇そのものが注目に値する。フロイトに導いてもらわなければならない。フロイトは幻想に関するこうした考察のすぐ後で、二次加工と夢内容の関係は（前意識的な）覚醒した思考と知覚的素材との関係に等しいと主張する。所与と期待されたものとの差異を抹消し真の受容を妨げるような、ほとんど衝動的な整理である。プセウディン〔欺く、偽る〕の機能はプラトンが画家やソフィストについて述べたことを想起させるが、ここではフロイトによって言説自体に割り当てられているように思われる。

そしてこのような欺瞞の機能を例証するために、彼は「謎の碑文《アンスクリプシオン》」の例を挙げている。これは一世紀にわたってバイエルンとオーストリアに楽しい夜をもたらした新聞、そしてラカンによればフロイトも「熱心な読者」だった新聞から取られた例である。

「正常な思考の作用の後に現れるような夢の最終的形状と比較しうる対象を何か探さなければならないとしたら、『フリーゲンデ・ブレッター』がかくも長期間読者たちを考え込ませてきた謎の碑文以外にはない。碑文は対照性《コントラスト》と滑稽な意味をできるだけ持たせるために、なかば方言で作られている。読者たちに、それがラテン語の碑文の内容（Inhalt）を持っていると信じさせなければならなかったのである。この目的のため、語の要素としての文字はその集合から切り離されて音節となり、新しい秩序のうちに置かれる。そこここに本当のラテン語が現れ、ラテン語の略語と思われるものもある。さらに碑文の別の箇所は、風雨で判読不能になったり欠け落ちたりしたよう偽装されているために、ばらばらの文字の無意味に意味があるような気にさせられる。この見せかけの裏をかくには、われわれは碑文の道具立ての向こう側に位置し、文字に視線を固定し、文字の外見的な秩序には気を取られず、それらをわれわれの母語において語へと再び組み立てなければならない」[60]。これらの碑文における欺瞞の性質を分析するのは、無益なことではない。それは、読むことと見ることとの興味深い戯れを前提としているからである。フロイトが『夢解釈』のために収集していた一八八四年から一八九八年までの号に目を通すことで、こうした碑文が十三見つかった。それらはいずれも、〈謎めいた碑文〉という題名となっている。いくつかのものには図がない。(たいていの場合はラテン語の外見をした)顕在的なテクストから、(南部の方言の)潜在的なテクストへは、音声の連続体の区切りを移動させるだけで移行できる。たとえば、Integram addi coenam gymnasium ista nix vomia galata in trina (= In de Grammatiken am Gymnasium ist a' (auch) nix vom Jaga-Latein drinna !) である[61]。フロイトは、とりわけ形象〔挿絵〕を付された碑文を考察している。とはいえこの最初の種類の碑文も、われわれに何かを教えてくれる。顕在的テクストから潜在的テクストへの移行が、最初の言表の音声的実在の上での移動によってなされるということである。この指摘の重要性については後述する。形象化された碑文を分類するためには、もはや二つではなく三つの要素が考慮されなければならない。謎の答えである潜在的テクスト(=夢思想)。碑文のテクストである顕在的テクスト(=二次加工を経た夢内容)。そして形象化された場面(=上演)である。

(60) *Ibid.*, S. 505 ; p. 426-427.
(61) Numéro 2093 (1885), S. 78.

顕在的テクストから場面へと進もう。テクストは、三つの仕方で場面に結びつけることができる。言語的シニフィアンと形象が同一の表象空間に記入されている際の、場所の一致。双方が同一の文明に属する際の、文化の一致。顕在的テクストのシニフィエを場面に関係づけうる際の、意味の一致。ここから原則として八つの可能なカテゴリーが結果する。

カテゴリー	場所の一致	文化の一致	意味の一致
Ⅰ	＋	＋	＋
Ⅱ	＋	＋	−
Ⅲ	＋	−	−
Ⅳ	＋	−	＋
Ⅴ	−	＋	＋
等々			

ー記号ではじまるカテゴリーは、ここでは除外される。それは碑文ではなく説明文であり、形象の空間とは別の空間に属するテクストである。残るはカテゴリーⅠからⅣである。集められた碑文は、Ⅱ、Ⅲ、Ⅳのグループに分類される。グループⅠは場面と同一の空間に置かれ、同一の文化を参照し、場面と関係した意義を備えた碑文を類型とするであろう。図版18ａの碑文[62]はこの事例に近い。しかしながらこの人物はラテン民族というよりむしろオーストリア＝ドイツ人であり、碑文はグループⅣに分類した方がよいであろう。図12の碑文[63]は、グループⅡに属する。偽ラテン語のテクストは無意味なものであるため、意味の一致は欠けて

(62) *Fliegende Blätter*, n°2034 (1884), S. 20. 謎の解答は、「Nae (Nein), wie dies Ding da schön ist !」(＝なあ、こりゃ何て綺麗なんだ!-)。ラテン語の碑文は、「華で飾られたネウィア」を意味する。

(63) *Ibid.*, n°2277 (1889), S. 100. 解答は、「So, g'rad' essen Sie a' Ganserl ?! —— I'nehm'an Liqueur —— es is mir a' net extra.」(＝ではこのようにして、あなたは子ガチョウを食べるのですか?! ——わたしはあるリキュールを飲みます、これはわたしにはまるで特別なごちそうではありません。)

図12

図13

図14

いる。最後に、われわれは図13の碑文[64]をグループⅢに分類する。

　ここで場面から潜在的テクストへと進むならば、二つの事例が生じる可能性がある。ひとつは、このテクストが場面の登場人物によって発せられる事例である。あるいはそうではない事例、これはそれゆえ第三者（著者、読者）に帰すことのできる、状況には帰属しない評言となる。図12と13は前者の事例である。図版18aの形象は後者に属する。この第二の基準は第一の基準から独立している。図14[65]がその証拠を提供している。形象化された場面に対する顕在的テクストの関係からすれば、図13と同様これもグループⅢに属する。だが場面と潜在的テクストとの関係からすれば、図版18aの謎と同じグループに位置づけられる。つまり隠されたテクストは場面についての評言であり、場面から発する言表ではない。

　潜在的および顕在的テクストに対する形象の結びつきは、実に多様な経路で形成されている。だがわれわれは潜在的テクストと顕在的テクストの関係の性質を把握した後でようやく、像の機能を真に理解する。この関係については、形象のない碑文を話題にした際に簡単に言及した。この移行は二重の変化からなる。あるラングから別のラングへ、そして発音から書記への変化である。まず、潜在的なラングは母語である。それは、（音声的に）非常に日常的な実現においてとらえられた現用語である。碑文の顕在的形象は、異国的で死滅したものである。何より、これは偽言語である。碑文は、ラテン語の統辞的および／または語彙的な制約に合致していない。この第一の変化だけで、もちろん二次加工の見せかけの合目的性を示すのに十分である。この変化は、三重に理解不能なテクストを提示する。『フリーゲンデ・ブレッター』紙の読者の大部分はラテン語が読めない。次にそれは死語であり、その言表は耳慣れないものである。そしてこの死語は、ラテン語の外見をしているに過ぎない。かくしてわれわれは、二次加工をあまりにも性急に合理的審級に割り当てることのないよう思いとどまらせられる。その介入から生じるものは、厳密には合理的ではないのだ！　最後に、この第一の変化は翻訳ではまったくない。あらゆる翻訳はシニフィエを経由する。ここでは、単にシニフィアンの秩序における等価物が与えられているに過ぎない。

　こうしてわれわれは第二の変化、すなわちさらに興味深い音声的なものから書記法的なものへの変化の吟味へと導かれる。潜在的テクストから碑文のテクストへ、あるいはその逆へと移行することは、同音異義性に頼ることによってのみ可能である。もしオーストリアの農民が「novas plasma」というテクストを発音し

(64)　*Ibid.*, 2241 (1888), S. 15.　解答は「No, was blas' ma ? —— Numero Sechs —— Hebet a' !」（＝さて、何を演奏しようか。——六番を。——はじめよう！）。

(65)　*Ibid.*, n°2078 (1885), S. 168.　解答は「Die Anna is da und da Seppei steht a' (= auch) d'rob'n, aber er sieht sie net.」（＝アナはそこにいて、ゼッパイも上の方に立っているが、彼はまるでアナを見ていない）。

なければ、「No, was blas'ma」を耳にすることは決してないであろう。ここにその秘密の半分（もう半分は区切りを移動させなければならないこと）がある。顕在的テクストは方言で発音された言表の、別の言語を装った記号表記となっている。（夢の）加工は、それゆえ語の音声的分析と、（もともとの言語の音素を書き表した等価物とみなされた）文字から別の言語の語への再分配を実行する。これは、言語を変えていること、得られる配列は必ずしも有意味ではない（事実、図版18ａのように有意味であることはまれである）という二つの相違を除けば、語音転換《コントルペートリ》の操作と類似した操作である。

この操作を、ソシュールがイポグラム（hypogramme）と呼ぶ操作と比較することはさらに有益であろう(66)。たとえば、『イリアス』の次の詩句。

Ἄασεν ἀργαλέων ἀνέμων ἀμέγαρτος ἀϋτμή
〔アアセン・アルガレオーン・アネモーン・アメガルトス・アウトメー、「風の恐るべき息吹が彼を夢中にさせた」〕

「アガメムノン」という名の音節は他の語のうちに散らされているため、「アガメムノン」はいわばこの詩句のうちに署名され、下書き《イポグラフィエ》されている。とはいえ上記の碑文をイポグラムから分けるもの、それはやはり言語の変化（しかしこれは本質的ではない）であり、何より二次加工における顕在的テクストは潜在的言表より拡大してはいないのに対し、イポグラムにおいては顕在的テクストが隠された名の音節の重複、倒置、転換を含むことである。いずれかひとつの方向で操作が実行されると、真のアナグラムにおけるように残余は存在しない。バイイがソシュールへの手紙で、またスタロバンスキーが注釈で示唆しているように、アナグラムの反復、キアスムゆえに、これは音楽的組み合わせ（『音楽の捧げ物』のリチェルカーレ）あるいは文学的組み合わせ（R・ルーセルの『アフリカの印象』）に類似している。すなわちこれらの例では、（広義の）顕在的「テクスト」それ自体が「可読的」、つまり知解可能で聴解可能でなければならないということである。テクストは名や標準的な様式を保持するが、自己の形式のうちに散らしたその諸要素を反響させる。よってその形式は、これらの要素と同じ本性でなければならない。イポグラムの奥行きは、反響（半諧音、語尾同音）と倍音の秩序に属する。『イリアス』の詩句はアガメムノンの名を強調し、ソシュールは自己のイポグラムに「おしろいによって顔の目鼻立ちを強調する」(67)というヒュポグラフェインの意味を受け入れている。だがわれわれが論じている碑文の奥行きは不透明である。それは記号《グラフ》ではなく偽記号《プスードグラフ》である。それはソシュールのイポグラムと同じようにもともとのテクストと同音であるが、二重の異義性を代償としている。別の意味の推定を生むような仕方で音素から文字へと転写されたこの偽記号は、記号《シーニュ》の本性と想定される意義双方の変化を前提とするのだ。

　同音異義の偽記号という学者的な定義を手にしつつ、場面の機能へと立ち返ることができる。これらの偽記号の分類に現れる唯一の恒常性は、すでに見たように碑文と場面との場所の一致である。この一致が、碑文の固有の身分をなしている。碑文は他のもの、ここでは像と同じ空間に書き込まれている。ところで書字《エクリ》と場面の場所の一致は、像と同じ平面にやってきたテクストがこの平面に固有の制約を受け、書字の制約を

(66) Les anagrammes de Ferdinand Saussure, textes inédits présentés par J. Starobinski, *Mercure de France*, n° 1204 (février 1964).

(67) *Ibid.*, p. 246.

裏切ることを示している。碑文をこのように単に収容することで、言語的空間つまり聞く空間である読解の空間から視覚的空間つまり見る絵画のそれへの移行が生じる。眼はもはや聴かず、欲望するのだ。ところで顕在的テクストは、ひとがそれを聞くことなく見る限りにおいてのみ欺き、別のテクストと取り違えられる。記入されたものは、一種の非《ノン》-書字《エクリ》である。その周囲の空間は事物の空間であって、テクストの空間ではない。事物の空間は見るべきものであり、読むべきものではない。そしてこの見ることとは、欲望することである。

像の機能は偽記号を補強することにある。書かれた、しかし何より碑文として書かれ記入《アンスクリ》されたテクストは、虚言術（pseudologie）に参加する。なぜならそれはその文字により、それが書き込まれた事物に帰属するからである。テクストはこの事物と同時に見るべきものとして提示され、アンドレ・ルロワ＝グーランが洞窟壁画について推測しているように、司式者がそれを聞かせない限りデッサンにとどまるのである[68]。像の支持体はテクストに呪いをかける。像は、プセウデイン〔騙す〕というその古代の機能を果たす。しかし、プセウデインは書字のなかになければならない。テクストは耳によってではなく、眼によって欺く。本質的欺瞞である夢は、フロイトによれば何より視覚像を利用する。欲望することが理解することを妨げるように、見ることは聞くことと話すことを妨げる。少なくとも以上が、フロイトの分析である。

こうした指摘を発展させ、読解の対象であり視覚の（幻覚の）対象である書かれたもの《エクリ》の両義性はデッサン本来の両義性のうちに見出すことができる、と言うべきであろう。開いた線、自己へと閉じた線。文字は閉じられた、不変の線である。線は文字の開かれた瞬間であり、文字は他所、反対側で再び閉じるのかもしれない。線を開けば、像、場面、魔術が得られる。像を再び閉じれば、紋章、象徴、文字が得られる。こうした命題の解説は、ロマネスク様式の写本が飾り文字（lettrine）に施した見事な細工のうちに見出される。十二世紀にシトー会で作成された『モラリア・イン・ヨブ』から抜粋した「R」（図版18b）を見れば、それがどのようなものであるかが少しはわかるであろう。そこには線に脅かされ侵食された文字、眼に脅かされ侵食された精神、野蛮に脅かされ侵食された教会、そしてアイルランド人に由来する装飾的造形に脅かされ侵食された〈書物〉が認められる。と同時に、聖人の抑圧的な垂直性は竜の素朴なバロック様式と対立している。文字は開かれ細密画へと、そして奥行きのある絵画へと向かう。エクリチュールをもとにした絵画の生産、再生産である。このことは、A・ロートが論じた線の両義性を前提としている。線は輪郭を画定し、空間を囲み、空間に形式的同一性を与えることができる。これは書くこと《エクリール》と呼ばれる。また線は、空間を生み出す身振りの痕跡、描写し組織する動きの航跡ともなりえ、絵画はつねにこの謎めいた懐胎へと回帰し続け、欲望する眼に空間を与える。眼がそれによって欺かれ、欺かれることで自己の空間化する真理を再発見するようにである。「つねに獲物よりも暗闇を好んできたわれわれ……」とブルトンは言った。

読まれる－聞かれるテクストには奥行きがなく、感覚的空間さえなく、見られるテクストは向こうに、像のそばに宿る。この向こうはその謎となり、謎めいたものにする。視覚の広がりに占める位置によって、向こうは表象の距離である眼とそれ自体との距離に訴えかける。一方読まれる際には、それがどこから読まれるかはほとんど重要ではなく、どこかから読まれるわけでもない。ひとは読まれるものから見られるものへ、「水平的」、平面的、非場所的否定性から「垂直的」、奥行きのある、場所を構成する否定性へと移行する。

（68） A. Leroi-Gourhan, *Le geste et la parole*, *loc. cit.*, 特に I, chap. VI ; II, chap. XIV.

読まれるものはラングのコードを構成する隔たりの体系に帰属し、見られるものは開放性、超越、見せること－隠すことを要求する。謎は眼に合図を送り、このような理由で夢は視覚像を好むのである。

最後に、ここで二次加工に戻り、これを碑文という身分から理解すべく試みることにしよう。その固有の作業はどこに挿入されるのであろうか。先ほど、フロイトが二次加工を夢作業のトポロジーに位置づけることに躊躇していると述べた。それは他の三つの操作と同じほど遠くから、深くから作用する。とはいえ、それは正常な思考に属している。この両義性は碑文のそれと同じもの、つまり読まれるもの、半ば見られ半ば聞かれるものの両義性ではないのか。

フロイトは、二次加工の機能は夢から不条理で脈絡のないやり方を取り除くことにあると述べている。最初の三つの操作は、このやり方で好き勝手に夢を作り出した。もとのテクストの制約内で「自由に」振る舞う欲望は、凝りすぎて読めない「内容」の凹凸を残す。加工は「ラテン語」碑文のような顕在的テクストを制作することで、欲望に逆らう作業である。この作業は、凹凸の見かけの平坦化にある。平坦化は、くぼみとでっぱり、山と谷をエクリチュールのために利用することで得られる。地殻の隆起により、飛行機から見ると、凹凸の模様《フィギュール》がまるで文字や言葉のように分布していると想像していただきたい。二次加工は、圧力の産物が可読的となるように配置されるよう圧力を方向づける選択的な力であろう。ここで、エネルギー的なものから可読的な言語的なものへの移行が生じる。それゆえに二次加工は正常な思考に属し、知解可能性と知性とを前提するのである。

しかしこの可読的なものは、偽の可読的なものである。夢の可読的な意義、その直接的な内容は読むことができない。たとえそうであったとしても、それはそうあるべきではない。フロイトは、われわれは内容をテクストとしてではなく事物として扱うべきであると繰り返している。これはつまり、たとえ碑文に（図版18aのように例外的にラテン語でも）意味がある場合でも、その意味は疑わしいものであり解釈者を欺くだけであるということである。「黄金を夢見よう」を信じてはならない。黄金色のテクストの下にある「十月革命」に到達するには、作業によって脱構築された最初のテクストを再構築しなければならないであろう。あるいはこう言った方がよければ、諸操作によって構築された構築物、形象を脱構築しなければならないであろう。よってテクストの不可解さは偽の不可解さである。テクストについていずれの事例でも保存されているもの、それはまさしく非表意的な弁別単位（音素、書記素）である。そして多くの事例で破壊されているのは、表意単位（記号素）である。多くの事例で欠けているもの、それは言説という単位である。なぜなら、ラテン語の統辞法が遵守されていないからである。最後に、言語学的単位の構造全体が遵守されているごく稀な事例（ネウィア）では、見かけの言説から発する意味自体によって、精神が誤謬へと誘い込まれている。本物の言語に近づくほど、本物の嘘にさらされるのである。一義性を主張しないため、形象は嘘をつくことができない。それゆえ知解可能性は、真に満たされるというよりむしろ演じられ、模倣される。それゆえフロイトは誤解について語っているのである。[69]

　二次加工は前解釈のごときものであるとフロイトが述べるのは、単に内容がその道具を、つまり分節言語を解釈から借用するからに過ぎない。しかしこれは、この言語をその言語学的地位から逸脱させ、よこしま

（69） *Ibid.*, S. 494 ; p. 418.

な使い方をするためである。テクストは空虚な記号、表現素（cénème）の集合としてではなく、物、音声的な物、可視的な物としてとらえられる。二次加工には二つの対立する機能が存在する。二次加工は、形象の平面にテクストを持ち込む（碑文）。また、テクストに定着した形象を保存する。碑文のテクストはよって偽物であり、欺く。だがそれは証言を行いもする。その分割の奇妙さは、それが説明するとされる像自体を勘案しなくとも（われわれはここで文字と指示における形象化の二つの様式に再会する）、何かがこの二重の形象に宿っているはずであることを証言する。それは、読むべき形象なのである。

ところで機能、定立のこの二重性は、夢の基底そのものの二重性である。基底には思想がある。それはフロイトにとって、形象におけるように内容に収められたテクストである。ただしいまこそ言わねばならないが、誰もこのテクストを読んだことも聞いたこともない。思想は、内容においては形象化された以外の仕方では決して与えられない。形象は、最初のものとされるテクストにすでに宿っている。

このような指摘を起点として、二次加工に関するフロイトの躊躇を理解することができる。ファサードか基底か、内容か思想か。加工は深層の構築を反復するが、それゆえ一種のアナロジーによって夢の表面と中心に同時にある。これは、この交換運動、この渦動が基底にすでに発生したからであり、絶えず発生し続けるからである。基底のテクストにはすぐさまいくらかの形象が、つねにいくらかの形象がある。基底の形象には、すでにいくらかのテクストがある。われわれはまず聾である。われわれはまず聞くことからはじめ、次いで恐ろしい言表を拒絶するわけではない。欲望は、通常の言葉で与えられたテクストを加工し変装させるわけではない。欲望はテクストが入り込むことを許さず、それに先んじ、そこに宿る。よってわれわれは加工されたテクスト、読めるものと見えるものの混合、ノーマンズランドしか決して手にすることがない。

そこでは自然が言葉と交換され、文化が物と交換される。抑圧と抑圧されたものの回帰がともに構成されるような、初版的状況を想定しなければならない。ラプランシュとポンタリスは、まさしくそこに幻想を見出すのである。[70]

夢想、夢、幻想は、読むべきものと見るべきものが存在する混合物である。夢作業は言語ではない。それは形象的なものが（像や形として）もたらす、言語に対する力の効果である。この力は法を侵犯する。聞くことを妨げ、見させる。これが検閲の両価性である。だがこの混合物が初版であり、それは夢の秩序だけでなく「根源的」幻想そのものの秩序にも見出される。同時に言説かつ形象、幻覚的な舞台装置のうちで失われた言葉、原初の暴力である。

(70)　Jean Laplanche et J.-P., Pontalis, Fantasme originaire, fantasme des origines, origine du fantasme, *Les temps modernes*, 215 (avril 1964), p. 1833-1868.

欲望と形象的なものとの共謀

欲望の空間

形象と欲望との根本的な共謀が存在する。夢の諸操作の理解においてフロイトを導いているのは、この仮説である。それは欲望の秩序と形象的なものの秩序を、侵犯のカテゴリーによって強固に結合することを可能にする。前意識の「テクスト」（日中残滓、記憶）は、それを認識不可能、読めないものへと変える変動を被る。この不可読性のうちで、欲望がとらえられた深部の母胎が機能する。それは、常軌を逸した形と幻覚的な像で自己を表現するのである。

この機械仕掛けをより詳細に見ることにしよう。そこに三種類の部品を区別することが有益である。形象－像はわたしが幻覚や夢のなかで見るものであり、絵画、映画によって与えられるものであり、遠くに置かれた対象、主題である。それは可視的なものの秩序、すなわち啓示線に属する。形象－形式は可視的なもののうちに現前し、やむをえない場合にはそれ自体可視的であるが、一般的には見られることがない。それは、アンドレ・ロートの調整線である。ある布置のゲシュタルト、絵画の構成、演劇の舞台装置、写真のフレーミング、要するに図式である。形象－母胎は原理的に不可視であり、根源的抑圧の対象であり、即座に言説と混合される「根源的」幻想である。しかしながら、それは形象であって構造ではない。なぜならそれは最初から言説的秩序の侵犯、この秩序が許可する諸々の変換への暴力だからである。これを知解可能性の図式で置き換えれば、その無意識への沈潜を知解不可能にしてしまうであろう。とはいえ無意識への沈潜は、争点となっているのがまさに言説と知解可能性にとっての他者であることを証明している。このような母胎をテクスト的空間において、ましてや体系的空間に打ち立てることは、それをアルケーとして想像すること、それに対する二重の幻想を助長することとなろう。二重の幻想とは、まず起源という幻想、次に語りうる起源という幻想である。しかるに、起源とはほど遠い幻想の母胎は逆のことを証明している。われわれの起源とは起源の不在であり、根源的言説の対象として現前するものはまさにこの原初の非場所に位置する幻覚的な形象－像である、と。

像、形式と母胎は、それぞれが特殊ではあるが厳格な連関によって形象的空間に帰属する限り、形象である。フロイトは、われわれがこの連関を反射弓のエネルギー論的モデルを起点として思考するよう手助けした。彼がそこから引き出す経済論的仮説は、あらゆる不快は負荷であり、あらゆる快は放出であるというものである。快は、エネルギーの放出はつねに最も迅速な手段によって追求されるという原理に従う。すなわち、心的装置を最小限の興奮状態へ戻すことが重要なのである(1)。この原理と関連して、エネルギーは心的体系内を自由に流通し、領域が放出の可能性を与えるならば、これこれの領域に無差別的に備給される。快原理に従う諸過程のこのような特性は、そこで用いられるエネルギーの非拘束的特徴を明らかにする。逆にエネルギーの使用が現実原理に従う際は、それが服従する機能はもはやあらゆる緊張を解消することではなく、エネルギーを恒常的水準に維持することとなる。何より、放出は心的装置のいかなる領域においても得られるわけではない。こうした領域のいくつかは疎通によって相互に開放され、また別のいくつかは障壁によって隔離されており、連合と排除の関係の全体は〈自我〉の支配下にある。このような現実性の原理は、言語の使用によって、運動性によって、あるいはその両方によって放出の可能性を装置と外界との関係の変化に従属させる。それゆえエネルギーの流れは、知覚と語の表象による知覚の記憶から、運動の中枢と器官へ進む。これをフロイトは前進的な道と呼ぶ(2)。

こうした記述をフェヒナーの精神物理学的モデルへと誘導しても無駄である。この記述はすでに、決して取り消されることのない形象的なものの状況に本質的な主題を隠喩的に含んでいる。エネルギーが動き回る空間は、エネルギーが拘束されているか拘束されていないかによって質的に異なる。快の空間と現実性の空間は別のものである。このことは、ごく幼い子供の状況――これが人間の状況であり、そうであり続ける――に関するフロイトの分析にすでに現れている。二次加工が確立されておらず、放出を実現するために外界を調整しえないにもかかわらず「内部」に由来する興奮に直面したとき、主体は運動的な孤立無援(motorische Hilflosigkeit)の状態に陥る(3)。「特異的活動(spezifische Aktion)(4)」――その成就が欲求の圧力を和らげ

(1)『彼岸』では、ここで素描した働きが二つの原理を結合していることが示される。不活性あるいは涅槃原理と、恒常原理である。エロスは本質的に、一方では死の欲動との、他方では現実性との妥協である。

(2) このごく簡潔な説明は、『科学的心理学草稿』(一八九五)と『夢解釈』(一九〇〇)第七章の二節と三節に対応している。

(3) *Hemmung, Symptom und Angst* (1926), *G.W.*, XIV, S. 200 ; tr. fr., p. 97.

(4) *Esquisse*, p. 317. *Drei Abhandlungen*, *G.W.*, V, S. 33 ; tr. fr., p. 17.

る——の不在により、欲求充足は外部の人間に依存した状態に完全にとどまる。かくして三つの所与の分離が生じる。たとえば放出を伴う吸引の運動のような、反射運動の運動的所与。充足の感情的所与。そして、その取りなしによって苦悩を取り除き放出を可能にした対象の感覚的所与である。欲求が再び現れるとき（内生的刺激）、放出を得るために対象の像と運動的な像が再備給されるであろう。「最初の欲望は、欲求充足の記憶の幻覚的な備給であったはずである」[5]。欲望は、それゆえ「依託」[6]によって生まれる。快の追求としての性的なものは、自己保存の欲動を支柱、支えとする。自己保存の欲動は、特定の器官の特異的活動によってのみ充足を得る。性的なものは欲動の目的（充足）とその対象（特異的活動の器官）を快の手段として把握する。欲望は、欲求充足なき快の力能として構成される。

欲望成就（Wunscherfüllung）は、それ自体のうちに対象の不在を含んでいる。この不在は欲望にとって本質的であり、欲望の対象たらんとするあらゆる対象との関係を構成している。同様に、器官の「不在」がその身体の使用の特徴となっていると言えよう。器官は欲望によって、欲求充足の手段としてではなくその興奮が幻想的演出を引き起こす性感帯としてとらえられる。かくして身体は逸脱させられる。それに加え、身体は細分化される。自己保存においては、特異的な機能は原則として有機体全体の生存に従属している。欲望にとって各器官は性感帯となりうるものであるから、もしそのような器官が欲望を成就する幻想の生産を保証するならば、器官への負荷の備給自体がその目的となる。ここにおいて、現実主義的な空間、生物学的な空間のいかなる混乱が依託に付随しているかが理解される。

フロイトはこれについて、退行の重要性を強調した際にその概観を示している[7]。幻覚的成就は、三つの意味で退行的である。まずそれは、特異的活動のうちで生じるものとは逆に、心的装置の退行的な経路を前提とする。特異的活動は興奮から出発し、記憶、言葉の痕跡、運動領域を経由し、現実の変容を生み出し、最終的には外部への放出としての充足を生み出す。欲望成就の場合、興奮は装置の各層を逆方向に通過し、知覚の記憶を非常な強度で備給するゆえに幻覚を引き起こす。それゆえ退行的なのは、言語−運動の極ではなく知覚の極へ向かうエネルギーの移動である。この退行は最低費用での即時的放出の原理、あるいは涅槃《ニルヴァーナ》原理の帰結である。しかし歴史的な意味でも退行が存在する。なぜなら最初の充足の記憶の再活性化、すなわち幼児期の経験が存在するからである。そして何より退行は、「普通の様式の代理となる、表現と形象化の原始的様式[8]」の使用によって特徴づけられる。「われわれは、表象が夢のなかでそれがかつて出てきた場所である感覚的像へと回帰することを、退行と呼ぶ[9]」。「意識から切り離された思想に視覚的記憶が及ぼす引力[10]」が存在する。検閲の補完的活動と同様、これによって退行が生じる。再認可能な形象ではなく歪曲された形象の加工、テクストではなく判じ物の加工において作用しているのは、その空間にあり、その表象と特異的になれ合う欲望固有の力であり、禁忌である。ここで形象的なものは、言語的なものと運動的なものの

(5) *Traumdeutung, loc. cit.*, S. 604 ; tr. fr., p. 509.
(6) AnlePung. 特に *Drei Abhandlungen, loc. cit.*, S. 82, 83, 86, 123-130 ; tr. fr., p. 74-79, 132-140 を見よ。この概念は、ラプランシュとポンタリスによって *Vocabulaire de la psychanalyse*, Paris, P.U.F., 1967 の Etayage の項目で明らかにされている。
(7) とりわけ *Traumdeutung*, chap. VII, §2 を見よ。
(8) *Traumdeutung*, G.W., II/III, S. 554 ; tr. fr., p. 466. 引用された一節は、一九一四年に付け加えられたものである。
(9) *Ibid.*, G.W., S. 550 ; tr. fr., p. 461.
(10) *Ibid.*, S. 553 ; tr. fr., p. 464.

対蹠点として、つまり言語と活動という二つの機能を備えた現実原理の対蹠点として思考されている。欲望はこれらの機能に背を向けるのだ。

この同じ他性はまた、後に無意識を特徴づけるために行われた分析の対象となっている。[11] フロイトは実際、前意識の支配下で諸過程が生じる空間と絶えず対置することで、無意識的空間を知解可能にすべく努めている。彼が取り上げている四つの特徴は、以下のようなものである。まず、「確実性のあらゆる段階における否定、疑い」の不在、あるいは「矛盾の不在」[12] である。無意識的「判断」は様相や質を持たず、つねに断定的で肯定的なのである。第二に、「（無意識においては）備給強度のはるかに大きな可動性が支配している」[13]。フロイトはここで、エネルギーのこの非拘束性を一次過程と名づけている。フロイトによれば、このエネルギーの「自由な」運動が移動と圧縮である。これらの操作は、ここでは二次過程つまり知覚、運動性および分節言語を妨げるものとして明示的に定立されている。無意識的過程の第三の特徴は、この過程は「無時間的、つまり時間のうちで順序づけられていない、時間の経過によって変更されない、時間とはいかなる関係ももまるで持たない」[14] というものである。結局無意識的過程は「現実をまったく考慮せず」、快原理や「心的現実による外的現実の置換」[15] に従う。その結果、これらの過程は単に判断（様相、質）の範疇には属さないだけでなく、言説の基本的制約にさえ従わない。圧縮は語彙的制約に違反し、移動と時間性の無視は統辞法の制約に違反する。現実に対する無関心の方は、まさしく指向の考慮の拒否と指示の次元の軽視を示している。言説の二つの空間すなわち体系の空間と指向の空間は、無意識的過程において侵犯される。無意識的過程が属し生み出す空間はそれゆえ別の空間であり、絶えざる可動性であるという点で体系の空間と異なる。また言葉を物とみなすという点で指向の空間と異なる。ラングと言説的秩序の体系的な場における可動性は、そこに意味と「無意味」の短絡を誘発させる。指向の距離の侵犯は魔術へと、「思考の全能」へと連れ戻す。それゆえこれは二つの否定の違反、すなわち体系の諸項を隔てておく否定性と言説の対象を可変的距離に隔てておく否定性の違反である。

無意識は後者を可変性として前者に挿入することである、と述べるだけでは十分でないことがわかる。そのような考察は、体系の哲学に現象学的「身振り」、キアスム、奥行きの哲学を対置することとなる恐れがあるだろう。だが無意識的空間は、その根底では不変的なものの空間でないのと同様身振りの空間でもない。それはトポロジー的空間である。ひとがその効果について思い違いをすることがあるのは、言語の見地からすれば移動と圧縮による体系的空間の侵犯もまた、一次過程の可動性と同様、指向の空間（感覚的空間）に特徴的な可動性に帰すことができるからである。二つの機能のこうした重複自体、無害ではないのかもしれない。非拘束性の未開の空間を全速力で動き回る力は、そのおかげで身体‐意識の哲学者たちの懐胎的身振りの優雅で広々とした可動性とみなされる。混乱を招くもの、しかし同時にそれに用心するようわれわれに

（11）Das Unbewusste（1915）, *G.W.*, X, S. 294 ; tr. fr., in *Métapsychologie*, Paris, Gallimard, p. 96-98.

（12）*Ibid.*, S. 285, 286 ; tr. fr., p. 97-98. 同じ意味で、『続・精神分析入門講義』（一九三二）に次のような詳細が見られる。「思想の最も繊細な形式を表現するのに適した言語のさまざまな様式、つまり接続詞、前置詞、活用や曲用の変化といったものはすべて、表現手段を欠くため放棄される。ただ思想の原料だけが、文法のない原始的な言語におけるようになおも表現可能である」（*G.W.*, XV, S. 29 ; tr. fr., *Nouvelles conférences*（1936））。

（13）*Ibid.*, *G.W.*, X, S. 285 ; tr. fr., p. 97.

（14）*Ibid.*, S. 286 ; tr. fr., p. 97.

（15）*Ibid.*, S. 286 ; tr. fr., p. 97, 98.

強いるもの、それは夢の諸操作のうちには夢の諸単位を圧縮し移動する歪曲だけではなく、形象化可能性の考慮が存在することである。これは、指示の次元と関係しているという証拠ではないのか。この次元こそが、言説の流れのなかに折りたたまれ、コミュニケーションの空間である調整された平均律的な空間のなかに折りたたまれ、そこに混乱をもたらし、意義でも統辞法でもなく視覚から生じる意味の諸効果をもたらすという証拠ではないのか。

　これで満足するならば、おそらく主体の哲学を作り上げることとなるであろう。そして夢を、一般的には症状を理解することはできなくなるであろう。夢の言語的空間に適用されるのは感性的空間ではない。身体の延長自体が、いわば覚醒時の世界内的次元を越えて拡張されるのだ。われわれは夢を見ながら眠るという事実、そして身体と世界との共同本性性が不動性によって停止されるという事実を真に考慮しなければならない。この不動性は、単に世界を除去する機能を持つだけでなく、身体を世界と見なすという効果をもたらすのである[16]。そして何より、拡張された身体的舞台の内部に穿たれ提供されるこの世界とそこで生産される形象は、共同本性性の規則、知覚的空間の指導、奥行きのある構成にはまったく支配されないという事実を考慮しなければならない。奥行きのある構成は、われわれにその一面を見せ他の面を隠す記号によって「現実的な」事物を作り出す。夢と神経症の症状においては、世界内的形象のこうした諸特性は消滅する。それゆえ、フロイトが夢の本質的操作のひとつが形象化であるとわれわれに教える際には、用心しなければならない。このことからわれわれは、言語の秩序から抜け出したと結論する義務があり、また指向的距離にも世界内的距離のうちにもないと想定する義務がある。ただしそれは、この形象がラングの制約と同様指示の制約（そのなかには視点の可変性と可視的なものの一面性という制約が同時に見出される）に拘束されないとしてである。ここで問題になっているのは確かに表象であるが、舞台的空間の規則はもはや感覚的空間のそれではない。黒く塗りつぶされ、重ね刷りされ、かき乱されるのは作者のテクストだけではない。俳優たちの顔《フィギュール》、彼らがいる場所、彼らの衣服、彼らの自己同一性もまたそうである。装飾の方は、劇の最中に予告なしで変化する。筋自体に単一性がない。

諸形象

われわれはここで、われわれの形象の諸範疇へと戻り、それらと無意識的空間との連関をそれぞれ明示することができる。形象－像は、夢の舞台や夢と同様の舞台において見るべきものとして与えられる形象である。そこで暴力を被るもの、それは知覚された事物の形成規則である。形象－像は知覚対象を脱構築し、形象－像は差異の空間において完成される。われわれはこれを精確にはっきり述べることができる。形象－像が脱構築するのは、シルエットの輪郭である。形象－像とは、啓示線の侵犯である。ピカソのデッサン（図15）のうちには、その厳密な例証がある。そこで脱構築の対象となっているもの、それは事物化を行う唯一の視点が存在することを示す縁、線である。いくつもの輪郭の共存は、いくつもの視点の同時性を誘発する。この女性が眠っている場面は「現実の」空間には属さず、同一の場所と同一の時間において同一の身体がいくつもの姿勢をとることを許容する。時間、現実、姿勢の排他性に対するエロチックな無関心。色価と色彩

(16) M. Sami-Ali, Préliminaire d'une théorie psychanalytique de l'espace imaginaire, *Revue française de psychanalyse*, t. XXXIII (janvier/février 1969), p. 25-78.

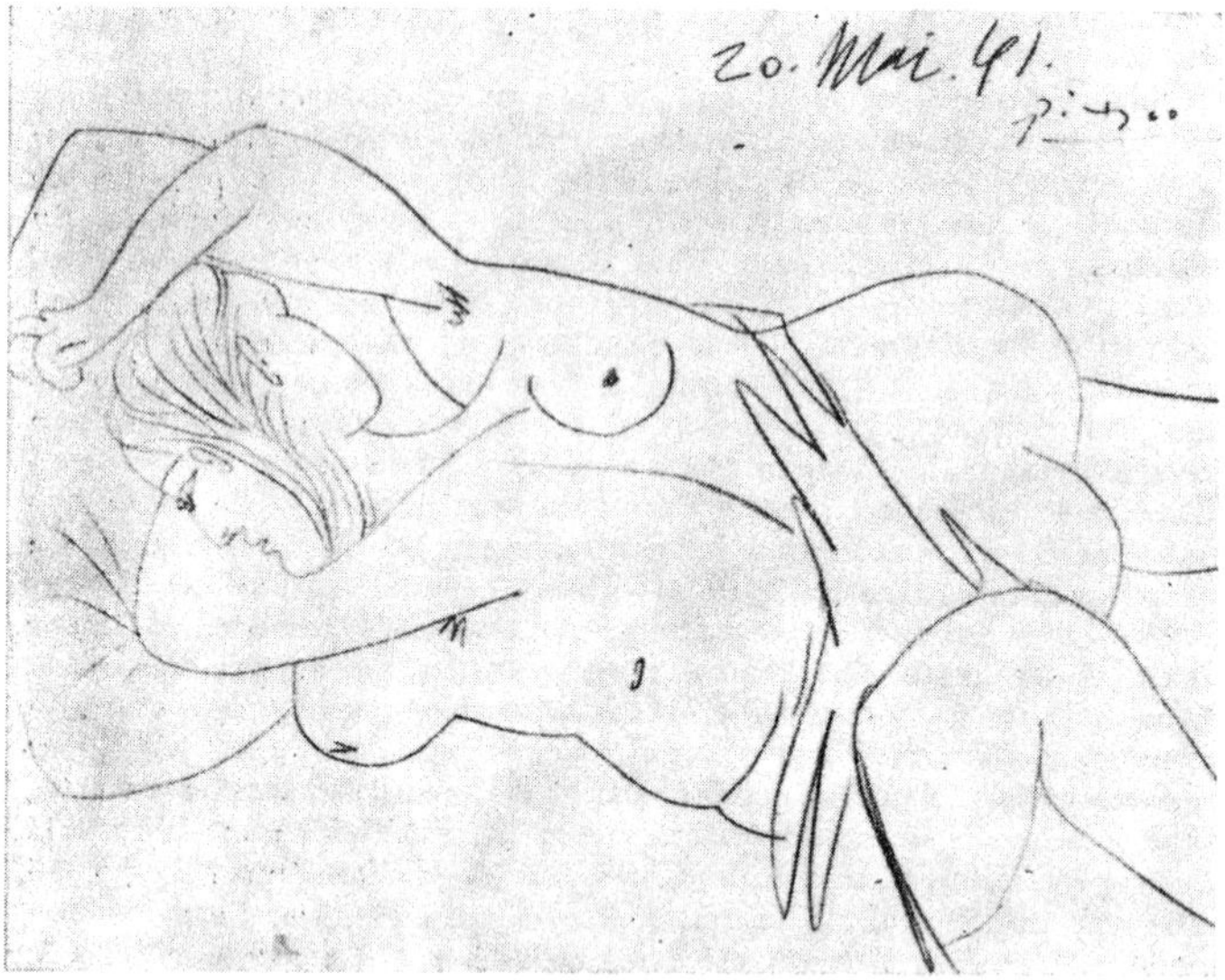

図15

の脱構築についても、類似した他の事例が探されるべきであろう（本書巻末50頁参照）。

形象－形式は可視的なものを、その肋材を見られることなく支える形象である。しかし、それ自体を可視的にすることもできる。その無意識的空間との関係は、正しい形式（ゲシュタルト）の侵犯によって与えられる。「正しい形式」は、ピュタゴラス的で新プラトン主義的な形である。それはユークリッド幾何学の伝統に属する。数とその輝かしい宇宙的価値の哲学さらには神秘神学は、これに依拠している(17)。この形式はアポロン的である。逆に無意識的な形象－形式、形象的なものとしての形式は、反－正しい《よい》形式、「悪い形式」である。全体の統一性に無関心なエネルギー論として、これをディオニュソス的と言うこともできよう(18)。

芸術はアポロンがディオニュソスと協力することを求めるというのが本当ならば、芸術のうちにその事例を見つけるのはおそらく容易ではないだろう。

ポロックのアクション・ペインティングは、少なくともドリッピングの手法が妥協なく徹底された一九四六—五三年の時期の表現（これをパッション・ペインティングと呼ぶこともできよう）においては、悪い形式がいかなるものでありうるかについての概観をわれわれに与えてくれるかもしれない（図版19）。色彩の流れに完全に覆われた造形的画面、描線、さらには輪郭線による構成の一切の不在。形の反復や再開、絵の表面の色価や色彩に由来する反響やリズムの効果の消失。それにまして、再認可能なあらゆる形象の除去。われわれはディオニュソス的熱狂の方へと移行し、造形的な「不変項」が、少なくとも線的な不変項が沸騰する地下室へと降りてきたように思われる。そこではエネルギーが絵画的空間の一点から別の一点へと全速力で循環しており、眼はいかなる場所に立ち止まることも、たとえ一瞬であれあちこちにその夢幻的な負荷を備給することも禁じられる[19]。最後に、形象-母胎である。それは見られないだけでなく、可読的でないのと同様可視的でもない。それは造形的空間には属さず、テクスト的空間にも属さない。それは差異そのもので

---

(17) Matila C. Ghyka, *Le nombre d'or*, Paris, Gallimard, 1931 およびロートの造形哲学にまとめられたもの。

(18) Cf. Anton Ehrenzweig, *op. cit.*, p. 57 et sq.

(19) このように述べることで、わたしはイタロ・トマッソーニが *Pollock*, Firenze, Sadea, 1968 でポロックの作品に対して行っている現象学的実存的解釈から遠ざかる。アンドレ・ブルトンは、ポロックに近い画家であったアーシル・ゴーキーについて論じた際、はじめから的確に理解していたように思われる。「わたしはこう言いたい。眼は、それが鏡の受動的な役割にとどまるあいだは、たとえ鏡の水が——例外的に澄み切っている、きらきらと輝いている、沸騰している、切り子面になっているというような——何らかの有益な特徴を示すとしても、開かれていないと。単に反射しうるものとしてみずからを示すだけでは、眼は屠殺された牛の眼に劣らず死んでいるという印象をわたしに与える——眼が単一またはいくつかの角度から、静止あるいは移動する対象を反射するにせよ、この対象が覚醒の世界に属するにせよ、夢の世界に属す

あり、そのようなものである以上、その口頭表現が求める最低限の対立化や、その造形的表現が求める最低限の像化や形式化も許容しない。言説も像も形式も、三つの空間に同時に宿る形象‐母胎を同様に取り逃がす。ある人間の全作品はこの母胎の派生物に過ぎない。派生物の重ね合わせを通じて、奥行きにおいて、母胎は垣間見られるのかもしれない[20]。だが「起源に」君臨する諸空間の混同はあまりに甚だしく、そこでは言葉は物と形式として扱われ、物は形式や言葉として扱われ、形式は言葉や物として扱われる。こうして脱構築は、もはや単に文学的形象におけるようなテクスト的な輪郭線や形象的な像におけるような調整線だけでなく、母胎が位置する場所を対象とする。この場所はテクストの空間、演出の空間、舞台の空間に同時に属する。エクリチュール、幾何学、上演――それぞれが、他の二つの干渉によって脱構築される。フロイトとともに、この点に立ち止まらなければならない[21]。

欲望が形象性と結ぶ共犯関係の基本的様式は、それゆえ対象の侵犯、形式の侵犯、空間の侵犯となる。

るにせよ。眼の宝は別のところにある。大部分の芸術家は、不透明なケースに隠されたぜんまいのことを少しも考えるこ

ともなく、時計の文字盤をあらゆる方向にいじりまわしているほどだ。／眼のぜんまい……。アーシル・ゴーキーはわたしにとって、この秘密が完全に明かされた最初の画家である。眼は最後の手段として、執行吏の眼のように分類整理するために作ることはできないだろうし、偏執狂のそれのように偽りの認識の幻想を楽しむために作ることもできないだろう」(*Le surréalisme et la peinture, loc. cit.*, p. 196-197)。――形象的な像を提示する絵画に比較して、形象的な形式を提示する絵画が引き受ける機能の全面的な差異を指摘しなければならない。二つの空間は両立しうるものではない。ピカソのデッサンの空間は受容可能であり続け、好感を持てるものでさえある。それは、おそらく個人的精神〔プシュケー〕の沈黙からもぎ取られ、われわれの集合的なまなざしの前に投げ出された想像上の空間である。しかしながら、欲望はそこに成就を見出し続ける。なぜなら対象は（たとえ脱構築されていても）表象の舞台上に提供され続けているからである。ポロックの形式的な流れ、あるいはむしろ反‐形式的色彩は、もはや幻覚的対象ではなく欲望自体の運動を表現するものであり、快原理によって備給されえない。欲望は自己を見ることを欲望せず、対象上と対象内で自己を放出することで、消失することを欲望する。ポロックの空間は最大負荷の空間である。予想可能な消失は存在しない。なぜなら、事物主義的ないしゲシュタルト主義的な出口がないからである。シュルレアリスムから戦後アメリカの叙情的抽象の潮流にかけては、まさしく形象的な像から形象的な形式への逆転が存在する。脱構築的活動は、可視的なシルエットだけに取り組むことやそれに幻影的な輪郭を重ね合わせることをやめ、演出の空間そのもの、調整線、眼のぜんまいを非難する。ダリは舞台的空間の執拗な保存を体現するのに対し、マッタ、ゴーキー、ポロックによってその地下室の探査と公開がはじまる。A・ブルトンはそれを予感していた。「マッタはかなり異なる仕方で外観の崩壊を推し進めている。すなわち見方を知る者にとっては、こうした外観はすべて開かれており、単にセザンヌのリンゴのように光に開かれているだけではなく、他の透明な諸物体を含む残りすべてに対して開かれているということである。外観はつねに融合する用意ができており、この融合においてのみ生の唯一の親鍵たる鍵が鍛造されるということである（…）。かくして彼はまた、古い空間とは意図的に断絶した新たな空間へとわれわれを絶えず誘う。というのも古い空間は、閉じた基礎的な物体の配分としてしか意味がないからである」(*Le surréalisme et la peinture, loc. cit.*, p. 192-193)。本書巻末58頁参照。

(20) これはCharles Mauron, *Des métaphores obsédantes au mythe personnel*, Paris, Corti, 1963が推奨する方法である。

(21) これは本書の別の場所で行われている。

言説における欲望

認識と真理

わたしはここで、言説における形象的なものの現前について検討する。検討の分野は詩作品に限定される。簡潔に言えば、詩作品は形象によって加工されたテクストで構成されたものとして特徴づけることができる。すると、次のような逆説が生じる。欲望の形成をはらみ成就のおとりを維持する形象的言説は、いかにして真理の機能を果たすことができるのか。テクストのテクストとしての諸特性は、いわば言語的シニフィアンの諸特性そのものによって描かれた運命および押しつけられたモデルを持っている。言語的シニフィアンの諸特性は、言説を言表行為の主体とそれが指示する対象の双方から完全に解放する対立の体系をなしている。同様に言説のシニフィエは、特定の変換によってひとまとめにされた諸項の体系へと同じように構成される傾向がある。このような体系の諸特性は内的なもの、すなわち否定に対する無矛盾性と諸公理の独立性、体系の飽和と決定可能性である。体系とそれに従属する解釈の領域との関係を規定する完全性ないし不完全性という特性は、「統辞法的」(1)諸特性には何も付け加えない。認識は、その「対象」を構築しつつ自己を構成する。この構築は、諸項間の関係の体系の確立にある。そしてこの確立は、諸項の変換によって構成される。対象がまず与えられていた領野にかわり、諸概念の体系が存在することとなる。認識のあらゆる体系にとって、少なくともわれわれが専念する他の二つの空間との関係で理想としての価値を持つのは、ラングの体系である。指示されたもの、つまりまずその領野において与えられた対象とは、言語における（恣意的な）指向的距離、認識における認識論的切断として示されるものと同じ断絶がある。形象的なものの場合、言説内部における形式の現前に対しすべての内的関係をひとつの体系において明示し、それゆえ非連続性を知解性の規則として課すという同じ意志が見られる。それが課されるのは、関与性の使用においてはコミュニケーションの最低段階（音韻論）、諸公理の独立性の使用においては認識の最高水準（形式化）である。

テクストのテクストとしての使命は、形象――それが指示であれ表現であれ――から自己を解放し、接着と連続性を断つことにある。変異を実現する精神の運動は、この接着と連続性によって妨げられ、それが同時に構築する意義は一方的なものとなる危険がある。知の使命は、言説内で無言で活動し続ける諸々の意味を考慮せず、あらゆる時、あらゆる場において妥当することにある。その結果、詩的テクストは真理へのいかなる主張にも寄与しえないように思われる。なぜならそれは、形象を詰め込まれているからである。形象的なものとテクスト的なものとの関係は、おとりと知の関係に等しい。

とはいえわれわれの仮説は、ひとを欺く形象的空間と、認識が構成されるテクスト的空間というこの二者択一を免れることが可能である、というものである。この二者択一の手前に、脱落しつつ、つねに形象的空間で構成されるような別の機能、真理の機能を識別することが可能である。

啓示が含意するものとは逆に、われわれはこの真理が〈他者〉によって発せられた〈言葉〉のしるし《マルク》であるとは考えない。この真理が残響の効果、欠落、圧縮によって単に混乱している――これによって〈言葉〉はわれわれが思考すべき象徴となるのであろう――とは考えない。形象の不透明性は、言説内の第二の言説のそれではない。言説は、われわれがそれを理解し読み取るようわれわれの正面に置かれる。言説は唇の上で読み取られる。唇がなければ、書かれた言説の紙、媒体がわれわれに顔のように向けられる。われわれにその面《おもて》を見せるのだ。第二の言説は、単に第一の面のなかの第二の面である。神は単に、極限的には聴き取りえないものの、われわれをその不在の現前によってとらえる不可視の対面のこのような超越であろう。――われわれは、認識のイデオロギーから出て啓示のそれに回帰することを望んでいるわけではない。フロイトは芸術がとんでもない勘違いをしないよう、無意識を天と取り違えないよう望んでいた。作品のなかで合図する真理は、下方から到来する。その父は欲望である。この真理は何も教えず、教訓的ではない。それはわれわれに眼を向けず、われわれに顔を向けず、予期された場所〔表〕を外れて突発する。予想外なもの、裏がその出現地点である。欲望には、それが語るものを読み取るための唇がない。欲望はわれわれに対して現前しない。われわれを脱落させる。われわれの眼を向こうへと引き寄せ、威風堂々としている。欲望とわ

---

(1) Roger Martin, Les idées actuelles sur la structure de la pensée logique, in *Notion de structure et structure de la connaissance* (XXe semaine de synthèse, avril 1956), Paris, Albin Michel, 1957 および *Logique contemporaine et formalisation*, Paris, P.U.F., 1964 を見よ。われわれはここで、フレーゲ、ラッセル、『論考』のヴィトゲンシュタインに発する思想潮流と再会する。同様に G.-G. Granger, *Pensée formelle et sciences de l'homme*, Paris, Aubier, 1965 も見よ。たとえば (p. 40)「形式的思考は、われわれには本質的に(…)、依然としてはっきり定義されていない事物を名に対応させる原始的な意味論から出発し、次第に精確となる統辞法を構築することにあるように思われる」。

われわれは、ガラスの反対側で自己を見失う。ただし何らかの術策によって、われわれがガラスを見誤らず欲望が求めるものを成就しうるよう、われわれをまず舞台の方へと投げ出すあの圧力の運動そのもので我慢するよう、そしてその前で眼を開いたまま自己を維持する力を持つよう、ガラスが処理されているならば別である。真理の機能とは、幻想によるガラスのこのような処理なのであろう。正確に鏡であるわけではない。

形象的なものはいかにして言説のうちに現前しているか

この機能を明るみに出すことを試みる前に、形象的なものが言説に宿る方法を精密に定義しなければならない。言説の諸軸に関しても、形象の諸範疇に関しても、現状を明らかにすることは不可欠である。三つの項からなる二つのグループが識別されていた。言説については、シニフィアン／シニフィエ／指示されたものという三幅対。形象については、像／形式／母胎という三幅対である。

第一のグループは、フレーゲによって明らかにされた言語「記号」についての連関を単に踏襲しているだけである。これは以下のことを示している。第一に、言説はつねに調整された隔たりの形式的空間にあること。この空間は、弁別単位の空間と表意単位の空間へと二重化される。第二に、言説は可動性と側面性が支配する指示の空間にある対象との関係によってつねに定められること。シニフィアン、シニフィエ、指示されたものという三つの項が位置する意義と指示の二つの軸は、現働的な言説に同時に含まれている。諸項の第二のグループは形象の諸範疇にかかわる。用いられる分類基準は、見られる、可視的で見られない、不可視という、可視性のそれである。第一の項には、輪郭を持った対象の像が対応する。第二の項には、直ちに見られていなくとも、分析によって露わにしうる可視的なものの形式（ゲシュタルト）が対応する。第三の項には、さらに深層の布置が対応する。これは分析によって接近しうるかもしれないが、視覚の対象にも意義の対象にも決してなりえないであろう。

可視的なものを形象の分類基準にするとき、形象の秩序と言説の軸とのあいだで可能な連関が同時に示唆される。可視的なものは、対象が指示によって言説へと与えられるような軸ではないのか。フレーゲの例では、指向（Bedeutung）は月それ自体であり、啓示的な輪郭、再認可能な対象である。二つの場面すなわち形象のそれと言説のそれの連結点は、よって形象‐像あるいは指示されたものとなろう。このことは、あらゆる言説は指向へと送り返される以上、指向が話者に視野内のシルエットや像として与えられるという事実に起因する。この縁の空間は、言説が住む体系の内的空間とはまったく異なる諸特性を有している。だが言説は、まさしく一方を他方と連結するものである。可動性と対象に対する「観点」が話者をその言説の構築の際に導くものである以上、話者はシニフィアンの連鎖のこれこれの点においてこれこれの項を別の項より好むこととなり、最終的にはこのような理由で別の事柄よりもむしろこの事柄を語るのである。視覚の距離に頼ることなしには、パロールの分析はない。

形象と言説のこの最初の連関から、補足的な命題を引き出すことができた。すなわち派生したものではない不変の自律的体系の特性を有する意義の空間の存在は、可視的なものを失われたものとして構成し、所有することなく対象に遠くから触れ、不在を支え、所与のもうひとつの面、それがわたしに向けない面を想定し、所与を厚みのある記号として構成することを可能にするものでもある、ということである。指示されたものの連関あるいは言説をともなう像は、そのことで二重化されている。その上、連関は欲望の場に置かれている。失われた対象の定立が欲望の構成に直接的に関係するのである。

現実性の乏しさに関する余談

だがここで読者は、まだ行われていない詳細な説明がなされるべきだと感じるであろう。現実界と想像界を区別しなければならないであろう！　言説は、その指示されたものがどちらであるかによって異なる定立となる。フレーゲは、厳密に審美的な定立はまさしくその対象の実在に関心を持たない言説の定立であることを強調している。フロイトは、あるものは現実性の問いを立てず、あるものは現実性の試練を避けると述べた。この試練はいかなるものからなるのか。言葉と行為である。われわれが語る対象が実在することを、われわれはいかにして知りうるのか。それを再認可能にする名をそれに与えることができ（知覚の持続）、その変化（欲求の充足）を可能にする操作をそれに対して実行しうる場合である。われわれはこのように導入された基準によって、われわれの問題系に容易に連接されるがわれわれのものではない問題系へと送られる。それは他者とのコミュニケーション、外界の変形という実践の問題系であり、現実と整合的言説の構成という認識の問題系である。わたしとしては、現実は想像界から構成されることを指摘するだけで十分である。最初に与えられるもの、それは幻想的対象である。ある「現実的」対象の形成は、主体においては現実自我の構成に対応する試練である。現実は、われわれが放棄することを受け入れ、われわれの欲望の幻想から脱備給することを受け入れた想像的領野の一区画に過ぎない。この区画はその境界（confins）のすべてを、幻想による欲望成就が継続する想像的領野によって縁取られている。

そしてこの区画はそれ自体、その占領をめぐり快原理と現実原理が対峙した戦いの痕跡を帯びている。「現実」は想像界の空虚と向き合う存在の充実ではなく、それ自体のうちに欠如を保持している。そしてこの欠如は実に重要なものであるため、この欠如のうちに、実在がはらむ非在の裂け目のうちに芸術作品が登場する。芸術作品は現実的なものであり、証人たちの前で彼らに絵や彫像が確かにいまここにあると確信させつつ、命名と操作の対象となることができる。しかし芸術作品は現実的なものではない。『睡蓮』の広がりは、オランジュリー美術館の展示室と同じ空間に位置づけられるわけではない。ロダンの『バルザック』は、ラスパーユ通りとモンパルナス通りの交差点で大通りの木々と同じ地面に立てられているわけではない。[2] そして現実は像の強力な一貫性に直面すれば実に脆弱であるため、二つの広がりの戦いにおいては、作品のそれと作品が位置する世界のそれでは、前者が後者を誘惑しみずからに引き寄せる。オランジュリー美術館の地下室は描かれた池に浮かぶ輝くもやのなかにある壁を通じて呼吸し、大通りは彫像の後方への傾斜運動からサン＝ジェルマンに向かって下る特有の勾配を受け取る。作品の存在は、対象の不在と世界の現実性の乏しさを証明するだけではない。そこで「現実化」する不在は、所与の実在と言われるものをみずからに引き寄せその欠如を暴露する。宇宙は作品のなかへと飲み込まれる。なぜなら宇宙はそれ自体のうちに空虚を

（2）「もともと芸術家は、欲動の満足の禁止になじめないゆえに現実を避け、官能的で野心的な欲望を幻想の生において発揮する人間である。とはいえ芸術家は、この幻想の世界から現実へと戻る道も見つける。特殊な才能のおかげで、その幻想に新種の現実（WirklicŸeiten）としての形を与え（gestaltet）、それが人々から現実（Realität）の価値ある複製として評価されるからである。芸術家はかくして外界の実際の変化という大変な回り道をせずとも、ある種の方法で、実際に（wirklich）自分が望んでいた英雄、王、創造者、人気者となる。だが芸術家にそれが可能なのは、他の者たちも彼と同様、先述した現実の課した断念による不満を感じているからであり、現実原理による快原理の代替が生み出すこの不満自体が、現実の一部だからである」（Freud, Formulierungen über die zwei Prinzipien des psychischen Geschehens（1911）, G.W. VIII, S. 230-238. 強調は引用者）。

含むからであり、芸術家の批判的表現は対象を求めるわれわれの欲望を具体化するからである。ここでわれわれにとって重要なのは、指示の軸の端にひとつの像が存在するということである。われわれは、この像は把握しえないと推測した。像がこの点で「現実の」対象と異なるかどうかは定かではない。「把握」自体もまた、いくつかの像を与える以上のことはしない。それはおそらく、幻視がすっかりしみこんだ視覚よりは幻想的ではない。うわのそらであること（être dans la lune）と月面にいること（être sur la lune）とのあいだの差異はごくわずかなものなのだ。

われわれの問題に適した分割線は、想像界と現実界のあいだではなく再認可能なものと見分けられないものとのあいだを通っている。ここで、言語の空間からも世界の空間からも異なる第三の空間の考察が導入される。差異はまさに無意識である。シニフィアンやシニフィエの空間に入り込むことで、差異は調整された諸対立の体系を侵犯し、メッセージを隠蔽し、コミュニケーションを阻害し、現象、文字、言葉を物のように扱い、眼や耳がテクストやパロールを再認し「理解する」ことを禁ずる。また差異が指示、視覚の空間を占拠するとき、対象を啓示しわれわれがそれを再認することを可能にする輪郭や、所与の多様な造形的要素を可視的なものの領野にまとめる正しい形式に打撃を与える。差異はわれわれを、再認しうる顔も形もない別の世界へと引きずりこむ。言説と世界のそれぞれの秩序への無理解は、一方では諸単位、他方では対象を見分けられなくする。それは、欲望が自分のものではない規則にしたがって組織された所与を横領し、自己の掟に従わせることで自己の成就を追求するしるしである。それが視野のうちにも言語のうちにも同じように呼び起こす形象は、それゆえ再認を攪乱することを本質としている。後述するように、形象はせいぜいそれをひとが見分けられないものとして認知することを可能にするぐらいである。

形象的空間のこのような特性からすれば、像、形式、母胎という形象のヒエラルヒーは、当初は現れなかったかもしれない意味を獲得する。このヒエラルヒーはさまざまな種類の形象を分類する簡便な試みであるように思われたが、実は形象的なものと可視的なものとの関係の複雑性を再現している。可視的なものと形象的なものには深い類似性が存在する。しかしこの類似性は批判されるべきであり、さらに深い不一致を隠している。この不一致により、今度は可視的なものの形象が欲望によってかき立てられ、細分化され、圧縮され、歪曲されうるのである。

ここで、すでに遭遇した反論を退けるために立ち止まらなければならない。言説における形象の現前について、現象学はみずからが強固と判断する立場に立っている。すなわち現象学は、意義は構造に（あるいは生成文法に）任せよう、だが日常言語と詩的言語はある特徴によってラングの記述も言説の記述も免れる、と語る。これらの言語は文彩《フィギュール》に満ちているのだ。こうした文彩は、言語学者たち自身が認めるところによれば、体系——それがラングの構造として思考されるのであれ、言表を生成する深層の文法であれ——の秩序への違反である。[3] こうした違反は何を意味するのか。言語的空間とは別の空間が言説に忍び込むこと、そ

（3） 実際少なくともこの点については、学者たち、さらには諸学派の注目すべき一致が存在する。たとえば構造主義者については、R. Jakobson, Linguistique et poétique（1960）, *Essais de linguistique générale, op. cit.* や Ivan Fónagy, Le langage poétique : forme et fonction, *Diogène 51*（1965）を、生成文法派についてはM. A. K. Halliday, *Descriptive Linguistics in Litterary Studies* やソーンあるいはウィドウソン（後述）を比較されたい。

こで意味の諸効果を生み出すことである。これらの効果は意味論的および／または統辞論的所与の通常の作用からは生じえず、それらの侵犯から生じるものである。この侵犯は、ある力が言語的空間内に作用しそこで分離されていた諸極を関係づけることを前提する。これらの哲学者たちによれば、そうした活動は身振りをモデルとして思考することができる。

この活動は言説の諸要素を遠近法のうちに置き、それらを奥行きのある広がりのうちに整理する。そこでは諸要素はもはや意義の媒体としてではなく、物‐記号としての価値を持ちはじめる。物‐記号はわれわれにひとつの面を差し出し他の面を隠すため、理解するにはそれを一周する必要がある。これは、詩人（表現、言い回し、隠喩を考案する場合には日常的な話者も）が感覚的なものに由来する特性を言説に導入するという指標である。そこには次の新たな指標が加わる。この言説は不透明で、見通しにくく、世界のように危険なものとなるだけではなく、われわれの身体に作用するのだ！　言語を他のすべての記号体系から根本的に区別する恣意性という大きな特性は、まさしく形象が言説に対して非難するものである。語はこの特性によって、色彩がそうするであろうように態度、姿勢、リズムといったものの素描をわれわれの身体に導き入れる。言説的空間が造形的空間のように扱われ、語は感覚的事物のように扱われることの新たな証拠である。現象学は、この確信の根拠となる証拠には事欠かないと語る。[4] わたしは単にその例証のひとつを、ただし実に本質的であるためほとんど普遍的な機能を持った例証を提供するつもりである。

いくつかの隠喩――それらの身振りはどこにあるのか

デュ・マルセによれば「隠喩とはいわば、ある名詞本来の意義を、精神内にある比喩の力によってのみそれに適合する別の意義へと移す文彩《フィギュール》である（…）。単に「これは獅子である」と述べる場合、比喩は精神内にあるだけで語句にはない。これは隠喩である」[5]。したがって隠喩は、表意されない比喩である。この非－意義はすでにそれ自体で、曖昧さのないコミュニケーションという規則の違反である。しかしそれはまた、慣用がそれを課している場合には、経済原理に帰することもできる。ただし生まれつつある状態の隠喩は、まさしく慣用によって許されていない[6]。シュルレアリスムが言っていたことを思いだそう。「わたしにとって

（4）わたしが「現象学」と言うのは、Jean-Paul Sartre, L'écrivain et la langue, *Revue d'esthétique*, 3-4（1965）; Maurice Merleau-Ponty, Le langage indirect, *La Prose du monde*, Paris, Gallimard, 1969 ; Mikel Dufrenne, *Le Poétique*, Paris, P.U.F., 1963 ; A priori et philosophie de la nature, *Quaderni della biblioteca filosofica di Torino*, n°21, Turin, 1967 ; *Esthétique et philosophie*, Paris, Klincksieck, 1967 の分析の一致ゆえである。

（5）*Traité des Tropes*（1730）, partie II, article 10.

（6）この点では、唯一適切な基準は雄弁ではなく、語る主体による慣用の改変である。その意図せざる証拠は、比喩的な構文を位置づけようとするこの文法学者の困惑のうちにある。彼によれば、比喩的な構文が「そのように語られるのは、実際それが文彩《フィギュール》を用い、文法的な構文にはない形式を用いるからである。実のところそれは慣用によって許されているが、最も規則にかなった話し方に、つまり問題となったばかりの直接的で文法的な構文に合致していない。それゆえこの構文によって定められた秩序が改変されるとき、構文は比喩的（*figuré*）あるいはもっと適切には間接的、変則的と言われる。ところでこの構文は、〈省略〉や〈冗語法〉や〈シレプシス〉、あるいは〈倒置〉によって変則的となる可能性がある。これは、言葉の四つの文彩と呼ばれるものである（Charles-Pierre Girault-Duvivier, *Grammaire des grammaires* ou *analyse raisonnée des meilleurs traités sur la langue française, op. cit.*, t. 2, p. 1035）。T・トドロフ（*Littérature et signification, op. cit.*, Appendices）はまさに、規範への準拠は幻想的であることを指摘している。規範文法の規範は慣用ではなく、規則的なもの、直接的なもの、正しいもの等々、いずれも文彩である、等々。だが他方で、慣用的な文彩を違反的な文彩と対置しても、

最も強力な（比喩《イマージュ》）は、最も高度な恣意性の度合いを示す比喩である、わたしはこのことを隠さない。明白な矛盾の莫大な含有量を秘めながらも、実践的言語に翻訳すべく最も時間をかけられる像（…）[7]。ロートレアモンの「シャンパーニュのルビー」は、この像の最初の形式を例証している。隠喩は硬い、赤い、重い、無臭という石の特性を、ブロンド色で、ガスで白濁した、美味な液体に移している。これらの語は物理的状態（個体／炭酸ガス入りの液体）についても、空間における方向についても（石の落下／栓の跳躍）、嗅覚と味覚についても（0／+）対極にあり、さらには色彩と色価についても隔たっている（鮮やかな赤／灰白色のブロンド色）。とはいえひとが赤ワインの「ルビー」について語るのは、その透明さ、その明快さ、その鮮やかさを示すためであることを知っていなければならない。矛盾する二つの辞項の関係づけは、この共通の領域を通じて行われる。アンドレ・ブルトンによれば、「精神は狼狽させられ」、「過ちを犯す」[8]。これはつまり、「ブルゴーニュのルビー」という凝固した連辞の形式は、それぞれが指示する対象が感性において矛盾する辞項をまとめるのに用いられているということである。パロールの習慣の惰性のおかげで、ある対象と別の対象が両者の相違にもかかわらず関係づけられる。言説は、そこから謎めいた厚みを得る。シニフィアンが前に来て、みずからの「シニフィエ」ではなく、その幕の向こうにとどめられた意味である何かを隠しているように見えるのだ[9]。

　別の種類の〔ロベール・デスノスの〕強力な比喩。「ローズ・セラヴィの眠りのなかに、夜、井戸から出て彼女のパンを食べにくる小人がいる」。A・ブルトンはこれを特徴づけるために、「それは自己自身のなかから、取るに足らない形式的な正当化を引き出す」と書いている[10]。この比喩は、夢の武器のひとつである小人－井戸（nain-puits）／パン－夜（pain-nuit）という語音転換《コントルペートリ》を土台としている。ここで有意味なものを演じている感覚は、語の音声的実体そのものの感覚である。子音の置換、非言語的空間において行われる操作が、それにもかかわらず意味を生み出すのである。最初のものとはキアスムの関係、鏡、反射の関係にあるシニフィアンの連続は、最初のシニフィエの重複、裏返ったコピーを生むどころか、新たな意味を露わにする。子供の顔を逆にして鏡の前に置くと、そこに犬の顔が現れるように。これは逆になった顔に生じる別の顔を待ち構えるという、子供たちや恋人たちのよく知られた遊びである。分身は同じものでも逆のものでもなく、他のものである。その内部で言語に属するもの、それはシニフィアンを決定する諸制約である。子音の変換

詩的言語を日常言語から区別することが可能になるわけではない。わたしは後で別の基準を提案するつもりである。——伝承によれば、レトリックの出発点はケオスのシモニデスの次の言葉にあるとされる。「詩とは言葉による絵画である」。絵画、詩、レトリックは、ピュタゴラス－プラトン主義的国家が決別すると称した文彩が露出する場である。実際、レトリックと哲学はともに、アレーテイアの言葉の断絶によって生み出された断片的言説の世界に属している。それにもかかわらず、プラトン主義は文彩に誘惑の機能を、つまり主体を自己自身から分離し、敵対する場所の内部に味方を作る機能を割り当てる。文彩の戦略が存在するのだが、それはもちろん、それが力の術策、欲望だからである。

（7） A. Breton, *Les manifestes du surréalisme*, suivis de *Prolégomènes à un troisième manifeste du surréalisme ou non*, Paris, Sagittaire, 1946, p. 63.

（8） *Ibid.*, p. 65.

（9） 連辞が「ブルゴーニュのルビー」以上に常用されているだけに、さらに顕著な同じ手続きが『溶ける魚』に見られる。「わたしがソランジュと知り合ったとき、わたしは褐色の髪をしていた。誰もがわたしの視線の完璧な楕円形を褒めそやした」（*Poésie et autre*, Paris, Club du meilleur livre, 1960, p. 60）。F・アルキエは、単なる移動によってこのような効果がいかにして得られるかを定義の一覧で示している（*Philosophie du surréalisme*, Paris, Flammarion, p. 137-138）。

（10） *Manifeste du surréalisme*, *op. cit.*, p. 63.

は、それが原則においていかに超言語的であったとしても、やはり表意単位（語や記号素）を生み出さなければならないのである。アンドレ・ブルトンは、『文学』[11]誌においてマルセル・デュシャンの言葉遊びについてこう記している。言葉遊びが存在すべきだとしたら、厳格さ、「数学的厳格さ（語内部での文字の移動、二つの語の音節の交換など）」が規則になる、と。ラングの諸法則を尊重したこの指摘が、反転した同音異義による異義性の獲得を明確にしている。つまり言語内的「対応関係」が存在する。しかしメルロ＝ポンティのある分析によれば、諸要素の、ここでは子音の置換は感覚性に属するものであり、知覚の経験から直線的に到来する。ラングは半諧音を偶然的とみなし、あらゆる理性的話者に意義のためこれを無視するよう強いる。しかし置換は半諧音に従い、よって言語にその感覚的負荷の考慮を持ち込むだけではない。置換はそのキアスム自体において、感覚的なものを構成する形象、形象を構成する形象を反復する。実際『見えるものと見えないもの』の哲学者は、領野の奥行きは反転、置換の力能にあると述べている。

これによってわれわれは、別のシュルレアリスト的比喩《イマージュ》へと導かれる。ブルトンがわれわれに教えるところによれば、その力は「幻覚的次元に属する」。「橋の上で、雌猫の顔をした露が揺れていた」[12]。われわれはここで、現象学的解釈の極限に触れる。幻覚とともに、われわれは感覚的なものの彼方へと赴く。キアスムは幻想を説明するわけではない。知ったかぶりをして、この比喩に――誰もが気づくように、これはスフィンクスである――曙光のように若く、赤ん坊を揺するように忍耐強く、川を渡り言葉を侵犯しようとする人々を貪る猫のような動物を結びつけても無駄である。まず統辞法的不変項の（実にシュルレアリスト的な）尊重、しかし文脈では語彙的葛藤があるのだが、これは非言語的な変動、この現象学者に言わせれば感覚的可動性を原理とした変動によるものである。それゆえ、言語的空間と知覚的経験の空間との結合がある。

形容辞に割り当てられた場所へその形態がいまだに形容詞的語源を表す実詞（chatte）を挿入することで、「雌猫は揺れていた」（la chatte se berçait）は「雌猫（…）露は揺れていた」（la rosée（…）chatte se berçait）へと変容する。ここではまだ、比喩はなおも先行する比喩と異なっていない。先行する比喩と同様、この像《イマージュ》も不正な可動性を言語的秩序に導入することで生じるのである。

だがそれはいかなる違反なのか。ブルトンの用心がそれを示唆している。白日夢を見る者は想像上の表象のうちに最初の布置を見出したと信じたが、この布置は実際、白日夢を見る者の無意識の論理にとって本質的なのかもしれない。一瞥の代償として貪られることを決意した窃視者の視線を魅了する、若い女性的な視線の布置。見ること－見られることの幻想は、その禁忌の次元とともに、橋を渡ることに怪物が課す脅威によって表象される。この幻想はまさに、この隠喩の諸要素が砕け、現実性を失い、再整理される母胎であるように思われる。これに加えて、隠喩の力は間違いなくそれが詩人の私的な幻想体系を超過するという点にある。詩人はこの体系を逆転させ、隠喩の隠喩として与える。それが表象する橋は隠喩が言葉のなかに架ける橋であり、橋を渡る者を魅惑し待ち構える若さはねじ曲げられた言語に約束された夜明けであり、視線の

（11） A. Breton, Les mots sans rides, *Poisson soluble*（= *Les pas perdus*, Paris, Gallimard, 1924, p. 170）。以下が言葉遊びのひとつである。「教区の安逸によそおわれた壁は／報復の重荷とすげかえの棒をもつ／春の聖別式、耳の垢／日ごと淑女はいざこざの種を探す／デイリィ・メイルとともに〔針生一郎訳〕（Paroi parée de paresse de paroisse / A charge de revanche et à verge de rechange / Sacre de printemps, crasse de tympan / Daily lady cherche démêlés / avec Daily Mail）»」（Hans Richter, *Dada — art et anti-art*, Bruxelles, Edit. La Connaissance, 1965, p. 157 に引用）。

（12） *Manifestes du surréalisme, op. cit.* p. 63-64.

混交は言葉の交合を表象し、死の可能性は言葉の侵犯が冒す危険を表象する。だがこれはしばらく放っておこう[13]。いずれにせよ、違反は一次過程から生じる。それは感覚的空間を懐胎する身振りには何も負っておらず、すべてを欲望の可動性に負っている。比喩《イマージュ》の秘密は空間の経験にあるのではなく、比喩は無意識的母胎の産物である。この母胎は、（表現の過程そのものの表象と同時に）あらゆる経験の手前にある。言語の諸項の不変的空間のうちに諸要素の新たな配置を築き、埋もれていた意味をそこで掘り出すのは主体ではない。これらの比喩は贈り物として受け取られたが、それらの「作者」は「不在[14]」であった。比喩は、身体と物の共同本性性と同一視しうるような言葉との一種の共同本性性から生まれるのではない。そのような共同本性性は二次的であり、ある異他性を覆い、飼い慣らしにやってくる。この異他性は、なるほど「自然な」ものより説明しやすいわけではない。だがそれとは異なり、われわれを言葉と物と協調させるのではなく、われわれの行動を妨げる。

現象学と共同本性性

おそらく諸々の表現の哲学の核を構成しているのは、この協調（entente）という主題である。詩的に扱われた言葉は、われわれを物と調和させる力を秘めている。これは、言語はその基底において世界や身体のごときものであることを意味する。身体のごときものであるのは、それによってわれわれは意味との前反省的な関係に入るからである。前反省的な関係は、身体がわれわれをリズム、色、線へと結びつける関係に類似する。世界のごときものであるのは、言語は表意的な所与を現実化する能動的な操作者であるだけでなく、この所与の場でもあるからである。詩的活動は、構造主義言語学が記述する言行為とは異なり、この場を話者が選択する可能性の体系として把握するのではなく、語や語の連鎖が生起し認められる地平として把握する。これらの出来事を通じて、詩人の意図にではなくシニフィアンと感覚の適合に帰属する何かが語られる。ミケル・デュフレンヌはこう書いている。「語はそれが指示するものにわれわれを調和させるとき、語が鳴り響くことでわれわれが対象に反響するようにわれわれを反響させるとき、対象を特定の様相によって精確に認識する以前にさえ、対象が最初の出会いの依然として両義的な充溢のなかでわれわれに姿を見せるときからすでに表現力に富んでいる[15]」。

（13）「橋を渡ると、幽霊たちが彼を出迎えに来た」。『ノスフェラトゥ』におけるムルナウのこの字幕は、シュルレアリストのグループに際立った影響を与えた。Cf. P. Ajame, Les yeux fertiles, *Europe*, n°475-476, sur le surréalisme (novembre-décembre 1968), p. 143 ; F. Alquié, *op. cit.* 橋は *Signe ascendant*, Paris, Gallimard, 1968, p. 10 への序文において隠喩の本質として提示されている。

（14）これは、フロイトが機知について述べA・エーレンツヴァイクが強調していることである。Y・ベラヴァル（Poésie et psychanalyse, *Cahiers de l'association internationale des études françaises*, 7, juin 1955）がシュルレアリスト的自発性に対して行っている非難は、夢と詩、症状と作品との隔たりの問題を提起している。著者は、残念ながらこの問題を自我の先入観との関連で解決する誘惑に駆られているように思われる。「ランボーのテクストの教えを見失って「わたしは一個の他者である」と繰り返すことは危険である。なぜならわたしは他者の草稿を抹消し続けるからである」(p. 22)。ブルトンはおそらくより的確に、抹消は他者の行いであり、筆が戦う相手そして筆が線を引いて消すべき相手とは、すっかり引かれた痕跡、自我のエクリチュールであると考えていたであろう。なるほど、野放しにされた想像力の「模倣本能」も確かに存在する。これは、無媒介的な幻想体系の意味のない繰り言である。だが現実原理に降伏しても繰り言は克服されるわけではなく、第二のエクリチュールで抑圧されるのである。

（15）*Le poétique*, *op. cit.*, p. 31.

かくして表現は、指示されたものの言説への内在性として定義される[16]。言語を情報の機能から逸脱させその量塊性を暴露するのが、この内在性である。表現、「それはまたシニフィアンが有する、シニフィエを世界の諸次元へと拡大する力でもある。喚起されたものがまるで背景をも含む形式であるかのように[17]」。言語はひとつの自然を有し、その背景から浮き上がる可視的な形象のごとく奥行きの効果を生み出す。隠喩はいわばそのモデルであること、隠喩はシニフィアンをファサードあるいは舞台として構成し意味を後景へと投げ返すことがわかる。こうした奥行きの効果は何に起因するのか。言説によって身体に引き起こされた反響に、である。言説は、同時にいくつもの感覚的領野を呼び覚ます。共感覚、交感は、身体特有のかさばりを言語において再活性化するのだ[18]。だがデュフレンヌによれば、何より語を統辞法的な結合剤から解放し、われわれを世界へと結びつける空間においてその多義性を響き渡らせる際に再発見される、語そのもののかさばりが存在する[19]。表現は言語のなかの自然であり、「自然としての言語観は（…）〈自然〉の言語という観念へと（…）導く[20]」。言語−自然から〈自然〉−言語へという、危険なキアスム。しかしこれはすでに、語が文の位置に置かれないという条件で、喚起力《フォルス》、比喩の力能《ピュイサンス》を語そのものに帰属させるという決心から帰結している。もし「日」、「海」という語（あるいは「自然」という語）がそれ自体でわたしを存在との何らかの根本的関係へと召喚し、招待する（これらはミケル・デュフレンヌの語彙で多用される慣用語である）機能を持っているなら、語においてわたしに呼びかけているのは存在でなければならない（わたしはむしろ、そのとき語の力はその脱統辞法化から生じると考えるが）。それゆえ自然の言語と言語的自然とのあいだには、一種のキアスムと同時に一種の連続性を想定しなければならない。自然はすでに「語る」、「像《イマージュ》＝比喩の母」であり、人間のうちで想像するわけである[21]。〈自然〉のうちにはすでに開放性が、よって潜勢態における表現が存在する。あらゆる言語のア・プリオリ的条件としての隔たりの設定は、デュフレンヌによれば時間的超越である。それは主体によって構成されるのではなく主体がそれに遭遇するのであり、概念の可能性や言語としてのいかなる概念よりも先に主体に与えられる。〈対自〉の時間化ではないこの基底の時間が[22]、現れを可能にするものである。「時間性（…）、それは瞬視の、Augenblick の光が戯れうる場所である、時間的存在における自己に対するこの距離、この後退、この空地である[23]」。自然は、感覚的秩序のうちには見ることのための場所が確保されているという意味で、像によって語る。詩はこの原初的な見ることを、言語のうちに視覚的準現前の力を解き放つことで引き継ぐ。この力は、厳密なコミュニケーションの慣用によって覆い隠され、日陰に追いやられていたものである。詩は語る人間以前に存在する表現性を継承する。詩は

（16） デュフレンヌはさらにこう書いている。「表現、それは記号がわれわれのうちに対象が引き起こす感情と類似の感情を呼び覚ます際の、シニフィアンにおけるシニフィエのいわば感覚的現前である」（*ibid.*, p. 72）。ここでシニフィエは、先の引用が示すように、また意義ではなく対象が引き起こす感情への言及が示すように、指示されたものの位置にある。
（17） *Ibid.*, p. 72.
（18） *Ibid.*, p. 29.
（19） *Ibid.*, p. 30. M・デュフレンヌはこの点について、Empson, *Seven types of ambiguity* および *The complex word* を引用している。
（20） *Ibid.*, p. 33.
（21） *Ibid.*, p. 173.
（22） *Ibid.*, p. 155.
（23） *Ibid.*, p. 157.

この表現性を言語自体の内部、意義の迷路内で流れさせるゆえに、これを完成するのである。[24]

和解としての表現

明らかにシェリングを参照したこの連続性の形而上学が、どこで過ちを犯しているかがわかる。それが言語の自然の基底として援用している自然の言語は、言語ではないのだ。キアスムは、語るべきものではなく見るべきものを与える。時間的超越はひとつの世界を与えるのであって、意味場を与えるのではない。時間が概念で感覚的なものが言説的であるのは、ヘーゲルにおいてのみである。カントの場合、時間は感性の形式である。時間があらゆるア・プリオリのア・プリオリであり、このことが〈我思う〉(Ich denke) さえ貫き覆い隠しているとしたら、それはまさしく時間が言語、悟性ではなく見ることと語ること、感性と悟性に共通する普遍的条件だからである。ただしこの普遍的条件は、一方の形式と他方の範疇とのあいだに越えられない断絶がつねに存在することをいささかも妨げない。範疇と形式が「共通の根」を有するとしても、カントが言うようにこの根はわれわれにとっては未知のままである。言語は自然の喪失とともにはじまる。悟性と感性のあいだの紐帯は、目的論を再導入するのでもない限り、直接的なものではない。芸術は、間違いなくそうした紐帯のひとつである。芸術は語るべきものを与え、その生起のために語る誰かを前提する。芸術自体は、厳密な意味では語らない。[25] しかし芸術が試みる紐帯はつねに脅かされており、批判的、間接的、構築されたものである。これほど不自然なものはないのだ。

ここに決定的な点がある。詩と世界の共同本性性のテーゼは必然的に、和解の力を特権視し反転の批判力を無視した詩の観念に依拠している。表現の哲学は、詩的作業として主にひとつの「状態」[26] を導出しうる手続きの活用を取り上げる。メロディーやダンスとの度重なる比較が示すように、この状態は穏やかさとして思考され、穏やかに思考される。「ここで、想像力の静かで慎ましい体制について考えなければならない（…）。従順かつ慎ましい想像力、知覚されたものの注意深い説明のみであろうとする想像力。無分別な激しさから身を守る想像力」[27]。バシュラールの対立によれば、夢ではなく夢想の状態。このような穏やかさは解読するのが容易である。それは現実原理の調整機能が一次過程の暴力にもたらした気質であり、和解の条件となる気質である。詩作品に勧められる唯一の「主題」は、世界である。狭間世界の暴力はそこから追い出されるであろう。この同じ事実によって、一次過程を模して作られた技術も排除される。そうした技術はメロディー、韻律法に害を与え、再認可能な音楽に挑んで穏やかな夢想を妨げ、許可された幻想体系を狼狽させ、和解を遅らせてしまうであろう。なるほど詩はつねに身体へと訴えかけるが、それはどの身体に対してか。あやされ、愛撫され、誘惑され、「正しい対象」を所持するあるいは所持していると信じ、その「正しい形式」を確信している身体に対してのみであろうか。それとも「悪い対象」が存在することを許し、「悪い」形――それらは正しいものより真でないわけではない――に没頭することができ、不調和、グリッサン

（24）表現という主題は、*La phénoménologie de l'expérience esthétique*, Paris, P.U.F., 1953 において中心的なものとなっている。cf. I. p. 173-184（言語における意義と表現）, p. 234-243（表現と世界）, p. 397-409（表現から感情へ）, II. p. 473-480（意義と表現）, p. 631-644（表現と真理）.

（25）M・デュフレンヌはこのことに同意している。« L'art est-il langage ? »（1966）, *Esthétique et philosophie, op. cit.*, p. 73-112.

（26）M. Dufrenne, *Le poétique, op. cit.*, chap. VI ; 特に p. 80 を参照。

（27）*Ibid.*, p. 82.

ド、衝撃に耳を傾け、そこに意味を聞き取り、色彩の乱れ、色価の「抽象」、支離滅裂な描線に眼を向け、そこに意味を見出すことができる身体に対してもか。穏やかさなしに非和解に立ち向かうことのできるような身体。

これは趣味に属する事柄ではない。これは決定的な問題である。これは「芸術」の問題ですらない。これは作品の批判的機能の問題である。この問題を、もうひとつの側面から取り上げてみよう。そうすることで、「共同本性性」に対する立場がいかなる反響をもたらすかを感じることができるであろう。もうひとつの側面とは、政治である。たとえば一方でアラゴンは、帝国主義戦争のただなかで韻への回帰を正当化している。なぜなら「それは事物を歌に結びつけ、事物が歌うようにする鎖の環」だからである。「事物に歌わせることとは、人間がかつてなく深く辱められ、完全に貶められているこの時代ほど、人間にとって緊急で高貴な使命となったことはないかもしれない（…）。常軌を逸した韻が、再び唯一の理性となるこの時には(28)」。また他方でバンジャマン・ペレは『詩人たちの不名誉』のなかで、ナチ占領期にパリで出版され『詩人たちの名誉』という題でまとめられた非合法の詩——そのなかにはまさしく『断腸詩集』のいくつかの詩が含まれていた——に関し、アラゴンの「歌」を次の言葉で遠慮なく風刺している。「スターリンのアーメンと香炉に慣れたアラゴンは、しかしながら先行する者たち（ロワ・マッソン、ピエール・エマニュエル）ほどうまく神と祖国とを結びつけることはできなかった。彼は、あえて言うなら神をかろうじて再発見しただけであり、フランスのラジオの決まり文句「レヴィタンの署名入りの家具は長期保証です」の作者を羨望で青ざめさせるテクストを得ただけである」。ペレは「ついでに、これらの「詩」の大部分には連禱的形式が現れるが、それはおそらく詩の観念とそれが含意する嘆きの観念、および不幸への倒錯的嗜好ゆえである」と指摘する。

「キリスト教の連禱は、天上の至福に値するよう不幸を称揚する傾向があるのだ」[29]。これは、あまりにも素朴な反教権主義的批判となっている。むしろ彼は、アラゴンにおいて以下の二つを深層で結びつけている体系の分析に専念すべきであった。すなわち一方における韻とメロディーへの退行（この退行は、発音への排他的従属による韻の完全な刷新という外見で下手に仮装している）と、他方における彼のイデオロギー的帰属が帝国主義戦争のうちに知覚し行動すべく促したものである。とはいえこれは誠実な批判であり、適合の詩学に対して非難すべき事柄に熱っぽく言及している。適合の詩学は許可された穏やかな幻想体系を奨励することで、権力の術策に道を開くのである。夢想もまた、まどろみの番人なのだ。

この点を強調しなければならなかった。それによってわれわれは、形象の定立における本質的なおとりの存在を暴露することができる。何かが意義の秩序を脱構築しそこに意味を生起させることが明白であるときでさえ、この何かを特定することは容易ではない。なぜならそれは、変装したままで現出することに固執するからである。現象学者デュフレンヌが詩的無秩序のうちに見出すもの、それは言語内への自然の侵入であり、せいぜい言語の見えるもの－見えないものとしての構成ぐらいである。彼は、見えるものが物の裏面とは別の見えないものを隠していること、それらの形象は「感覚的なものの寛大さと好意」[30]の果実ではないこと、われわれのために形象の饗宴を準備したのはアポロンではないことを理解していない。だがこの哲学者の誤りはこれで半分に過ぎない。夜の抑圧されたディオニュソスは、現れる際に光の仮面をかぶるのだ。

（28） La rime en 1940, *Le crève-cœur*, Paris, Gallimard, 1941, p. 66.
（29） Le déshonneur des poètes（février 1945）, republié in *Socialisme ou barbarie*, V.（décembre 1959-février 1960）, p. 29.
（30） これがM・デュフレンヌの『詩学』の最後の言葉である。

判じ物（loquitur）

形象と言説との連関は、それゆえ形象－像（あるいは指示されたもの）の軸上だけでは成立しない。しかしながらひとは、言語の形象〔文彩〕はシニフィエ上への指示されたものの折り返しから生じると言うであろう。それで満足するならば、ひとつの方法論、さらにはひとつの存在論を知らぬまま選択することとなろう。判じ物がどのように作動するかを分析することによって、この連関の複雑さについてより正しい見解が得られるであろう。夢に似て、判じ物はテクスト的空間に強力な転覆の諸形式を押しつける。それは同時に（夢の形象は夢見る者の物語のうちで表意されたものとして復元されるだけであるのに対し）その作品を指示に示し、その解答であるテクストに対する諸操作を担わせるという二重の利点をもたらす。二次加工と碑文について素描した形象－テクスト関係の一覧表は、判じ物の素材によって補足される。なぜならこの関係は、碑文におけるようにテクストと像の空間的連続性の制約によって、つまり二次過程に適合した加工の制約によって制限されていないため、ここではるかに多数だからである。この点について、わたしが行う分析は確かに不完全である。その役目は、ここではまずわれわれが引き出した三つのグループの範疇を検証することにある。すなわち言語の範疇（シニフィアン、シニフィエ、指示されたもの）、形象の範疇（像、形式、母胎）、そして一次過程によるこれら二つの空間の転覆の範疇である。これにより、さらに夢から詩に至る道を示すことが可能になるはずである。(31) これらの概念のグループは、超－反省の基礎的なネットワークを構成することになるだろう。

フロイトはわれわれに、その対象から分離されたものとしての言説の確立、あるいは言説によって指示され、放棄されたものとしての対象の確立が、否定（Verneinung）すなわち話者と話者が語る対象との隔たりを必要とすることを教えた。逆に無意識は、実定性の言語のうちで絶えざる肯定（Bejahung）を通じてのみ表現可能であると想定される。肯定は対象と主体を、また物と物を同一視する傾向を持つ。これを言語の前に位置するような原始的な肯定としてではなく二次的な肯定、つまり言語が露わにしたものを再び覆い、言語が分離したものを再び集め、言語が区別したものを同一視する再肯定（réaffirmation）として理解する

（31）　判じ物の素材が、ここでのわれわれの資料体の一部となっていることを強調しなければならない。十九世紀末に謎の碑文と判じ物を楽しんでいた読者はオーストリア人だけでなく、ヨーロッパ人であった。「判じ物は（ラブレーを苛立たせるほど）著しい流行を見せた後、十九世紀末と二十世紀初頭に開化した。アシェット年鑑は、すべてが判じ物からなる『ルールタビーユ』の版を連載で出版した。わたしは、へこみにかわいらしい判じ物を複写された皿のことをとてもよく覚えている。この皿は、両親にとっては貴重な助手であった。なぜならわたしは何も言われなくとも、バーミセリやタピオカの下にあるなぞなぞを有頂天で見つけ出すために、毎晩スープを急いで食べたからである。とはいえなぞなぞは、すでに何度も解読されたものだったが。一八四〇年から一八九〇年まで、さらにはその後も、定期的に判じ物を掲載しない新聞雑誌はまったくなかった。『ル・プチ・ジュルナル・プール・リール』、『ル・マガジン・デ・ドゥモワゼル』、『ル・マガジン・ピトレスク』、『イリュストラシオン』に判じ物が見られたし、ある年鑑の編集者は一八四四年にこう知らせている。「『イリュストラシオン』の判じ物は予約購読者たちにとって無上の喜びであり、このすぐれた新聞に二万五千以上の購読者をもたらした」」（Max Favalelli, *Rébus*, Paris, P. Horay, 1964, Présentation）。わたしはこの偶然の一致に後になってはじめて気づいた。当時の判じ物に対する大衆の情熱は、マラルメ、フロイト、セザンヌの前衛の探究に対応していたように思われる。あちこちに、言語的、造形的空間の脱構築の戯れが見られる。それぞれにおいて制度化された秩序、エクリチュールの動揺が見られる。ファヴァレリが記述している状況については、読者に判断を委ねよう。両親によって子供となぞなぞのあいだに置かれたスープ、発見の反復等々。

ならば、最深部の諸範疇の転覆を引き起こす言語連関の脱構築こそが肯定の作業となる。この作業は、否定が無化されず「止揚され」ることもないよう、すなわち弁証法的反復のうちで廃止されると同時に保存されることもないよう求める。再（re-）という接頭辞が生み出す回帰の効果を注意して観察するならば、この作業はまさに退行的と呼びうる。この接頭辞は、そこに回帰することはそこに赴くことと同じではないことを明確に示している。なぜなら両者のあいだで目覚めること、これがまさしく否定だからである。フロイトの言葉に耳を傾けよう。「きわめて驚くべきは、夢が対立と矛盾の範疇に対して振る舞う仕方である。矛盾はまったくもって無視され、「〈否〉」は夢にとっては存在しないかのように見える。夢は対立するものを単一にまとめることに、あるいはそれらをただひとつの対象のうちで表象することに特別な愛着を覚える[32]」。「[夢は]論理的関係を同時性の形で再現する。夢はこのような形式で振る舞う。この点で夢は、ある部屋にも山の頂上にも決して一緒にいたことはないが、反省的に考察すればひとつの共同体を形成する哲学者や詩人たちを「アテネの広間」や「パルナソス山」の絵にまとめる画家のように振る舞う[33]」。「一般的に何らかの夢の要素の解釈が問題になるとき、以下のように疑うことができる。

(a) それは肯定的な意味それとも否定的な意味でとらえられるべきか（対立関係）。
(b) それを歴史的に（残存記憶として）解釈するのが適切か。
(c) あるいは象徴的にか。
(d) あるいはそれを利用するには、言葉の音声を起点とすべきか[34]」。

「夢形成の機制は、諸々の論理的関係のうちひとつにのみ最大限に役立つ。それは類似、一致、接触の関係であり、他の何よりも夢においてあらゆる種類の手段によって（再）現前化されうる「……と同様に」である」[35]。

それゆえ夢の「物語」は、翻訳できないかもしれないが少なくとも原理的にはわれわれの物語に翻訳可能であり続けるような、分節言語のうちで述べられる厳密な意味での物語ではない。フロイトは夢作業の表象について、「それは古代に書記《スクリーブ》たちがヒエログリフで読者たちに与えた以上の困難を翻訳者に（dem Uebersetzer）与えるわけではない」[36]とあえて述べている。翻訳者という語を根拠に解釈と翻訳を同一視すれば、フロイトのユーモアに鈍感になってしまうだろう。フロイト自身、同じ文章に彼が強調する次の関係節を挿入することで、われわれがそうするのを予防している。「夢作業の表象は、しかしながら理解されようなどとは意図しない（die ja nicht beabsichtigt verstanden zu werden）」[37]。その固有の困難によってすでに十分に重々しいヒエログリフは、それに加えそれを操りつつも理解されることを欲しない書記によって過負荷をかけられる。その結果、書記は自己の記号をその宛先から逸らし、コミュニケーションの関心とはまったく別の関心によって記号を組み合わせると予想される。

ヒエログリフとの比較は、すでに第六章冒頭の「夢作業」にも見られる。そこではヒエログリフが改めて

（32） *Traumdeutung*, G.W., II/III, S. 323, tr. fr., p. 274.
（33） *Ibid.*, S. 319 ; p. 271.
（34） *Ibid.*, S. 346 ; p. 293.
（35） *Ibid.*, S. 324 ; p. 275.
（36） *Ibid.*, S. 346–347 ; p. 293.
（37） *Ibid.*, S. 346 ; p. 293.

翻訳の主題と交差している。用語のためらいを通じて、フロイトは自分がもくろんでいるものを余すところなく示すことに成功している。ヒエログリフは判じ物に席を譲り、またこれと並行して翻訳は転記に席を譲っている。「夢思想と夢内容は、われわれの前ではある同一内容を二つの異なる言語で表現したものである、あるいはもっとうまく言えば、夢内容は夢思想の別種の表現への転記《トランスクリプシオン》（Uebertragung）としてわれわれに現れる。われわれは、原文と翻訳（Uebersetzung）の比較を通じてその記号と構文の法則を学ばなければならない。夢思想は、われわれがそれを知るやいなや、ただそれだけでわれわれにとっては理解可能である。夢内容は象形文字（Bilderschrift）として与えられ、その記号はひとつずつ夢思想の言語に転記（übertragen）すべきものである。もしこうした記号をその記号関係（Zeichenbeziehung）によってでなく像としての価値〔Bilderwert〕通りに読み取ろうとすれば、明らかに誤謬へと導かれてしまうであろう。わたしの眼の前に判じ物（Bilderrätsel）がある。家があり、その屋根には船が、次いでひとつの文字が、次いで走っている人物が見え、その頭はアポストロフィーで置き換えられている、等々。わたしはそのような構図や、それを構成する諸要素がばかげていると明言するような批判的態度をとることもできるだろう。船が家の屋根の上に来るはずはなく、頭のない人間は走ることができない。しかもこの人間は家よりも大きく、全体がひとつの風景を表現しているつもりならば、本物の自然には見られないばらばらの文字は不適当である。判じ物の正しい評価は、もちろんわたしが全体と部分に対してこの種の抗議の声を上げないところからはじめ、むしろそれぞれの像を、それを何らかの関係において表象しうる音節や語で置き換えるよう努力することでしか得られない。このようにまとめられた語はもはや意味を欠いておらず、この上なく美しい詩的な箴言やこの上なく豊かな意味を生み出すことができる。夢とはこのような判じ物である。その解釈の分野におけるわれわれの先駆者たちは、判じ物をあたかもデッサン画家の構図のように判断するという間違いを犯した。そのようなものとして、夢は彼らには非常識で価値のないものに思われたのである[38]」。

解釈は、それゆえ翻訳ではない。なぜならそれは像からシニフィアンへ、さらには像が置き換える弁別単位（フロイトにおいては音節）へとさかのぼるからである。フロイトの立場の鍵となる文章がここにある。「関係の性質がいかなるものであれ」(nach irgendsolche Beziehung)。夢内容と夢思想との関係は、あるラングで表現された言表やテクストと他のラングにおけるその翻訳との関係が少なくとも原理的または理想としてそうであるようには、恒常的関係ではない。また逆に、解釈と加工はつねに対称的であるため、加工は思想を内容へと「翻訳する」もの——この操作は言語の平面に完全に属するであろう——ではありえず、この平面を本拠としない表現手段の使用によって思想か内容のどちらかを「転記する」ものである。このような意味で、フロイトの考察はまず純然たる翻訳のモデルから別の「表現様式」への移行というモデルへ横滑りするのである。それゆえ彼は、ヒエログリフの比喩《コンパレゾン》で立ち止まる。次いで、この比喩が依然としてあまりにも窮屈に分節言語の圏域に限定されていることに不満を持ち、そこから新たに判じ物の例の方へとそれていく。この点に関する判じ物の特性は明らかに、分節がそこで想定され続けているものの、「上演されている」ことにある。かくして夢の加工の理論は、夢思想から異国の文字への翻訳から出発し、象形文字を生み出す転記を経由し、最後に定まった規則のない置き換え(Ersetzung)へと向かい、その結果が判じ物(Bilderrätsel)となる。ある段階から別の段階へと少しずつ書字《エクリ》の場から身を引き、また少し多くの場所を

（38） *Ibid.*, S. 283, 284.

形象的空間へと与えていくのである。

この「形象による謎」とは何か、判じ物とは何か。リトレは次のように例示している。

« pir　vent　venir
un　vien　d'un »

リトレによれば、これは「pir の下（sous）の un、vent の下の vient、venir の下の d'un を表し、「ため息はしばしば思い出に由来する（un soupir vient souvent d'un souvenir）」と説明される」[39]。ここには、フロイトが思い浮かべる判じ物におけるような形象が少しもないことに驚かれるかもしれない。フロイトが思い浮かべる判じ物の場合、像が言葉よりはるかに優勢であり、言葉は「謎」のうちに破片、音節、文字、句読点として現れるだけであった。しかしながらリトレが例として用いている文書も、まさに判じ物となっている。それは言語ではない何か、つまり六つの語が頁の平面上で相互に対して占める位置が解読され言語に移されることなしには、文書の狭義の意義を復元しえないからである。判じ物の考案者、「作業」を遂行した者は、連辞的連関からあらかじめ選び出された「sou-」という音節上で、頁の空間に形象化される地形の転記を言葉遊びによって行ったはずである。考案者は、よく言われるように「sou-」をうのみにした（prendre…au mot）のであり、これは事物を言葉としてとらえることを意味する。そして考案者は、この音節をそれが実際にフランス語において指示するもの、つまり垂直軸の従位によって置き換えた。その結果読者にとっては、「pir」と「un」を隔てる間隔は根本的に両義的なものとなる。というのも空間におけるその位置が、言説におけるその意義の代理となっているからである。もし言説における意義を復元しようとするなら、何よりまず「pir」と「un」の音節を空間に置かれた事物として扱い、後者が前者の下にあることを観察しなければならない。そして次に、観察されたことを述べる必要がある。「un」は「pir」の下にある（«un» est sous «pir»）と。これは、意味のある言表を構成するにはまだ不十分である。むしろ「pir」の下に「un」がある（il y a «un» sous «pir»）と述べれば、すぐさまこの形象を意味を備えた言連鎖に復帰させ、謎を解くこととなる。リトレの例がもたらしうる驚きは、彼の判じ物で用いられた空間はフロイトが思い浮かべる空間ではないことに由来する。後者は頁の平面に像自体によって直接的に開かれた空間であり、表象の広がりである。リトレのそれは形象化されたいかなる表象も許容せず、任意の対象、ここでは音節間に方向づけられた関係を決定する諸軸の暗黙の体系にしたがい、テクストを整序するだけである。いずれの場合にも同じ強さで強調されているのは、「物によって」（ラテン語 rebus〔物（res）の複数奪格形がフランス語の判じ物（rébus）の語源〕）語るということであり、シニフィアンの分節が感覚的なものの間隔設定と混合するということである。リトレは言う。「物による（in rebus）エクリチュール（…）、表したい事物を形象で表現するエクリチュール。いくつかの未開部族は、物によるエクリチュールを用いている」[40]。これは夢見るための好機である、と述べる好機である。なぜならこの未開性、モルガンとエンゲルスの同時代人である彼の純然たる想像は、まさしく今日でもなお夢と芸術を活用し、これらを「文明化された」言説から解放しているものだからである。それに、いかなる「物」も用いない語ることとはいかなるものか。しかしフロイトの判じ物においては、「物」は主として形象－像であり、リトレのそれにおいては、形象－形式にされたテクストそのものであり、

（39） Littré, *Dictionnaire de la langue française*, Paris, 1874, t. IV, art. «rébus».
（40） *Ibid.*

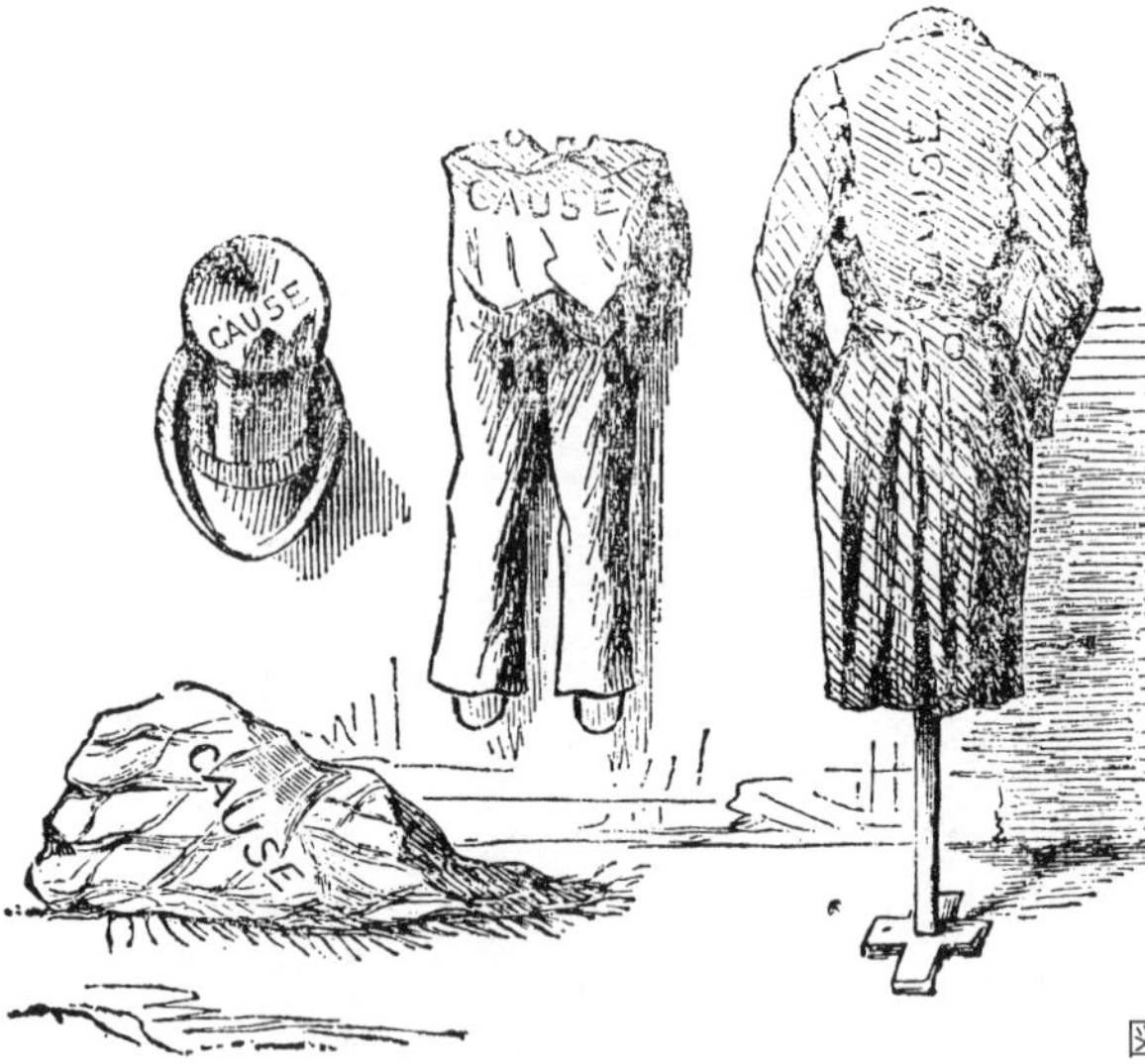

図16

地形的《トポグラフィック》間隔設定へと部分的に変えられたその植《ティポ》字的《グラフィック》間隔設定である。

判じ物は言説を加工する……

分析の場を拡大しよう。判じ物は、可視的な物に変装した言説である。よって判じ物は、この変装に必要なさまざまな「転記」の研究のための模範的な素材を提供してくれる。言説の場のひとつに置かれた要素を、他所から来た別の要素で置き換える操作の存在――その結果はつねに、言語的慣用に対する挑戦となる――が、容易に発見されるはずである。この挑戦がなされる手順[41]は、大別して二つの種類の作業に還元できる。言連鎖か、それとも造形的画面を対象としているかによってである。これらのグループのそれぞれにおいて、異なる操作をさらに区別することができる。われわれの範疇が役立つのはここである。

口頭の言説においては、まず言語学的に正しい諸操作に遭遇する。「原因（cause）のない結果〔effets には

「衣類」の意がある」はない」（図16）が解答となる六〇番の判じ物(42)では、テクストから像への移行を可能にする最初の操作は二重否定文を肯定文「すべての結果には原因がある」へと変換することであるのがわかる。この変換は言語学的に正しいように思われる。(43)ここで、それは判じ物の「思想」（その解答）からその顕在「内容」へと移行するために必要な操作のひとつである。肯定のための否定の消去は、フロイトが無意識的過程について語るものを明らかに連想させる。この過程は否定的なものを知らないのだ。だがここでは、この無知は言語学者にとっても受け入れられる操作によって進行する。

この同じ判じ物では、衣服によって結果つまり原因の帰結を表す同形異義語（effets）の使用はまた、言語学的秩序を比較的尊重したものと見なすことができる。二つの語はフランス語の語彙に存在し、両者は同じ発音と同じ綴りをしている。違反はシニフィエに関するものだけである。これは、違反が重大ではないということではない。しかし違反は言説のただひとつの水準に限定されており、音声と記号のシニフィアンは無傷のままである。(44)

---

(41) トポルによって集められ、マックス・ファヴァレリによって *Rébus, op. cit.* の表題で発表された判じ物が、よい資料体（八七個）となっている。
(42) *Rébus, op. cit.*, p. 60.
(43) 生成文法的方法では、二つの核文(1)「結果がある、原因がある」があることとなろう。これらは因果関係にしたがって組織されて(2)「すると結果がある、原因があれば」となり、否定の変換で(3)「すると結果はない、原因がなければ」となり、最終的な文(4)「原因のない結果はない」となるだろう。文(5)「すべての結果には原因がある」は、否定の変換の前に作られなければならない。この点については、Chomsky, *Syntactic Structures*, Mouton, The Hague-Paris, 1957, p. 22 ; Ruwet, *Introduction à la grammaire générative*, Paris, Plon, 1967, p. 96 を見よ。

図17

しかしながら判じ物の構成に最も頻出する違反は、断片を作りだし、それをもとに同音異義や同形異義を装うための音連鎖の再分割である。たとえば判じ物五三では(図17)、解答は「まいた種は刈らねばならない」(qui casse les verres les paie〔コップを壊す者は弁償しなければならない〕)であるが、分節は「コップ」(verres)を二つに分けるやり方で移されている。つまり「qui casse les V/erres les paie」であるが、こうして「les V = l'ève〔エヴァ〕」という偽の同音異義により、「erres《エール》」という断片をR《エール》という固有名詞にすることが可能となる[45]。ここでは、判じ物の作業は弁別単位が果たす弁別符号的機能とは逆に作用している。それは音声の対立を無視し、非常におおざっぱな同音異義を得るために、語の正規の分割をすっかり移動させることを躊躇しな

い。判じ物を作り出す作業はこのように進行し、意義の迅速なコミュニケーションを保証する特性を言語か

(44)『機知――その無意識との関係』において、フロイトは機知の技巧のあいだでは、「圧縮は他のすべての範疇が従属する範疇であり続ける」ことを示している（仏訳 *Le mot d'esprit et ses rapports avec l'inconscient*, Paris, Gallimard, 1969, p. 60）。ところで同音異義性は圧縮の特殊な事例であり、フロイトによれば理想的な事例でさえある。なぜなら言説の規則に抵触するようないかなる修正もせずに同じ音声素材を用いることで、二重の意味が見たところ加工する必要もなく、すでに通常の言語にも存在する証拠を提供するからである。機知の言葉は夢よりもはるかに前意識の支配に従っており、通常の言語に近い（フロイトが *ibid.*, p. 257 で述べているように、このようなわけで機知は移動の技巧にわずかな重要性しか与えないのである）。機知の言葉は、言説の規則を守るように見えるほどより良いものとなる。シュライエルマッハーの言葉「嫉妬とは、苦しみをもたらすものを熱心に探し求める情熱である（Eifersucht ist eine Leidenschaft, die mit Eifer sucht, was Leiden schafft）」は、この点で模範的である（*ibid.*, p. 49 でフロイトが引用）。

(45) 発音は /lev/ = /lɛv/ とされている！――シニフィエの平面で、判じ物が快原理に対していかなる機能を果たすかがここではっきりと理解される。弁償するのは壊した者ではない、のである！ 分割の技巧については、以下の詩句と比較せずにいることはむろん不可能である。「より迅速にとどめを刺す／ついばまれたミューズの魅惑者に／才気煥発アンリ・ベック／通りはアルカード一七番（Au charmeur des Muses becque-/té, plus prompt à l'estocade,/l'étincelant Henri Becque/rue, et, 17 de l'Arcade）。あるいは「私を死なせたくないなら／電報配達人よ急いでくれ／わが友モントーがいる場所へ／アレヴィー通り八番のはず（Si vous voulez que je ne meure,/porteurs de dépêche, allez vi-/te où mon ami Montaut demeure,/c'est, je crois, 8, rue Halévy）」（Mallarmé, *Œuvres complètes*, *op. cit.*, p. 83, 93）。あるいはどうしてもと言うなら、もしリトルネロに不寛容過ぎないならば、以下の詩句と。「愛について語ること、それは彼女について語ること彼女について語ること／それは音楽のすべて／禁じられた庭園でルノーはアルミードに惚れ／彼女は何も言わずにおかしな騎士を愛する（Parler d'amour, c'est parler d'elle et parler d'elle/C'est toute la musique et ce sont les jardins/Interdits où Renaud s'est épris d'Armide et l'/Aime sans en rien dire absurde paladin）」（Aragon, *Le crève-cœur*, *op. cit.*, p. 68）。

ら失わせる。つまり弁別単位と言連鎖におけるその配列の特定のおかげで、話し手が言うことを聞き手が即座に認知するという特性である(46)。その結果文は不透明となり、再認可能な意義とは別の意味が意義の背後に展開される。判じ物の解読者が（像から見かけのテクストへと続く道を踏破すると）まず遭遇し伝達可能な意義に転写しなければならないのは、この別の意味である。そうした転写が翻訳とどれほど異なっているかは、繰り返すまでもない。それはむしろ謎の解読である。その透視力は、通常の隔たりがどこに移動されたかを知覚し、それを正しい場所に戻すことにあるのだ。だがこの移動を司る規則は存在しない。その主要な目的性は、「未開の」同音異義の生産である。その上、判じ物が機知の言葉のように同形異義で満足することもある。同音異義は音声シニフィアン上の移動から生じる。同形異義はシニフィエ上の移動から生じる。

……そして造形的空間を加工する

判じ物の構成において次に来るのは、言連鎖上で得られた諸単位から選集の頁上に記載された形象への変換である。わたしはここで、三つの手続きを区別する。音声単位は、その記号による（*graphique*）等価物、文字、音節、語によって表すことができる。判じ物五三では、「qui」と「R」はこの種の形象である。これらは形象であろうか。これらは文字ないし文字群であり、形象について論じるのはばかげていると言われるかもしれない。というのも完璧に再認し読解しうる記号的シニフィアンは、形象的空間にはまったく属さないからである。また音素から文字へとわれわれを移行させる記号による等価物は、それ自体が言語的慣習である。これらの要素は記号的なものであり、そのようなものとして読まれるべきものであるというのは本当である。しかしそれらは、エクリチュールの記号《シーニュ》がそうされるべきであるように頁に組まれることはないというのも本当である。これらの要素は逆に、それらが組み込まれた表象の要件に従っている。すなわち「qui」は、エヴァを破壊する徒刑囚の体を形作っている。q の本体と尻尾を形作る描線は、単にフランス人読者に（シニフィエから出発した）シニフィアンの再認を引き起こすような仕方で頁に記入されているだけではない。矛盾した企てであるが、それは破壊者のシルエットを描くためにも記入されている。それでは、この描線はいかなる場に記入されているのか。それは、記号的空間と造形的空間に同時に記入されているのである。判じ物における文字や語の存在は、テクスト的なものと形象的なものを明瞭にするどころか、その混同を頂点にまで持っていく。語は音の移動によってすでに物として扱われているが、記号的形象化のうちでも再びそうされうるのだ。

第二の操作は、言連鎖を再分割することで得られる単位を、その指示されたものによって表象するというものである。判じ物一（図18）における鼻の絵がこれにあたる。その解答は、「ミツバチの群れ」（un《アン》 essaim《ネサン》 d'abeilles《ダベーユ》）である。意義の軸を指示の軸で置き換えることは、言語的性質の操作ではない。わたしは、ヘーゲルとわれわれの批判におけるこの点に関する議論を繰り返す必要はないと考える。言葉と物のあいだの距離は乗り越え不能である。言葉は事物のクラスを外延で示す普遍であり、物は感覚的所与である。物による言葉の表象は、外延で示された全事物からの「選択」を必要とする。「鼻」という語を、判じ物一がわれわれに差し出す絵によって表象する言語的理由は存在しない。逆に、帯で囲まれるべき鼻を正面から表現することを促す非言語的な動機、少なくとも造形的な動機はある。それゆえここでは、語彙的空間——そこでは

（46）移動のこのような使用は、機知の言葉から判じ物を第一に区別するものであり、判じ物を夢の方へと分類する。

「鼻」という語を、その定義を形成する他の諸語と規則的な仕方で交換することができる——が、造形的空間——そこでは輪郭線が鼻の存在を啓示する——の方へと移動している。この造形的空間に関して二つの指摘がある。鼻は認知されうること。描線が輪郭、肉づけを決定していること、よってこれは啓示線であり、形象性を抑圧する造形的「エクリチュール」であること。しかし他方では、鼻は眼が見ようと待ち受ける環境から分離されている。鼻が中心にあるはずの顔が欠けているのだ。鼻は、ここではまさしく形象的な操作によって移動されている。

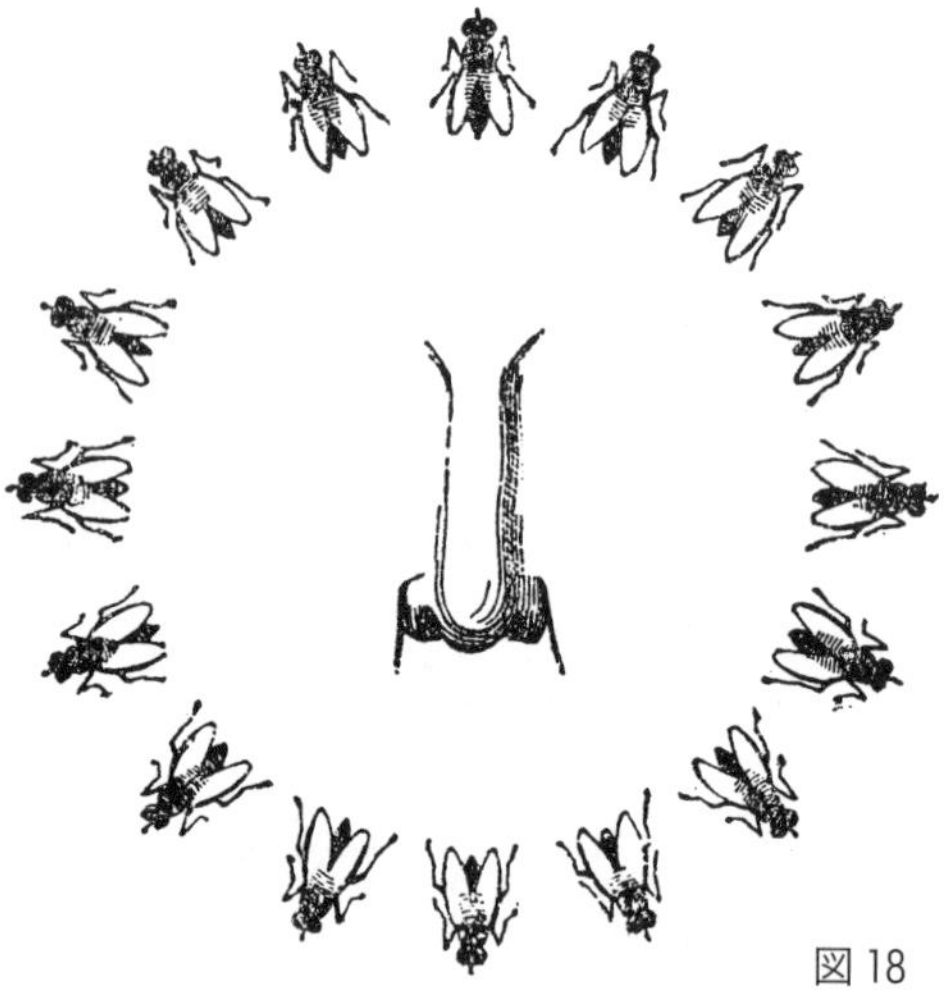
図 18

　この判じ物から離れることなく、音連鎖において再分割された諸単位の第三の種類の呈示を観察することができる。それはもはや形象‐像ではなく、形象‐形式へと行き着く。「蜂に囲まれた鼻」(un nez ceint d'abeilles)《アン ネ サン ダベーユ》では、「に囲まれた」(ceint d') の語群は厳密な意味では表象されていないが、それにもかかわらず像の形式として現前している。つまり、蜂が鼻の周囲に環を形作っている。ここでは音声単位から出発して指示されたものの像に至るのではなく、そのシニフィエのゲシュタルト化(Gestaltung) に至っている。そのためには、音声的平面での作業が表意単位を作り出していなければならない。造形の平面ではゲシュタルト化はゲシュタルトを、つまり調整線を生み出す。われわれはそれを普

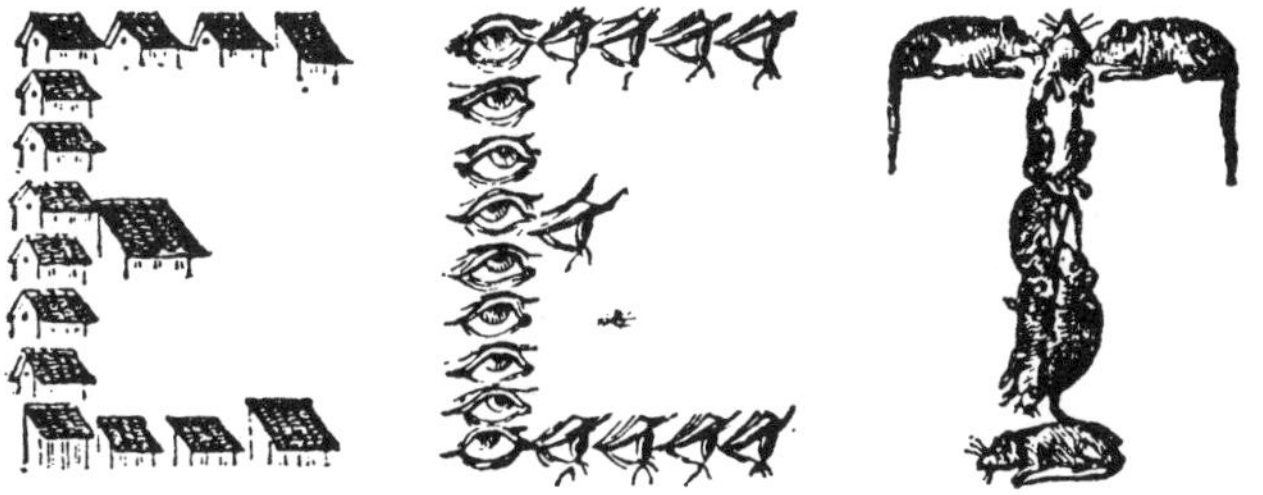

図19

段眼にすることはないが、それはわれわれに見させているものである。形式と像を解読して「囲まれた《サン》」という言葉を発しようとするならば、ここで検出されれ見られるべきもの、つまり啓示線へと変換されるべきものである。この操作を先の操作と比較すれば、この操作の機能は発見すべき意義をさらに隠蔽することとなる。というのも意義を表象するものは可視的であるにもかかわらず、もはや見るべきものとして与えられることすらないからである。リトレが提供する例でも、同様の手続きが観察されていた。(soupir、souvent、souvenir において分割された)音節「sou-」と同音の前置詞「sous」は、テクストの配置形式として偽装されている。ここでは、ゲシュタルト化の限界が言語によって課せられていることを指摘しなければならない。可視的要素のあいだの空間的関係を語りえないと想像するなら、それは検出しえないであろう。ところで通常の言語の領域は、ユークリッド的な実用的な幾何学的関係の表意することでしかない。湾曲した空間やトポロジー的空間に属する関係は、そこから滑り落ちる。判じ物のゲシュタルトはそれゆえ「正しい」ものでなければならず、よってここで正しい形式が何を意味するかが即座に把握される。それは再認可能、表意可能な形式である。

最後に、まったく削除され、見られることもなく可視的でもないいくつかの断片がある。連音《リエゾン》の語がしばしばそうである。判じ物五三では、「R les paie」

の「les《それらを》」は像としても形式としても現れない。さらに判じ物一九（図19）でもそうである。これは「天はみずから助くる者を助く」（Aide-toi《エードゥトワ》 et《エ》 Dieu《デュー》 t'aidera《テドゥラ》〔屋根のE・眼のE《エードゥ・トワエ・デュー》・鼠のT《テドゥラ》〕）と読み、「de《の》」は不可視のままである。そこでは、二次過程に固有の分節および連音と一次過程との両立不可能性がむき出しになっている。フロイトはこの両立不可能性に注意を促していた。圧縮は統辞法を削除するのだ。

判じ物と規則

形象の構築のこれらの様態、そしてテクストに関する先に取り上げた諸操作をもとに、無視しえない数の組み合わせが可能であることがわかる。(47) しかし重要なのは、判じ物を作るために用いられる操作がいかなるものであれ、解読者は自分がどの操作を相手にしているのか知らないということである。言語的空間内での場所の混乱、そして言語に属する語の造形的要素による代替が正確にいかなる性質であるかは、いかなる仕方でも知らされていない。ひとはまさに不透明な物を前にする。それを表意するには、その上に構文を組み立てなければならない。

わたしはテクストをもとにした判じ物生産の文法を素描したところであり、そのような文法の可能性はそれだけで結果の不透明性というテーゼに対する反証である、と言われるかもしれない。規則性に関して判じ物に認めうるもの、よって判じ物の意味の「読解」に認めうるのはせいぜい、諸操作がかなり狭い範囲に抑えられているということである。それは、文‐解答を加工する操作ではない。そこには、かなり広範な移動の戯れが観察される（しかし圧縮はほとんど用いられていない）。むしろそれは、形象を生み出す諸操作であることは間違いない。造形的な輪郭線は、つねに事物主義的でありゲシュタルト主義的である。それはシルエットや特定可能な形式を提示する。すでに述べたように、この限界は「解答」の存在によって課せられる。もしも解答を見つける可能性がまったくなかったら、判じ物はもはやゲームではない。ところで解答はテクストである。像の事物主義的、ゲシュタルト主義的特性は、言語の（前意識的）制約が形象的空間から引き出す妥協の結果である。みずからを理解してもらおうと思い煩うことのない夢は移動と圧縮に突き進むが、判じ物は二次過程によって、とりわけ形象化可能性の水準においてより抑制される(48)。

以上が、前意識を座標軸とした場合の判じ物と夢の対立である。もし無意識を座標軸とするなら、対立は逆になる。夢は判じ物よりもはるかに幻想的母胎に従属している。この従属は、形象‐像の生産そのもののうちに表れる。欲望は、形象‐像のうちで成就すなわち一瞬消滅する。判じ物はゲームとしての性格を持つため、（紙と心的装置の）表面に（分析以外では解読しえない）母胎の痕跡を伴った無意識的過程の操作を出来させる。欲望は、夢におけるようにそこで即座に成就するわけではない。こうした手順はそこで若干暴露され、欲動の対象の追求が放棄され、欲動の追求が開始される。欲望が欲望される。方向転換が告げられる。

判じ物において遭遇した、あの生成文法の問題に戻ろう。それはわれわれを、われわれが提起しなければならないような詩の問題の核心へと直接導いてくれる。欲望は言語のあらゆる水準を侵食することができ、

(47) その行列《マトリクス》を作成することも可能であろう。
(48) 厳密な意味での像とは関係しない機知の言葉の方は、何より諸々の言語学的単位を圧縮することで機能する。コミュニケーションのうちにとどまり、素早い効果を得なければならないため、機知の言葉は再認をとりわけ困難にする移動を制限する。

そこに形象的なものを生み出すことができる。詩的なものとは、少なくとも言説のうちに形象的なものが現前することである。そこでもなお、ひとは物によって語るのであろうか。そうである、だが物はもはや紙の上にあるだけではない。どこにあるのか。比喩＝像《イマージュ》のように、精神にか。これはあまりにも性急である。(49) 詩情《ポエジー》はシニフィアンと密接に関係している。言説の形象は紙や声、あるいは両方に記入されるが、これらは「精神的」物質ではない。判じ物と詩を区別するための関与性はそこにはない。それは、詩が像を頁上に描くことをみずからに禁じる点にある。詩は言語的シニフィアンによってのみ働くのだ。テクストが図形詩《カリグラム》上で読まれる場合でさえ、「刺し殺された鳩」の輪郭は語と文を形作る文字によって描かれる。読みうるものは決して拒絶されることがない。テクストを破壊することなくテクストに収容される、形象的なものの逆説。われわれは、これがテクストを脱構築すると信じる。こうした脱構築はいかにして働くのか。

テクスト内主義とテクスト外主義

ここでしばし立ち止まり、方法について論じなければならない。わたしがいまそうしたように問いを立てること（こうした脱構築は、詩的テクストにおいていかにして働くのか）、それは一挙に立場を決めることである。これは実際、詩的言語の特殊性の問題に否定的な仕方で（座標軸となるのはコミュニケーションの言語である）取り組むことである。言語学者は、原則として逆の仮説を認めている。この言語は通常の言語との隔たりがいかなるものであれひとつの言語であり、基準となる言語との差異（テクスト外的関係）を測定しようとするよりも、それが従っている内的規則（テクスト内的関係）を立証する方がはるかに興味深い、と。(50) J・P・ソーンのある論文に、この研究法のとりわけ力強い定式化が見られる。(51) 彼はそこで、（英語の）

詩的テクストは標準英語とは別の言語の事例であり、自分の言語学的分析は通常の英語の生成変形文法の規則を補足する規則の付加を要請するのではなく、独自の規則の構成を要請するという確信を開陳している。それは詩の文だけでなく、さらに他の多くの可能な言表を生み出すことを可能にする規則なのである。かくして詩作品は通常のラングにおいて発せられるパロールではなく、それだけでは言語活動《ランガージュ》でもなく、(52)異なるラングにおいて発せられた言説であろう。

ソーンはここでテクストの表面にとどまるような分析方法を、このテクストが単独で構成する資料体に関する文体論の関与的特徴の列挙で満足するような分析方法を非難している。(53)そうした方法は、テクストと英語文法のいかなる有益な比較も可能にはしないであろう。というのも観察は、表面の実現だけが対象となる

(49) モスクワやオポヤーズ〔詩的言語研究会〕のサークルのフォルマリストたちが立ち上がったのは、公式の象徴主義的な詩学につねに見られる、あの詩と比喩＝像との同一視に反抗してであった。Cf. CÝlovsky, L'art comme procédé (1925 ; = *Théorie de la littérature*, Paris, Ed. Seuil, 1965, p. 76)。

(50) わたしはこれらの表現を、H. G. Widdowson, Notes on Stylistics に負っている。これはエジンバラ大学の応用言語学部によって一九六九年の夏期講習会を受講した学生のために *Applied Linguistics in langage teaching* という表題で謄写印刷され、アンドレ・リオタール＝メイから渡されたものである。このテクスト外性とテクスト内性の問題は、ロシアのフォルマリストたちの方法の構成を直接的に支配した問題である。Yakoubinski, cité in *Théorie de la littérature*, *op. cit.*, p. 38 sq., 81sq. を見よ。また現在もそうであり続けている問題については O. M. Brik, cité *ibid.*, p. 153 を見よ。

(51) Stylistics and generative grammars, *Journal of Linguistics*, I, 1 (1965).

(52) これは時にM・デュフレンヌが示唆していることである。たとえば L'art est-il langage ?, *loc. cit.* を見よ。

(53) Méthode distributionnelle de Harris, *Methodes in structural linguistics*, Chicago, University of Chicago, 1951.

であろうからである。明快であるためには比較は互いに同等の水準で行われなければならず、それゆえテクスト（パロール）とラングのあいだではなく、二つのラングのあいだで行われなければならない。つまり英語のラングと、詩が他のものと同様可能な言説となるラングである(54)。さもなくば比較研究の方法は無益で陳腐なものにとどまり、「単に差異があるから差異があると述べることに帰着するであろう」。解決策はこうである。「テクストを異なる言語の例とみなし、英語について構築するであろうものと同種の文法をそのために構築すること(55)」。

困難が現れるのはここである。自己の論証の証明として、J・P・ソーンはそのような作業仮説によっていくつかの直観的所与の説明が可能になると考える。ソーンによれば、「心理学者のうちには、「もしわれわれが異なる言語を話したら、われわれは異なる世界を知覚するであろう」と推測した者もいる。たとえばロシア人とアラブ人は、われわれのものとは異なる色の概念を持っている。なぜなら、彼らは色の形容詞に加え色の動詞が存在する言語を話すからである。「異なる世界を知覚すること」、わたしが思うにこれこそ、*Anyone lived* のような詩を読む際にわたしが感じるものの見事な記述である(56)。このことを説明しようとするならば、「この文の意義は通常の英語では表現できない」という宣言に説明をつけなければならないであろう。自然言語が問題となる場合、このような説明を企てうるかはまったく明白ではない。しかしわれわれが考察する事例では道案内が存在する。すなわち文を理解する際のわれわれの困難は、この文の構造を説明する法則を通常の英語文法に持ち込む際の困難に結びつけることができる。こうした説明はまた、通常の英語がこの種の文について論じるためには明らかに不適当なメタ言語であることも説明してくれるはずである(57)」。

詩を読むこと、それは別の世界を知覚することである、という一節を分析することにしよう。われわれは、意味の差異が感覚的所与の差異として主題化される（しかも言語学者によって！）点には同意せざるをえない。しかしこの譲歩はすぐさま撤回される。なぜなら知覚の差異はラング内の差異に由来する、そしてラング内の差異は二つのラングのそれぞれに固有な文法の異質性に起因する、と言われているからである。なるほど詩の不透明性、通常の言語への翻訳に対する抵抗は、詩がこの言語を支える「経験の切り分け方」とは異なる切り分け方に依拠していることに由来するのであろう。ただしこの切り分け方における差異は、それ自体が二つの「自然」言語（たとえば色に関しては英語とアラビア語）を分ける差異に類似するものと判断されている。それは、不透明性の理由をわれわれにとって知解可能にするという特権さえ有している。不透明性とは、詩の生成規則とラングのそれとの両立不可能性なのである。通常の言語が詩を語るためのメタ言語とはなりえないのは、それゆえ詩のラングと注解のラングの各文法規則の異質性ゆえである。

おわかりのように、この異質性が根本的であるのは言語学にとってでしかない。それは二つのラングの異

（54）「*Anyone lived in a pretty how town* といったテクストに満足な説明を提供するような文法を作る際の主目的は、そのような文法が英語の文法とはいかに異なるかを発見することとなるであろう。しかしそうした比較は、双方の文法が同一の種類のものであることを前提としている。たとえば、英語の変形文法をテクストの句構造文法と比較しても意味がないであろう。より一般的な水準では、英語のいかなる適切な文法も理論的な語を含むはずであることを立証できる。よって、それに何らかの利益があるとしてだが、テクストのいかなる文法も同じことを行うはずである」（*Ibid*., p. 53-54）。*Anyone lived*... のテクストはE・E・カミングズの詩であり、その冒頭が本章四八四頁に引用されている。

（55）*Ibid*., p. 54.

（56）本書四八四頁に引用されたE・E・カミングズの詩。

（57）*Ibid*., p. 56-57.

質性なのである。もちろん、一方は他方のメタ言語ではない。しかし双方のメタ言語、（構造主義、生成）言語学者のメタ言語が存在する。二つのラング（アラビア語と英語、詩の言語と詩人の母国語）は同一の「界」に、同一の空間に属している。それらはそこで多かれ少なかれ隔てられた場を占めるが、相互に対立しているだけである。それらは言語の同じ普遍事象に属するのだ。

こうした仮説を立てる者は、この仮説ゆえに、ウィドウソンが「テクスト外的関係」に対して「テクスト内的関係」と呼ぶものを特権視するよう導かれることがわかる。テクスト外的関係は、ひとつの消極的な証拠しか提供しえない。すなわち、問題なのは詩人の母国語ではないということである。積極的な証拠は、考察された詩の文を特に生成させるような文法を構築することで提示される。これこそ、J・P・ソーンが行った注目すべき仕事である。

意味の場所

このような要求は技術的なものに見えるが、実際はそれをはるかに上回る。それは、意味の存在そのものをめぐる真の選択を含んでいる。それは、意義（少なくともソーンの仮説である生成文法的仮説における統辞論的意義）ではない意味すべてを拒絶するというものである。とりわけ排除されているのは、第一に、身体に対する色の作用の固有の様式をモデルとする感覚的意味。第二に、圧縮と移動といった操作によって前進する無意識的意味。意味の第一の意味は指向の恣意性に対する違反であり、第二の意味はあらゆる意義を支える体系に内在する規則の侵犯であることを繰り返しておく。詩に適用されたテクスト内的方法論は、エネルギー論あるいは（フロイト的な意味での）経済論に属するこれらの意味を見誤っている。この方法論は、メタ言語は自然の母国語のメタ言語であって月並みな文学的分析を生み出すか、生成文法のメタ言語であるかのどちらかであるという二者択一のうちに位置している。いずれの場合も、メタ言語は無媒介的であれ媒介的であれ生成規則を用いたラングである。メタ言語は言語的ではない範疇群を使用できること、メタ言語は詩と散文を同一の界に位置づけるものではなく、詩が形象的なものの濾過されざる言説的なものであるという事実を表すものであること。形象的なものはいかなる生成文法にも（構造主義者が換喩や隠喩と称するものにも）従わず、むしろ意味生産の別の秩序（幻想の母胎）に従うこと、そしてそこでは言語の基本規則（あらゆる言説において、語られた対象とそれについて語られた内容とを区別する規則のような）は受け入れられないこと。以上がこの言語学者が想定していないことであり、以上がまさしくわれわれの仮説である。

意味をめぐるこの選択は、テクストに適用すべき扱いをめぐる決定を含んでいる。詩を自然言語とは別のラングにおいて実現された言説とみなすなら、この言語学者は詩においてラングの特徴であるものとパロールの特徴であるものを明確にするべきであろう。このような代償によって、彼は自己の奥行きのある文法を構築することを期待できるのである。こうして彼は、いくつかの特徴を別のものよりも特権視するよう導かれる。逆にテクストをラング全体と外延を同じくする資料体と仮定すれば、「その統辞論的特徴のいずれをも、他のものと同様に重要なものとみなさなければならなくなるであろう[58]」。ところでフロイトが夢と芸術作品について示したように、これはまさに形象的なものが要求する扱いである。ただし対象はまさしく言語としては扱われず、前意識と無意識の妥協として扱われているという違いがある。ある特徴の一般性の度合

（58） *Ibid.*, p. 55.

いについて選択しなければならないどころか、すべてに注意を向けなければならないのであり、分析を一見最も取るに足りない細部からはじめることが正当となる。[59] 無意識的過程の派生物が問題となる場合には、水準や形式の区別を可能にするような言語の（あるいは現実主義的な知覚の）規則は一切信頼できない。圧縮は意味にとって本質的な要素を隠蔽することがあるし、移動はそれを再認不能にすることがある。解読者の注意は、作品のうちに存在する無意識の形象を自分自身の無意識に発見させながら、素材の全部分の上を「平等に漂う」べきである。[60] 言説の非連続的で序列化された空間と、一次過程がそこにもたらす戯れの非規律的な連続性との対立。結局これが、テクスト内的方法とわれわれの研究方法との対立である。われわれの研究方法は、E・ウィドウソンが与えている意味と異なる意味でしかテクスト外的とは言えないであろう。なぜならそこでは詩のテクストと通常の言語活動との比較が、単に言語学的範疇だけではなく一次過程の操作に対応する範疇によっても行われるからである。

詩的狂気の理性的な一覧表

だがこの相違は見かけのものでしかない。E・ウィドウソンが文体論的操作について行っている緻密な記述は、明示的には生成文法学者が承認する言語活動の水準にのみ準拠しながらも、言語学では用いられない範疇を暗黙のうちに使用している。それを示す前に、この言語学者が提出した分析を一覧に要約する。[61]

I　テクスト外的関係

一　ラングにかかわる違反

一・一　音韻論的水準――リズム、ラングの韻律体系への違反

一・二　統辞論的水準――

一・二一　表層構造の水準――詩的破格（変形規則の不適用。たとえば、英語の疑問文や否定文における do、フランス語の疑問文における ne の忘却）。

一・二二　深層構造の水準

一・二二一　選択規則の水準――擬人化（有生の主語を、無生の主語を必要とする動詞に割り当てること）。

一・二二二　範疇規則の水準――再範疇化（動詞としてとらえられた名詞、形容詞としてとらえられた名詞。I shall see / Some squeaking Cleopatra *boy* my greatness / In the posture of a whore...［シェイクスピア］）。

一・二二三　下位範疇の水準（自動詞としてとらえられた他動詞、あるいはその逆）――J'ai besoin de me sentir voyagée comme une femme［ピシェット］）。

注　一・二二二と一・二二三は両立不可能である。

---

(59)　フロイトが『ミケランジェロのモーセ像』で用いたこの方法については周知の通りである。

(60)　Cf. Ratschläge für den Arzt bei der psychoanalytischen Behandlung (1912), *G.W.*, VII ; tr. fr., in *La technique psychanalytique*, P.U.F., 1953, p. 61 sq.

(61)　Widdowson, Notes on Linguistics, *loc. cit.* 英語から引かれた例の大部分は彼によるものである。それ以外のもの、フランス語から借用したものはわたしが付け加えた。

一・三　意味論的水準——

一・三・一　意味の関係の体系の水準——逆説（cette *obscure clarté*［コルネイユ］）。

一・三・二　語彙単位の関係の水準——同音異義、言葉遊び。

一・三・三　語彙単位自体の水準——新語の創造（eggtentical［ジョイス］、Urchs［クレー］、merdre［ジャリ］）。

注　語の創造の場合、こうしたラングの次元の違反を Cette furtive ardeur des serpents qui *s'entraiment*（アポリネール）のようなパロールの次元の違反から区別しなければならない。

二　パロールにかかわる違反

二・一　音韻論的水準——頭韻法、半諧音、語尾類音（いくつかの音素や音声的特徴の異常な集中 (Du lundi au / Dimanche l'idiot speaker te dédie O / Silence l'insultant pot-pourri qu'il rabâche［アラゴン］））。

二・二　統辞論的水準——句構成要素の異常な精緻化

二・三　等位の水準——多岐的な構文（チョムスキー）。

二・三・一　名詞句にかかわる水準（Only you can hear and see, behind the eyes of the sleepers, / the movements and countries and mazes and colours and dismays / and rainbows and tunes and wishes and flight and fall and / dispairs and big seas of their dreams［ディラン・トマス］）。

二・三・二　形容詞にかかわる水準

二・二二三　動詞句にかかわる水準（Je t'imprime / je te savoure / je te rame / je te précède / je te vertige / et tu me recommences / je t'innerve te musique / te gamme te greffe / ... ［ピシェット］）。*

二・二二四　関係節にかかわる水準（Ils sont/Ceux qui punissent, ceux qui jugent, ceux qui vont ［ユゴー］）。

二・二三一　従位の水準――直岐的な構文（チョムスキー）。

二・三　意味論的水準――

二・三一　語彙的水準――比喩、隠喩、直喩、語のまったくありそうもない結合（Quelquefois je vois au ciel des plages sans fin couvertes de blanches nations en joie ［ランボー］）。

注　この種の集合の頻繁な使用によって、最後にはその違反という性格が消滅する。

注　一・二二一型の違反は、二・三一型の違反を生み出す。逆は必然的ではない。

二・三二　文脈的水準――

二・三二一　ラングの「変種」の水準――同一テクストにおける同一ラングのいくつかの変種の並置（Notre Père qui êtes aux cieux / Restez-y ［プレヴェール］）。

二・三二二　状況的文脈の水準――つねに二重化される（*Mon* enfant, *ma* sœur （...） / *Vois* sur *ces* canaux ［ボードレール］）。

---

*　これは明らかに混合的な例である。操作一・二二一（tu *me* recommences）、一・二二二（je te *musique*）、一・二二三（je *te* rame）をも含むからである。

II　テクスト内的関係

一　等価性——選択の軸から結合の軸への等価性の投射（ヤコブソン）（音韻論——Lune mellifluente aux lèvres des déments［アポリネール］。意味論——Stable trésor, temple simple à Minerve, / Masse de calme, et visible réserve, / Eau sourcilleuse, Œil qui gardes en toi / tant de sommeil sous un voile de flamme, / O mon silence !...［ヴァレリー］）。

二　カップリング——異なる水準の等価性の収束——Quel repli de désirs, sa traîne !... Quel désordre / De trésors s'arrachant à mon avidité, / Et quelle sombre soif de la limpidité !（ヴァレリー）。

三　水準の変化——ある水準から別の水準への等価性の移動——音韻論的、統辞論的、意味論的（Till I am indifferent and cannot enjoy it ; till I am solitary and cannot impart it ; till I am known and do not want it［ジョンソン］）。

以上が、文体の「形象」〔文飾〕の最も精確な一覧表である。この表は、T・トドロフが提案した分類の試みとの比較に容易に耐えることができる[62]。彼は、ラングの水準とパロールの水準の区別に言及していない。また彼は文彩《フィギュール》の分類の弱い基準（たとえば記述可能なもの）と、「明示的であれ暗示的であれある言語の規則からの逸脱[63]」を含む強い基準とを分けている。ところで強い基準は、ウィドウソンがラングの水準に位置づけている違反にほぼ対応するはずである。そしてトドロフが厳密な意味での文彩には逸脱は存在せず、文彩は自分の分類では記述可能性（弱い基準）にのみ対応すると語るとき、彼はイギリスの言語学者による指摘をパロールにしか関係しない統辞論的、意味論的逸脱について検証している。そうした逸脱は単にありそうもない事柄の次元に属しており、情報科学が慣用の制約と呼ぶものをゆがめるものの、コード（ラング）のそれはゆがめない。

他方、変則や文彩が出現する四つの水準のトドロフによる決定は、生成文法学者が行っている分析の精密さに比して精確さを欠いている。四つの水準とは、音－意味の関係、統辞論、意味論、そして記号－指向対象（signe-référent）である。音－意味の関係を取り上げよう。それは言語活動の一水準ではなく、諸々の水準間の関係（これも怪しいのだが）である。この関係にこだわれば、弁別単位自体を対象とする諸操作の形式的分析を逸し、意味に対する操作の効果にしか注意を向けないこととなる。これは誤った研究方法であるとは言わないが、ただこの方法は統辞論や意味論を対象とする方法と同じ指向対象を用いていないと言っておく。音声的特徴や音素や韻律法を対象とする操作が存在する可能性があり、われわれは意味に対するそれらの効果を記述することができない。よってそうした操作はトドロフの弱い基準に従うことすらなく、むしろラングの音声体系の深層の変容を構成する。韻律は明らかにそうである。それは、通常はアクセントのない音節にアクセントを置くことを強い、詩句を二つの異なる要求の妥協とする運動の形式的単位なのである(64)。

（62）*Littérature et signification, op. cit.,* Appendice 特に p. 97-115.
（63）*Ibid.,* p. 107.
（64）「詩句は単に統辞法だけでなく韻律の統辞法の規則に、つまり韻律的要求によって規則を豊かにする統辞法にも従う。／詩においては、最も重要な語群は詩句である。詩句内では、語は散文的な統辞法によって結合される。／同じ語に作用する二つの規則の共存というこの事実が、詩的言語特有の特徴である。詩句はわれわれに、同時に韻律的かつ統辞的な語それゆえ、ウィドウソンの分類は文体論における言語学的要件を満たすと考えられる。しかしながら、テクスト外的方法の不十分さの問題がまだ残っている。文彩はそれが脱構築する水準での効果によって記述されるが、脱構築を行うものの本性と用いられる手続きが謎のままである。

誰がどのように加工するのか

この問題は、一覧表の第Ⅱ部で「テクスト内的関係」の項目において扱われているように思われるかもしれない。だが実を言えば、この問題は非常に間接的に扱われているに過ぎない。「これらの関係は、さまざまな方法への準拠によって確立される。その違反（逸脱）は、文学テクスト内で相互に関係している」(65)。水準の等価性、カップリング、変化は、諸々の違反や文彩間の関係にかかわる。そうした関係は、違反や文彩が何から構成されるのかは語らない。というのも、関係はそれらに対して二次的だからである。少なくとも、関係はそれを語るようには見えない。むしろほのめかすのだ。

テクスト外的関係に戻り、パロールの違反を取り上げよう（Ⅰの二）。テクスト外的関係は、それが混乱させる言語の水準が何であれ、すべてが同じ仕方で振る舞う。頭韻法、半諧音等々は、言連鎖のわずかな切片に、通常はもっと低い密度で分配される音素や特徴を過度に集中させる。「多岐的あるいは直岐的構文」は、句構成要素に同様に作用する。等位や従位によって、それらは名詞句や動詞句、あるいは形容詞を異様な度合いで集中させる。同様に語彙の水準を対象とする作業は、異なる意味場に属する辞項を結合する（連語関係）ことにある。また文脈の水準では、通常は異なるラングの諸単位を同一の言説に集めるのであれ、両立しえない状況的文脈を特に代名詞の戯れによって混合するのであれ、効果は同じ手続きから生じる。いずれの事例においても圧縮と移動、ただし節度のあるそれが関与している。加工された諸単位を集中する過程は、それらをゆがめ認識不能にするほどではない。過程は集合が得られたときに停止し、その諸単位は識別可能であるが、関係は予想外のものとなる。

ラングの違反の方へ向かうなら、そこには同様の諸操作が見出されるであろう。しかしそれらは、さらに本質的な規則を対象としている。ウィドウソンの一覧表のIの二の部分で列挙された圧縮は、むろん移動を前提としている。しかし移動された辞項間の隔たりは、実際に観察されるものつまり再認可能な諸単位の圧縮を最後に得ようとするならば、大きなものではないはずである。逆にIの一・三三の事例を取り上げるなら、事態はまったく別のものとなる。新語の創造はほとんどの場合、諸々の異なる語に由来する音節の圧縮によって得られる。圧縮の力は非常に大きいため、かつての諸単位の断片を押しつぶすほどである。ここから、Iの一・二一にも見られる隠蔽の効果が生じる。

それだけではない。圧縮なき移動がある。このことは、夢、判じ物、機知を比較した際にすでに指摘しておいた。純粋な移動は加工された素材のなかに、圧縮を伴う際よりも強い不透明性を生み出す。名詞を動詞や形容詞のようにみなすこと（一・二二二）、それは深層の統辞論的空間における辞項の場所をそれにいかなる補正的変化も被らせることなく修正することである。同様に逆説（一・三一）も、それが連結する諸辞項に越えさせる意味の距離ゆえにこの名に値する。むき出しの移動は、われわれを一次過程のエネルギーが

の組み合わせの結果を提示する」（O. Brik, Rythme et syntaxe（1927）, *Théorie de la littérature, op. cit.*, p. 149）。

（65） Widdowson, *loc. cit.*, p. 10.

有する非拘束性に直面させると言えよう。圧縮は諸単位を再編するが、移動はそうではない(66)。

要するにウィドウソンが提案するラングの違反とパロールの違反の区別には、言語のさまざまな水準の諸単位を移動し圧縮する力の強度の差異が対応するように思われる。この言語学者によって導入された非連続性は適切ではあるが、連続的なものにより属する諸過程の存在を覆い隠している。これらの過程はあたかも不可侵の隔たりでできているのではないかのように、言語的空間内で作用する。それらの強度は、連続的に変異しうるのだ(67)。

隔たりの再認とその回収

ジャン・コーエンによれば、詩とは反散文である(68)。その固有の機能は、ラングによって認められた通常の隔たりをゆがめることにある（著者の方法は、彼自身述べているようにこの点で本質的にテクスト外的で「否定的」である）。違反は隔たりを、「不適切な言葉」を作り出す。J・コーエンは、音声学的水準では休止《ポーズ》の体系の解体、音‐意味対応の断絶、音素と韻律法の脱分化を、意味論的水準では名詞に対する形容語の冗長性、代名詞の非限定的用法、等位の非一貫性を、統辞論的水準では語順の逆転を列挙している。こうした言語学的範疇は、ウィドウソンのそれと同じではないことがわかる。それが含む水準はより少ないものの、イギリスの言語学者の分類に容易に収まるものである。

だが問題はそこではない。記述で満足する言語学者とは異なり、J・コーエンは詩的機能の説明を提案している。そのモデルは隠喩の分析にある。「なぜ意味の変容か。なぜ解読者は、あるシニフィアンにある決まったシニフィエを課すラングのコードに従わないのか。なぜ新たなシニフィエを巻き込む二次的な解読に訴えるのか[69]」。なぜ言説のうちに詩情つまり文彩があるのかという、提起された問いの重要性が理解される。コーエンはこう続ける。「この問いに対する答えは明白である。それは、語はその第一の意味において不適切であり、一方第二の意味は語に適切さを取り戻させるからである[70]」。例——「朝の縮み上がった風（le vent crispé du matin）」（ヴェルレーヌ）。縮むこと（crispation）の第一の意味——火、冷たいもの、風などにさらした場合に物の表面に皺が寄り曲がること。この場合の第二の意味——風は夜明けの寒さで縮み身を丸めたかのようである。よってコーエンによれば、ひとは第一のシニフィエから第二のシニフィエに移行し

（66） 幻想の分析がわれわれに示唆するところでは、圧縮は〈エロス〉に、そして移動はむしろ死の欲動に割り当てるのが適当である。

（67） ウィドウソン自身が、ホプキンズにおけるパロールの逸脱とラングの逸脱を区別することでこの変異の注目すべき例を示している。

	（I）	（II）
I.	The west which is golden	The west which is dappled with damson
II.	The west golden	The west dappled with damson
III.	The golden west	(The dappled-with-damson west)

文章（II）の形式IIIは、表層構造の生成の統辞法の違反である。

（68） *Structure du langage poétique*, Paris, Flammarion, 1966. 同著者の La comparaison poétique : essai de systématique, *Langages*, 12（décembre 1968）も参照。ここでは、J・コーエンの結論を詳細に論ずるつもりはない。彼の立場とわたしのそれとの明らかな近さは、わたしの立場を明確にすることを可能にするであろう。

（69） *Ibid*., p. 114.

（70） *Ibid*.

ているわけである。

では、これら二つのシニフィエ間の差異は何か。意味は「途中で変容された[71]」。指示されたもの（風）に認知的意義を与える言語の外示的《デノタティフ》機能から、共示的《コノタティフ》機能へと移行したのである[72]。ここでは、共示的機能を次のように理解しなければならない。隠喩は、第一のシニフィエの層ではない、等価性のネットワークと評価の体系が位置するある意味の層を源泉とする、と[73]。共示《コノテーション》という語は、たとえば「縮み上がった」が単にあるシニフィエのシニフィアン（これが第一の意味であろう）としてだけでなく、別のシニフィエ（シニフィエ二）へと差し向ける全体的な記号（シニフィアン＋シニフィエ）であると理解するならば、正当なものである[74]。だがそのような語義は、共示された水準つまりシニフィエ二の水準が、共示する水準（シニフィアン＋シニフィエ一）と同じ性質である、つまり分節言語として組織されていることを明らかに前提している。この第二の意味を名指すためのシニフィエという語の使用が、まさしくすでにこのことを示している。そしてこれは、著者がまったく明示的に書いていることである。「詩的隠喩とは外示的ラングから共示的ラングへの移行であり、前者の水準における意味を失い、それを後者の水準で取り戻すパロールを迂回することで得られる移行である[75]」。二つのラングの性質の同一性はコーエンの証明にとって実に本質的であるため、それは彼の最後の言葉となっている。「なぜ隠喩なのか、なぜ意味の変容なのか、なぜ事物をその名によって呼ばないのか、なぜ単に「月」ではなく「この黄金の鎌」と言うのか。／答えは二つのコードの二律背反のうちにある。観念的意味と感情的意味は、同一の意識内にともに存在することはできない。シニフィアンは、相容れない二つのシニフィエを同時にもたらすことはできない。このような理由で、詩は迂回を用いなければならないのである[76]」。

しかしそれならば、ソーンのような者の（そしていわばヘーゲルのような者の）立場とのあいだにいかなる差異があるのか。他のラングもまたひとつのラングであり、おそらく特殊性においては異なるが普遍的な原理においては同一である規則に従うと想定される。これはとりわけ、構造主義についてのみ言えば、隠喩がラング二から汲み取るシニフィエ二は対立の体系に属すること、そしてR・ヤコブソンの示唆する非連続性のネットワーク内に再び置かれる限りでしか価値を持たないことを意味する。意味の位置は、共示されたものと外示されたものとで異なるわけではない。ところで共示は、まさしく非言語的要素（色）――その価値自体は恣意的ではなく、（知覚的なものの水準と／あるいはリビドーの水準において）動機づけられている――が、それに加えていかにして体系内の位置に由来する恣意的意義を獲得しうるかを説明するために記号学に導入された範疇である。(77) 共示はまさしく形象的空間のエクリチュールであり、そのおかげで形象的空間の多義性を縮減し、不透明性を平坦にし、視覚の対象を読解しうる対象へと変換することが可能となる。

（71） *Ibid.*, p. 202.

（72） *Ibid.*, p. 205. ここではM. Dufrenne, *La phénoménologie de l'expérience esthétique*, *op. cit.*, II, p. 544が参照されている。

（73） 等価性のネットワークとは、たとえば「明るい／暗い、とがった／鈍った、硬い／柔らかい、高い／低い、軽い／重い」などの共感覚である。Cf. Jakobson, *Essais*, *op. cit.*, p. 242. 評価の体系とは、たとえば意味の尺度の研究が引き出そうとする体系である。Cf. Osgood, Suci and Tannenbaum, *Measurement of meaning*, University of Illinois, 1958.

（74） Cf. R. Barthes, Eléments de sémiologie, *Communications* 4（1964）.

（75） J. Cohen, *op. cit.*, p. 216. 強調は引用者。

（76） *Ibid.*, p. 224.

（77） Cf. Barthes, Rhétorique de l'image, *Communications* 4（1964）.

共示は形象を伝達機能へと従属させるあらゆる形式の形象の生産において豊富であるが、それに驚く必要はない。広告、プロパガンダ、視聴覚教育は、受信者に警戒されることなく意義と命令を伝達しうる媒体として像を用いる。像が一方ではコードを利用し、その結果共示を増殖させる理由がわかる。導くべき結果（外国語の文の理解、購買行動、政治的態度）は、発信者が狙う目的に適合していなければならず、それゆえ媒体はまたできるだけ曖昧さをなくさなければならない。それにもかかわらず、結局発信者が「言語」のうちで最も単一価値的な言説よりむしろ像を選んだのは、他方で自己のメッセージが受信者の検閲を免れることを望むからである。共示は、これら二つの要求の妥協の形成を表している。

　詩的隠喩はその反対である。詩的隠喩は、すでに書かれたラング、いずれにせよ話者たちによって一般的に認められたコードを参照する場合に詩的であるのではなく、それを侵犯する場合に詩的である。そして侵犯は、（シニフィエ一の）通常のラングから（シニフィエ二の）感情的と想定されるラングへの移行にはない。そうではなく、言語一では用いられない諸操作の使用にある。コーエンの反散文は別の散文に過ぎない。わたしは、詩は散文の他者であると考える。

一種の「感情的」言語

　そもそも、「感情的言語」とは何であろうか。水準二においてはこの言語を経由することでしか解読しえないというのが本当であったら、そこから必然的に次の帰結のいずれかが結果するであろう。この言語は厳密な意味で共示された言語、つまりある集団の感性をある特定の時代と場所で組織する「文化の」言語である。もしくはこの「言語」は真のコミュニケーション言語ではないため、詩人の無意識が「語る」言語となり、しかもわれわれがそのメッセージを理解しうるのは発信者と同じコードを手にするという条件においてのみである。

共示という語が文字通りにとらえられている第一の仮定では、詩は「エクリチュール」と同一視されている。それに割り当てられた機能、そして本質的に批判的ではないすべての社会において最も現実的であった機能は、これらの社会のすべての文化的形式が果たす機能である。それは、これらの社会に宿る矛盾のいわば隠喩的水準における——クロード・レヴィ＝ストロースならば象徴的水準と言うであろう——解消である。詩および芸術一般のこの統合機能が大部分の社会において何千年も支配的な機能であったことを示すのは、難しいことではない。わたしの考えでは、西欧はようやく一八六〇年代以降になってそこから離脱しはじめた。バルトが述べているように、そのとき「エクリチュール」は不可能となったのである。[78] ところでランボーやカミングズが「書く」ことをやめている、つまり神話素として大量の意味を伝える社会的に認められた隠喩的言語で発言するのをやめたからといって、われわれには彼らを詩から排除する権利はない。[79] われわれは神話社会における詩的言語の統合機能と、われわれの社会におけるその批判機能の双方を説明する詩的言語の特殊性という概念を築かなければならない。

脱構築（あるいは逆過程）はそのような概念である。脱構築は、コミュニケーションを遅らせる言語外的操作を言語内に導入する。古典的な十二音節詩句《アレクサンドラン》は、通常の言語に対するそのような脱構築を前提している。

---

(78) *Le degré zéro de l'écriture, op. cit.*

(79) Cf. C. Lévi-Strauss, *Anthropologie structurale, op. cit.*

そして脱構築は、その原理においてはダダの「過剰」と異なるものではなく、単により少数の言語水準を対象とし、その使用を制限する厳格な規則によって共示されたエクリチュールのうちで規制される[80]。たとえば、カミングズを例にしよう。

there is a here and
that here was a
town (and the town is
so aged the ocean
wanders the streets are so
ancient the houses enter the

people are so feeble the feeble go to
sleep if the people sit down) …

ひとつのここがありそして
あのここにあったのは
町（そして町は
とても年老いているので大洋が
さまよう通りはとても
古いので家々が入る

人々はとても弱いので弱い者たちは行って
眠るもし人々が座るなら）……

またコルネイユは、

Mourir sans tirer ma raison !
Rechercher un trépas si mortel à la gloire !

いや、しかしこの恥をそそがずに死んでいくのか！
死ねばわたしの名誉は汚され、取り返しはつかないのだ！

Endurer que l'Espagne impute à ma mémoire
D'avoir mal soutenu l'honneur de la maison !
Respecter un amour dont mon âme égarée
Voit la perte assurée !
N'écoutons plus ce penser suborneur,
Qui ne sert qu'à ma peine.
Allons, mon bras, sauvons du moins l'honneur,
Puisqu'après tout il faut perdre Chimène.

死んだ後までスペイン全国から、
家門の名誉を守りきれなかったとしてそしられるのに耐
　えられるか！
どうせ失うほかない恋なのに、
それに執着するのは心の迷いだ！
いやもうこんな迷いの声に耳を貸すまい。
苦しくなるばかりだ。
さあ、この腕でせめて名誉だけでも救ってみせよう。
どちらにしてもシメーヌはあきらめるほかないのだから。

〔岩瀬孝訳〕

カミングズは、節の最後の語を次の節の最初の語にすることで（ラングの秩序の違反）構文の規則に背き、結果節をつなげることで（パロールの秩序、直岐的構文）従位の規則に背き、頭韻法の使用によって（people, feeble, sleep）辞項の恣意性に背いている。コルネイユの方は等位に違反しているが（多岐的構文）、また脚韻と韻律（さらには韻律の変化）の使用によってシニフィアンの恣意性にも違反している。統辞法の侵

（80）リズムに対する韻律の優越は、このような回収の一部である。この点に関しては、フランスの文化的伝統を信用してはならない。ジョン・ダンの作品やシェイクスピアの作品は、英語の文法と意味論の最も深い水準に抵触する違反に満ちている。

犯は使用（パロール）の制約を越えることはないが、カミングズとは逆に、音声的水準を対象とする侵犯は確かにラングの逸脱の重大さを有している。テクスト外的方法にとって、古典作家においても現代作家においても作用は同じである。どちらのテクストも、脱構築を担うゆえに詩的なのである。

詩的言語はそれゆえ必ずしも社会的言語、社会的に共示されたラングではない。この事柄の根本は、詩的機能が伝達的なものであるというのは真ではない、ということである。詩的機能は、今日では批判的なものである。それは統合的なものであったが、そのときでさえ、集団の統合はコミュニケーションの世俗的言語の領域とは別の領域において遂行されていた。自分たちのあいだでコミュニケーションを行うのは個人である。コミュニケーションの範疇自体が支配的になりうるのは、諸制度の危機が孤立した集団や個人を生み出すような社会においてのみである。そうした集団や個人は、契約的な「水平的」基盤の上に社会的紐帯を築こうとするのである。詩的な型の言説の統合機能は、逆に起源神話を頂点とする諸制度の整合的体系を前提する。詩は、ダンスや彫刻や戦争のように絶えずその共通の意味としてこれを参照する。問題は、この神話が「感情的言語」なのかどうかである。わたしは、それが狭義の言語であるかは疑わしいと考える。それ自体が形象－形式だからである。

もうひとつの「感情的言語」

共示を正当化するために考察すべきもうひとつの仮説、それは今度は集団ではなく詩人の言語であるような言語、同じ感性を備えた読者だけが理解しうるような「感情的言語」という仮説である。結合、洞察、感情移入、融合、幻想体系と幻想体系の結婚。こうしたものは確かに存在する。さもなければ、これこれの詩人、これこれのジャンルへの好みは説明しえないであろう。だが二つの事柄を証明せねばなるまい。一、この融合はひとつの基本的な詩的機能であること。二、幻想体系はひとつのラングであること。ここでは、第二の点についての徹底した議論は見合わせる。しかしたとえ無意識と無意識のコミュニケーションについて語ることができたとしても（フロイトは分析的関係に関しこれについて語っている）、それは口頭のコミュニケーションと同じ形式でではなく、むしろそれに反して成立することがわかるであろう。[81] 融合の方は、もしそれを詩的快楽にとって本質的なものと考えるなら、詩的快楽はその形式において、諸感情の結合のモデルを提供する恋愛関係がもたらしうる快楽と何も変わらないであろう。だが恋愛関係は、パートナー各自の幻想体系に密接に依存したままである。少なくともこの点で、こう言っては何だが、恋愛関係は症状と同じ価値を持っている。[82] 愛される者は、（なるほど加工されてはいるが）失われた対象のひとつの像である。母胎はこれらの像を互いに作り出し、愛はそれらの相補性の「発見」となる。もしも詩的快楽が同じ啓示からなっていたら、それはもはや同じ型の対象、同じ様式の詩、同じ領域の像、同じジャンルの「エクリチュール」、すなわち同じ形式においてしか感じ取られないであろう。[83]

（81） すでに示した「分析医に対する分析治療上の注意」のテクスト〔注60〕を見よ。加えて無意識間のこのコミュニケーションは、詩のように形象－母胎の派生物を見させ、愛させ、受け入れさせることではなく、それらをほのめかすことを機能としている。

（82） Freud, Beiträge zur Psychologie des Liebeslebens, *G.W.*, VIII（1910, 1912）: tr. fr., in *La vie sexuelle*, Paris, P.U.F., 1969, p. 47-65を参照。

（83）「そしてそれはいつも同じ告白、同じ若さ、同じ澄み切った瞳、わたしの首の周りでの腕の同じ無邪気な身振り、同じ愛そうであるなら、詩を症状的表現として見なければならないであろう。ところで、たとえばシャルル・モーロンの方法は、それが作品を症状のように扱っている、その厚みのうちに生来の幻想、「個人的神話」の輪郭を探すことに没頭しているとして批判される。「強迫的隠喩」が、無意識的母胎の直系の子孫であると想定されているのである。そのような幻想が作品においても人生においても作用していること、それらのつねに活発な核であることをわたしは確信している。だが夢にもまして、詩はその内容によってではなくその作業によって興味深い。この作業は、詩人やわれわれの欲望が完全に成就されているような形式を像へと外在化することではなく、形象に対する欲望の関係を逆転することにある。そして欲望に、欲望が消失することで成就されるような像ではなく、（ここでは詩的な）形式を与えることにある。この形式によって、欲望は戯れとして、非拘束的なエネルギーとして、圧縮と移動の過程として、一次過程として反映されるのである。言説はわれわれを誘惑するゆえに詩的なのではなく、それに加えて誘惑と無意識の諸操作、すなわちおとりと真実、欲望の目的と手段をともにわれわれに見せるゆえに詩的である。われわれの詩的快楽はこのようにわれわれの幻想が固定する境界をはるかに超過する可能性があり、われわれは愛することを学ぶという、この奇妙なことをすることができる。戯れの快楽は快楽の戯れを逆転させる。このようなわけで、融合は非本質的である。詩は読者のうちに確かに像をもたらしうるが、読者を幻想的な像から切り離し、形式であるような像の実験室を開くことによってのみそうするのである(84)。

おとりは像に固執しない

それゆえ像は、詩的言説における形象的なものの特権的な現前様式ではない。これを肯定すること、それは詩的言説に幻想のただひとつの機能、夢の機能を割り当てることである。詩はその原理上、欲望が成就される場面を構成するものではない。作品は夢ではないのだ。

ここでこの対立に注意を払い、それを正しい場所に置き、その妥当性を明るみに出さなければならない。欲望が夢の心像（imagerie）において成就しうるのは、主体が眠っているからに過ぎない。覚醒した主体に彼が夢見る同じ場面を見せれば、その欲望を成就する素材がそこに見出されないのは明らかである(85)。眠る者

撫、同じ啓示なのだ。／だがそれは決して同じ女ではない。／カード占いは、わたしは彼女に人生で出会うだろう、ただし彼女を見分けることはない、と告げた」（Eluard, La dame de carreau, *Les dessous d'une vie ou la pyramide humaine*, 1926）。幻想の同一性、「現実」の無差別的で多様な変化。「すべての乙女は異なっている。わたしはつねにひとりの乙女のことを夢見る」（*ibid.*）。

（84）　この逆転の機能を、トマシェフスキーが「手法の露呈」（Thématique, in *Théorie de la littérature, op. cit.*, p. 300-301）と呼んだものと比較することができる。しかしながら彼は、この露呈にそれにふさわしい重要性を与えていない。トィニャーノフは、われわれが理解してもらいたいと考えているものにはるかに接近している。「芸術的事実は、構成的要素による他の全要素の従属、変形という感覚の外部には存在しない（諸要素の等位関係が構成原理の否定的特徴である——V・シクロフスキー）。しかし、諸要素の相互作用という感覚が消えれば（この感覚の前提として、従属させるものと従属するものという二つの要素が必然的に現前しなければならない）、芸術的事実は消滅する。芸術は自動作用となるのだ」（La notion de construction（1924）in *Théorie de la littérature, op. cit.*, p. 118）。「散文のいかなる要素も、詩句の連続に一度取り込まれると、別の様相で、その機能によって浮き彫りにされて現れ、かくして二つの異なる現象を生み出す。つねならぬ対象の、この強調された構成と歪曲である」（Le problème de la langue poétique（1924）cité in *Théorie de la littérature*, p. 64）。

（85）　この指摘は、幻想は修正なしに抑圧の障壁を越えうるという確言と両立しないものではまったくない。

の欲望が上演され成就される空間は、ラングの規則であれ知覚（現実）のそれに関するものであれ、最悪の違反を甘受する。一次過程の明白な特徴を持つにもかかわらず、睡眠においてこうした違反が受容されるのは、前意識の要求の水準が最低となるからである。外部と内部の分割を支えようとする努力は放棄されている。同じように、覚醒生活においてわれわれに要求される、他者を全体対象[86]として構成するという緊張も弛緩する。外と内、前と後、自と他、言葉と沈黙の逆転が大量に生じる。上演されるドラマは、覚醒した主体には脈絡のないもの、いらいらするものに見えるであろう。このいらだちは、欲望を成就し、それゆえ欲望を睡眠状況において前意識から逃れさせる同じ諸操作が、逆にわれわれが眠っていないときにそのことを知らせる機能を持つことを意味している。つまりこのとき主体は前意識（あるいは自我）の方へと、欲望の反対側へと移動している。脱構築の機能における逆転が、主体の位置のこの逆転に応答する。いまや圧縮、移動、歪曲一般が、言説と行為の前意識的規則に従うと期待される素材を加工する。そうした規則が感じ取られないことなどあろうか。規則は形象が鏡のなかで、波が防波堤に対していずれもそうなるように、前意識的素材に反映される。別のエネルギーがそこに姿を現す。しかしそれはもちろん、そこでみずからを認知させることはない。認知は前意識の秩序に、言説と現実の秩序に属する。このエネルギーは否定的で、脅迫的で、不安をかき立てる仕方で現出する。それは無秩序なのだ。しかしこのエネルギーはまた秩序を告発し、別の性質の別の「秩序」を告知する。正しい形式、正しい対象、明晰な言説の仮面を取り除くのである。かくして覚醒状態で見られた夢の表象は、「悪い」表象にしかなりえないであろう。それはわれわれの欲望が成就されえないような表象、われわれに欲望を反射した状態で送り返すような表象である。またかくして幻覚をもたらす夢の同じ像が現実へと（作品へと）転写され、幻滅的な像となるであろう。批判である。

それゆえ、批判的な像が存在する。夢と作品との対立は、像の存在や不在によって生じるわけではない。この基準は関与的ではない。「像に富《ひゆ》んだ」批判的な詩、批判的ではない詩がある。「像を欠き」批判を欠く作品、あるいは逆に批判的な作品がある。関与的なのは、マラルメが批判と呼んだ機能の存在である。言語学者が論じる詩的言語と通常の言語との隔たりに依拠する機能。この隔たりは、単なる隔たりをはるかに超えるものである。言説の秩序は、その他者、つまり無意識的過程の秩序に対して開かれたまま維持される。無意識的過程の秩序は、そこで形象として啓示される。言説における（あらゆる水準の）形象の現前は、単に言説の脱構築ではない。それはまた検閲、欲望の禁圧としての言説の批判である。だが形象の現前が卑俗な疎外された－疎外する表現となりたくないのであれば、それはさらに形象が由来する幻想体系の未成就でなければならない。これは逆転の最初の素描に過ぎず、また後述する。

詩的なものは脱構築に固執する

回り道をしよう。視覚的空間を考えていただきたい。そこに作業中の圧縮を置いていただきたい。圧縮は、異なる対象から採取された断片を寄せ集めながら機能することができる。キマイラの構成である。これらの断片のそれぞれは、ライオンの頭、蛇の尻尾など、それ自体として再認可能なままである。そこから生じるであろう形象－像は、そこに現実とのいかなる類似を見出すことも禁じ、「正しい対象」を脱構築する。しかしそれはまた、正しい形式に打撃を与えないこともありうる。そしてキマイラが表象される空間は、古典

（86）　これはクライン派の用語である。

的な演劇的空間にとどまることもありうる。圧縮が形象の他の位階に挑むこともある。圧縮が形象－形式を脱構築する場合に狂わされるのは、上演される諸対象の配置に期待される正しい秩序である。わたしが信ずるところによれば、以上が写真、映画におけるオーバーラップである[87]。極限的には（ユークリッド的）表象空間自体がゆがめられうる。湾曲、アナモルフォーズである。いずれの場合も、形象的なものの現前は無秩序によって否定的に示される。ところで、一種の特権的な無秩序があるわけではない。形象的表象空間の脱構築は、抽象的な「正しい形式」の脱構築ほど挑発的でないと断言することはできない。作品の批判的な力は、それが隔たりの効果をもたらす（ここでは形象の）水準よりも、それが利用する隔たりの性質にはるかに由来するのだ。

形象的言説についても事情は同じである。そこでは、像はいかなる特権的地位も持たない。像はウィドウソンの論文から作成した一覧表においては、ひとつの欄を占めているだけである。他の多くの形象＝文彩は、言語の秩序における一次過程の操作によって生産される。そうした形象＝文彩の大部分は形式であり、修辞学でも文体論でも名前を持たない。視覚的空間と同様、欲望は言語の全水準に挑むことができる。詩にとって重要なもの、それは脱構築であり、言説におけるラングとコミュニケーションの規則とは別の力の現前である。いかなる形象＝文彩も、いかなる像＝比喩も、いかなる形式でさえも、それ自体では別の場面、無意識を現前させる詩的力能を持たない。表象の能力が形象＝文彩のある集合やネットワーク（隠喩その他）によって排他的に握られている場合、ひとは詩的なものから離脱し、臨床的なものに入り込むこととなる。この形式的体系は、幻想の母胎のひとつの症状的表現である。形式の観点からすれば、この結果は文学的形象のあらゆる生産を待ち受けるものと比較することができる。そのエクリチュールへの堕落、二次過程による回収、出来事としての抹消、それが言葉に与えた傷の焼灼、その共示、その抑圧である。このようなわけでわたしは、「文体」や叫びから共示された言語への変換の場合だけでなく、逆に当初の硬直し欠乏した幻想体系――それはわずかな脱構築、いつも同じ脱構築を作家に許すだけである――の場合でも、エクリチュールについて論じることはまったく正当であると断固信じる。クレーの場合とまったく同じように、当初性差に接ぎ木されていた幻想は、手段に対する欲望の目的の逆転が行われない限り、その素描をその単調な権威のうちに固定するのである。

形象＝文彩の詩的次元をなすのは、脱構築、隔たり、批判である。シュルレアリスムはこのことを理解していたものの、侵犯を二・三一項以外に及ぼすことを躊躇した。ラングへの打撃はなく、ただパロールの違反だけである。そして少なくともブルトンにおいては、もっぱら意味論的な違反である。これは隠喩の恣意性の規則が定める限界である。とはいえ若きエリュアールには、以下が見られる。

Comment ma vie disait-elle　　どうしてあたしの生が　と彼女は言うのだった
Une autre ai-je été moi-même　　もうひとつべつの生　あたしはあたし自身であったか

---

(87)　フロイトは『精神分析入門』（一九一六―一七）において、圧縮をこの技法と比較している。「同様に、問題の事物や場所が潜在夢（das latente Traum）が強調する何らかの特徴を共有するならば、いくつかの事物や場所の合成物を作ることができます。合成物はそこで、共通要素を核とする新しくはかない観念のように形成されます。ともに圧縮された諸単位のオーバーラップから一般に生じるのは、何枚もの写真を同じ感光板に焼きつけることで得られる像に似た、鮮明でない輪郭をしたぼやけた像です」*Vorlesungen...*, G.W., XI, S. 175 : tr. fr., Paris, Payot, 1945, p. 190.

Qui dans la vie qui en moi-même
Et moi les autres.[88]

生のなかのだれ　あたし自身のなかのだれ
そして　あたし　ほかのひとたち

〔高村智訳〕

ここには、諸々の違反が積み重なっている。（一・一）韻律はフランス語散文のそれから隔たっている（二つの最初の詩句は同じ韻律を有する）。（二・一）類似した音声要素の集積（特に両唇音）。そして何より、一覧表にはない違反（違反とは何と奥深いものか！）（一・二二四?）、そして核文の構成そのものにかかわる違反。つまり「une autre ai-je été moi-même」は二つの文をひとつに集約していること。

主語	述語
je	ai été une autre
je	ai été moi-même

二つのうちのいずれかは、（読者の選択に応じて）主語名詞句と述語動詞句を失わなければならない。この方向では、アングロサクソンの詩は非常に進んでいる。[89] またわれわれはそこに、アントニオ・ポルタの『開くこと』の第六詩節を位置づける。

De là, serre la poignée, vers,
il n'y a pas, certitude, ni issue, sur la paroi,

そこから、拳は握る、向かって、
絶壁の上には、確信はない、出口もない、

l'oreille, puis ouvrir, une réponse, ne s'ouvre pas, 耳、そして開くこと、ひとつの答え、開かれない、incertaine, les clefs entre les doigts, le ventre ouvert, (...)?[90] 不確実な、指のあいだの鍵、開いた腹、(…)?

そこでは統辞法の暴力が炸裂している。だがもう一度言うが、それらの幻滅の効果が言説生成のより深層に打撃を与える作業に由来するからといって、この効果がシュルレアリスト的比喩の効果より強力だという保証はない。

「わたしたちはまばゆいばかりのはかなさの中心に、分裂病の境界に、合理的なものと不合理なものの不

---

(88) Une personnalité toujours nouvelle, toujours différente, l'amour aux sexes confondu dans leur contradiction, surgit sans cesse de la perfection de mes désirs. Toute idée de possession lui est forcément étrangère〔つねに新しい、つねに異なる人格、矛盾のなかで混ざりあった性愛が、わたしの欲望の完成から絶えず湧き出る。いかなる所有の観念も、それとは必然的に無縁だ〕, *La rose publique*, Paris, Gallimard, 1934.

(89) すでに引用したカミングズの詩には、エリュアールと同様、第一の文の述語名詞句または第二の文の主語名詞句の（任意の）切除による、二つの文の圧縮という同じ手法が見られる。

the ocean
　　wanders the streets
the streets
　　are so ancient

(*50 Poëms*, 1940. 二カ国語版 *Cinquante huit poèmes*, Paris, Bourgois, 1968, p. 96 から引用)。D・ジョン・グロスマンの翻訳は「それはひとつのここそして／そのここは村だった（そして村は／／とても年老いているから大洋は／通りをさまようはとても／／古いから家々が入っていくのは／人々はとても弱いから弱い者たちは行って／眠るもし人々が座るなら）」云々となっている。

(90) *Les temps modernes*, 277-278（août-septembre 1969), p. 314 のU・E・トッリジャーニの翻訳から引用。

安定な均衡のうちにありました。そしてわたしたちは語彙、統辞法、詩句、前日には依然「現代的なもの」として通用していた詩の構造を衰弱させました（…）。わたしたちにとって詩は意義の破壊と、われわれが埋没していた言葉の世界の人相学的不安定性に立ち向かうものだったのです[91]」。

「作家は現実を理解し、言語的手段によって現実に挑むことでそれを変容させる。これらの手段はコミュニケーションの根本そのものにおいて、あるいは上部構造的現れの水準において現実を揺さぶる[92]」。

わたしの忍耐強い読者はいまや、われわれがどこに向かっているかを間違いなく垣間見ていることだろう。次のエーコの最後の言葉がその助けになる。「コミュニケーションの包括的体系が先進産業社会においても依然として上部構造であると、われわれは本当に信じているであろうか[93]」。だがわれわれは、このような領域自体、イデオロギー批判には、今回は達しないであろう。

---

(91) Alfredo Giuliani, Interview à la Südwestrundfunk, 6 janvier 1969 ; U. E. Torrigiani, Le groupe dans la littérature italienne contemporaine, *Temps modernes, loc. cit.*, p. 275による引用。

(92) U. Eco, Poissons rouges et tigres en papier, *Temps modernes, loc. cit.*, p. 289. この号はグルッポ63、『クインディチ』を刊行したグループに関するすばらしい資料を含んでいる。

(93) *Ibid.*, p. 291.

形説《フィスクール》・言象《ディギュール》、幻想のユートピア

§1　偽起源的な場

そしてわたしが母胎と呼んだあの形象は、厳密に整序されているのであろうか。われわれは、それは単一の、統一され、統一するものであると言うことができるのか。その統一性の種類はいかなるものか。それは言語の統一性なのか。言語内では、ラングの統一性、あるいは言説の統一性なのか。わたしは以下のことを示すつもりである。母胎は言語ではなく、ラングの構造ではなく、言説のツリーではないこと。それは伝達可能性から最も隔たった、最も引きこもった形象の秩序すべてからなっている。それは伝達しえないものを蓄える。母胎は形式と像を生み出す。言説が語りはじめることがあるのは、母胎の産物であるこれらの形式と像についてのみである。とはいえ、言説は依然としてそれらを認知しうる状態にはない。では母胎は、少なくとも形象なのか。母胎はそれ自体認知可能な形象ではないし、その安定した形式となるような調整的秩序を明らかにすることもできない。形象としての幻想は単なる輪郭や同定しうる投射影として想像上のスクリーンに記入されることも、絶対的な舞台装置的指示として想像上の舞台に記入されることもない。

幻想の多様な構成要素のもつれをほどくならば、以下が発見される。

一．幻想が生み出しうる「言語表象」（言語のシニフィアン、「言語化」）でさえ、そこでは統辞論的規則（たとえば「une autre ai-je été moi-même」［エリュアール］のように）や意味論的規則（「plus jamais la barre d'appui ne sera un indicateur de chemin de fer〔手すりはもうまるで鉄道標識ではないだろう〕」［バンジャマン・ペレ］）に反して配置されている。

二．幻想が育む「物表象」（幻想的な像）はほとんど「物」を、つまり外界に属しそのようなものとして認知されうる対象を表象しない。母胎によって生み出された像は、同一フィルム上でしっかりと露光されたいくつもの場面——いくつかの部分、範囲、何らかの造形的要素しか共通性を持たないような——のオーバーラップのように、生き生きとしていると同時に混乱している(1)。

三．形象‐形式自体は統一されない。幻想は、同時に活動するいくつもの形式を含む。

四．多義性は情動にも到達する。幻想に巻き込まれた欲動と快原理との関係は一義的なものではない。

五．最後にリビドー自体、その代表とリビドーが支える情動を越えてリビドーについて語りうる限り、同一の幻想においていくつもの源泉から同時に生じる。たとえば性器的、肛門的源泉である。幻想は多欲動的なのだ。

それゆえ分析における厚み、不透明性にようやく遭遇する。わたしはそこに、単に言説だけでなく再認しうる像や正しい形式としての形象を脱構築するような形象的なものを想定する。そして形象的なものの下には、単なる痕跡、単なる現前‐不在、無差別的に言説や形象となる差異ではなく、一次過程、無秩序の原理、享楽への圧力を想定する。同一秩序内の二項を分離する何らかの間隔ではなく、秩序と非秩序のあいだの均衡の絶対的断絶である。偽起源のこの厚みを掘り返すことで、われわれは差異の真理を見つけることになるのかもしれない。それはすでに感覚的秩序において、視野の秩序において触れられるものの、そこでは隠喩に過ぎない。偽起源の場こその固有の場であり、それが定着を試みるために必要な場である。

§2 幻想の一覧表

フロイトは「子供が叩かれる」(2)の幻想を、「掘り下げた」仕方で研究された六つの症例、四人の女性と二人の男性をもとに研究している。症例のうち三つは重度ないし軽度の強迫神経症に、ひとつはヒステリーに、

(1) これは、すでに引用した『精神分析入門』のフロイトの隠喩である。また『夢解釈』末尾の、光学系内に不適切な屈折率のレンズを挿入することとしての検閲の隠喩を参照。「われわれの内的知覚の対象となりうるものはすべて、光線が望遠鏡内を通過することで生み出される像のように、虚像である。それ自体まるで心的なものではなく、われわれの心的知覚が決して到達することのない体系を、像を投影するレンズに喩えることができる。この比喩をさらに続ければ、二つの体系間の検閲は、光線が新たな媒質へ移行する際の屈折に対応するであろう」(仏訳 *op. cit.*, p. 518)。これは重要なテクストである。というのも抑圧は啓示線ではなく、原版の攪乱や折りたたみを生むことが示されているからである。これをフレーゲの隠喩と比較すべきであろう。

(2) «Ein Kind wird geschlagen». Beitrag zur Erkenntnis der Entstehung sexuellen Perversionen (1919), *G.W.*, XII, S. 197-226 ; tr. fr. in *Revue française de psychanalyse*, VI, 3-4 (1933).

五番目は「精神衰弱」に属しており、六番目については何も言われていない(3)。その研究の最終部分（六番目）まで、フロイトは女性たちの症例にとどめている。われわれも彼に倣うとしよう。「子供が叩かれる」という幻想は、患者たちによって驚くべき頻度でもたらされる。「表象された状況の絶頂には、自慰的な（よって性器的な）満足がほとんどつねに認められる(4)」。それはまず意図的に引き起こされ、次いで強迫的となり、激しい羞恥の感情がこの幻想の告白を妨げる。その最初の出現は五歳から六歳頃に、就学期間のはじまりに位置する。「叩かれた子供は誰か。幻想する患者か、それとも第三者か。それはつねに同じ子供か、それとも別の子供か。子供を叩いた者は誰か。それとも子供は、自分自身が別の子供を叩く場面を幻想したのか。これらのすべての問いには、説明はまるでなく、ただひとつおずおずとした答えがあるだけである――「それについてはこれ以上何もわかりません、子供が叩かれるんです(5)」とフロイトは書いている。分析は、この平板な言い方が三つの意味の層の上に建っておりそれらを圧縮し隠蔽していることを明らかにする。フロイトは、それぞれの段階（Phase）について言語化を提案している。最も古い段階（Ⅰ）は「父が子供を叩く」。第二段階（Ⅱ）の言い方は「わたしが父に叩かれる」。そして患者自身が伝える言表「子供が叩かれる」は、幻想の最後の段階（Ⅲ）となっている。例の問いを再び取り上げよう。

誰が叩くのか。Ⅰでは患者の父であると容易に認められるような、不明確な大人。Ⅱでは父。Ⅲでは父の代理の大人（教師など）である。よってひとつの定数がある。上演される動作主の性別である。

誰が叩かれるのか。Ⅰでは患者の兄弟や姉妹であり、無差別的である。Ⅱでは患者。Ⅲでは、ほとんどつねに男性である任意の数の子供たちである。性別と数に変化がある。

幻想の作者の位置はどうか。Ⅱでは、すでに見たように患者が打擲を受ける場面上である。Ⅰでは位置は明確ではなく、フロイトはそれが観客の位置であると示唆している。Ⅲでは、患者は「おそらくわたしは見ているのでしょう(6)」と告げている。想像のスクリーンとの関連で変化がある。

以下の問いを加えよう。それらへの答えは、すでにひとつの構築を想定している。

幻想と結びついた情動の性質(Bedeutung)(7)はどうか。段階Ⅰでは嫉妬心の満足——父はわたししか愛さない。そこでフロイトは、ここで問題となっているのは性欲動というよりむしろ自我欲動であると語る。性的興奮はおそらくない。逆にⅡとⅢでは、激しい性的興奮がある。

臨床的内容はどうか。フロイトは段階Ⅰで躊躇する。「周知の通り、われわれが区別を行う際に基盤とし

---

(3) Aus der Geschichte einer infantilen Neurose(狼男)の発表は一九一八年である。治療は一九一四—一五年に完了した。もしかすると狼男が六番目の事例、少なくとも六つのうちのひとつかもしれない。

(4) Ein Kind... *loc. cit.*, S. 197.

(5) *Ibid.*, S. 198.

(6) «Ich schaue wahrscheinlich zu.» わたしはここで、パラグラフⅥの冒頭 S. 216-217 に要約されたパラグラフⅢ、*loc. cit.*, S. 202-205 の内容を記している。

(7) 「打擲の幻想には発展の歴史(Entwicklungsgeschichte)があるが、それは必ずしも単純なものではない。この発展の最中に、その大部分(das meiste an iPen)が一度ならず変化している。幻想する本人との関係、対象(Objekt)、内容(Inhalt)、意義(signification/Bedeutung)である」(*loc. cit.*, S. 203)。ジャン・ナシフは、内容を「幻想がその一症状でしかないような臨床的表れ」として理解し、対象を「幻想のなかで叩かれる患者の人格またはむしろ性別」として理解し、意義を「叩くことと、愛するまたは憎むことのあいだに患者が打ち立てた連関」として理解することを提案している(Le fantasme dans «On bat un enfant», *Les cahiers pour l'analyse* 7 (mars-avril 1967), p. 80-81)。わたしはこれらの等価性を採用する。

ているすべての臨床的なしるし（alle die Kennzeichen）は、起源の近くでは隠蔽されているのが普通である（pflegen zu verschwimmen）。それは、三人の運命の魔女によってバンクォーに告げられた予言の響きのように理解すべきかもしれない。確実に性的であるわけでも、まさにサディスト的であるわけでもないが、後にその両方が出来するはずの実体」(8)。

その慎重さにもかかわらず、この診断は維持されなかった。同じテクストの第六節の冒頭で、フロイトははっきりと段階Iを段階Ⅲと同一視している。両者は、マゾヒスト的な第二段階とは逆にサディスト的である(9)。だが何より六年後の一九二五年、フロイトは自分が整えたばかりの概念つまりペニス羨望を手がかりとして、打擲の幻想のこの段階に立ち返っている。「ペニス羨望は、その独自の対象を断念した際にも存在することをやめず、わずかな移動とともに嫉妬という性格特徴のうちで持続する（…）。まだこの嫉妬という派生現象を知る以前、わたしは少女にかくも頻繁に見られる「子供が叩かれる」という自慰の幻想のために第一段階を構築した。幻想は第一段階では、競争相手であるゆえに嫉妬の対象となる別の子供が叩かれなければならない、という意義（Bedeutung）を持つ。この幻想は、少女の男根期の残滓（Relikt）であるように思われる。「子供が叩かれる」という単調な言い方における、わたしを驚かせた独特の硬直性は、さらに特殊な解釈を可能にする。そのように叩かれ－愛撫される子供（geschlagen-geliebkost）は実はクリトリスに他ならず、よってその申告はその最深部において自慰の告白を含んでいる。これが男根期の開始から後の時期まで、この言い方の内容と結びついているのである」(10)。

それゆえわれわれはここで、段階Iの内容だけでなく意義をも見直さざるをえない。その「意義」はエゴの単なる利益ではなくすでにリビドー的であり、男根的な激しい性的興奮と結びついていたのである。その臨床的内容は、未分化の材料や魔術の謎のように中立的、根源的なものではない。起源はより奥深く追いやられる。段階Iはそれ自体、他の層の上に築かれた産物である。他のものの残滓（ein Niederschlag）、傷痕（eine Narbe）である。[11] いかなる他の傷か。一九一九年、フロイトはそれが父に対する近親相姦的欲望であり、幻想Iはその上演と変装であると考えようとしていた。エディプス・コンプレックスの傷痕である。しかし一九二五年、性差についての考えを練り上げている際、今度は女性のエディプス・コンプレックスが「二次的形成」[12]であるように思われた。コンプレックスの発生における去勢の機能は、少女においては少年における機能の逆である。「少年のエディプス・コンプレックスが去勢コンプレックスによって滅びる（zugrunde geht）のに対し、少女のそれは去勢コンプレックスによって可能となり導入される」[13]。傷は父から愛されることの不可能性によってではなく、ペニスの不在によって残された。ナルシシズム的癒合は子供の欲望をペ

（8） *Loc. cit.*, p. 207. フロイトほどシェイクスピアになじみがない者たちのために、以下に三姉妹によるバンクォーへの託宣を記しておく（*Macbeth*, I, 3, 65 sq.）。「第一の魔女——マクベスよりも卑小で偉大。第二の魔女——彼ほど幸せではないが、ずっと幸せ。第三の魔女——汝は王にはならぬが、王を得る」。

（9） *Ibid.*, S. 216.

（10） Einige psychische, Folgen des anatomischen Geschlechtsunterschiedes（1925）, *G.W.*, XIV, S. 25-26. わたしはここで、Berger, Laplanche et collaborateurs, in S. Freud, *La vie sexuelle*, *op. cit.*, p. 126 から引用している。

（11） Ein Kind..., *loc. cit.*, S. 214.

（12） Einige psychischen Folgen..., *op. cit.*, S. 28 : « Beim Mädchen ist der Oedipus-Komplex eine sekundäre Bildung »（であって、仏訳 *loc. cit.*, p. 126 で言われているような「いわば二次的な」ではない）.

（13） *Ibid.*, S. 28 ; tr. fr., p. 130. *Abrégé de psychanalyse*（1938）, Paris, P.U.F., p. 66-67 を見よ。

ニス羨望で置き換えるものであるが、父が愛の対象とみなされるのはこのときである。幻想Ⅰは根源的であるどころか、非常に深く埋められたドラマに接ぎ木されている。それを動機づける嫉妬は、エディプス形成に必要な父の「違約」からではなく、去勢の確認から生じる。幻想Ⅰは、対象ではなくシニフィアンの欠如のしるしを帯びている。こうしてこの幻想が、――エディプス的ドラマによる因果性の仮説にとどまる場合に期待されるように――叩かれる犠牲者の役を母にやらせるのではなく、同年齢の両方の性の子供にやらせていることが理解可能となる。そしてそれ自体去勢によって生み出される嫉妬だけが、父の打擲に身をさらす理由を持つことが理解可能となる。この幻想にともなう、あるいは先行するクリトリスの自慰については、そこに男性との同一化による去勢の否認の症状を見ることが許される。フロイトが考えるように、叩かれる少年はそこで幻想する少女の代理となっているというのが本当ならば、これは段階Ⅲにおいて再び現れる症状である。

いまやわれわれは、改めて次の二重の問いを発することができる。

欲動の内容はどうか。三つの段階については、享楽である。

意義はどうか。段階Ⅰについてはサディスト的である。段階Ⅱについてはマゾヒスト的である。段階Ⅲについては「形式（die Form）だけがサディスト的で、幻想から生じる満足はマゾヒスト的である[14]」。それゆえ享楽における恒常性、それを獲得させる欲動興奮の働きが存在する。留意すべき多様な特徴を記すことで三つの段階の一覧表を作成するならば、得られるのは次頁表のようなものとなろう[15]。

この表には認識論的な価値はない。しかし欲動および幻想に固着した欲動の代表の運命を左右する、いくつかの定数の特定を可能にする。上演された動作主は、男性の大人である。幻想はつねに享楽をともなう。

幻想はつねに打擲を表象する。これらの定数は同じ地位を持つわけでも、同じ機能を持つわけでもない。快原理に関しては、享楽が幻想の機能を決定する。しかし各段階を通じたその回帰は、享楽に異質な情動が付随することを不可能にするわけではない。ⅠからⅡへの移行の場合、場面はマゾヒスト的「内容」によって充実し、本来の欲動の反転や逆転に「内容の逆転」(16)が加わると想定することが可能となる。抑圧された情動

段階＼特徴	動作主の性質	犠牲者の性質	患者の位置	欲動の「内容」	快に関する「意義」
Ⅰ	大人、父	男の子や女の子	傍観者	サディスト的	性器的興奮
Ⅱ	父	患者	犠牲者	マゾヒスト的	性器的興奮
Ⅲ	大人	男の子	傍観者	サディスト的外観だがマゾヒスト的	性器的興奮

(14) Ein Kind..., *loc. cit.*, S. 211.

(15) この一覧表は、すでに引用したゼミにおける報告でギー・フィーマンとクローディーヌ・エジクマンが提示した、より完全な一覧表から着想を得ている。

(16) «Die inhaltliche Verkehrung». フロイトによれば、これは「ただひとつの事例において遭遇する、愛から憎悪への転換（die Verwandlung）」である（Triebe und Triebschiksale（1915），*G.W.*, X, S. 220 ; tr. fr., *Métapsychologie, loc. cit.*, p. 26）。

の一部が苦悩へと流れ出るのと同時に、父に対する愛の層の上に憎悪の層が重なる。こうして、情動における幻想IIとIIIの内容はIのそれよりもはるかに両価的といえよう(17)。

幻想の「物語」の打擲者の役を終始務める男性の大人については、その表象の見かけの不変性によって以下のことを忘れてはならない。その輪郭は十分に不鮮明であるため、患者の父とは別の、多くの再認可能な人物がそこに宿りうるということである。固着はある個人、現実の父に対してではなく一種の想像上の原型に対して行われる。原型は、原型が手にし子供を打つ鞭だけで十分に特徴づけられる。この幻想されたペニスの二重化がここで十分に示しているように、想像上の登場人物の繋留点は父の人格ではなく男根の象徴的機能である(18)。

ただ「叩くこと」だけが、疑う余地のない不変項であるように見える。しかしながら、そこにおいて変化しないものを正確に決定する必要がある。それゆえもし打擲の幻想の回帰に不変性が存在するならば、われわれはそれが提示される場所、つまり表象と情動の秩序においてそれを見ることのないよう用心し、むしろそれをこうしたおとりの向こう、ひとつの布置のなかに探し求めるよう専心すべきである。

§3 欲動の運命

この事柄に巻き込まれた欲動の運命を、(それを徹底的に論じるなどという野心を持たずに)簡潔に明らかにしよう(19)。

フロイトの最初の診断――段階Iでは、父へと向けられ強いサディスト的要因を伴う愛の興奮。段階IIでは、マゾヒスト的逆転。段階Ⅲでは、場面への患者の現前の全痕跡の消去。一九二五年以降修正された診断——段階Ⅰはまず近親相姦的なのではなく、二次的にそうであるに過ぎない。根源的にはペニス羨望があり、次いでそれが近親相姦的興奮において癒合する。

われわれにとって重要なのは、幻想の総体のうちに記録された欲動の操作の性質を明確にすることである。

（17）段階Ⅲについて、こう書かれている。「その意義（Bedeutung）は、それが抑圧された部分（Anteil）のリビドー備給を担い、内容と結びついた罪責意識をこの部分とともに担う点にある」（Ein Kind.... *op. cit.*, S. 211）。フロイトはまさしくこの両価性を強調している。

（18）Cf. J. Lacan, La signification du phallus, *Ecrits*, *op. cit.*, p. 685-695. 同様に La relation d'objet et les structures freudiennes (novembre-décembre 1956), *Bulletin de psychanalyse*, X, p. 426-430 も参照。

（19）ミシェル・トール（Michel Tort, Le concept freudien de représentant, *Cahiers pour l'analyse* 5, novembre-décembre 1966, p. 37-63）は、情動による代表と対立する表象による代表（Vorstellungs-Repräsentanz）が、欲動の領域と心性の領域とのあいだに位置する真にフロイト的な連関であることを示し、経済論的なものを記号学に（あるいは解釈学に）解消しようとするあらゆる試みに反対している。これらの点については彼に従うことができるが、その結論を受け入れるとなると別の話である。それは、「代表」とは確かに新しいこの連関のためのイデオロギー的指示であり、それは心理主義へと導くが、「精神分析的解釈は「欲動的」、リビドー的決定を他の諸決定と連関しうる対象の構造化として理解することによってしか、この歩みを避けることができない」という結論である（p. 63）。逆にこの非連関は、フロイトにおいては無意識の果てに達しえないことのしるしであり、差異を対立から保護することである。フロイトが死の欲動という名の下に移動させることで維持したのも、この同じしるしである。トール自身がイデオロギーと呼ぶものに抗して強調しようとしているもの、それは調整された諸対立の統一的集合としての言説体系のイデオロギーである。だがフロイトにおける欲動の非理論は、作業の非場所、非意義を確保するためのものなのだ。

操作は二つ存在する。ひとつはⅠをⅡへと変え、ひとつはⅡをⅢへと変える。前者は退行であり、後者は抑圧である。フロイトは前者の激しさを強調し、それを幻想Ⅰとそれに付随する罪責感の強さと関係づけている。父を対象とする愛の興奮の「勝利の逆転」である。なぜこのような逆転が生じるのか。娘がこの欲望成就によって罰せられるようにであろうか。そして彼女はなぜ罰せられなければならないのか。フロイトによれば、これはエディプス・コンプレックスの消滅の問題である。「こうした愛着はいつの日か消え去る定めにあった。それがいかなる理由ゆえかは、われわれは何も知らない」[20]。

しかしここには、本当に消滅があるのか。われわれは強迫神経症患者とかかわっていること、われわれは倒錯の発生を考察していることを忘れてはならない。倒錯者は、神経症患者や正常と言われる主体に劣らずエディプス・コンプレックスを通過している[21]。ならば、この通過はここではいかなるものか。ⅠとⅡのあいだの退行の激しさは、リビドー形成Ⅰの激しさに由来する。ところで近親相姦的興奮の強さは、この第一段階では何を証言しているのか。患者に対する去勢の反響である。実際に形成Ⅰを吟味してみよう。それは、欲動の目的という観点からすれば単純ではない。なるほどそれは女性的な愛の興奮における去勢の受容であるが、父との同一化をもたらす男根的要求でもある（わたしは他の子供を憎む→父は他の子供を憎む）。このようなコンプレックスは、性器的（クリトリスの自慰）源泉だけでなく、サディスト的な肛門的源泉においても見出される。幻想に叩くことという定数を与えるのは、この最後の要素である。

よって（ⅠからⅡへの）マゾヒスト的退行はまさに近親相姦に対する抑圧の機能を持つが、また部分欲動の維持の機能も有している。それは父に向けられた求愛に対する罰であると同時に、サディスト的な肛門領域のエロス化の維持を可能にする反対物への逆転なのである[22]。同時に「近親相姦の勝利の逆転（Umkehrung)」は、愛の興奮が包括しえなかったものそのものの反対物への逆転（Verkehrung ins Gegenteil）つまりサディズムでもある。この逆転の多元的決定は明白である。同様に、すでに第一段階からサディスト的要因とエディプス・コンプレックスの二つの働きが作用しているという事実も明白である。サディスト的要因は所与である、あるいは（フロイトが一九二五年に考える）去勢のトラウマの最初の拒絶の遺産である。いずれにせよ、それがコンプレックスの働きにおいて役割を果たすことにかわりはない。そしてコンプレックスが強迫神経症や倒錯において「乗り越えられ」ない定めにあるのは、その正常な解決策が去勢の拒絶によって直ちに妨げられたからである。またもや段階Ⅰは単に父への要求（男根を所有すること）だけでなく、父との同一化（男根であること）を証言する。よって退行は、コンプレックスの力ではなくその弱さから意味を受け取ることになるだろう。

ⅡとⅢのあいだで作用する抑圧については、ほとんど言うべきことはない。それは、第二段階の「父に叩

（20） Ein Kind..., *op. cit.*, S. 208. 次のように言われている S. 225 と比較せよ。「抑圧の動機に性的意味を与えてはならない。心的無意識の核は人類の遺産を代表している。抑圧の過程を被るのは、その後の発展段階によって無益なもの、新たなものと統合しえないもの、さらにはそれに有害なものとして放棄されるべきものである」。

（21） J・ラカンは、この必然性を La relation d'objet..., *loc. cit.* のセミネールで強調している。

（22） 「この「叩かれた存在」に、いまや罪責意識と性愛がともに協力する。それはもはや禁止された性器的関係を単に罰するもの（die Strafe）であるだけでなく、退行によってそれに取って代わるもの（der regressive Ersatz für sie）でもある」（Ein Kind..., *loc. cit.*, S. 209）。診断の修正後（一九二五年）は、むしろペニス羨望のための退行的代替と言うべきかもしれない。

かれる」を「粉飾する」。少女を少年に、単数を複数に、一人称を三人称に変え、打擲の動作主を塗りつぶす。これらは、欲動の代表——言語によるものであれ想像によるものであれ——にかかわる操作である。だが欲動自体は、もはやIからIIへの退行におけるようには（一九一九年の仮説では領域の変化によって、一九二五年の仮説では同じ領域における逆転によって）[23]移動しない。欲動の運命は定まっている。抑圧はおそらく代表－表象を前意識から遠く隔てておくであろうが、「消え去った情動は社会的不安、道徳的不安、苛烈な非難に姿を変えて（in der Verwandlung zur）回帰するであろう」[24]。それは、強迫神経症の段階IIの非表象的「代表」であろう[25]。

欲動の運命に関する最後の指摘。リビドーの三つの状態は、直線的な継起において互いの前後に位置づけられるのではない。J・ナシフ[26]は、幻想の布置の時間性についてちょうど『欲動と欲動運命』のテクストを引用している。フロイトはそこで、リビドーの発展の問題に関する事柄に手短に決着をつけようとしている。彼はこう語る[27]。「ここで考察された欲動の二つの例に関して、能動性から受動性への逆転による欲動の変換と自己への方向転換は、厳密に言えば欲動興奮の全量を対象とはしない、と指摘できる。欲動の変換の過程が広範に遂行される際でも、最初の能動的な方向が二番目の受動的な方向のかたわらである程度存続する。窃視欲動に関する唯一正しい陳述は、自体愛的な前段階から能動的かつ受動的な最終的な形成まで、欲動のすべての発展段階が互いのかたわらに存続するということである。このようなわれわれの主張は、もはや欲動が導く先の行為ではなく充足のメカニズムに立脚するならば、自明となる。しかもこうした事柄をさらに別の仕方で考え、示すことも正当かもしれない。あらゆる欲動の生を、諸々の波に分解することもできよう。波は時間のうちで切り離され、分離されており、任意の時間単位内では均質であり、溶岩の連続した噴出とほぼ同様の関係を互いに有する。すると、事柄をおおよそ以下のように想像することができる。最初の最も根源的な欲動の噴出は、変化なしにいかなる発展も決して経験することなく存続するであろう。次の波は、最初から、たとえば受動性への逆転のような修正を受け、よってこの新たな特徴とともに前の波に加わる、以下同様。次いではじまりから任意の停止点までの欲動興奮を概観すれば、上に記述した波の継起は欲動の

---

(23)「わたしは、退行と抑圧を混同しないようみなさんに注意しなければなりません(…)。抑圧の概念には、性欲とのいかなる関係も含まれません。みなさんが特にこのことに留意するようお願いします。それは、局所的と呼ぶことではるかに巧みに示しうるような、純粋に心理学的な過程を指すものです」(G.W. XI, S. 354 ; tr. fr., Payot, 1945, p. 368)。

(24) Le refoulement, G.W. X, S. 260 ; tr. fr., *Métapsychologie*, *loc. cit.*, p. 62.

(25) わたしはここで、ナルシシズムと自己色情の問題を意図的に無視している。段階IIのマゾヒスト的逆転は、A・グリーンが二重の反転あるいは「交叉」と呼ぶものの特徴を示しているように思われる (Le narcissisme primaire : structure ou état, I, *L'inconscient* 1, janvier 1967 ; II, *ibid.* 2, avril 1967)。しかしここでは、二次ナルシシズムが問題となっているはずはない。一九二五年の仮説が示唆するようにクリトリスの自慰がすでに段階Iで存在しているというのが本当ならば、一次ナルシシズムは、われわれが取り組む事例ではずっと以前から固定されている。ここでは、最初の自己色情がどこから生じるのか決定し、A・グリーンが考えるようにそれが「母の否定的幻覚」——これが表象を可能にする——と関係するのかを検証することは、われわれには不可能である。一方、身体におけるリビドーの「二重の反転」が、欲動とその代表‐表象の不可欠な媒介となっていること (art. cité, II, p. 102 sq.) は間違いない。同様に、幻想の各段階の展開を通じた想像上の対象の現前の恒常性は、A・グリーンの確信を立証しているように思われる。ナルシシズムは対象の喪失にではなく、むしろ欲動の目的の制止に対応しているという確信である (*ibid.*, I, p. 148-151 ; II, p. 92-96)。

(26) Art. cité, p. 84.

(27) *Métapsychologie, op. cit.*, p. 30-32 のラプランシュ、ポンタリス、ブリアン、グロサン、トールの仏訳による。G.W. X, S. 223.

一定の発展の姿を示すに違いない。／発展のこれこれの時期において、欲動の動きのかたわらにその（受動的な）反対物を観察しうるという事実は、ブロイラーが導入した両価性という見事な用語で強調するに値する」。それゆえもし「発展」があるとすれば、それはまさしく運動的な効果によるものである。この効果によって、「眼」はそれが観察する諸変化をただひとつの連続的運動へと束ねるようしむけられる。実際には、欲動は非連続的な圧力として生じる。いずれの圧力も、その欲動の源泉と目的に関しては変化しない。ある圧力がそれに先行する圧力を消すことはない。このテクストを『文化のなかの居心地悪さ』のそれと比較しなければならない。フロイトはそこで、七つの丘の上に同じように無傷かつ同時に現前する古代ローマ、キリスト教ローマ、そして現代のローマを想像している[28]。欲望の形成が宿る空間は、トポロジー型の空間であるだけではない。そのような空間であることでわれわれには一切の表象が不可能となるが、それはこの空間が、一次過程の無時間性あるいは汎時間性を延長において保証するものだからである。一次過程は否定を知らない。欲動の形成はつねに維持される。無意識の備給が手放すことは決してない。形成が新たなリビドーの圧力によって覆われることはありうる。備給が対抗備給によって過補償されることはありうる。だが白紙の頁へと逆戻りすることは決してない。消すのではなく、局所化が相互にさらに加わるのである[29]。

このことをフロイトは、無意識はひとつの時間とひとつの様態つまり断定の現在しか知らないと確言した際に再び語っている。その諸々の形成物はすべて同時代的であり、同じ強度、同じ備給で同時に定立される。その結果無意識の空間においては、場所は部分外部分（partes extra partes）とはならない。ある備給がある領域を占めていても、別の備給が同じ領域を占めるようこの備給を取り除く必要はない。たとえば外的世界の事物が認知可能で相互に侵食することがないよう知覚の秩序において求められる間隔、要するに奥行き、

現象学的超越としての否定はここでは放棄されている。この意味で、エロス的に生きられる身体ではなく欲

（28） 本書二六九―二七一頁注61で引用。

（29） フロイトは、〈狼男〉の分析の最後で無意識的過程の別の記述を間接的に行っている。「精神分析治療は患者の諸々の精神的特徴を明らかにしたが、それ以上解明したわけではなく、それゆえ直接影響を与えることはできなかった。わたしはここで、そうした特徴をまとめることにする。すでに述べた固着の不変性。両価性への傾向の並外れた発達。太古的と呼ぶべき体質の第三の特徴として、実に多様で相反する（verschiedenartigsten und widersprechendsten）リビドー備給を並存して（nebeneinander）維持する能力。長いあいだいかなる解決も進展も禁じるように見えた一方から他方への動揺という永続的運動（das beständige Schwanken）が、成年期の臨床の場面を支配していた。これについては、ここでは軽く触れることしかできなかった。間違いなく、これは無意識の特性に由来する特徴であり（war dies ein Zug aus der Charakteristik des Unbewussten）、この患者においては過程が意識化された際にも過程内に存続していた」。この段落の最後を示す快感に抵抗することはできない。「かくしてわれわれは、この精神生活を前にすると、古代エジプトの宗教がもたらす印象と同じ印象を受ける。古代エジプトの宗教は、われわれにはまったく表象しがたい。なぜならこの宗教は、その発展の初段階を最終段階のかたわらに（neben）保存し、最古の神々と彼らの意義をより若い神々と同じ資格で継承し、他の発展において深層の形成物に属するものを表面に展開するからである」（Aus der Geschichte einer infantilen Neurose (1918), G.W., XII, S. 154-155 ; tr. fr., Paris, P.U.F., 1967, p. 418, 強調は引用者）。これは『モーセと一神教』の資料に添付すべきものである。フロイトにとってのエジプトは、バルトルシャイティスにとってと同様、まさに「錯誤《アベラシオン》」の宗教である（Gilbert Lascault, L'Egypte des égarements, *Critique* 260, janvier 1969 を見よ）。――無意識的過程の無時間性については、すでに引用したJenseits...（1920 ; G.W., XIII, S. 27-28）を再度参照。フロイトはそこで、「空間と時間はわれわれの思考の必然的形式であるというカントのテーゼは、われわれがいくつかの精神分析的知識を手にしている今日では、もしかすると議論の余地があるかもしれない」と明言している。そして無意識の「否定的記述」に取りかかり、時間についてのわれわれの抽象的表象を知覚－意識系の「作業様式」（Arbeitsweise）に割り当てることで、それを締めくくっている。

望の局所化が書き込まれる表面であるエロス的身体は、少なくとも子供、倒錯者、ヒステリー患者においては世界とは反対のものである。享楽の負荷‐放出が好む場所である諸領域のパズル。ただし、誰も何も眼前に置いて一覧表の統一性とすることのできないパズル。そしてどの領域自体も、快に関するいくつもの意義を同時に受け入れることができるパズル。やはりこの観点からすれば、退行は先に占拠されそうこうするうちに放棄された領域のために行われる性器的備給の放棄ではない。そうではなく、非性器的な領域のエロス化である。エロス化はそのようなものとして、性器性の支配下での欲動の統一に決して乗り越えられない障害を対置する。

　幻想の母胎のこの無時間性は、欲動の圧力の非連続性と同様、それを構造と混同する口実を与えるはずがない。母胎と構造は、不可視で共時的であるという共通した特性を持つ。しかしこれら二つの特徴は、今度はまったく相反する性質から生じている。構造の不可視性は体系のそれであり、体系は潜在的ではあるが知解可能な存在である。その知解可能性は、まさしく形式的規則の遵守において示される。形式的規則とは、ある体系全般の諸特性を定義する論理規則、変換の内的規則である。こうした規則はつねにひとつの操作性を定義することに、つまり隔たりの生産物〔積〕と生産の隔たりを取り決めによって決定的に固定するものであると言えよう(30)。そこでは、否性(31)が本質的な機能を果たしている。――無意識は逆に否定を知らず、矛盾を無視する。母胎は、調整的な仕方で維持された諸対立からできているのではない。そこに擬制的に決定しうる「言表」、そして欲動の目的（叩くこと）、源泉（肛門領域）、対象（父）をひとつの文にまとめる「言表」は、今度はともに定式‐生産物である「子供が叩かれる」に圧縮される。この文の見かけの整合性は、心的生活における両立不能な多数の「文」を包み隠している。なるほど、ここではすぐ後で詳細に吟味する言語代表だけが問題であるが、それが表象する欲動の圧力についても事情は同じである。圧力は体系ではなく、ブロックを形成する。わたしがブロックという語によって理解しているのは、体系の諸命題とは異なり、圧力は（ここではリビドー的な）空間の同じ場所を同時に占めるということである。生産の隔たりは「子供が……」では一度も観察されず、〈父である〉という欲動と〈父を持つ〉という欲動は一緒に与えられる。備給は性器的－男根的であると同時にサディスト的－肛門的である。隔たりの生産物、諸項は同じ特徴を示す。つまり最も不規則な移動は単数を複数へ、女性形を男性形へ、主語を目的語へ、限定された語を限定されない語へ、ここを他所へと変える。

それゆえ、母胎が不可視であるのは知解可能なものに属するからではない。依然として知解可能なものの彼方にある空間にあり、対立の規則と根本的に断絶しており、完全に差異の支配下にあるからである。それがどのようにしてかは、以下の第六節で述べられる。しかしすでに、ひとつの場所のうちにいくつもの場所を持ち、両立しえないものをひとまとめにするというこの無意識的空間の特性――これはリビドー的身体の特性でもある――が形象的なものの秘密であることは理解できる。それは言説を構成する距離の侵犯、表象を構成する距離の侵犯である。母胎の派生物である言語代表と物代表は、母胎からその逸脱を受け継ぐのである。

（30） 隔たりの生産物――ある群の構造においては、e は ae=a であるような元である。生産の隔たり――a (b.c) = (a.b) c.

（31） 本書一七七頁を見よ。

§4　言語代表の運命

「子供が……」の幻想は、形象－母胎である。この幻想から形式と像、そしてまた言葉が出来する。この素材が、幻想において結合された諸々の欲動の代表（*représentant*）を構成する。フロイトは表象代表と、同じく抑圧された欲動を示す機能を持つ情動を区別している。[32] 代表は、不在（欲動「そのもの」）を現前させるという固有の機能を果たすため対象の表象へと訴える際、情動とは対照的に表象代表と言われる。情動は同様にプシュケーにおける欲動を、ただし表象なしに示す。表象代表は、それゆえ二つの極のあいだに張られている。そこで備給されている欲動の極と、その成就が表象される対象の極である。第一の関係は「表現」に属し、第二の関係は「指示」に属する。隠喩的に言えば、欲動はテクストの作者と演出家であり、代表は俳優であり、対象は作品が指向するもの（それが語る対象）である。演劇におけるように、対象に対する代表の関係は単に言語的なものではなく、視覚的でもある。俳優（代表）が語る対象は、形象（メーキャップ、衣装、装飾、照明、音、舞台装置）としても言葉（テクスト）としても提示される。それゆえフロイトは、別の場所で対象の言語表象と物表象とを区別した際も、演劇の隠喩に忠実であり続けている。[33]

幻想の分析においては、この区別を遵守することが有益である。なぜなら、一方のまさに想像的な代表と他方の言語化という代表の二つの範疇のそれぞれが被る運命（あるいは加工）は、類似しないように思われるからである。両者を対比し、両者の関係、またこれら二つの集団と欲動自体の運命との関係を明確にすることが有益である。幻想の言表の吟味からはじめることで、われわれはイデオロギー的な言葉の構築を精確に把握するよう努める。その言説の定立が含意する諸操作を証明し、この定立をその発生源たる欲望から派生させる諸操作を証明することで。

フロイトは、すでに述べたように、それぞれの段階について定式を示している。(34)

Ⅰ　父が（わたしが嫌悪する）子供を叩く

Ⅱ　わたしが父に叩かれる

Ⅲ　ある子供が叩かれる

三つの言語化は、同じ地位を持つわけではないことを想起するところからはじめなければならない。三番目の言語化は患者によって口にされ、自発的に繰り返されさえする。第一の言語化は、患者から提供された段階Ⅰの記憶あるいは幻想の意義をフロイトが要約したものである。第二の言語化は分析家による構築であり、患者からは直接的にも間接的にも与えられていない。三つの地位は、前意識に対する三つの隔たりに対応する。前意識への移行は言語化と結びついている。幻想は、その形式Ⅲにおいて無意識／前意識のブロッキングを乗り越えた。形式Ⅱにおいては、それはいかなる言語化の支配からも逃れている。つまり言語代表

(32)「抑圧」および「無意識」（一九一五）を見よ。G.W., X ; tr. fr., *Métapsychologie, loc. cit.*

(33) 特に L'inconscient ; Complément métapsychologique à la théorie du rêve (1915), G.W., X ; tr. fr., *Métapsychologie* を見よ。

(34) Ein Kind..., *op. cit.*, S. 204.

はない。分析家は、この文をすべて「構築」しなければならない。(35) 形式Ⅰはこれより前意識から隔たっておらず、そこに言語代表を送ることができる——少なくとも部分的には。フロイトはこの「送付」をいくつもの言表に分解しているが、その最後のものだけが口にされる。(36)

〇・一　父はわたしだけ（女性）を愛する
〇・二　わたしは他の子供（女性あるいは男性）を嫌悪する
〇・三　父は他の子供（女性あるいは男性）を嫌悪する
〇・四　父は他の子供（女性あるいは男性）を叩く
一・一　父が子供を叩く

この言語的形式Ⅰに関する三つの指摘——

一・幻想Ⅰは重い遺産を包み隠しており、出発点は到着点であることはすでに述べた。

二・フロイトの当時（一九一九年）の見解では、遺産は直接的にエディプス・コンプレックスのそれである。われわれは、去勢とペニス羨望と結びついた諸操作を言語的に表象する〇・一から〇・nまでの一連の言い方をさらに付け加えなければならないことを知っている。遺産は、ここでそう見えるよりもさらに重い。とはいえそこには去勢のしるしが刻み込まれている。たとえば名詞句に関係する〇・二から〇・三への変形は、わたし（娘）＝父という同一化を前提する。同一化それ自体、去勢の否認の残留痕跡である。逆に形成〇・一は、父への求愛において受容され癒合した去勢（女性性）を前提する。シニフィアンに対する二つの関係（そうであることとそれを所有すること）の共存が確かに、考察された例の特徴となっている。段階Ⅲには、男性への同一化の過程が再び見出される。より一般的には、両立不能なもののこの維持は、患者が「叩かれる子供」（男根を所有すること）としてと同様「父」（男根であること）としても幻想に「入り込む」ことを可能にするであろう(37)。

三・〇・四から一への変形は、言語学用語で言えば拡張である。その重要性は無視できない。変形はこの他の子供（患者の兄弟あるいは姉妹）の正体を覆い隠すことで、言表行為の主体と言表の諸項との関係の断絶を完遂する。患者は、依然として他の子供において否定的に表象されている。そのような子供が異なりうるのは、わたしとだけだからである。他のという語の削除が、患者の現前を隠蔽する。

分析家によってのみ言葉にされる段階Ⅱの場合、フロイトはもつれ合った二つの陳述を再び分離するに至っていることに留意しよう(38)。

---

(35) 構築については、Konstruktionen in der Analyse (1937), G.W., XVI および C. Backès, Continuité mythique et construction historique, *L'Arc* 34 (1968), p. 76–86 を参照。

(36) 強調した文が、患者自身（前意識）から得られた言表である。〇・一から〇・四までの言い方は、Freud, *loc. cit.*, S. 204, S. 208 で示されたものである。

(37) Cf. J. Laplanche et J. B. Pontalis, Fantasme originaire, fantasmes des origines, origine du fantasme, *Les temps modernes*, 215 (1964), p. 1833–1868.

(38) Ein Kind..., *op. cit.*, S. 209.

二・一　父がわたし（女性）を叩く
二・二　わたしが父に叩かれる

だがこの文は完全に無意識的なものにとどまるため、そこで生じる変形は言語表象には関与しない。一から二・一への変更、二・一から二・二への変更が根底から変質させるもの、それは想像上の上演そのものである。これについては物表象に関して述べることにしよう。

段階Ⅲは「ある子供が叩かれる」と言語化される。しかし、⑴ここでの「ある」は、任意の数を示す不確定なものである。⑵犠牲者は少年である。⑶動作主は、親の立場にある男性の成人（教師）である。よっていくつもの型の操作をよりうまく区別することを可能にするような、中間的な陳述を導入することは正当である。

三・一　子供たち（男性）がある大人（男性）に叩かれる
三・二　ある子供が叩かれる

（〇・マイナス一などの去勢に対応すると想定される言表を別にすれば）幻想の言語化された諸状態の完全な一覧表は、それゆえ以下のようになる。

〇・一　父が　わたしだけ（女性）を　愛する

○・二　わたしは　他の子供（女性－男性）を　嫌悪する

○・三　父が　他の子供（女性－男性）を　嫌悪する

○・四　父が　他の子供（女性－男性）を　叩く

Ⅰ　一　父が　子供（女性－男性）を、叩く

Ⅱ　二・一　父が　わたし（女性）を　叩く

二・二　わたし（女性）が　父に　叩かれる

Ⅲ　三・一　子供たち（男性）が　ある大人（男性）に　叩かれる

三・二　ある子供（男性）が　叩かれる

傍点を付した実際の言語化で（つまり前意識に移行するもので）やめておくなら、一から三・二への移行は(a)受動態への変形、(b)子供の性別の変更（中性＝男性）、(c)子供の限定詞の変更（定冠詞＝不定冠詞）、(d)最後の文における（普通は最後の変形の後に期待される）動作主補語の消失を含意している。これらの操作の一番目の(a)は、言語学的に正しいように思われる。受動態への変形に省略の変形[39]を取り入

（39）　N. Ruwet, *Introduction à la grammaire générative*, op. cit., p. 252 を見よ。

れる四番目の(d)もまた、そうである。他の二つの(b)と(c)は変形ではなく、連辞的文法（書き替え規則）にかかわる等式である。これらの等式は、フロイトの語彙では[40]、父が叩く少年または少女であるこの子供という表象の要素を、別の要素で、同時にそれからあまり隔たっていない要素——ある子供——で代理させることを意味する。その結果、代理は許容されるのである。ただし、言表行為の主体による言表への関与がそれによって覆い隠されるのに十分な程度には異なっている（少女→少年）。父の消失（まず三・一では拡張によって教師へと偽装されている、等々）もまた同じ方向に進む。しかしこれは、より乱暴な操作である。三・二における動作主補語の不在は注意を引かずにはいない。この空虚はいかなるものか。だが用心しよう。露骨に差し出されたこの空白は、検閲の失敗よりも、むしろわれわれをおとりとして騙す機能を有しているのかもしれない。

わたしはむしろ、言語学的に非の打ちどころがない唯一の操作である操作(a)を探るフロイトが、そこに最も衝撃的な作業を暴き出していることに感嘆する。言語学者は、受動態への変換はそれが意味を何も変えないならば正しいと言う。「Xがある子供を叩く」→「ある子供がXに叩かれる」。だがなぜ受動態にするのか、とこの精神分析家は自問する。それは、マゾヒスト的退行の統辞論における代表なのであろうか。事実フロイトは分析の際に、受動形から（そしてそれに付随する両価的な情動から）マゾヒスト的な段階Ⅱの構築へと導かれたに違いない。われわれはここで、判じ物において指摘された事例と正確に類似したものに遭遇する。テクストの一部は形象－形式（「蜂に囲まれた鼻」）へと移行し、かくして直接的な視覚（啓示線）から逃れていた。ここでは、言表（受動態）の（統辞論的な）形象－形式へと移行しかくして指示されたものの領野から抜け出すのは、リビドー的布置の一部（マゾヒズム）である。欲望はここでは完璧に作業を行っている。欲望は注意を引かず、規則に従っている。対立の体系に完全に収まったこの正当な変形の内部では、しかしながらマゾヒスト的享楽へと向かうサディスト的－肛門的退行の圧力が「表象」され、最も大きな差異への運動が「表象」されている。しかしこの表象は聴き取ることができず、この言外の意味は意外なままとなっている。マゾヒズムが介入する段階（Ⅱ）は、直接的な言語表現を持たない。フロイトによれば、（Ⅰと二・一のあいだで）マゾヒズムを導入する特殊な操作である退行はこのように示される。言語代表上に標定しうる痕跡は存在しない。言語代表は別の事柄について語る。せいぜい言説形式の受動態への転換が、反対物への逆転(41)に合図を送るだけである。この逆転はまた、段階Ⅰにおける愛の興奮によって勝ち取られた「勝利の逆転(42)」でもある。

だが受動形は言説の秩序に痕跡を残さず、標定されうるような移動や圧縮をそこで遂行せず、形象的価値を持たない。ここでは、情動だけが疑いを呼び起こす可能性があるだろう。事実、段階Ⅲの激しい性器的興奮とそれに付随する不安ゆえに、フロイトは逆説を疑い、叩かれる少年たちのうちに幻想する少女の代理を発見し、マゾヒスト的段階を「構築」することとなったのである。退行の沈黙は、移動の作業がもはや言語表象代表において形象をなさないことにある。ここでは形象性はその固有の空間において作用し、標定しうる派生物を言説の空間に送らない。その固有の空間とは、享楽の領域としてのエロス的身体の表面である。退行は、そこにひとつの形象を描き出す。すなわち性器領域から肛門領域への、負荷と放出との最大差（＝

（40）とりわけ Le refoulement, *G.W.*, X, S. 252 ; tr. fr., *loc. cit.*, p. 50 ; L'inconscient, *ibid.*, S. 274 ; tr. fr., p. 80 を参照。

（41）« Die Verkehrung ins Gegenteil », Triebe..., *G.W.*, X, S. 219.

（42）« Die Umkehrung dieses Triumphes » : Nein, er liebt dich nicht, denn er schlägt dich », Ein Kind..., *loc. cit.*, S. 208.

享楽）の移動である。この移動は言葉で語られるための隠喩を持たず、レトリックそのものの手前にとどまる。とはいえリビドー的秩序における逆転は完全に沈黙しているわけではなく、言説の表面に非常に弱く不確かな保証人がいる。それは、「父がその子供を叩く」を「ある子供が叩かれる」へと変形する文法的な揺らぎである。この取るに足りない振動の「時間」、幻想する患者は場面での位置を変え、享楽は身体における お気に入りの場所を変えたのであろう。

§5　物代表の運命

物代表（像）の運命はまったく異なる。確かに無意識的形象、形象‐形式が存在する。形象‐像も存在するかもしれない。それゆえ像からなる代表は、無意識と前意識を分ける検閲の障壁の手前でも向こうでも活発である（前意識と意識のあいだに立つ障壁の場合はなおさらである）。換言すれば、（言葉による）意義が不可能となる場合でさえ、物における表象（指示）はそのままである。だがそれならば、想像的秩序においてリビドーが被る移動はどのように示され、言語の諸効果とどのように連関するのであろうか。

欲望は像（これは幻想とも呼ばれる）において成就する。男根であろうとする欲望（去勢の否認）と男根を所有するという欲望（父の欲望への近親相姦的欲望）が、幻想Iの演出家である。前者は患者が父という登場人物に変装して場面に登場することを可能にし、後者は叩かれる子供の役（II）での登場を準備する。両者は、叩くという行為に固定されている。しかし重要なのは、幻想する患者が表象されないということである。患者は可視的な側にはおらず、観客として省略されている。それゆえ患者は、自分の役を父にそっと耳打ちする舞台下にいると同時に、拍手をする観客席にいる。患者がこの段階を言語化しうるようになると、患者は自分に観客の立場を割り当てる。

幻想IIは言語化を許容しない。だが上演に関して、演出の重大な手直しを含んでいる。患者は打擲を受ける舞台へと上がっている。第三者は消えている。父との同一化は、男根を所有する、そしてそのことで罰せられるという両価的な欲望によって覆われる。像による無意識的上演が何を意味しうるかがわかる。患者は、I（およびIII）においては自分が場面を凝視しているのを見るのに対し、自分が見ているのを見ない。ところで上演に関しては、自分が見ているのを見ない場合、見えない場合、どのような舞台にいるかはわからない。IIの場合患者は実際に犠牲者であり、舞台がどこにあるか自問することができる。というのも、それを見る者はもはや誰もいないからである。しかしながら、患者はそこに「見出される」。ただし、そこで自分を見失うような仕方で。上演は夢型である。長椅子上の患者だけが構築を経て、自分がドラマのうちに場を占めていたことを認知しうるであろう。IとIIIでは、患者は自分がドラマの外にいるのを見出す(43)。これは、

(43)　一九五六年一月二十三日のセミネール（*Bulletin de psychologie*, X, p. 604-605）で、J・ラカンはこの局外化を倒錯固有の契機とした。倒錯は、それがエディプス的組織化すべてを無傷で通過した還元不能な部分欲動が単に残存することで生じるというような意味で、神経症の陰画なのではない。そうではなく、倒錯とは状況の一切の主観的構造が、像の強力な価値づけによって還元されることである。患者は「間主観的弁証法」から脱し、「特権的証人、次いで記号」として自己を構成する。J・ラカンは、転移はこの「記号」をドラマの諸項の関係を統べる体系内に位置づけることで、それを再分節する機能を持つと語る。――これは、想像界を珍しくもあまりに信頼し、舞台外／舞台上という二者択一にあまりに固執することかもしれない。事実（IとIIIにおける）舞台外の位置は、Iにおける父、IIIにおける少年のように舞台内の患者の場所を示している。この場所はなるほど啓示線によって指示されることはないが、むしろ調整線によって、舞台装置

それゆえ鏡像段階的二重化の過程が存在するということである。（長椅子の）患者は、患者（子供）がある子供（Ｉの兄弟または姉妹、Ⅲの少年＋エゴ）が叩かれるのを見るのを見る。この二重化は、言語化可能な段階に対応する。舞台との距離が、意義の機能を可能にするのである。しかしわたしが舞台にいるとき、わたしはそこで生じることについて語ることができない[44]。

ドラマの筋における患者の現前は、言語的に表意する力の消失と一致する。このようにして、表象〔上演〕の機能に関する仮説が確証される。表意されえないものは、二重化なしに表象される。そしてその帰結として、意義があるところでは、表象は溶解するのを待つあいだに少なくとも二重化される。ここでわれわれは、欲動が代表を変え、意味がシニフィアンの別の連鎖においてではなく意味形成性の別の位置を横滑りする正確な地点を把握する。言語的シニフィアンから図像的シニフィアンへと転進させ、主体とシニフィアンの関係を保証人とするこの作業は、欲動の移動（つまり新たな圧力）をそのエネルギー源としている。

この排他関係によって理解可能となるのは、幻想する患者が場面を語りうるとき、つまり幻想が前意識の障壁を越えるとき患者は場面にはおらず、像が言葉の解体力から守られる際にしかそこに戻らないということである。以下はフロイトの古くからの、かつ非常に一貫した直観である。「像の回帰の方が、一般的には思考の回帰よりも容易である。ヒステリー患者はほとんどの場合視覚型の人間であり、強迫神経症患者ほどは分析家に苦労をかけない。像がひとたび記憶から浮かび上がると、像の描写（Schilderung）を進めるにつれ、像が粉々になって不明瞭になる（zerbröckle und undeutlich werde）と患者が言うことがある。患者は、像を言葉に変換する（*umsetzt*）につれてそれを取り除く（*trägt er ab* ——「返済する」も意味する）。作業を進めるべき方向を見出すために、そこでわれわれは想起像そのものを目当てに進む。「もう一度その像を見てください。それは消えましたか」。――「全体は消えましたが、細部はまだ見えます」――「では、それはまだ何かを意味しているのです（bedeutet）。あなたはそこに何か新しいものを見るか、この残りの部分から連想を思いつくでしょう」。作業が終わると視野（Gesichtsfeld）が再び空き、別の像をおびき寄せる（hervorlocken）ことができる。だが時に、同じ像がすでに描写を終えているのにしつこく患者の内なる眼の前に残ることがある。それはわたしにとって、患者がその像の主題に関してわたしに言うべき重要なことがまだある、というしるしである。まるで救済された霊が休息を見出すように（wie ein erlöster Geist zur Ruhe eingeht）、患者がそうするやいなや像は消え去る」[45]。幻想（ここでは形象‐像）は亡霊、苦悩する魂であり、言説はこれを救済する機能を持っている。なぜならそれは表意されることを待つ意味であり、それが不可能であれば表象として与えられる意味だからである。若きフロイトの一貫性が撤回されることになるの

自体によって示唆される。そしてこの舞台装置をエディプスの枠組みへと固定するのが、サディスト的要因である。

（44） この指摘は演劇について、より正確には悲劇自体の鏡像的逆転の機能についての考察に道を開く。『オイディプス王』でも『ハムレット』でも、二つの舞台（一方はテーベの舞台／コリントの舞台、他方はハムレットの一族の舞台／ポローニアスの一族の舞台）の存在を容易に示すことができる。両事例においてはすべてが異なるとはいえ、一方は他方の鏡となっている。ソフォクレスの場合、コリントの舞台はテーベの舞台に真実の痕跡を送る舞台となっている。それは差異の場所、出来事の源泉となる領域である。シェイクスピアの場合、ポローニアスの一族は、ハムレットが無理解に固執し死ぬことを可能にする行動化の領域である。A. Green, *Un œil en trop, op. cit.*; O. Mannoni, Le théâtre du point de vue imaginaire, *La psychanalyse* 5（1959）; J. F. Lyotard, Œdipe juif, *Critique*, 277（juin 1970）を見よ。

（45） Studien über Hysterie（1895）, G.W., I, S. 282-283; tr. fr., Paris, P.U.F., 1956, p. 226-227. これは並外れたテクストであり、別の場所で綿密に検討されるであろう。

は、すべての亡霊が救済されうるという信念についてである。魂の断片は、言葉を求め続けるのだ。
それゆえ、欲動の運命として欲動の代表の運命を根本的に変えるのは退行である。ここでは、退行と抑圧を対置しなければならない。場面Ⅰは抑圧の生産物である。行為の像は可能であるが、患者はそこから排除されており、その現前は証人のそれであり、言語化もまた可能である。やはり抑圧の生産物である場面Ⅲは、言語および物代表に関しては同じ特性を示す。しかしⅠからⅡへの退行は、第一の抑圧の言語的‐図像的モンタージュを破壊する。新たなサディスト的‐肛門的圧力が、患者を周知の位置で舞台に乗せる。諸代表の秩序においては、フロイトがすでに一八九九年に指摘しているように(46)、退行はまさに言語的痕跡の放棄と視覚的なものの優越からなっている。

だがヴィジョンは見られない。視覚は見られたヴィジョン、証人の前でのヴィジョンである。見るのを第三者が見るのである。ヴィジョンはいかなる眼によっても見られない。退行は、意味の脱構築を単に言葉の手前だけでなく啓示線の手前へと押しやる。ドラマを認知するための眼は存在しないのだ。段階Ⅱにおける眼の「表象的」立場は、それゆえ幻想Ⅰ、Ⅲとはまったく異なっている。幻想ⅠとⅢは一種のイタリア式劇場〔額縁舞台〕で行われ、あるスクリーンに記入される。舞台とスクリーン、つまり表象の額縁はドラマとともに与えられる。像Ⅱは逆に、それを見ることのできない患者を包み込む。この包み込みは、三次元的延長内のモンタージュにおける空間的内属の形で思考されてはならない。それはむしろ、両立不能な「視」点の共存なのである。そのような共存の造形的表現は、クレーの描く「狭間世界」の都市や部屋の図において与えられるであろう。そのような図は、炸裂し自己を局所化しえない患者を、そして何かが起こる非場所（un non-lieu où quelque chose aurait lieu）――わたしが父に叩かれる――を含意する。この患者と舞台の炸裂は、表象の秩序においては欲動の秩序における退行に対応する。この退行が、ある身体的場所（性器）から別の場所（肛門）への備給の撤収ではなく、それに先行するものに付加される新たな備給であるというのが本当ならば、（Ⅱにおける）物表象は近親相姦的欲望、その禁忌、サディスト的欲動、そしてこの大量の諸圧力の組み合わせ（Zusammentreffen）のマゾヒスト的上演への重ね合わせを同時に成就するはずである。患者はそこに父、子供の立場、叩く、叩かれる立場を見出しうるはずである。[47] 主体は炸裂し、主体とともに啓示線もまた炸裂する。見られざる可視的なもの。

フロイトはそれを、この非表象的な舞台装置の最終的形成物（Ⅲ）、すなわち受動態への移行において眼にし、それを可視化し、その言語的等価物を案内役とするであろう。しかしこの疑いのかけようもない術策

(46)『夢解釈』の第Ⅶ章、退行に関する節全体を見よ。この主題をめぐる最も明白なテクストのひとつは、おそらく Das Ich und das Es (1923) であろう。「V・ヴァーレンドンクによる観察によって、夢や前意識的幻想の存在による視覚的思考（das visuelle Denken）の独特な性格を明確に思い描くことができる。周知のように、多くの場合、思考の具体的な素材だけが意識化されるが、特に思考自体を示す（kennzeicﾌhen）関係は、視覚的表現を行うことはできない。像による思考（das Denken in Bildern）は、かくして非常に不完全に意識化されるのみである。それはいわば、言語による思考（das Denken in Worten）よりも無意識的過程に近いところにあり、個体発生的にも系統発生的にもこれより古いことは疑いえない」(G.W., XIII, S. 248 ; tr. fr., Paris, Payot, 1948, p. 174-175). J. Varendonck, *The Psychology of Day-Dreams*, Allen and Unwin, London, 1927) の英語版序文に、フロイトはこう書いている。「思考活動の異なる様式間の区別を立証する際には、第一に意識との関係を用いるのではなく、意図的に導かれる反省とは逆に、自由にさまよう、あるいは幻想的な思考として、ヴァーレンドンクによって研究された思考の連鎖だけでなく白日夢を指名するよう勧めたい」(G.W., XIII, S. 440)。

(47) これはまさに、引用した論文でラプランシュとポンタリスが注意を促していることである。

によって言葉のなかに隠された演出を可視化するために、フロイトは構築しなければならないであろう。それは、退行が言語的、図像的代表の脱構築を推し進めたため、欲望によって作られた記号はもはや前意識による認知の条件を満たさず、もはやほとんど何も解釈すべきものが存在しないということである。(48)

§6 「叩く」

打擲幻想の情動における意義は、依然として二次過程、言説、「現実」への挑戦である。以下が、その可能な概略である（先と同様、去勢の否認の考察は除外してある）。

近親相姦的愛情	Xが	わたしを	愛する
サディスト的要因	X（わたし）が	Yを	叩く（嫌悪する）
反転	Xが	わたしを	叩く（愛する）
逆転	わたしが	Xに	叩かれる（愛される）
マゾヒズムの抑圧	Z（わたし）が	（Xに）	叩かれる（愛される、嫌悪される）

「叩く」ことは（性器的な意味で）愛することであり、（サディスト的、肛門的な意味で）嫌悪することである。しかしこの意味での嫌悪することは、愛することでもある。叩くという語は、対立する情動を帯びている。その情動的意義を決定するのは、その欲動的基盤である。しかしながら、この語の意義がそのままこ

の情動的意義に還元されるわけではない。あらゆる他動詞は主語と目的語を求める。「叩く」はそれゆえ、たとえば「走る」と対立する。統辞論的視点からすれば[49]、幻想はここでは「他動的」行為の上に築かれている。このことが、形式三・二における動作主補語（「父に」）の省略をまさしく顕著にしている。しかしこの他動性の定数はあまりにも弛緩したものである。「叩く」を、他のどのような他動詞でも置き換えられるはずがないからである。本来の意味論的な意義へと訴えることは、この要件を満たすはずであると思われる。それはたとえば、「叩く」を「愛撫する」に対置するのである。

しかしながらこれでは十分ではない。すでに見たように、フロイト自身が一九二五年のテクストでこう書

（48）ナシフは、この幻想の可能的な「文法」の検討を次の言葉で締めくくっている。「患者、あるいはむしろ幻想の作者とその言語化の文法的主語（つねに、受け身の主語としての子供）とのあいだ（言表行為の主体と言表の主体のあいだ）に打ち立てるべき、何らかの関係が存在すると述べることを可能にするものは何もない。なぜなら明らかにされた置換は、「隣接性」による換喩的変形でも、「類似性」による隠喩的変形でもないからである。まさしくそれゆえわれわれは、言語学的共示との関係でより中立的な置換という語を用いたのである。そして決着をつけることなく議論を終えるにあたり、フロイトは少なくともここでは、言語的「シニフィアン」ではなく「表象」について研究していることを想起することにしよう。こうしてわれわれは、テクストへと連れ戻されるであろう」(art. cité, p. 80)。

（49）リュス・イリガライ (Luce Irigaray, Du fantasme et du verbe, *L'arc* 34, 1968) は、そのような「統辞論的意義」の分析を素描している。そこにおいて彼女は、たとえば「生きる」を「吸収する」や「与える」と対置している。著者はこの動詞の意義が（主語を構造化する限りにおいて）転移をいかに支配するかを示そうとしているものの、彼女の所見は、わたしには現象学的方法に属しているように思われる。そしてこのことが、その射程を著しく制限している。かくして彼女は、「欲望する」を様態付与（「もしかして」「おそらく」）および／または動詞の様態（「～したい」「～できる」）として理解する。だがフロイトは、欲望はつねに断定的であり時制と叙法を知らないと述べている。

いている。「そのように叩かれ‐愛撫される（geschlagen-geliebkost）子供は、実はクリトリスに他ならない[50]」。幻想が上演する筋立ての本来の意義さえそのような変容を受け入れるとすれば、幻想全体のそれ自体との同一性はどこに位置づければよいのか。ここまでわれわれは、幻想がいかなる点で形象性であり、差異であり、諸対立の調整された体系への挑戦であるかを見てきた。それゆえ幻想がいかなる点で言説の欠如、さらには再認可能な表象の欠如の場であるかを見てきた。だがわれわれはまた、それが何らかの仕方で「エクリチュール」であり、反復的布置であり、篩《ふるい》であることも知っている。出会いの偶然、日中残滓、日常生活の挿話的出来事が主体の頭に投げかけるものがすべて、把握され「表意」されるためにこの篩へとやってくる。その自己同一性は、形式Ⅰ以前にすでに混合し、形式Ⅲにおいてはなおさらそうである欲動の秩序には属さないし、逆にいくつもの白日夢と多くの夜の夢がその三つの層によって幻想のうちに多くの舞台装置を見出しうる表象の秩序にも属さない。またすべてのなかで最も二次的、最も入念に作られた言説の秩序――その統一性は最も過大評価されている――にも属さないし、打擲が愛から嫌悪へと揺れ動く情動の秩序にも属さない。とすれば、それに内容の真実を割り当てることを放棄しなければならないのは明らかである。その同一性は形式的なものである。しかしこの形式主義を、どのように理解すればよいのか。

わたしは現在われわれが位置する水準、そしてここまで探究してきた層の下に位置する水準においてこそ、たとえ原理としてであれ形象的なものの秩序を言説的なものの秩序から分離することが必要であると示したい。幻想の母胎は、明らかにひとつの「形式」である。わたしはここで、その「起源[51]」の問題を検討するつもりはまったくない。いずれにせよわれわれは、この起源自体がすでに、つねにすでに痕跡であることを知っている。しかしその形式的特性そのものにおいて、よって形式的な仕方で、この形式が意味のさまざまな秩序で観察される侵犯の原理となっている理由を明確にしうるのではないか。一般的に、形式であるものはいかにしてまた侵犯でもありうるのか。事実われわれは、別の地平からこの問題と遭遇した。すなわち、逸脱、違反、脱構築であるものがいかにして同時に形式でありうるのか。言説的言語のようにそれが二つの水準で分節されていないとしても、この全体性――ゲシュタルト心理学以来、全体はその要素の総和には還元されないと述べることは陳腐である――が内容の多様性と契機の連続のうちで自己自身と同一に維持されるには、そのさまざまな部分、さまざまな要素のあいだに恒常的な関係が観察されなければならないのではないか。そしてもしそのような恒常的関係、そのような間隔が存在するとしたら、この形式は（沈黙した）言語のようなものではないのか。音程、色の対照、諸価値の間隔設定、通時的なリズム、あるいは（建造物のファサードの）共時的な「リズム」。こうした形式の根拠を比例の法則の用語で把握するのは容易であり、目新しいことではない。それは数学的言語ではあるが、やはり言語なのである。幻想の秩序、主体の無意識がいわば「とらえられた」規則性、その夢と症状の形式的母胎、これらが思考可能な比例に従うと認めなければならないとすれば、ロートとピュタゴラス派のプラトン主義すべてがここで賛同するであろう。

　分析をもっと詳細に再開しなければならない。われわれは、「叩く」という言葉ないし像についてはある韻律法の主題（「シニフィエ」）を前にしている。また「XがYを叩く」という文や場面については、韻律法の図式（統辞論）を前にしている。しかし諸段階そのものの拍動については、韻律法の断絶を前にしている。

（50） Einige psychische Folgen..., *G.W.*, XIV, S. 26 ; tr. fr., *op. cit.*, p. 126.
（51） Laplanche et Pontalis, art. cité を見よ。

換言すれば、われわれが幻想によって関係する「形式」は正しい形式ではない。なるほどそれは欲望がとらえられている形式、侵犯によってとらえられた形式である。しかしそれはまた、少なくとも潜在的には形式の侵犯でもある。

「叩く」を取り上げよう。この動詞は二つの表面間、つまり打擲を受ける表面とそれを与える物体の表面間の、確立され、中断され、再確立される接触を意味する。かくしてそれは、＋－＋－（＋は接触の瞬間を表す）というリズムをもたらす。この韻律化とともに、叩かれる身体の表面に現前／不在型の単純な対立の領域が規定される。「子供が……」の幻想では、鞭や父の手と子供の尻との接触が推測では性的興奮を引き起こす[52]。＋－＋－という韻律化は、快についての意義を有している。セルジュ・ルクレールがちょうど喚起しているように[53]、この意義はフロイトによれば負荷と放出との差異[54]にある。「快あるいは享楽の時間は、この場合には緊張の＋と－のあいだの差異の時間である。それはそれ自体は把握しえない差異であり、快の核心であり、尺度ではなくその可能性を築く差異である[55]」。

この差異そのものは韻律化の尺度や配置ではなく、単にひとつの間隔設定の開始であることに注意深く留意しておこう。そして享楽が緊張の負荷と放出の最大限の差異から生じるというのが本当なら、この開始はただひとつの同じ領野に属する諸項を分離するわけではない。さもなければ、諸項はこの領野を分割する境界に過ぎないであろう。むしろ、開始は表面の崩壊を示す断層である。断層はその裂け目の両側に、実に異なる高度でそそり立つ二つの尾根を残すのである。

二つの種類の間隔がありうることを指摘し留意することを「忘却する」ことで、韻律化の機能が無化される。この機能が無（－の拍）の通過と消滅の調整された交代に過ぎないのなら、なるほどそこにあらゆる意味形成性の条件を見出すことができる。そして欲望がこの基礎的な韻律をもとに鍛え上げる連鎖を、言語的ではないにせよ少なくとも形式的であるシニフィアンのそれと同一視することができる。これがクローデルの「基本的短長格」である。セルジュ・ルクレールのように無意識の言語学的解釈と距離を取るにせよ、[56]身体への欲望のこの刻印、この外傷、その傷口を「文字」と呼び、この刻印や文字を書き込まれたエロス的身体を書物のように読むと主張するという、わたしにとっては重大な譲歩をすることができよう。一方それに加え、周知のようにこの文字、「記号であれ音声であれ、その形式性における文字による分節[57]」は、まさしく緊張の差異を単に対立的な空間に閉じ込め、生と死の差異という絶対的差異の縁における享楽を停止し、かくしてそれを欲望の韻律化において反復可能にするという機能を持つ。享楽は死ではないが、緊張の放出であると同時に、死として表象の無化である闇、そして言葉の無化である。

(52) わたしは、ここでは幻想の起源については配慮していないことを繰り返しておく。フロイトは一九一九年のテクストにこう書いている。「それはむしろ、かつて見た出来事の想起かもしれないし、さまざまな機会に生じた欲望かもしれないが、こうした疑問は重要ではない」(*op. cit.*, S. 204：強調は引用者)。

(53) *Psychanalyser*, Paris, Seuil, 1968, p. 67. Cf. Freud, Zur Einführung des Narzismus, *G.W.*, X, S. 150.

(54) わたしはここで、セルジュ・ルクレールによるこの語の用法に従う。これについてはすぐに論じる。

(55) Leclaire, *ibid.* ここで、A・グリーンの一次ナルシシズムに関するテーゼが「構造」として関連づけられることがわかる。自体愛は、性的興奮を引き起こす韻律化を、対象へと向かう軸を起点に九〇度回転し身体表面のスクリーンに写像することである。

(56) 特に *ibid.*, p. 121 sq. を見よ。

(57) *Ibid.*, p. 154.

る沈黙を与える。そして絶対的差異とは、不可逆性としての死であろう。（＋－）は、形式（いわばその「文字」）における欲望の再開によっては、つまり（－＋）によってはそれ自体無化できない。このように（＋－＋）として、弁証法は死をみずからの言語、みずからのポケットに入れて乗り越えると信じ込む。しかし実際にはいかなる過程もなく、無限の循環（＋－＋－＋－）があるだけなのである。絶対的差異とは（＋0）であろう。

フロイトは、すでに一八九五年から二つの決定を区別していた。恒常原理は体系を最小の緊張で維持することを目的とし、不活性原理は興奮を完全に排出する傾向である。[58] 前者は、エネルギーを拘束することでしかそれを恒常的水準に保つことができない。この拘束は、言語と知覚の体系における意義と表象の拘束であり、エネルギーの自由な流れと意味の自由な移動を阻害する。[59] 快原理は、逆に「不活性つまり水準0へと向かう根源的傾向[60]」と結びついた部分を持つように見える。「快原理の彼岸」（一九二〇）では、周知のようにこの原理は位置を変えている。エロスの方、より複合的な単位を形成する傾向の方へと移動している。それゆえ、中心からのポテンシャルの隔たりが増した、よりありそうもない体系にエネルギーを結びつける傾向の方へ[61]。先の問題系において快原理が占めていた場所は、いまでは「死の欲動の傾向を表現する[62]」涅槃原理によって占められているように見える。エロスが構築した「拘束された」建造物は、この欲動によって、体系がエネルギーの零度へ回帰するよう放棄されるのである。

しかしながら、快原理のこの移動は自明ではない。一九二〇年のテクストだけでも、その位置決定をめぐる躊躇が感じられる。「欲動の拘束は予備的機能であり、この機能が放出の快におけるその決定的清算（Erledigung）を目指して興奮を準備するはずである」――ここから、エロスは拘束の側にあると結論できそうである――と述べた数行後、フロイトはこう記している。「まさしく、快原理は死の欲動に仕えていると思われる(63)」。

この「躊躇」は、わたしの考えでは、われわれがセルジュ・ルクレールのような著者において、彼が欲望の「文字」が保持する差異を明示しようとする際に出会うものと同じである。躊躇をある方向や別の方向へと転換させせないならば、そしてわれわれが形象性として明確化しようとしてきたもののすべてがこのカミソリの刃の上にとどまるならば、この躊躇はまったく正当なものである(64)。絶対的にとらえれば、差異は死の欲

---

(58) *Naissance de la psychanalyse*, Paris, P.U.F., 1956, manuscrit D (mai 1894), そして何より L'esquisse d'une psychologie scientifique (1895), *ibid.*, p. 316-317 の «première notion fondamentale» を参照。この問題の議論については、Laplanche et Pontalis, *Vocabulaire de la psychanalyse*, *loc. cit.* の principe de constance, pincipe d'inertie, principe de Nirvana の項目を見よ。

(59) たとえば『夢解釈』第Ⅶ章を見よ。

(60) *Naissance de la psychanalyse*, *loc. cit.*, p. 317.

(61) 「「拘束」は、快原理の支配を導入し保証する予備的な活動である」(Jenseits..., *G.W.*, XIII, S. 67 ; tr. fr., *op. cit.*, p. 72)。

(62) Das ökonomische Problem des Masochismus (1924), *G.W.*, XIII, S. 373. Cf. Jenseits..., *G.W.*, XIII, S. 39-40, 53, 60 ; tr. fr., *op. cit.*, p. 42, 57, 64.

(63) Jenseits... *op. cit.*, S. 68-69 ; tr. fr., p. 74.

(64) ピエラ・オラニエは、一次マゾヒズムは「涅槃原理が心的エネルギーを支配する快原理との妥協に達するよう強いられる、実り多い時期」であるという仮説を立て、主張している。彼女は、幻想はまさに二つの原理の「結合点」であることを示しこう結論する。「一次マゾヒズムは、死の欲動が対象と快のおとりにとらえられる幻想（そして唯一の幻想）である。だがあらゆる幻想によって欲望が現出し「実体化する」限り、幻想はまた主体が自分自身の無化に抗して鍛え上げる盾でもある。そのおかげで、主体はその現実化を遅らせるのである」(Remarques sur le masochisme primaire, *L'Arc* 34

動が目指すものつまり興奮の零度である。しかし差異は生および体系の存続と妥協しなければならない、すなわち享楽は死を前にして停止する。それは涅槃原理と恒常原理のあいだの妥協である。仮に欲望の「文字」が文字に過ぎなかったら、死はそこから排除され、この理由で欲望さえが読みうるものとなるであろう。意義と表象の安定したネットワークに全面的に固定されるからである。この「文字」は少なくとも正しい形式に、出来事の流れのなかで自己を自己と同一のまま維持しうる布置となろう。だが欲望の秩序は二次過程の秩序ではない。それは、無秩序の力によって転覆される秩序である。快原理の彼方でフロイトが確実に思考しようとしているもの、それは児戯、症状、悪夢、転移における「同じものの永遠回帰[65]」である。しかし彼がとらえようとしているもの、それは同じものではなく回帰である。彼を驚かせるのは反復の掟ではなく、再帰なのである。

この再帰の原理は、ある（音韻や意味の）体系の諸項をまとめ、通時態、言説におけるその出現を基礎づける原理に似た構造的原理ではありえない。なぜならこうした諸項の出現はまさに、それ自体ではフロイトが症状に見出す反復性を持たないからである。子供のいない／いる遊びにおいて狭義の言語に属さないもの、それはまさに述語付与でもないし、

名詞句 ＋ 述語句

という型の句の基礎的構成でもまったくないということである。まったく逆に、それは両立不能な二つの交代する述語付与の反復だからである。

名詞句 ＋ 述語句

「糸巻き（母）」 「いない」

「糸巻き（母）」　　「いる」

回帰するのは同じものではないし、展開されるのは言説ではない。それは、自己を解放して述語的同一性、句、断定的言表として自己を構成するに至らない布置である。この揺れを維持するのは死への圧力である。言語型の単なる対立（いない／いる）という外見の下には、現前の二つの契機を隔てる無としての差異が作用し、みずからを示している。子供は確かに差異で遊ぶ。子供は、母の消失が残した傷の恐ろしく不均衡な両縁を同一水準に置き直そうと試みる。しかしこれは、遊びの主観的機能である。フロイトが自問している問いは、遊びへの傾向、反復への傾向の存在という問いである。彼が述べるところによれば、この強迫は大人より子供において容易に観察される。なぜならそれを支配するために死の欲動によって穿たれる隔たりのうちで構成される言語は、反復強迫を乗り越えることができないからである(66)。強迫の原理は構造や文法のうちにはないし、依然として拘束されすぎた形式のうちにさえない。幻想における拘束、それはエロスであり、それを幻想にもたらす現実原理（行為、言説）である。形式は、たとえそれが侵犯の形式であったとしても

(1968), p. 54)。「子供が……」の幻想の事例では、「回帰」（退行）の段階である段階Ⅱは、まさしくマゾヒズムの段階であることに注意しよう。だがナルシシズムをめぐるグリーンのテーゼについてすでに指摘したように、ここでは二次的な結果があるのみであり、段階Ⅱのマゾヒズムはサディスト的段階に続いて生じている。とはいえ死と快、涅槃と恒常性との妥協としてのマゾヒズムと幻想の理解が貴重なものであることに変わりはない。

(65)「この「同じものの永遠回帰」については、もしそこで問題となるのが当事者の能動的振る舞い（…）であるなら、われわれはあまり怪訝には思わない」(Jenseits..., *op. cit.*, S. 21 ; tr. fr., p. 23)。

(66) Jenseits..., *op. cit.*, S. 35-37 ; tr. fr., *loc. cit.*, p. 40-42. この部分で、フロイトは反復の強迫を「デモーニッシュな性格」と名づけている。

侵犯ではなく、恒常的集合への侵犯の回収である。それは同一性と統一性の機能なのである。

死の欲動は、こちら側では拘束された部分を持たず、何ものにも拘束された部分を持たず、脱拘束された部分を持つ。回帰や反復においては、死の欲動はそれを回帰させるものではなく、それを去らせるものである。形成物（ここでは幻想の段階である形象－形式、形象－像、言表）が維持されないように、自己と同一に維持されえないようにするものである。それは帰還（revenir）ではなく拒絶（rejeter）という意味での、「回帰」（retour）や「反復」（répétition）の「re-」である。それは戯れ（jeu）ではなく戯れからの離脱（déjeu）、裏をかく（déjoue）もの、すなわち移動（dé-placement）である。退行（régression）のなかにある脱線（digression）である。

死の欲動を拘束するものとみなすこと、それは無意識を言語とみなしエスに語らせること以上に悪いことであろう。なぜなら結局、無意識には（幻想や形式の）拘束すなわちエロスが存在するからである。だが無意識がそのように認識しえないのは拘束が解かれる限りにおいてであり、そこに死の欲動が示されるのだ。「子供が……」の幻想は、まさに侵犯によって把握される形式である。打擲によって表象されたもの、「XがYを叩く」というシニフィエの「水平的」韻律化が存在する。だがこの幻想が形式の侵犯であるのは、重なり合った層から形成されたもの、積層化された形象としてである。「父が子供を叩く」を「わたしが父に叩かれる」を経由して「ある子供が叩かれる」へと変換する「垂直的」韻律化は、拒絶の強迫に、とりわけ退行の強迫に服従する。そしてこの拒絶の機能は、過度の興奮で装置に負荷をかけることにある。こうして享楽を成就することが可能となるが、しかしまた死に近づくことも可能となる。各段階の形象は、拒絶によって生み出される新たな形象の重ね合わせによって次々に歪曲（défiguré）される。[67] 素描される秩序、欲望がとらえられる秩序（「XがYを叩く」）はつねに脱構築される。いまやわれわれは、戯れからの離脱でもある形象性の原理が死の欲動であることを理解する。それが「絶対的な反総合」[68]、ユートピアであることを。

（67）ナシフ（*art. cité*）は、これまた退行である段階Ⅳ「わたしが子供を叩く」という仮説を立てている。そして、この幻想を去勢に関係させる一九二五年の仮説を正当化している。

（68）J. B. Pontalis, L'utopie freudienne, *L'arc* 34（1968）, p. 14.

回帰、自己−説明《イリュストラシオン》、二重の逆転

回帰と詩的なもの

いまや、問いは次のようなものとなる。もし幻想がテクストのうちに形象的効果を生み出すものであり、意義の規範の侵犯を生み出すものであるなら、テクストは幻想的表現であると述べ、このテクストを理論的あるいは科学的テクストと対置して満足すべきであろうか。そしてもしそれがそのような表現であるなら、分析家の管轄に属する臨床所見として提出し処理しなければならないのであろうか。強い形象的指標《アンディス》を持つ言説は、確かに幻想を標章《アンブレム》とする無認識から導かれると同時に、今度はそれ自体が読者における無認識を導くように思われる。肝要なのは快をもたらすことである。先に定めた用語を再び用いれば、以下を示すことはたやすいであろう。

一　形象−像は、読者の幻想体系が成就されるべき場面を提供することでこの幻想体系を公然と刺激する。

二　形象−形式は、読者にその潜在的組織化の示唆を与える。

三　形象−母胎（「ある子供が叩かれる」）の場合、その最初の犠牲者となるのは、作者の作品全体がその表現さらには説明であるというのが本当ならば、作者自身である。

精神分析が芸術とりわけ書かれた作品に適用される場合、精神分析の概略的なアプローチは、作品は症状であり文学は深層の幻想体系の言葉への外化である、というものである。[1] フロイト自身、特に作品をめぐる研究においてはこの還元的態度をつねに免れていたわけではない。だがフロイトが芸術の機能を位置づけようとした際[2]、彼はそれをつねに真理の仕事として理解し、それを特に宗教の機能――これは、フロイトによれば慰めである――と対置していた。[3] 作品は、それが実際に幻想の作品である限りにおいて真である。また芸術家が自己の幻想を現実化する際にも、それを知と救済として示さない限りにおいて真である。言説や宗教的儀式は、叙事詩や小説、演劇やダンスに劣らず欲望成就から発生する。ただし両者は実際に欲望を成就する、つまりそれらが生み出す表象のうちで欲望を無化する。信じさせるのである。造形的、文学的、舞踊的表現は確かに、形式を手段として展示された内容へと愛好者が同一化する運動に訴える。しかしそうした形式は欲望が成就されるのを禁じ、内容の現実化というおとりにおいて欲望が幻覚化され放出されるのを禁じる。それは単に、そうした形式は無視されたままではいないからである。そしてそれらの明白な現前が絵、スクリーン、イタリア式劇場や書物の頁を貫通するという強迫を阻止するからであり、かくして欲望を未成就なままとするからである。フロイトが芸術に認めるこの「戯れ」の性格は、わたしの考えでは、形式が作品のうちで占めるこの独特の地位に起因する。[4]

この形式的原理を自我の機能として割り当てることは、まったく表面的であろう。[5] 作品が症状とは異なるのは、芸術家の場合、自我が病人よりも「容易にエスに近づく」[6] ことができるからではない。前者は後者とは異なり、一方の意識と他方の「外部と無意識という二つの異質な世界」の「総合」を詩の形で遂行する

「オルフェウス的自我(7)」――この自我は、エスと意識の彼方に補足的な審級を形成する――の使用から恩恵

---

(1) 作品の精神分析的アプローチに関する発表メモ（一九六九年六月）、およびそれに付随する参考文献一覧を参照していただきたい。このメモは、文学的、芸術的表現の研究に関するユネスコの全体報告書に収められている。フランスで最も有名な研究に限定しておけば、わたしが表明する前提には、M・ポナパルトのエドガー・ポーに関する臨床的研究、そしてまたより最近のCh・モーロンのマラルメに関するそれの基礎にある前提が見出されるであろう。両者の対立は、前者では作品から、後者では作者の人生から引き出された主題から分析が行われている点にある。

(2) たとえば Der Dichter und das Phantasieren (1908), Formulierungen über die zwei Prinzipen... (1911), Das Unheimliche (1919), *Der Witz und seine Beziehungen zum Unbewussten* (1905) において。

(3) この対立は、「排除された形象」という題名で発表予定の試論〔Figure forclose (1964), in *Questions de judaïsme*, Paris, Minuit, 1984〕において、『モーセと一神教』を起点に、また西洋のイデオロギーの根底にある横糸という観点から吟味されている。

(4) A・エーレンツヴァイク（*op. cit.*, chap. VIII : the inarticulate（« baffling »）structure of the joke）が的確に指摘しているように、フロイトは機知において芸術のこの形式主義的概念に最も接近している。ここでは形式は内容と対立する通常の字義で解されており、われわれが像や母胎と対置して確立しようとした意義ではないことは言うまでもない。

(5) しかしこれが最も普及した説である。すでに、ブルトンの詩に関するY・ベラヴァルの研究を引用した（cf. 本書四三九頁注14）。だがこれは、この主題に関する基本文献であるE. Chris, *Psychoanalytical Explorations in Art* (N. Y., Inter. Un. Press, 1952) の説そのものでもある。「エゴによる一次過程の支配について語ることは正当である」(p. 25)。「この過程はエゴによって支配され、それ自体の目的へと向けられる――創造的活動における昇華のために」(p. 302)。これはさらに、Ch・モーロンの心理分析的文芸批評の説でもある。

(6) E. Kris, *op. cit.*, p. 25.

(7) Ch. Mauron, *Des métaphores obsédantes au mythe personnel*, *op. cit.*, p. 234.

を受けるからでもない。この種の主題系はすべて却下しなければならない。その主たる論拠は、一次過程と二次過程、エスと自我との和解である。この意味でCh・モーロンは、単にオルフェウスが黄泉の国へと赴く（退行）だけでなく、そこから帰還すること（復帰）を可能にする「可逆的退行」の仮説を立てるところまで行っている。これは、オルフェウスがエウリュディケを連れ戻すには至らないことを忘却することである。なぜならまさにオルフェウスは、彼女の顔を見るという強迫を克服できず、彼女の方を振り向いたからである。この方向転換によって、自我が陽光と現実に向かって歩こうとするまさにそのとき、彼の視線（見ることへの欲望）は黄泉の国の（幻想的形象の）方向を再び向くのである。[8] オルフェウスの伝説が的確に示しているのは、退行は可逆的ではないこと、オルフェウスの身体、作品は細分化される定めにあること、ディオニュソス主義（フロイトのデモーニッシュなもの）とアポロン主義との総合は存在しないことである。自我の支配は現実による無意識の支配である。それは抑圧の支配であり、作品を生産せずエネルギーを言語化（知）と世界の変形（操作性）へと向ける。抑圧を取り除き逆転させることを機能とするような自我は存在しない。

このような批判はまた、側面的にではあるがクライン派が幻想と作品に与える地位にもあてはまる。なるほどそこではもはや、芸術家を精神分析し、審級の理論を再構築し、和解をもたらす芸術の概念を正当化することは問題とはなっていない。表現の問題は、完全に対象の関係において提起されている。[9] 作品は表現機能を有する臨床的現実としてではなく、むしろ「移行対象」[10] として思考されている。外部と内部への分裂に関するこの対象の地位は、厳密な意味で想像上の幻想（内的対象）のそれではないし、全体対象のそれのように現実的でもなく、乳房のそれに類似する。それは同時に外部で内部であり現実吟味を免れるが、想像上の場面のように一掃されることはない。ブランカッチ礼拝堂の『貢の銭』の兵士のように、それは表象の空間と知覚の空間のあいだを揺れ動く。それは玩具と同じ場所を占める。ウィニコットは的確にも、遊びの状況の現実を信じて人形に話しかける子供、あるいは戦争ごっこをする子供を誰も問いただささないと指摘している。この移行の地位は自明である。幼児期と再び関係しようとしていらいらするのは、われわれ大人である。作品をこの移行空間に位置づければ、作品を再び現実原理の支配下に入らせる危険はない。逆にわれわれはこう強調する。作品は空虚な空間で構築される、あるいは（少なくとも伝統や「エクリチュール」と断絶することで革新を行う偉大な作品については）作品はこの空間をまったく放棄の空間[11]として展開し保存することにある、とさえ。わたしがすぐ後で把握してもらうよう試みるのが、まさにこの機能である。

しかしウィニコットの、より一般的にはクラインのテーゼは和解的（回収的）に用いうるのであり、このような用法を過小評価してはならない。「移行性」という語自体が、和解の弁証法の機械装置を即座に作動

（8） M. Blanchot, «Le regard d'Orphée», *L'espace littéraire*, Paris, Gallimard, 1955 を見よ。ここで示された神話の解釈は、M・ブランショのそれとはかなり隔たっている。

（9） たとえば M. Klein, Infantile anxiety situations reflected in a work of art and the creative impulse（1929）, in *Contributions to Psychoanalysis*, London, Hogarth Press, 1948 ; Hanna Segal, A psychoanalytical approach to aesthetics（1952）, *Inter. Journal of Psychoanalysis*, XXXIII, 1. これは、文学的精神医学の慣例であるように思われる臨床的な用語での問題提起（「ヒステリー的」、「強迫的」、「パラノイア的」、等々）に対する価値ある理論的勝利である。

（10） D.W. Winnicott, Objets transitionnels et phénomènes transitionnels. Etude de la première «not-me possession»（1953）, tr. fr., in *La psychanalyse* 5（1959）, p. 21-41.

（11） わたしはこの語を P. Kaufmann, *L'expérience émotionnelle de l'espace*, *op. cit.* から借用している。

させることができる。内部と外部のこの移行は、媒介として理解することができる。内部の対象を放棄する主体はこの作業によってその喪に服し、完全で独立した対象性の場としての現実の構成へと向かう。ひとはこの作業の痕跡を、すでに（内部を外部において提示する）幻想そのものに見出したくなるかもしれない。次いで移行対象を経由した後には、芸術作品に見出したくなるかもしれない。そしてこの作業を、エネルギーと外的現実へのその放出の延期という連続的過程として理解したくなるかもしれない。このような考え方から、S・アイザックス[12]が提案する幻想についての考え方へと移行するのは簡単である。この考え方によれば、幻想は内部と外部を媒介しうる作品として遡及的に構成されるのである。

以上はすべて、実にヘーゲル的である。以上はすべて、言説であれ「現実」であれすべての二次的形成に対する、無意識的過程の根本的な異質性の忘却に安穏と依拠している。以上はすべて、この上ない「まじめさ」で弁証法的言説の権威の庇護を受け続けている。弁証法的言説は、あらゆる形成の動機（そこにはそれ自体の生産の動機も含まれる）を、欲望が言葉と物に出会う際に生み出す撹乱、歪曲（Entstellung）に帰すことをしない。そうではなく実際に、知の合目的性に帰す。この合目的性は、現実的なものはすべて正しい形式として現出するという公準によって強化されている。しかるに幻想はわれわれを現実にも知にも招き入れないし、作品もそうである。だがそれに加え――これこそ示すべきことであるが――、「内容」に対する「形式」の関係は幻想から作品へ移行する際に逆転するのである。

「形式」、「内容」というこの古い語彙は、それが明確にされるならば無益ではない。幻想の場合、欲動の群れは欲望を成就することだけを目的とした上演を生み出す。この成就は幻想体系の「内容」と「意義」である[13]。なぜなら、それぞれが欲動の組織化と情動の体系の意味となっているからである。形式は、そこでは決してそれ自体として考慮されることはない。形式はそこで決定的役割を果たす。というのもフロイトが十分に示しているように、内容の反復は表象の変動なしには決して進まないからである（また時には、「子供が……」の幻想の退行段階がそうであるように、欲動の組織化そのものの変動なしには）。むしろ、これらの変－形（trans-formation）は快原理に従属したままである。「子供が……」の分析によって理解されるように、死の欲動の行いである反復における差異と同一性における変容さえ、心的装置に再び最大限の負荷をかけることをやはり機能としている。これは、放出の際に可能な限り完全な享楽を得るためである。それゆえ形式は「自由」である。これは、二次過程のネットワークにとらえられたエネルギーのように拘束された過程と定数にとらえられはしないという意味である。形式の可動性と不安定性、形式の拒絶はこの「自由」を証言する。とはいえ形式が享楽原理に、あるいはもしかするとより正確には、快原理において欲望成就に属するものに従属し続けることに変わりはない。

もし芸術が表現や症状だとしたら、作品はこの「自由」で隷属的な形式をそれ以上の変更なしに繰り返すはずである。幻想の諸段階の堆積によって、そうした変更が分析に提供されることもないであろう。そうなれば、Ch・モーロンがそうしていたように、欲望が上演を命じる際の調整線を作品の厚みのうちに探すことが正当となるだろう。そして作品ではなく叫びを手にすることになるだろう。幻想のこぶしはゆるめられる

（12） Nature et fonction du phantasme（1952), tr. fr., in *La psychanalyse* 5, 1959, p. 125–182.

（13） これが、幻想に関する節（本書五〇一頁注7を見よ）において、J・ナシフにしたがいこれらの語に与えられた意味である。

ことはないだろう。回帰は決して方向転換とはならないだろう。なるほど回帰には確かにこの移動の力があり、単純な反復への背反（dos tourné）があり、死を追い求めるデモーニッシュな強迫がある。しかし快原理がある限り、この強迫は現実原理と妥協しなければならない。強迫は心的装置をその破壊にまで導くことはなく、欲動の充足でなくとも少なくともこの充足の代理形成を認める。これこそまさに幻想的な欲望成就である。その運命に固定された欲動の秩序はかくして、いわば死の欲動に上演を交渉することで幻想体系を支配する。新たな形成はそれぞれ、成就と未成就（あるいは過成就、死の零度である絶対的成就）との、幻覚的代理の充実とそれが与えられる場面の空虚との、再負荷を可能にする節度ある放出とそれと決別する絶対的放出との妥協の産物となる。もしそうであるならば、「ユートピア的」あるいは侵犯的な力は幻想の組織化においては優勢な力ではない。力は、差異化された特徴を示す緊張水準に装置を維持するという要請ゆえに、エロスによって制御される。幻想のこの機能は、対象の撤収によって残された空虚を否定的幻覚によって埋めることであり、苦悩に対する防衛である⒁。

（一般的には映画や絵画のものでありうる）「詩的」作業の機能は、エロス－ロゴスと死の欲動との関係の性質を逆転させることにある。逆転されるもの、それは任意の空間内の二対象間の関係ではない。欲動の運命は、たとえば「XがYを叩く」を「YがXを叩く」で置き換える場合のように、そのような単純な逆転を行うことができ、慣れている。こうした逆転は（言語的あるいは形象的）代表を欲動の秩序から引き剝がすどころか、それを証明するものである。詩的逆転は確かに「形式」と「内容」を対象とする。だがわれわれはここで、これらのおおざっぱな語を適切な概念で置き換えることができる。幻想は放棄の空間を満たすのに対し、作品は成就の空間を放棄する。幻想は差異によって反対する。詩的なものは、この対立によって差異を作り直す。

(14) P・コフマン (*op. cit.*, 第一章末尾) は、この苦悩、放棄に対応する情動が唯一の普遍的情動であることを非常に巧みに示している。他の情動 (恐れ、喜び、怒りなど) はすべて、すでに防衛 (反動) が組織された加工物である。

浮遊的テクスト-対象

一九六二年、ミシェル・ビュトールは『レアリテ』誌に『ロッキー山脈の呼び声』[15]という題でアンセル・アダムズとエドワード・ウェストンの四枚の写真の「解説」を発表する。実のところ解説という語は、このテクストと写真《イマージュ》との関係を示すにはほとんど適切ではない。われわれはこの関係を明確にすることにする。二年後には、『イリュストラシオン』[16]の最初の巻が出版される。その番号Ⅴには、「ロッキー山脈」[17]と題された「テクスト」が見出される。実を言うと、「テクスト」という語は不適当である。これはむしろ言葉の織物、言葉の布置である。われわれが把握しようとする「詩的」逆転は、二つの提示方法の隔たりにおいて記すことができる。少なくとも、この逆転の一例を位置づけることができる。しかしまず読者は見る（図版20、21、図20、21、および本書巻末51頁）。

（15）Nº 197 (numéro spécial : Introspection de l'Amérique), juin 1962, p. 76-83. わたしがこのテクストを選んだのは、フランスの読者はその二つの版を入手できるから、そして短いからである。分析すべきは、『モビール』（一九六二）自体であったかもしれない。
（16）Paris, Gallimard, Collection Le Chemin, 1964.
（17）P. 91-105.

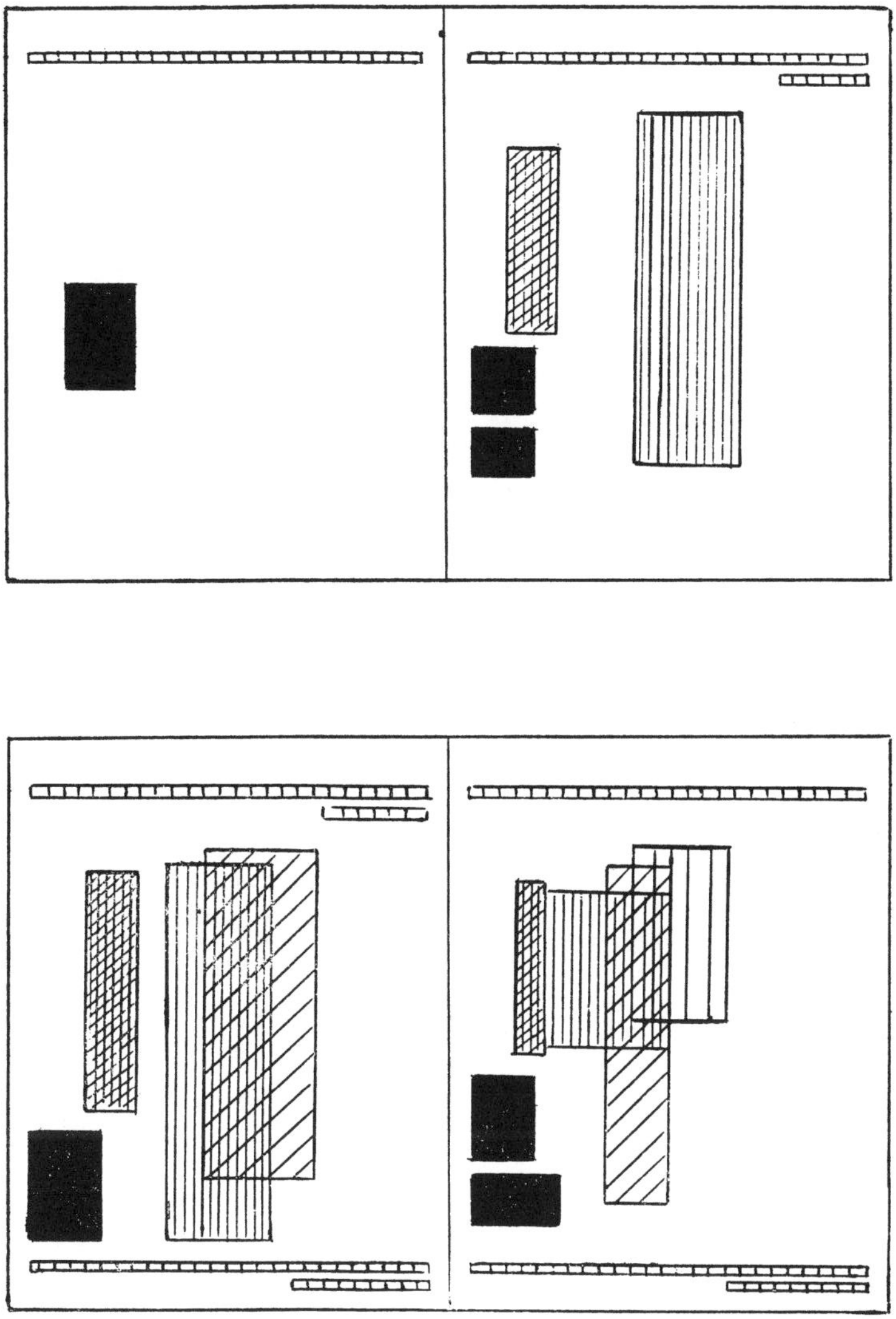

図 20

APRÈS DES SEMAINES ET DES SEMAINES DANS LES PLAINES
ET LA PRAIRIE,

LE BRUIT,

le souffle,

LE GRONDEMENT

la forge

du vent,

RÉPERCUTÉ

l'énorme

râle

PAR LES PAROIS

de la gueule

blanche

TAILLÉES

et bleue,

toutes
les paillettes
de la neige
tombant
d'aiguille
en aiguille,

COMME A COUPS

D'ÉNORMES

le froissement
de ces rameaux,
mains
gantées de fer,

COUTEAUX,

QUAND LES PIONNIERS ALLANT VERS L'OUEST ET L'OR,

le bruit,
le grondement
répercuté
par les parois
taillées
comme à coups
d'énormes
couteaux,

図21

ILS SAVAIENT QU'AU-DELA COMMENÇAIENT LES DÉSERTS,

LE BRUIT,

LE SOUFFLE,

le grincement
LE FROISSEMENT
des branches

qui se tordent,
DE CES RAMEAUX,
se déchirent
LA FORGE
et tombent,
MAINS
déclenchant
LE GRONDEMENT...
un geyser
GANTÉES DE FER,
de plumes,
DU VENT,

les jets
des chutes
déployant
leurs draperies
de giclures,

et le bruit du vent
qui reprend *L'ÉNORME...*
comme un hurlement.

DES JOURS DE ROUTE DROITE DANS L'INTERMINABLE
FERME DU MIDDLE-WEST,

APERCEVAIENT LA GRANDE MURAILLE DE ROCS, DE PICS
ET DE FORÊTS,

LE BRUIT,

LE SOUFFLE,

toutes

les paillettes

LA FORGE

de la neige

LE GRONDEMENT

tombant

DU VENT,

d'aiguille

en aiguille,

L'ÉNORME

le froissement

RÉPERCUTÉ

de ces rameaux,

RALE

mains

gantées de fer

DE LA GUEULE

le grincement
des branches

PAR LES PAROIS...

qui se tordent,
se déchirent

BLANCHE

et tombent,
déclenchant
un geyser
de plumes,

ET BLEUE

QUAND L'AUTOMOBILISTE AUJOURD'HUI APRÈS DES
HEURES, DES HEURES,

図版20と21は『レアリテ』に由来し、図21の二つの見開き頁は『イリュストラシオン』に由来する。便宜上、これらをそれぞれR1とR2、I1とI2という文字で示すことにする。

『レアリテ』の全体は、R2型の見開き頁からなる色刷りの中核から形成されているが、写真の左側には余白がある。この中核は、白黒の二つの見開き頁にはさまれている。R2と、四つの見開き頁のうちR2と同一の最後のものである。そしてこのグループ自体に、R1という若干異なる構成の見開き頁が先行している。R2、R3、R4という単位は、色以外は等質である。これらは、読解の単位であると同時に視覚の単位である。R2において見られるように、写真が単位の六分の五を占めている。それぞれの単位は、二つのテクストを含む。テクストA（「Le Parc National de Yosemite〔ヨセミテ国立公園〕」など）は、観光的文書の共示を持ち、小さなローマン体で印刷され、慣例的な読解の規則にしたがって配置され、余白の下の方に置かれている。テクストB（「le bruit, le grondement…〔物音、とどろき……〕」）は叙情詩的共示を持ち、イタリックで印刷され、写真の横側上部に配置され、写真と向かい合った側にそれ自体の余白を持っている。写真は、テクストAにとっては指向（Bedeutung）、テクストBにとっては表象（すでにテクスト内にある形象を二重化するVorstellung）の役割を演じる。このように、R2における対立A／Bは二つのテクストのシニフィエにかかわるだけではなく、シニフィアン（文本体、頁における位置、配置）にもかかわる。

最初の見開き頁R1は、別の仕方で提示されている。写真は、視覚の単位の三分の二しか占めていない。題と副題は、後続の諸単位に見出される白とは異なり、余白の上部で灰色の色価の塊を形成している。そして何より、先ほど明確にした特徴に対応する観光型のテクストAのそばに、テクストC（「Quand les pionniers allant vers l'Ouest〔西部へ向かっていた開拓者たちが……とき〕」）がある。そのシニフィアンとシニフィエは、

AからもBからも同様に隔たっている。書記的シニフィアンについては「詩節」を形作る三つの段落への配置であり、最後の詩節は七行全部を占めるが、最初の詩節は六行半、第二の詩節は六行と四分の三を占める。それゆえ、このテクストを横断する一種の斜めの母線が眼を右下へと連れて行く。そして、テクストAよりも力強い活字のローマン体で印刷されている。シニフィエについては、二つの特徴によって共示を強く与えられた形象の使用。反復（「Quand...」）によるシニフィアンの韻律化。そして国民的伝説の時間において展開される物語へと差し向ける、「物語的な」共示。これらすべてによって、このテクストCは一種の叙事詩的な文書となる。写真との関係はもはや表象でも指向の関係でもなく、この文書のもとで、ロッキー山脈の写真は装飾、舞台の役割を演じている。三世代のアメリカ人がそれぞれの感性、情動、自己自身の目的とともにそこを絶えず通り過ぎるのである。この装飾は四つの見開き頁の導入として据えられたものであり、もはや続く三つの見開き頁では喚起されないが、むしろ潜在的にそこで存続する。

この全般的な構成は二種類の指摘を促す。まず、テクストと形象－像との関係の多元性である。形象－像は、Aにとっては現実としての、Bにとっては幻想としての、Cにとっては（「集合的幻想」の装飾、それゆえなかば現実的な）伝説的装飾としての価値がある。次に、わたしが先ほど記述した配置、そしてテクストの構成に関する配置のおかげで[18]、書記的空間の造形的または形象的処理の糸口について論じることができる。ただしそれは糸口のみである。なぜならこの処理はテクストAにとっては何らかの大胆さを示しており、

(18) 写真自体が表象するものの構成を無視したのは、この記述（と図版）を重くしないためである。そのせいで記述が綿密でなくなることはない。

そのすべての価値を評価するには読むと同様に見なければならないのは事実だとしても、処理はBとCにとっては印刷上の伝統の範囲内にとどまるからである。

ここで、I1とI2を見ていただきたい。写真は除かれている。テクストAも同様である。BとCは大きな修正を受けている。（R2の）テクストBは五つの部分に分割されている。五つの部分は、五つの型の間隔に対応する五つの異なる活字で転写され、ある韻律法にしたがっていくつもの視覚の単位にちりばめられている。この韻律法は、印刷の活字の大きさと間隔を色価で置き換える図式により、モンドリアンの造形術に近いものとして出現する。テクストCは逆の運命をたどっている。『イリュストラシオン』全体を横断し、テクストCのあいだや周りに配置されたテクストBと、頁から頁へと独特な組み合わせを作る水平の帯として展開されているのだ。

白黒で入れ替えた結果がこれ（図20）である。それぞれの要素には黒の濃さを割り当てたが、これは要素が印刷された「密度」、そして活字の大きさと間隔の性質による「密度」に対応している。R2のテクストBの分割には、たとえば色のような別の造形的特性の変化を対応させるべきだったかもしれない。そうすれば、モンドリアンを眼にすることになろう。

造形的要件が『イリュストラシオン』の空間の構成を支配していることがよくわかる。感覚的なもののこの作業は、その効果をいかにして言説の知解的秩序のうちに宿らせるのであろうか。テクストの側では何が起こるのか。ここで、「呼び声」を知らないまま『イリュストラシオン』の第四部「ロッキー山脈」を開き、その頁をわれわれの書記法にしたがって構成され左上からはじまり右下で終わる一続きの文書を含むかのように読もうとするところを想像されたい。すると意味的にまったく途方に暮れることはもちろん、一致の欠如、主語の欠落、主節のない従属節といった、最悪の文法的奇妙さに遭遇することになるだろう。印刷上の変調は、おそらく『レアリテ』のいくつかのテクストにおいても感じられはじめていた。だが諸々の言表を組織し、相互に結びつけ、場合によっては（たとえば朗読によって）「現実化する」のは困難ではなかった。というのも、写真、いやむしろそれが表象するものの存在、ロッキー山脈自体が、各々および全体の指向の役を果たしていたからである。そして同一の写真を参照する言説の多様性がそこに含まれたいくつかの意味を引き出す助けとなると同時に、テクストの知解を導いていたからである。写真という「窓」と、その縁枠に落書きあるいは「説明文」として書き込まれたテクストの同居、これが『イリュストラシオン』で消え去ったものである。ただしテクストは、しかしながら「正常な」順序すなわちエクリチュール（とパロール）の線形性の順序を受け取ったわけではない。

たとえばここに、ビュトールのテクストの句読法と印刷を守りながら、わたしが線状に転記した『イリュストラシオン』の一頁がある。「〈そして最後には太平洋に向かって下る〉。あなたの靴底がきしむ音のみ〈コロラド州で瑠璃色の山々、真珠母色の峰々を越え、驚くべき土の色に浸るために〉それは土の水晶を押しつぶす。〈時代の奥底からやってきた風、彼、アメリカ人〉[19]。時間によって断片化された古代の託宣めい

(19) *Illustrations, op. cit.*, p. 101. 圧縮と移動によるこの同じ隠蔽の作業は、今度はプーサールにより、レコード *Jeu de miroirs de Votre Faust*, Wergo 60039 において、音声シニフィアンによってビュトールのテクストに適用されている。

た板のテクストのように、あるいは「妙なる屍」〔紙に先に書いた人の語を見ず書き足していくシュルリアリストの遊び〕のように、あるいは沈黙や騒音に満ちた言説のように補完しなければならないような、復元作業によって不足を補わなければならないような、一見して欠落のある予言めいたテクストである。そしてこれらの行は、文法的混乱にもかかわらず一貫性を欠くどころではない以上、この碑文的方向に進み、これらの行が由来すると想定される原文を復元する誘惑に駆られる。これらの行は疑いなく、ロッキー山脈を越えての西部への旅に言及しているからである。文書の源にあると想像される完全に陳述されたメッセージを得るためには、語彙と統辞法によってフランス語に適合する言連鎖の形成に必要な言表の切片を加筆するだけで十分なはずである。

しかしながら、これは間違った道を進むこととなる。視覚の単位を起点として読解の単位を構築するなら、われわれは視覚の単位（顕在的文書）が隠す潜在的テクストから遠ざかるであろう。なぜなら潜在的テクストは、CとBのグループに属するいくつもの言表から形成されるからである。それゆえその単位は、言説そのもの、そのシニフィエまたは共示のうちにはない。そうではなく一方（テクストC）の叙事詩的性格の伝説的枠組みとして、他方（テクストB）の叙情性の反響、造形的倍音の役を務める写真のうちにある。隠され、失われた単位は厳密な意味ではテクスト的でなく、形象的である。そして再構成というわれわれの観点にとどまるならば、真実に最も近づく探偵は、『イリュストラシオン』の視覚の諸単位の形式、形象‐形式のうちに『レアリテ』の形象‐像の等価物をあえて発見する（あるいはでっち上げる）探偵であろう。それは、判じ物の作り手が原文のこれこれの言葉や音節を顕在的像の形式へと移し替え偽装する際に役立つような、近似的等価物、法則なき類同代理物である。だがここでは類同代理物は別の方向で、すなわち形象‐像からテクストへと作用している。『イリュストラシオン』の原理が、いわば反‐判じ物だからである。とはいえこの等価物から顕在内容の、ここでは『イリュストラシオン』の不可知性が結果するはずであることに変わりはない。

M・ビュトールは、いささか不十分に思考された等価物にはこだわらないよう注意しているためなおさらである。たとえばアポリネールの『カリグラム』のそれ。そこでは、たとえば「刺殺された鳩と噴水[20]」のテクストを形作る文章が、上部が張り出し、翼を広げ、頭を傾けた鳥のシルエットや噴水盤から吹き出た水の落下を示唆する仕方で配置されている。ここではテクストがデッサンのように、つまり啓示的で認知可能な輪郭線のように本に書き込まれることは決してない。言葉は〈死の谷〉の底の小石のように散らばることはなく、山々の輪郭のように並べられることもない。ビュトールはカリグラムについて、「それは大部分、印刷ではほとんど実現できないデッサンの描線にしたがって配置されたテクストでしかないという重大な欠点を持っている[21]」と記している。職人的な論拠によれば、デッサンの手法をそこに移し替えることを禁じているのは、印刷で用いられる物質と組み版つまり製本術に固有の制約である。これは事実、線と文字を混同しないという根本的な論拠である。

ましてや、テクストを記譜と混同しないこと。しかしながら『イリュストラシオン』では、諸々の言表の同時性、それらの印刷による標識づけ、全体の協奏的性格はまさしくオーケストラの総譜を示唆している。

---

(20) *Calligrammes*, Paris, Gallimard, 1925, p. 77.
(21) Le livre comme objet, *Répertoire II*, Paris, Minuit, 1964, p. 120.

「作家は音楽家が弦楽器、木管楽器や打楽器を操るように、さまざまな種類の文字を操ることを少しずつ学ばなければならないであろう」[22]。部分的にこの『イリュストラシオン』と同じ原理で構成された『航空網』や『毎秒六八一〇〇〇〇リットルの水』といった作品は、明らかに音による演奏のためのものである[23]。しかしそこでもまた文字の考慮が、それを記譜法として扱うことを禁じている。確かに記譜法は、線のような直接的な審美的価値ではない。それは自己とは別のもの、すなわち音を代表している。しかしこの音は、意義体系内のシニフィエ、価値を識別する役に立つわけではない。それは審美的価値であり、感性にとっての価値である。書字は、純然たる感覚的なものという地位には決して還元しえないであろう。ビュトールは、頁が譜表と同一視されるというマラルメの願いを実践不可能と判断している[24]。

『レアリテ』の構成から『イリュストラシオン』の構成への移行を可能にする諸操作は、実は言表（翻訳を含む）に対して許される変形を支配する規則にも、シニフィエから造形的（あるいは音響的）表象への転換を制御する規則にも明らかに適合しない。言表は何頁にもわたる断片へと細分される。その結果、先行する断片の意義は、通常の仕方で配置された言表においてそれに続く断片をわれわれが読むとき見失われる（意義は見失われるものの無化されるわけではなく、地下において継続され、漠然とした再認の効果、書物の感覚的時空の経験を原動力とする既視感の推定を生む）。ある断片は他の言表に由来する諸断片とともに、統辞論的にではなく空間的に構成される。ここから、諸々の意味のひらめきに対応する意義の短絡が結果する。というのも語の連なりが予想外の文脈に突如として結びつけられ、文脈が気づかれていなかった可能的意味を連なりのうちに暴き出すからである。言説が区別する言表、写真版が分離していた言表、たとえばR1のテクストCの三つの「詩節」に対応し、『イリュストラシオン』では頁から頁へとそれぞれ同じ位置で連続している三つの言表、つまりかつての開拓者たちにとってのロッキー山脈の意味を位置づける上部のそれ、ドライバーたちにとっての意味を位置づける下部のそれ、航空機の乗客のための中央部のそれ、それゆえアメリカの三つの時代を対象とし、さまざまな言語的形式によってそれぞれはっきりと時間のうちで述べられた言表は、しかしながら同一頁におけるそれらのレイアウトの平行関係によって共時態に置かれている。そしてこれらの言表はまた、ずらされてもいる。なぜならそれらは同一頁で一緒に始動するのではなく、カノンにおけるように先行するものの「後に」動き出すからである。それゆえこれらの言表と書物－量塊の空間との関係は、三つの時代とアメリカ国民の伝説的時間との関係に相似する。書かれたものにその「通常の」意義が感知させない造形的な力を与えるもの、それは言表の断片化、新たな集合への諸断片の結合、諸々の時間の重なり合い、両立不能な内容の並列である。より重要なテクストでは、さらに別の手法をより容易に指摘することができる。『段階』の全構造を支配する、登場人物の、より正確には人格の圧縮、『心変わり』における、パリ－妻とローマ－愛人としての都市と状況の圧縮。また『時間割』におけるような、そのような二次的な表記法を明確にしながら重要なものを闇に追いやり気づかぬうちに読者の精神に侵入させ

（22） *Ibid.*, p. 119.

（23） 神話の「読解」に関するレヴィ＝ストロースのある指摘を、われわれが吟味している困難と比較するべきである。『構造人類学』（*op. cit.*, p. 234）の著者はこのことについてこう語っている。解読法を失った後でわれわれのオーケストラの総譜のひとつを千年後に再発見した学者たちは、同じ頁の線は前後をなすのではなく同時に演奏すべき言表を表していることを理解しない限り、それを復元することはできないであろう、と。

（24） Le livre comme objet, *loc. cit.*

る、アクセントの移動。

いずれの操作も容易に再認することができる。削除（テクストAの削除）、移動（全体のアクセントを移動させる、テクストBの分割と再配置）、圧縮（テクストBとそれ自体およびテクストCとの組み合わせ）、二次加工（「正しい形式」への諸断片全体の再構成）は夢作業である。それゆえわれわれはここで、夢と症状はまったく類似したものであるというのが事実ならば、ほとんど位置を変えていないわれわれの問いへと連れ戻される。単位Iと単位Rの関係は夢の顕在内容と潜在思想の関係と同様のものなのか、臨床的症状とその意味の関係と同様のものなのか。

『イリュストラシオン』は、画家や音楽家にではなく植字工、本の労働者に捧げられている。対象－書物とは異質と判断された転写の手法（デッサン、楽譜）の使用に突きつけられた拒否は、二重の効果を生んでいる。一方ではテクストはつねに可読的であり続け、文字の形、組み版の幾何学には手を加えられることがないであろう。そこには理解すべきものがあるであろう。しかし他方では見るべきもの、眼のための対象とはいかなくとも、少なくとも踊るべきもの、身体のための材料がある。このように混合し矛盾した効果が得られるのは、作業が何より空白に立ち向かい、脱分節が語という言語の自然的単位を毀損する前につねに脱分節を阻止するからである。文字、語、文のあいだを駆けるもの、それはまさにある言語体系の諸単位を分離するあの同じ空白、あの同じ無である。だが書記記号は、この無がまた造形的感覚としても、象徴的区域としても、形象に相当する強拍の下に流れる弱い背景音としても価値があるような仕方で組織されている。空気や水が語のあいだを循環しはじめる。言語は自分のものではない空間によって備給され、われわれはパントマイム俳優や潜水夫が身振りによって現実化すべき量塊に「入る」ように、『イリュストラシオン』の言説へと入り込む。空白はもはや弁別符号ではなく、意味を作用させるために意義が消え去る間隙である。空白はもはやみずからが分離するものを対立させる（あるいは対照させる）だけでなく、相違させるのである。

『イリュストラシオン』の裏表紙には、次のような記載がある。

それ自体がみずからの
〈イリュストラシオン〉
であるような不在のテクストのそれ自体が
〈イリュストラシオン〉
であったような不在の写真の
〈イリュストラシオン〉

これはわれわれのテクストの場合には、次のように読まれる。

この書物（『イリュストラシオン』）は
『レアリテ』でビュトールの（おそらく消滅した）テクストの
イラストとなっていた
アダムズとウェストンの消滅した写真を

説明（illustre）している

これについて言えるのは、テクストはこの書物ではみずからを説明しているということである。なぜならこの書物は、この消滅したテクストでのみできているからである。かくして『イリュストラシオン』のテクストは、自己説明する『レアリテ』のテクストである。それは自省し、自己を自己の鏡とする。しかしそれはまた自己を照らし、解明し、当初の形式には現れていなかった何かを提示する。置換の作業は隠し、隠蔽し、偽装するどころか証明の機能を果たしている。これらの諸操作はまさに夢のそれであるが、しかし逆方向に進む。この逆転はいかなるものか。

この逆転は二重である。布置Rから布置Ｉへと移行する際、一目瞭然の最初の逆転が観察される。テクストは、Rにおいては可視的な区域の六分の五を占める写真を囲み、解説し、反響させていたのに対し、Ｉにおける写真の削除によって、いまやすべての空間を占めるように見える。この観察に限定すれば、『イリュストラシオン』とともに到来した変容を、所与の関係の中心にある二つの項のそれぞれの重要性の変化として記述することになるであろう。tをテクスト、fを形象‐像とすれば、Rでは$f>t$となり、Iでは$t>f$（fはこのときゼロに等しい）となる。だがこの記述には本質的な部分が欠けている。われわれが論じている逆転は、等質な空間における二つの対象の反転ではない。それは二つの異質な空間の排他的関係から、それらが混ざり合い、当初の二つの空間のあいだでためらう不安定な量塊を生み出す関係への変容である。

『レアリテ』では、テクストと像は（テクストの配置が示唆する結合のきざしにもかかわらず）相互に外的である。『イリュストラシオン』では、活字の大きさは書記法において定義された場所を占める項、つまり相互に調整された対立にあり読解を可能にする要素としての価値を持つ。と同時にその固有の布置ゆえに（たとえば眼を右側に向けさせるイタリック、周囲により荘厳な空間を展開する大文字）、感覚的な力を帯びた造形的単位としての価値を持つ。対立が実現される空虚な場として、そして差異を担う「中身の詰まった」不可逆的な空白として機能する間隔についても同様である。形象－像の空間とテクストの空間の出会いは、形象－形式の媒介で行われることがわかる。

形象的空間とテクスト的空間との考えうるすべての関係を列挙することは、ここでわたしが意図するところではない。テクストを形象－形式とのみ結合する関係は、一般的母胎の一部を占めるだけであるためより少数だが、この関係さえ列挙するつもりはない。むしろ、ミシェル・ビュトールが『イリュストラシオン』で用いているものとは別の関係があることを知る必要がある。[25] ビュトール自身、『絵画のなかの言葉』[26]においてそのいくつかを研究している。推測するところ、これらはわれわれが吟味しているものとは逆の操作である。なぜならそれらは、読解空間の諸要素を視覚空間に導入するものだからである。だが（『カリグラム』におけるような形象－像を除く）形象－形式を手段とし、（音声的シニフィエとシニフィアンを除く）書記

（25）こうした関係の一般的母胎は、ボリス・エジクマン、ギー・フィーマン、コリンヌ・リオタールによって練り上げられているところである（すでに引用したセミネール）。

（26）*Les mots dans la peinture*, Paris, Skira, 1969.

的なシニフィアンを対象とする操作だけを集めた『イリュストラシオン』が属する部分集合に限定するなら、少なくともエル・リシツキー[27]のような構成主義者、あるいはB・ルムニュエル[28]のようなわたしが「脱構成主義者」と呼ぶ者によってなされた文字に関する仕事を引用し、提示するべきであろう。われわれは、ここではこれら二つの「解決[29]」のそれぞれの説明で満足することにしよう（図版22と23。本書巻末58—59頁参照）。

注解はぬきにして『イリュストラシオン』に戻ろう。ビュトールが形象−形式とテクストの相互浸透という問題に与えた解決は、厳格かつ柔軟で頁との新たな交渉に入るよう眼を強制する、浮遊的と呼ぶべき集合に結果した。スカンジナヴィアの湖で、引き船が海へ向かって押す丸木の列のように浮遊的な。長さと幅が等しい集合でありながら、水面のうねりと同調し、それゆえ高さと奥行きは可動的な。『イリュストラシオン』において厳格なもの、それは文字の集団である。それらが相互に離れ脱分節されるのを、統辞法の紐帯が阻止している。この紐帯は二次過程のしるしである。可動性は自由な比率の空白、そしてさまざまな活字の大きさの常ならぬ使用にある。ここでは放棄の広がりが支配している。そこでは意味は出来事である。なぜなら、期待される場所に出現しないからである。水の運動は、それが拘束された丸木全体の表面に引き起こす変形のおかげでより鋭敏に知覚される。それと同じように、テクスト内で維持された言語学的厳格さにより、読者は言語の幹を支える書かれざる層に働きかける渦を感じることができる。言語の幹は増幅器として作用するが、厳格さはそのために役立つのである。厳格さは移動、置換、圧縮などの手法と共鳴する。これらは、厳格さがなければ気づかれないまま過ぎ去るであろう。こうした手法は、アダムズとウェストンの写真によって与えられた形象−像においてもすでに作動していた。それは、完全に明瞭な非常な大写しと非常な遠景の同一の写真への圧縮、対象の輪郭をゆがめる（Entstellung）地面すれすれへの視点の低下、フィ

ルターの使用とフィルムの露出過多や露出不足（色価や色彩の移動）である。ただしこのような手続きは、

（27） *El Lissitzky. Maler, Architekt, Typograph, Fotograph.* Erinnerungen, Briefe, Schriften. Ubergeben von Sophie Lissitsky-Kippers, Dresden, V E B Verlag der Kunst, 1967.

（28） Cf. Espace plastique et espace politique, *Revue d'esthétique*, 3-4 (n° spécial : Art et société), 1970. また書物－オブジェ *idiot le piano. Oui, un peu*（近刊）を見よ。

（29） とはいえすぐさまそれに、リシツキーの以下の断章を加えておこう。それらは、われわれの問題に関する彼の十分な明断さを証明するであろう。「頁の言葉は見られるのであって、聞かれるのではない。ひとは慣習的な言葉を手段として考えを伝達し、考えは文字を手段として形とならなければならない（soll Gestalt werden）（…）。印刷術の規則に従う言説の諸要素による書物の空間の造形（Gestaltung）は、内容の方向と圧力の緊張に対応しなければならない（den Zug- und Druckspannungen des Inhaltes entsprechen）（…）。新たな書物は、新たな書き手を必要とする（作家 Schrift-Steller）。インク壺と羽ペンは死んだ（…）。言語は、音響学的な波の運動や思考の単なる伝達手段以上のものである。同様に活版印刷術は、同じ目的で用いられる光学的な波の単なる運動以上のものである。書記的な現実化は、受動性、混乱、非分節から能動性、分節へと移行する。生きた言語の身振りは書きとめられ（…）、印刷術的造形は読者の声と身振りが思考によって現実化するものを、その光学によって獲得しなければならない」。ここでリシツキーは、ガルガンチュアの第一巻第二章（解毒阿呆陀羅経）を引用する。そこでラブレーは、最初の五つの詩句のはじまりで、実に驚くべき印刷術的独創を実践している。M・ビュトールにも、同じくラブレーに対する同様の称賛が見られる（*Répertoire II* を見よ）。Lissitzky, Topographie de la typographie (1923), Réalités typographiques (1925), Notre livre (1926-1927) を、Butor, Le livre comme objet (1964), La littérature, l'oreille et l'œil (1968) と入念に突き合わせなければならないであろう。同じ書物の問題系への彼らの共属は、有意味なものと感性的なものとの出会いの場として、（カント的な意味での）図式の領域、さらにはもしかすると（ヘーゲル的な意味での）和解のそれとして考えられるであろう。引用した断章は、Sophie Lissitzky, *op. cit.*, p. 356-360 からのものである。

写真においても幻想の場面においても、それらが見せるものつまり「主題」のために無視されていた。手続きそのものは上演されることがなく、ロッキー山脈を上演し表象するのに使用された。手続きは舞台の地下に属し、潜在的なものと顕在的なものを分離する禁じられた空間を占めていた。手続きは、みずからを忘却させなければならなかった。要するに、成就の作業でしかなかったのである。

それは、手続きがみずからを容易に一掃しうる環境で作用していたということである。なぜなら夢作業とこの環境との特殊な共謀、すなわち像が存在するからである。しかし想像上の空間へと引き取られ、言語的な書物の空間に移し替えられると、手続きはもはや気づかれずに通り過ぎることができない。テクストの広がりが手続きによって揺り動かされ、振動し軋みはじめ、証言する。ビュトールの書物はこれらの操作を示しているわけではなく（それらを示しているのは『夢解釈』である）、それらが言説の構成要素の配置に残す痕跡、要素を分離する間隔に残す痕跡を感じ取らせる。それゆえ『レアリテ』のように、写真の場面で与えられる幻想体系内で欲望が成就されることはもはや問題ではない。『イリュストラシオン』では、欲望はみずからを成就しないことしかできない。夢想の目的は欲望から取り上げられている。唯一残されたのはその夢想の手段、これらの操作である。書物の厳格さはこのように説明される。誘惑を探し求め眩暈だけを好む眼は、ここであきらめねばならない。あるいは欲望が――少なくともその作業の痕跡が――働いているのを眼にしようと欲望するほど、十分に強く冷静にならなければならない。写真の窓の対蹠点である水辺は、ここそこで書かれたものを支え、欲望をそれ自体へと送り返すことしかできない。なぜなら欲望は造形的な像に没頭しえないだけでなく、身体と空白のぶれによるシニフィアンへの効果により、シニフィエを起点として幻想する――少なくとも『レアリテ』の構成においてはとりわけそうであった――ことをも妨げられるからである。

マラルメの『骰子一擲』には、シニフィエとシニフィアンが相互に反射し合うひとつの「鏡」があると言えよう。[30] しかしこの反射はひとつではなく、超反射（surréflexion）と呼ばなければならない。この語は、鏡とともに生じる事柄——鏡は反射した対象の像を逆転させるが、それを「現実の」空間と同質の（鏡の）空間に維持する——とは逆に、「詩的」逆転はほとんど像に気をとめず、作品の内的環境にはるかに専念することを予感させる。この環境は、定義された意味で浮遊的である。そこには現実とその鏡像的分身ではなく、厳格、不変で二次過程（たとえばバルトの意味で「書かれたもの」）によって拘束された諸要素が見出される。これらの要素は、いわば別の境位に属する可動的表面の上を浮遊する。「批判詩」たるあらゆる作品は、これら二つの異質な空間の組み合わせにより、幻想が固定し、対立と反復つまり症状へと平坦化する差異を再創造する。そしてこうした作品は、自己のうちに内的空間を含んでいる。そのようなわけで作品は批判的なのだ。作品は所与の「正しい形式」を脱構築する。作品は、二つの異質な広がりのうちに置かれているのである。[31]

（30） 本書九五—一〇〇頁を見よ。

（31） 浮遊的なものと拘束されたものとの関係は必ずしも、わたしが『イリュストラシオン』について述べた関係のモデルではない。他の関係がたくさんある。しかしこの関係はつねに存在する。アンリ・ラングロワは、このことを映画について検証する機会を与えてくれた。彼はわれわれに、つまり本書の注にその名をちりばめた仲間たちとわたしに、シネマテークでメリエスに関する研究を発表するという任を与えてくれた。そうすることで彼は、この作品の批判的で造形的な力が、当時バラエティーショーと空想的な劇でよく用いられた（機械的、化学的）「トリック」と、カメラとフィルムの能力のお

シェイクスピアの挿話
なぜなら悲嘆の眼は
盲目にする涙の勾配に覆われ
事物全体を多くの対象へと分解する
まっすぐに見られても混乱を示すだけだが
斜めから見れば
はっきりした形を示す透視図のように
と申しますのも、悲しみの眼は涙に曇っておりますので
ひとつのものが多くの姿に分かれてみえることになるのです
正面から見ると何ひとつまともには映らないのに
斜めから見るとはじめてはっきりとものの形が現れる
魔法の鏡のように(32)
〔小田島雄志訳〕

一六四九年、チャールズ一世がロンドンで処刑される。彼の支持者たちは、非合法の彼の肖像画を増殖させた。ここにそのうちの二枚がある（図版24）。ひとつは平面的なアナモルフォーズの形象、もうひとつは反射光によるアナモルフォーズである。前者は、『大使たち』でホルバインが用いたものと同じ原理に従っ

ている。[33] それは「正統な」規則のように画面と直角ではなく、原則としてすべての点でこの画面と接触する（事実、これと非常に小さな角度をなす）遠近法の軸上で構成することで、対象を表象するというものである。ホルバインの絵を正面から見ると、知の象徴に囲まれ毅然とし裕福な二人の大使が見える。絵の右端に右の頬をあてると、描かれた大使たちという表象された代表は視界から消える。だがこの新たな角度は、彼らの足下に浮遊する物体の本性、髑髏を明らかにする。それは、われわれに二人の男たちが具現する成功のむなしさを警告するのである。

視軸を単に九〇度回転するだけで、表象を一掃するのには十分である。この表象の真理は死である。この回転を実行することは、可視的なものと不可視のもの、シニフィアンと表象されたものとの関係を逆転させ

かげで得られる本来の映画的効果（特にカメラの停止による瞬間的な入れ替わり、出現、消失）のスクリーン上での同時的使用に由来することを、われわれが発見できるようにしてくれた。「イタリア式」空間と映画的空間に関する技術の共存は、単に妥協としておよびメリエスのバロック趣味の源泉としてのみ理解するべきではない。それはむしろ、まさしくその「若さ」と破壊的な力の秘密なのである。

（32） Shakespeare, Richard II (1595), II, 2, v. 16-20. 原文は以下の通り。« For Sorrow's eye glazed with blinding tears, /Divides one thing entire to many objects, /Like perspectives, which rightly gazed upon /Show nothing but confusion ; eyed awry, /Distinguish form (…). » この一節は、E. Panofsky, *The Codex Huyghens*, p. 93, n. 1 の指示により、J. Baltrušaitis, *Anamorphoses*..., *op. cit.*, p. 22 によって教示された。

（33） チャールズ一世の「秘密の肖像画」はJ・バルトルシャイティスの書物から借用した。ホルバインの絵については、彼の注解 *op. cit.*, p. 91-116 を参照。M・ビュトールもまた、その注解を行っている。Un tableau vu en détail, *Répertoire III*, Paris, Minuit, 1968, p. 33-41.

る存在論的行為である。ところでこの逆転は、画面とわれわれとの関係の逆転に対応する。[34] われわれがこの絵を正面から見るとき、場面に宿ろうとするわれわれの欲望によってわれわれは画面を見誤ってしまう。というのもわれわれは、あたかもそれが透過性のガラスであるかのように——このガラスを通って合流すべきこの場面、この静寂、この力が差し出される——画面を飛び越えるからである。もし逆にわれわれが作品を側面から見るならば、われわれは支持体にその物理的支持体としての内実を取り戻させることとなり、場面は一掃され、（光景であった）初見の際には理解されなかった記号が語りはじめる。描かれた画布はもはや表象のなかに消失せず、むしろ表象が爆発し、画布に縞模様をつける謎めいた無意味な痕跡へと分解する。ところで髑髏が語ると述べることは、ほとんど隠喩にはならない。それは支持体に対するその位置ゆえに、直接的な視覚にとっては表象というよりむしろ未知のエクリチュールの記号となる。その額面価格は恣意的なものとして現れ、解読されていない筆跡の集合と同様もはや意義をもたらすことができない。側面的視覚は、直接的視覚から逃れていた「意義」をわれわれに与える。[35] しかしこの意義もやはり「内容」ではなく不在そのもの、死に過ぎない。アナモルフォーズはわれわれに、読むことは表象、現前の幻想で死ぬことを要求する、と語る。敷石に着陸することをためらい、場面の照明の統一性には無頓着にその影を投げかける、電光石火であると同時に不動である一種の空飛ぶ円盤、これが神的なエクリチュール、他の空間、他の時間、他の光である。われわれの回転は支持体を変換する。回転によって世界は書物となる。われわれの視覚はパロールの聴取となるのだ。

チャールズ一世の肖像も、同じ仕方で紙片上に書かれている。人物の素性を読み取るには、視角を変え、この視角を支持体に押しつけなければならない。よってここでもまた外観に反論するところからはじめ、支持体の非外観を目指さなければならない。死せる王の顔《フィギュール》は、髑髏〔死の形象《フィギュール》〕とエクリチュールの代わりとなっている。だがそれは、ホルバインにおけるように、眼をその探索から逸脱させる直接に可視的な場面内で偽装されているわけではない。

王チャールズ一世の鏡によるアナモルフォーズの方は、『大使たち』の方法を一点ごとに再開している。そして、これらの「秘密の肖像」の存在論的機能を単独で果たしているのは画面に対する眼の関係の回転である、とわれわれに確証している。表面に反射した王の顔を特定するために円柱に近づけば、円柱の下部を

（34） 事実、平面のアナモルフォーズの幾何学は、主点〔消失点〕と距離点の関係を逆転させることにある。主点は側方に、正しい遠近法における距離点の場所に置かれ、距離点は、主点に対する眼の距離と等しい距離で主点の上に置かれる。平面におけるこの逆転が眼と画面との関係の逆転を生みうるのは、画家が二つの点のあいだの最短距離を探し、かくして眼をつねに絵の表面に近づけるからである。逆転による移動は、圧縮によって二重化されるのだ。――同じ逆転は、アナモルフォーズの仕掛けをも支配している。E・メニャンがローマのサンタ・トリニタ・デイ・モンティ聖堂の回廊の大フレスコ画（一六四二）を描く際に助けとした器具は、さかさまに用いられたデューラーの小扉〔開閉戸のついた遠近法のための道具、窓〕に他ならない。描かれた表面は、正統な遠近法におけるように小扉のそれではなく、テーブルのそれである（cf. Baltrušaitis, *op. cit.*, p. 52-58, 88-90）。

（35） あるフィレンツェの画家、自身遠近法の器具の作者であるL・チゴーリ（一五五九―一六一二）への手紙のなかで、ガリレイはアナモルフォーズ的形象とそれが直接的な視覚において隠蔽する意義とのあいだに、寓意詩の夢幻的光景とそれが意味するものとの関係と同じ関係を打ち立てている。E. Panofsky, *Galileus as a Critic of the Art*, La Haye, 1954, p. 13 を見よ。M. V. David は、アナモルフォーズ的形象の形式的二元性を象徴のそれと比較している。象徴の場合、シニフィエはまったく異なる記号（シニフィエ／シニフィアン）によってもたらされる（*Le débat sur les écritures et l'hiéroglyphe aux dix-septième et dix-huitième siècles*, Paris, 1963, p. 141-142）。Baltrušaitis, *op. cit.*, ch. III およびその注94を参照。

囲む奇妙な環状の物体が見つかる。今度はそれを特定するために身をかがめ邪魔な円柱を取り除くと、髑髏が現れる。ホルバインの絵のように、表象は直立した場面（ここでは反射した肖像）として与えられる。そして真実は、場面の軸にとどまるならば解読不可能な痕跡として与えられる。しかし眼が幻想や幻影を放棄し、書かれたものの支持体である二次元的支持体を去らないことを承諾する場合には、可読的なもの、不在として与えられる。

アナモルフォーズの絵画の根幹には、二つの錯綜した空間の作用がある。一方の空間において認知しうるものは、他方においてはそうではないのだ。表象の正しい形は、「悪い」形、つまりホルバインにおける頭蓋骨、チャールズ一世の肖像によって脱構築される。表象に対するアナモルフォーズの批判的機能は、確かなものである。こうした変形をめぐる探究は、フランスではデカルト派とジャンセニストのグループによって行われ、さらにはカルヴァンやルターの清教徒主義によって、この世を幻想として非難するものすべてによって鼓吹された。すでにレオナルドの手帖に、彼の手による、日付としては最初であるはずのアナモルフォーズがある。批判は最初から表象に付随している。とはいえ批判は、造形的シニフィアンの位置の完全な回転、セザンヌ革命によってのみかろうじて表舞台に現れた。アナモルフォーズにおいて注目すべきは、それが表象されたものではなく代表による批判であることである。十六世紀と十七世紀後半の宗教画はヴァニタスを増殖させることになるが、その表象に一貫性がないという証言は、それ自体が表象である。「遠近法家」によって確立された法則は、綿密細心に遵守されれば必然的に錯覚の効果を生み出す。絵の教訓《モラリテ》は絵の視覚を損なうことはなく、二つの秩序は分離されたままであり続ける。絵画が「言わんとする」ことを語るには、解説の言説の中継が必要である。この外部性の関係は、教訓的な芸術（「社会主義」リアリズムもまた、それが表現すると主張する革命から表象を庇護する）を十分に定義するであろう。アナモルフォーズによってシニフィアンそのものが攻撃され、われわれの眼前で反転する。表象的な作品内に位置する不安な対象は、表象の空間と対置して書記的な空間と呼びうる空間に属する。こうした対象は「鏡」の上に書き込まれ、潜在的な場面に向かって鏡を通過するのではなく、鏡を見せる。こうして眼はとらえられることをやめ、経路と場所の躊躇へと引き渡される。そして作品は、諸過程の二元性たる諸空間の差異へと引き渡される。ある別の空間を注入することで絵《イリュストラシオン》は説明《イリュストラシオン》として現出し、自己を説明するのだ。

浮遊的聴取と二重の逆転

作品のこの内在的構成は、作品を解釈（Deutung）にふさわしいものにすることで作品を分析の言説の構成と類似したものに変える。主体は語る。主体の言説はオイディプス王の言説のように、それがいかなるものであれある一貫性を目指す。主体は単に言語的シニフィアンを自己の言語の深層の文法に則って連結させ、認められた語彙として与えられた語彙的要素を選択するだけではない。むしろその「誠実さ」の努力そのものが、解釈の素案のひとつを語ることで諸々の素案を生み出し、みずからがもたらす素材の意味についての仮説を構築し、この意味を理性的な体系の基礎に包摂するよう主体を圧迫する。この基礎により、後にこれこれの夢の要素、これこれの言い間違い、これこれの症状が認知可能となり、それゆえ分析家にも被分析者である自分自身のうちにも、報告された出来事を通じてある種の意味の期待を喚起することが可能となる。被分析者の言説のこの自発的な定立は、それを妥協形成へと変える。そこには、一次過程の痕跡を対象とした典型的に二次的な作業が見られる。内的一貫性という視向、社会的、心理的、倫理的な真実らしさとの合致という視向は、本来の差異、出来事、不安をもたらす奇妙さ、快原理の抹消を求める。この消去は、夢においてはフロイトが二次加工と呼ぶものに対応する操作である。しかし夢におけるように、別の名目においてではあるが、素材を言語と知覚の制約に従属させる被分析者の言説でこの検閲作業が欲望の意味に消印を押すとしても、そのすべての痕跡を抹消するわけではない。意識的なものによる強力な「拘束」の探究は、すでにそれ自体で、拘束された体系に無意識が及ぼす脱構築の圧力への防衛から生じるのではないか、と仮定することさえできる。(36) 困難は明らかに、この加工において二次的なものと一次的もの、認識‐おとりと真実とを解きほぐすことであろう。というのも両者は必然的に、つねに一緒に与えられるからである。

フロイトが Deutung と呼ぶもの、解釈が介入するのはここである。それは、通俗的な意味さらには解釈学的な意味での解釈的説明とはまったく逆のものであり、二つの過程の関係、二つの空間の関係を逆転するものである。症状の中心と同様、被分析者の言説の中心では一次過程の痕跡が二次的な意義の空間内への配置により隠蔽されている、と言えよう。欲望の標識、その形象‐像と形象‐形式は、分節言語の（そして能動的知覚の）要件にしたがって再分配される。二次加工はまさしくこれらの標識の周囲に、認められ認知可能な拘束、つまり理性的思考の拘束の織物を張り巡らすことにある。欲望の刻印は自己のものではない空間のうちに偽装され、かくしてほとんど気づかれないままに通り過ぎることができる。聞き手の耳に語りかける整合的言説は対話を求めるであろうし、何よりまず意義と分節の検査を焦点とした理性の注意を求めるであろう。

フロイトは、分析家に「同様に浮遊的な注意」の維持を勧めることで、この合理性や分節されたコミュニケーションや解釈的理解といったおとりを聴き取ることを免れさせようとする。「自己の注意をある水準にはっきりと固定するやいなや、提示された素材の選択を開始し、特に強い印象を与えるこれこれの断片を取り上げ、他のものを排除することとなる。この選択は、期待と性向によって動機づけられている。これこそまさに避けなければならないことである。自己の選択を期待と一致させれば、あらかじめ知っていたことしか見出さない恐れがある[37]」。最も厳格な形式に至ったコミュニケーションの言説としての認識の言説こそ脱構築すべきものであるという証拠は、以下の通りである。「治療が完了しないうちは、科学的関心が求めるような症例の科学的精緻化に取りかかったり、その構造を組み立てたり、その変遷を推察しようとしたり、時折その現在の状態を書きとめたりするのは好ましくない。症例の科学的利用が最初から決定されれば、またその必要にしたがって治療が行われれば、治療の結果は多大な影響を被る。逆に最良の治療結果が得られるのは、明示的な意図なしに症例が吟味され、事態のそれぞれの転回に（von jeder Wendung）驚かされるままとなり、つねに先入観や前提事項を捨てながら症例に出会う場合である[38]」。同様に浮遊的な注意は、逆に被分析者の言説全体を一種の流動的な境位に位置づけることにある。そこでは分析家の耳、第三の耳が、一次過程がそこに刻印する歪曲がきしみ、触れ、反響する音を検出すべくこの言説を浮遊させる。フロイトによれば、この規則は「被分析者に課せられる「精神分析の基本的規則」と対になるものを医師のために作り出す[39]」。患者は自由に連想することで、二次加工とその言説に対する検閲のすべての操作の裏をかかなけ

（36） かくして、夢のファサードはその中核を反復している可能性がある。

（37） Ratschläge für den Arzt bei der psychoanalytischen Behandlung（1912), *G.W.*, VIII, S. 377 ; tr. fr. *La technique psychanalytique, op. cit.*, 1967, p. 62.

（38） *Ibid.*, S. 380 ; tr. fr., p. 65.

ればならない。これと同様分析家による聴取は、二次的な制約から可能な限り解放されなければならない。なぜなら、分析家はそのような代償によってのみ、「自分まで到達する派生物のおかげで」患者の「無意識を再構成する」[40]ことができるからである。

言説症状は、一次的操作の痕跡が宿る二次的表面であるのに対し、浮遊的聴取と基本規則はこの関係を逆転し、表面を一次的空間に位置づける。この空間はこれらの痕跡と共鳴することとなり、痕跡がそこに現出しうるようになる。このように解釈は夢と同じ資格において作業であり、説明ではなく、メタ言語ではなく、まずもって操作上の実践である。この実践は言語の顕在的な組織、統辞法、分節された意義をゆがめる。同様に、全体にも部分にも等しい重要性を与え、総体にも細部にも等しい重要性を与えるこの逆過程（recessus）という奇妙な方法によって、フロイトは彼がミケランジェロの『モーセ像』の意味と考えたものを明らかにする。造形作品においてもまた、幻想的母胎の痕跡の検出と把握は一切の理性的期待の放棄の後に行われる。意味は意義に逆らってしか啓示されないのだ。

ところで作品の制作において遂行されるのは、これと同じ逆転あるいは少なくとも類似の逆転である。作品が症状でないのは、作品においても放棄の空間つまり一次過程において自由な状態でエネルギーが循環する空間が、二次的な（言語的、現実主義的）拘束やエロスとロゴスの共謀によって封じ込められ抑圧されることがなく、逆に作品が自己自身の放棄の空間をその共鳴器として与えるからである。作品は揺れ動く場所を占める、それは一種の移行対象であり狭間世界（Zwischenwelt）に属すると言われとき、そのようにして示されているのはまさに、現実に対する作品の侵犯的立場である。フレーゲは、言説の審美的把握はまず指向の探究の放棄を前提すると言っていた。ウィドウソンは、あらゆる詩的言説は文脈に両義的関係を与えると指摘している。[41] フロイトは、言語の現実主義的使用と虚構における使用を区別する隔たりを強調する。[42] クレーは写実主義的なデッサンを逆さにし、それに造型的処理を刻みつける。[43] 作品（それがどの感覚中枢に属すにせよ）のこの特異な地位は、作品が担う造形的、音響的、言語的な諸要素の厳格な組織化がつねに浮遊的な空間において出現することを意味する。作品が「揺れ動く」ように見えるのは、それ自体のうちに、現実的なものと想像的なもののあいだの往来が存在するからである。あるいはより正確には、「言説」（再認可

(39) *Ibid.*, S. 381 ; tr. fr., p. 66.
(40) *Ibid.* フロイトが「解釈」と呼ぶものはまさにこの作業である。その証拠は、ボンでマックス・マルクーゼによって編纂された『性科学事典』のために（「自我とエス」と同時期の）一九二三年に執筆された「精神分析」の項目にある。そこには、「解釈術としての精神分析」（Die Psychoanalyse als Deutungskunst）という見出しで以下の説明がある。「経験によってすぐに示されたことだが、最も巧みに（患者の連想のうちに隠された意味を解釈するという）目的に達するには、分析医は同様に浮遊的な注意を用い、自分自身の無意識的精神活動に身を任せ（sich selbst… überlassen）、反省と意識的期待の構築をできるだけ避け、自分が耳にするもののいかなる特徴も記憶に固定しようとせず、そのようにして自分自身の無意識によって患者の無意識を空中でとらえなければならなかった」。そして彼はこう付け加える。「もちろんこの解釈作業（diese Deutungsarbeit）は、規則に厳格にしたがって行うことはできず、医師の機転と熟練に大きな自由裁量の余地を残した」（G.W., XIII, S. 215）。これは貴重なテクストである。それは、フロイトが「超心理学」を練り上げていた際に考えていたことを、十一年後に新たな局所論の構築の最中に確証しているだけでない。まず、単に作業（Arbeit）という語の使用だけでも貴重である。解釈は言説ではなく作業であり、この作業の前提条件となるのは言説の脱構築である。
(41) G. Frege, Ueber Sinn und Bedeutung, *loc. cit.* S. 33 ; Widdowson, Notes on stylistics, *loc. cit.* p. 11.
(42) Das Unheimliche (1919), G.W., XII, S. 259-268.
(43) Cf. *Journal, op. cit.*, p. 224 ; 本書三四五—三四六頁。

能なエクリチュール一般）であるものと形象的であるもののあいだの往来が存在するからである。その戯れの次元は、（言語的、ゲシュタルト的な）「まじめなもの」つまり拘束されたものを、差異、自由な可動性の境位に組み込むことにかかっている。

「子供が……」の幻想については、症状そしてまずその母胎そのものがいかなるものからなっているかがわかる。それは有機体の生存を保証する拘束の存在であり、これが差異の自由な戯れを封じ込めるものである。エロスとロゴスはこうして死の欲動を妨げる。退行は止められ、反復する布置のうちに置かれる。症状が存在するのは、ある形式、ある厳格な布置が、生きることと死ぬこと、現実と涅槃という二重の要請から妥協として生まれるからである。かくしてその深層の形象の形成からすでに、欲望は自己を禁ずるものと妥協する。その表面的な表出は、症状のうちでこの同じ布置を提示する。拘束され、死の欲動のしるしである移動、圧縮の斑点のある秩序である。芸術とは、この秩序を死の環境に浸すことである。死の環境とは、それ自体圧縮と移動の斑点のある、拘束された秩序の小島に満ちた移動と圧縮の圏域である。

「イタリア式」劇場の機能をはるかに越える意味で、あらゆる芸術は再－提示的（re-présentatif）である。芸術が逆転的であり、無意識と前意識の関係を逆転し、前者の枠組みに後者を挿入するという意味で。この逆転が差異、出来事を再創造する。それはいくらかの醜さをともなう(44)。この醜さは、一次的操作の提示に対応する情動であり、審美的秩序における不安である。この逆転は、意識による無意識の支配をまるで前提としない。それは、この支配の拒絶を前提とするのである。この逆転が求めるもの、それは非－意欲であり、言説と行為の秩序が閉じ込められる空間を開いたままにしておくことである。この空虚を空虚のまま保つよう支えるには、力が必要である。わたしは、エウリュディケの方へと振り向くために戦うオルフェウスを想像する。不可視のものを是が非でも見ようと欲望する力。詩人を待つ幸福で明解な二次的作品よりも、八つ裂きにされるという代償を支払い、このディオニュソス的ヴィジョンを好む力。これがヘルダーリンの語る、雷撃に立ち向かう力である。内的経験の深さは万人にとって同じである。まれなのは、欲望の深層の形象を見つめ、そのための戯れの空間をしつらえ、形象が反響しうるような空虚を開いたままにしておくという不安を受け入れる力である。芸術家は和解する者ではなく、統一性が不在であることに耐える者である。作品の「醜さ」はこの不在から生じる。それは、芸術は宗教ではないことを明示するのだ。

逆転が二重であることは、言説への形象の包摂が逆転されているだけでなく、形象的空間に現前する言説もまた逆転されているという理由でわかっている。しかしこの第二の形象性は、すでに言説の懐にあった形象を言説の周囲で反復するものではない。この単なる逆転は単に幻想的、反復的、鏡像的であり、〈笑う牛〉という名を持ったチーズの蓋の形象のそれである。描かれた牛は〈笑う牛〉チーズの耳輪をしているが、その蓋には耳輪をした牛が描かれており、以下同様に続く。このような構造ゆえに、わたしの友人のひとりは、世界は笑う牛でなければならない、と語った。テクストに対する形象の関係の単なる逆転は、欲望をそれ自体へと送り返すどころか欲望を成就し、それをその無限の再帰のうちで喪失する。おそらくこの広告は実際にチーズ製造の（パラノイア的）欲望を成就しており、笑う牛は世界であり、世界はグリュイエールチーズのクリームなのであろう。だが批判的逆転は、拘束された構成要素（ここではチーズの名前のテクスト）の

(44) Ehrenzweig, *op. cit.*, chap. IV : A dynamic theory of the beauty and ugliness feelings を見よ。またクライン的観点では、H. Segal, article cité, p. 205 sq. も参照。

周囲に、要素が担う形象を反復することはない。反復されるのは、他のもののあいだでこの形象を可能にする操作である。

形象自体は、すでにその秩序のうちに握られ「書かれ」ている。エロスがロゴスを準備する。備給の可動性としての一次過程は、すでに幻想のうちで制御されている。形象を単にテクストとの関係で移動させることで反復することは、批判的ではない。牛は笑うのであるから、むろんそこには圧縮が存在する。だが批判的機能と真理の作業は、最初の牛の周囲で改めて牛を笑わせることではありえない（最初の牛はこうして次の牛の耳輪となる）。この単純な逆転は反復的であって、批判的ではない。批判的作業は、圧縮自体を過程として提示することにある。それゆえ整序された諸要素が提示される空間は、単に（欲望を成就する圧縮を備えた）おとりの空間であるだけではない。それはまた、一次的操作が幻想の支持体として機能するのではなくそれ自体として与えられる、真実の空間でもなければならない。このとき操作はリビドー的合目的性から切り離され、それ自体として見るべきものとして与えられる。操作はもはや、単に欲望の幻覚的成就——これによってエロスはその目的を悲惨な状況に至るまで追求する——へと導くだけではない。操作は純然たる差異の痕跡として、悲惨の圏域として現れる。死の欲動、差異から差異への運動は、そこでは快楽、現実、言説の形成を包み込みながら出現することとなる。

以上が作品を支える力である。作品はその破綻の縁にある。その地位が単に症状的、イデオロギー的でないのはこの代償ゆえである。作品の制作は確かに分析的状況ではないし、「芸術」は「治療法」ではない。分析の作業においては、逆転は裏返して継続されなければならない。一次的操作を対象（指向）(45) として、後の二番目の厳密に二次的な言説とみなすことで、理論的言説はこうした操作から原理的に逃れるものとして維持されうるであろう。このような言説においては、患者によってもたらされたあらゆる症状的「所与」は本来の意味で裏返される。つまりまずおとり、検閲の体系への併合によって逆転され、次いで直接的外見と逆転された意味の双方が幻想的母胎、欲望のエクリチュールから導き出される限り批判される。作品の作業において、ひとは感覚的、審美的境位にとどまる。そこには厳密な意味での裏返しはない。なぜならひとは深層の母胎を語ることを求めず、それを内的一貫性と解釈された素材に対する完全性を有する厳密なメタ言語において語ろうとはしないからである。しかしそれはまた、欲望の作業そのものである単純な逆転でもない。それは二重の逆転である。おとりの作業は、感覚〔意味〕に対してそのようなものとして明示される。一方では、理論的な言説はまったくない。そして他方では、幻覚的機能に従属した操作だけでもない。そうではなく、感じられるものとして与えられる諸操作。明白なエネルギーの自由な循環。

それは昇華の問題ではなく、死の欲動の傍らへと下降する力である。そしてフロイトが「快の報奨」と呼んだものもまた、逆転されなければならない。実を言えば、この報奨を支給するものはシニフィエ、表象されたもの、内容、幻想的エクリチュールである。作品の「主題」や「モチーフ」や「テーマ」は、われわれをおびき寄せる。しかし作品は欲望を成就せず、未成就する。そこでは快と死のあいだに断絶が生じる。作品の形式主義は精神のしるし《マルク》ではなく、死の欲動のしるしである。フロイトが審美的快の報奨とリビドー的快の報奨のあいだに打ち立てた関係を逆転し、それを死の欲動の魅惑とリビドー的快の報奨の関係で置き換えても、美学的学説を最後の局所論の時期に移すことにしかならない。

---

(45) Cf. Freud, Ratschläge..., *loc. cit.* S. 380 ; tr. fr., *loc. cit.* p. 65.

そしてそれゆえにこそ、この学説を別の仕方で明るみに出さなければならない。フロイトはその知の言説の構築に際し、直接的な形象的なものつまり自分自身の幻想体系の単に逆転された表現によってではなく、二重に逆転された形象的なものによって動かされていた。J・スタロバンスキー[46]は、『オイディプス王』や『ハムレット』といった演劇作品がフロイトの認識論的無意識においていかに作用素として機能したかを示している。こうして彼はこれらの戯曲にだけでなく、逆転するものとしての作品一般に正当な地位を与えている。これらの悲劇が精神分析の構築に際しこうした役割を果たしえたのは、それらが単なる症状、欲望の逆転された表出ではなく、逆転自体が逆転され欲望の諸操作がすでに見るべきものとして与えられた(聴かれ、語られるべきものとしてはまだ与えられてはいない)ものだったからである。対象のおとりによって一次的空間をふさぐ欲望成就ではなく、その空虚を維持する未成就。この二重の逆転が、フロイトを批判的裏返しの道へ導いたのだ。

シェイクスピアの挿話

ハムレットは、エルシノア城にやってきた俳優たちにリハーサルを行わせる。彼らはピュロスによるプリアモスの殺害を朗読する。これはあまりに長すぎると不満を言うポローニアスによる中断の後、ハムレットは彼らに続けるよう促す。

「ハムレット――続けてくれ、へカベのくだりを」。このとき、悲劇の核心となる言い間違いが発せられ、唖然としたハムレットがそれにつまずく。「主役俳優――されど、囲われし(mobled)王妃は(…)／ハムレット――「囲われし王妃？」／ポローニアス――こいつはいい、「囲われし王妃」とはなかなかだ」（v. 531-534）。これは翻訳不可能な言葉遊びではなく、言語的創造である。[47] A・ジードは、非常に巧みに「reine encamouflée」と訳している。われわれは自由連想によって、mobled の近くに the mob つまり下層民を見出す。また motley は incongruous mixture〔雑多な混合〕であり、とりわけ道化が着るまだら服を指す。to wear motley〔まだら服を着る〕とは、to play the fool〔道化をする〕である。そこからあまり遠くない場所では、音声学的に、mother つまりヘカベ、アンドロマケ、ゲルトルーデとしての未亡人王妃に出会う。そのような圧縮を前にしたハムレットの狼狽に驚かれよ……。ポローニアスは彼にいささか性急に同意しすぎた。彼は、一次過程とのこのような思慮のない共謀をみずからの命によって支払うことになるのだ。彼はクローディアスのかわりに、移動されて死ぬ。mobled の鍵、それは可動化されたもの、近親関係を決定する隔たりの不変性の喪失である。「叔父＝父と叔母＝母は欺されているぞ」（v. 402）。可動的な母、それは自分の場所にいない母、予想しないところにいて予想される場所にいない母であり、姿を消すゆえに「囲われた女」であり、交換規則が課す隔たりに違反してみずからを与えたゆえに「品位を落とした女」、売女である。また社会的実体のラチオ、その調整された分配、近親性の然りと否を理解しないゆえに「狂女」でもある。可動的な母とはイオカステである。

（46） Hamlet et Freud, Préface à la traduction française de E. Jones, *Hamlet et Œdipe* (1949), Paris, Gallimard, 1967.

（47） とはいえ、J・ドーヴァー・ウィルソンとサー・アーサー・クイラー＝クーチによって刊行されたケンブリッジ大学出版版の注が示すところによれば、この言葉は、英語文献学者のオニオンズによればウォーリックシャーではmuffled つまり暖かく包まれたという意味で用いられる。

俳優の口においては、mobled は言い間違いである。ポローニアスの耳においては、言い間違いは抑圧される。That's good、続きに移ろう（しかし続きはなくすべてがそのなかにある）。それはハムレットの耳に毒のように入り込む。そのオイディプス的真実が。ハムレットはこの言葉に立ち止まる。自己において、自己の形式において、それが指示する対象、移動され圧縮された母によって成就された操作そのものを反復する未聞の言葉。ここでは、演劇的逆転の機能が十全に作用している。ポローニアスと異なりハムレットはここで観客となっているが、彼は作品の批判的機能を叔父に作用させようとしていた。彼はその最初の受益者、最初の犠牲者なのである。mobled は言説の空間に痕跡を残しにやってきた、一次的無意識の空間の断片である。だがこの痕跡は、劇中劇「ゴンザーゴ殺し」の非現実的空間における上演＝表象において与えられる。「主体」、ヘカべは消滅する。言葉に刻印された操作が残る。破片や断片を身にまとった「道化」のように、このちぐはぐな言葉は真理の作業を行うのであって、それを語るのではない。

この作業を可能にするもの、それは観客ハムレットと彼に向かって演じられる戯曲との代表的関係である。しかしこの関係は二重化する。観客フロイトは、王子が一瞬この侵犯の言葉を前に立ち止まるのを目撃する。この侵犯の言葉は、同時に言葉における侵犯である。彼は自問する。父のために復讐しなければならないこの息子における、この言語の歪曲への魅惑は何か。劇に対するこの強迫は何か。物よりも言葉における移動に向けられたこの耳は何か。「ゴンザーゴ殺し」の言い間違いは、シェイクスピアの舞台上に症状を生み出す。デンマーク王子の苦悩は、一瞬の閃光のうちにオイディプスの苦悩となるのだ。しかし無意識のこの痕跡が知覚されるのは、それが上演されるからに過ぎない。それとフロイトのあいだに戯れの領域が、演劇の不確かな空間が広がっているからに過ぎない。ハムレットはすべての細部の上を同様に浮遊し、彼が取るに足らないものを把握することを可能にする注意を俳優の言葉に向けることができる。それは、彼が観客の位置にある限りにおいてである。これと同様に、ハムレットが無分別に尋ねる問い「the mobled queen?」がフロイトによって聴き取られうるのもまた、観劇的関係が成立する領域の揺動性と可動性ゆえに過ぎない。「mobled queen」という症状的圧縮をもたらす、一次的逆転が存在する。ハムレットが第一の逆転を見破り、いわばそれを反響させる第二の逆転である、シェイクスピアの作品という契機。そして、フロイトが「ゴンザーゴ殺し」の場面の言い間違いを言説における他の場所に由来する意味の痕跡として把握する、第三の逆転。それが可能なのは、ハムレットの問いがシェイクスピアの悲劇においてもたらしたその反響のおかげである。分析的態度が確立されるには、フロイトが場面に背を向けるだけで十分であろう。浮遊的な注意ではあるが、眼を、悟性と理論的言説を準備する耳だけで置き換えること。分析的裏返しは、かくして「詩的な」二重の逆転によって導かれるであろう。

「精神分析の技術には、総合の特別な作業は少しも必要ありません。それは、われわれより巧みに個人が引き受けてくれるのです。」

S・フロイトからO・フィスターへの
一九一八年十月九日の手紙

解説　岸辺のない漂流

ついに、ついにという表現が邦訳の世界でこれほどふさわしい事例もまれであろうが、ついにジャン＝フランソワ・リオタール（Jean François Lyotard, 1924-1998）の国家博士論文にして二十世紀屈指の哲学的名著たる *Discours, figure*（1971）の邦訳が完成され、こうして読者のみなさまにそれをお届けすることができるようになった。解説を担当する者自身（合田）、監修者として訳稿の全体を検討し、適宜、修正意見を出してきたのだから、こんなことを言うのは厳に慎むべきなのだろうが、それでもやはり、合田が訳出を全面的に委ねた三浦直希氏の驚くべき尽力と、訳者としての力量を称えないわけにはいかない。「親があっても子は育つ」というように、教師としても研究者としても半端な私のような人物のもとで、氏のごとき訳者が育ったことを何よりも心から喜びたい。

臆面もない自画自賛とも受け止められかねないこうした賛辞をなぜあえてここに書き記したのか。それには理由がある。私がリオタールの名前を知ったのは今から三十二年前、一九七九年の春だった。なぜそんなに正確に覚えているかというと、同じ年に大学院に入った同級生の一人が、すでに留学経験もあり、パリ八（第八大学）にはドゥルーズだけじゃないリオタールもいるからと言っているのを耳にし、リオタール、知らないなあ、どんな綴りだろうと密かに無知を恥じたのを今も記憶しているからである。思えば、リオタールの『ポストモダンの条件』（*Les conditions postmodernes*）が出版された年であった。

そのうち、私自身もメルロ＝ポンティについて考える過程で、分からないながらリオタールの著作を読むようになり、本書の原著も購入し、一九八二年にフランスに留学するに際しては、リオタールを指導教官として指名させていただいた。折悪しくもリオタールがアメリカ合衆国で教鞭を執ることになっていて、私の指導を同僚のルネ・シェレール氏に委ねられた。だから、実際にその謦咳に接することはできなかったのだが、私の師のひとりと今でも思っている。

その直後、メルロ＝ポンティに加えて本書のもうひとつの標的をなすレヴィナスの思想に関心を抱いた頃だったか、私は、本書の邦訳が進行しているとの話を幾度か耳にした。私自身は情けないことに、本書がどのような意図のもとに書かれたのかさえいまだきちんとは摑めずにいたのだが、それでも、本書が邦訳されるにふさわしい書物であること、少なくともその点は確信していた。が、どうやら、幾つもの翻訳グループが本書に挑んでは放棄し、また、別のグループに委ね、そのグループも放棄し、といったことがしばらく繰り返されたようで、その後、いつのまにか本書の邦訳の話はどこからも聞こえなくなっていった。それでも私は、どこかで本書の邦訳の困難な営みが忍耐強く続けられていると思っていた。いや、実際そうだったのかもしれない。

しかし、*Discours, figure* という書物について語る者が少なくなっていたことは確かである。おもしろいことに、それはリオタールが軽視され忘却されていったということではない。少なくとも日本という制度空間のなかではそうではなかった。実際、リオタールはその後幾度か日本を訪れ、様々な講演を行い、その模様は雑誌などを通じて読者たちに伝えられた。『漂流の思想』や『文の抗争』を初めとして次々と邦訳が出版されていった。むしろリオタールという名がそれまでよりも多くの読者たちの知るところとなるにつれて、*Discours, figure* は忘却されていったのだ。実際、当時、「ポストモダン」という言葉と共に、「大きな物語の終焉」というリオタールの表現を援用した者たちのうちどれだけのひとが*Discours, figure* に思いを馳せただろうか。いや、同書の存在を知っていただろうか。そしてそこに、一九九一年の湾岸戦争勃発に際して、あたかもそれを支持するかのような発言をしたことがひとつの原因となって、それ以降、リオタールの言説は急速にその影響力を減じていった。こうした過程それ自体の意味をここで議論するつもりはないし、そこに吸収されることなく、本間邦雄氏の『リオタール哲学の地平』(書肆心水、二〇〇九年)のような重要な考察が出版されていることも銘記しなければならないだろう。ただ、解説者などよりはるかに若い研究者が本書の邦訳の企画を知って「懐かしいですねえ」と言ったという話を伝え聞いたけれども、本書について「懐かしい」と言える者が日本語圏にいるとは私は思わない。今でも本書は、「爆発とては、書物のみ」というマラルメの言葉にふさわしいものであり続けているのではないだろうか。

リオタールの略歴と主要著作をまず掲げておこう。

一九二四年　八月十日、営業マンの父親ジャン゠ピエール・リオタールと母親マドレーヌ・カヴァッリの子としてパリのヴァンセンヌに生まれる。リセ・ビュフォン、ルイ゠ル・グランで学ぶ。哲学を専攻する以前は、ドミニコ会の修道士、歴史家、小説家、画家になることを夢見ていた。

一九四四年　八月パリの街頭で応急義勇兵としてパリ解放のために闘う。この頃、高等師範学校の入学試験に二度失敗。ソルボンヌで哲学と文学を学ぶ。ドゥルーズと知り合う。修士論文は「倫理学的概念としての無関心(indifférence)」。

一九四八年　アンドレ・メイと結婚し、コリンヌとローランスの二人の子供を儲ける。
一九五〇年　大学教授資格試験《アグレガシオン》に合格、この年からフランス統治下の東アルジェリアのコンスタンティーヌの男子リセで教鞭を執る。マルクスとの出会い。アルジェリア滞在時にアルジェリアの政治状況を知り、それを社会主義革命前夜とみなす。
一九五二―五九年　ラフレーシュの軍人子弟のための学校で哲学を講じる。
一九五四年　アルジェリア戦争勃発。コルネリウス・カストリアディス、クロード・ルフォール、ピエール・スーリたちと共に社会主義革命集団「社会主義か野蛮か」(Socialisme ou Barbarie) を結成し、それに参加。クセジュ文庫で『現象学』(*La phénoménologie*) を出版。雑誌『社会主義か野蛮か』にフランソワ・ラボルドの筆名で「北アフリカの状況」「アルジェリア問題の新たな局面」などの論考を書く。
一九五九年　ソルボンヌの講師 (maître-assistant) に就任。一九六六年まで。
一九六四年　「社会主義か野蛮か」に内紛勃発、カストリアディスと決裂して、スーリと共に「労働者の権力」(Pouvoir Ouvrier) を結成。
一九六六年　マルクス主義への懐疑。六八年五月革命のきっかけを作ったパリ第一〇大学に移籍。ラカンのセミナーに出席。
一九六八年　三月二十二日のデモを組織。国立科学研究所 (CNRS) の研究員となる。一九七〇年まで。
一九七一年　国家博士論文『言説、形象』(*Discours, figure*) を提出。一九六九年に新設されたパリ第八大学の哲学科に招かれる。七二年に同大学の助教授に就任。その後、一九八七年に名誉

一九七九年　教授に推挙されるまで、同大学で教鞭を執る。
一九七九年　『ポストモダンの条件』を出版。八〇年代、九〇年代を通じて、アメリカ合衆国のジョンズ・ホプキンズ、カリフォルニア大学バークレー校、ミネソタ大学等、カナダのモントリオール大学、ブラジルのサン・パウロ大学などで教鞭を執る。幾度か来日してもいる。
一九九三年　ドロレス・ジジェクと再婚。息子ダヴィッドを儲ける。
一九九四年　四月二十一日に白血病でパリにて死去。

〈主要著作〉
一九五四年　『現象学』〔邦訳、白水社〕
一九七一年　『言説、形象』
一九七三年　『マルクスとフロイトからの漂流』（*Dérive à partir de Marx et Freud*）〔『漂流の思想』国文社〕
一九七四年　『欲動的装置』（*Dispositifs pulsionnels*）
一九七四年　『リビドー経済』（*Economie libidinale*）〔法政大学出版局〕
一九七七年　『デュシャン〔野〕の変形』（*Les Transformateurs Duchamp*）
一九七七年　『異教的訓育』（*Instructions païennes*）
一九七九年　『ポストモダンの条件』（*La condition postmoderne*）〔水声社〕
一九七九年　『義人に〔結局〕』（*Au juste*）
一九八三年　『文の抗争』（*Le Différend*）〔法政大学出版局〕
一九八四年　『絵画による経験の殺戮』（*L'Assassinat de l'expérience par la peinture*）〔『経験の殺戮』朝日出

版社〕

一九八六年　『知識人たちの墓場』（*Tombeau des intellectuels*）〔『知識人の終焉』法政大学出版局〕

『熱狂』（*L'Enthousiame*）〔同〕

『こどもたちに語るポストモダン』（*Le Postmoderne expliqué aux enfants*）〔朝日出版社〕

一九八七年　『何を描くのか』（*Que peindre ?*）

一九八八年　『非人間的なもの』（*L'Inhumain*）〔法政大学出版局〕

『ハイデガーと「ユダヤ人」』（*Heidegger et « les juifs »*）〔藤原書店〕

一九八九年　『アルジェリア戦争』（*La Guerre d'Algérie. Ecrits 1956-1963*）

『判断する能力』（*La faculté de juger*）〔『どのように判断するか』国文社〕

一九九〇年　『遍歴』（*Pérégrinations*）〔法政大学出版局〕

一九九一年　『崇高の分析論講義』（*Leçons sur l'Analytique du sublime*）

『インファンス読解』（*Lectures d'enfance*）〔未來社〕

一九九三年　『ポストモダン教訓譚』（*Moralités postmodernes*）〔『リオタール寓話集』未來社〕

一九九八年　『シニェ・マルロー』（*Signé Malraux*）

『アウグスティヌスの告白』（*Confessions d'Augustin*）

『聞こえない部屋』（*Chambre sourde*）〔水声社〕

二〇〇〇年　『哲学の悲惨』（*Misère de la philosophie*）

I　現象学から逆過程へ

非知の曙光

優れた著述家たちの活動を辿っていくと、そこに、かなり長期にわたる沈黙の時期が刻まれていることに気づかされることがよくある。沈黙といっても、公刊された論文等がないということであって、それはもちろん沈黙ではないのだが、しかし、このような時空でいったい何が起こっているのだろうか。どのような変容が生じているのだろうか。それを知ることは容易ではなく、不可能であるかもしれないが、その時期が彼らの言語行為にとって本質的なものであること、少なくともそれは間違いないだろう。リオタールにも、一九五四年に出版された『現象学』（以下 Ph と略し、数字は原書の頁数を示す）から本書に至る十七年に及ぶ空白期間がある。たしかに、これが単なる空白ではなく、むしろ逆に、「社会主義か野蛮か」のメンバーとしてアルジェリア戦争と係った激動の時期で、その間にも、数々の政治論考が書き継がれていたのだが、そして、それらの論考を今私たちは読むことができるのだが、それでもなお、『現象学』を起点として、大きな変動が、ニーチェのいう「地下的なもの」として進行したと考えることができる。

実際、本書の序文では、後述するように、メルロ＝ポンティとレヴィナスという二人の「現象学者」ならびに、彼らが共に深く係ったポール・クローデルをめぐって考察が展開されている。例えばレヴィナスについては、かつて「レヴィナスは現象学者か否か」という問いが提起されたことがあるけれども、「現象学の限界」「限界の現象学」が本書の入り口を成していると言ってよいだろう。では、リオタールの最初の著作は「現象学」をどのように捉えていたのだろうか。同書にはメルロ＝ポンティに加えて、レヴィナスの名もすでに登場しており、自分の課題は、様々な現象学者たちの微妙な差異よりもむしろ、彼らに「共通な現象学的《スタイル》」(Ph 9) を明らかにすることにあると記されているが、この点で注目するべきは、フッサールのいう「括弧入れ」に関してリオタールが「根底的な非知 (non-savoir radical) に遡行することですべての知を取り上げ直すこと」(Ph 8) と言っていることである。

まず指摘しておきたいのは、ここで現象学的「括弧入れ」あるいは「還元」について言われている遡行こそ、本書で提起され、また実践されている「逆過程」(recessus) の源泉のひとつだったということである。「脱構築」(déconstruction) という語彙がリオタールによって使用されていることにも留意されたい。もちろん、現象学的「方法《メタ・ホドス》」と「逆過程」が同型であると言いたいのではない。むしろ差異を明らかにすべきだろうが、メルロ＝ポンティとレヴィナスとの関連で差異を示すに先立って記しておくと、「漂流」(dérive) を語るリオタール自身の言葉が、両者の偏差を描出してくれているように思われる。いや、両者の偏差、とすら言えないことを。

「Derivatio とは、岸 (rive) を離れることではまったくなく、流れ (rivus) の方向を変えることであり、かつての目的地とは別の場所にむかうことである。ripa (河岸) が rivus から離れて漂流したら、流れのほうが岸辺を決定するのだったら、なんて楽しいことだろう。川や海の岸辺が、川や海とともに移動するのだ」(『漂流の思想』邦訳二四頁)。

『現象学』はその全編を通じて、メルロ＝ポンティからの、そしてまた、「社会主義か野蛮か」の同志で後にメルロ＝ポンティの遺稿の編纂者となるクロード・ルフォールからの影響が顕著な書物である。そこでは先述の遡行は次のように表現されている。ゲシュタルト心理学者ヴェルトハイマーに触れた箇所で、本書との関連では、「ゲシュタルト」をめぐる考察が『現象学』ですでに大きな場所を占めていることも銘記すべきだろう。

「知覚に関するメルロ＝ポンティの書物の全体が、このすでにの核を引き出すことに存している。彼はそれをしばしば「歴史以前」（préhistoire）と呼んでいるが、それによって何が言われているかというと、世界への私の関係の様態を引き出すためのどんな客観的で実験的な企ても、すでに制定され（institué）、一切の述定的反省に先立つある様態へとつねに送り返されるのであって、この様態にもとづいてこそ、私が世界とのあいだに維持する明確な連関が確立されるということである」（Ph 59）。

まず注目すべきは、「歴史以前」が「制度」「制度化」という語彙と連動されていることである。ちょうどメルロ＝ポンティがコレージュ・ド・フランスで「制度化」について講じていた時期であるが、言い換えるなら、「歴史以前」を「自然」と呼ぶにせよ呼ばないにせよ、「歴史以前」はあくまで「社会的なもの」（le social）であり、その意味では「歴史的なもの」なのだ。サルトルやチャン・デュク・タオの試みをも意識しながら、フッサールにおける「生活世界」と「歴史」との関係に、マルクス主義の思想を衝突させることが『現象学』の狙いのひとつであるだけに、この点は重要となるだろう。『現象学』にはすでに次のような言葉が記されていた。

「革命的プロレタリアートの唯物論にも、野蛮を生み出す帝国主義の観念論にも与することができず、現象学は第三の道を開こうと欲し、客観的にはそのブルジョワ性の機能を発揮している。たとえ主観的には、その思想家たちのいくたりかの誠実さが疑いえないものだとしても。現象学の右翼がファシズムに向かい、その「左派」が滑稽にも自己矛盾を犯しているのは偶然ではない」（Ph 122）。

マルクス主義の語彙で「思考の下部構造」という言い方がなされ、また「制度」という面では、ルフォールに依拠して、カーディナーの民俗学的考察を取り上げ、婚姻規則の何たるかがすでに主題化され、更には、レヴィ＝ストロースとの関連でマルセル・モースの『贈与論』に言及している。メルロ＝ポンティが「モースからクロード・レヴィ＝ストロースへ」を発表する五年前であるが、リオタールが、ここでもルフォールに拠って、レヴィ＝ストロースよりもモースを高く評価しているのはきわめて興味深い。

「贈与をめぐるモースの有名な分析のうちにレヴィ＝ストロースは数学化された機能主義を見て満足しているが、そうした機能主義に抗して、ルフォールが贈与論に加えた解釈の方位に従わねばならない。なぜなら、贈与の理解に関して、モースが、贈与に内属する社会的ないし間人格的緊張の代数的で算術的な定式化の方位よりもはるかに遠くまで進んだのは確かだからである」(Ph 86)。

第二に、「歴史以前」の「歴史性」について先に語ったが、「歴史」の発生を語るリオタールの言葉は、「社会」と「個人」との関係、「個体化」についてのリオタールの後の思索の展開を考えると決定的なものであるように思える。

「ある歴史的状況の意味は共存（coexistence, Mitsein）の問題であるが、歴史があるのは、加算される分子的で閉鎖的な主体性（subjectivités moléculaires et closes）として人間たちが共にあるからではなく、逆に、自分たち固有の真理の道具へ向けてのように他人（autrui）へと投影された諸存在として人間たちが共にあるからだ」(Ph 118)。

離散数的ならざる主体のあいだの「投影」。メルロ＝ポンティであれば、サルトルのいう「相剋」とは逆にそれを「癒合的」（syncrétique）と形容するかもしれないが、『現象学』からは、「幼児の対人関係」をめぐるメルロ＝ポンティの先駆的研究を引き継ごうとするリオタールの姿勢がはっきりと窺える。これが第三の点だが、これもまた本書へ向かう彼の道程にとって最重要な契機のひとつだろう。『現象学』には、現象学と精神分析の関係をめぐる記述がすでに見られるとはいえ、フロイトへの言及は少なく、『現象学』の出版の一年前にセミナーを開始したラカンの名はいまだ登場していない。リオタールがラカンのセミナーに通うのは一九六〇年代のことで、興味深いことに、一九四四年に書かれた修士論文で彼が依拠したのはフロイトよりもむしろピエール・ジャネだったと自身で打ち明けている。以下に引用するのは、メルロ＝ポンティの一九五〇―五一年度の講義にもとづく、アンリ・ワロンならびに「鏡の段階」をめぐる叙述である。

「他人の身体の場合と同様に、幼児は他人と同一化する。我（ego）と他（alter）は未分化である。（…）この未分化、間世界（intermonde）のこの経験には自我論的展望は存在しないのだが、鏡像が実在なき「イメージ」に還元されたそのかなり後に、この経験は言語そのもののなかで表現される。「幼児の語‐文（mots-phrases）は、他人にも自分自身にも属する諸行為、諸活動を目指している」（メルロ＝ポンティ「幼児の対人関係」）」（Ph 82-83）。

見られるように、ここには「言語と像」という主題が、更には「文」という主題が萌芽している。失語症をめぐるゴルトシュタインやメルロ＝ポンティの記述への関心の深さも確実に感じ取ることができる。「言語と像」ならびに「文」という主題が出てきたところで付け加えておくと、「歴史性」に関するハイデガーの分析を辿りながら、リオタールは、「歴史的対象は数々の徴し（signes）、残骸（débris）、記念碑（monuments）、説話（récits）、可能的な素材によって現前する」（Ph 101）と記している。本書での「碑文」や「判じ物」をめぐる分析とのつながりを否定することはできないだろう。「意味の潜在性（latence du sens）」（Ph 109）という表現も見られる。

これが第四点である。先の引用文では、自他未分化な状態が語られていた。しかし、というより、だからこそ、第五点として、「他人」という問題系が格別なものとして浮上することになる。「他人の他性は、他人がそれ自身にとってひとつの自我であり、その統一性が私の知覚のなかにではなくそれ自身のうちにあるという点で、事物の単なる超越とは区別される。言い換えるなら、他人は、実存するために何も必要としない純粋自我であり、私が私にとってそうであるように、ひとつの絶対的実存であり、それ自身にとってのひとつの根底的な出発点である。そうであるなら、問いは次のようなものとなる。いかにして、ひとつの構成する主体（自我）にとって、ひとつの構成する主体（他人）があるのか。（…）フッサールが明言するところでは、現象学的視点からは「他者（autre）とは「私の」自我のひとつの変容である」（『デカルト的省察』）が、これはわれわれの期待を失望させる」（Ph 35）。

ここからリオタールとレヴィナスとの知的交渉が生じることは言うまでもないだろうが、レヴィナスとの関連で第六点として指摘しておきたいのは、フッサールの思想を「超越論的なもの」（transcendental）と捉えつつも、リオタールがジャン・ヴァールの見地を受け入れてこう言っていることである。「われわれはすでに、具体的我《エゴ》と超越論的主体とのあいだに結局差異はないことを知っていた。ただ、この同一視はここでは、フッサールの哲学の最後の相貌は経験論（empirisme）と特徴づけうるものだ（ヴァール）と言われるほどに強調されている」（Ph 39）。

これまでもすでに幾度も論じてきたような「超越論的経験論」という問題系がここであらわになっているのだが、主知主義と経験主義〔経験論〕双方を斥けようとしたメルロ＝ポンティの『知覚の現象学』でも、「経験」および「経験のシステム」は最重要な鍵語として機能している。それこそいまだ徴候的な現象であるとはいえ、『現象学』には「システム」という語彙がかなり使用されており、また、わずか一箇所だが「中継の複雑性（complexité des relais）」（Ph 65）という表現が用いられているのも見逃せない。

以上、本書の境位からの不当な逆照にすぎないけれども、『現象学』という書物から特徴的と思える諸点を列挙してきたが、では、それを踏まえて本書の例えば序文を読むとき、どのようなことが見えてくるだろうか。

パガニズム

前に書いたように、ポール・クローデルはメルロ＝ポンティとレヴィナスが共に重視する作家であった。とはいえ、二人の哲学者がクローデルのどこに注目したかというと、そこには興味深い相違があるように思われる。メルロ＝ポンティにとって重要だったのは何よりも『詩法』のクローデルであり、そこで提起された「共同出生」(co-naissance) と「意味」(sens) の観念だった。そして本書はまさに『詩法』からの引用をもって始まる。それにしてもなぜ中禅寺への道だったのか。老荘思想にも道元にも強い関心を向けていたリオタールの指向がそこに作用しているのかどうか、その点はここでは問わないが、一方のレヴィナスにとって重要だったのは、これまた本書の冒頭に記されたクローデルのオランダ絵画論序説のタイトル「眼は聴く」という表現や、戯曲『サテンの靴』に記された「神はまがりくねった線でまっすぐに書く」といった言葉もさることながら、やはり何よりも『エマオ』『イスラエルへの一声』などの「旧約」釈義、イスラエル論であった。

これは『困難な自由』に収録された論争的な数々のテクストからも明らかだろう。そしてそのひとつのタイトルが Personnes ou figures、まさに「フィギュール」〔形象、表徴〕という語を含んでいるのである。本書でも「フィギュール」には多様な訳語が充てられているけれども、西洋思想史のなかで、最も重要でかつ複雑な観念と言っても決して言い過ぎではないだろう。レヴィナスはなぜそのクローデル論に「フィギュール」という語彙を用いたのだろうか。それを知るには、「プレフィギュラシオン」(préfiguration) という考えを押さえておく必要がある。極度に単純化するなら、いわゆる「旧約」が「新約」を予め素描している、逆に言うと、「旧約」は「新約」のいわば前座でしかなく、後者が前者を完成するとの考えである。

「慈愛 (charité) に至らぬものはすべてフィギュールである」というパスカル『パンセ』の言葉や、「今は鏡に映しておぼろげに見ているが、かの時には顔と顔を合わせて見るだろう」という『コリントの信徒への手紙』の章句をここで勘案するなら、「旧約」は「新約」という「慈愛」に至らぬ「フィギュール」でしかなく、それは「対面」ではまさになく「鏡の段階」にあることになるだろう。

レヴィナスをお読みの方々は、レヴィナスがこの「プレフィギュラシオン」の関係を転覆していることに気づくことだろう。そもそも、ユダヤ人にとっては「新約」に対して「旧約」と呼ばれるような書物は存在しないし、頭文字をとって「タナッハ」と呼ばれる「書物」は「新約」によって「完成」されるのではなく、「タルムード」(学習) によって解釈され続けていくのだ。

本書の出版の一年前にリオタールはアンドレ・グリーンの著書の書評として、「ユダヤ人オイディプス」(『漂流』所収) を『クリティック』誌に掲載しており、この論考は確実に本書の序文と呼応しているのだが、この時期、レヴィナスのタルムード読解の持つ意義を、そしてそれが提起している諸問題を最も深く理解していた数少ないフランスの知識人のひとりは、まちがいなくリオタールである。もっと言うなら、リオタールが本書の序文で述べていることは、現在のレヴィナス研究の最も高い水準を想定したとしても、残念ながら、それ以上に刺激的である。

リオタールはクローデルの多面性、というか、聴く眼の両義性、ひいては世界というテクストの二面性を援用して、「詩と祈り」、「創造〔被造物、作品〕の哲学」と「ある〈言葉〉の聴取」の両義性を指摘し、それを「キリスト教そのもののためらい」とみなしつつ、一方ではこの二項をメルロ＝ポンティとレヴィナスに割り振り、他方では、後者を「ユダヤ教思想と脱神話化されたキリスト教思想」との「合流」として捉え、そこから、「パガニズム」〔異教〕(paganisme)、「パイアン」(païen) という、自身にとってきわめて重要な主題を引き出しているのである。「われわれの問題系の地下室」の配置がこうして描き出される。

フッサールがそれを実践的に明らかにできたかどうかはともかく、思考が当の思考には思いもよらない地平に根づいていること、それを「フッサールの根本的教え」とみなしているという点では、リオタールとレヴィナスはその思考の軌道を一にしている。「現勢的能作の志向性」(intentionnalité d'acte) の奥底に「作動的志向性」(intentionnalité opérante) を見出し、まさに今生まれつつある世界と歴史の意味を捉えようとするものとして「現象学」を解したという点では、メルロ＝ポンティについても同様のことが言える。

しかし、今、私の「ヴィジョン」のなかで、松と楓という、私からの距離を異にする日本の樹木があたかも隣り合っているかのように見えたとしよう。すべてが創造されたものであったとしても、メルロ＝ポンティにとって重要なのは、見る者の眼、その身体の定位ゆえにこのような整列が生じたということである。そして、かかる整列をメルロ＝ポンティは、ゲシュタルト心理学にいう「地－図」を踏まえて、「フィギュール」と呼ぶのである。マックス・シェーラーのニーチェ論に関する初期の書評「キリスト教とルサンチマン」がメルロ＝ポンティの思考の展開全体にとって持つ重要性をかつて強調したことがあるけれども、「かの時の対面」も「慈愛」もない「フィギュール」「鏡」、「おぼろげな類似」の境位にあくまでとどまること、この「肉」の、「受肉」の圏域でのみ「精神」〔霊〕を捉えること、これが、メルロ゠ポンティにおけるパガニズム的キリスト教、キリスト教的パガニズムの構えであり、リオタールはこの点を的確に押さえている。

これに対して、リオタールによると、レヴィナスは、「感覚的なもの」、特に視覚を全面的に放棄し、全身すべて耳と化して「眼は聴く」とさえ言えないような仕方で、「〈他者〉の言葉」を聴従しようとする。もちろんこのような要約でレヴィナスの思想を汲み尽すことはできないけれども、脱肉化と受肉、根こぎと根づき、聴従と視覚、地なき「顔」と地‐図、鏡なき対面と鏡、正面と斜交い、類似と絶対的差異といった対照を通じて、レヴィナスとメルロ゠ポンティ、ひいてはこれら二人の哲学者各々を培った思想的背景を浮き彫りにするにはこれで十分であろう。「ヘブライの倫理では、表象は禁じられており、目は閉じられ、耳が開いて父の言葉を聞く。形象（Bild）゠イマージュは退けられる」（「ユダヤのオイディプス」『漂流』）のであって、レヴィナスにとって、「パガニズム」とは自分の土地を汲々として守ろうとする「農民的実存」の謂であった。

もちろんリオタールはどちらかに与しようとするのではない。いずれに対しても根底的な問いを提起するのだが、まずレヴィナスへの対応について言うと、「ユダヤ人オイディプス」という表現それ自体、レヴィナスが決して認めようとはしなかったフロイトとオイディプス複合を指し示しながら、例えばオイディプスの盲目と視覚批判を結びつけることで、レヴィナスのいうユダヤ性を擾乱しようとしている。ハイデガーの思考とレヴィナスのそれとの同型性を指摘し続けたのもリオタールなのだが、ジャン゠ルー・テボーとの対談（*Au juste*. 以下 Aj と略す）でのリオタールは、「パガニズム」を、「諸基準の安定したシステムが存在しないところで諸判断を下すこと」（Aj 49）としたうえで、「私はレヴィナスを裏切っている」（Aj 133）と興味深い発言をしている。

「レヴィナスの精神のなかでは、命令的関係、命令の語用論、つまりは責務の生きられた経験における他の超越的性格が真理そのものなのです。この真理は存在論的なものではなく、倫理的なものです。けれども、レヴィナスの語彙そのものによれば、それはあくまで真理である、一方、私の眼には、それは真理なるものではありえない。（…）ひとつの言語ゲームを他の数々の言語ゲームの優位に置いてはならないのです」（Aj 113-114）。

レヴィナス研究の観点からも実に重要な指摘であるが、本書でも、「眼の擁護」という表現で、「レヴィナスの方へ」ではなく「メルロ＝ポンティの方へ」向かおうとの志向が示されている。「顔は発語《パロール》の現前である。この現前とそれを聴くわたしのあいだに広がっているのは、感覚的なものの厚みではなく、絶対的な開口、絶対的な不均衡であり、真の不可逆性である。そこにあるのは、P・クローデルが考えたように事物とわたしの視線ではなく、無限と有限である。顔のなかに無限を聴き取るこの受苦は、善と言われる。眼の能作は、逆に情念であり、道を誤ることであろう。／本書は眼の擁護であり、その位置決定である」（四頁）。

たしかにレヴィナスは、「視覚は〈同〉を超えた絶対的に他なるもの、言い換えるなら、即自的に存在するものをまったく開示しない」（『全体性と無限』国文社、二八八―二八九頁）と言っている。もっとも、ジャクソン・ポロックらのアンフォルメル絵画を念頭に置きながら、彼は絵画を「ヴィジョンとの闘い」と呼んでおり、そこにはむしろ、本書との親近性があるとも言えるのだが、ともあれ、リオタールからすると、レヴィナスが語るのとは別の「眼」があったのだ。この「眼」をリオタールはブルトンに従って「野生の状態」の眼と呼ぶとともに、メルロ＝ポンティとレヴィナスに共通する「イリア」（il y a）という語彙で、野生の眼と感覚的なものとの「キアスム」を語り、そのうえで、「現象学的還元によって不均衡を破壊することなく、超越論的領域の内在性によって外在性を乗り越えることなく、この根源的キアスムにまで下降する」ことを「モーリス・メルロ＝ポンティの決断」（五頁）として捉えている。この「決断」はやがて、メルロ＝ポンティ自身の語彙を援用して「超反省」（surréflexion）と呼ばれることになる。では、「超反省」とは何か。メルロ＝ポンティ自身は『見えるものと見えないもの』でこう書いている。

「われわれは反省的転回とは別の、それ以上に根本的な作用の必要性を、つまり一種の超反省といったものの必要性を垣間見ている。（…）〔それは〕生のままの物と知覚との絆を思考し、世界の超越をまさしく超越として熟慮することを自己の課題とするであろう。ただし既存の言語に内在する諸項の意義（signification）の法則によってこれについて語るのではなく、事物がまだ語られた事物となっていないときのわれわれと事物との沈黙の接触をそうした意義を越えて表現するのに意義を使用するという、おそらく困難な努力によって」（七一頁）。

メルロ＝ポンティはメルロ＝ポンティで、リオタールのいう「意義の脱構築」を企てているのだが、リオタールはここにいういまだ語らざる事物とわれわれとの「接触」を「身振り」（geste）の本義として捉えている。「メルロ＝ポンティが理解していたような身振りは、同一の航跡の二つの外縁のように、感覚されるものと感覚するものとが同一のリズムにおいて構成され、感覚的なものの構成要素がひとつの有機的、通時的全体性を形成するような意味の経験である」（二〇頁）。

ここにいう「同一の航跡」は、本書のキーワードのひとつであり、また、メルロ＝ポンティ自身アンリ・ミショーから借用していた「間世界」(intermonde) を指していると考えられるが、「同一の」「ひとつの有機的、通時的全体性」「形成」といった表現それ自体、リオタールの不満をすでに示唆していると言ってよい。メルロ＝ポンティは「間世界」をひとつの「線」ないし「輪郭線」として捉えている。いや、そのようなものへと仮構している。そのような操作ゆえに、一方では、「わたしの身体」をひとつの「量塊」とみなすことが、それよりも何よりも「わたしの身体」なるものが可能になり、他方では、たとえ地と図の境の曖昧さが強調されているとしても、地と図の構造が、ゲシュタルトの相対的安定性、ひいては「よきゲシュタルト」が可能になるのだ。ここに至ってリオタールは明言する。

「この現象学者〔メルロ＝ポンティ〕とともに構成されたものや所与の現実主義的な視覚の手前への下降を試みるだけでは十分ではないだろう。現象学的構成に似ているが構成しえないこの何か、まったく別の方法つまり脱構築によってのみ、まったく別の予想外の逆過程の効果によってのみ把握しうるこの何かに到達したいならば、現象学することをやめるよう決心しなければならないだろう」(七五頁)。

たしかにメルロ＝ポンティはクレーのいうような Gestaltung〔形態化〕の力動性を強調するに至った。しかし、ここには、メルロ＝ポンティの「決断」とはいわば逆向きのリオタールの「決心」がある。『哲学探究』でのヴィトゲンシュタインの表現を援用して言えば、それは「非連続性のネットワーク」(二〇頁) という表現、本書の随所に鏤められた「エスパスマン」(espacement) という語彙からも分かるように、一本の「線」へと「構成」されたものを無数の繊維へと解いていこうとする「決心」だった。一本の「線」で接するという「コン・センサス」「コモン・センス」は存在しない。絡んではいるがそこここで離れた互いに異質な線の歪みと揺れ。つねに予想を覆すそれらの動き。「表面の崩壊を示す断層。断層はその裂け目の両側に、実に異なる高度でそそり立つ二つの尾根」(五三四頁)。

これこそが「フィギュール」を破壊する「フュギュール」であって、リオタールは「フィギュール－形式《フォルム》」から「フィギュール－像《イマージュ》」を経て「フィギュール－母胎《マトリス》」へと脱構築を進めていくのだが、これがディオニュソスの踏み外しであることは彼自身認めているところである（四一八頁）。この引き裂きを戦慄的な筆致で描き出したものとしては、『リビドー経済』冒頭の言葉がある。

「いわゆる身体というものを開き、そのすべての表面を広げて見よ。すなわち、その身体の表面の襞・皺・傷痕の一つひとつをもち、またビロードのような広い面をもつ皮膚だけでなく、そしてその皮膚に接しているものとしては、頭皮とそのふさふさした髪の毛、柔らかな恥丘の毛、乳首、爪、踵の下部の透明な角質層、睫毛が接ぎ木された瞼の薄い皺だらけの部分だけではなく、大陰唇、青い血管網をもち粘液に濡れた小陰唇を開いて広げ、白日の下にさらせ。肛門括約筋の隔膜を押し広げ、直腸の、次いで結腸の、それから盲腸の黒ずんだ管を、古いズボンの足を切り開くあなたの裁ちバサミで縦に切って平らに広げ、それからおびただしく細縞が入り大便で汚れた表面をもつ帯にせよ。小腸のいわゆる内部、空腸、回腸、十二指腸に行き、それらをさらけ出せ。あるいは他の末端で、口を接合部で切開し、舌をその最も根元深くで引き抜き、そしてその舌を裂き、宮殿やその湿った地下に生息するコウモリの翼を広げ、気管を開き、そしてそれを建設中の船体の骨組みにせよ。きわめて精密なメスと鉗子とで武装して、脳のもろもろの束や体を、次いで傷つけずに血管網全体を、リンパ網全体を、そして手首・足首の細い骨部分を解体し、広い作業台の上に平らに置け」（『リビドー経済』杉山吉弘・吉谷啓次訳、一―二頁）。

ただ、リオタールの「決心」についてひとこと付言しておくと、「母胎」は「偽起源」であって「母」では決してないとはいえ、レヴィナス的「〈他人〉の言説」を「父の言説」とみなす一方で、彼はメルロ＝ポンティについて、「メルロ＝ポンティの哲学には〈父〉がいない、あるいはあまりにもいすぎる。

要するに、そのことで彼の言説は飽くことを知らない〈母〉の要求へと投げ込まれるのだ」（七九頁）と記している。『知覚の現象学』末尾で引用されたサン゠テグジュペリの『戦う操縦士』の一場面に登場する、炎のなかの息子を救助しようとする父――この英雄について哲学は沈黙しなければならないとメルロ゠ポンティは言っている――、それが過剰な「父」であろうか。ともあれ、それが「母」の要求に囚われることであるとしても、晩年のメルロ゠ポンティは知覚的身体をリビドー的身体へと延長することでこの下降を企てようとしていたのであって、誤解を恐れずに言うなら、リオタールはその継承者のひとりであった。セザンヌ、クレー、ミショー、そしてアルトーらがそのいわば蝶番をなしていたと言ってよいだろうが、メルロ゠ポンティ最後のテクストである『眼と精神』に、ジャン・ポーランの要請を受けてアルトーをロデーズの精神病院から退院させ、アール・ブリュットの運動を先導したアンフォルメルの画家、ジャン・デュビュフェの名が一箇所記されているのも印象的である（Georges Limbour, *L'Art Brut de Jean Dubuffet*, René Drouin, Paris / Pierre Matisse, New York, novembre 1953）。

Ⅱ　フィギュラル

「クレー以前には人は決して「線に夢見させはしなかった」（アンリ・ミショー『線の冒険』）。おそらく線描の始まりは、線が「aller ligne」（ミショー）する仕方を示している」（メルロ゠ポンティ『眼と精神』）。

ミショーには、アルファベットなのか人の形なのか判別できないような何かが並べられた作品がある。アルトーの作品でも、顔と呼ぶことのできる形象と文字がせめぎあっている。どこまでが文字なのかどこまでが形象なのか分からない水墨画や書画もある。例えばジュリアン・グラックのいう「飾り文字」(lettrine)(四〇三頁)。岩や砂や土や樹皮や身体に刻まれた線は文字なのか形象なのか。「線」と言ったが、「線」はグラメーであり「文字」はグラマである。デリダの『グラマトロジーについて』と本書とのつながりはどれほど強調しても強調しすぎということはないだろう。いずれも、感性と悟性を生み出す中間にして未知の「共通の根」として、カントが最大の難題とみなした「構想力」を根本的な発想源としている。ドゥルーズの『差異と反復』にいう「時空の力動的ドラマ」についても同様のことが言えるのだが、「構想力」「図式」を語るに際してカントが用いた「隠れたアート」「モノグラム」という語が根幹にあるのだ。因みに、typographie という本書のキーワードはその後フィリップ・ラクー＝ラバルトの刺激的な考察に受け継がれていくことになる。

「辞項」(terme) と同様、「音素」といった観念それ自体をも本書は問いただしているのだが、私たちが「プ」「ブ」「ア」などある音を発するとき、そこには何らかの情念が、ひいては欲望が込められている。嬰児の表出行為を考えてもそのことは明らかだが、発声は欲望である。というより、欲望は発声である。同様に、何かを書くとき、その軌跡にも筆圧にも必ず何らかの情念と欲望が露呈されている。書家たちの作品のみならず、字は人をあらわす。絵を描かせることでその人の状態を知ろうとすることもある。欲望はこのような表出としてしかありえない。リオタールは「線と文字」と題された章の冒頭で、この「出来事」に「フィギュラル」という名を与えている(ドゥルーズの『感覚の論理学』をも参照されたい)。では、リオタールはどのようにしてそこに辿り着いたのだろうか。

ヘーゲル『精神現象学』における「感覚的確信」、フレーゲにおける Sinn と Bedeutung の区別、更には、この時期デリダとリオタールだけが気付いていたサールの凄さ、ソシュール読解の現代性など、論じなければならないことは多々あるけれども、ここでは、「この指示（désignation）の空間、言説の縁に位置する奥行きのある外在性」（六六頁）という言葉を出発点とすることにしたい。「指示」はたしかに言語の限界である。なぜなら、「音声や言語記号なしに」指差すことで何かを指し示すのだから。それを表すために「指向」（référence）という語が用いられているけれども、「言説の縁」たる「指示」とは何だろうか。それは「そこにあるもの」を指し示すことだろうか。しかし、「意義」のみならず「意義＝指向」も「意味」を汲み尽くさない、とリオタールは言う。後ろ指を指される、というように、また、指差す動作に時に傲慢な何かを覚えたことが誰しもあるはずだが、単にそれは、そこにあるものを指し示すことではない。

ここでリオタールはフロイトの一九二五年の論考「否定」（Verneinung）に訴える。本書の原書には、リオタール自身による「否定」の仏訳が挿入されている。そのことだけでもいかにこの論考がリオタールにとって重要であったかは明らかだろう。「「夢のなかのこの人物を誰かとおっしゃいますか、母ではありません」。これをわれわれは「それをほかならぬ母なのです」と訂正するのである」という有名な一節を含んだ論考である。しかし、なぜこうして「否定」するのだろうか。フロイトはこう言っている。「判断機能は二つの決定を下さなければならない。それは、ある事物にある性質を承認したり、否認したりするのと、ある表象の現実性を承認したり、否定したりするという決定である。決定の下されるべき性質は、元来良いのか悪いのか、有用か有害かといった類のものだったのだろう。それを最古の口唇欲動の言葉を借りて言えば、「私はそれを食べようか、それとも吐き出そうか」ということになるし、さらにこれを敷衍すれば、「私はそれを自分の中に取り入れようか、それとも自分の中から取り除こうか」ということになる。すなわち、「それは私の中にあるべきか、私の外にあるべきか」ということになるのである。根源的な快感自我は、他の所で論じておいたように、いいものはすべて自分の中に取り入れ、悪いものはことごとく排除しようとする。悪いもの＝自我にとって未知のもの・外にあるものは、快感自我にとってはさしあたり同じものなのである」。

このように、言説の縁である「指示」は、「指示するもの」と「指示されるもの」との確たる連関を示すものであるどころか、欲望の底なしの奈落へと墜落していくのだ。では、「形象」はどうだろうか。「線」はどうだろうか。この点に関してリオタールは、パウル・クレー――もちろんクレーだけではないが――の日記をもとに考察を紡ぎ出している。クレーにとって「線」は単なる「線」ではない。少年クレーのなかでバレエのイラストは性的妄想の戦慄的変形を蒙り、大理石のテーブルの石目、この線の迷宮はグロテスクな容貌と化していく。

「デッサンは、クレーにおいては幻想的《ファンタスマティック》なものが自発的に表現される造形的境位である。（…）描線は、彼が飼い慣らし続けなければならない境位である。なぜならそれは、彼の欲望が浮遊し緊張する境位だからである」（三三四頁）。

「指示」という行為と同様、「線」もまた先述したように、それ自体が欲望の遊動空間と化していく。それはクレーが「線でもなく面でもなく、両者の一種の混合（Medium）」（三五〇頁）と呼ぶものだ。クレーのいう描線の「男性性」「女性性」はエロスを、そしてまた、「欲望のデッサン」は、本質的に「失われた対象」（三三五頁）と係るという点で、「タナトス」（死への欲動）の表出でもある。先に「漂流」というリオタールの語彙を紹介したが、リオタールのラカンへの応対については後述するとして、一九五九―一九六〇年度のセミナー『精神分析の倫理』でのラカンは、複雑な運河、水路に「欲望」を譬えたフロイトの美しい一節を引きながら、désir を drive, dérive と変奏している。「フィギュラル」とはこの複雑な水路のネットワークであり、そこに生じる「圧縮、移動、歪曲」などの可塑的変形にほかならない。例えばマラルメの詩や彼の言う「星座」も「フィギュラル」であろうが、「フィギュラル」のこの力動性を、リオタールはこれまたフロイトを援用して「エネルギー論的なもの」と呼んでいる。

Ⅲ 「死への欲動」と碑文

フロイトがいかに本書にとって重要な存在であったかはすでに明らかだろうが、実際リオタールは、「フロイトの考察はその経歴のはじまりから終わりまで、『夢解釈』から『モーセ』まで、言語と沈黙、意義《シニフィカシオン》と意味《サンス》、分節と像、解釈または構築する説明と形象化する欲望との関係を中心としている」（八〇頁）と、本書の企てとフロイトの省察との一致を強調している。また、「現象学」との関係についても、「当初言説の視線へと割り当てられていた対象や対面を構成する責任が欲望の成就へと伝達され委ねられる。（…）フロイトの教えがフッサールのそれより優位に立つのだ」（二一〇頁）と、レヴィナスをも意識した表現で、フロイトの優位が明言されている。

「フィギュール‐母胎」への「逆過程」はひとことで言うと、フロイトにおける「一次過程」への「逆過程」であったのだが、そこには、「ごく幼い子供の状況――これが人間の状況であり、そうであり続ける」（四一一頁）として「退行の重要性」（四一二頁）を指摘する、リオタールの根本的な構えが表われている。『こどもたちに語るポストモダン』『インファンス読解』といった著作はリオタールにとって本質的なものだったのだ。「大人」などと臆面もなく口にする輩は、きっと自分と他人における何かを酷薄に殺して、殺していることを自覚すらせず、だから殺し続け、そのうえで、生き延びるためになどと妄言を吐いているだろう。こうした「逆過程」なしでは、「主体の哲学を作り上げる」(四一六頁)ことになってしまう、とリオタールは言うのだが、私としては「喃語」をめぐるリオタールの言葉にここで着目してみたい。

「言葉の生産を可能にする発声の習慣形成は、多数の音声の可能性を排除することなしには立ち行かない。発声腔の諸器官の調節は叫び、あえぎ、「喃語」のように荒々しく動機づけられた表現を生産するためにこれらの器官を用いる力を抑圧することで獲得される」（一二六頁）。

アントナン・アルトーの名や失語症をめぐる考察がこの言葉に続くのだが、「喃語」へのこの着目は、本書の核心に係るもののように思われる。また、ラカンに対するリオタールの応対もそこから派生していたのではないだろうか。ひとことで言えば、「喃語」とは何語なのか、ということである。その点を語るに先立って、リオタールがラカンのセミナーに通っていたときのことを回想した文章を引用しておこう。『遍歴』の一節で少々長くなるけれども、本書の企図そのものに触れる発言であると思う。

「私は一九六〇年代にラカンのセミナーに出ていた。大したことは分からなかったけれど、ただ、欲望の諸対象は意識には見誤られざるをえないこと、「欲望の成就」は、それがもし到来するなら、苦しみ、不安、抵抗、否認を伴うことだけは分かった。私自身、ラカンの教えに抵抗を感じていた。この抵抗をまがりなりにも位置づけるのに私は二〇年以上かかった。この抵抗はラカン的図式の「大他者」(grand A) を狙ったものではない。逆に、このAという概念は、私が思うに、欲望と要請 (demande) とのあいだの差異をちゃんと基礎づけることを可能にしてくれる。欲望とそれの次元に属する現実的《リアル》なものとラカンが命名したものと、彼が〈自我〉とその要請の経済に送り返したものとのあいだの。ラカンによるフロイトの読解に対する私の苛立ちは、象徴的なもの (le symbolique) から来ている。この第三の呼称〔想像的なもの、現実的なものに継ぐ〕は「残余」を、言語の領野の全体、認識をカヴァーしている、このような配分の結果、一切の知はただひたすらレトリックの形式で構成されることになり、この形式は諸シニフィアンの対立のネットワークもしくは構造とみなされるべきものとなる。こうして、表現の（文の）他の諸様態は想像的なもの（l'imaginaire）、おとり（leurre）へと棄却されざるをえなくなる。とりわけ、延長と持続における数々の「所与」の多様な組織形態、色や光に係る律動、数々の線や面や量塊の合成、最後に芸術としてのエクリチュール——それらすべてを、もっぱら要請を満足させ、欲望を欺く無意識的なものの帰結と考えねばならなくなるだろう。単なる嗜好、快苦の感情による諸対象への不安や評価は、精神を欺く機会しか無意識的なものにもたらすことができなくなるだろう。この危険な結果を前にして私は、ラカンの思想のなかで概念が享受していた尊大な特権に抗して、美と感情にひとつの場所を確保するために何かをしなければならないと思った。このことが私の探求を諸形式の側へと導いた最大の動機であったと私は思うのだが、その結果『言説、形象』が生まれたのだ。今思うと、この書物で私が与えた回答はまだそれほど満足のいくものではないし、無意識的なものについてのフロイトの考え方にまだじかに触れるものではなかったのではないだろうか」（*Pérégrinations*, 29-30. 邦訳は『遍歴』二一一—二一三頁）。

寡聞にして私は、日本のラカン研究者たちが真剣にリオタールのラカン理解を取り上げたという事実を知らない。もし間違っていればご教示願いたい。では、本書でのリオタールはラカンをどのように捉えていたのだろうか。「夢作業はパロールの諸操作とはまったく異なるゆえに、夢は言説ではない（…）この主張はわたしがジャック・ラカンの解釈と考えるものとは逆であり、またより一般的にはあらゆる記号学を言語学に押し込む現在の傾向とは逆であるため、これらを突き合わせる価値がある」（三七六頁)。最後にこの点を考える前にひとこと付言しておくと、ここにいう「現在の傾向」を代表するものとしてロラン・バルトとグレマスが挙げられているが、その当否はともかく、バルトに加えて、デリダ、ドゥルーズ、リオタールの三名がフランスではチャールズ・S・パースに注目していたというのは実に興味深い。

まずリオタールは、いわゆる「連辞《サンタグム》」と「範列《パラディグム》」という二つの連合を取り上げてこう言う。「わたしは連辞‐範列の分割を、価値としての意義(signification)の理論に結びつけることが非常に重要であると考える。なぜなら対象には何も負わず、まさにこの外在性ゆえにそれについて語りうる閉じられた体系(système clos)(ラング)へと言語が差し向けない限り、今度は価値が意味を持たないからである。体系の閉鎖性(clôture)は、内的な二重の機能(範列的と連辞的)と外的な機能(指向《レフェランス》)という二つの特性双方にとって軸として役立っている」(三七七頁)。

déconstruction, archi-écriture に加えて、リオタールはここで clôture というデリダに親しい語彙をおそらく故意に使用している。ここでは論じないけれども、引用文からも分かるように、デリダとはちがってリオタールが clôture という語彙を否定的に使っている点に、デリダとリオタールの根本的な相違があったと私は考えている。もっとも、リオタールが有限に無限を、閉鎖性に開放性を素朴に対置しようとしているのでは決してないことはレヴィナスやリクールについての本書の発言からも明らかだろうし(六頁)、「連辞‐範列」と「指向」をめぐる先の言葉は閉鎖性と開放性の本質的共犯関係を暴くものだった。それに、「狭間世界」(entremonde)はそもそも閉鎖性と呼ぶことも開放性と呼ぶこともできない境位であって、それに後のリオタールは「群島《アルシペル》」という名を与えるに至る。ともあれ、リオタールがラカンを批判する際に用いているのも、この clôture という語彙なのである。曰く、「〔ラカンが〕フロイトのテクストを正当に扱うことを妨げているのは、体系の閉鎖性という予断である」（三九〇頁）。

隠喩や換喩をめぐるヤコブソン、ラカンの理論を論じた箇所については実際にそれをお読みいただくとして、リオタールが「体系の閉鎖性」ということで批判しているのは、「意義を（…）連辞的、範列的連関の集合へと完全に還元している」（三八六頁）であり、また、このような「還元」と相即する事態であるが、ラカンが「それがあったところにわれが成らねばならない」というフロイトの言葉にもとづいて、シニフィアンとシニフィエを隔てる踏み越ええない「横線」を踏み越えることなく踏み越えること、すなわち「隠喩」（的抑圧）によって「主体の哲学」を、と同時に「〈他者〉の哲学」を作り上げてしまったことであったと考えられる。

「J・ラカンがシニフィエと言うとき、彼は主体を考えている。隠喩の理論全体が、主体の隠喩の理論である。主体は隠喩を経由することでしか、つまり逸せられることでしか把握されない。なぜならまさに、主体がシニフィアンによって意味されるからである。そしてシニフィアンとは〈他者〉である。Sと*s*のあいだの横線は、この表現的な抑圧を表している」（三八六頁）。

これではフロイトの「一次過程」に至るどころかそれを抑圧することになってしまう。しかし、注意しなければならないのは、「ラカン的アルゴリズム」、その「体系の閉鎖性」を斥けたリオタールにとって、「フィギュール－母胎」は「見られないだけではなく、可読的でないのと同様可視的でもない」（四一九頁）であったが、それは決して「無秩序」「無法則」「無規則」ではなかった。後に、リオタールはそれを、カントの「崇高」論に依拠しつつ、「無規則な構想力」としての「偏狂」（Schwärmerei）とはちがって、「感性の一切の限界を超えた彼方に何かあるものを見ようとする――換言すれば原則に従って夢想しようとする（理性をもって狂う）ような一種の妄想（Wahnsinn）」としての「狂熱」（Enthusiasmus）と呼ぶことになる。

言い換えるなら、「逆過程」はあくまで「配置論」的、すなわち「トポロジー的」であると同時に、あくまで「文法的」なものであって、そのことを鮮やかに示しているのが、一九一九年のフロイトの論考「子供が叩かれる」をめぐって遂行された、「父が子供を叩く」から「わたしが父に叩かれる」を経て「ある子供が叩かれる」への変形であろう。「ある子供」が誰で、誰が「ある子供」を叩くのか、どこでいつ叩くのか。「XがYを叩く」も「YがXに叩かれる」も、XとYの同一性《アイデンティティ》も、XへのYの「同一化」も、更には、叩くの時空的局所性も、叩くという身振りも脱構築し、先述の「隠喩的抑圧」――「受動的総合」をも含む「総合」――を頓挫させる「出来事」の「非場所《ユートピア》」（五四一頁）。その「律動」。一次過程としてのマゾヒズムとは、かかる「出来事」の生起が「死への欲動」でしかありえないということにほかならない。「反‐総合」と言ったのは、「この文の見かけの整合性は、心的生活における両立不能な多数の「文」を包み隠している」（五一四頁）からだ。

崇高とユダヤ教における「形象＝像の禁止」。しかし、「叩かれる」は「刻印される」（inscrit）ことであり、そのようなものとして脱存（excrit）することであって、「死への欲動」はあくまで「形象性（figuralité）の原理」である。と同時に、「身体への欲望のこの刻印、この外傷、その傷口」こそが「文字」なのである（五三五頁）。このような問題系に関しては、エリザベート・フォントネーの『ひとつのまったく他なる物語』（*Elisabeth de Fontenay : Une tout autre histoire*, Fayard, 2006）のように、juifs（ユダヤ人）をめぐるリオタールの考察の展開を詳細に検討した論考がようやく出版されたけれども、本書でも重要な役割を果している、リオタールによる『モーセと一神教』読解への言及がほとんどないのは至極残念である。残念というか、これは本質的な「ラプスス」（言い落し）であるかもしれない。

本書の美術史的考察についてはまったく触れることができなかったけれども、ラカンの言うような「構造」としての言語に異を唱えつつ、今述べたような「刻印」を、フロイトにおける「謎の碑文」(Inscription)、「ヒエログリフ」、「判じ物」を、ソシュールのいう「イポグラム」(hypogramme)と共に論じている箇所はきわめて刺激的である(因みに、小林秀雄の『本居宣長』にも「碑文」をめぐる同様の考察がある)。ある箇所では、ラテン語の言葉が刻まれていると信じ込ませるために偽装され、また別の箇所では、風雨で判読不能になったり欠け落ちたりしたように偽装され、ばらばらの文字の無意味に意味があるかのような気にさせられる碑文。すでに偽装されたこの顕在的テクストの下に何か真正なテクストがあるのではない。幾重もの偽装と翻訳と転記が離散的に圧縮され、例えばラテン語など読めない農夫がそれを読むことで歪曲と移動が不連続に継続されていく。「判じ物」についてはこうある。「夢の加工の理論は、夢思想から異国の文字(Schrift étrangère)への翻訳から出発し、象形文字を生み出す転記を経由し、最後に定まった規則のない置き換え(Ersetzung)へと向かい、その結果が判じ物(Bilderrätsel)となる。ある段階から別の段階へと少しずつ書字(écrit)の場から身を引き、また少し多くの場所を形象的空間へと与えていくのである」(四五一―四五二頁)。

『エクリ』からの離反。しかし、フロイトが『フリーゲンデ・ブレッター』誌の熱心な読者として「謎の碑文」と接していたことをリオタールに教えたのはラカンそのひとであったし、漠然とながらリオタール自身認めていたように、ウィニコットのいう「移行対象」への本書での言及からはラカンのいう「対象a」へ、「碑文」「判じ物」をめぐる分析からはラカンにおける文学＝沿岸＝塵埃論やジョイス論へと糸が紡ぎ出されてもいる。

解説者の非力ゆえに、本書の魅力を成す様々な叙述や主題について論じることのできなかったものも多々あるが、これ以上つたない解説を付すのは控えたいと思う。出版から四〇年、本書はその力をいささかも失っていない。読者諸氏はきっとここから多大な思考の糧を得ることだろう。リオタールの思想については改めて挑戦することをお約束するとともに、この解説が蛇足とはならないことをひたすら願う次第である。

合田 正人

二〇一一年八月十五日

訳者あとがき

本書は、Jean-François Lyotard, *Discours, figure*, Paris, Klincksieck, 1971 の全訳である（ただし、付録として挿入されていた、フロイトの「否定」のリオタールによる仏訳は割愛した）。

これまで訳者は、もっぱら人文・社会科学書の翻訳にいそしんできたのだが、その際の方針は以下のようなものであった。著者に影のごとく寄り添い、あたかも腹話術師のいない腹話術のごとく、著者に日本語を語らせること。文をほどいて素材へと還元し、こうして手にした繊維から、原意を損なわずに平明な日本語をつむぎ直すこと。語の星座を再配置することで、著者の輪郭を端正に浮かび上がらせつつ、みずからは背後の夜空へと退くこと。だが『言説、形象』のような書物の場合、こうした試みはどの程度成功しうるのであろうか。『言説、形象』は、圧倒的な思考の緊張に貫かれた書物である。刊行後四〇年を経てなお、この書物に関する研究がほとんど存在していないという事実が、その驚くべき強度を証言している。また外国語版が長らくスペイン語版（一九七九年）しか存在せず、つい最近になってイタリア語版（二〇〇八年）と英語版（二〇一一年）が刊行されたという事実が、系統を異にする言語への翻訳の困難さを証言している。それゆえ本書は――あらゆる翻訳がそうであるとはいえ――訳者の能力と日本語そのものの限界によって縁取られており、著者のものでない声、平明でない言葉、訳者自身の姿が露呈しているであろう。訳者の欲望に起因する移動、圧縮、歪曲の痕跡さえ残されているであろう。

それにもかかわらず、『言説、形象』の邦訳の刊行を迎えたいま、やはりわたしは喜びを抑えることができない。なぜなら、リオタール思想のみならず、二十世紀フランス思想を理解するために欠けていた重要な一片が、ようやく補われたように思われるからである。『言説、形象』は、上質な知的興奮に満ちた書物である。決して押しつけがましい指図をするつもりはないが、本書を手に取られる方々には、まず合田正人氏の「解説」をお読みになることをおすすめする。リオタールの略歴、彼の思想における本書の位置づけ、メルロ＝ポンティ、レヴィナス、ラカン等との関連、そしておおまかな内容を知ることは、この浩瀚な書物を読解する上で大きな助けとなるであろう。

なお本書のゴチックによる小見出しは、読者の便宜を考慮して訳者が本文中に配置したもので、原書では目次にのみ記載されている（逆に、原書では「欲望の「歴史」の一断章をめぐるヴェドゥータ」の章がイタリックで組まれているが、邦訳では特に差別化しなかった）。また本書の耳慣れない語彙にとまどわれるかもしれない方々のために、以下に原語と訳語の対応を記しておく。

bougé	ぶれ
clôture	閉鎖性
commutation	換入
configuration	布置
connaturalité	共同本性性
connotation	共示
déplacement	（フロイトの）移動
désignation	指示
désir	欲望
dia-déictique	指証法
ekthèse	外定立
entremonde (Zwischenwelt)	（クレーの）狭間世界
espacement	間隔設定
fantasme	幻想

figural　形象的
figure-forme　形象－形式
figure-image　形象－像
figure-matrice　形象－母胎
forme　形式、ゲシュタルト、など
image　像、など
jouissance　享楽
leurre　おとり
mobilité　可動性
ouverture　開放性
position　定立、など
recessus　逆過程（processus の逆としての）
référence（Bedeutung）　指向
référent　指向対象
renversement　逆転
représentant　代表
scansion　韻律化
sens　意味、など
signifiant, signifié　シニフィアン、シニフィエ
signification（Sinn）　意義
signifier　表意する
surréflexion　超反省
tracé régulateur　調整線
tracé révélateur　啓示線
visée　視向

最後に、本書の編集を担当して下さった、法政大学出版局の郷間雅俊氏に御礼申し上げる。有能かつ繊細な氏の存在があればこそ、わたしはこの本を完成させることができた。そしてもうひとつ。この国が一致団結して大災害を乗り越え、希望の復興を果たさんことを。

二〇一一年八月十七日

三浦 直希

索　引

ア　行

アイザックス　Isaacs, Suzan　548
アウグスティヌス　Augustin, St.　218, 244, 255, 321
アヴロン　Avron, D.　128
アジャム　Ajame, P.　439
アスント　Assunto, R.　245, 253, 255, 257, 261
アベラール　Abélard　244
アポリネール　Apolinaire, G.　472, 474, 563
アラゴン　Aragon, L.　444-45, 472
アラン　Alain　387
アリストテレス　Aristote　253, 263-64, 316, 354
アルキエ　Alquié, F.　435
アルクイン　Alcuin　250, 252-53
アルトー　Artaud, A.　126-27, 205-06
アルベルティ　Alberti, L. B.　236-37, 273-74, 289, 294, 298, 303, 305
アンジェリコ　Angelico, Fra G.　326
イェルムスレウ　Hjelmslev, L.　318
イポリット　Hyppolite, J.　53-54, 171, 187, 263
イリガライ　Irigaray, Luce　531
ヴァザーリ　Vasari, G.　273, 282, 295
ヴァシェク　Vachek　131
ヴァレリー　Valéry, P.　84, 93-95, 474
ヴァレンドンク　Varendonck, J.　529
ウィドウソン　Widdowson, H. G.　431, 468, 470, 474, 476-79, 492, 582
ヴィトゲンシュタイン　Wittgenstein, L.　152, 425
ウィニコット　Winnicott, D. W.　17, 547
ヴィヤール・ド・オヌクール　Villard de Honnecourt, J.　289
ヴェルレーヌ　Verlaine, P.　479
ヴェロネーゼ　Véronèse, P.　329
ヴォーリンガー　Worringer, W.　287, 289
ヴォルテール　Voltaire　336
ヴォルポーニ　Volponi, P.　279
ウッチェロ　Uccello, P.　286, 330
ウルマン　Ullmann, St.　131
エーコ　Eco, U.　496
エーレンツヴァイク　Ehrenzweig, A.　439, 545
エジクマン　Eizykman, B.　569
エジクマン　Eizykman, Claudine　367, 505
エマニュエル　Emmanuel, P.　444
エリュアール　Eluard, P.　493, 495, 498
エンプソン　Empson　441
オグデン　Ogden, C. K.　111
オズグッド　Osgood, C. E.　481
オラニエ　Aulagnier, Piera　537
オルティーグ　Ortigues, E.　104

カ　行

カヴァリーニ　Cavallini, P.　281
カウフマン　Kaufmann, P.　25, 243, 547
カッシオドルス　Cassiodore　331
カニェッタ　Cagnetta, F.　335
カミングズ　Cummings, E. G.　467, 483-86, 495
ガリレイ　Galilée　240, 262-67, 270, 577
カンディンスキー　Kandinsky, W.　121,

248-49
カント　Kant, E.　22, 30, 46, 58-59, 86, 145, 152, 157-58, 178-79, 198, 219, 363, 442, 513, 571
ギカ　Ghyka, M.　329, 419
キルケゴール　Kierkegaard, S.　24, 218
クインティリアヌス　Quintilien　331
クーパー　Cooper, F. A.　287
クザーヌス　Nicolas de Cues　285
クライン　Klein, Melanie　297, 491, 546-47, 585
グラバー　Grabar, A.　253
グランジェ　Granger, G. G.　425
クランツ　Kranz, W.　315
グリーン　Green, A.　511, 535, 539
クリス　Kris, E.　545
クレー　Klee, P.　11, 17, 235, 323-25, 332-39, 341, 343-44, 346-50, 352-55, 472, 493, 528, 583
グレゴリウス（ニュッサの）　Grégoire de Nysse　251
グレマス　Greimas, A.-J.　377
クローデル　Claudel, P.　1-4, 29, 122, 261, 535
グローマン　Grohmann, W.　333, 341
クロソウスキー　Klossovski, P.　325
コイレ　Koyré, A.　263-64, 267
コーエン　Cohen, J.　478-82
ゴーキー　Gorky, A.　421
ゴデル　Godel, R.　139, 145, 149, 202
コブランス　Coblence, Françoise　369
ゴルトシュタイン　Goldstein, K.　121
コルドロック　Cordroc'h, Marie　245, 247
コルネイユ　Corneille, P.　472, 484-85
コンドルセ　Condorcet　218

サ　行

サミ＝アリ　Sami-Ali, M.　417
サルトル　Sartre, J.-P.　40, 42, 70, 73, 131, 366
サンパオレジ　Sanpaolesi, L.　285
シーガル　Segal, Hanna　547, 585
ジード　Gide, A.　93, 96, 589
シェイクスピア　Shakespeare, W.　197, 471, 485, 503, 527, 574, 588, 590-91
シェリング　Schelling, Fr. W.　9, 442
ジェンティーレ・ダ・ファブリアーノ　Gentile da Fabriano　286
シクロフスキー　Chklovski, V.　489
シモニデス　Simonide de Céos　250, 435
ジャコブ　Jacob, A.　63
ジャリ　Jarry, A.　472
ジュネット　Genette, G.　215
シュライエルマッハー　Schleiermacher, Fr.　457
シュライヤー　Schreyer, L.　333, 339, 347
ジュリアーニ　Giuliani, A.　496
ジョイス　Joyce, J.　472
ジョーンズ　Jones, E.　589
ジョット　Giotto　253, 280-81, 290, 326
ジョンソン　Johnson, B.　474
ジルベラー　Silberer, H.　372, 374, 390
ジロー＝デュヴィヴィエ　Girault-Duvivier, Ch.-P.　317, 433
スコトゥス・エリウゲナ　Scot Erigène　255
スタロバンスキー　Starobinski, J.　400, 588
スチ　Suci, G. J.　481
ストークス　Stokes, A.　297
セザンヌ　Cézanne, P.　18, 21-22, 24, 30-31, 75, 98, 229, 235-38, 282, 303, 323, 329, 353-54, 421, 447, 578
ソーン　Thorne, J. P.　263, 431, 464-66, 468, 481
ソクラテス　Socrate　14, 189
ソシュール　Saussure, F. de　34, 41, 56, 84, 86, 101-02, 106-07, 110, 112, 114, 122, 131-32, 134-36, 138-42, 145, 149, 151, 176, 201-02, 235-36, 320, 376-77,

385-87, 390, 400-01
ソフォクレス　Sophocle　298, 527

タ 行

ダヴィド　David, M. V.　577
ダダ　Dada　484
タネンバウム　Tannenbaum, P. H.　481
ダリ　Dali, S.　421
タルディ　Tardy, M.　295
ダン　Dunne, J.　485
チャン・デュク・タオ　Trân-Dûc Táo 221
チョムスキー　Chomsky, N.　205, 472-73
ツァーン　Zahn, L.　343
ディールス　Diels, H.　315
デイヴィス　Davies, G.　84-85, 89, 96, 99
ディドロ　Diderot, D.　137, 317-18
デカルト　Descartes, R.　34, 137, 168, 264, 267-72, 274, 277, 300, 578
デザルグ　Desargues, G.　277
デティエンヌ　Détienne, M.　15
デモクリトス　Démocrite　314
デュ・マルセ　Dumarsais, C. Ch.　432
デュシャン　Duchamp, M.　436
デュシャン=ヴィヨン　Duchamp-Villon 329
デュフレンヌ　Dufrenne, M.　20, 67, 117, 439-41, 443, 445, 465
デュボワ　Dubois, J.　131, 133, 143
デリダ　Derrida, J.　63, 168-69
トィニャーノフ　Tynianov, J.　489
ドゥッチョ　Duccio　278-82, 284-86, 289-90, 298-99
トーマス　Thomas, D.　472
トーマス　Thomas, Jacqueline　125
トール　Tort, M.　112, 244, 254, 258, 260, 261, 507, 511, 552, 561, 563-64, 567, 569-70, 572
トドロフ　Todorov, Tz.　111, 433, 474-75
ドナティ　Donati, P.　279, 290
ドナテッロ　Donatello　285
トマシェフスキー　Tomachevski, B. V. 489
トマッソーニ　Tomassoni, I.　419
トマティス　Tomatis, A.　127
トリーア　Trier, J.　130-31, 133
トリジャーニ　Torrigiani, U. E.　496
トルベツコイ　Troubetzkoy, N. S.　123, 138
ドレフュス　Dreyfus, Sylvie　369
ドローネー　Delaunay, R.　287, 354

ナ 行

ナシフ　Nassif, P.　501, 510, 531, 541, 549
ニーチェ　Nietzsche, F.　14-15, 17, 98
ノーデンフォーク　Nordenfalk　253

ハ 行

パース　Pierce, Ch. S.　57, 103, 111, 140
バール　Barre, A.　225
ハーンローザー　Hahnloser, L.　289
バイイ　Bally, Ch.　400
バケス　Backès, Catherine　519
バシュラール　Bachelard, G.　263, 443
パスロン　Passeron, R.　227
パチョーリ　Pacioli, L.　329
パノフスキー　Panofsky, E.　243, 249, 251, 279-81, 288-89, 293, 301, 303, 305, 307, 575, 577
パラン　Parain, B.　47
ハリス　Harris, Z. S.　465
パリス　Paris, J.　308
ハリデイ　Halliday, M. A. K.　431
バルト　Barthes, R.　57, 377, 483, 573
バルドヴィネッティ　Baldovinetti　326
バルトルシャイティス　Baltrušaitis, J. 277, 513, 575, 577
パルメニデス　Parménide　42, 144
バロン　Baron, R.　255

パロンチ　Parronchi, A.　289
バンヴェニスト　Benveniste, E.　48, 102, 107-08, 110-12, 138, 140, 144, 151, 169, 171, 173-76, 183, 186, 209, 391
ピカソ　Picasso, P.　30-31, 417, 421
ピシェット　Pichette, H.　471, 473
ピュタゴラス　Pythagore　254-55, 329, 418, 533
ビュトール　Butor, M.　95, 112, 269, 552, 561, 563-64, 567, 569-72, 575
ファヴァレリ　Favalelli, M.　447, 455
ファン・アイク　Van Eyck, J.　285
ファン・ゴッホ　Van Gogh, V.　30, 225, 355, 366
フィーマン　Fihman, G.　271, 367, 505, 569
フィンク　Fink, E.　147
フーゴー（サン=ヴィクトールの）　Hugues de Saint-Victor　244, 254-55, 258-61, 276
プーサール　Pousseur, H.　561
プーサン　Poussin, N.　282
フェヴリエ　Février, J.　315
フェヒナー　Fechner, G. Th.　411
フォイエルバッハ　Feuerbach, L.　223
フォシヨン　Focillon, H.　119
フォナジ　Fónagy, I.　431
フォルトゥナトゥス　Fortunatien　331
ブシュロン　Boucheron, S.　9, 179
フッサール　Husserl, E.　20-21, 29-30, 34, 131, 145, 147-48, 152, 160, 166-69, 218-21, 263
フューズリ　Füssli, J. H.　335
ブラック　Braque, G.　15, 230
プラトン　Platon　4, 23, 144, 169, 189, 244, 253-55, 264, 297, 327-29, 354, 394, 418, 435, 533
フラバヌス・マウルス　Hraban Maur　253
プラハ学派　Prague, école de　130, 133
フランカステル　Francastel, P.　30, 235, 253, 273, 281-82, 285-86, 289-91, 293, 298-301, 303, 305
ブランショ　Blanchot, M.　547
ブリオン=ゲリ　Brion-Guerry, Liliane　251, 303, 305
ブリック　Brik, O. M.　465, 477
プルースト　Proust, M.　374
ブルーノ　Bruno, G.　240, 264
プルタルコス　Plutarque　250
ブルトン　Breton, A.　5, 382, 403, 419, 421, 434, 436-37, 439, 493, 545
ブルネレスキ　Brunelleschi　272, 285-96, 303
ブレイク　Blake, W.　335
プレヴェール　Prévert, J.　473
フレーゲ　Frege, G.　18, 102, 111, 131, 151-60, 162-63, 165-69, 176, 185, 235-36, 425-28, 499, 582
プレハーノフ　Plekhanov, G. V.　218
ブレモン　Bremond, Cl.　215, 217
フレンケル　Fraenkel, E.　97
フロイト　Freud, S.　15-16, 18, 20, 32-33, 63, 72-73, 77-81, 85, 98-99, 118, 127-28, 171-73, 175, 178-79, 181-84, 186-90, 193, 195, 200-01, 207, 209, 219, 221-23, 235-36, 238, 269, 284, 287, 289, 337, 339, 353, 357, 358-64, 366-68, 370, 372-74, 379-81, 385, 388-95, 402, 404-06, 409-12, 414, 416, 420, 425, 428-29, 439, 446-53, 455, 457, 462, 468-69, 471, 487, 493, 499-510, 512-13, 516-19, 522-23, 526-31, 534-39, 544-46, 549, 580-83, 587-92
フローベール　Flaubert, G.　374
フロコン　Flocon, A.　225
プロップ　Propp, Vl.　82-83, 213-15, 374
プロティノス　Plotin　255
ヘーゲル　Hegel, G. W.　5-7, 42, 45-47, 49-54, 56-68, 73, 80, 85, 96, 98, 101, 150, 168, 176, 179, 195-98, 200, 212, 218, 221, 223, 236, 263, 339, 387, 442, 459, 481,

548, 571
ペニョ　Peignot, J.　319
ベラヴァル　Belaval, Y.　439, 545
ヘラクレイトス　Héraclite　42, 317
ベリオ　Berio, L.　127
ベルクソン　Bergson, H.　76, 238
ヘルダーリン　Hölderlin, F.　585
ベルティ　Berti, L.　279, 285
ベルナール（クレルヴォーの）　Bernard de Clairvaux　243, 255
ペレ　Péret, B.　444, 498
ボエティウス　Boèce　287, 331
ポー　Poe, E.　305, 545
ボードレール　Baudelaire, Ch.　473
ボーフレ　Bauffret, J.　354
ポール・ロワイヤル　Port-Royal, MM. de　104
ボス　Bosse, A.　277
ボナパルト　Bonaparte, Marie　545
ホラティウス　Horace　250
ポルタ　Porta, A.　494
ホルバイン　Holbein, H.　574-75, 577-78
ポロック　Pollock, J.　419, 421
ホワイト　White, J.　281
ポンタリス　Pontalis, J.-B.　407, 413, 511, 529

マ 行

マグリット　Magritte, R.　308, 372, 374, 390
マザッチョ　Masaccio　237-38, 273, 278, 282-85, 288-92, 294-95, 297-99, 303-04
マゾリーノ　Masolino　282, 289, 292
マッソン　Masson, A.　335
マッソン　Masson, L.　444
マッタ　Matta　421
マティス　Matisse, H.　30
マネ　Manet, A.　282
マネッティ　Manetti, G.　296, 303
マノーニ　Mannoni, O.　527
マラルメ　Mallarmé, St.　18, 84-89, 92-97, 100, 193, 235, 317, 447, 491, 545, 564, 573
マラン　Marin, L.　105
マルクス　Marx, K.　196-200, 218
マルタン　Martin, R.　425
マルティネ　Martinet, A.　78, 121, 125, 129, 131, 142, 317, 319
マンテーニャ　Mantegna　301
マンデル　Mandel, G.　243
ミュンスター学派　Münster, école de 133
ムーヒェ　Muche, G.　11
ムールー　Mouloud, N.　121
ムルナウ　Murnau　439
メシェデ　Meschede, Hida von　252
メニャン　Maignan, E.　577
メリエス　Meliès, G.　573, 575
メルロ＝ポンティ　Merleau-Ponty, M. 4-5, 18, 20-23, 30, 35-36, 70-77, 79, 94, 103, 105, 108-09, 131, 132-33, 195, 224, 267, 433, 436
モア　More, Th.　299
モークレール　Mauclair, C.　95
モーロン　Mauron, Ch.　421, 488, 545-46, 549
モンドール　Mondor, H.　85
モンドリアン　Mondrian, P.　560

ヤ 行

ヤクビンスキー　Yakoubinski, L. P. 465
ヤコブソン　Jakobson, R.　52-53, 56, 111, 125, 138-40, 142-43, 148, 203-04, 375-84, 386-91, 431, 474, 481
ヤニチェク　Janitschek, H. von　305
ユークリッド　Euclide　224, 229, 265, 272, 307, 418, 461, 492
ユゴー　Hugo, V.　473
ユング　Jung, C. G.　57

ラ 行

ライプニッツ　Leibniz　163, 166, 168
ラカン　Lacan, J.　171, 209, 243, 376, 379, 381-91, 394, 507, 509, 525
ラスコー　Lascault, G.　513
ラッセル　Russell, B.　425
ラファエル前派　Préraphaëlite, école　237
ラプランシュ　Laplanche, J.　391, 407, 413, 511, 529
ラブレー　Rabelais　447, 571
ラモー　Rameau, J.-P.　318
ラングロワ　Langlois, H.　573
ランボー　Rimbaud, A.　439, 473, 483
リオタール　Lyotard, Corinne　569
リオタール　Lyotard, J.-F.　128, 527
リオタール＝メ　Lyotard-May, Andrée　465
リクール　Ricœur, P.　6, 9, 63, 129, 151, 167, 171, 187
リシツキー　Lissitzky, El.　570-71
リシャール（サン＝ヴィクトールの）Richard de Saint-Victor　258
リチャーズ　Richards, I. A.　111
リップス　Lipps, Th.　287
リトレ　Littré, E　452-53, 461
リヒター　Richter, H.　437
リュヴェ　Ruwet, N.　379, 455, 521
ル・ゴフ　Le Goff, J.　251
ルーセル　Roussel, R.　401
ルーベンス　Rubens, P.　329
ルクレール　Leclaire, S.　391, 534-35, 537
ルムニュエル　Lemenuel, B.　570
ルロワ＝グーラン　Leroi-Gourhan, A.　116-17, 119, 402
レヴィ＝ストロース　Lévi-Strauss, Cl.　82-83, 85, 117, 210-11, 213, 241, 483, 565
レヴィナス　Levinas, E.　4, 9, 19, 24, 63
レウキッポス　Leucippe　314
レオー　Réau, L.　243, 305
レオナルド・ダ・ヴィンチ　Léonard de Vinci　288, 296, 300, 303-06, 329-31, 578
レルヒ　Lerch, E.　108-09
ロート　Lhote, A.　96, 235, 237, 323-32, 338, 346, 352-54, 403, 409, 419, 533
ロートレアモン　Lautréamont　434
ロシフ　Rossif, Fr.　370
ロゾラート　Rosolato, G.　127
ロダン　Rodin, A.　429
ロレンツェッティ　Lorenzetti, P.　279, 301

ワ 行

ワーナー　Warner, W. Ll.　210
ワロン　Wallon, H.　57

引用文献

Ajame, P., Les yeux fertiles, *Europe*, 475-476 (nov.-déc. 1968).

Alberti, L. B., *Della pittura*, hrsg von H. Janitschek, in *Quellenschriften für Kunstgeschichte und Kunsttechnik des Mittelalters und der Renaissance*, Bd XI, Wien, Braumüller, 1877.

Alquié, F., *Philosophie du surréalisme*, Paris, Flammarion, 1955 (F. アルキエ『シュルレアリスムの哲学』巌谷国士・内田洋訳, 河出書房新社, 1981).

Apollinaire, G., *Calligrammes*, Paris, Gallimard, 1925 (G. アポリネール『アポリネール全集』1, 堀口大學ほか訳, 青土社, 1979).

Aragon, L., *Le crève-cœur*, Paris, Gallimard, 1941 (L. アラゴン『断腸詩集』橋本一明訳, 新潮社, 1957).

Arnold, L'univers théâtral d'Antonin Artaud, in *Lettres d'Antonin Artaud à Jean-Louis Barrault*, Paris, Bordas, 1952.

Artaud A., *Le théâtre et son double. Œuvres complètes*, t. IV, Paris, Gallimard, 1964 (A. アルトー『演劇とその分身』安堂信也訳, 白水社, 1996).

—— *Lettres à Jean-Louis Barrault*, Paris, Bordas, 1952.

—— *Pour en finir avec le jugement de Dieu*, Paris, K. édit., 1948 (『神の裁きと訣別するため』宇野邦一・鈴木創士訳, 河出書房新社, 2006).

Assunto, R., *Die Theorie des Schönen im Mittelalter*, Köln, Du Mont, 1963.

Aulagnier, Piera, Remarques sur le masochisme primaire, *L'Arc*, 34 (1968).

Avron, D., Lemenuel, B., Lyotard, J.-F., Espace plastique et espace politique, *Revue d'esthétique*, 3-4, 1970.

Avron, D., Lyotard, J.-F., « A few words to sing », Sequenza III, *Musique en jeu*, 1, 1971.

Backès, Catherine, Continuité mythique et construction historique, *L'Arc*, 34, 1968.

Baltrušaitis, J., *Anamorphoses ou magie artificielle des effets merveilleux*, Paris, O. Perrin, 1969 (J. バルトルシャイティス『アナモルフォーズ――光学魔術』高山宏訳, 国書刊行会, 1992).

Baron, R., *Science et sagesse chez Hugues de Saint-Victor*, Paris, Letielleux, 1957.

Barre, A., et Flocon, A., *La perspective curviligne*, Paris, Flammarion, 1968.

Barthes, R., *Le degré zéro de l'écriture*, Paris, Seuil, 1953 (R. バルト『零度のエク

リチュール』新版，石川美子訳，みすず書房，2008）．
—— Présentation, recherches sémiologiques, *Communications*, 4, 1964.
—— Rhétorique de l'image, *ibid*.
—— Eléments de sémiologie, *ibid*.
Beaufret, J., Phusis et Technè, *Aletheia*, 1-2, janvier 1964.
Belaval, Y., Poésie et psychanalyse, *Cahiers de l'association internationale des études françaises*, 7, juin 1955.
Benveniste, E., Nature du signe linguistique, *Acta linguistica*, I, 1, 1939（=*Problèmes de linguistique générale*, chap. IV）（E. バンヴェニスト『一般言語学の諸問題』岸本通夫監訳，河村正夫ほか共訳，みすず書房，1983，第 4 章）．
—— Remarques sur la fonction du langage dans la découverte freudienne, *La psychanalyse*, I, 1956（=*Problèmes...*, chap. VII）（『一般言語学の諸問題』第 7 章）．
—— La nature des pronoms, in *For Roman Jakobson*, Mouton, La Haye, 1956（=*Problèmes...*, chap. XX）（『一般言語学の諸問題』第 20 章）．
—— De la subjectivité dans le langage, *Journal de psychologie*, juillet-septembre 1958（=*Problèmes...*, chap. XXI）（『一般言語学の諸問題』第 21 章）．
—— Le langage et l'expérience humaine, *Diogène*, 51, 1965.
—— *Problèmes de linguistique générale*, Paris, Gallimard, 1966.
Bergson, H., *Matière et mémoire*, Paris, Alcan, 1896（H. ベルクソン『物質と記憶』合田正人・松本力訳，筑摩書房，2007）．
—— *La pensée et le mouvant*, Paris, Alcan, 1934（『思想と動くもの』河野与一訳，岩波書店，1998）．
Berio, L., *Omaggio a Joyce*, 1959, Philips.
—— *Visage*, 1961, Candide.
—— *Sequenza III*, Harmonia Mundi, 1965.
Berti, L., *Masaccio*, Milan, 1964.
—— en collaboration avec P. Volponi, *Masaccio*, Milan, Rizzoli, 1968.
Blanchot, M., *L'espace littéraire*, Paris, Gallimard, 1955（M. ブランショ『文学空間』粟津則雄・出口裕弘訳，現代思潮社，1976）．
Braque, G., *Le jour et la nuit*, Paris, Gallimard, 1955（G. ブラック『昼と夜——ジョルジュ・ブラックの手帖』藤田博史訳，青土社，1993）．
Bremond, Cl., Le message narratif, *Communications*, 4, 1964.
Breton, A., *Les manifestes du surréalisme*, Paris, Sagittaire, 1946（A. ブルトン『シュルレアリスム宣言／溶ける魚』巖谷国士訳，学芸書林，1989）．
—— *Le surréalisme et la peinture*, Paris, Gallimard, 1965（『シュルレアリスムと絵画』瀧口修造・巖谷國士訳，人文書院，1997）．
Brik O. M., Rythme et syntaxe, tr. fr. in *Théorie de la littérature*, Paris, Seuil, 1965

（トドロフ編『文学の理論』野村英夫訳，理想社，1971 所収）.
Brion-Guerry, Liliane, *Cézanne et l'expression de l'espace*, Paris, Albin Michel, 1966 (2ᵉ éd.).
Bruyne, E. de, *Etudes d'esthétique médiévale*, Rijksuniversität te Gent, Bruges, De tempel, 1946, t. I-III.
Butor, M., Le roman comme recherche (1955), *Répertoire*, Paris, Minuit, 1960.
—— *L'emploi du temps*, Paris, Minuit, 1956 (M. ビュトール『時間割』清水徹訳，中央公論社，1975).
—— Intervention à Royaumont (1959), *Répertoire, loc. cit.*
—— L'appel des Rocheuses, *Réalités*, 197, juin 1962.
—— *Illustrations*, Paris, Gallimard, 1964.
—— Le lvire comme objet, *Répertoire II*, Paris, Minuit, 1964.
—— Livret de *Jeu de miroirs de Votre Faust*, musique de H. Pousseur, Wergo, 1967.
—— Un tableau vu en détail, *Répertoire III*, Paris, Minuit, 1968.
—— *Les mots dans la peinture*, Paris, Skira, 1969 (『絵画のなかの言葉』清水徹訳，新潮社，1975).
Cagnetta, F., *De luxuria spirituali*, Paris, Le cadran solaire, 1967.
Chklovski, V., L'art comme procédé (1925), tr. fr. in *Théorie de la littérature*, Paris, Seuil, 1965.
Chomsky, N., *Syntactic Structures*, La Haye-Paris, Mouton, 1957 (N. チョムスキー『文法の構造』勇康雄訳，研究社出版，1963).
Claudel, P., *L'art poétique*, Paris, Mercure de France, 1941 (P. クローデル，P. ヴァレリー『筑摩世界文學大系 56 クローデル / ヴァレリー』渡辺守章ほか訳，1976 所収).
—— *L'œil écoute*, Paris, Gallimard, 1946 (『眼は聴く』山崎庸一郎訳，みすず書房，1995).
Cohen, J., *Structure du langage poétique*, Paris, Flammarion, 1966.
—— La comparaison poétique: essai de systématique, *Langages*, 12, décembre 1968.
Cooper, F. A., A reconstruction of Duccio's Maestà, *The Art Bulletin*, XLVII, juin 1965.
Cordroc'h, Marie, *Les trésors de la Bibliothèque nationale*, Département des manuscrits, Epoque romane, France méridionale, Paris, Publications filmées d'art et d'histoire, 1964.
Cummings, E. G., *50 Poëms* (1940), tr. fr. in *Cinquante-huit poèmes*, Paris, Bourgois, 1968.
David, M. V., *Le débat sur les écritures et les hiéroglyphes aux dix-septième et dix-*

huitième siècle, Paris, 1963.
Davies, G., *Vers une explication rationnelle du Coup de dés. Essai d'exégèse mallarméenne*, Paris, Corti, 1953.
Derrida, J., *De la grammatologie*, Paris, Minuit, 1967 (J. デリダ『根源の彼方に――グラマトロジーについて』足立和浩訳, 現代思潮社, 1972).
―― *L'écriture et la différence*, Paris, Seuil, 1967 (『エクリチュールと差異』若桑毅ほか訳, 法政大学出版局, 1977).
―― *La voix et le phénomène*, Paris, P.U.F., 1967 (『声と現象』林好雄訳, 筑摩書房, 2005).
Détienne, M., *Les maîtres de vérité dans la Grèce archaïque*, Paris, Maspero, 1966.
Diderot, D., *Lettre sur les aveugles* (1749), *Addition à la lettre sur les aveugles* (1782), in *Ecrits philosophiques*, Paris, Pauvert, 1964 (D. ディドロ『哲学』小場瀬卓三・平岡昇監修, 法政大学出版局, 1976).
Diels, H., et Kranz, W., *Fragmente des Vorsokratiker*, Berlin, Weidmannsche Verlagsbuchhandlung, 1959, II (『ソクラテス以前哲学者断片集』第II分冊, 内山勝利ほか訳, 岩波書店, 1997).
Donati, P., *La Maestà di Duccio*, Sadea, Florence, 1965.
Dubois, J., *Le vocabulaire politique en France de 1868 à 1872*, Paris, Hachette, 1962.
―― Recherches lexicographiques: esquisse d'un dictionnaire structural, *Etudes de linguistique appliquée*, 1962.
Dufrenne, M., *Phénoménologie de l'expérience esthétique*, Paris, P.U.F., 1953, I-II.
―― *Le poétique*, Paris, P.U.F., 1963.
―― L'art est-il langage ? (1966), in *Esthétique et philosophie*, Paris, Klincksieck, 1967.
―― La critique littéraire: structure et sens (1967), in *Esthétique et philosophie*, *loc. cit.*
―― A priori et philosophie de la Nature, *Quaderni della «Biblioteca filosofica di Torino»*, 21, 1967.
Eco, U., Poissons rouges et tigres en papier, *Les temps modernes*, 279, août-septembre 1969.
Ehrenzweig, a., *The Psychoanalysis of artistic Vision and Hearing. An Introduction to a Theory of Unconscious Perception*, Londres, Routledge & Kegan Paul, 1953.
Eluard, P., *Les dessous d'une vie ou la pyramide humaine* (1926), in *Choix de poèmes*, Paris, Gallimard, 1941.
Favalelli, M., *Rébus*, Paris, P. Horay, 1964.
Février, J., *Histoire de l'écriture*, Paris, Payot, 1959.
Fink, E., Concepts thématiques et concepts opératoires (1957), in *Husserl*, Ca-

hiers de Royaumont, Philosophie III, Paris, Minuit, 1959.
Flocon, A., en collaboration avec A. Barre, *La perspective curviligne*, Paris, Flammarion, 1968.
Focillon, H., *La vie des formes*, Paris, P.U.F., 1964 (H. フォシヨン『かたちの生命』阿部成樹訳, 筑摩書房, 2004).
Fónagy, I., Le langage poétique: forme et fonction, *Diogène*, 51, 1965.
Fraenkel, E., *Les dessins transconscients de St. Mallarmé*, Paris, Nizet, 1960.
Francastel, P., Espace génétique et espace plastique (1948), in *La réalité figurative*, Paris, Gonthier, 1965 (P. フランカステル『形象の解読』西野嘉章訳, 新泉社, 1981).
—— Valeurs socio-psychologiques de l'espace-temps figuratif de la Renaissance, *Année sociologique*, 3e série, 1963, in *Etudes de sociologie de l'art*, Paris, Denoël-Gonthier, 1970.
—— *Peinture et société*, Paris, Gallimard, 1965 (『絵画と社会』大島清次訳, 岩崎美術社, 1968).
—— *La figure et le lieu*, Paris, Gallimard, 1967.
Frege, G., Ueber Sinn und Bedeutung, *Zeitschrift für Philosophie und philosophische Kritik*, 100, 1892 (G. フレーゲ『フレーゲ著作集 4』土屋俊訳, 勁草書房, 1999 所収).
—— 同上の英訳 On Sense and Reference, in *Philosophical Writings*, Blackwell, Oxford, 1960.
—— Compte rendu de *Philosophie der Arithmetik* de Husserl, *Zeitschrift für Philosophie und philosophische Kritik*, 108, 1894 (『フレーゲ著作集 5』勁草書房, 2001 所収).
Freud, S., *Aus der Anfängen der Psychoanalyse*, Londres, Imago, 1950; trad. fr., *Naissance de la psychanalyse. Lettres à Fliess, notes et plans*, Paris, P.U.F., 1956.
—— *Studien über Hysterie* (ブロイアーとの共著) (1895), *Gesammelte Werke*, I (S. フロイト『フロイト著作集 7』懸田克躬訳, 人文書院, 1974 所収).
—— Ueber die Berechtigung, von der Neurasthenie einen bestimmten Symptomkomplex als « Angstneurose » abzutrennen (1895), *G.W.*, I (『フロイト全集 1』兼本浩祐監修, 岩波書店, 2009 所収).
—— *Die Traumdeutung* (1900), *G.W.*, II/III; tr. fr., *L'interprétation des rêves*, Paris, P.U.F., 1967 (『フロイト著作集 2 夢判断』高橋義孝訳, 人文書院, 1968).
—— *Drei Abhandlungen zur Sexualtheorie* (1905), *G.W.*, V; tr. fr., *Trois essais sur la théorie de la sexualité*, Paris, Gallimard, 1962 (『フロイト著作集 5』懸田克躬・吉村博次訳, 人文書院, 1969 所収).
—— *Der Witz und seine Beziehung zum Unbewussten* (1905), *G.W.*, VI; tr. fr., *Le mot d'esprit et son rapport avec l'inconscient*, Paris, Gallimard, 1953 (『フロイト

著作集4』生松敬三訳，人文書院，1970所収）.
—— Der Dichter und das Phantasieren (1908), *G.W.*, VII（『フロイト著作集3』高橋義孝訳，人文書院，1969所収）.
—— Formulierungen über die zwei Prinzipien des psychischen Geschehens (1911), *G.W.*, VIII（『フロイト全集11』高田珠樹監修，岩波書店，2009所収）.
—— Beitäge zur Psychologie des Liebeslebens (1912), *G.W.*, VIII.; tr. fr. In *La vie sexuelle*, Paris, P.U.F., 1970（『フロイト著作集10』高橋義孝訳，人文書院，1983所収）.
—— Ratschläge für den Artz bei der psychoanalytischen Behandlung (1912), *G.W.*, VIII.; tr. fr., Conseils aux médecins sur le traitement psychanalytique, in *De la technique psychanalytique*, Paris, P.U.F., 1953（『フロイト著作集9』小此木啓吾訳，人文書院，1983所収）.
—— Zur Einführung des Narzismus (1914), *G.W.*, X; tr. fr., Pour introduire le narcissisme, in *La vie sexuelle, op. cit*（『フロイト著作集5』前掲書所収）.
—— Die Verdrängung (1915), *ibid.*; tr. fr., Le refoulement, *ibid*（『フロイト著作集6』井村恒郎訳，人文書院，1970所収）.
—— Das Unbewusste (1915), *ibid.*; tr. fr., L'inconscient, *ibid*（同書所収）.
—— *Vorlesungen zur Einführung in die Psychoanalyse* (1916-1917), *G.W.*, XI; tr. fr., *Introduction à la psychanalyse*, Paris, Payot, 1945（『フロイト著作集1 精神分析入門（正・続）』懸田克躬・高橋義孝訳，人文書院，1971）.
—— Metapsychologische Ergänzung zur Traumlehre (1917), tr. fr., Complément métapsychologique à la doctrine des rêves, in *Métapsychologie, op. cit.*（『フロイト著作集10』，前掲書所収）.
—— Aus der Geschichte einer infantilen Neurose (1918), *G.W.*, XII; tr. fr., Extrait de l'histoire d'une névrose infantile: l'Homme aux loups, in *Cinq psychanalytique*, Paris, P.U.F., 1954（『フロイト著作集9』，前掲書所収）.
—— «Ein Kind wird geschlagen» (1919), *G.W.*, XII（『フロイト著作集11』高田淑訳，人文書院，1984所収）.
—— Das Unheimliche (1919), *G.W.*, XII; tr. fr., L'inquiétante étrangeté in *Essais de psychanalyse appliquée*, Paris, Gallimard, 1933（『フロイト著作集3』高橋義孝訳，人文書院，1969所収）.
—— Jenseits des Lustprinzips (1920), *G.W.*, XIII; tr. fr., Au-delà du principe de plaisir, in *Essais de psychanalyse*, Paris, Payot, 1948（『フロイト著作集6』，前掲書所収）.
—— Massenpsychologie und Ich-Analyse (1921), *ibid.*; tr. fr., Psychologie collective et analyse du moi, *ibid*（同書所収）.
—— Das Ich und das Es (1923), *ibid.*; tr. fr., Le moi et le Soi, in *Essais de psychanalyse, op. cit.*（同書所収）.

—— Introduction to *The Psychology of Day-Dreams*, by J. Varendonck, Allen & Unwin, Londres (1922), *G.W.*, XIII（『フロイト全集 17』須藤訓任訳，岩波書店，2006 所収）.
—— «Psychoanalyse» (1923), *G.W.*, XIII（『フロイト全集 19』加藤敏監修，岩波書店，2010 所収）.
—— Das ökonomische Problem des Masochismus (1924), *G.W.*, XIII（『フロイト著作集 6』，前掲書所収）.
—— Die Verneinung (1925), *G.W.*, XIV（『フロイト著作集 3』，前掲書所収）.
—— Einige psychische Folgen des anatomischen Geschlechtsunterschieds (1925), *G.W.*, XIV; tr. fr., Quelques conséquences psychiques de la différence anatomique des sexes, in *La vie sexuelle, op. cit.*（『フロイト著作集 5』，前掲書所収）.
—— *Hemmung, Symptom und Angst* (1926), *G.W.*, XIV; tr. fr., *Inhibition, symptôme et angoisse*, Paris, P.U.F., 1965（『フロイト著作集 6』，前掲書所収）.
—— *Das Unbehagen in der Kultur* (1930), *G.W.*, XIV; tr. fr., *Malaise dans la civilisation*, Paris, Denoël & Steele, 1932（『フロイト著作集 3』，前掲書所収）.
—— Konstruktionen in der Analyse (1937), *G.W.*, XVI（『フロイト全集 21』道籏泰三ほか訳，岩波書店所収）.
—— *Der Mann Moses und die monotheistische Religion* (1939), *G.W.*, XVI; tr. fr. *Moïse et le monothéisme*, Paris, Gallimard, 1948（『フロイト著作集 11』，前掲書所収）.
Genette, G., *Figures*, Paris, Seuil, 1966（G. ジュネット『フィギュール I』花輪光監訳，書肆風の薔薇，1987）.
—— *Figures* II, Paris, Seuil, 1969（『フィギュール II』花輪光監訳，書肆風の薔薇，1989）.
Ghyka, M., *Proportion dans la nature et dans l'art*, Paris, Gallimard, 1932, I-II.
Girault-Duvivier, Ch.-P., *Grammaire des grammaires*, Paris, Janet et Cotelle, 1822.
Godel, R., *Les sources manuscrites du Cours de linguistique générale de Ferdinand de Saussure*, Genève, Droz et Minard 1957.
Goldstein, K., Ueber Farbenamnesie, *Psychologische Forschung*, 1925.
Goldstein, K et Rosenthal, G., Zur Problem der Wirkung der Farben auf dem Organismus, *Schweizer Archiv für Neurologie und Psychiatrie*, 1930.
Grabar, A., Plotin et les origines de l'esthétique médiévale, *Cahiers archéologiques*, I, 1945.
Grabar, A. et Nordenfalk, G., *Early Medieval Painting from the Fourth to the Eleventh Century*, Lausanne, 1957.
Granger, G.-G., *Pensée formelle et sciences de l'homme*, Paris, Aubier, 1965.
Green, A., Le narcissisme primaire: structure ou état, *L'inconscient*, I et II, 1967.

—— *Un œil en trop*, Paris, Minuit, 1969.
Greimas, A.-J., *Sémantique structurale*, Paris, Larousse, 1966.
Grohmann, W., *Paul Klee*, Paris, Cercle d'Art, 1968 (W. グローマン『クレー』井村陽一訳，美術出版社，1992).
Hahnloser, L., *Villard de Honnecourt: Kritische Gesamtausgabe des Bauhüttenbuches*, Vienne, Schnoll, 1935.
Halliday, M. A. K., The Linguistic Study of Literary Texts, in *Proceedings of the IX International Congress of the Linguists*, Paris-La Haye, Mouton, 1964.
Harris, Z. S., *Methods in Structural Linguistics*, University of Chicago Press, Chicago, 1951.
Hegel, G. W. F., *Phänomenologie des Geistes* (1807), hrsg Hoffmeister, Hambourg, Meiner, 1952 (G. W. F. ヘーゲル『精神現象学』長谷川宏訳，作品社，1998).
—— *La phénoménologie de l'esprit*, tr. fr., Paris, Aubier, 1939-1941, I et II.
—— *System der Philosophie* (1817), *Sämtliche Werke*, hrsg Glockner, Stuttgart, Frommann, 1939, t. X.
—— *Principes de la philosophie du droit* (1820), tr. fr., Paris, Gallimard, 1940 (『法の哲学』藤野渉・赤沢正敏訳，中央公論新社，2001).
—— *Leçons d'histoire de la philosophie* (1823-1824), tr. fr., Paris, Gallimard, 1954 (『ヘーゲル哲学史講義』長谷川宏訳，河出書房新社，1992-1993).
—— *Aesthetik* (1818-1829), *Sämtliche Werke*, *op. cit.*, t. XII-XIV (『ヘーゲル美学講義』長谷川宏訳，作品社，1995-1996).
Hugues de Saint-Victor, *Opera*, *Patrologia latina*, Migne édit., Paris, 1844-1855, t. CLXXV-CLXXVII.
Husserl, E., *Logische Untersuchungen* (1900-1901), Halle, Niemeyer, 1913 (E. フッサール『論理学研究』立松弘孝訳，みすず書房，1968-1976).
—— *Ideen zu einer reinen Phänomenologie und phänomenologischen Philosophie*, I, *Jahrbuch für Philosophie und phänomenologische Forschung*, I, 1913 (『イデーン——純粋現象学と現象学的哲学のための諸構想』渡辺二郎訳，みすず書房，1979).
—— *Leçons pour une phénoménologie de la conscience intime du temps* (1928), tr. fr., Paris, P.U.F., 1964 (『内的時間意識の現象学』立松弘孝訳，みすず書房，1967).
—— *Formale und transzendantale Logik*, *Jahrbuch…*, *op. cit.*, X., 1929.
—— *Méditations cartésienne*, Paris, Vrin, 1931 (E. フッサール , E. フィンク『超越論的方法論の理念——第六デカルト的省察』新田義弘・千田義光訳，岩波書店，1995).
—— *Der Krisis der europäischen Wissenschaften und die transzendantale Phänomenologie*, 1, *Philosophia*, Belgrade, 1936 (『ヨーロッパ諸学の危機と超越論的

現象学』細谷恒夫・木田元訳，中央公論社，1974）．
Hyppolite, J., *Introduction à la philosophie de l'histoire de Hegel*, Paris, Rivière, 1949.
—— *Logique et existence*, Paris, P.U.F., 1953.
—— Commentaire parlé sur la *Verneinung* de Freud（1954）, *La psychanalyse*, 1, Paris, P.U.F., 1965.
Irigaray, Luce, Du fantasme et du verbe, *L'arc* 34, 1968.
Isaacs, Suzan, Nature et fonction du phantasme（1952）, tr. fr., *La psychanalyse*, 5, 1959.
Jacob, A., *Temps et langage*, Paris, Colin, 1967.
Jakobson, R., L'aspect phonologique et l'aspect grammatical dans leurs interrelations（1948）, in *Essais de linguistique générale*, Paris, Minuit, 1963（R. ヤコブソン『一般言語学』川本茂雄監修，みすず書房，1973）．
—— Le langage commun des linguistes et des anthropologues（1952）, *ibid*（同書所収）．
—— Deux aspects du langage et deux types d'apahasie（1956）, *ibid*（同書所収）．
—— Linguistique et poétique（1960）, *ibid*（同書所収）．
Jakobson, R. et Halle, M., Phonologie et phonétique（1956）, in Jakobson, R. *Essais..., op. cit*（前掲書所収）．
Jones, E., *Hamlet et Œdipe*（1949）, tr. fr., Paris, Gallimard, 1967（E. ジョーンズ『ハムレットとオイディプス』栗原裕訳，大修館書店，1988）．
Kandinsky, W., *Du spirituel dans l'art, en particulier dans la peinture*（1912）, tr. fr., Paris, Denoël-Gonthier, 1969（W. カンディンスキー『抽象芸術論——芸術における精神的なもの』西田秀穂訳，美術出版社，2000）．
—— Séminaire sur la couleur, *Bauhaus*, catalogue de l'exposition aux Musées d'Art moderne, Paris, avril-juin 1969.
Kant, E., *Essai pour introduire en philosophie le concept de grandeur négative*（1763）, tr. fr., Paris, Vrin, 1949（E. カント『カント全集 3』福谷茂ほか訳，岩波書店，2000 所収）．
Kaufmann, P., *L'expérience émotionnelle de l'espace*, Paris, Vrin, 1967.
Klee, F., *Paul Klee, Leben und Werk in Dokumenten*, ausgewählt aus den nachgelassenen Aufzeichnungen und den unveröffentlichten Briefen, Zürich, Diogenes, 1960; tr. fr. *P. Klee par lui-même et par son fils Felix Klee*, Paris, Les libraires associés, 1963（F. クレー『パウル・クレー——遺稿・未発表書簡・写真の資料による画家の生涯と作品』矢内原伊作・土肥美夫訳，みすず書房，1978）．
Klee, P., Ueber das Licht, *Der Sturm*, Berlin, 1913.
—— Schöpferische Konfession, *Tribüne der Kunst und Zeit*, 13, Berlin, 1920.
—— Wege der Naturstudiums, *Staatliches Bauhaus in Weimar*, Weimar-Münich,

Bauhaus Verlag, 1923.
—— Ueber die moderne Kunst (Conférence d'Iéna), 1924, in Jürg Spiller édit.: P. Klee, *Das bildnerische Denken*, Bâle-Stuttgart, B. Schwabe, 1956 (『造形思考』土方定一ほか訳, 新潮社, 1973 所収).
—— *Pädagodisches Skizzenbuch*, Münich, Langen, 1925 (『教育スケッチブック』利光功訳, 中央公論美術出版, 1991).
—— Exakter Versuch in Bereich der Kunst, *Bauhaus*, 11, Dessau, 1928.
—— *Théorie de l'art moderne*, Genève, Gonthier, 1964.
—— *Tagebücher* (1898-1918), F. Klee, édit., Cologne, Dumont-Schauberg, 1956; tr. fr., *Journal*, Paris, Grasset, 1959 (『クレーの日記』南原実訳, 新潮社, 1961).
Klein, Melanie, Infantile anxiety situations reflected in a work of art and the creative impulse (1929), in *Contributions to Psycho-analysis*, Londres, Hogarth Press, 1948.
Koyré, A., *Etudes galiléennes*, Paris, Hermann, 1966 (A. コイレ『ガリレオ研究』菅谷暁訳, 法政大学出版局, 1988).
Kranz, W., → Diels, H.
Kris, E., *Psychoanalytical Exploration in Art*, New York, International University Press, 1952 (E. クリス『芸術の精神分析的研究』馬場礼子訳, 岩崎学術出版社, 1976).
Lacan, J., La relation d'objet et les structures freudiennes (1956-1957), résumés des séminaires, *Bulletin de Psychologie*, X (J. ラカン『対象関係』小出浩之・鈴木國文・菅原誠一訳, 岩波書店, 2006 所収).
—— *Ecrits*, Paris, Seuil, 1966 (『エクリ』宮本忠雄ほか訳, 弘文堂, 1972-81).
Laplanche, J., Interpréter [avec] Freud, *L'arc*, 34, 1968.
Lapalnche, J. et Leclaire, S., L'inconscient. Une étude psychanalytique, *Les temps modernes*, 183, juillet, 1961.
Laplanche, J. et Pontalis, J. B., Fantasme originaire, fantasme des origines, origine du fantasme, *Les temps modernes*, 215, avril, 1964 (J. ラプランシュ, J.-B. ポンタリス『幻想の起源』福本修訳, 法政大学出版局, 1996).
—— *Vocabulaire de la psychanalyse*, Paris, P.U.F., 1967 (『精神分析用語辞典』村上仁監訳, みすず書房, 1977).
Lescault, G., L'Egypte des égarements, *Critique*, 260, janvier 1960.
Leclaire, S., en collaboration avec Laplanche, J., L'inconscient. Une étude psychanalytique, *Les temps modernes*, 183, juillet, 1961.
—— *Psychanalyser*, Paris, Seuil, 1968 (S. ルクレール『精神分析すること——無意識の秩序と文字の実践についての試論』向井雅明訳, 誠信書房, 2006).
Le Goff, J., *La Civilisation de l'Occident médiéval*, Paris, Arthaud, 1967 (J. ル・ゴフ

『中世西欧文明』桐村泰次訳，論創社，2007)．
Lemenuel, B., en collaboration avec Avron, D. et Lyotard J.-F., Espace plastique et espace politique, *Revue d'esthétique*, 3-4, 1970.
—— *Idiot et le piano. Oui, un peu*, livre-figure (à paraître)
Léonard de Vinci, *Les carnets* (édition et traduction Louise Servicen), Paris, Gallimard, 1942.
Lerch, E., Vom Wesen des sprachlichen Zeichens. Zeichen oder Symbol ? *Acta linguistica*, I, 3, 1939.
Leroi-Gourhan, A., *Le geste et la parole*, Paris, Albin Michel, 1965, I et II (A. ルロワ＝グーラン『身ぶりと言葉』荒木亨訳，新潮社，1973)．
Levinas, E., *Totalité et infini*, La Haye, M. Nijhoff, 1961 (E. レヴィナス『全体性と無限——外部性についての試論』改訂版，合田正人訳，国文社，2006)．
—— *Quatre lectures talmudiques*, Paris, Minuit, 1968 (『タルムード四講話』内田樹訳，国文社，1987)．
—— Humanisme et anarchie, *Revue internationale de philosophie*, 85-86, 1968 (『他者のユマニスム』小林康夫訳，書肆風の薔薇，1990 所収)．
Lévi-Strauss, Cl., Langage et société (1951), in *Anthropologie structurale*, Paris, Plon, 1958 (『構造人類学』荒川幾男ほか訳，みすず書房，1972 所収)．
—— La notion de structure en ethnologie (1952), *ibid* (同書所収)．
—— La structure des mythes (1955), *ibid* (同書所収)．
—— *La pensée sauvage*, Paris, Plon, 1962 (『野性の思考』大橋保夫訳，みすず書房，1976)．
—— La geste d'Asdiwal, *Annuaire de l'Ecole pratique des Hautes Etudes*, 1958-1959 (『アスディワル武勲詩』西沢文昭訳，青土社，1993)．
—— La structure et la forme. Réflexions sur un ouvrage de Vladimir Propp, *Cahiers de l'Institut de Science économique appliquée*, 99, série M, 7, mars 1960.
Lhote, A., *La peinture, le cœur et l'esprit* (1933), augmenté de *Parlons peinture* (1937), Paris, Denoël, 1950.
—— Traité du paysage (1939), in *Traités du paysage et de la figure*, Paris, Grasset, 1958.
—— *Traité de la figure* (1950), *ibid*.
—— *Les invariants plastiques* (J. Cassou édit), Paris, Hermann, 1967.
Lissitzky, El, Topographie der Typographie (1923), in Lissitzky-Küppers, S. Edit., *El Lissitzky. Maler, Architekt, Typograf, Fotograf. Erinnerungen, Briefe, Schriften*, Dresde, V.E.B. Verlag der Kunst, 1967.
—— Typographische Tatsachen (1925), *ibid*.
—— Unser Buch (1926-1927), *ibid*.
Lissitzky-Küppers, Sophie, → Lissitzky.

Lyotard, J.-F., Note sur l'approche psychanalytique des expressions littéraires et artistiques, Contribution à un *Rapport international de l'U.N.E.S.C.O.* (exemplaires dactylographiés), juin 1969.
—— A la place de l'homme, l'expression, *Esprit*, juillet-août 1969.
—— La place de l'alinénation dans le retournement marxiste, *Les temps modernes*, 279, août-septembre 1969.
—— Œdipe juif, *Critique*, 277, juin 1970.
—— La théorie, *VH101*, été 1970.
—— Notes sur la fonction critique de l'œuvre, *Revue d'esthétique*, 3-4, 1970.
—— en collaboration avec Avron, D., et Lemenuel, B., Espace plastique et espace politique, *ibid.*
—— en collaboration avec Avron, D., « A few words to sing » Sequenza III, *Musique en jeu*, 2, 1971.
Lyotard-May, Andrée, A propos du « langage des images », *Revue d'esthétique*, 1, 1969.
Mallarmé, St., *Œuvres complètes*, Paris, Gallimard, 1945 (St. マラルメ『マラルメ全集』阿部良雄ほか訳, 筑摩書房, 1989-2010).
—— *Un coup de dés jamais n'abolira le hasard*, Paris, Gallimard, 1914 (『骰子一擲』改訂新装縮刷版, 秋山澄夫訳, 思潮社, 1991).
—— Lettre à Villiers (septembre 1866), *La table ronde*, août 1952.
Mandel, G., *Les manuscrits à miniature*, Paris, Pont-Royal, 1964.
Mannoni, O., Le théâtre du point de vue imaginaire, *La psychanalyse*, 5, 1959.
Marin, L., Signe et représentation: Philippe de Champaigne et Port-Royal, *Annales. Economies, Sociétés, Civilisations*, juillet, 1969.
Martin, R., Les idées actuelles sur la structure de la pensée logique, in *Notion de structure et structure de la connaissance* (XXe semaine de Synthèse, avril 1956), Paris, Albin Michel, 1957.
—— *Logique contemporaine et formalisation*, Paris, P.U.F., 1964.
Martinet, A., La double articulation du langage (1949-1957-1965), in *La linguistique synchronique*, Paris, P.U.F., 1965 (A. マルティネ『共時言語学』渡瀬嘉朗訳, 白水社, 2003 所収).
—— *Eléments de linguistique générale* (1960), Paris, Colin, 1966.
—— Le mot, *Diogène*, 51, 1965.
Marx, K., Kritik des hegelschen Staatsrechts (1842), *Marx-Engels Werke*, Berlin, Dietz Verlag, I, 1962 (『マルクス＝エンゲルス全集第 1 巻』大月書店, 1959 所収).
Mauclair, C., *Mallarmé chez lui*, Paris, Grasset, 1935.
Mauron, Ch., *Des métaphores obsédantes au mythe personnel*, Paris, Corti, 1963.

Merleau-Ponty, M., *Phénoménologie de la perception*, Paris, Gallimard, 1945 (M. メルロ=ポンティ『知覚の現象学』中島盛夫訳, 法政大学出版局, 1982).

—— Pages d'«Introduction à la prose du monde» (circa 1951), *Revue de Métaphysique et de Morale*, 2, avril-juin 1967.

—— Le langage indirect et les voix du silence, in *Signes*, Paris, Gallimard, 1960 (『シーニュ』竹内芳郎ほか訳, みすず書房, 1969 所収).

—— *L'œil et l'esprit* (1961), Paris, Gallimard, 1964 (『眼と精神』滝浦静雄・木田元訳, みすず書房, 1966).

—— *Le visible et l'invisible*, Paris, Gallimard, 1964 (『見えるものと見えないもの』滝浦静雄・木田元訳, みすず書房, 1989).

Mondor, H., *E. Lefébure. Sa vie, ses lettres à Mallarmé*, Paris, Gallimard, 1951.

Mouloud, N., *La peinture et l'espace. Recherche sur les conditions formelles de l'expérience esthétique*, Paris, P.U.F., 1964.

Muche, G., Paul Klee, *Frankfurter Allgemeine Zeitung*, 30 juin 1956.

Nassif J., Le fantasme dans «On bat un enfant», *Cahiers pour l'analyse*, 7, mars-avril 1967.

Nordenfalk, G., en collaboration avec Grabar, A., *Early Medieval Painting from the Fourth to the Eleventh Century*, Lausanne, 1957.

Ogden, C. K., et Richards, I. A., *The Meaning of Meaning*, Londres, Kegan Paul, 1936 (C. オグデン, I. リチャーズ『意味の意味』石橋幸太郎訳, 新泉社, 2008).

Ortigues, E., *Le discours et le symbole*, Paris, Aubier, 1964 (E. オルティグ『言語表現と象徴』宇波彰訳, せりか書房, 1970).

Osgoods, C. E., Suci, C. J., Tannenbaum, P. H., *The Measurement of Meaning*, Urbana, Illinois, 1957.

Panofsky, E., Die Perspektive als «symbolische Form», *Vorträge der Bibliothek Warburg*, Leipzig-Berlin, 1924-1925 (E. パノフスキー『〈象徴《シンボル》形式〉としての遠近法』木田元・川戸れい子・上村清雄訳, 哲学書房, 1993』).

—— *Studies in Iconology: Humanistic Themes in the Art of the Renaissance*, New York, Oxford University Press, 1939 (『イコノロジー研究』浅野徹ほか訳, 筑摩書房, 2002).

—— *The Codex Huygens and Leonardo da Vinci's Art Theory*, Londres, Studies on the Warburg Institute, 1940.

—— *Architecture gothique et pensée scolastique* (1951), tr. fr., Paris, Minuit, 1967 (『ゴシック建築とスコラ学』前川道郎訳, 筑摩書房, 2001).

—— *Galileo as a Critic of the Arts*, La Haye, 1954.

—— *Meaning in the Visual Arts: Papers in and on Art History*, New York, Doubleday and Co., 1955.

—— *Renaissance and Renascences*, Uppsala, Almquist & Wiksells, Boktryckeri Aktiebolag, 1960, I et II（『ルネサンスの春』中森義宗・清水忠訳，新思索社，2006）.
—— *Essais d'iconologie*, tr. fr., Paris, Gallimard, 1967.
Parain, Br., *Recherches sur la nature et les fonctions du langage*, Paris, Gallimard, 1952（Br. パラン『ことばの思想史』三嶋唯義訳，大修館書店，1972）.
Paris, J., *L'espace et le regard*, Paris, Seuil, 1965（J. パリス『空間と視線――西欧絵画史の原理』岩崎力訳，美術公論社，1979）.
Parronchi, A., *Masaccio*, Florence, Sadea-Sansoni, 1966.
Passeron, R., *L'œuvre picturale et les fonctions de l'apparence*, Paris, Vrin, 1962.
Peignot, J., *De l'écriture à la typographie*, Paris, Gallimard, 1967.
Peirce, Ch. S., *Collected Papers*（Hartshorne et Weiss édit.）, Cambridge（Mass.）, Harvard Univ. Press, 1931-1935, vol. II（パース『記号学』内田種臣編訳，勁草書房，1986）.
Péret, B., Le déshonneur des poètes（février 1945）, in *Socialisme ou Barbarie*, 29, décembre 1959-février 1960.
Pichette, H., *Les épiphanies*, Paris, K. Éditeur, 1948.
Poë, E. A., Le portrait ovale（1853）, tr. fr. Ch. Baudelaire, in Poë, *Œuvres en prose*, Paris, Gallimard, 1951（E. A. ポオ『エドガア・アラン・ポオ全集 4』谷崎精二訳，春秋社，1970 所収）.
Pontalis, J. B., L'utopie freudienne, *L'Arc*, 34, 1965.
—— en collaboration avec Laplanche, J., Fantasme originaire, fantasme des origines, origine du fantasme, *Les temps modernes*, 215, avril 1964.
—— en collaboration avec Laplanche, J., *Vocabulaire de la psychanalyse*, Paris, P.U.F., 1967.
Porta, A., Ouvrir, tr. fr., *Les temps modernes*, 277-278, août-septembre 1969.
Propp, Vl., *Morphology of the folktale*, Indiana University, Research Center in Anthropology, Folklore and Linguistics, 10, octobre 1958.
Réau, L., *La miniature*, Melun, Librairie d'Argences, 1947.
Richards, I. A., en collaboration avec Ogden, C. K., *The Meaning of Meaning*, Londres, Kegan Paul, 1936.
Richter, H., *Dada-art et anti-art*, Bruxelles, La connaissance, 1965.
Ricœur, P., *Finitude et culpabilité*, Paris, Aubier, 1960, I et II（P. リクール『人間この過ちやすきもの――有限性と有罪性』久重忠夫訳，以文社，1978）.
—— *De l'interprétation. Essai sur Freud*, Paris, Seuil, 1965（『フロイトを読む――解釈学試論』久米博訳，新曜社，1982）.
—— Cours sur le langage, ex. Ronéoté, Nanterre, 1966-1967.
—— La structure, le mot, l'événement, *Esprit*, mai 1967.

Rosolato, G., Le sens des oublis. Une découverte de Freud, *L'Arc*, 34, 1968.
Ruwet, N., *Introduction à la grammaire générative*, Paris, Plon, 1967.
Sami-Ali, M., Préliminaire d'une théorie psychanalytique de l'espace imaginaire, *Revue française de psychanalyse*, XXIII, janvier-février 1969.
Sampaolesi, L., *Brunelleschi*, Milan, Club de libro d'arte, 1962.
Sartre, J.-P., L'écrivain et la langue, *Revue d'esthétique*, 3-4, 1965.
Saussure, F. de, *Cours de linguistique générale* (1906-1911), Bally et Séchehaye édit., Paris, Payot, 1962 (F. ド・ソシュール『一般言語学講義』小林英夫訳, 岩波書店, 1972).
—— Les anagrammes, textes inédits publiés par J. Starobinski, *Mercure de France*, 2, 1964.
Shreyer, L., *Souvenirs: Erinnerungen am Sturm und Bauhaus*, Munich, Langen et Müller, 1956.
Segal, Hanna, A psychoanalytical Approach to Aesthetics, *International Journal of Psychoanalysis*, XXXIII, 1, 1952.
Starobinski, J., Les anagrammes de Ferdinand de Saussure, *Mercure de France*, 2, 1964.
—— Psychanalyse et critique littéraire, *Preuves*, 181, 1966.
—— Hamlet et Freud, Préface à la tr. fr. De Jones, E., *Hamlet and Œdipus* (1949), Paris, Gallimard, 1967.
Stokes, A., *Reflections on the Nude*, Londres, Tavistock, 1967.
Suci, G. J., en collaboration avec Osgood, C. E. et Tannenbaum, P. H., *The Meaning of Meaning*, Urbana, Illinois, 1957.
Tannenbaum, P. H., en collaboration avec Osgood, C. E. et Suci, G. J., *The Meaning of Meaning*, Urbana, Illinois, 1957.
Thomas, Jacqueline, Phonétique articulatoire, cahier ronéoté, Ecole pratique des Hautes Etudes, 1966-1967.
Thorne, J. P., Stylistics and Generative Grammars, *Journal of Linguistics*, I, 1, 1965.
Todorov, Tz., Les anomalies sémantiques, *Langages*, 1, mars 1966.
—— *Littérature et signification*, Paris, Larousse, 1967.
Tomachevski, B. V., Thématique (1925), tr. fr. In *Théorie de la Littérature*, Paris, Seuil, 1965 (トドロフ編『文学の理論』, 前掲書所収).
Tomassoni, I., *Pollock*, Florence, Sadea, 1968.
Tomatis, A., *L'oreille et le langage*, Paris, Seuil, 1963.
Torrigiani, U. E., Le groupe dans la littérature italienne contemporaine, *Les temps modernes*, 277-278, août-septembre 1969.
Tort, M., Le concept freudien de représentant, *Cahiers pour l'analyse*, 5, novembre-décembre 1966.

Trân-Dûc Thào, *Phénoménologie et matérialisme dialectique*, Paris, Minh-Tan, 1951.
Trier, J., Das sprachliche Feld. Eine Auseinandersetzung, *Neue Jahrbücher für Wissenschaft und Jugendbildung*, X, 1924.
Troubetzkoy, N. S., *Principes de phonologie* (1939), tr. fr., Paris, Klincksieck, 1964.
Tynianov, J., Le problème de la langue poétique (1924), tr. fr. in *Théorie de la littérature*, Paris, Seuil, 1965 (トドロフ編『文学の理論』, 前掲書所収).
—— La notion de construction (1924), *ibid* (同書所収).
Ullmann, St., *The Principles of Semantics*, Oxford-Glasgow, Blackwell-Jackson, 1963.
Valéry, P., *Variété II*, Paris, Gallimard, 1930.
Vasari, G., *Les peintres toscans* (1550), tr. fr., Paris, Hermann, 1966.
Volponi, P., en collaboration avec Berti, L., *Masaccio*, Milan, Rizzoli, 1968.
Widdowson, H. G., Notes on Stylistics, *Applied Linguistics in Langage Teaching*, Edinburgh University, Department of Applied Linguistics, cahier ronéoté, 1969.
Winnicott, D. W., Objets transitionnels et phénomènes transitionnels, Etude de la première « not-me possession » (1953), tr. fr., in *La psychanalyse*, 5, 1959.
Zahn, L., *Paul Klee*, Potsdam, Kiepenheimer, 1920.

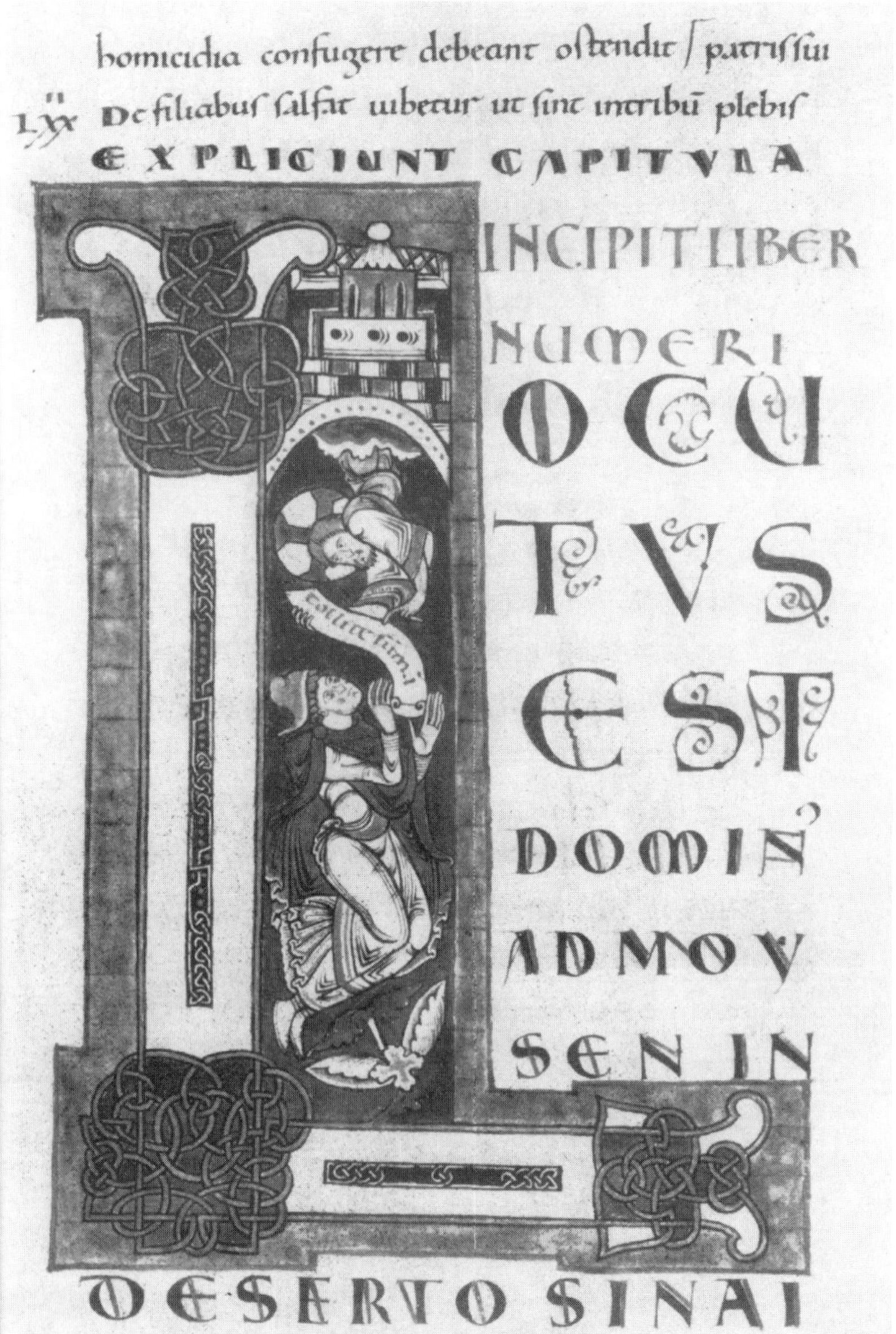
homicidia confugere debeant ostendit / patris sui
LXX De filiabus salfat iubetur ut sint intribū plebis
EXPLICIUNT CAPITULA
INCIPIT LIBER
NUMERI
OCU
TUS
EST
DOMIN'
ADMOY
SEN IN
DESERTO SINAI

図版 1

図版 2-a

図版 2-b

図版 2-c

図版 3

図版 4

図版 5

図版 6

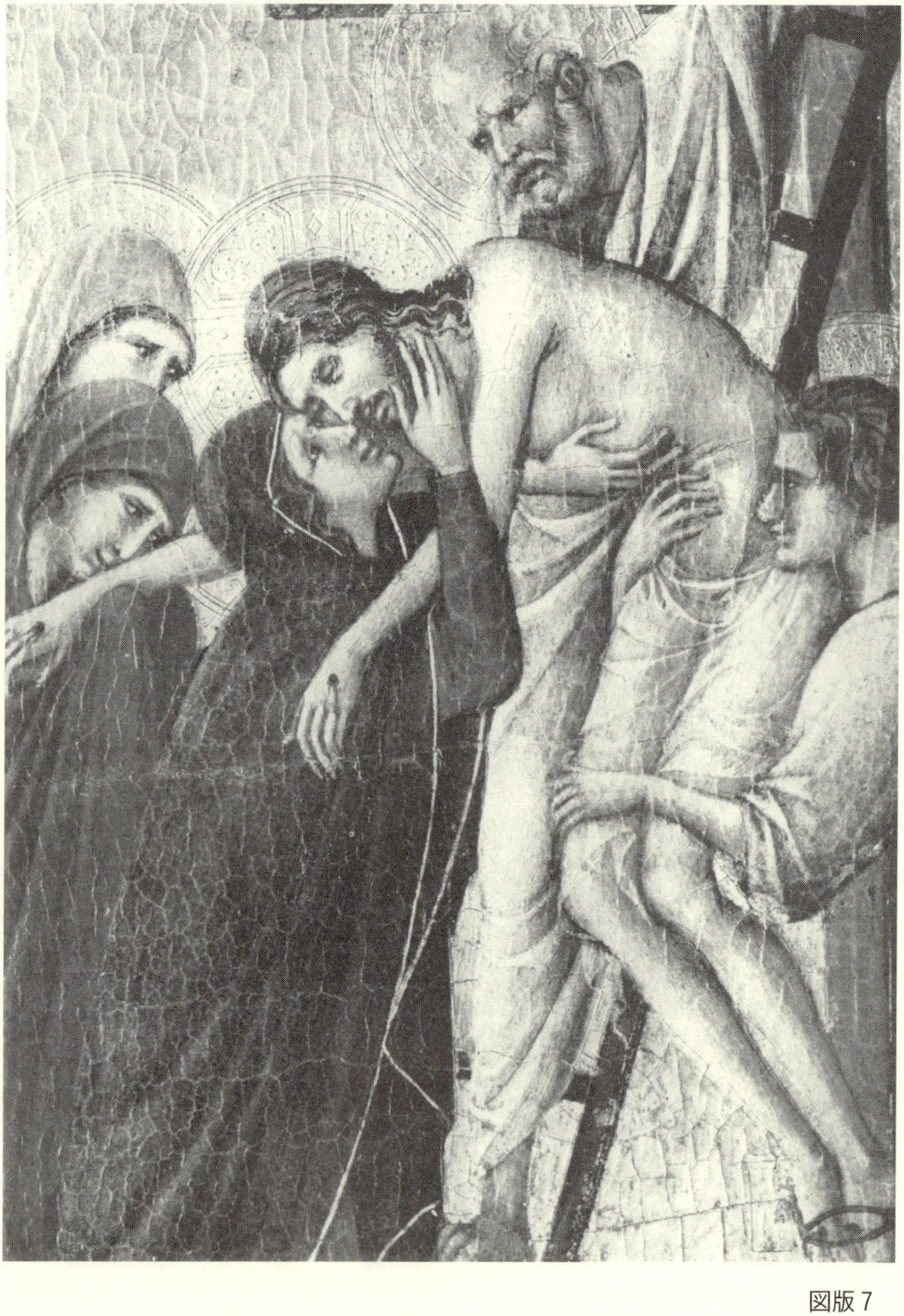

図版 7

図版 8

図版 9

図版 10

図版 11-a

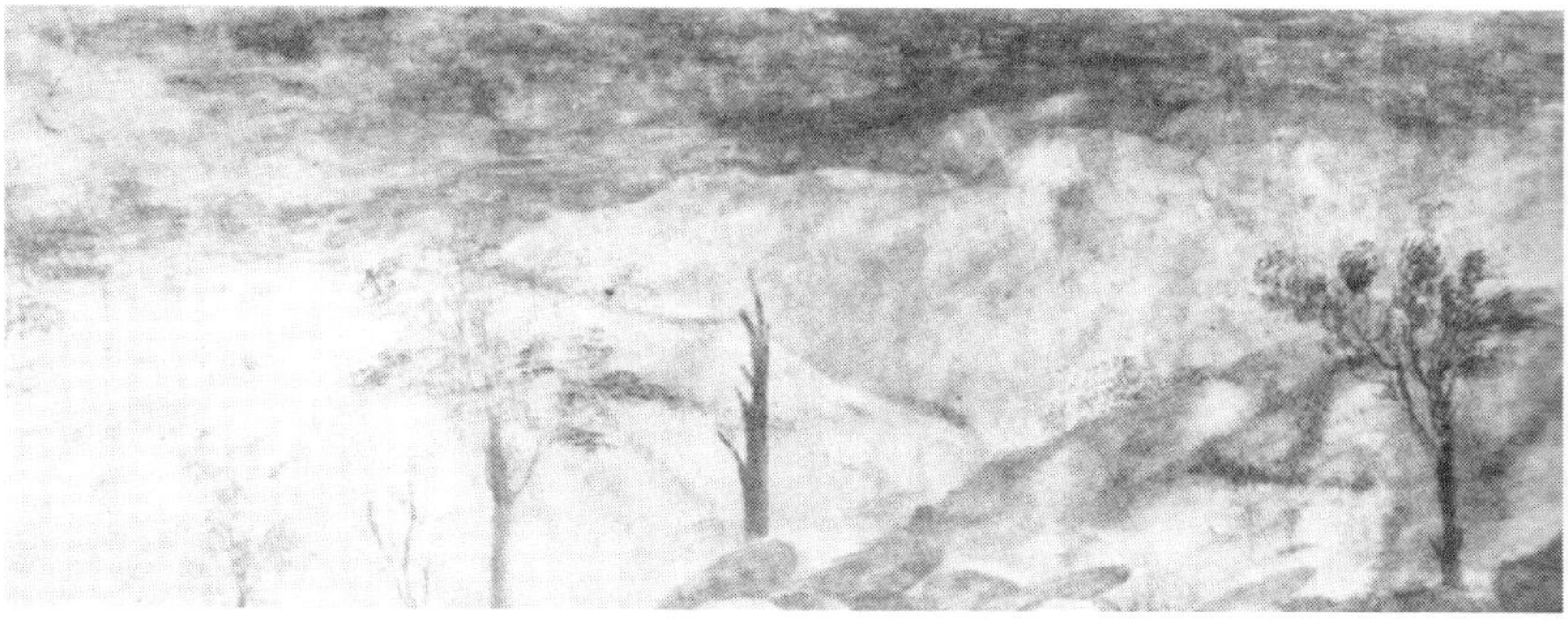

図版 11-b

図版 12

図版 13

図版 14–a

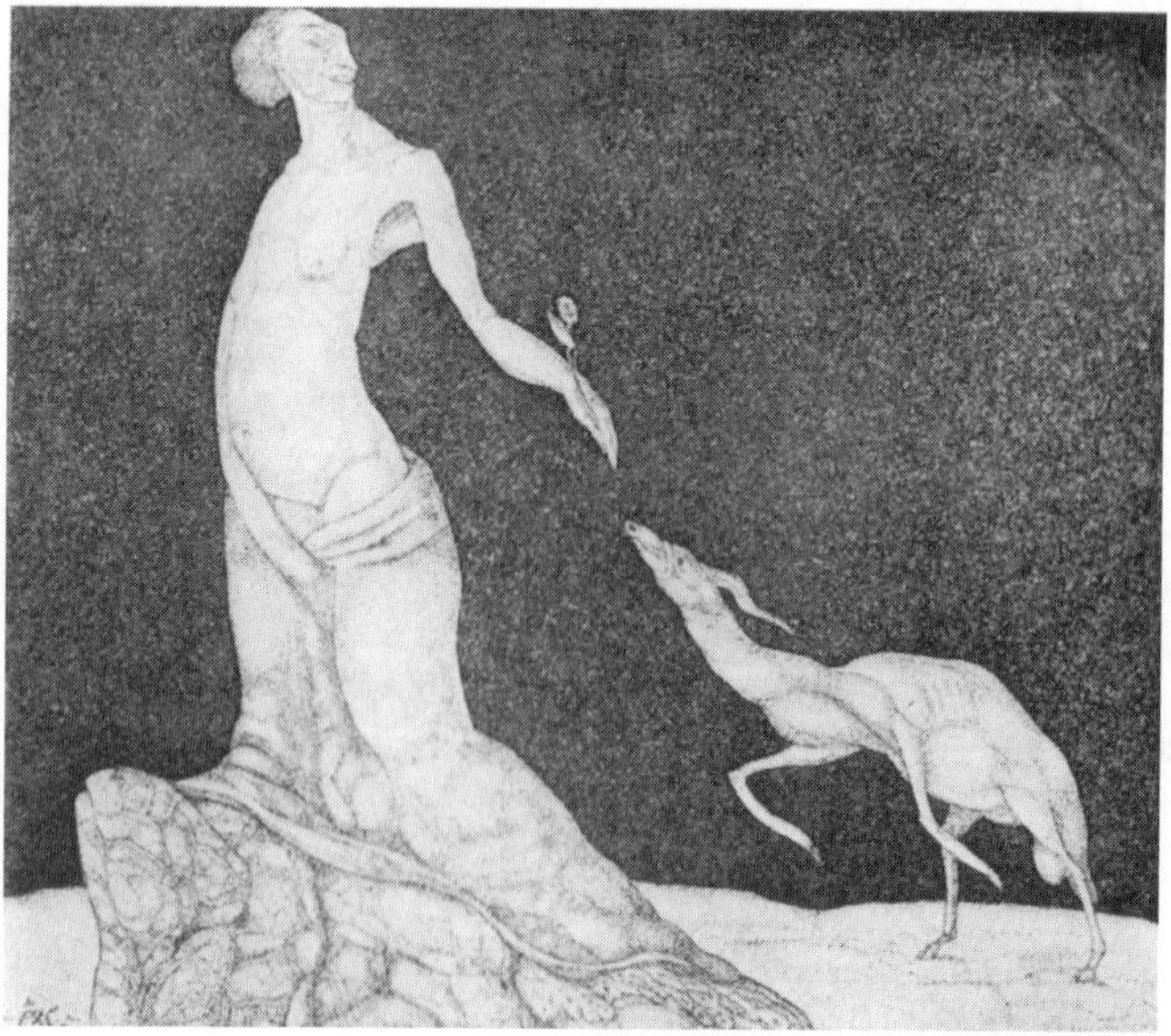

図版 14–b

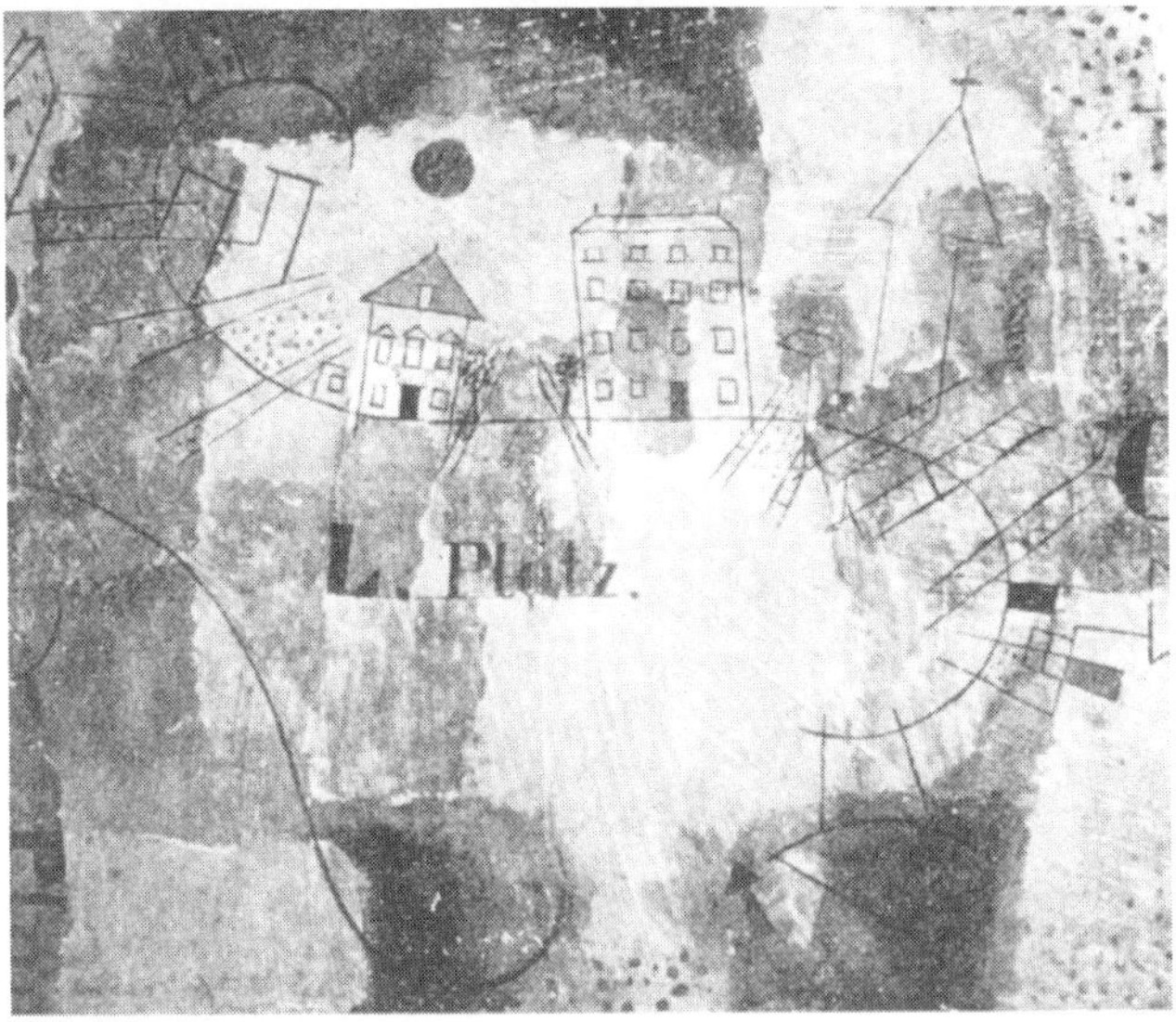

図版 15-a

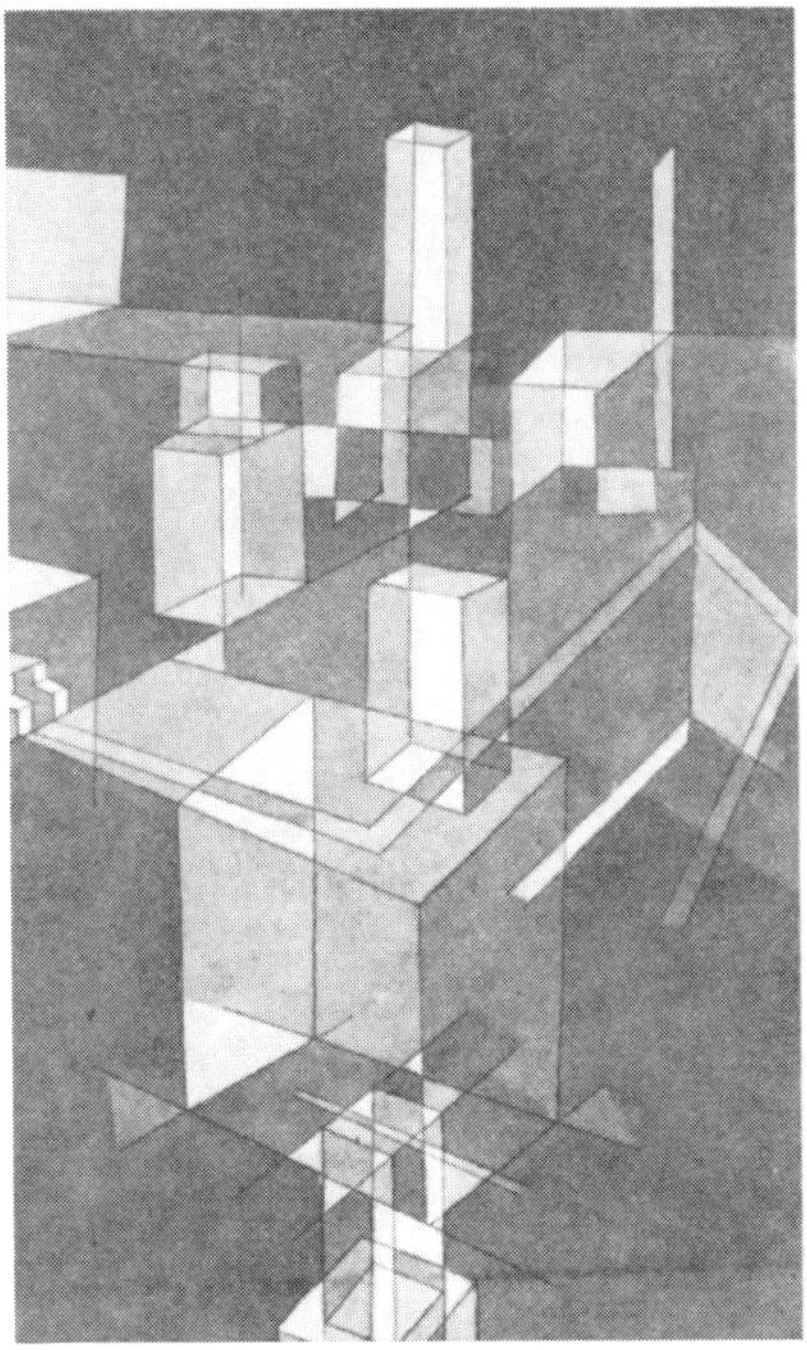

図版 15-b

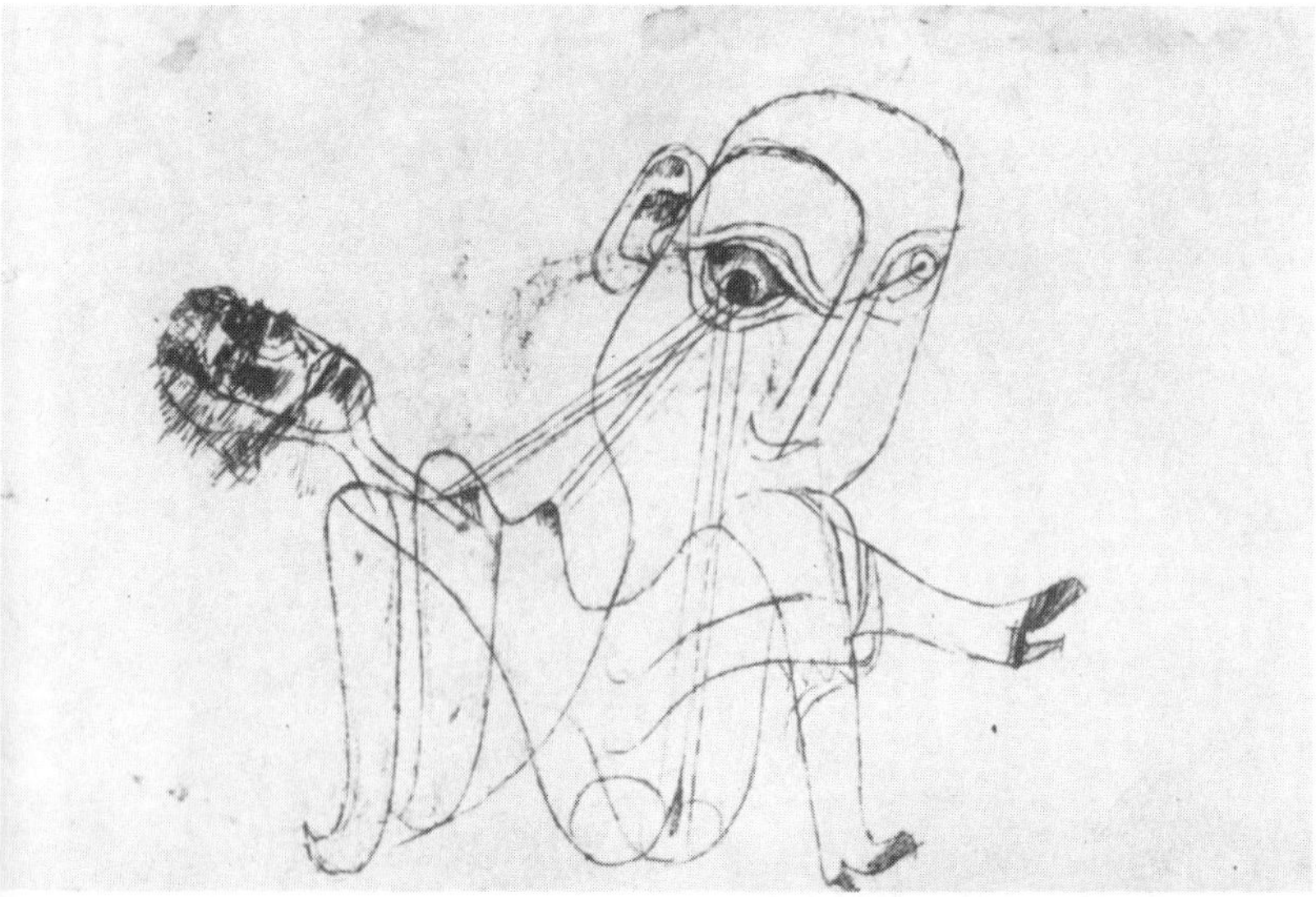

図版 16–a

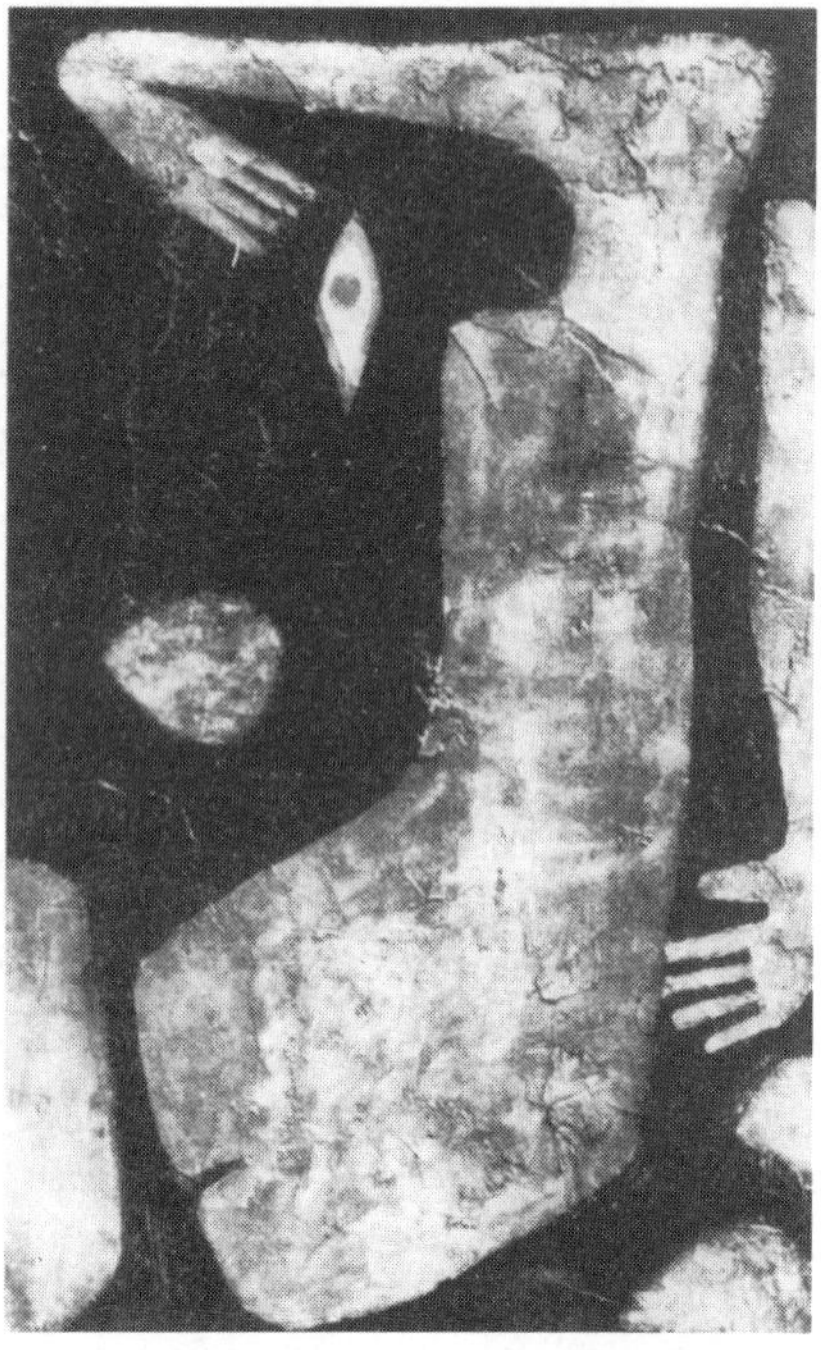

図版 16–b

図版 17

Räthselhafte Inschrift.
NAEVIA
SCHŒNIS
(Auflösung in der „Beilage".)

図版 18–a

FRI LEANDRO
CO EPO
GREG ORI
SERVUS
SERVORV DI:

図版 18–b

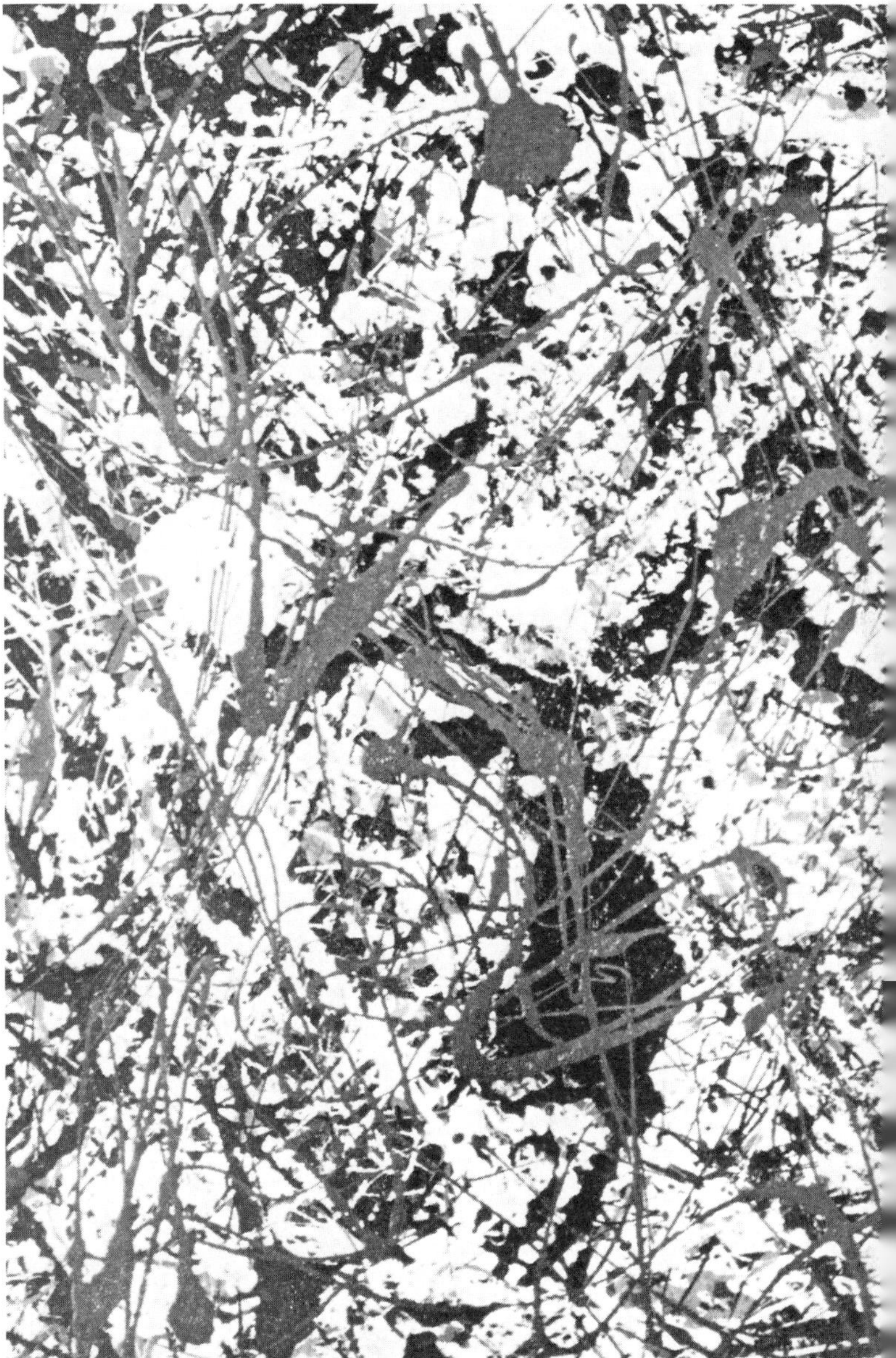

図版 19

L'APPEL des ROCHEUSES

texte et légendes de Michel Butor
photos d'Ansel Adams et Edward Weston

QUAND les pionniers allant vers l'Ouest et l'or, après des semaines et des semaines dans les plaines et la prairie, apercevaient la grande muraille de rocs, de pics et de forêts, ils savaient qu'au-delà commençaient les déserts, l'immensité menaçante, le pays de l'étonnement, et qu'il faudrait y résister, y subsister pendant des semaines et des semaines avant d'atteindre l'autre grande chaîne, et descendre enfin vers le Pacifique.

Quand l'automobiliste, aujourd'hui, après des heures, des heures, des jours de route droite dans l'interminable ferme du Middle-West, est salué par le monde sauvage, à l'intérieur duquel il lui faudra se faufiler, minuscule et seul, avec précautions, c'est comme une gigantesque respiration qui le saisit, un vent venu du fond des âges, lui, Américain, citoyen d'une nation si rapidement vieillie, se retrouve neuf, au seuil du plus inquiétant des paradis.

Quand l'avion quitte le quadrillage vert dont la régularité s'accentuait de l'Indiana à l'Illinois, de l'Iowa au Nebraska, pour franchir, dans l'État de Colorado, les monts outremer sommés de nacre, et baigner dans la surprenante couleur du sol qui change constamment au-dessous de lui, le jeune voyageur est pris d'un vertige tout autre : en quelques instants, lui semble-t-il, le monde déploie à ses yeux plus de secrets que pendant des années d'études autrefois.

La chaîne des Tétons, ainsi baptisée par des trappeurs français, au-dessus d'une des innombrables rivières nommées Rivière du Serpent. Ces « Alpes d'Amérique », dont le sommet, Grand Téton, dépasse 4 000 m, se dressent presque verticalement au-dessus des lacs d'une haute plaine.

図版 20

le bruit,
le grondement
répercuté
par les parois taillées
comme à coups
d'énormes couteaux,
le souffle,
la forge
du vent,
l'énorme râle
de la gueule
blanche et bleue,
toutes
les paillettes
de la neige
tombant
d'aiguille en aiguille,
le froissement
de ces rameaux,
mains
gantées de fer,
le grincement des branches
qui se tordent,
se déchirent
et tombent,
déclenchant
un geyser de plumes,
les jets
des chutes
déployant
leurs draperies de giclures,
et le bruit du vent
qui reprend
comme un hurlement.

Le Parc National du Yosemite, dans la Sierra Nevada, Californie, est une énorme région sauvage, dont les parties les plus fameuses et les plus accessibles, par exemple la Yosemite Valley, célèbre par ses chutes d'eau, que l'on voit ici lors d'une tempête d'hiver, attirent, au printemps et en été de véritables hordes de visiteurs venant de la région de San Francisco.

図版 21

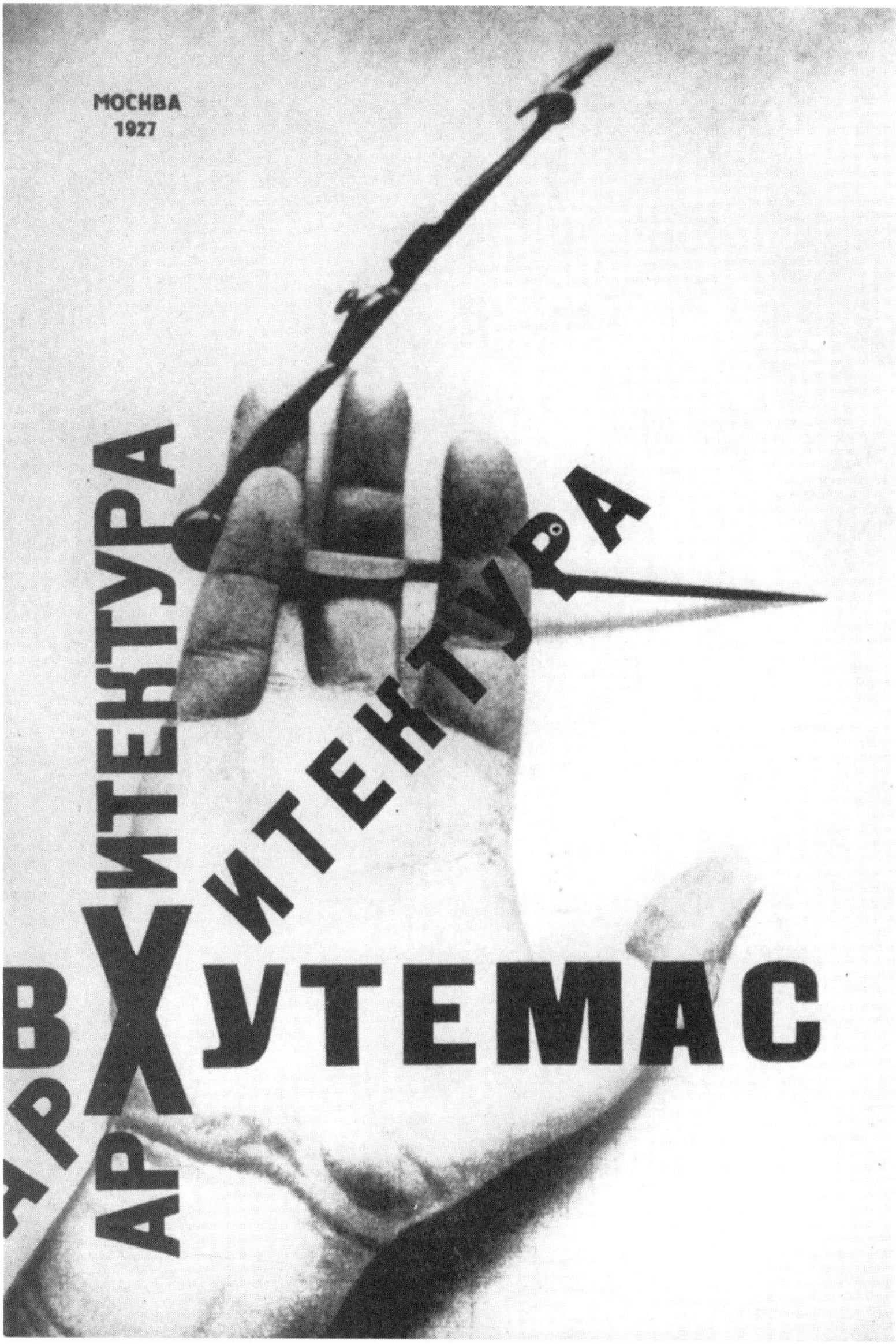

図版 22

tribuni plebis. Refertur confestim de
cantur. Laudat promptos Pompei
plerisque vero libere decerne
Complentur urbs et ipsum com
mittantur, qui voluntatem se
provinciae atque exercituum
neminem dignitate secum
ad suam potentiam domi
quod ! Sulla reliquerit, fac
consulum, qui nisi panno in
consulto persolvuntur a. d. VII.
ex urbe tribuni plebis seseque ad
De reliquis rebus ad senatum refertur : tota
rem ostenderat agit ; senatus virtute
impedit Philippus tribunus plebis. De reliquis rebus
citutur. In reliquas provincias
in urbe et Capitolio privati coi
iniurias inimicorum in se commemora,
armis notaretur atque opprimeretur, quae
cumque sit decretum darent operam magistratus
superioris aetatis exempla exmala Saturnini atque Gr
blicam felicissime cessermt diurnaque proelia secunda fece
nondum convenerant, sese paratos esse imperatores sui tribunorum,
Eo L. Caesar adulescens venit, cuius pater Caesaris erat legatus. Is reliquo
veritat. Semper se reipublicae commoda privatis necessitudinibus habuisse potiora
deveris addit cum excusatione Pompei coniuncta. Eadem fere atque eisdem
rellet ad eum perferentur, perit ab utroque, quoniam Pompei mandati
potiorem. Doluisse se quod, populi Romani beneficium sibi
aequo animo tulisse ; cum litteras ab senatum
suam perniciem pertinere ? Sed tamen

図版 24-a

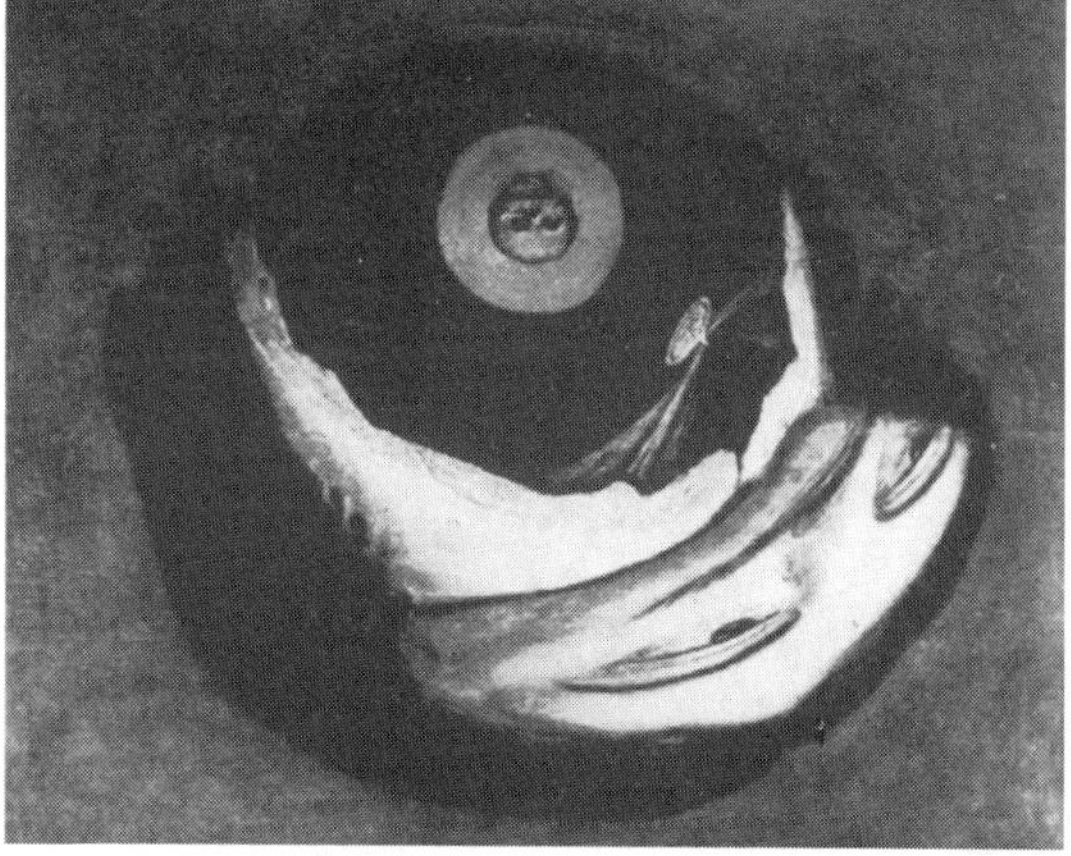

図版 24-b

図と図版の解説付き一覧

図

図1　90-91頁：Stéphane Mallarmé, *Un coup de dés jamais n'abolira le hasard*, Paris, Gallimard, 1914（二分の一に縮小して複写）.

この見開きは，その統辞法と造形の複雑さのために選ばれた．上部には大文字のイタリック体で「それが〈数〉だとして（*Si c'était le Nombre*）」という命題の一部がある．この命題自体，二つの連接を許容する．(1)「[〈船長〉と〈大洋〉との婚約の］ヴェールはよろめくであろう，倒れるであろう，それがあたかも数であるかのように」および (2)「気遣い償う年若き唖はこう笑う．それが〈数〉であるならば，それは〈偶然〉であるだろうと（*ce serait le Hasard*）」．これらの二つの文は，二つの逆の意味を展開している。文 (1) は意味の所持者（こぶしに骰子を握る〈船長〉――この骰子の計算が意味ないし〈観念〉を与える）は，骰子を投ずることなく〈大洋〉の（〈偶然〉の，単なる場所の）打擲に屈することはなく，かくして意味を明らかにするであろうという仮説を示唆する．文 (2) は，その場合でさえ，たとえ作品が生み出されるはずであっても，作品は〈偶然〉，無意味にとどまるであろうし，〈船長〉はそれを知っておりそれを嘲笑することを強調する．「それが〈数〉だとして」という部分は，よってここでは一種の統辞論的，意味論的ゆらぎのうちに出現する．これに終止符を打つのが，同頁の句〈偶然〉である．しかしながら〈偶然〉は，言説の二点でピン留めされてもいる．それは (3)「骰子一擲いかで……を廃棄すべき」の目的語であり，(4)「それが〈数〉だとして，それは……」の属詞である．しかし今回は，意味は語の二つの繋留において逆ではなく，補強され，エクリチュール自体が別の空間つまり海の空間に記入されている．――その後が「羽根〔ペン〕が落ちる……」である．羽根が（作家のペンとして）生み出しうる意義それ自体，乗り越え不能な無秩序の痕跡に過ぎないというのが本当ならば，あるいは（『骰子一擲』の象徴体系において羽根が具現する）骰子を投ずることへの躊躇は取るに足りないものであるというのが本当ならば．――頁の造形術の注解は長いものとなるだけではなく，まさしく際限のないものとなるであろう．たどるべき方向だけを記しておく．使用されているさまざまな字体の性質．それらが意

味に対して有する数価，別の頁を参照する際に現れる価値．書かれた諸断片の空間的位置．ここで関係するのはもはや植字の際のいくつかの空白（*des* blancs）ではなく，文字のあいだの間隔でもなく，記号のシニフィアンが浮遊する数えられない空白（*du* blanc），海，〈偶然〉である．イタリック体の後，次頁では「あたかも，あたかも」がはじまる前に用いられていたのと同じ字体で，再びローマン体が用いられる．また，もはや単純未来形（「よろめくであろう，倒れるであろう（*chancellera, s'affalera*）」）ではなく前未来形（「場所以外には何も起こりはしなかった（*rien n'aura lieu que le lieu*）」）となっている．かくしてこの見開き頁では，言説のシニフィエ（それが語るもの），その指向（それが語る対象，それが語るものの文学的隠喩に過ぎないもの），そのシニフィアン（その造形的隠喩）が可能な限り厳密に集合させられている．しかしこの集合自体は，シニフィエが表意しえないものであるのと同じ程度にしか可能ではない．そしてそれは，単なる集合以上のものである．それはすでにテクストの空間に現前する形象的空間であり，記号のシニフィアンの下に滑り込み，これを浮遊させるのだ．よって二重の換位の関係が存在する．意義の言説は，マラルメ的文体論に固有な脱構築を内部に宿すが，その外部では「一次的」空間の同じ作用によって（記号の）シニフィアンに冒されている．

本書 84-100 頁，491 頁，584-585 頁，587-588 頁参照．

図 2　244 頁：*Bible de Saint-Martial*（11 世紀後半），Limoges, Bibliothèque Nationale, ms. lat. 8（1）の『民数記』の頭文字の布置．

この図は，図版 1 に複製した飾り文字における，形象的およびテクスト的な二つの空間の絡み合いを明示することを目指している．

本書 242-249 頁，259-261 頁，292-298 頁，図版 1 参照．

図 3　294 頁：1400 年代イタリアの絵画的空間が中世の「画風」を奥行きの錯覚で代替した際に造形的シニフィアンが被った回転の図式．

厚みないし差異はまず聖書内に位置づけられ，その図像（11 世紀の写本彩飾画，しかし依然としてドゥッチョの絵画も）は，記号的シニフィアンと類似の仕方で構築された造形的シニフィアンである．図像はマザッチョとともに，欲望がひとつの象徴体系（聖書）内で世界を語ることをやめたとき，そして神話的言説で説明することが不可能となった世界を表象しなければならなくなったとき，指向の極へと移行する．この回転は，諸々の大きなイデオロギーを支える奥行きのある布置がそのあいだに位置する，二つの極を規定する．垂直軸には，ある型の象徴的イデオロギーが対応する．このイデオロギーにおいては，指示されたもの（外部）は意味の秩序（神話の配置）によって位置づけられる．水平軸には，ある型の知のイデオロギーが対応する．そこでは，拒絶は対象が表意されざるものとしてのみ「現前」するような形をとり，欲望は意義の探究へと邁進する（科学の言説）．これら二つの軸は，

フロイトのメタ心理学（1915）によって認知された二種類の代表，すなわち言語代表と物代表と一致する．

本書 233-304 頁；認識，配置，排除，物代表，言語代表，象徴を参照．

図4　302 頁：遠近法の諸操作の三次元図式：アルベルティの方法による基面の短縮：Liliane Brion-Guerry, *Cézanne et l'expression de l'espace*, Paris, Albin Michel, 1966, p. 229 による．

O に位置する眼にとって台形 ABC'D' を，ここでは裏側から見られた造形面 V に，それがあたかも観覧者 S がいる基面に造形面と垂直に置かれた正方形 ABCD のように見えるよう複写することが問題となっている．このあたかもは，支持体が透明なガラスとして扱われることを前提する．これが遠近法の最初の回転である．第二の回転の方は，射影の手続きに含まれる．射影にはいくつもの方法があるが，実際すべてが回転を前提条件としている．この回転により，眼と画面との距離（OP）が画面（dP）上に写像されることとなる．画面上への O の直角の射影は，P を主点ないし消失点として定義し，P を中心とする線分 OP の 90 度回転による射影は，d を距離点として定義する．第一の回転によって，画面はある場面への眺望を与える．第二の回転によって，画面は不透明な支持体として扱われる．そこには，諸々の法則に従い再認を容易にする特徴を書かなければならない，つまり提示しなければならない．距離 OP は指示の距離である．一方正方形 ABCD を再 - 現するために必要な短縮を決定する線分 PA，dB，RD' は，表象するもの（舞台装置）の不認識と同時に表象されたもの（場面）の再認を可能にする，不変の隔たりを定義する．

図5　302 頁；遠近法化の諸操作の平面図：Distanzpunktverfahren つまり距離点方式（Giaccomo Barozzi da Vignola, *Due regole*, 1583 ではじめて報告された）による碁盤目の床の遠近法的作図．E. Panofsky, *Renaissance and renascences*, Uppsala, Almqvist et Wiksells, 1960, p. 125 による．

これは射影法のひとつである．線分 Aa，Ab などは，眼を消失点の無限遠へと誘導する．これらは啓示線である．線分 Dza，Dyb などは消去される．これらは調整線である．斜線は，時にはあたかも画面の向こうに記入されているかのように，時には画面上に記入されているかのように（しかしこのとき斜線は見えないままとなる）振る舞う．第一の場合，斜線は場面ないし形象 - 像である．第二の場合，舞台装置あるいは形象 - 形式である．幻想の「場」の構成には，斜線特有の機能が存在する．アナモルフォーズは錯覚的（場面的）機能の強調であり，セザンヌ的空間の湾曲や側面性は調整的（舞台装置的）機能の強調であろう．V. エゲリングの映画『対角線交響曲』（1921）は，動きのおかげで機能の一方から他方への移行を分析している．

本書 292-307 頁，576-582 頁；アナモルフォーズ，湾曲，形象 - 像，形象 - 形式を参照．

図6　306頁:「距離の公理」あるいは「角度の公理」によって得られる遠近法的縮小の差異, Panofsky, *Renaissance and renascences, op. cit.*, p. 129による.

ブルネレスキとその後継者たちの公理である距離の公理は, 次のように定式化される.「ある対象の見かけの大きさは,眼に対する距離に反比例する.」対象aとbが等しく, aが眼からdの距離にあり, bが2dの距離にあるとき, aはbより二倍大きく見える. 古典光学の公理（ユークリッドの第八定理）である角度の公理によれば, aとbの見かけの差異は角度αとβの差異であり, よってaは2bより大きく見えない. ここで明白になっているのは, 空間の湾曲の拒絶, ある象徴体系内への主体と世界の内在の拒絶である. この拒絶が, 言説的, あるいは造形的シニフィアンの古典的立場を定義している.

本書306-308頁参照.

図7　334頁: パウル・クレー, *Azor nimmt die Befehle der Mad. Grenouille entgegen*（『アゾールはグルヌーユ夫人の命令を受ける』), 1883-1885/13. 幼児のデッサン, 鉛筆8 × 18.6. クレー財団. *Paul Klee par lui-même et par son fils Félix Klee*, Paris, Les Libraires associés, 1963, 見返し第3頁から複写.

鉛筆は持ち上げられていない. アゾールの背中に, たった二カ所手直しがあるだけである. 女性のシルエットは一筆書きで与えられている. 線の連続性と閉鎖性は, 一種の不謬性といった思いを与える. 最後の20ヶ月（1939-1940）に描かれた何千ものデッサンは再び, 口述におけるごとくためらいなく描かれることとなる. 再び出現した幻想体系の不謬性. しかしながらこの「内面的な描線」は, 表題が明らかにするように, 最初から最後まで同一の批判的で皮肉な潜勢力を保っている. この力は, 描線と支持体の関係がDurchsehenすなわち透視を決して可能にせず, むしろ形とそれが被るデフォルマシオンに眼を差し向けることから生じている.

本書334-338頁（特に注39）参照.

図8　344頁: パウル・クレー（に基づく), *Die Pflanz*（『植物』), *Théorie de l'art moderne*, Paris, Gonthier, 1964, p. 93による.

この図式は, ユルク・シュピラーが*Das bildnerische Denken, op. cit.*, S. 351に提示しているもので,『教育スケッチブック』(1925）から取られたものである. 図式は内容については同一だとしても, 造形的には別の性質を帯びている. そこには, クレーの（左）手が認められるのだ. ——それはバウハウスにおいて「生成の基礎概念と運動の形式化」を説明するため提示された例の一つであり（*B. D.*, S. 293), より正確にはそうした概念と形成のいくつかの様相である.「生成するいずれの事物にも, ひとつの固有の運動が帰属する. 生成過程としての作品の歴史. 造形作品の帰納. 運動のさまざまな現実的形式の問題と, それらのひとつの有機的全体への相互的帰属」(*ibid.*, S. 343). 第一の例は水車から取られ, 第三の例は血液の循環から取られている. クレーは能動的な器官, 中間的な（mediale）器官, 受動的な器官という三

部分からなる生物の仮説から出発する．クレーによれば，「こうした概念を文法によって見事に例証することができる．わたしが「わたしは押す」と言うとき，形式は能動である．わたしが「わたしは押される」と言うときには，受動の口頭表現となる．中間的な正式の表現の場合は，「わたしはみずからを再び閉ざす（je me referme)」，「わたしはみずからを組織する（je m'organise)」，「わたしはみずからを結びつける（je m'allie)」となるであろう」(*ibid.*, S. 343)．植物の例では，I．能動的な力は種子が芽を出す土壌，［仏訳に書かれている合理的（rationnel）ではなく］関係の（relationnel）複合体である．腐植土，種子，養分，成長，根づきは，形式Iを与える．／II．光に届くと，呼吸器官は外で形成される．ひとつ，二つの小さな葉，さらなる葉，さらなる葉．／III．成果としての花．これとともに，植物は成長を終える」(*ibid.*, S. 353)．「こうした特徴のそれぞれに，どのような地位を与えるべきか．それは視点による．理念的に言えば，元首であるものが能動であろう．人体の場合は，運動への衝動が生じるのは脳においてであり，思考が高度に発達した活動のすべての父として（als Vater）宿るのはそこである．しかし物理的な視点からすれば，順序を逆にしなければならない．運動を現実にし，首席にふさわしいのは骨という堅固な材料である．これらの視点を相互に作用させても無益である．肝心なのは，三要素の相互依存からなる有機的全体性である」(*ibid.*, S. 343-344)．かなり幻想的なこうした描写のうち，以下を記憶にとどめておこう．1）記号学的な意味ではなく，フロイトの意味でエネルギー論的，経済論的な総体としての作品という主題．2）この経済論においては，少なくとも理念による因果性の視点からは，優先権は発出(Anstosz）および闇というその固有の紋章とともに父（造形作品にとっては構想）に与えられている．3）有機的全体性における能動と受動の和解の試み．造形作品において光と空気に相当するのは，色である．4）この三等分は，以下の二重の逆転の別の表現として理解しなければならないであろう．ひとつは，中間態は（幻想の）模倣のデッサンが逆さにされ，その固有の造形的性質のために加工される契機であること．そして，芸術家は単に樹液が上昇する木の幹であり，芸術家は樹液の作者ではなく，樹液が芸術家の父で芸術家はその流れを二度逆転させなければならないというのが本当ならば，それは芸術家の契機であること．

本書 340-347 頁（また全般的に「線と文字」の節すべて）を参照．

図 9　350 頁：パウル・クレー，*Calvi* (*phantastisch*)，［『（幻想の）カルヴィ』］，1927/U7．ペンと色鉛筆，30.6 × 46.6．クレー財団．*Paul Klee par lui-même et par son fils Félix Klee, op. cit.*, p. 48 からの複写．

次図参照．

図 10　351 頁：パウル・クレー，「中間的な線」，鉛筆，P. Klee, *Das bildnerische Denken, op. cit.*, S. 109 に基づく複製．

これは，中間的な（mediale）線の特性を例証するための図式であり，水彩画『選ばれた場所』（図版 19）にその線的エネルギー論を提供している．

『(幻想の）カルヴィ』（図 9）と『イタリアの町』（図版 15b）は，同じ「経済的」傾向に属している．線の秘密はその表象の力ではなく，それがもたらす負荷－放出の型にある．ここではエネルギーの含有量は微少で，描線がそれをとらえ，制限されてはいるが感覚されるネットワークのうちに抑えている．この中間的性質は，能動的，受動的性質と対立する．この分類を，作品の生成過程の理論と二重の逆転のそれに関係づけなければならない．この中間的な線の使用が 1926-36 年にしばしば見られることは，偶然ではない．クレーは地中海（プロヴァンス，コルシカ，イタリア，エジプト，シチリア）に定期的に滞在している．能動的，男性的エネルギーの捕獲は，中間的デッサンにおいては，色と受動性への開放と軌を一にしている．

本書 348-352 頁，352-356 頁；狭間世界；図版 15b を参照．

図 11　371 頁：『十月革命』，F. Rossif, *Révolution d'octobre*（1967），制作 Télé-Hachette et Procinex, 配給 Paramount の映画宣伝ポスター．*Revue d'esthétique*, Paris, Klincksieck, 1968, 1, p. 35 からの複写．

移動（Verschiebung）の例．

本書 368-371 頁；移動を参照．

図 12　397 頁：Rätselhafte Inschrift, *Fliegende* Blätter, n° 2034（1884），S. 20. *Revue d'esthétique, loc. cit.*, p. 49 からの複写．

これらの謎の碑文のひとつは，フロイトが二次加工の手続きを理解させるために例として示されたものである．

本書 394-407 頁；図 13，14，図版 18-a；二次加工，エクリチュール（擬書記法）を参照．

図 13　397 頁：Rätselhafte Inschrift, *Fliegende* Blätter, n° 2241（1888），S. 15.

図 12 参照．

図 14　398 頁：Rätselhafte Inschrift, *Fliegende* Blätter, n° 2078（1885），S. 168.

図 12 参照．

図 15　418 頁：パブロ・ピカソ，『裸婦習作』，1941，ルイーズ・レリス画廊，鉛筆デッサン．P. Francastel, *Peinture et société, op. cit.*, p. 225 からの複写．

両立しえないものの可能性，いくつかの身体による同一の場所の占有やいくつかの姿勢による同一の身体の占有，継起的なものの同時性．それゆえ，こうした「トポロジー的」空間の時間的な対となるような無時間性のアプローチ．しかしピカソの作業は，ここでは横顔の，啓示線の脱構築にとどまっている．P. クレーの『建設中の L 広場』（図版 15-a）のそれと比較せよ．そこでは両立しえないものは同列にはなく，あるものはこの図と同様に形象－像（啓示線）に属しているが，あるものは形象－形式（調整線）に属している．狭間世界は，同一の支持体上の諸々の素描の圧縮の彼方に位置する．な

ぜならそれは，素描の彼方にあるからである．素描は，ピカソのデッサンにおけるように知覚の現象学へと差し向ける．クレーのデッサンと水彩画は，感覚的可能性の経済へと差し向ける．

本書 417-421 頁；図版 15-a，15-b 参照．

図 16　454 頁：判じ物「原因のない結果はない」．Topor, *Rébus*, Paris, P. Horay, 1964, p. 60 からの複写（P. オレー出版社の許可による）．

本書 446-464 頁；判じ物を参照．

図 17　456 頁：判じ物「まいた種は刈らねばならない」．Topor, *Rébus, op. cit.*, p. 53 からの複写．

図 16 参照．

図 18　460 頁：判じ物「蜂の群れ」．Topor, *Rébus, op. cit.*, p. 1 からの複写．

図 16 参照．

図 19　461 頁：判じ物「天はみずから助くる者を助く」．Topor, *Rébus, op. cit.*, p. 53 からの複写．

図 16 参照．

図 20　553 頁：ミシェル・ビュトールの『イリュストラシオン』（Michel Butor, *Illustrations*, Paris, Gallimard, 1964）の二重の見開き頁の空間における記号的シニフィアンの配置図．

二重の見開き頁は，本書 554-557 頁の図 21 の複写で提示されている．ビュトールの版組をマラルメのそれ（図 1）と比較しなければならない．確かに問題は，それぞれにおいて異なる仕方で提起されている．マラルメは記号的シニフィアンを形象化し，ビュトールはその上テクストから指向の価値（形象－像）を取り除かなければならない．『イリュストラシオン』ははるかに和声的であり，はるかに旋律的ではないが，このような性格はこの不均衡に帰すべきであろうか．暗黙のものであれそうでないものであれ，指向の絵画的空間へと向かうその動機を探すべきではないのか．それはマラルメにおいては印象主義の空間であり，ビュトールにおいては「抽象」の空間であろうか．そしてわれわれが後者において「正しい形式」として知覚する誘惑に駆られるものは，植字に固有な諸々の要請の交差へと帰せられるべきではないのか．そうした要請は，ドローネーと構成主義者以来，画家による支持体の十全な不透明性の承認とともに生まれた．書物－オブジェという主題におけるビュトールとリシツキーの出会いは，このようにして解明されるであろう．

本書 552-560 頁；図 21，図版 20 と 21 を参照．

図 21　554-557 頁：Michel Butor, *Illustrations*, Paris, Gallimard, 1964, p. 94-97；複写．

図 20 参照．

図　版

図版 1　*Bible de Saint-Martial*（11世紀後半）, Limoges, Bibliothèque Nationale, ms. lat. 8（1）, f. 52（cliché B.N. A 59/177）の『民数記』冒頭のフォリオ.

本書 242-249 頁，259-261 頁，292-298 頁，図 2 参照.

図版 2　*Bible de Saint-Martial, loc. cit.*, f. 4（cliché B.N. A 48/96）の『創世記』の聖ヒエロニムスの序文冒頭のフォリオ（部分）.

テクスト冒頭の「Desiderii mei」は，いかなる空間に記入されているのか．完全なフォリオはさらに，小像の下に同じ字体（丸みを帯びた D，E などアンシアル書体の混じった大文字）で書かれ，次いでカロリング体の小文字で書かれたテクストの続き「desideratas accipi epistolas qui」云々を含んでいる．Desiderii mei のテクストは，図像のうちに開いた一種の窓に，あるいは小像の二人の人物のあいだに置かれた板のごとく現れる．このような位置は，この写本の特徴であるテクスト的なものと形象的なものとの一種の均衡を含意する．文字は造形的制約に服従する（たとえば語の分割や，造形的，象徴的な力ゆえに大文字よりも好まれた Desiderii の頭文字のアンシアル書体）．とはいえ形象－像はテクストの指向としてではなく，聖性を示す印章やエンブレム，絵文字として機能している．

図版 1 参照.

図版 2-b　*Bible de Saint-Martial, loc. cit.*, f. 41（cliché B.N. A 47/258）の『レヴィ記』冒頭のフォリオ（部分）.

モーセは主に呼ばれている．書記的および造形的シニフィアンを統合するという配慮が，諸々の文字の選択にはっきりと現れている．Vocavit autem の頭文字 V は形象－像から取られ，大文字で書かれている．なぜならそうすることで，この形象が必要とする（O と同様の）対称的で堅固な形を呈するからである．逆に同じ語の二番目の V はアンシアル書体で書かれ，それゆえ I を装飾の目的に包摂することが可能となっている．形象的空間のテクスト化，テクスト的空間の形象化．しかし二つの操作の隔たりはわずかなままであり，テクスト性の特徴である微少なエネルギー支出の体制内に全体の知覚を維持している．

図版 1 と図版 2-a 参照.

図版 2-c　*Bible de Saint-Martial, loc. cit.*, f. 91 (cliché B.N. A 47/259) の『士師記』のフォリオ (部分).

ここでは, テクストと図像の絡み合いは少々異なる. 表題 (Judas; tabernaculum foederis domini, 契約の櫃) と巻物 (dixitique dominus: Judas ascendet ad bellum) の使用. 聖なるテクストは聖画像の空間を侵食せず, そこに巻物として再現されている (図版 1 で神によって与えられた命令を参照). 表題は, ひとつの言説を説明する象徴の範疇に, 諸々の形象を明瞭に分類する. この全体が, フレスコ画から取られたものかもしれない. 頁の配置は図版 3 のそれに近い.

図版 1, 2-a, 2-b 参照.

図版 3　*Nouveau Testament*, Moissac (?) (11 世紀末), Bibliothèque Nationale, ms. lat. 254, f. 10 (cliché B.N. A 48/92) の『マタイによる福音書』冒頭 (イエスの系譜) のフォリオ.

本書 242-249 頁, 259-261 頁, 292-298 頁, 図版 1 から 2-c 参照.

図版 4　*Nouveau Testament*, Moissac (?), *loc. cit.*, f. 32 (cliché B.N. A 48/93) の『マルコによる福音書』冒頭のフォリオ.

ここでも先の小像 (図版 3) と同様, 二つの空間の相互侵食が確認できる. 福音書作者の像の処理と, 頭文字 I のそれとが同一なのである. 「象形文字」, Bilderschrift〔象形文字〕, ヒエログリフにおいては, 線は時には表象的な像の輪郭, 時には書記素, 時には装飾としての価値を持ち, いかなる造形的特性もそれに決着をつけることができない.

図版 3 参照.

図版 5　サン＝ピエール大修道院内庭回廊の柱頭, Moissac (11 世紀末) (cliché Edit. phot. Auguste Allemand) の「羊飼いたちへのお告げ」.

絵文字のように組織された空間. 意味の諸単位はその指向 (天使, 羊飼い, 驢馬, 牛, 犬) によって与えられており, これらの単位の物語への連関が欠けており, 口頭でそれを行わなければならない. これは, 形象－像が言語の単位として処理されていることを含意する. 再認可能で, 経済的で, 非常にわずかなエネルギーの放出に適した方法である. 「湾曲」(あるいは差異) は図像から追い払われ, 言説の内容に謎として送り返されている. 絵文字に組み込まれた説明文のおかげで, 案内人および語り手の役を務める聖職者は, より迅速に場面を再認することができる.

本書 242-249 頁, 259-261 頁, 292-298 頁, 図版 1 から 4, 7, 9, 11, 12 参照.

図版 6　マザッチョ, 『三位一体』(1426-1429), サンタ・マリア・ノヴェラ教会, フィレンツェ ; Paolo Volponi et Luciano Berti, *L'opera completa di Masaccio*, Milano, Rizzoli, 1968, tav. XXVII からの複写.

本書 276-278 頁，292-307 頁参照.

図版 7　ドゥッチョ，『降架』（部分），『マエスタ』（1308-1311），大聖堂付属美術館，シエナ；Pier Paolo Donati, *La Maestà di Duccio*, Firenze, Sadea 1965, tav. 28 からの複写.

本書 276 頁以下，特に 284-285 頁参照.

図版 8　マザッチョ，『楽園から追放されるアダムとエヴァ』（部分），ブランカッチ礼拝堂（1424-1427），カルミネ教会，フィレンツェ；Volponi et Berti, *op. cit.*, tav. XLVI-XLVII からの複写.

本書 284-285 頁参照.

図版 9　ドゥッチョ，『ピラトの前のイエス』，『マエスタ』，*op. cit.*, tav. 21.

本書 285-286 頁参照.

図版 10　マザッチョ，『貢の銭』（全体），ブランカッチ礼拝堂，*op. cit.*, tav. XXXVI-XXXVII.

差異の場所（あるいは非場所）の回転の典型的瞬間．差異はなおも聖書の神話的言説に結びつけられている．『マエスタ』やロマネスク様式のフレスコ画を前にした場合と同様，朗読者は三つの逸話（貢の銭の要求，銀貨の探索，番人への支払い）を福音書の物語へとひとつに結びつけなければならない．かくして像は，この物語の支持体としての役割を果たし続けている．しかし像は同時に，不透明性の効果をみずからの上に集め固定する．眼は造形的不安定性のうちに沈み込み，差異はもはや描かれた逸話に依拠する言説のシニフィエの余白には収まらない．差異は奥行き，光の描写法，色の韻律のうちに，つまり一言で言えば場面つまり分離のうちに造形的謎として現出する．この現出が引き起こしうるエネルギーの負荷（不安）と，新約聖書に則った像の読解が与える快と再認の放出とのあいだで，均衡が不安の方に向かって破られる．

本書 284-292 頁参照.

図版 11-a　ドゥッチョ，『聖母の埋葬』，『マエスタ』，*op. cit.*, tav. 10.

本書 285-288 頁参照.

図版 11-b　マザッチョ，『貢の銭』（部分），ブランカッチ礼拝堂，*op. cit.*, tav. XXXVI-XXXVII.

本書 288-292 頁参照.

図版 12　ドゥッチョ，『ヘロデの前のイエス』（下部）および『再びピラトの前のイエス』（上部），『マエスタ』，*op. cit.*, tav. 22.

ドゥッチョは『ルカによる福音書』23 章 8 に字義通りに従っている．そこではヘロデが愚弄してイエスに白い着物を着せ，ピラトに彼を送り返すのである．他のいくつかと同様この板絵でも，物語は下から上へと「読まれる」．このような組織化の造形的根拠を引き合いに出すのは難しいように思われる．おそらくこの組織化は，〈受難〉の物語の通時的線形性を二重化す

る空間的連続性の要請に従っている.

本書 288-292 頁参照.

図版 13　パウル・クレー, *Auserwählte Stätte*（『選ばれた場所』), 1927/x8, 紙に水彩とペン, 30.5 × 46, 個人蔵, ミュンヘン. Will Grohmann, *Paul Klee*, Paris, Cercle d'art, 1968, pl. 20 からの複写.

ユルク・シュピラーが *Das bildnerische Denken, op. cit.*, S. 302 で行っている注解は, リズムと運動の問題に集中している. 読者はそこに, Verschiebung（移動), Verdichtung（圧縮), さらには Lockerung（弛緩）という用語さえ豊富に見出すであろう. これらは, 無意識的過程を論じるためのフロイトの用語である（たとえば弛緩性 Lockerheit は,「自我とエス」では移動に適したエネルギーの状態を, 非拘束の状態を特徴づける).

本書 332-356 頁参照.

図版 14-a　パウル・クレー, *Jungfrau im Baum*（『木のなかの乙女』), 1903/2, 版画, 23.6 × 29.6, クリプシュタイン & コーンフェルト, ベルン. Félix Klee, *Paul Klee par lui-même..., op. cit.*, p. 12 からの複写.

本書 334-338 頁参照.

図版 14-b　パウル・クレー, *Weib und Tier*（『女と獣』), 1903/13, 版画, 194 × 22.4, クリプシュタイン & コーンフェルト, ベルン. Félix Klee, *op. cit.*, p. 12 からの複写.

「『女と獣』(…). 男のなかの獣が, そこでは絶対に感覚できない女を追い求める. 女と動物性との関係. 女の心性のちょっとした暴露. 外部に対して普段は隠された真理の決定. (…) ／『木のなかの乙女』. 描線のさまざまな強度の適用のおかげで, 技術的にはより発展している. まずわたしは, 木の輪郭をエッチングで掘った. 次に木の肉づきと体の輪郭, それから体とつがいの鳥の肉づき. ／詩的な内容は, 結局『女と獣』のそれと同等だ. 獣（つがいの鳥）は自然だ, つがいで. 女はその処女性によって特別な何かであろうとするものの, あまり幸福そうな形象にはなっていない. ブルジョワ社会の批判」(P. Klee, *Journal, op. cit.*, p. 148-149).

『女と獣』は 1903 年 11 月に手直しされた.

本書 334-338 頁参照.

図版 15-a　パウル・クレー, *Der L Platz im Bau*（『建設中の L 広場』), 1923/11, 紙に水彩とペン, G. デーヴィッド・トンプソン, ピッツバーグ；写真は W. クライン, ノルトライン=ヴェストファーレン州立美術館, デュッセルドルフ.

1) 建設を行うのは眼であることを理解されたい. さらにピカソのデッサンの場合のように単に諸々の事物の総合だけでなく（図 15), 空間自体の総合である.「広場」は事実, 大きな曲線によって表された視点の移動（Verschiebung）を起点として提示されている. 家と通りは, この曲線に沿って並

べられている．この線は，視線の包括的な未完の運動を支持体の上に固定する．視線は左から右，上から下，後ろから前へと場所を見渡す．それは「特別な目的のない歩み」，「自己のうちで休息する足取り」（*Das bildnerische Denken, op. cit.*, S. 123）である．事物はこうしたさまざまな観点で，ただし同時性のうちに与えられている．一般的には〈わたし〉，主体へと関係づけられる運動は，ここでは支持体の上に記入され紙へと移されている．紙に記入されるものは，もはや単にユークリッド的エクリチュールから解放された網膜の印象，つまりセザンヌにおけるように感覚的な曲線や厚みだけではない．それに加えて，同時にその建築の図面もまた記入される（これは，垂直に書かれたPlanという言葉によって示されている．一般的に言えば，これらの文字は単に造形的機能を果たすだけでなく，その可読性によって，それが地図作成的表面であることを理解させる）．

2)「鐘楼の上から見ると，広場での忙しそうな様子はすでに滑稽な様相を呈している．しかし，わたしがいる向こう側から見た場合にはますますそうである」（*Das bild. Denk.*, S. 153; *Journal*, p. 297-298）．この「向こう側」は，一次過程の非場所である．クレーのユーモアと呼ぶべきもの，そしてフロイトが機知（Witz）と呼んだものがどのように連関しているかを示すのは，それほど難しいことではないだろう．前者の場合，対象となるのは造形的シニフィアンであり，後者の場合は言語的シニフィアンである．だがいずれの場合も，問題となっているのは秩序の侵犯（Abweichung）である．前者においては，造形的描線における遠近法の秩序である．精神の筆致においては，文脈の役を務めるシニフィアンが従属する統辞と語彙の秩序である．この侵犯は移動（Verschiebung）から生じる．移動は眩暈，不在，苦悩を生みだす．われわれは，言葉遊びや，クレーの場合には書かれた画題が提供する二次的な意義への閉鎖のおかげで，そうしたものから立ち直る．違反はここでは描かれたものと書かれたものとのあいだではなく，描かれたものの内部自体にある．そしてそれを中立化するのが，書かれたものなのである．

本書339頁（注50）-348頁；狭間世界，形象-像，形象-形式，アナモルフォーズ，湾曲；図15，図版15-bを参照．

図版15-b　パウル・クレー，*Italienische Stadt*（『イタリアの町』），1928/P6，水彩，Félix Klee, Berne. *Das bild. Denk.*, *op. cit.*, S. 42からの複写．

この像は，われわれを三次元空間の問題へと連れ戻す．クレーはそのノートにおいて，造形的価値を次のような仕方で組織している．上部は白で明るく，下部は暗く黒い．左は冷たく，右は温かい．中央は灰色．線と色価に限定するならば，ここにはこのエネルギー的コードが遵守されると同時に中立化される組織化がある．対立が最も弱く，灰色を生み出すのはもちろん中央においてである．だが軽く傾いた対角線と偽の鉛直線の戯れが，右上へと空間全体を投げ出している．そこは原理によれば明るく温かい領域であるが，

眼がそこで出会うのは暗い色価だけである．逆に，下部は重々しさを妨げるように処理されている．錯綜した線，明るい色価の寄せ木細工である．ここにあるのは明らかに，線さらには「中間的な線」の作図の新たな例である（図 9 と 10 を見よ）．1906 年以来，クレーにとってこのイタリアの町はナポリであり，この作図は特にこの町に触れて切望されたものである．とはいえその機能は和解の機能より，むしろ不可視のものへと向かう突破口としての機能にある．立方体は立方体ではなく，不規則性（鉛直線や水平直線の傾斜，反転遠近法で処理された面）を呈している．色価の戯れはどの場所でも充実した量塊としての一貫性を妨げている．これらの量塊は内部やどこでもない場所から照らされており，透明である．以上は，視覚的外見としても建築的組織化としても与えられていない．そうではなく，イタリアの町は内在（仮象 paraître）における超越（超 - 消滅 trans-disparaître）として，世界のなかの狭間世界として，前像（Vorbild，類型）（前にある形象）を超えた原像（Urbild，原型）（奥まったところから支える形象）の不可視性として与えられている．

本書 344-352 頁；図 9，10，15，図版 15-a 参照.

図版 16-a　パウル・クレー，*Das Auge des Eros*（『エロスの眼』），1919/53，ペンによるデッサン，ベルクグリューン・ギャラリー，ベルン．Félix Klee, *Paul Klee par lui-même…, op. cit.*, p. 77 からの複写.

次の図版を参照.

図版 16-b　パウル・クレー，*fragmenta veneris*（『ウェヌスの断片』），1938/x1，石膏用ジュート布に油彩と水彩，個人蔵，チューリッヒ．*Das bildnerische Denken, op. cit.*, S. 452 からの複写.

これらの二枚の図版を，1903 年の二枚の版画（図版 14-a と図版 14-b）と比較せよ．支持体に対する描線の回転，欲望に対する主体の回転．版画の場合，奥行きの錯覚の効果と，明白な統一性において提示された女体．1919 年にはガラスが破壊され，紙が窃視の欲望の鏡となり，この欲望がそこに反映され，皮肉において鎮静化されている．これは機知の機能である．1938 年には，欲望の主体と想定される〈わたし〉は消え，場面もまた消えている．残っているのは，闇に同じように浮かぶ細分化された体のばらばらの断片である．これは，一切の二次的意義に不在なリビドー的身体である．この例では，形象と造形的支持体の関係は決定的である．クレーはこのことについて次の発言のなかで証言している．「人体と同様，形象（Bild）もまた骨格，筋肉，皮膚を持っている．形象固有の解剖学とも言える．「人間の裸体」を対象とする形象は，人間の解剖学ではなく形象の解剖学によって（bildanatomisch）構成（gestalten）されなければならない」（1922；*Das bild. Denk.*，S. 449 に引用）.

本書 355-356 頁；図版 14-a と 14-b 参照.

図版 17　ルネ・マグリット，『無限の感謝＝探査』，1933，カンバスに油彩，A. Breton, *Le surréalisme et la peinture*, Paris, Gallimard, 1965 からの複写（出典指示なし）.

言葉が像によって裏切られていると述べるだけでは十分ではない．像は言葉を疑わしいものにする．そこには戯れがある．というのもそれを字義通りに（同音異義通りに）取れば，いくつかの像を手に入れることになるからである．かくして，言葉のなかの形象的なものは像によって明らかにされる．欲望が言説に侵入するのは，この非言語的な多義性によってである．あるいはこう言った方がよければ，言葉を切り離すのはこの侵入である．それゆえフロイトは，夢作業における言葉から像への転換の分析に執着したのである．ミシェル・ビュトールは，*Les mots dans la peinture, op. cit.*, p. 73-93 でマグリットにおけるこの関係を注解し例証している．

本書 372, 390-391 頁；形象性を参照.

図版 18-a　Rätselhafte Inschrift, *Fliegende Blätter*, n° 2034（1884）, S. 20.

本書 394-407 頁；図 12，13，14；エクリチュール（偽書記法），二次加工を参照.

図版 18-b　聖グレゴリウス，『ヨブ記注解』（口絵），シトー会（12 世紀），ディジョン図書館，ms. 168, f. 4 v.（写真はディジョン図書館）.

本書 407 頁参照.

図版 19　ポール・ジャクソン・ポロック，『絵』，1948，紙に油彩（57.3 × 78.1），P. ファッケッティ，パリ．Italo Tomassoni, *Pollock, op. cit.*, p. 44-45 からの複写.

ミシェル・ビュトールが，『モビール』をポロックに捧げたことに注意を促すだけにしておく．可動性は，ある（知覚的，歴史的，社会的，形而上学的）経験の領野を駆け巡る主体のそれではない．そうではなく，〈わたし〉が動き回る二次的な時間と空間の彼方で再認可能な形を脱構築する出来事の同時性である．

本書 417-421 頁参照.

図版 20-21　ミシェル・ビュトール，「ロッキー山脈の呼び声」，写真アンセル・アダムズとエドワード・ウェストン，*Réalités*, n° 197, p. 76-83.

本書 552-573 頁；逆転を参照.

図版 22　エル・リシツキー，ヴフテマス校のカタログのための『表紙』，モスクワ，1927. Sophie Lissitzky-Küppers, *El Lissitzky*, V E B Verlag der Kunst, Dresde, 1967, Taf. 134 からの複写.

水平線（Wchutemas）と鉛直線（Arkhitektura）は赤で書かれ，斜線は黒で書かれている．X は赤に黒を重ね刷りされている．座標は革命によって与えられており，また作者の姓の頭文字をも構成している．コンパスの造形的な韻は，言葉遊びに依拠している．コンパスは建築家の道具であるが航海士

の道具でもあり，現在位置の測定を可能にするわけである．開かれた手は労働を共示する．全体が非常に「書かれて」おり，出来事の余地はほとんどない．ヴフテマス校（「国立高等美術工芸工房」のロシア語頭文字による略称）はこの時期，構成主義の最盛期を表していた．リシツキーはほどなくして政治的教条的表現に陥るが，そこでは一切の批判的逆転が姿を消す．ここで眼が知覚しているこのエクリチュールが，すでにそうである．リビドーエネルギーは，強固に拘束された造形的集合へと完全に誘導されている．エネルギーは即興的ないかなる静止によっても妨げられず，流れるべき場所（右上の進歩と理想性の領域）を通って流れていく．可読性が可視性に完全に優越している．内容の緊張（Spannung）とシニフィアンの緊張のあいだにリシツキーが探究した対応関係（571 頁注 29 参照）は，節約原理の回復へと行き着く．

本書 570-573 頁参照.

図版 23　ブリュノ・ルムニュエル，『白痴とピアノ．そう，いくらか』，書物－形象（およそ半頁），1971，近刊．作者の許可により複写．ここに謝意を記す．

これが半頁であるのは，ルムニュエルが見開き二頁によって形成された造形的広がりを明らかに費やしているからである．書物－オブジェというより，むしろ書物－形象である．ビュトールの『モビール』や『イリュストラシオン』が提案するものは，依然として絵画のある状態（たとえばモンドリアンの絵画）に準拠している．記号的シニフィアンが求める客観化は，建築的造形術に基づくシニフィアンの配置によって，つまり主として和声的造形術（この場合の調和はシェーンベルクの後継者であろう）によって得られる．逆にルムニュエルが探究するのは，エネルギーの移動と一時的形式の生産としての形象性である．得られる逆転は書かれたものと形象－形式との対立にではなく，脱構築と構築との対立によって作用する．後者は，言葉にも造形的シニフィアン（描線，色価）にも同様に関係する．ここではたとえば，テクストは読解の鉛直線（リシツキーのそれ）との関連で逆転されるだけでなく，偽書記法（レトラセットの図版から借用された「無言の」テクスト）となっている．逆に文字の地位を占め読解にその不安な抵抗を対置するのは，受動的エネルギーを重々しく負荷された黒い形である．

本書 570-575 頁；湾曲，エクリチュール（偽書記法）を参照.

図版 24-a　作者不詳，『チャールズ一世の秘密の肖像』，1649 年以降，アンソニー・ドフェイ，ロンドン．Jurgis Baltrušaitis, *Anamorphoses...*, Paris, Ol. Perrin, 1969 からの複写.

図版 24-b 参照.

図版 24-b　作者不詳，『鏡のアナモルフォーズによるチャールズ一世の肖像』，髑髏の周囲に合成されたもの，1649 年以降，グリプスホルム城（スウェー

デン），ストックホルム美術館．Baltrušaitis, *Anamorphoses...*, *op. cit.* からの複写．

本書 575-580 頁；アナモルフォーズ，湾曲，逆転を参照．

［図版について］

＊巻末(34)頁——図版 17
René Magritte, *La reconnaissance infinie*, 1933, oil on canvas.

＊巻末(36)～(37)頁——図版 19
Jackson Pollock, *Painting*, 1948, oil on canvas.

《叢書・ウニベルシタス　960》
言説，形象（ディスクール，フィギュール）

2011年9月26日　初版第1刷発行

ジャン＝フランソワ・リオタール
合田正人 監修・三浦直希 訳
発行所　財団法人　法政大学出版局
〒102-0073 東京都千代田区九段北3-2-7
電話03(5214)5540 振替00160-6-95814
組版：HUP　印刷：三和印刷　製本：ベル製本

Printed in Japan

ISBN978-4-588-00960-0

著　者

ジャン=フランソワ・リオタール（Jean-François Lyotard）

1924年，ヴェルサイユに生まれる．現象学とマルクス（そして後にフロイト）を思想的源泉とし，それらの批判的再検討を通じて政治，経済，哲学，美学など多方面にわたる理論的・実践的活動を展開，20世紀後半のフランスを代表する思想家・哲学者として広く知られる．パリ第八大学教授を経て，国際哲学学院長等をつとめた．『現象学』を著したのち，アルジェリアでマルクス主義の内部批判グループ「社会主義か野蛮か」に参加，戦闘的マルクス主義者として実践活動に従う．グループの内部分裂を機にパリに戻り，マルクス研究に精力的に取り組む．68年の五月革命に積極的に身を投じ，その体験の中から彼の思想的総決算ともいうべき本書『言説，形象』および『マルクスとフロイトからの漂流』を著して思想的跳躍の基盤を固め，さらに『リビドー経済』によって独自の哲学を構築した．1998年4月死去．

監修者

合田正人（ごうだ・まさと）

1957年生まれ．一橋大学社会学部卒業，東京都立大学大学院博士課程中退，同大学人文学部助教授を経て，明治大学文学部教授．主な著書：『レヴィナスを読む』（NHKブックス），『レヴィナス』（ちくま学芸文庫），『ジャンケレヴィッチ』『サルトル『むかつき』ニートという冒険』（みすず書房），『吉本隆明と柄谷行人』（PHP新書），主な訳書：レヴィナス『全体性と無限』（国文社），同『存在の彼方へ』（講談社学術文庫），デリダ『ユリシーズ グラモフォン』，モーゼス『歴史の天使』，『ベルクソン講義録 全四巻』（法政大学出版局），グットマン『ユダヤ哲学』，メルロ=ポンティ『ヒューマニズムとテロル』（みすず書房），ベルクソン『物質と記憶』（ちくま学芸文庫）他．

訳　者

三浦直希（みうら・なおき）

1970年生まれ．上智大学外国語学部卒業，東京都立大学大学院博士課程修了．博士（文学）．上智大学ほか非常勤講師．共著『フランス現代作家と絵画』（水声社），主な論文「レヴィナスのエコノミー——正義と慈愛のあいだ」（東京都立大学博士論文），訳書：レヴィナス『貨幣の哲学』『困難な自由』（法政大学出版局），シャンジュー／リクール『脳と心』，ブーレッツ『20世紀ユダヤ思想家Ⅰ』（みすず書房），ボルタンスキー／テヴノー『正当化の理論』（新曜社），ボルタンスキー『偉大さのエコノミーと愛』（文化科学高等研究院出版局），コルバン他監修『身体の歴史Ⅲ』（藤原書店）他．